행정법

문현철 지음

박영사

머 리 말

저자는 참으로 운이 좋은 사람이다. 삶의 질곡 위기의 순간 곳곳에서 뜻하지 않은 귀한 만남이 동행해 주었다. 마치 기다리고 있었던 것처럼 추천을 해주고, 귀한 경험을 하게 해주고, 귀한 조언 등으로 도와주었다. 교통사고에서 죽지 않고 지금까지 살아가는 것만으로도 다행인데, 박사학위를 받고 대학 교수가 되어 강단에 서며, 행정법 연구자로서 다양한 정부기관들의 행정현상을 관찰할 수 있는 경험을 하였다.

외국 대학에서 초청을 받아 그 대학 연구실에 출퇴근한 경험, 외국에 주재하는 우리나라 재외공관들을 방문한 경험, 외국 정부기관을 방문한 경험, 빈곤국가의 재난현장을 방문한 경험, 그리고 천하의 인재를 선발하는 경험도 하였다.

돌이켜 보면 대학의 많은 학과 중에서도 법학과에 진학하고, 대학원에서 행정법을 전공으로 선택한 것도 큰 행운이었다. 체계적이고 치밀한 법학은 논리적, 균형적, 종합적 사고 역량을 단련해 주는 에너지였다. 특히 행정법은 폭넓은 연구 대상과 아직도 미지의 개척지가 많은 점들은 호기심 많은 저자에게 늘 가슴 뛰게 하는 학문이었다.

정부의 여러 부처 위원회와 평가위원회에 15년 참여하면서 느낀 것은 행정현장에 행정학은 가득하나 행정법은 잘 보이지 않는다는 것이다. 그 원인은 행정실무가들이 법치행정을 토대로 행정법의 구성 체계를 잘 파악하지 못하여 행정법이 행정현장에 스며드는 것을 잘 관찰하지 못하기 때문으로 진단된다. 이러한 현상은 행정을 다루는 행정학과 행정법학이 서로 동행하지 못하는 단절된 연구방법론과 아직도 외국의 법리와 법제를 번역하여 연구하는 것을 숭상하는 연구 풍토, 그리고 행정구제 등에 연구가 편중된 점에 기인한다고 진단된다. 행정법이 행정현장에서 활보하기 위해서는 행정학과 행정법학이 서로 동행하여야 한다. 행정학은 행정법학의 공익실현을 위한 치밀한 법령체계 플랫폼을 늘 관찰하여 공허한 언어 유희적 논의와 설문조사 중심의 연구 방법론을 지양해야 할 것이다. 또한 행정법학은 행정학의 조직, 인사, 예산, 재무 등의 행정 프로세스에 민주원리와 효율적 행정을 추구하는 목표와 성과 측정 방식을 잘 관찰하여야 할 것이다.

독일에서 논의되는 신행정법 방법론도 이러한 문제들을 극복해보려는 시도로서 저자는 독일과 유럽의 행정법 방법론 논의에 크게 공감한다. 전 한국공법학회장이셨던 김중권 교수님의 '신행정법 방법론'에 대한 논문과 고향 친구인 강원대 문병효 교수님의 저서

'행정법 방법론'도 감명 깊었다.

이 책의 초고는 2016년 미하엘 클뢰퍼 교수님의 초청으로 독일 베를린 훔볼트 대학교 법과대학 방문연구교수로 있던 2016년 여름에 완성되었다.

행정법을 강의하면서 틈틈이 모아둔 자료들을 베를린 훔볼트대 Hausvogteiplazt 캠퍼스 연구실에서 원고를 정리하면서 저서 집필에 세 가지 목표를 설정하였다.

하나는 행정법을 전공의 하나로서, 그리고 각종 공무원시험 준비를 위하여 학습하고자 하는 학생들에게 행정법을 체계와 개념 그리고 논리와 종합성에 초점을 두고 효율적인 학습을 전수시켜 보고자 한 점이다.

두 번째는 정부의 다양한 분야의 행정현장에서 공무를 집행하는 행정실무자들과 행정업무를 관리 감독하는 과장, 국장, 실장 등의 관리자들에게 과학적 행정, 효율적 행정, 적극적 행정을 추진하는 에너지가 되도록 한다는 점이다. 이 책은 행정실무가들에게 행정법이 공무집행 행정현장에서 눈에 잘 보이도록 등대와 같은 역할을 하고자 한다.

세 번째는 공무원이 아닌 일반 시민으로서 살아가며, 공익실현의 대상이 된 상황에서 공무집행으로 피해를 받은 경우, 손실보상, 국가배상, 행정심판, 행정소송의 제기 등 민주시민으로서 행정작용을 감시해야 하는 역량을 갖추도록 하는 것이다

서늘한 8월의 베를린 훔볼트 대학 연구실에서 구상한 이 책의 세 가지 집필 목표를 달성하기 위해서 이 책으로 공부하는 독자들에게 '행정법을 재미있게 공부하는 방법론'을 제시하고자 하니, 잘 숙지하고 실천하기를 권장하고 싶다.

'행정법은 실천학문이고 현장학문'이라는 저자의 행정법 철학을 형성시켜 준 계기는 정부의 다양한 행정에 대한 자문과 평가의 참여 결과이다. 행정부와 입법부의 실무자들과 늘 대화하고 소통한 결과가 이 책의 내용을 살아 움직이게 하였다. 청와대 NSC, 국회 법제실, 정부조직법상의 중앙행정기관과 지방자치단체 등의 행정업무에 대한 자문, 평가, 국회의 입법 과정에 참여한 경험들이 큰 밑거름이 되었다.

첫째, 국회의 입법 과정에 대한 법제 실무를 관찰해본 것은 행정법을 입법적 측면에서 바라보게 한 귀중한 경험이었다. 국회의 상임위원회 중 행정안전위원회, 외교통일 위원회, 국방위원회, 정보위원회 분과에 10년간 입법지원 위원으로 입법자문서, 의견서 등을 작성하며 입법 과정에 참여하였다. 정책이 입법화 되고 그 법령이 행정법의 범주에 들어와 공익실현의 근거가 된다는 것을 관찰하면서 행정법을 입법부 측면에서 바라보는 안목을 갖게 된 점은 행정법 연구자로서 참으로 의미 있는 경험이었다. 국회 법제실장과 농해수위 수석전문위원을 역임한 김인철 박사님, 민동기 전 입법차장님의 배려 덕분이었다.

둘째, 국가 전체에 대한 범정부적 관찰 기회는 대통령 직속 국가안전보장회(NSC)의

정책자문위원과 연구과제를 수행하며, 주요 중앙행정기관, 광역지자체 방문 기회들을 통하여 여러 부처들을 종합해서 바라보는 범정부적 관점을 경험하였다. 참여정부 시절 청와대 NSC 사무처 이상경 국장님, 故 안철현 국장님의 배려 덕분이었다.

셋째, 외교부, 국방부와 합동참모본부, 병무청 등의 정책자문과 정책평가 경험은 국가목적적 행정을 이해하는 데 큰 도움이 되었다. 국익수호를 위한 외무행정, 국가안보를 위한 안보행정에 대한 관찰과 평가는 본서의 집필에 귀중한 동력이 되었다. 정경두 전 국방장관님, 서욱 전 육군참모총장님, 모종화 병무청장님, 임성남, 이태호 전 외교부 차관님, 김완중 외교부 기조실장님, 장원삼 주 뉴욕 총영사님, 유대종 주 프랑스 대사님, 정병후 전 키르키즈 대사님, 이상진 주 뉴질랜드 대사님, 강형식 해외안전기획관님, 이재용 주 시드니 부총영사님, 최광진 주 이라크 아르빌 총영사님 등의 배려와 의견제시가 큰 도움이 되었다

셋째, 사회목적적 행정에 대한 관찰로서 행정안전부는 정부의 조직, 인력, 예산, 지자체, 재난관리 등을 관장하는 정부 내의 정부라고 인식된다. 중앙행정기관의 국가행정과 지방자치행정을 총괄하는 관점에서의 내무행정에 대한 이해가 이 책의 집필에 중요한 기둥이 되어 주었다. 또한 해양행정에 대한 해양수산부, 산림행정에 대한 산림청, 인사행정으로서 선발행정에 대한 인사혁신처의 자문과 평가도 중요한 경험이 되었다. 행정안전부 진영 장관님, 이재영 차관님, 성기석 전 원장님, 김갑섭 전 전라남도 행정부지사, 전 해양수산부 김영석 장관님, 윤학배 전 차관님, 남봉현 전 기조실장님, 김민종 국장님, 문화체육관광부의 최규학 전 기조실장님, 김재현 전 산림청장님, 박종호 산림청장님, 최병암 차장님, 고기연 국제협력국장님, 전만권 천안부시장님, 인사혁신처 이경한 과장님의 배려에 감사드린다.

넷째, 지방자치단체에 대한 정책자문과 평가의 경험이다. 연방제가 아닌 단방제 국가인 우리나라는 공익실현을 위한 다양한 국가행정을 지방자치단체에 위임하여 집행한다. 국가 전체 예산 집행의 65% 정도가 지방자치단체에 위임하여 집행하는 행정비용일 것이다. 이러한 위임행정에 대하여 「정부업무평가기본법」에 의하여 행정안전부가 광역지자체들을 상대로 '지자체합동평가'를 실시하고 있다. 전 중앙부처의 업무들의 위임행정에 대하여 지자체가 집행하는 것을 행정안전부가 종합적으로 평가하는 것이다. 서울특별시, 경기도, 광주광역시, 대구광역시 등에 대한 지자체합동평가에 10년 정도 참여하면서 위임사무와 지자체 고유사무 등의 특징과 문제점을 진단, 평가하는 경험을 하였다. 우리나라 지방행정제도의 문제점을 현장에서 깊게 진단 할 수 있는 귀중한 경험이었다. 이낙연 전 전남지사님, 이시종 충북지사님, 김갑섭 전 전라남도 행정부지사님, 정태옥 전 대구광역시 부시장님, 정종제 전 광주광역시 부시장님, 행정안전부 윤병준 서기관님,

박춘희 전 서울 송파구청장님, 김규선 전 경기 연천군수님, 조길형 충주시장님, 이길훈 전 전남 순천 교육장, 김란 무안 교육장, 김학남 무안경찰서장, 김갑수 목포 교육장, 임채영 순천부시장, 강상구 해남 부군수님의 배려에 감사드린다.

앞서 말한 것처럼 필자가 이 책을 쓸 수 있었던 것은 순전히 귀한 인연 덕분이다. 특히 법대 재학 시절 외로운 법대생들에게 박영사의 법서들은 꿈의 실현을 위한 선망이었고, 든직한 친구였다. 35년 전부터 마음속에 깊이 각인된 박영사에서 출판한다고 하니 가슴이 설렌다.

고향인 전남 화순의 이웃 마을에 서당을 지어 한학을 가르치셨던 증조부 문선호 선생님, 어린 시절 고향 마을 지석강 둑길을 걸으며 수많은 대화, 사랑과 헌신으로 길러 주신 할머니 김금례 여사님, 편지로 身言書判을 가르쳐 주신 어머니, 선친의 10남매 형제자매님들, 특히 어려서부터 유달리 각별한 사랑을 주신 베트남 전쟁의 영웅이신 숙부 문용주님, 출판사의 원고료로 4년간 대학 등록금을 대주시며, 송광사 불일암 툇마루에서 늘 격려하여 주시던 길상사 회주 법정스님, 민둥산 300만 평에 500만 그루의 나무를 심어 초당림을 조성하신 초당대 설립자 김기운 선생님, 저자를 베를린으로 초청하여 연구실을 제공하여 주신 15년 인연의 독일 베를린 훔볼트 대학교 법과대학 미하엘 클뢰퍼 교수님, 독일을 한국으로 착각될 정도로 마음 편한 숙소를 제공하여 주시고 독일 사회와 교민들의 삶을 가르쳐 주신 베를린의 김영구, 이명숙 사장님, 프랑크푸르트의 오영배 사장님, 동생 정희, 주영, 경운, 늘 격려하여 주신 사촌 형인 천체물리학자 양종만 교수님, 숨어 있는 소나무처럼 격려하여 주신 송은 이윤환 선생님, 정년을 앞두신 김춘환 지도교수님, 아내 이수미 원장과 성준, 좋은, 예준, 삶의 어려운 순간마다 항상 곁에서 경청하여 주고 격려하여 준 선생 같은 고향 친구 남구현 교수, 허성태, 최영열에게 고마움을 전한다.

졸고에 대하여 출판의 용기를 주신 박영사 안종만 회장님, 안상준 대표님, 이영조 부장님, 이후근 대리님, 원고를 섬세하게 검토하여 주신 정수정 대리께 깊이 감사드린다.

저자는 세상에서 가장 운이 좋은 사람이다. 그래서 가장 부자이다. 이 책을 읽는 학생, 수험생, 행정실무가들에게도 이러한 인연의 신비가 주는 행운이 전달될 것이다.

2020. 12. 5.
독일 베를린 훔볼트 대학교 Hausvogteiplazt 캠퍼스 연구실에서 작성한
초고를 초당대에서 다시 정리하며

저자 **문현철**

행정법을 재미있게 공부하는 방법론

머리말에서 잠시 언급하였지만 이 책은 행정법을 공부하는 초학도인 학생, 행정실무자, 관리자, 일반시민 등에게 행정법적 마인드가 함양되도록 하는 3가지 목표를 향하여 집필되었다.

I. 흥미로운 행정법을 학습을 위하여 다음과 같이 두 가지 방법을 제시하고자 한다.

첫째, 행정법은 정부의 각종 행정에 대한 수많은 근거법령들을 하나의 체계로서 이해하기 위한 법리를 학습하는 것이다. 그러기 위해서는 우선 행정현상을 관찰할 필요가 있다. 왜냐하면 신문에 보도된 행정의 사실관계 내용들이 행정법의 범주에 해당되는 개별 법령을 읽을 때 상상력이 발동되어 이해가 촉진되기 때문이다. 공무원이 아닌 일반인은 행정현상을 직접 관찰하기 어려우므로 행정법을 공부하는 학생들이 행정 현상을 관찰하기에 좋은 놀이터는 신문, 방송보도를 보는 것이다. 신문에 보도되고, 기고된 다양한 행정현상의 문제점에 대한 기사들을 읽어 두는 것이 행정법 학습의 훌륭한 자양분이 된다는 점을 강조하고자 한다. 어제도 오늘도 행정법 학습에 귀중한 사례들이 신문방송에 보도되고 있다.

둘째, 행정법은 학술적 개념으로서 행정에 근거가 되는 수많은 개별법의 집합 개념이다. 평소에 행정법의 범주에 포함되는 법령들을 잘 읽어봐야 한다는 점을 강조하고 싶다. 앞에서 설명한 것처럼 당연히 법리 이전에 행정현상을 관찰하여야 하고, 그 근거법령을 읽어 보는 것이 행정법 학습의 중요한 초석이 된다는 점을 강조하고 싶다. 정부의 행정현장에 행정학은 난무하나 행정법이 잘 보이지 않는 이유는 실무자들의 공무수행 방법론에 잘못이 있다는 점이다. 시험 공부할 때 행정법의 법이론에 치중하다 보니 개별 행정현상과 근거법령에 소홀하게 되어, 공무수행 주체가 되어서도 개별법령들의 내용을 잘 숙독하지 않는 다는 점이다. 다양한 행정법의 범주에 해당되는 법령들을 찾아보는 습관이 행정법의 법리를 이해하는 데 자양분이 된다. 법령을 자주 찾아 읽다 보면 행정현장에 대한 상상력, 분석력, 논리력이 향상 되어 향상 행정법의 이해력이 촉진될 것이다.

Ⅱ. 이 책을 효과적으로 활용하는 방법을 네가지로 제시하고자 한다.

첫째, 법학은 개념의 학문이다. 개념을 이해하고 설명할 수 있다면, 70% 공부가 되었다고 해도 과언이 아니다. 스마트폰, 인터넷 세대인 요즘 학생들은 눈으로 보는 것에 익숙해져 있다, 그런데 눈으로 보기만 한 것을 이해하였다고 착각하면 오산이다. 이렇게 눈으로 보는 것에 익숙해지면 학습에서 이해보다는 외우려 하는 경향이 나타난다. 이것은 학습 과정에서 실망스런 결과를 나타나게 하여 좌절을 경험하게 만드는 주요원인이 된다. 추상적 개념을 상상력을 통하여 자신의 방식으로 이해하여 보려는 노력의 과정이 학습의 과정이다. 학습의 핵심은 이해이다. 이해의 기초는 개념이다. 개념을 이해하고 나면, 나머지는 모두 그 개념에 대한 정밀한 진단과 확장 과정인 것이다.

둘째, 행정법을 처음 공부하는 법학과 학생, 로스쿨 준비 학생, 공무원시험 준비 학생은 행정법 전체의 체계가 보일 때까지는 개념 중심으로 여러 번 통독하라는 것이다. 세종대왕은 집현전 학자들에게 한 권의 책을 500번 읽지 않고 어찌 학문한다고 할 수 있는가? 라고 하였다. 한 권의 전공 서적을 자신의 손에, 가슴에 익숙해질 때까지 여러 차례 통독해본 경험은 행정법을 비롯한 모든 전공 학습에서 매우 중요한 것이다. 반복이 천재를 만든다.

셋째. 이 책은 표로 정리한 것이 많다. 이해가 덜 된 상태에서는 표에 신경 쓰지 말고 그냥 넘기며, 개념 중심으로 읽기 바란다. 행정법에 대한 학습량이 많아진 이후에 표로 정리된 것을 보면 좋을 것이다. 행정법에 대한 이해력이 증진된 상태에서의 정리된 표는 정돈 효과, 비교 효과, 이미지 효과를 만든다. 그러나 이해가 덜 된 학생이 표부터 보면 자신도 모르게 외워야 한다는 착각에 빠지게 되어 흥미도 없어지고, 학습 성과도 나쁘게 나타날 것이다.

넷째, 행정실무가나 행정법이 어느 정도 익숙해진 학생은 표만 봐도 공부한 내용이 선명히 떠오르며, 표의 진가가 나타날 것이다. 표를 통한 손쉬운 비교와 정돈, 이미지 효과를 경험할 것이고 이해가 더 깊어질 것이다. 미술에서 명도대비, 색도대비는 강조와 조화를 촉진하는 시각적 색상 이미지에 대한 개념이다. 본서에서 제시된 행정법에 대한 다양한 표들은 이러한 비교, 강조, 정돈, 조화를 위한 제시라는 점을 인식하기 바란다.

Ⅲ. 이 책의 구성에 대한 큰 틀을 설명하고자 한다.

이 책에서는 행정법에 대하여 과거와 다른 방식의 설명을 시도하였다. 행정현상에 대한 관찰 경험의 결과로서 늘 행정실무가를 염두하고 행정법을 구성하였다. 이러한 실무를 염두한 이론의 전개는 시험 준비하는 학생들에게도 행정법에 대한 이해를 촉진시킬 것이라고 생각된다.

제1편 행정법 통칙편을 행정법의 구조와 체계라는 관점으로 설명하였다.

제2편 행정절차법편은 행적작용에 앞서 행정절차를 먼저 설명하였다. 행정법을 본격적으로 설명할 때 보통 행정작용법을 먼저 설명하고 난 이후에 행정절차를 정보공개 등과 묶어서 행정작용법보다 나중에 설명하는 경우가 일반적이다. 그러나 행정절차가 행정작용 이후에 등장하는 것은 자칫 행정작용에서 행정절차를 후순위로 미루어도 되는 것 같은 인식을 갖게 하는 위험성이 있다고 본다. 형사절차는 강조되는데 행정절차가 등한시 되는 이유는 바로 그러한 논의 관행 때문으로 진단된다. 그러므로 본서에서는 행정절차를 행정작용법보다 먼저 설명하였다. 민주행정은 절차를 통하여 공익실현이 이루어 져야 하기 때문이다.

제3편 행정작용법편은 공익실현 방법론이라는 인식을 심어 주려고 노력하였다. 행정작용, 행위형식이라는 행정법 용어들은 행정실무가나 학생들에게 그 의미가 가슴에 잘 와 닿지 않는 고전적 표현이라고 본다. 그러므로 행정작용보다는 공익실현을 위한 공무집행 방법론 등으로 표현하는 것이 쉽게 이해될 것이라고 생각된다. 아울러 이해의 편의를 위하여 행정작용의 종류와 구성을 권력적 행정작용과 비권력적 행정작용으로 대별하여 설명하였다. 미술의 명도대비, 색도대비 효과처럼 행정작용 방식의 특징적 유형을 대조시키는 방법으로 설명을 진행하였다.

제4편 의무이행 확보수단편은 행정법이 민사법과 극명하게 비교 되는 분야이다. 이러한 의무이행 확보수단의 발달은 행정법의 특수성을 대변하는 것이며, 공무집행의 측면에서는 공익실현이 쉽지 않기 때문이다. 공익실현은 강학상 학문적으로 어렵지 않게 표현되지만, 공익실현은 행정현장에서 매우 어려운 문제 중의 하나로서, 의무이행 확보수단의 발달은 공익실현의 어려움 표현이라고 말할 수 있을 것이다.

제5편 정보공개와 정보보호편은 발음이 비슷하여 두 가지가 마치 비슷한 것으로 바라보기 쉽다. 사전적 권리구제 수단으로서 현대 행정에서 그 역할과 기능이 점점 커지고 있다. 그러므로 중요성을 인식시키기 위하여 정보공개를 국가가 보유한 정보에 대한 공개, 정보보호를 국가와 기업으로부터의 정보보호라는 수식어를 첨가하여 개념과 체계의 이해를 촉진 시키고자 노력하였다.

제6편 행정구제법편 에서는 공익실현의 주체에게는 자신의 행정작용으로 인하여 그 대상인 사인이 손해전보와 행정쟁송을 제기할 수 있음을 알게 하는 것이다. 반면 행정객체인 개인에게는 공익실현 과정 속에서 행정주체에 의하여 적법, 위법하게 피해가

발생한 경우, 어떻게 자신의 피해를 구제받을 것인가에 대한 공무집행으로부터 시민보호 플랫폼을 설명하고자 노력하였다.

행정구제법에 대한 설명순서에 있어서 과거의 방식에서 탈피하여 새로운 설명 방식을 시도하였다. 첫째, 손해전보 부분에서는 기존의 행정법 저서들과 달리 손실보상을 먼저 설명하고, 국가배상을 뒤에 설명하였다. 그 이유는 행정가들이 공익실현을 위한 적법한 행정작용 과정에서 행정객체에게 부득이 피해를 야기한 경우에 손실보상제도를 잘 이해하고 있어야, 회피행정이 아니라 적극행정이 가능하기 때문이다. 국가배상은 행정주체의 잘못으로 인하여 행정목적 실현의 대상이 피해를 본 경우이다. 국가배상은 손실보상과 달리 국가배상법이라는 단행법이 있으므로 그 체계가 잘 안정되어 있다고 본다.

둘째, 행정쟁송에서는 행정법의 특징 중의 하나인 행정심판제도의 필요성과 행정심판위원회의 역할과 권한, 재결에 대한 이해를 촉진시키려고 노력하였다. 행정소송의 경우도 가구제, 사정판결 등 민사소송과 다른 행정소송의 특수성과 그 역할에 대하여 이해력을 제고시키기 위하여 노력하였다.

끝으로 독자들에게 당송팔대가인 왕안석 선생의 글을 선물하고자 한다.
'가난한 사람은 책을 읽어 부자가 되고, 부자는 책을 읽어 귀하게 된다.'
- 貧者因書富, 富者因書貴-.

이 책을 읽는 학생, 행정실무가들의 꿈이 이루어지기를 소망한다.

차 례

제2편 행정절차

제1장 공익실현 위한 공무수행절차

제3편 행정작용법

제1장 행정작용법의 체계

제2장 권력적 행정작용

제2장 행정벌

제3장 새로운 의무이행 확보수단

참고문헌

김춘환, 『행정법 I』, 조선대 출판부, 2020.

김춘환, 『행정법 II』, 조선대 출판부, 2020.

김춘환, 『행정구제법』, 조선대 출판부, 2020.

김춘환, 『경찰행정법』, 조선대 출판부, 2011.

김철수, 『헌법학개론』, 박영사, 1994.

김남철, 『행정법 강론』, 박영사, 2020.

김동복, 『행정법 I』, 파인씨미디어, 2014.

김민호, 『행정법』, 박영사, 2020.

김유환, 『현대 행정법강의』, 법문사, 2016.

권영성, 『헌법학원론』, 법문사, 1992.

김향기, 『행정법개론』, 삼영사, 2005.

김형중, 백상진, 『행정법개론』, 삼영사, 2017.

류지태, 박종수, 『행정법신론』, 박영사, 2016.

문병효, 『행정법방법론』, 박영사, 2020.

문현철, 『경찰행정법』, 고시뱅크, 2005.

문현철, 『사회복지법제』, 청목출판사, 2007.

박균성, 『행정법』, 박영사, 2019.

박균성, 『행정법기본강의』, 박영사, 2018.

박균성, 『경찰행정법입문』, 박영사, 2019.

박평준, 박창석, 『보상행정법』, 리북스, 2012.

정종섭, 『헌법학원론』, 박영사, 2018.

정형근, 『행정법』, 파인씨미디어, 2016.

조성복, 『독일 연방제와 지방자치』, 섬엔섬, 2019.

전광석, 『한국헌법론』, 집현재, 2015.

홍정선, 『신행정법특강』, 박영사, 2020.

홍정선, 『지방자치법』, 박영사, 2015.

허영, 『헌법이론과 헌법』, 박영사, 1995.

김중권, "21세기 국가모델을 위한 행정법의 현대화와 개혁", 『공법연구』 제48집 제1호. 2019.

Administrative Law

제1편
행정법에 대한 이해

행정법의 구조와 체계

제1장 행정이란 무엇인가

제1절 행정에 대한 이해

Ⅰ. 행정의 개념

1. 행정관념의 성립

헌법의 구체화법인 행정법을 잘 이해하기 위해서는 계몽사상, 사회계약론 등에 대한 독서와 학습이 기초를 이룬다고 할 수 있다. 1725년 계몽사상가인 몽테스키외의 법의정신에서 주창된 권력분립은 현대 민주헌법국가의 핵심적 이념이며, 그 작동원리이다.

행정의 개념은 권력분립제도를 채택한 근대입헌국가에 의하여 비로소 확립된 역사적 관념으로, 절대군주가 행사하던 통치권 중 입법권과 사법권을 제외한 나머지 기능을 의미한다. 즉 행정이라는 개념은 권력분립을 전제로 하는 개념이다.

행정실무에서의 행정과 행정학에서의 행정, 행정법에서의 행정은 어떠한 차이가 있는지 검토하는 것이 행정법의 전제인 행정을 이해하는 데 기초가 될 것이라고 생각한다.

2. 행정개념의 분류

행정의 개념은 행정법에서 일반적으로 논의하는 형식적 의미의 행정과 실질적 의미의 행정이라는 두 가지 상이한 방법으로 정의될 수 있고, 행정학에서 논의하는 행정의 개념을 검토해볼 수 있다.

1) 형식적 의미의 행정

① 구별기준　작용의 성질이나 기능과 관계없이 기관의 권한을 기준으로 정의하는 방식이다.

② 개 념　이 방식에 의하면 행정이란 행정기관에 속하는 작용을 말한다. 따라서 입법기관에 속하는 작용은 입법, 사법기관에 속하는 작용은 사법에 해당하게 된다.

③ 특 징　이러한 정의 방식은 대상을 명료하게 인식할 수는 있으나, 그 작용의 성질을 도외시함으로써 행정의 본질적인 요소를 파악하기가 어렵다.

2) 실질적 의미의 행정

① 구별기준　행정의 고유의 성질과 그 기능을 기준으로 행정을 정의하는 방식이다.

② 개 념　이 방식에 의하면 행정이란 법집행작용이라고 할 수 있다. 따라서 입법(立法)이란 법정립작용이고, 사법(司法)이란 법선언작용이라고 할 수 있다.

③ 학 설　행정개념을 좀더 명확하게 정의하기 위한 학설은 다음과 같이 세 가지로 분류할 수 있다.

학 설		내 용	주장자
소극설 (공제설)		국가작용중에서 입법·사법을 제외한 나머지 작용을 행정이라고 보는 견해이다.	W. Jellinek
적 극 설	목적설	국가가 법질서 아래서 국가목적을 실현하기 위하여 행하는 작용을 행정이라고 보는 견해이다.	O. Mayer
	양태설	행정을 법 아래에서 사법 이외의 일체의 국가목적을 현실적·구체적으로 실현하기 위하여 행하여지는 전체로서의 통일성을 가지는 계속적인 사회형성활동으로 보는 견해이다.	F. Fleiner 다수설
부정설		법단계설에 입각하여 국가작용을 성질에 따라 구별하는 것은 불가능하다는 견해이다.	순수법학파 (H. Kelsen)

④ 행정의 개념적 징표　행정을 법 아래서 사법 이외의 일체의 국가목적을 현실적으로 실현하기 위하여 행해지는 전체로서 통일성을 가지는 계속적 사회형성활동이라고 할 때 행정의 공통적인 특성 또는 징표를 기술하면 다음과 같다.

㉠ 행정은 공익을 실현하는 작용이다. 행정은 국가 또는 지역사회 및 그 구성원을 대상으로 그 질서를 유지·형성하는 공익실현을 그 본질로 한다.

㉡ 행정은 적극적·미래지향적 사회형성작용이다. 행정은 사회공동생활의 현상을 유지하는 데 그치지 아니하고 적극적인 형성활동을 통하여 미래지향적인 사회를 만드는 데 주도적인 역할을 한다. 이 점에서 소극적이고 현상유지적인 사법작용과 구별된다.

㉢ 행정은 통일적이고 계속적인 형성작용이다. 행정은 국가 또는 지역사회의 질서를 유지·형성하는 작용이라는 점에서 그 전체로서는 계속성과 통일성이 있어야 한다.

㉣ 행정은 행정주체의 작용이라는 점에서 고권적 지위를 갖는다. 행정은 효율적인 공익실현을 위해 상대방에게 일방적으로 법적 의무를 명령·강제하는 행정행위를 하며, 법률의 범위 내에서 스스로 강제집행을 할 권한도 갖는다.

㉤ 행정은 구체적 처분에 의하여 그 목적을 실현하는 작용이다. 행정은 구체적 처분에 의하여 개별적 사안을 규율한다는 점에서 일반적·추상적인 법규의 정립작용인 입법과

구별된다. 다만, 법규 중에서 처분법규(법적효과면에서 행정처분과 같은 성질을 가지는 법규)는 구체적 처분의 성질을, 시간적·공간적으로 광범위한 행정계획 등의 경우에는 실질적으로 일반적·추상적 성질을 가지는 행정작용이라는 예외적 현상도 있다.

3) 형식적 의미의 행정과 실질적 의미의 행정의 관계

구 분		예	담당기관
형식적 의미의 행정	실질적 의미의 입법	대통령령 및 부령의 제정	정부
	실질적 의미의 사법	행정심판재결, 통고처분	
	실질적 의미의 행정	영업허가 및 특허와 같은 법집행작용	
형식적 의미의 입법	실질적 의미의 입법	법정립작용	국회
	실질적 의미의 사법	의원의 징계	
	실질적 의미의 행정	국회사무총장 등 국회직원의 임명	
형식적 의미의 사법	실질적 의미의 입법	대법원의 규칙제정	법원
	실질적 의미의 사법	재판작용	
	실질적 의미의 행정	일반법관의 임명	

4) 행정학에서 논의하는 행정의 개념

행정학은 행정 현상을 연구하는 학문으로서 '공조직관리학'이라고 설명하기도 한다. 이러한 행정학에서의 행정은 공익을 달성하기 위한 정부의 제반 활동과 상호 작용을 의미한다. 행정학에서의 행정은 그 목적이 공익이고, 수단이 합리성이다.

5) 행정법의 대상으로서의 행정의 범위

① 통치행위는 넓은 의미의 행정에 속하지만 행정법의 대상에서는 제외된다.

② 실질적 의미의 행정은 그것이 설령 입법부·사법부의 작용에 속하는 것이라도 행정법의 대상으로서의 행정에 속한다. 다만 국제행정과 같이 다른 법의 대상이 되는 것은 제외된다.

③ 형식적 의미의 행정은 그것이 성질상 입법(예 행정입법), 사법(예 행정심판)에 속한 경우라도 행정법의 대상에 속한다.

④ 행정소송은 행정에 관한 쟁송으로 그 실질적 성질에 관계없이 행정법의 대상인 행정으로서의 성질을 갖는다.

3. 행정과의 구별개념

1) 입법과의 구별   입법은 일반적이고 추상적인 법규를 정립하는 작용인데 반하여, 행정은 정립된 법규 아래서 법규의 기속을 받는 개별적이고 구체적인 처분에 의해 법규를 집행함으로써 국가목적을 구체적으로 실현하는 작용이다.

2) 사법과의 구별

구 분	사 법	행 정
목 적	법질서 유지	국가의 목적 및 공익의 실현
본 질	수동적인 법인식 내지 판단작용	능동적인 사회형성작용
기 관	독립된 기관	통일성을 지닌 계층적 기관
절 차	엄격한 법의 규제와 기속	재량의 여지가 많음
신 청	반드시 필요	반드시 신청이 필요한 것은 아님

3) 통치행위와의 구별   통치행위는 정치적 색채가 강한 국가행위로서 사법심사에서 제외되는 행위라는 점에서, 법의 집행작용으로서 사법심사의 대상이 되는 작용인 행정과 구별된다.

Ⅱ. 통치행위

1. 의 의

1) 개 념   통치행위란 고도의 정치성을 가지는 국가기관의 행위로서 법적구속을 받지 않으며 사법심사에서 제외되는 행위를 말한다. 이러한 통치행위의 개념은 실정법상의 개념이 아니라 연혁적으로 미국과 유럽 국가의 판례에 의하여 정립된 것이다. 제4의 국가작용이라고도 한다.

2) 행정과의 구별필요성   통치행위도 광의의 행정에 포함되나, 법적 구속을 받는 행정만이 행정법의 규율대상이 되므로 사법심사의 대상에서 제외되는 통치행위와의 구별을 필요로 한다.

2. 통치행위의 사법심사 대상 인정 여부 및 근거

1) 통치행위 부정설(= 사법심사 긍정설)　　실질적 법치주의가 확립되고 국민의 재판청구권이 일반적으로 인정되어 있으며 행정소송상 개괄주의가 채택된 현대국가에서, 비록 고도의 정치적 행위라 하더라도 그것이 국민과의 관계에서 법률적 쟁송을 발생시켰다면 당연히 사법심사가 가능하다고 보아야 한다는 견해이다. 이 견해에 따르면 명문의 규정에 의해 사법심사 대상에서 제외될 수 있지만, 고도의 정치적 행위라 하더라도 법적 근거 없이 사법심사에서 제외될 수는 없다고 한다.

2) 통치행위 긍정설(= 사법심사 부정설)

① 재량행위설　　통치행위는 국가최고기관의 정치적 재량에 기한 행위로서, 여기에서는 기본적으로 정치적 합목적성만이 문제되므로 이러한 통치행위는 법적 판단의 대상이 될 수 없다고 본다.

② 내재적 제약설　　정치적으로 중요한 의미를 가지는 행위에 대해서는 민주정치의 관점에서 보면 정치적 책임이 없는 법원에 의하여 해결될 것이 아니라, 정부 또는 국회의 권한에 유보하여 국민의 감시와 비판 하에서 처리하게 하는 것이 바람직하다는 것이다.

③ 사법자제설　　통치행위도 법률문제를 발생시킨 이상 사법심사의 대상이 되나, 법원이 사법심사를 하지 않는 위법을 감수하여서라도 방지하여야 할 보다 큰 위해의 발생을 예방하기 위하여 그 재판권의 행사를 자제하여 사법심사가 배제된다고 보는 입장이다.

3) 판례의 태도

① 대법원의 입장　　대법원은 대통령의 계엄선포·확대와 관련하여 제한적으로 사법심사의 배제를 긍정하고 있다(대판 1997.4.17. 96도3376).

> **판례**
>
> 대통령의 비상계엄의 선포나 확대는 고도의 정치적·군사적 성격을 지니고 있는 행위로서 그것이 누구나 일견 헌법이나 법률에 위반되는 것이 명백하게 인정될 수 있는 등 특별한 사정이 있는 경우라면 몰라도 그러하지 아니한 이상 그 계엄선포의 요건 구비 여부나 선포의 당·부당을 판단할 권한이 사법부에는 없다고 할 것이나, 비상계엄의 선포나 확대가 국헌문란의 목적을 달성하기 위하여 행하여진 경우에는, 법원은 그 자체가 범죄행위에 해당하는지의 여부에 관하여 심사할 수 있다(대판 1997.4.17. 96도3376).

② 헌법재판소의 입장　　헌법재판소는 대통령의 사면행위를 통치행위로 보아(헌재 2000.6.1. 97헌바74) 통치행위 개념을 인정하면서도, 대통령의 긴급재정명령에 관한 헌법

소원에서 통치행위가 국민의 기본권 침해와 직접 관련이 되는 경우에는 통치행위도 헌법재판소의 심판대상이 된다고 하여 통제에 대하여 적극적인 입장을 취한다(헌재 1996.2.29. 96헌마186).

> **판례**
>
> ⓐ 사면은 형의 선고의 효력 또는 공소권을 상실시키거나, 형의 집행을 면제시키는 국가원수의 고유한 권한을 의미하며, 사법부의 판단을 변경하는 제도로서 권력분립의 원리에 대한 예외가 된다(헌재 2000. 6.1. 97헌바74).
>
> ⓑ 대통령의 긴급재정명령은 국가긴급권의 일종으로서 고도의 정치적 결단에 의하여 발동되는 행위이고 그 결단을 존중하여야 할 필요성이 있는 행위라는 의미에서 이른바 통치행위에 속한다고 할 수 있으나, 통치행위를 포함하여 모든 국가작용은 국민의 기본권적 가치를 실현하기 위한 수단이라는 한계를 반드시 지켜야 하는 것이고, 헌법재판소는 헌법의 수호와 국민의 기본권보장을 사명으로 하는 국가기관이므로 비록 고도의 정치적 결단에 의하여 행해지는 국가작용이라고 할지라도 그것이 국민의 기본권침해와 관련되는 것인 때에는 당연히 헌법재판소의 심판대상이 된다(헌재 1996.2.29. 96헌마186).

4) 결 어   헌법이 국가의 국민의 기본권 보호의무를 선언하고 실질적 법치주의를 지향하고 있다는 점, 행정소송법이 개괄주의를 택하고 있는 점을 볼 때 통치행위도 사법심사의 대상이 된다는 통치행위 부정설이 논리적으로 타당하다. 그러나 실질적 법치주의나 개괄주의도 국가의 존립을 전제로 하며, 고도의 정치적 행위에 대한 통제로서 국회 또는 여론에 의한 통제가 사법심사보다 합목적적인 경우도 있을 것이므로 통치행위의 개념을 전적으로 부정하는 것은 현실적으로 타당하지 않다고 본다.

따라서 통치행위의 개념은 인정하되 모든 국가작용이 국민의 기본권적 가치의 실현이라는 한계에 기속된다는 점을 고려하여 불가피한 경우에만 인정하여야 할 것이며, 이 경우에도 통치행위로 인하여 국민의 권익을 침해하였을 때에는 그에 대한 구제가 행하여져야 할 것이다.

3. 통치행위의 범위

1) 외국의 경우

① 프랑스   프랑스에서는 일찍이 독립한 행정법원인 국참사원의 판례를 중심으로 형성되었다. 즉, 모든 행정기관의 행위가 국참사원의 심리의 대상이 되었으나 일련의 정부 및 국회의 정치적 행위는 행정재판의 대상에서 제외되었다. 이러한 예로 의회소집, 의회해산, 계엄선포, 조약체결 및 집행 등이 있다.

② 독 일   독일은 2차 세계대전 이전에는 행정소송에서 열기주의를 택하고 있어

통치행위의 관념이 문제되지 않았으나 전후 개괄주의를 택함으로써 통치행위에 관한 활발한 논의가 전개되었다. 독일에서는 수상의 선거, 국회의 해산, 조약의 비준을 포함한 외교행위들을 통치행위의 예로 들고 있다.

③ 일 본　　일본도 독일처럼 전후 개괄주의를 취함으로써 사법권의 한계로서의 통치행위가 문제되고 있다. 일본에서 인정되고 있는 통치행위의 예로는 미일안보조약, 국회의 해산 등이다.

2) 우리나라의 경우

① 국회의 행위　　국회의 행위 중 통치행위로 인정되는 것은 국회의 자율권에 관한 사항이다. 헌법 제64조 제4항은 국회의원의 자격심사, 징계, 제명처분에 대해서는 법원에 제소할 수 없다고 규정하고 있으므로 이러한 행위에 대하여는 사법심사가 배제된다.

② 대통령의 행위　　대통령의 국가 원수 또는 행정부 수반으로서의 행위 중에서 대통령의 외교에 관한 행위(헌법 제73조), 사면권의 행사(동법 제79조), 영전수여권의 행사(동법 제80조), 긴급재정경제명령 · 처분권의 행사(동법 제76조), 국무위원 등의 임면(동법 제86조, 제87조), 법률안에 대한 거부권(동법 제53조 제2항) 및 중요 정책의 국민투표부의권행사(동법 제72조) 등이 통치행위로 인정되고 있다.

4. 통치행위의 한계와 법적 효과

1) 통치행위의 한계
통치행위가 고도의 정치성으로 인하여 사법심사의 대상이 될 수 없는 경우에도 통치행위가 전적으로 면책되거나 무제한으로 자유로 되는 것은 결코 아니다. 통치행위도 헌법상 민주질서에 따라야 하는 것이므로 평등의 원칙, 비례원칙 등에 의한 제한을 받는다. 그리고 통치행위가 비록 사법심사의 대상이 될 수 없다는 견해에 따르더라도 국회의 통제, 여론 및 매스컴에 의한 비판 등으로부터 자유로울 수는 없다.

2) 통치행위의 법적 효과
① 사법심사의 배제: 통치행위에 대해서는 사법심사가 배제된다. 이에 대해서 통치행위의 유형을 이분화 하여 사법심사를 상대화해야 한다는 견해가 있다. 즉 고도의 정치성을 띤 행위로 헌법도 그 절차와 내용을 규제하지 않고 있고 국민의 기본권 보장과도 직접 관련이 없는 절대적 통치행위는 사법적 통제의 대상이 되지 않지만, 헌법 또는 법률에서 그 행사절,차와 요건을 규정하고 있으며 국민의 기본권 보장에도 중대한 영향을 미치는

상대적 통치행위는 당해 행위의 위법성 여부를 재판상 심사할 수 있다고 한다.

② 국가배상책임의 문제: 위법한 통치행위로 인해 사인이 손해를 입은 경우 국가는 그에 대한 배상책임을 지는지에 대해 다음과 같이 견해가 대립한다.

㉠ 부정설: 통치행위는 그 위법성 여부가 사법심사의 대상에서 제외되므로 국가배상책임을 인정할 수 없고, 또 법원의 심리에 있어서도 헌법이나 법률에 위반되는 것이 명백하게 인정되는 경우가 아니라면 법률상 통치행위의 위법성을 현실적으로 주장하기도 어려우므로 통치행위에 대한 국가의 손해배상책임을 원칙적으로 부정해야 한다는 견해이다.

㉡ 긍정설: 국가배상에 있어서의 위법성의 문제는 통치행위의 문제와는 그 시각을 달리하는 것이므로 국가배상책임의 요건을 충족하면 배상책임을 인정할 수 있다는 견해이다.

㉢ 결 어: 통치행위로 국민의 권익이 침해되었을 때에 이에 대한 구제를 해 주는 것이 실질적 법치국가의 원칙상 당연하다. 따라서 국가배상의 요건을 갖추었을 때에는 배상책임을 인정하는 긍정설이 타당하다고 하겠다. 다만, 법원의 사법심사에서 제외되는 통치행위의 경우 그 위법성의 주장이나 심사가 용이하지 않다는 문제점이 있다.

3) 판 례   대법원은 12·12반란사건 및 5·18민주화운동진압사건에 관한 판결에서 "누구에게도 일견하여 헌법이나 법률에 위반되는 것으로서 인정될 수 있는 등 특별한 사정이 있는 경우"에 한하여 법원의 심리가 가능하다고 판시하였다(대판1997.4.17. 96도3376).

[정리] 판례상 통치행위와 사법심사의 범위	
구 분	사법심사 대상 여부
계엄선포행위	대통령의 계엄선포행위나 긴급조치는 통치행위에 해당하므로 사법심사의 대상이 될 수 없다(대판 1979.12.7. 79초70). → 계엄선포에 따른 집행행위 및 포고령 등은 사법심사의 대상이 될 것이다.
군사시설보호구역의 설정·변경	군사시설보호법에 의한 군사시설보호구역의 설정, 변경 또는 해제와 같은 행위는 통치행위라는 점에서 협의의 행정행위와 구별된다(대판 1983.6.14. 83누43).
대통령의 특별사면행위	대통령의 특별사면행위는 통치행위에 속하는 것으로 사법심사의 대상이 되지 아니한다(서울행정법원 2000.2.2. 99구24405).
대통령의 금융실명제에 관한긴급재정경제명령	대통령의 긴급재정명령은 국가긴급권의 일종으로서 통치행위에 속한다고 할 수 있으나, 그것이 국민의 기본권침해와 관련되는 것인 때에는 당연히 헌법재판소의 심판대상이 된다(헌재 1996.2.29. 96헌마186).
남북정상회담에 따른 대북송금사건	남북정상회담은 통치행위에 해당하나, 그에 따른 대북송금은 통치행위에 해당하지 아니한다(서울지법 2003.9.26. 2003고합580·2003고합585 병합).

Ⅲ. 행정의 유형

행정은 다음과 같이 여러 가지 기준으로 분류될 수 있다. 이는 오늘날의 행정이 매우 다양하며 복잡하고 서로 영향을 주고받는다는 것을 보여주는 것이다.

1. 주체에 의한 분류

1) 국가행정　국가가 직접 그 기관에 의하여 행하는 행정을 말하는 것으로, 행정의 원칙적 형태이다.

2) 자치행정　지방자치단체 또는 공공단체가 스스로 행정권의 주체로서 행하는 행정을 말한다.

3) 위임행정　국가 또는 공공단체가 자기사무를 다른 공공단체 또는 사인에게 위임하여 행하는 행정을 말한다. 사인(私人)은 보통 행정객체의 지위에 서지만, 수임에 의하여 행정사무를 집행하는 경우에는 그 한도 내에서 행정주체의 지위에 서게 된다.

2. 내용(임무)에 의한 분류

1) 질서행정　공공의 안녕과 질서를 유지하기 위한 행정을 말한다. 질서행정은 침해행정을 통해서만 이루어지는 것은 아니고(예 경찰관의 교통안내나 미아보호), 모든 권력행정이 반드시 침해행정인 것도 아니다.

　　예 치안행정, 교통정리, 보건 · 위생 · 영업 · 건축규제

2) 급부행정　국민의 복지를 적극적으로 증진하기 위한 수익적 행정을 말한다. 급부행정의 실현방법은 주로 비권력적이며, 공 · 사법형식을 모두 취할 수 있다.

　　① 공급행정(생존배려행정): 현대생활에 반드시 필요한 공적 시설을 설치 · 유지 · 관리하는 행정을 말한다.

　　　예 복지행정, 도로 · 수도 · 학교 및 병원 등의 설치 · 관리

　　② 사회보장행정: 사회보험 · 사회부조 및 사회보장 등과 같이 직접 개인을 대상으로 하여 행하여지는 급부활동을 말한다.

　　③ 조성행정: 사회구조에 관한 정책의 일환으로 또는 개인의 생활개선을 목적으로 하여 행하여지는 급부활동을 말한다.

　　　예 산업기반이나 농업개선을 위한 자금교부, 음악 · 연극 등에 대한 재정지원

3) **유도행정**　국민의 경제적·사회적·지역적 생활을 일정한 방향으로 이끌어 가며 촉진시키는 활동이다.

4) **계획행정**　당해 부분에 있어서의 관련된 모든 권리·이익을 비교형량하고 관계상황을 구체적으로 검토하여 행하는 계획적이고 형성적인 행정을 말한다. 이러한 계획행정은 단순히 자료제공에 그치는 것부터 법적 구속력을 가지는 것까지 매우 다양한 형태로 나타난다.

5) **공과(公課)행정**　국가·지방자치단체 등이 그 소요재원을 마련하기 위하여 조세 기타 공과금을 징수하고 관리하는 행정이다.

6) **조달행정**　행정목적달성을 위한 인적·물적 수단을 취득하고 관리하는 행정을 의미한다.

3. 법적 효과에 의한 분류

1) **침해(침익)행정**　사인의 자유와 권리를 침해·제한하거나 의무나 부담을 과하는 행정을 말한다.

2) **수익(급부)행정**　상대방에게 제한되는 자유를 회복시켜주거나 새로운 권리·이익을 부여하는 행정(급부행정)을 말한다.

3) **복효적(이중효적) 행정**　수익적 효과와 침해적 효과가 동시에 발생하는 행정을 말한다.

　　예 하나의 행정작용이 특정인에게는 수익적(침해적)이지만 다른 사람에게는 침해적(수익적)효과를 발생하는 것

4. 수단에 의한 분류

1) **권력적 행정**　행정주체가 상대방에 대하여 일방적으로 명령·강제하는 행정이다. 이는 행정작용의 일방적·구속적 규율을 내용으로 하고 공법 형식으로 행한다.

　　예 징집처분, 경찰처분, 조세부과, 공용부담

2) **비권력적 행정**　강제성을 띠지 않는 행정을 말한다.

　　예 행정지도, 공법상 계약, 공물의 관리

5. 법적 형식에 의한 분류

1) 공법적 행정   공법에 의거하거나 공법의 규율을 받으며 행해지는 행정활동을 말한다.

　　예 권력적 행정, 단순고권적 행정, 관리행정

2) 사법적 행정   행정이 사법의 규율을 받으면서 사법 형식에 따라 행해지는 행정을 말한다. 이는 국민에 대하여 일방적·직접적인 구속력을 갖지 않는 특징을 지닌다.

　　예 물자조달행정, 영리경제적 활동(공기업활동), 행정사법

6. 목적에 의한 분류

1) 국가목적적 행정   국가의 존립과 유지를 위한 행정활동을 말하며, 외교부, 국방부, 통일부, 법무부, 기획재정부, 국세청, 병무청 등의 업무가 대부분 국가목적적 행정에 해당된다. 연방국가의 경우 주로 연방 정부가 담당하고 있다.

　　예 재무행정, 외무행정, 군사행정, 사법행정

2) 사회목적적 행정   사회 일반의 이익확보를 목적으로 하는 행정활동을 말하며, 행정안전부, 경찰청, 산림청, 보건복지부, 국토교통부, 산업통상자원부, 교육부 등의 업무들이 대부분 사회목적적 행정이다. 연방제를 실시하는 나라의 경우 주로 주 정부가 담당하는 업무들이 여기에 해당한다.

　　예 경찰(질서)행정, 복지행정, 교육행정, 산림행정

제2장 정부의 공무집행 로드맵인 행정법

제1절 행정법에 대한 이해

Ⅰ.행정법의 개념

1. 행정법의 개념

행정법은 일반적으로 행정의 조직과 작용 및 구제에 관한 국내공법을 말한다. 따라서 행정법은 정부인 행정부의 조직과 작용 및 국민의 권리구제에 관한 국내법이다.

2. 행정법의 개념요소

행정법은 정부의 행정에 관한 법, 공법 그리고 국내법을 개념요소로 하고 있다.

1) 행정에 관한 법　행정법은 정부인 행정부의 행정(경찰의 조직과 작용)을 대상으로 한다는 점에서 헌법(국가의 기본조직과 작용에 관한 법), 입법법(입법권의 조직과 작용에 관한 법), 사법법(사법부의 조직과 작용에 관한 법)과 구별된다.

2) 행정에 관한 공법　행정법은 행정에 관한 모든 법을 의미하는 것이 아니라 행정에 관한 사법(私法)을 제외한 공법만을 의미한다.

　　　예 행정기관이 재산권의 주체로서 행하는 국고행정에 적용되는 사법(私法) → 행정법(×)

3) 행정에 관한 국내법　행정법은 행정에 관한 공법 중에서 국제법을 제외하고 행정에 관한 국내법만을 의미한다. 다만, 헌법에 의하여 체결·공포된 조약과 일반적으로 승인된 국제법규도 국내법과 같은 효력을 가지므로 그 한도 내에서는 국제법도 행정법의 일부가 된다(헌법 제6조①).

4) 행정법의 일부　행정의 조직과 작용 및 국민의 권리구제에 관해 따로 법령의 규정이나 고유한 법원리가 있는 경우를 제외하고는 행정법의 일반적인 규정이나 원리가 그대로 적용된다.

Ⅱ. 행정법의 특징

행정법은 통일된 법전이 없이 무수한 법령으로 구성되어 있으나, 그 자체의 특색을 나타내는 공통적인 법체계와 이론체계를 형성하고 있다. 또한 행정법은 정부인 행정부의 중앙행정기관과 지방자치단체의 업무처리의 근거와 기준이 된다.

1. 형식상의 특징

1) **성문성**　행정법은 국민의 권리 · 의무에 관한 사항을 일방적으로 규율하기 때문에 그 일방적 규율의 예측가능성의 보장과 법적 생활의 안정성을 도모하기 위하여 다른 법분야의 경우보다는 성문법주의가 강하게 나타난다.

2) **다양성**　행정법은 단일법전 및 통칙규정이 없고, 행정작용의 규율 대상과 규율 형태가 복잡 · 다양할 뿐만 아니라 고도의 기술성과 능률성을 요구하기 때문에 그 존재하는 법형식이 타법에 비해 다양하다.

　　예 법률 · 명령 · 조례 · 규칙 · 공고 · 고시 · 행정규칙 등

2. 성질상의 특징

1) **획일성 · 강행성**　행정법은 보통 다수의 국민을 대상으로 하여 정부의 일정한 행정목적의 실현을 위하여 개개인의 의사 여하를 불문하고 획일적 · 강행적으로 규율한다. 이러한 점에서 사적 자치의 원칙에 따라 당사자의 자유의사를 존중하게 되는 사법에 비하여 특색을 나타낸다. 법규가 행정청에 재량을 인정하는 경우에도 그것은 법규에서 인정하는 테두리 안에서 합목적성의 판단에 지나지 않는 것이므로, 법규의 강행성의 예외라 볼 수 없다. 그러므로 재량권의 한계를 벗어난 행위는 위법이 되고 법이 인정하는 테두리를 넘어서 법에 위반하는 재량은 허용되지 않는다.

2) **기술성 · 수단성**　행정법은 합목적적으로 행정목적을 실현하기 위한 절차를 정하는 것이므로 기술적 · 수단적 성질을 가진다.

3. 내용상의 특징

1) **행정주체의 우위성**　행정법은 국가 · 공공단체 등의 행정주체에게 일방적으로 명령 ·

강제하며 법률관계를 형성·변경하는 힘, 즉 지배권을 인정한다. 법이 행정주체에게 지배권을 인정하는 것은 행정주체가 국민에 대하여 우위성을 지닌 것을 뜻한다. 그러나 이러한 행정주체의 우위성은 행정권에 고유한 본연의 성질에 속하는 것은 아니며, 행정행위의 실효성을 확보하도록 하기 위해 실정법이 인정한 데 불과하다.

2) 공익 우선성   행정주체가 우위적 지위에서 행정객체와 맺는 관계는 물론이고, 비권력관계에서도 공익의 우선을 위해 사법에서와는 다른 규율을 할 때가 많다. 다만, 이때에도 사익을 무시하는 의미는 아니며, 공익과 사익의 조화를 전제로 하는 것이다.

3) 집단성·평등성   행정법은 일반적으로 많은 사람을 그 규율 대상으로 하며, 이들에게 법적 평등을 보장해 주어야 한다. 따라서 행정법의 규율 내용은 정형화 되는 경향이 있다.

Ⅲ. 행정법의 범위

행정법은 행정의 조직에 관한 법인 행정조직법, 행정작용에 관한 법인 행정작용법, 국민의 권리구제에 관한 법인 행정구제법으로 구성되어 있다.

1. 행정조직법

1) 고유한 의미의 행정조직법   행정조직법은 정부의 행정기관의 구성과 직무에 관한 법으로, 행정기관의 설치와 그 임무에 관한 법, 행정기관의 권한의 행사방법과 행정기관 상호 간의 관계에 관한 법을 내용으로 한다. 행정조직은 행정조직을 위한 내부적인 준비만 하는 것이 아니라 직접·간접적으로 국민의 생활에 영향을 미치므로 원칙적으로 의회의 입법사항으로 되어있다(헌법 제88조, 제90조 내지 제93조, 제96조 등).
　　예 정부조직법

2) 광의의 행정조직법   광의로는 행정기관의 구성원인 공무원에 관한 법을 포함한다.
　　예 국가공무원법

2. 행정작용법

1) 내 용   행정작용법은 정부 행정의 내용을 규율하는 법규로서, 행정상의 법률관계의 성립·변경·소멸에 관련된 모든 법규를 말한다. 이것은 행정기관의 임무, 행정권 발동의

근거와 한계, 행정의 유형, 행정상 처분의 법적 효력, 행정강제 등에 관한 규율을 내용으로 한다.

2) 범 위   행정작용법에는 행정작용에 관한 실체법뿐만 아니라 행정작용을 위하여 거쳐야 할 절차에 관한 법을 포함한다.

　例 행정절차법

3. 행정구제법

행정구제법은 행정작용으로 권리·이익이 침해된 국민을 구제하기 위한 법규로서, 하자 있는 행정작용의 시정을 요구하기 위한 절차에 관한 법과 행정작용으로 인한 실체적 손해를 전보하기 위한 법으로 구성되어 있다.

　例 헌법, 행정심판법, 행정소송법, 행정절차법, 국가배상법

제2절 행정의 기본원리

행정법과 행정학이 모두 행정을 대상으로 한다는 공통점을 가지고 있다. 양자에게 모두 적용되는 행정의 기본원리가 무엇인지에 관하여는 확립된 견해가 없다. 행정의 기본원리로는 민주적 행정의 원리, 법치행정의 원리, 인권존중주의, 효율적 행정의 원리 등을 들 수 있다.

Ⅰ. 민주적 행정의 원리

1. 의 의

민주적 행정의 원리란 행정의 조직이나 작용이 민주적이어야 한다는 것으로, 행정은 국민의 의사를 존중하고 국민의 이익을 위하여 조직되고 활동하여야 한다는 것을 말한다.

2. 법적 근거

1) 헌법 제1조   대한민국은 민주공화국이다. 대한민국의 주권은 국민에게 있고, 모든 권력은 국민으로부터 나온다.

2) **헌법 제7조**   공무원은 국민 전체에 대한 봉사자이며, 국민에 대하여 책임을 진다.

3) **국가공무원법 제1조**   이 법은 …… 공무원으로 하여금 국민 전체의 봉사자로서 행정의 민주적이며 능률적인 운영을 기하게 함을 목적으로 한다.

3. 민주적 행정의 내용

조직의 민주화	작용의 민주화
행정기관 법정주의, 민주적공무원제도, 직업 공무원제도 등	실질적 법치주의의 채택, 책임의 인정, 행정통제와 행정구제제도 등

4. 행정권과 민주주의

국민주권의 원리상 행정권은 국민에게 있고 행정권력은 국민으로부터 나온 것이다. 국가가 행정권을 가지고 또 행사하는 것은 국민으로부터의 위임에 근거한 것이다. 따라서 행정권은 권력 자체를 위하여 행사되어서는 아니 되며, 정부에게 행정권을 위임한 국민을 위하여 행사해야 한다. 공무원은 국민 전체에 대한 봉사자이며, 국민을 책임지는 이유가 여기에 있다.

5. 민주적 행정의 확보방안

1) 민주적 통제와 참여장치

행정에 관한 중요사항을 심의 · 의결하기 위한 위원회와 각종 행정협의회를 설치하고 있다. 국무총리, 행정 각부장관 등의 임명에 있어서 국회의 인사청문회를 거치도록 하고 있다.

2) 행정활동의 공개와 참여기회의 보장

주권자인 국민 개개인에게 참여할 기회가 제공되어야 하며 행정의 활동이 공개되어야 한다. 행정활동이 폐쇄적이지 아니하고 투명해지고 열려 있을 때 행정의 민주화는 촉진된다. 이를 위한 제도적 장치로서 「행정절차법」과 「공공기관의 정보공개에 관한 법률」이 있다.

Ⅱ. 법률에 의한 행정의 원리(법치주의 원리)

1. 개 설

1) 의 의 법률에 의한 행정의 원리는 법치주의의 행정에의 적용 형태로, 행정권의 행사는 법에 근거하여 법에 적합하게 이루어져야 한다는 원칙을 말한다.

2) 형식적 법치주의와 실질적 법치주의

① 형식적 법치주의: 근대적 시민적 법치주의를 말하는 것으로, 형식적 법치주의란 법률의 내용이 어떠한가는 문제 삼지 아니하고 법률의 근거만 있으면 행정권의 발동이 정당화 된다는 것이다. 여기에서는 행정과 재판이 의회가 제정한 법률에 적합하도록 요청할 뿐 그 법률의 목적이나 내용은 중요하지 않다. 19세기 말 독일에서 발전한 것으로 1930년대 히틀러의 나치 독일과 군국주의 시기의 일본이 극단적인 형태의 형식적 법치주의 라고 할 수 있다.

② 실질적 법치주의: 실질적 법치주의란 행정권의 발동의 근거가 되는 법률은 그 형식과 절차뿐만 아니라 그 내용까지도 인간의 존엄 및 국민의 자유와 권리를 보장하는 것이어야 한다는 법치주의를 말한다. 영미의 '법의 지배의 원리'는 실질적 법치주의를 구현한 것이라고 할 수 있다.

3) 근거규정 우리 헌법은 법치주의를 명문으로 선언한 조항은 없으나, 헌법 전반에 걸쳐 그 이념을 선언하고 있다. 그중에서도 적법절차 조항(헌법 제12조① 및 ③)과 기본권제 한 조항(동법 제37조②)은 법치주의 원칙의 요체에 해당한다.

4) 목 적 법치주의나 법률에 의한 경찰행정의 원리의 궁극적인 목적은 국가권력의 남용을 방지하여 국민의 자유와 권리를 보장하는 데 있다.

5) 법률에 의한 행정의 원리에 있어서의 법률 법률에 의한 행정의 원리에 있어서의 법률은 성문법(헌법, 형식적 의미의 법, 명령과 자치법규, 조약·국제법규)뿐만 아니라 불문법도 포함한다. 다만 불문법은 원칙적으로 권력적 행정작용의 근거는 될 수 없고, 그 한계가 될 수 있을 뿐이다.

2. 법치주의 행정영역에서의 구현인 법치행정의 내용

법치주의가 행정의 영역에서는 법치행정으로 표현된다. 이러한 법치행정은 구체적으로 법률의 법규창조력, 법률우위 및 법률유보라는 세 가지 하위원리를 내용으로 한다(O. Mayer).

1) 법률의 법규창조력

① 의 의: 법률의 법규창조력이란 의회에서 제정한 법률만이 법규로서 구속력을 갖는다는 것을 의미한다. 즉, 국민의 권리·의무에 관한 사항(법규사항)을 새로이 정하는 것은 모두 의회가 제정한 법률(형식적 의미의 법률)에 의하여야 한다는 것으로, 원칙적으로 국회가 제정한 법률만이 법규사항을 정할 수 있고 행정기관의 명령으로는 이를 정할 수 없음을 의미한다.

② 법률의 법규창조력의 범위: 법률의 법규창조력이 법률이 법규사항의 전부를 스스로 다 정하도록 요구하는 것은 아니다. 기본적인 사항을 법률로서 정한 뒤에 세부사항은 명령으로 보충하도록 하는 것은 허용된다.

2) 법률우위

법률우위란 법률의 형식으로 표현되는 국가의사는 행정행위 기타 형식으로 표현되는 국가의사(행정·사법)보다 법적으로 우월하다는 것으로, 다른 모든 국가권력은 의회에서 제정한 법률에 위반할 수 없다는 의미이다. 따라서 정부의 행정행위는 소극적으로는 법률에 위반될 수 없으며, 적극적으로는 법률을 집행할 의무가 있다.

3) 법률유보

① 의 의: 법률유보란 행정활동은 법률 또는 법률의 수권에 의하여 제정된 명령에 근거하여 이루어져야 한다는 것을 의미한다. 여기서의 법률은 형식적 의미의 법률 중에서 작용법규를 의미한다.

[이해] 법률유보는 자유주의보다는 민주주의나 법치주의를 기반으로 한다.

② 법률우위의 원칙과의 구별

㉠ 법률우위의 원칙은 법률이 있는 경우에 소극적으로 법률에 위반하는 행정작용의 금지를 의미하는 것이나, 법률유보의 원칙은 법률이 없는 경우에는 적극적으로 행정작용을 할 수 없다는 것을 의미한다.

㉡ 법률우위의 원칙은 행정의 모든 영역에 적용되는 데 반하여, 법률유보의 원칙은 일정한 영역에 대해서만 적용된다.

③ 의회유보·행정유보와의 구별

㉠ 의회유보: 의회유보란 법률유보에 해당하는 사항 중에서 일정한 것은 의회가 제정하는 법률에 의해서만 규율해야 하고 법규명령에 위임해서는 안 된다는 것으로, 독일에서

'본질성이론'과 관련하여 발전하였다.

ⓛ 행정유보: 행정유보란 행정기관이 법률의 수권을 요하지 아니하고 스스로 활동할 수 있는 행정의 고유한 영역을 말한다. 이는 법률유보의 원칙을 부정하는 것이 아니라, 법률유보의 원칙 하에서도 법률유보의 원칙이 적용되지 않는 영역에 대하여 행정기관이 독자적으로 규율할 수 있음을 의미하는 것으로 양자는 서로 보충적인 관계라고 할 수 있다.

④ 법률유보의 적용범위: 여기서는 법률유보의 범위, 즉 어떠한 행정작용이 법률의 근거를 요하는가 하는 것이 문제된다.

㉠ 침해유보설: 행정이 개인의 자유와 권리를 침해·제한하는 경우에만 법률의 수권이 필요하고, 그밖의 영역(예 수익적 행정)에는 법률유보의 원칙이 적용되지 않는다는 견해이다.

㉡ 전부유보설: 이는 모든 행정작용이 법률에 근거해야 한다는 견해이다.

㉢ 급부행정유보설(사회유보설): 침해행정뿐만 아니라 급부행정에도 법률의 근거를 요한다는 견해이다.

㉣ 중요사항유보설(본질성 이론): 법률의 근거를 요하는지 여부는 행정의 영역이나 행정작용의 성질에 따라서 일률적으로 결정할 수 없고, 당해 행정작용이 국민 일반 및 상대방에 대하여 가지는 의미·효과 및 중요성(본질성)에 비추어 입법자가 개별적으로 판단해야 한다는 견해이다.

㉤ 권력행정유보설: 침해행정이나 수익행정을 막론하고 모든 권력행정은 법률의 근거를 요한다는 견해이다.

㉥ 결 론: 우리나라 학자들의 견해는 대체로 개별적인 행정유형에 따라 법률유보의 원칙의 적용범위를 결정하여야 한다고 하여 중요사항유보설(본질성 이론)의 견해를 취하고 있다. 헌법재판소도 텔레비전 방송 수신료의 금액을 국회가 스스로 결정해야 하는지 여부에 대하여 한국방송공사가 이를 결정하도록 한 것은 위헌이라는 결정에서 중요사항유

보설(본질성 이론)의 입장을 취하고 있다(헌재 1999.5.27. 98헌바70). 한편 경찰의 침해행정 작용은 어떠한 견해에 따르든 당연히 법률적 근거를 요하며, 경찰기관의 비권력적 작용도 중요사항유보설(본질성 이론)에 따라 당해 작용이 상대방 및 국민 일반에 미치는 효과의 중요성에 따라 법률의 근거를 요하는지 여부를 판단하여야 할 것이다.

3. 법치주의의 위기(법치주의의 형식화)

1) 형식화의 원인

① 법률의 법규창조력의 적용한계: 행정권이 독자적으로 제정할 수 있는 독립명령과 법률에 갈음하는 긴급명령 등 광범위한 위임입법과 자유재량이 인정되었다.

② 법률우위원칙의 적용한계: 법률에 의한 행정의 원리가 국가가 국민의 권리·의무를 규율함에 있어 형식 또는 절차에 대해서만 규율하면 족한 것으로 이해되어 법률은 그 내용에 대하여는 아무런 제약이 없이 '부정한 내용의 법률우위'까지 용납하게 되었다.

③ 법률유보의 원칙의 적용한계: 행정작용 중 권리제한·의무부과 영역의 경우와 헌법이 열거하고 있는 침해영역에 한해서만 법률유보의 원칙이 적용되고 그 외의 경우에는 법률로부터 자유롭다고 보았다.

④ 구제제도의 미비: 국가의 위법한 행정에 대한 행정소송사항이 '열기주의'로 되어 있어 국민이 쟁송으로 다툴 수 있는 경우가 제한되었고, 위법한 행정권 행사에 대한 국가의 손해배상책임은 부인되었다.

> **[정리] 열기주의**
> 개괄주의에 상반되는 것으로 쟁송을 허용하는 사항을 개별화하여 열기하고 그 특정된 사항만을 행정소송의 대상으로 하는 제도를 말한다. 이것은 권리구제에 불충분하다는 비판을 면할 수 없다.

2) 법치주의의 위기극복방안(법치주의의 실질화)

① 법률의 법규창조력원칙의 강화(위임입법의 통제): 행정권의 독립명령이나 긴급명령을 인정하지 않거나, 이를 인정하더라도 그 발동요건 등을 엄격히 규정하여야 할 것이다.

② 법률우위원칙의 철저(합헌적 법률의 우위): 법률의 형식과 절차뿐만 아니라 내용적 정당성을 갖는 법률만이 다른 국가권력에 우월적 지위를 가지게 함으로써 합헌적 법률만이 행정의 우위에 있고 위헌적 법률은 무효로 하여야 할 것이다. 이를 제도적으로 보장하기 위하여 위헌법률심사제도가 필요하다. 우리나라에서는 헌법재판소에 의해 의회에 의해 법률의 형식으로 제정된 규범이라도 그 실질적 내용이 헌법에 위반되는 경우에는 그 심사를 통하여 당해 법률을 무효화할 수 있도록 하고 있다.

③ 법률유보원칙의 적용범위 확대: 법률유보원칙의 적용범위를 침해행정에 한정하지 아니하고 급부행정 등의 영역으로 확대하려는 견해들이 주장되고 있다.

④ 사전·사후구제의 강화: 법치주의가 관철되기 위해서는 위법한 행정작용의 효과를 제거하고, 행정작용에 의하여 국민이 권리나 이익을 침해받은 경우에는 그것을 회복할 수 있는 구제제도가 마련되어야 하며, 사전절차를 통하여 국민의 권익을 보호하여야 한다. 우리나라는 행정쟁송제도에 있어서 개괄주의를 취하고, 국가의 손해배상책임을 인정함으로써 행정구제제도를 정비하였음은 물론, 「행정절차법」의 제정 및 「공공기관의 정보공개에 관한 법률」 등을 제정하여 국민의 권익구제에 만전을 기하고 있다.

Ⅲ. 인권존중주의

1. 의 의

행정은 법률의 규정에 의하여 그 권한을 행사함에 있어, 직무수행에 필요한 최소한도의 범위 내에서 행사되어야 하며 이를 남용하여서는 아니되고(= 비례성의 원칙), 복수의 수단을 선택할 수 있는 경우에는 그 사태를 해결하는 데 가장 인권의 제한의 정도가 낮은 수단을 선택해야 한다.

2. 근거규정

1) 헌 법

① 국가는 개인이 가지는 불가침의 기본적 인권을 확인하고 이를 보장할 의무를 진다(헌법 제10조).

② 국민의 모든 자유와 권리를 제한할 수 있는 경우는 국가안전보장, 질서유지 또는 공공복리를 위하여 필요한 경우에 한하여 법률로써만 가능하며, 그 경우에도 자유와 권리의 본질적인 내용을 침해할 수 없다(동법 제37조②).

Ⅳ. 효율적 행정의 원리

1. 의 의

효율적 행정의 원리란 정부인 행정부는 최소의 비용으로(능률성) 그리고 가장 효과적으로 위해를 방지해야 한다는 원칙을 말한다.

2. 근거규정

우리 헌법은 효율적 행정의 원리를 명문으로 규정하고 있지 않으나, 행정의 민주적 관리 · 운영'과 함께 '효율적 임무수행'을 천명하고 있다.

제3절 행정법의 법원

Ⅰ. 법원의 의의

1. 개 념

일반적으로 행정법의 법원이란 '행정의 조직과 작용에 관한 실정법의 존재형식' 또는 '법의 인식근거'를 말한다. 여기서 실정법의 존재형식은 '법규범이 어떤 형태로 존재하고 있는가'라는 문제이고, 법의 인식근거는 '우리는 무엇을 보고 법을 인식하는가'라는 문제를 말한다.

2. 법원의 인정범위에 대한 학설

1) 협의설   법규만을 행정법의 법원으로 보는 견해이다. 법규설이라고도 한다.

2) 광의설(다수설)   법규뿐만 아니라 행정사무처리의 기준이 되는 모든 법규범을 행정법의 법원으로 보는 견해이다. 행정기준설이라고도 한다.

3. 성문법주의와 불문법에 의한 보완

1) 성문법주의   실정법질서에 관하여 성문법주의를 취하고 있는 대륙법계 국가는 물론, 불문법주의를 취하고 있는 영미법계 국가도 행정부의 행정업무처리의 근거인 행정법의 법원에 관하여는 성문법주의를 원칙으로 하고 있다. 우리나라 헌법도 성문법주의를 취하고 있는바, 그 근거로는 일정기본권에 관한 사항을 법률에 유보하는 동시에(헌법 제12조·제23조 · 제37조), 중요한 행정작용은 법률에 유보하고(헌법 제23조③ · 제59조), 행정

조직도 원칙적으로 법률로 정하도록 하면서, 일정한 범위에서의 위임입법을 인정하고 있다(헌법 제75조·제95조·제114조⑥).

2) 성문법의 필요성

① 행정권의 소재를 명시함으로써 국민에게 행정조직을 널리 알린다.

② 행정작용의 획일적 수행으로 공정성을 도모한다.

③ 구제절차를 명백히 함으로써 국민의 권익을 보장한다.

④ 개인의 장래에 대한 예측을 가능케 하여 법적 생활의 안정성을 확보한다.

3) 불문법에 의한 보완
성문법주의를 취한다고 해도 법전화의 미비와 행정의 특성으로 인하여 성문법규정의 흠결이 자주 발생하고, 그 흠결을 보충하기 위하여 많든 적든 불문법은 존재한다.

① 일반적 법전화의 미비: 행정법은 성문법주의를 원칙으로 하면서도 수많은 개별적 법령으로 구성되어 있어 통일적·일반적 법전이 없는 것이 특징이다. 다행히 행정법의 영역에 있어서는 행정기본법의 제정이 활발히 추진되고 있고, 정부조직법, 국군조직법, 경찰법 등과 같은 일반법이 제정되어 있어서 성문법규정의 흠결은 비교적 발생할 여지가 없다.

② 행정의 다양성과 행정현상의 다변성: 행정법의 규율 대상은 극히 다양·가변하므로 그 모든 영역을 빠짐없이 성문법으로 규율하기란 매우 어려운 일이다. 성문법이 미비한 부분 내에서는 불문법, 행정법의 일반원칙 등도 행정법의 법원이 될 수 있다고 하겠다.

Ⅱ. 성문법원

1. 의의 및 종류

1) 의 의
성문법이란 '제정권자가 성문의 형식으로 제정한 법'을 말한다.

2) 성문법의 종류
우리나라 행정법상 성문법원으로는 헌법, 법률, 명령, 자치법규 및 조약과 국제법규가 있다.

3) 성문법 간의 우열
위와 같은 성문법은 헌법을 정점으로 통일적·단계적 체계를 이루고 있다. 즉 성문법 간에는 효력에 우열이 있어, 헌법 > 법률 > 명령 > 자치법규의 순으로 효력을 가진다. 조약과 국제법규의 경우 국회의 동의를 거쳐 체결된 조약과 일반적으로 승인된 국제법규는 법률과 동일한 효력을 가지고, 국회의 동의를 요하지 않는 조약은 명령과 동일한 효력이 있다(통설).

2. 헌 법

헌법은 국가의 기본조직과 작용에 관한 기본법으로 경찰의 조직과 작용에 관하여는 명시적으로 규정하고 있지 않다. 그러나 헌법상의 행정조직에 관한 규정과 행정작용에 관한 조항은 행정법의 법원 중 최고의 법원으로서, 정부의 행정조직, 공무원, 행정목적실현 등에 관한 행정법령에도 직접적으로 적용된다.

3. 법 률

여기에서의 법률이란 국회가 행정의 조직과 작용에 관하여 제정한 형식적 의미의 법률만을 의미한다. 이러한 법률은 행정법의 가장 중요한 법원으로 이는 행정법의 성문법주의 원칙상 당연한 귀결이다.

1) **행정의 조직에 관한 법률**　행정의 조직에 관한 일반법으로는 정부조직법, 국군조직법, 경찰법 등, 행정기관의 설치, 조직, 공무원의 임면, 인사 등에 관한 법률들을 들 수 있다.

2) **행정의 작용에 관한 법률**　행정의 작용에 관한 일반법으로는, 개별행정법인 경찰행정법의 경찰관 직무집행법을 들 수 있다. 이 법은 전형적인 경찰작용의 요건과 효과를 제3조에서 규정하고 있다. 기타 경찰의 작용에 관한 법률로는 경찰직무응원법, 도로교통법, 집회 및 시위에 관한 법률, 총포·도검·화약류단속법, 경범죄 처벌법, 사격 및 사격장 단속법, 식품위생법, 공공기관의 정보공개에 관한 법률 등이 있다.

3) **행정구제법**　행정작용으로 인한 국가배상, 손실보상이나 행정쟁송에 관하여는 국가배상법, 행정심판법, 행정소송법 등이 적용된다.

4. 명 령

1) **의 의**　명령이란 '국가행정권이 제정한 성문법으로 법률보다 하위의 효력을 가지는 것'을 말한다.

2) **명령의 종류**　명령에는 행정주체와 일반국민을 모두 규율하는 법규명령과 행정조직의 내부 또는 특별권력관계에 관해서만 규율하는 행정명령(규칙)이 있는데, 행정법의 법원으

로서 중요한 것은 법규명령이다.

① 법규명령

㉠ 개 념: 법규명령이란 '행정권이 정립하는 일반적·추상적 규정으로서 법규로서의 성질을 가지는 것'을 말한다. 법규명령은 법규로서의 성질을 가지기 때문에 국가와 국민에 대하여 일반적인 구속력을 갖는 규범이다.

㉅ 대통령령(경찰위원회규정·경찰관직무집행법 시행령·경찰공무원복무규정), 총리령, 부령

㉡ 행정명령과의 구별: 법규명령은 행정권에 의하여 정립되는 명령이라는 점에서 행정명령과 같으나, 대외적·일반적 구속력을 가지는 법규로서의 성질을 가진다는 뜻에서 행정명령과 다르다.

㉢ 종 류: 법규명령은 법률의 위임 여부에 따라 위임명령과 집행명령으로 구분되며, 그 주체에 따라 대통령령·총리령·부령 등으로 구분된다.

㉣ 성립 및 유효요건: 법규명령은 국민에게 의무를 과하고 국민의 권리를 제한하는 것을 내용으로 하므로 개인의 이익·의무에 관계될 뿐만 아니라, 추상적·계속적 법규로서의 성질을 가지는 것이기 때문에 행정명령과는 달리 일정한 형식과 공포를 필요로 하며, 반드시 헌법과 법률에 그 근거가 있어야 한다.

② 행정규칙

㉠ 개 념: 행정규칙 또는 행정명령이라 함은 행정기관이 법률의 근거 없이 그 고유의 권한으로서 일반국민의 권리·의무와 직접 관계가 없는 비법규사항을 규정한 성문의 규범을 말한다.

㉡ 법규명령과의 구별: 행정규칙은 행정조직 내부에 있어서의 조직과 활동을 규율하는 규범으로 행정조직의 내부에서만 효력을 가질 뿐 대외적 구속력을 가지지 아니하는 규칙이라는 점에서, 대외적·일반적 구속력을 가지는 법규명령과 구별된다.

㉢ 종 류: 행정규칙은 그 형식에 따라 훈령·예규·통첩·지시·고시·일일명령 등이 있다.

㉣ 행정규칙의 법원성 문제: 행정규칙이 법원의 일종인지 여부에 대해서는 ⅰ) 법규성을 인정하여 법원성을 인정하자는 견해, ⅱ) 법규성은 부인하나 법원성을 인정하는 견해, ⅲ) 법규성을 부정하여 법원성을 부정하는 견해 등이 대립하고 있다. 법원성을 부인하는 견해가 통설·판례이나, 근래에는 행정규칙을 법원의 일종으로 보아야 한다는 견해가 유력하다.

5. 자치법규

1) 의 의   자치법규란 지방자치단체 또는 그 기관이 법령의 범위 안에서 제정하는 자치에 관한 법규를 말한다.

2) 종 류   자치법규에는 지방의회가 제정하는 조례와 지방자치단체의 장이 제정하는 규칙이 있으며, 조례와 규칙은 명령보다 하위이며 규칙은 조례보다 하위의 효력을 가진다.

① 조례와 규칙의 개념

㉠ 조 례: 조례란 지방자치단체가 법령이 정하는 범위 내에서 그 권한에 속하는 사무에 관하여 지방의회의 의결을 거쳐 제정하는 법규이다.

㉡ 규 칙: 규칙이란 지방자치단체의 장이 법령 또는 조례가 위임한 범위 내에서 그 권한에 속하는 사무에 관하여 정립하는 법규이다.

② 조례와 규칙의 규정사항

㉠ 조 례: 조례로 규정할 수 있는 사항은 법령의 범위 안에서 지방자치단체의 권한에 속하는 모든 사무, 즉 자치사무 및 단체위임사무에 미친다. 다만, 조례로 주민의 권리제한 또는 의무부과에 관한 사항이나 벌칙을 정할 때에는 법률의 위임이 있어야 하고, 조례에 의해서는 조례위반행위에 대하여 1천만 원 이하의 과태료를 정할 수 있는 데 그치고(지방자치법 제27조), 징역 또는 금고나 벌금, 구류, 과료 등의 형벌을 부과할 수 없다.

㉡ 규 칙: 조례와는 달리 규칙은 벌칙을 규정하지 못하며, 또한 법령·조례에 위배되어서도 아니된다.

[이해] 광의의 경찰에 해당하는 소방사무는 현재 광역자치단체의 사무로 되어 있으므로 광역단체의 조례와 규칙으로 소방행정에 관하여 규정할 수 있다.

6. 조약과 국제법규

1) 의 의

① 조 약: 조약이란 조약·협정·협약 등 그 명칭 여하를 불문하고 국가와 국가 사이 또는 국가와 국가기구 사이의 법적 구속력 있는 문서에 의한 합의를 말한다.

② 국제법규: 국제법규란 우리나라가 당사가가 아닌 국제조약으로서 국제사회에서 일반적으로 그 규범성이 승인된 것과 국제관습법을 말한다.

2) **법원성**   헌법에 의하여 체결·공포된 조약과 일반적으로 승인된 국제법규는 국내법과

동일한 효력을 가지므로(헌법 제6조①), 그것이 국내의 행정에 관한 사항을 포함하고 있는 것일 때에는 별도의 국내법 제정 절차 없이도 당연히 행정법의 법원이 된다.

3) 효력의 순위   여기서는 조약과 국제법규의 효력의 순위가 문제된다. 이에 대하여는 학설이 대립하고 있으나 입법사항에 관한 조약 및 국제법규는 법률과 동일한 효력을 가지나 입법사항과 관계없는 조약 및 국제법규는 명령과 동등한 효력을 갖는다고 볼 것이다(통설).

Ⅲ. 불문법원

행정법은 원칙적으로 성문법으로 되어 있으나, 전술한 이유에 따라 불문법도 중요한 의미를 가진다. 행정법의 불문법원으로서는 일반적으로 관습법·판례법 및 조리를 드는 것이 보통이나 여기서는 이에 부가하여 행정법의 일반원리의 문제도 검토하기로 한다.

1. 관습법

1) 의 의   관습법이란 행정의 영역에 있어서 다년간에 걸쳐 동일한 관행이 반복되고, 이러한 관행이 일반국민의 법적 확신을 얻어 법규범으로서 인식·승인된 것을 말한다.

> **[판례] 관습법과 사실인 관습의 구별**
>
> 관습법이란 사회의 거듭된 관행으로 생성한 사회생활규범이 사회의 법적 확신과 인식에 의하여 법적 규범으로 승인·강행되기에 이르는 것을 말하고, 사실인 관습은 사회의 관행에 의하여 발생한 사회생활규범인 점에서 관습법과 같으나 사회의 법적 확신이나 인식에 의하여 법적 규범으로서 승인된 정도에 이르지 않은 것을 말하는바, 관습법은 바로 법원으로서 법령과 같은 효력을 갖는 관습으로서 법령에 저촉되지 않는 한 법칙으로서의 효력이 있는 것이며, 이에 반하여 사실인 관습은 법령으로서의 효력이 없는 단순한 관행으로서 법률행위의 당사자의 의사를 보충함에 그치는 것이다(대판 1983.6.14. 80다3231).

2) 관습법의 법원성   행정영역에서도 관습법의 법원성을 인정할 수 있는가에 대해서는 학설이 대립하고 있으나, 행정의 복잡·다기성으로 인하여 모든 영역에서의 성문법규가 완비되기는 어려움이 있으므로 관습법 등의 법원성을 인정하여야 한다는 것이 통설과 판례의 견해이다.

그러나 행정현상의 유동성·대량성·획일평등성·강행성 등의 이유로 관습법의 성립요소로서의 장기간에 걸친 관행이나 그에 관한 일반국민의 법적 확신이 형성되는 것은 용이하지 않고, 따라서 실제로 일반적 행정관습법의 예는 매우 드문 편이다. 국민에 대한 명령·강제를 의미하는 질서행정의 영역에서는 더욱 그렇다.

3) 관습법의 성립 관습법을 행정법의 법원으로 인정하는 경우에 그 성립에 국가의 승인을 요하는가에 대하여는 국가승인설과 법적 확신설이 대립하고 있다.

　① 국가승인설: 국가가 묵시적으로라도 승인하는 경우에만 관습법이 성립한다는 견해이다.

　② 법적 확신설(통설): 일반국민의 법적 확신을 얻으면 국가의 승인여부와 관계없이 성립한다는 견해이다.

4) 관습법의 효력 행정관습법의 효력에 관해서는 보충적 효력설과 개폐적 효력설이 대립하고 있다.

학 설	내 용
보충적 효력설 (통설·판례)	·성문법과 대비해서 그 보충적 효력만 인정하는 견해 ·관습법의 효력은 성문법이 없는 경우에만 보충적으로 적용
개폐적 효력설	성문법을 개폐할 수 있다는 견해

2. 판례법

1) 의 의 판례법이란 법원이 소송사건에 관하여 판결한 전례가 법원으로 인정되는 경우에 판례의 행태로 존재하는 법을 말한다.

2) 판례법의 법원성 영미법계 국가에서는 상급법원의 판결이 장래에 향하여 하급법원을 구속하므로 판례법의 법원성이 인정되고 있으나, 대륙법계 국가에서는 일반적으로 부정되고 있다. 우리나라의 통설은 판례법의 법원성을 인정하나, 판례는 부정하고 있다.

3. 조 리

1) 의 의 조리란 일반사회의 정의감에 비추어 반드시 그러해야 할 것이라고 인정되는 사물의 본질적 법칙을 말한다. 이러한 조리는 법해석의 기본원리로서, 그리고 다른 법원이 없는 경우에 최후의 보충적 법원으로서 그 중요성을 가진다.

2) 법적 성질 조리의 구체적 내용은 학설과 판례 등에 의하여 발전된 것이나 그

연원은 대부분 헌법이나 헌법을 지배하는 기본원리로부터 유래한 것이다.

3) 조리의 법원성　　통설·판례는 조리의 법원성을 인정하고 있다. 다만, 그 효력은 성문법과 관습법이 모두 없는 경우에 최후의 보충적 법원이 될 뿐이다.

[정리] 행정법의 법원

성문법원			불문법원
ⓐ 헌법: 행정법의 최고법원			ⓐ 관습법: 법원성 긍정(보충적 효력)
ⓑ 법률: 대표적인 행정법의 법원			ⓑ 판례법: 법원성 부정
ⓒ 명령	법규명령: 법원성 긍정		ⓒ 조리: 법원성 긍정
	행정규칙: 부정설과 긍정설(다수설)대립		
ⓓ 자치법규			
ⓔ 조약·국제법규: 국내법과 동일한 효력			

제4절 행정법의 일반원칙

　행정법의 일반원칙이란 조리의 내용 또는 법의 일반원칙 중 특히 행정과 관련하여 형성되고 행정에 적용되는 것을 말한다. 행정법의 일반원칙에 위반되면 위법한 행정작용이 되어 행정쟁송의 대상이 된다. 그러므로 행정작용의 주체인 국가 등은 행정법의 일반원칙을 행정작용의 나침반처럼 바라보아야 한다. 이러한 행정법의 일반원칙은 평등원칙과 비례원칙, 신뢰보호의 원칙, 부당결부금지의 원칙 등이 있다

Ⅰ. 평등의 원칙

1. 의 의

　평등의 원칙은 행정작용에 있어서 모든 국민을 공평하게 대우하여야 하고, 차별을 정당화할만한 합리적 사유가 없는 한 특정한 국민을 다른 사람의 처분보다 불리하게 처분하여서는 아니 된다는 원칙을 말한다. 이는 비례의 원칙과 함께 행정의 재량권 행사에 있어서 한계를 결정하는 중요한 기능을 하며, 이를 '자의금지의 원칙'이라고도 한다.

2. 근거 및 성질

평등의 원칙은 헌법 자체에 근거를 둔 원칙이다. 그러나 행정에서의 평등의 원칙의 법원에 대해서는 견해가 대립하고 있다.

1) 헌법상의 법원칙설　헌법 제11조의 평등의 원칙이 행정법에도 직접 적용된다는 견해이다.

2) 불문법원리설　헌법 제11조는 다만 법 앞의 평등만을 규정하고 있을 뿐 행정작용에 대해서는 직접 적용되는 것은 아니라고 보아 평등의 원칙을 헌법 제11조의 이념으로부터 해석상 도출되는 불문법원리로 보는 견해이다.

3) 소 결　헌법 제11조에서 말한 법에는 행정법도 포함되므로 이 조항은 행정법에도 직접 적용되는 성문법적 근거가 된다는 헌법상의 법원칙설이 타당하다.

3. 자기구속의 원칙

1) 의 의　자기구속의 원칙이란, 재량행위에 있어서 그 재량권의 행사에 관한 일정한 관행이 형성되어 있는 경우에, 행정청은 동일한 사안에 대하여 이전에 제3자에게 한 처분과 동일한 처분을 상대방에게 하도록 스스로 구속당하는 원칙을 말한다.

2) 기 능

① 순기능: 행정의 자기구속의 법리는 재량권의 행사에 있어서 행정권의 자의를 방지하여 적정한 행사가 이루어지도록 하는 기능을 갖는다. 달리 말한다면 법상 자신(행정청)에게 주어진 재량권을 행사함에 있어서, 스스로 만든 준칙에 얽매이게 함으로써 행정청에게 자유의 영역을 좁히는 효과를 가져오고, 이로써 행정통제의 효과와 국민의 권리보호의 효과를 가져온다.

② 역기능: 행정의 자기구속의 법리는 행정의 탄력적인 운용을 저해할 수 있고, 그 사실상 구속력으로 인해 입법권은 국회가 갖는다는 권력분립의 원리를 다소 훼손하게 된다는 문제점이 있다.

3) 인정근거

① 학 설: 자기구속의 원칙의 근거를 ⅰ) 신뢰보호의 원칙에서 찾는 견해, ⅱ) 신의성실의 원칙에서 찾는 견해, ⅲ) 평등의 원칙에서 찾는 견해가 대립하고 있으나, 그 논거를 평등의 원칙에서 구하는 것이 통설이다. 통설에 따르면 행정의 자기구속은 자유로

운 판단이 가능한 영역에서 스스로 제시한 기준에 따라 자신이 그간 행한 행위로부터 특별한 사유가 없는 한 이탈할 수 없음을 의미하는데, 만약 이탈한다면 상대방의 신뢰 유무를 불문하고 그것은 바로 불합리한 차별, 즉 평등의 위반을 뜻한다. 말하자면 헌법의 평등조항은 행정청이 재량권을 평등하게 행사하는 것을 요구하기 때문이다.

② 판례의 태도

㉠ 대법원: 대법원은 명시적인 근거를 밝히고 있지 않으나, 자기구속원칙을 재량의 일탈·남용에 대한 일응의 판단기준으로 보고 있다(대판 2009.12.24. 2009두7967).

㉡ 헌법재판소: 헌법재판소는 전라남도교육위원회의 인사원칙변경 사안에서 자기구속 원칙을 명시적으로 인정하고 있으며 그 논거로 신뢰보호원칙과 평등원칙을 들고 있다(헌재 1990.9.3. 90헌마13).

4) 적용요건

① 재량행위의 영역일 것: 자기구속의 원칙은 행정기관에게 재량권이 인정되는 영역에 서 그 의미를 가진다. 즉, 행정청이 독자적 판단권이 있음에도 불구하고 그 재량권의 행사에 관한 관행이 형성되어 있는 경우에는 스스로 그 관행에 구속되는 것이기 때문이다. 따라서 스스로 준칙을 정할 수 없고 기계적으로 집행하여야 하는 기속행위에는 그 적용이 없다.

② 동종의 사안일 것: 동일한 법적용의 요청은 동종의 상황에서만 가능한 것이므로 처분의 상대방에 대한 상황과 선례의 상황이 법적인 의미·목적에서 동종으로 취급할 수 있는 것이어야 한다.

③ 행정선례가 존재할 것: 자기구속의 원칙이 적용되기 위해서는 1회 이상의 행정선례가 존재하여야 한다고 보는 것이 일반적 견해이다.

5) 적용범위 및 행정규칙과의 관계

① 적용범위: 행정의 자기구속의 법리는 재량영역에서 주로 논의되는 것이지만, 최근의 견해에 의하면 보조금지급 영역이나 특별권력관계내부 영역에서도 인정된다고 한다. 판례도 당직근무 중의 화투놀이 사건에서 한 명에게는 파면을 하고 나머지 사람에게는 견책처분을 한 것은 공평의 원칙상 그 재량의 범위를 일탈한 것이라고 보았다(대판 1972.12.26. 72누194).

② 행정규칙과의 관계(자기구속법리의 매개규범적 기능): 행정규칙을 행정조직 내부 또는 특별권력관계 내부의 조직, 활동을 규율하는 것으로서 법규성이 없다고 보는 전통적 입장은 행정규칙이 국민에 대하여 직접적으로 구속력을 가지지 않기 때문에, 행정작용이

행정규칙에 위반하여도 위법이 되지 않는다고 본다. 그러나 행정청이 재량준칙을 마련하여 시행하는 경우에, 행정청은 같은 사안에 대해서는 당해 행정규칙이 정하는 바에 따라 동일하게 다루어야 하는 자기구속을 받고, 이에 위반된 처분을 하면 위법하게 된다. 이러한 현상에 대해 행정규칙이 자기구속의 법리를 매개로 하여 법규로 전환된다는 견해와 평등원칙의 구체적 발현인 자기구속의 법리에 위반되었기 때문에 위법하게 되므로 행정규칙의 성질에는 변화가 없다는 견해가 있다. 행정객체인 상대방은 행정청에 대하여 제3자에게 적용된 재량준칙에 따라 동일하게 해줄 것을 주장할 수 있고, 이에 위반한 처분에 대해서는 자기구속의 원칙 위반을 이유로 취소를 구하는 행정소송을 제기할 수 있다.

6) 자기구속의 한계

① 동일한 행정청: 자기구속의 법리는 동일한 행정청에 대해서만 적용되므로 상이한 행정청에 대해서는 자기구속의 법리를 주장할 수 없다. 상급행정청과 하급행정청은 동일한 행정청으로 본다.

② 특수한 사정: 선행하는 행정관행을 번복할 정도의 특수한 사정이 있는 경우 자기구속의 법리는 적용되지 않을 수 있다. 즉, 자기구속의 법리를 적용하는 것이 오히려 형평과 합리성에 반한다고 여겨질 정도의 특수한 사정이 있는 경우 동 원칙은 적용되지 않는다.

③ 불법의 평등주장: 위법한 행정규칙에 의하여 위법한 행정관행이 있었을 때, 사인은 자신에게도 자기구속의 원칙을 근거로 동일한 위법적인 행정작용을 요구할 수 있는가의 문제이다. 이에 대해 통설은 부정한다. 그 이유는, 만약 위법의 평등 주장을 인정한다면 이는 사인의 국가에 대한 위법행위의 요구에 국가가 위법행위를 승인하여 법치주의의 붕괴를 방관하는 격이 되어, 법률적합성의 원칙에 반하기 때문이다.

7) 위반의 효과

자기구속원칙을 위반한 행정청의 처분에 대해서는 위법한 행위로서 행정쟁송상 다툴 수 있는 공권이 인정된다. 즉, 원칙적으로 재량범위 내의 행위는 부당의 문제밖에 생기지 않으나 자기구속원칙을 위반하면 위법성이 인정되어 항고소송의 대상이 된다. 또한 국가배상책임을 물을 수도 있을 것이다.

4. 위반의 효과

평등의 원칙은 헌법적 효력을 가지는 것이기 때문에, 이에 위반된 국가작용은 위헌·위법한 것이 된다.

예 4명이 함께 화투놀이를 하였으나 3명에게는 견책처분을 하고, 나머지 1명은 파면처분을 한 경우 파면처분이 평등의 원칙에 반하는지의 여부 → 당직근무대기 중 심심풀이로 돈을 걸지 않고 점수따기 화투놀이를 한 사실이 징계사유에 해당한다고 할지라도 징계처분으로 파면을 택한 것은 함께 화투놀이를 한 3명은 견책에 처하기로 한 사실을 고려하면 공평의 원칙상 그 재량의 범위를 벗어난 위법한 것이다(대판 1972.12.26. 72누194).

Ⅱ. 비례의 원칙

1. 의 의

비례의 원칙이란 행정목적실현을 위한 구체적 수단의 선택에 있어서 달성하고자 하는 공익과 이로 인해 제한되는 개인의 권리 사이에 일정한 비례관계가 존재하도록 하여야 한다는 원칙으로 헌법에서는 과잉금지의 원칙이라고도 한다.

2. 근 거

비례의 원칙은 원래 독일 경찰법상의 판례법으로 독일에서 발전된 것이며, 일반적으로 헌법 제37조 제2항에서 그 근거를 도출한다.

1) 헌법 제37조 제2항   "모든 국민의 자유와 권리는 …… 필요한 경우에 법률로써 제한할 수 있으며……"라고 규정하여 비례의 원칙을 천명하고 있다.

2) 경찰관직무집행법 제1조 제2항   이 법에 규정된 경찰관의 직권은 그 직무수행에 필요한 최소한도 내에서 행사되어야 하며 이를 남용해서는 아니된다.

3. 내용 및 적용방법

1) 내 용   비례의 원칙은 내용적으로 적합성의 원칙, 필요성의 원칙 및 협의의 비례의 원칙 등 3가지의 하위원칙으로 구성된다.

① 적합성의 원칙(수단의 적정성): 행정기관의 조치나 사용하는 수단이 그가 의도하는 목적의 달성에 적합한 것이어야 한다는 원칙을 말한다.

② 필요성의 원칙(침해의 적정성): 행정기관의 조치나 사용하는 수단이 그가 의도하는 목적을 달성하는 데 필요한 한도 이상으로 행해져서는 안 된다는 원칙을 말한다. 즉, 목적 달성을 위하여 선택 가능한 여러 수단이 존재하는 경우 관계자에게 가장 적은 부담을 주는 수단을 선택하여야 한다(최소침해의 원칙).

③ 상당성의 원칙(법익의 균형성): 어떤 행정조치가 설정된 목표실현을 위하여 필요한 경우라고 할지라도 그 행정조치를 취함으로써 얻는 이익보다 상대방 또는 공중이 받는 불이익이 더 큰 경우에는 당해 행정조치를 취해서는 안 된다는 원칙을 말한다(협의의 비례의 원칙).

2) **적용방법**   위의 하위 3원칙은 순차적 단계적 구조를 이루므로 비례의 원칙을 준수하였는가에 대한 판단은 일정한 순서에 따라 고려된다. 즉 어떠한 행정행위가 적합성의 원칙에 위반되면 즉시 비례의 원칙 위반으로 위법하다는 판단을 하게 되고, 적합성의 원칙에 부합하는 경우에는 필요성의 원칙에 부합하는지를 판단하게 되며, 이에 부합하는 경우에는 상당성의 원칙에 부합하는지의 여부를 판단하게 된다.

4. 적용범위

비례의 원칙은 원래 경찰 및 질서행정법에서 생성·발전되었지만 오늘날에는 모든 행정작용, 나아가 모든 국가작용에 적용되는 원칙이다. 행정법 분야에서는 특히 재량권 행사의 한계, 부관의 한계, 취소·철회의 제한, 사정판결, 경찰권 발동의 한계, 급부행정의 한계 등과 관련하여 문제가 된다.

5. 위반의 효과

비례의 원칙은 헌법상의 원칙(대판 1997.9.26. 96누10096)이므로, 이에 위반된 국가작용은 위헌·위법한 작용이며, 이에 위반된 법률은 위헌·무효이다.

> **[판례] 비례원칙 위반 판례**
> ⓐ 1회 요정출입을 이유로 공무원을 파면처분한 경우(대판 1967.5.2. 67누24)
> ⓑ 변호사의 개업지를 제한하는 변호사법 제10조 제2항(헌재 1989.11.20. 89헌가102) → 비례의 원칙 및 평등의 원칙에 반하는 것으로 헌법에 위반
> ⓒ 청소년유해매체물로 결정·고시된 만화인 사실을 모르고 있던 도서대여업자가 그 고시일로부터 8일 후에 청소년에게 그 만화를 대여한 것을 사유로 그 도서대여업자에게 금 700만 원의 과징금을 부과된 경우(대판 2001.7.27. 99두9490)

> **[판례] 비례의 원칙에 부합하는 판례**
> ⓐ 음주운전을 한 개인택시 운행자에게 면허취소처분을 한 것(대판 2003.10.10. 2003수6184)
> ⓑ 승객을 강간상해한 택시운전자에 대한 면허취소처분(대판 1997.11.28. 97누15210)

Ⅲ. 신뢰보호의 원칙

1. 의 의

신뢰보호의 원칙이란 행정기관의 언동(명시적·묵시적 언동 포함)에 대한 국민의 보호가치 있는 신뢰는 보호되어야 한다는 원칙을 말한다. 따라서 행정기관은 그 언동에 반하여 상대방에게 불이익한 조치를 할 수 없다.

2. 근 거

이 원칙은 독일에서 20세기 초 이래 학설·판례상으로 등장한 뒤 제2차 세계대전 후 확고한 법의 일반원칙으로 제도화 되기에 이르렀다. 그리고 영미법상의 '반금언의 법리'(일방 당사자가 전에 주장한 바 있고 상대방 당사자가 이를 신뢰한 경우에 그 일방 당사자가 종전의 주장과 모순되는 주장을 하는 것은 금지된다는 원칙)도 대체로 신뢰보호원칙과 같은 개념이다. 우리나라에서는 조세법의 분야에서 판례에 의하여 신뢰보호의 원칙이 인정되기 시작하여 국세기본법과 행정절차법에 명문화됨으로써 모든 행정작용으로 적용범위가 확대되었다.

1) 이론적 근거   신뢰보호의 원칙의 이론적 근거에 대해서는 신의칙설, 법적 안정성설 등이 대립하고 있으나, 법적 안정성설이 다수설이다.

학 설	내 용	주장자
신의칙설	사법에서 발달한 신의성실의 원칙이 공법에도 적용된다고 보는 입장으로서, 행정기관의 행위를 적법한 것으로 믿은 경우, 나중에 위법을 이유로 그 효력을 부인하는 것은 신의칙에 반한다는 것이다.	독일연방행정재판소 (미망인 사건)
법적 안정성설	헌법상의 법치국가원칙은 행정의 법률적합성의 원칙과 법적 안정성의 원칙으로 구성되고, 신뢰보호의 원칙은 법적 안정성으로부터 도출된다는 견해이다.	다수설
판례의 태도	대법원은 신의성실의 원칙을 신뢰보호의 원칙의 근거로 보고 있다(대판 1996.1.23. 95누13476).	

2) 실정법적 근거   일반적인 근거법률은 없지만, 개별법으로는 국세기본법 제18조 제3항과 행정절차법 제4조 제2항이 있다.

3. 적용요건

판례(대판 1998.11.13. 98두7343)와 행정절차법 제4조 제2항을 검토할 때 신뢰보호의 원칙의 적용요건을 다음과 같이 들고 있다.

1) 행정기관의 선행행위가 있을 것

① 선행조치에 해당하는 행정작용: 신뢰보호원칙이 성립하기 위해서는 개인의 신뢰보호의 대상이 되는 행정기관의 선행조치가 있어야 한다. 그 선행조치에는 법령, 규칙, 처분, 합의, 확언, 행정지도를 비롯한 국가의 모든 행정작용이 이에 해당하며, 반드시 명시적, 적극적 언동에 국한하지 않는다. 즉, 묵시적 견해표명으로도 가능하다. 다만, 과세대상인지의 여부에 대한 납세자의 추상적인 질의에 대한 일반론적 견해표명에 불과한 경우에는 신뢰보호의 대상이 되는 견해표명이라고 할 수 없다(대판 2000.2.11. 98두2119).

② 권한 없는 기관의 공적 견해 표명: 행정청의 공적 견해표명이 있었는지의 여부를 판단하는 데 있어 반드시 행정조직상의 형식적인 권한분장에 구애될 것이 아니고 담당자의 조직상의 지위와 임무, 당해 언동을 하게 된 구체적인 경위 및 그에 대한 상대방의 신뢰가능성에 비추어 실질에 의하여 판단하여야 한다. 즉 공적 견해를 표명이 있었는지 여부는, 이를 할 수 있는 정당한 권한을 가진 기관이 아니라 할지라도 처분의 상대방이 신뢰할 가능성이 있었는지를 기준으로 판단하고, 이러한 신뢰가능성을 판단함에 있어서는 처분상대방의 주관적인 기준이 아니라 당해 언동을 하게 된 구체적인 경위 및 담당공무원의 조직상의 지위와 임무 등을 고려하여 객관적으로 판단하여야 한다(대판 1997.9.12. 96누18380).

[판례] 헌법재판소의 위헌결정은 공적인 견해표명에 해당하지 않는다는 판례

헌법재판소의 위헌결정은 행정청이 개인에 대하여 신뢰의 대상이 되는 공적인 견해를 표명한 것이라고 할 수 없으므로 그 결정에 관련한 개인의 행위에 대하여는 신뢰보호의 원칙이 적용되지 아니한다(대판 2003.6.27. 2002두6965).

2) 보호가치 있는 관계인의 신뢰가 있을 것

① 신뢰의 형성: 행정청의 상대방이 행정청의 선행조치의 존속성 또는 정당성을 신뢰하여야 한다. 선행조치인 행정행위에 철회권이 유보되어 있거나, 사후변경이 유보된 경우에는 신뢰보호의 원칙을 주장할 수 없다.

② 보호가치 있는 신뢰: 상대방의 신뢰가 보호가치가 있어야 한다. 이때의 보호가치 유무의 판단은 신뢰를 얻기까지의 과정에서 당사자가 귀책사유(고의 또는 과실) 있는 행위를 하였는가에 의해 결정된다. 예컨대, 상대방의 부정행위(例 신청서의 허위기재·뇌물제공·사기 및 강박)가 있었거나 행정행위의 위법성을 알고 있었던 경우는 보호가치가 부정된다. 판례도 LPG충전소 설치허가 사안에서 "처분의 하자가 신청자의 사위 또는 사실은폐에 의한 신고에 기인하는 경우에는 그 취소가능성을 충분히 예상할 수 있다."고 판시한 바 있다(대판 1995.1.20. 94누6529).

3) 신뢰에 기초한 관계인의 행위가 있을 것

당사자가 행정기관의 선행조치를 믿고 어떠한 행위를 하여야 한다. 신뢰보호는 신뢰 그 자체의 보호가 목적이 아니라 당사자가 행정행위의 적법성 또는 존속성을 신뢰하여 행한 어떤 처분을 보호하는 것이 목적이기 때문이다.

4) 신뢰와 행위 사이에 인과관계가 있을 것

상대방의 신뢰와 처리행위 사이에 인과관계가 있어야 한다. 즉 상대방이 행정청의 선행조치를 믿었기 때문에 그에 따른 일정한 조치를 취하여야 한다.

5) 선행조치에 반하는 행정작용

신뢰보호는 행정청의 선행조치에 반하는 행정청의 처분이 있거나, 행정청이 선행조치에 의하여 약속한 행위를 하지 않음으로써 선행행위를 신뢰한 당사자의 권익이 침해된 경우에 인정된다.

[판례] 신뢰보호의 원칙이 적용되기 위한 요건

일반적으로 행정상의 법률관계에 있어서 행정청의 행위에 대하여 신뢰보호의 원칙이 적용되기 위하여는, 첫째 행정청이 개인에 대하여 신뢰의 대상이 되는 공적인 견해표명을 하여야 하고, 둘째 행정청의 견해표명이 정당하다고 신뢰한 데에 대하여 그 개인에게 귀책사유가 없어야 하며, 셋째 그 개인이 그 견해표명을 신뢰하고 이에 어떠한 행위를 하였어야 하고, 넷째 행정청이 위 견해표명에 반하는 처분을 함으로써 그 견해표명을 신뢰한 개인의 이익이 침해되는 결과가 초래되어야 한다(대판 1998.11.13. 98두7343).

4. 신뢰보호원칙의 적용영역

신뢰보호의 원칙은 행정법 전반에 걸쳐 인정되는 원칙이나, 특히 아래의 영역에서 중요한 의미를 갖는다.

1) 행정입법의 변경　　법규명령, 행정규칙 등 행정입법에 있어서 소급적 변경이 금지되는 것을 신뢰보호의 입장에서 설명할 수 있다.

2) 행정계획의 변경　　사인이 행정기관의 행정계획을 신뢰하고 일정한 처분행위를 한 경우에 사후에 당해 행정계획이 변경 또는 폐지되는 때에는, 당해 계획의 계속적인 존속을 구하는 계획존속청구권은 행정계획의 특성상 인정될 수 없을 뿐만 아니라 법률적합성(공익)이 더 크다고 할 수 있으므로 신뢰보호원칙의 적용은 인정될 수 없다. 단, 당해 행정계획과 신뢰관계의 정도에 따라서는 손실보상이 인정될 수 있다.

3) 확 약　　행정기관이 국민에 대한 관계에 있어서 자기구속을 할 의도 아래 장래에 향하여 일정한 작위 또는 부작위를 약속하는 의사표시를 확약이라고 한다. 이러한 확약이 법적 차원에서 인정되는 이유는 근본적으로 상대방의 신뢰를 바탕으로 한다.

4) 수익적 행정행위의 취소권 제한　　개인의 신뢰보호를 위하여 경우에 따라서는 행정행위의 취소가 제한될 수 있음이 학설과 판례에 의하여 인정되고 있다. 숙박영업허가취소처분에 대한 취소소송에서 판례는 "수익적 행정행위인 때에는 그 행위를 취소하여야 할 공익상의 필요와 그 취소로 인하여 당사자가 입을 기득권과 신뢰보호 및 법률생활안정의 침해 등 불이익을 비교형량한 후 공익상의 필요가 당사자의 기득권침해 등 불이익을 정당화할 수 있을 만큼 강한 경우에 한하여 취소할 수 있다고 보아야 할 것이다."라고 판시하였다(대판 1986.2.25. 85누664).

5) 수익적 행정행위의 철회권 제한　　개인의 신뢰보호를 위하여 경우에 따라서 행정행위의 철회가 제한될 수 있음이 학설과 판례에 의하여 인정되고 있다.

6) 실권의 법리　　실권이란 행정기관이 위법한 상태를 장기간 방치함으로써 개인이 이를 신뢰하여 이를 기초로 새로운 법률관계를 형성한 경우에 행정기관이 사후에 그 위법성을 주장할 수 없도록 하는 것이다.

[판례]

택시운전사가 1983.4.5. 운전면허정지기간 중 운전행위를 하다가 적발되어 형사처벌을 받았으나 행정청으로부터 아무런 행정조치가 없어 안심하고 계속 운전업무에 종사하고 있던 중 행정청이 위 위반행위가 있은 이후에 장기간에 걸쳐 아무런 행정조치를 취하지 않은 채 방치하고 있다가 3년여가 지난 1986.7.7에 와서 이를 이유로 행정제재를 하면서 가장 무거운 운전면허를 취소하는 행정처분을 하였다면 이는 행정청이 그간 별다른 행정조치가 없을 것이라고 믿은 신뢰의 이익과 그 법적안정성을 빼앗는 것이 되어 매우 가혹할 뿐만 아니라 비록 그 위반행위가 운전면허취소사유에 해당한다 할지라도 그와 같은 공익상의 목적만으로는 위 운전사가 입게 될 불이익에 견줄 바 못된다 할 것이다(대판1987.9.8. 87누373)

7) 조세행정　　국세기본법 제18조 제3항은 신뢰보호의 원칙을 명문으로 규정하고 있기 때문에, 조세행정의 실무상 과세관행에 관해서 신뢰보호의 원칙을 인정하는 많은 판례들이 나타나고 있다.

5. 신뢰보호의 원칙의 내용

1) 존속보장(취소쟁송)　　신뢰보호의 대상이 재산권인 경우, 신뢰보호원칙에 따라 보호되는 것은 원칙적으로 존속보장이다. 여기서 존속보장이라 함은 개인의 보호가치 있는 신뢰이익이 선행조치의 폐지 등으로 달성되는 공공의 이익보다 비중이 더 큰 경우에 행정청은 선행조치를 존속시켜야 하는 것을 말한다.

2) 손해전보(보상보호)　　신뢰보호원칙의 적용과 관련해서 행정청의 선행조치를 폐지하는 경우에 침해된 개인의 권익에 대한 손실보상이 인정된다. 이를 보상보호라고 부르기도 한다.

6. 신뢰보호원칙의 한계

1) 행정의 법률적합성의 원칙과의 관계

① 문제점: 신뢰보호의 원칙은 행정의 법률적합성의 원칙과 충돌할 수 있는데 이때 사익과 공익 중 어떤 법익이 우선하는지가 문제된다. 이는 특히 위법한 행정작용을 신뢰한 경우에 문제된다.

② 학 설: 이의 해결방법에 대한 학설로 법률적합성우위설, 양자동위설, 이익형량설 등이 있으나 이익형량설이 지배적인 견해이며 판례의 태도이다. 즉, 상대방의 신뢰보호를 어느 정도까지 인정할 것인가는 구체적인 사안에서 법률적합성의 원칙을 관철하여야 할 공익과 당사자의 신뢰보호라는 사익(법적안정성)을 비교형량하여 결정되어야 한다고 보는 입장이다.

2) 사정변경의 원칙과의 관계　신뢰보호의 원칙은 사정이 변경되는 경우 그 적용이 제한된다. 즉 개인의 신뢰를 바탕으로 한 관계가 변경되었다면 상대방은 변경 전의 상태를 이유로 신뢰보호를 주장할 수 없다(홍정선 115).

7. 위반의 효과

신뢰보호의 원칙은 실정법적 효력을 가지는 원칙이므로 행정처분이 이에 위반되는 경우에는 원칙적으로 취소사유가 된다. 따라서 행정기관은 그 언동의 내용을 실현할 의무를 지게 되며, 보다 큰 공익을 위하여 실현이 불가능한 경우에는 그 언동을 신뢰한 국민에게 손실을 보상하여야 한다.

Ⅳ. 부당결부금지의 원칙

1. 의의 및 법적근거

1) 의 의　부당결부금지의 원칙은 행정작용을 행함에 있어 그와 실질적인 관련이 없는 상대방의 반대급부를 조건으로 할 수 없다는 것을 말한다.

　　예 운전면허증을 발급함에 있어 법률의 근거 없이 자동차세의 완납을 조건으로 하는 것, 건축허가를 발령함에 있어 자동차세의 완납을 조건으로 하는 것

2) 법적근거　이론적 근거로써 법치행정의 원칙, 행정의 예측가능성 확보, 법적 안정성, 인권의 존중 등을 들 수 있고 실정법적 근거로는 헌법 제37조 제2항의 최소침해의 원칙을 들 수 있다. 근거와 관련하여 부당결부금지원칙이 헌법적 효력을 지니는가, 아니면 법률적 효력을 가지는가가 문제된다. 통설은 헌법적 효력을 가진 원칙이라고 하나, 소수설은 법률적 효력만을 가진 원칙이라고 주장한다.

2. 적용요건

1) 행정기관의 권한행사가 있을 것　부당결부금지원칙이 적용되기 위해서는 행정청의 권한행사가 있어야 한다. 예컨대, 부관부 행정행위의 경우 주된 행정행위가 그것이며, 새로운 의무이행확보수단에서는 공급거부나 관허사업의 제한(허가나 특허의 거부) 등이 그것이다.

2) 권한행사가 상대방의 반대급부와 결부되어 있을 것　행정청의 권한행사와 상대방의 반대급부가 서로 결부 또는 의존되어 있어야 한다. 예컨대, 조건부 특허의 경우 조건의 성취와 특허가 결부되어 있는 경우, 공법상 계약을 체결하면서 상대방의 반대급부를 결부시키는 경우, 수익적 행정행위를 하면서 부관에 의해 반대급부를 결부시키는 경우 등을 들 수 있다.

3) 권한행사와 반대급부 사이에 실체적 관련성이 없을 것　행정청의 권한행사와 상대방의 반대급부 사이에 실체적 관련성이 없어야 한다. 실체적 관련성이 없다는 것은 행정청의 권한행사와 상대방의 반대급부 사이에 ① 원인적 관련성과 ② 목적적 관련성이 없는 것을 말한다. 다만 반대급부의 결부가 법적으로 허용된 행정청의 권한행사의 요건과 동일한 방식으로 이루어졌다면 실질적 관련성이 존재한다고 볼 것이다.

　① 원인적 관련성: 원인적 관련성이란 본행정행위의 발령 때문에 반대급부를 부과하는 것이 가능할 뿐만 아니라 필요하여야 한다는 것을 말한다.

　② 목적적 관련성: 목적적 관련성이란 반대급부는 본행정행위가 추구하는 특정목적을 위해서만 부과되어야 한다는 것이다.

3. 적용범위

　부당결부금지의 원칙은 공법상의 계약, 행정행위의 부관, 급부행정 및 행정의 의무이행 확보수단 영역에서 활용되는 일반법의 원칙이다.

4. 위반의 효과

　부당결부금지의 원칙은 헌법상 법치주의와 자의금지의 원칙에서 도출되는 것이므로 이에 위반한 행위는 위헌·위법의 사유가 된다. 따라서 부당결부의 원칙을 위반한 법률은 헌법소원의 대상이 되며, 이 원칙에 위반한 행정행위에 대해서는 행정소송을 제기할 수 있으며, 행정상 손해배상을 청구할 수 있다.

[판례] 오토바이의 음주운전을 이유로 1종 대형면허를 취소한 것은 부당결부금지의 원칙에 반한다는 판례

한 사람이 여러 종류의 자동차운전면허를 취득하는 경우뿐 아니라 이를 취소 또는 정지함에 있어서도 서로 별개의 것으로 취급하는 것이 원칙이라 할 것이고 그 취소나 정지의 사유가 특정의 면허에 관한 것이 아니고 다른 면허와 공통된 것이거나 운전면허를 받은 사람에 관한 경우에는 여러 운전면허

전부를 취소 또는 정지할 수도 있다고 보는 것이 상당할 것이지만, 이륜자동차로서 제2종 소형면허를 가진 사람만이 운전할 수 있는 오토바이는 제1종 대형면허나 보통면허를 가지고서도 이를 운전할 수 없는 것이어서 이와 같은 이륜자동차의 운전은 제1종 대형면허나 보통면허와는 아무런 관련이 없는 것이므로 이륜자동차를 음주운전한 사유만 가지고서는 제1종 대형면허나 보통면허의 취소나 정지를 할 수 없다(대판 1992.9.22. 91누8289).

[판례] 승합차의 음주운전을 이유로 1종 대형면허를 취소한 것은 부당결부금지의 원칙에 반하지 않는다는 판례

한 사람이 여러 종류의 자동차운전면허를 취득하는 경우뿐 아니라 이를 취소 또는 정지하는 경우에 있어서도 서로 별개의 것으로 취급하는 것이 원칙이기는 하나, 자동차운전면허는 그 성질이 대인적 면허일 뿐만 아니라 도로교통법시행규칙 제26조 별표 14에 의하면, 제1종 대형면허 소지자는 제1종 보통면허로 운전할 수 있는 자동차와 원동기장치자전거를, 제1종 보통면허 소지자는 원동기장치자전거까지 운전할 수 있도록 규정하고 있어서 제1종 보통면허로 운전할 수 있는 차량의 음주운전은 당해 운전면허뿐만 아니라 제1종 대형면허로도 가능하고, 또한 제1종 대형면허나 제1종 보통면허의 취소에는 당연히 원동기장치자전거의 운전까지 금지하는 취지가 포함된 것이어서 이들 세 종류의 운전면허는 서로 관련된 것이라고 할 것이므로 제1종 보통면허로 운전할 수 있는 차량을 음주운전한 경우에 이와 관련된 면허인 제1종 대형면허와 원동기장치자전거면허까지 취소할 수 있는 것으로 보아야 한다(대판 1994.11.25. 94누9672).

제5절 행정법의 효력

Ⅰ. 의 의

행정법의 효력이란 행정법이 그 관계자를 구속하는 힘을 말한다. 행정법의 성문법원을 이루는 성문법규는 그 효력범위에 있어서 시간적·지역적·대인적 한계가 있다.

Ⅱ. 시간적 효력

행정법의 성문법원을 이루는 성문법규는 공포에 의하여 성립하고 시행일(효력발생일)부터 폐지될 때까지 효력을 가진다.

1. 발효시기

행정법령은 그 강행성으로 말미암아 이를 일반국민에게 주지시킬 필요가 있는바, 공포와 효력발생과의 사이에는 일정한 시간적 간격을 두는 것이 원칙이다.

1) 공 포

① 성립요건: 법령과 조례·규칙은 공포함으로써 성립한다. 여기서 공포(公布)란 관보에 게재하는 행위를 말한다.

② 공포방법: 법령과 조약의 경우 관보에 게재하고(법령 등 공포에 관한 법률 제11조①), 조례·규칙은 당해 자치단체의 공보나 일간신문에의 게재 또는 게시판에의 게시로써 한다(지방자치법 시행령 제30조①).

2) 효력발생

① 발효요건: 법령은 공포에 의하여 성립하고, 그 시행으로 효력이 발생하므로 효력이 발생하기 위해서는 시행이 되어야 한다. 시행의 시기는 당해 법령에서 스스로 정하는 경우가 많으나, 스스로 정하지 않은 경우에는 공포한 날로부터 20일을 경과함으로써 효력이 발생한다(헌법 제53조⑦).

② 공포일의 확정: 시행일은 효력발생일을 말하 바, 공포일이 기준이 된다. 따라서 공포일과 발행된 날이 언제인가가 문제된다.

㉠ 공포한 날: 공포일은 '그 법령 등을 게재한 관보 또는 신문이 발행된 날(법령 등 공포에 관한 법률 제12조)'을 의미한다.

㉡ 발행된 날: 판례는 다음과 같이 구분하여 발행시점을 정하고 있다.

ⓐ 공포일과 시행일이 일치하는 경우: 관보가 정기간행물 판매센터에 배포되어 일반국민이 구독 가능하게 된 최초의 시점이 발행일이 된다(도달주의에 입각한 최초구독가능시설).

> **[판례]**
> 공포한 날로부터 시행하기로 한 법령 등의 시행일은 그 법령이 수록된 관보의 발행일자가 아니고 그 관보가 정기간행물 판매센터에 배치되거나 관보취급소에 발송된 날이다(대판1970.7.21. 70누76).

ⓑ 공포일과 시행일이 일치하지 않는 경우: 관보의 실제 인쇄일이 발행일, 즉 공포일이 된다(대판1968.12.6. 68다1573).

2. 소급적용금지

1) 진정소급효의 금지

① 원칙: 새 법령이 시행되기 전에 종결된 사실에 대해서는 새로운 법령은 적용되지 않는다. 이는 기득권 존중·법적 안정성 및 예측가능성을 보장하기 위한 법치주의적 요청에 따른 것이다.

② 예외: 소급적용금지의 원칙은 국민에게 불이익한 소급적용의 금지이므로 소급효를 인정하는 것이 오히려 국민에게 유리한 경우에는 이미 종결된 사실에 대해서도 새로운 법령 등을 적용할 수 있다.

2) 부진정소급효의 허용
새 법령의 시행일 이전에 시작되었으나 시행일 당시에 종결되지 않고 진행 중인 사실에 대해서는 새로운 법률의 적용이 허용된다.

3. 효력의 소멸

1) 비한시법의 경우

① 명시적 폐지: 당해 법령을 폐지 또는 개정하는 새로운 법령의 효력발생과 동시에 효력을 상실한다.

② 묵시적 폐지

㉠ 기존의 법령과 저촉되는 동위 또는 상위의 법령이 제정 시행되는 경우 새로운 법령이 기존의 법령을 개폐한다는 뜻을 명시하지 않았더라도 새로운 법령의 효력발생과 동시에 구법은 효력을 상실한다.

㉡ 집행명령은 근거법령인 상위법령이 폐지되면 자동적으로 실효되나, 근거법령이 개정되면 당연히 실효되지 아니하고 개정법령의 시행을 위한 새로운 집행명령이 제정·발효할 때까지는 그 효력을 유지한다(대판 1989.9.12. 88누6962, 대판 1993.2.12. 92누5959).

2) 한시법의 경우
한시법이란 처음부터 유효기간이 규정되어 있는 법령을 말한다. 이러한 한시법의 경우에는 유효기간의 만료로 효력이 당연히 소멸한다. 다만, 그 유효기간 내의 위법행위에 대하여는 법령의 실효 후에도 처벌할 수 있다.

Ⅲ. 지역적 효력

1. 원 칙

행정법규는 그것을 제정한 기관의 권능이 미치는 모든 지역에 대하여 효력을 가지는 것이 원칙이다.

1) 국회나 중앙행정관청이 제정한 법령 국회나 중앙행정관청이 제정한 법률과 명령은 전국에 걸쳐 효력이 미친다.

2) 조례·규칙 지방자치단체가 제정하는 조례·규칙은 당해 자치단체의 구역 내에서만 효력을 가진다.

2. 예 외

1) 국제법상 치외법권지역 국제법상 치외법권을 가지는 외교사절 또는 외국군대가 사용하는 시설·구역에는 행정법규의 효력이 미치지 아니한다.

2) 국가의 법령이 영토의 일부 지역에만 적용되는 경우 수도권정비계획법, 세종특별자치시 설치 등에 관한 특별법, 제주특별자치도 및 국제자유도시 조성을 위한 특별법 등과 같이 국가의 법령이 영토의 일부 지역에만 적용되는 경우에는 기타 지역에는 당해 법률의 효력이 미치지 아니한다.

3) 자치법규가 본래의 관할구역을 넘어 적용되는 경우 하나의 지방자치단체가 다른 지방자치단체의 구역 내에 공공시설을 설치하는 경우와 같이 예외적으로 자치법규가 본래의 관할구역을 넘어 적용되는 경우가 있다.

Ⅳ. 대인적 효력

1. 원 칙

행정법규는 속지주의 원칙에 따라 원칙적으로 그 영토 또는 구역 내에 있는 모든 자에게 적용되는 것으로, 내국인·외국인, 자연인·법인 여하를 불문한다. 자치법규는 그 구역 안에 있는 모든 사람에게 적용된다.

2. 예 외

1) **치외법권이 있는 외국인**   치외법권이 있는 외국인(예 외국원수 및 외교관)에 대해서는 우리나라 행정법이 적용되지 않으며, 미합중국군대의 구성원에 대해서는 한미행정협정에 따라 행정법의 적용이 배제·제한된다.

2) **외국에 있는 한국인**   외무행정의 여권법과 병무행정의 병역법과 같이 국외에 있는 한국인에 대해서도 우리나라의 행정법이 적용되는 경우가 있다.

제3장 행정상 법률관계

제1절 행정상 법률관계의 논의 필요성

I. 행정상 법률관계의 개념

행정상 법률관계란 행정주체인 국가 또는 공공단체와 그 상대방인 국민 사이의 권리·의무관계를 말하는 것으로 공법관계와 사법관계로 구별된다. 따라서 정부의 행정상의 법률관계란 행정에 관한 법률관계로서 행정법상의 권리와 의무를 그 내용으로 하고 있다.

II. 공법관계와 사법관계

1. 행정상 법률관계는 공법관계인가

우리나라는 영미법계와는 다르게 공법과 사법의 이원적 구조를 취하고 있다. 그중 행정법은 국가 등의 행정주체와 행정목적 실현 대상이 되는 국민 간에 형성되는 법률관계를 대상으로 하므로 원칙적으로 공법에 속한다. 그런데 오늘날 공법과 사법의 구별이 상대화되고, 행정주체가 행정행위를 하는 형식도 다양화됨으로써, 구체적으로는 어떠한 행정주체의 행위가 공법관계와 사법관계 중에서 어디에 해당하는지가 문제된다. 또한 국가 등 행정주체와 국민 간의 관계를 규율하는 법규가 공법인지 사법인지도 역시 문제된다.

2. 공법관계와 사법관계의 구별실익

1) 법규적용의 차이   특정한 법률관계에 적용될 법규 또는 법원리가 법에서 명문으로 규정되어 있지 않은 경우에, 먼저 문제되는 법률관계가 공법관계인지 사법관계인지를 명백히 함으로써 공법과 사법 중 어떤 법원리를 적용할 것인가를 결정하게 된다.

2) 재판관할 및 재판절차의 차이   사법관계는 원칙적으로 민사소송의 절차에 따른다. 그러나 공법관계에 관한 소송은 민사사건과는 달리 행정사건으로서, 엄격한 절차를 택하고 있는 민사소송과는 달리 여러 가지 특례를 규정한 행정소송법의 적용을 받도록 하고 있다. 따라서 분쟁의 대상인 법률관계가 공법관계인지 사법관계인지를 결정하지

않으면 안 된다.

3) 행정강제의 가능성 사법관계에서는 원칙적으로 사인의 강제집행은 허용되지 않고 법원에 의한 강제집행만이 허용된다. 그러나 공법관계에서는 행정상의 의무위반 또는 그 불이행에 대해서는 법원의 강제집행에 의하지 않고 직접 행정청이 대집행, 강제징수 등 자력집행을 할 수 있다.

4) 손해배상 사법관계에서는 고의·과실이 있는 경우에 원칙적으로 민법상의 손해배상책임이 인정된다. 그러나 공법관계에서는 고의·과실이 있는 경우 민법이 아닌 국가배상법이 적용되며, 경우에 따라서는 무과실인 경우에도 손해배상책임이 인정된다. 또한 적법한 공권력의 행사에 따른 손실에 대하여는 손실보상제도를 마련하고 있다.

3. 구별기준

1) 학 설

① 전통적 견해: 공법관계와 사법관계의 구별기준에 관하여 주체설, 신주체설, 권력설, 이익설 등의 학설이 있다.

㉠ 주체설: 법률관계의 주체를 기준으로 구별하고자 하는 견해이다. 이 설에 의하면 적어도 법률관계의 일방 당사자가 행정주체인 경우에는 공법관계로 본다.

㉡ 신주체설 : 공권력의 담당자인 국가 등의 행정주체에 대하여만 권리 권한을 부여하거나 의무를 부과하는 법은 공법이고, 모든 권리주체에게 권리의무를 부여하는 법은 사법이라고 보는 견해이다.

㉢ 권력설: 당해 법률관계가 지배복종관계인 경우에는 공법관계로, 대등관계이면 사법관계로 보는 견해이다.

㉣ 이익설: 공익목적에 봉사하는 법이 공법이고 사익추구에 봉사하는 법이 사법이라고 하는 견해이다.

② 현재의 견해: 위의 어느 학설만으로 공법관계와 사법관계를 구별하는 것은 가능하지 않으므로 현재의 다수설은 주체설을 기준으로 성질설이나 이익설을 가미하여 구분하는 입장이다. 따라서 한 쪽 당사자가 행정주체이고 근거법이 사법상 인정되지 않는 우월적 지위를 행정주체에게 부여하고 있는 경우에는 공법관계라고 할 수 있다. 특히 관련법이 상대방에게 일방적인 부담만을 강요하거나 행정주체의 자력집행이 가능하게 하거나, 상대방의 불복방법에 관하여 행정심판이나 특유한 이의신청의 규정을 둔 경우는 공법관계

이다. 또한 비권력적 행정관계라고 할지라도 행정주체의 행정행위가 공공복리를 실현하기 위한 관계를 규율하는 법률관계라면 공법관계로 볼 것이다.

2) 판례의 태도　　판례는 행정주체가 사경제주체로서 상대방과 대등한 지위에서 한 행위는 사법행위이고, 공권력의 주체로서 상대방의 의사의 여부에 불구하고 일방적으로 행하는 행위는 공법행위라고 하여, 현재의 다수설과 같은 태도라고 할 수 있다.

4. 구별방법

1) 명문의 규정이 있는 경우　　실정법이 행정상 강제집행, 행정벌, 행정상 손해배상, 손실보상, 행정쟁송, 형법상 공무원에 관한 죄(수뢰죄 등)의 성립을 인정하는 명문의 규정을 두고 있는 경우에는 그 법에 의하여 발생된 법률관계는 공법관계로 보아야 할 것이다.

2) 명문의 규정이 없는 경우　　실정법이 위와 같은 명문의 규정을 두고 있지 아니한 경우에는 부득이 공법과 사법의 구별필요성에 비추어 위 학설을 종합적으로 고려하여 공법관계 또는 사법관계를 결정하여야 한다.

5. 실정법상 공법과 사법의 관계

하나의 법률관계에 있어서도 다음의 예와 같이 공법과 사법이 함께 규율하는 경우도 있고, 또한 서로 밀접하게 영향을 주고받는 경우도 있다.

1) 공법과 사법이 함께 규율하는 경우　　국영철도의 법률관계 중 그 직원의 복무관계는 공법관계로, 운송계약상의 법률관계는 사법관계로 보아야 한다.

2) 공법행위가 사법상 법률행위의 요소인 경우(강학상 인가)　　인가는 행정청이 사인의 법률행위를 동의로써 보충하여 그 행위의 효력을 완성시켜주는 행정행위이다. 재단법인의 정관변경허가 등의 예에서 볼 수 있듯이 사인의 법률행위에 공법행위인 인가가 그 요소가 된다.

3) 공법행위가 사법적 효과를 발생하는 경우　　토지수용의 경우 토지의 수용관계는 공법행위이지만, 수용의 결과 토지소유권이 사인에게서 국가로 이전되는 효과가 발생하는 것 등이 그 대표적인 예이다.

4) 사법으로 규율되는 사항이 공법으로 보완되는 경우　　토지에 대한 이해관계의 조정은

민법상의 상린관계만으로는 부족하므로 건축법 등의 공법으로 일조권의 확보를 위하여 건축물의 높이를 규제하는 것 등이 그 예이다.

제2절 행정상 법률관계의 종류

행정법관계에 대한 논의는 행정법 전체의 체계를 조망할 수 있고, 행정법이 민사법, 형사법과 구별되는 독자성을 파악하는 데 중요한 구조적 이해의 요소가 되는 학습 분야이다.

Ⅰ. 개념과 체계

행정상 법률관계는 통상적인 의미에서는 국가 및 공공단체 등의 행정주체와 상대방인 국민 간의 법률관계, 즉 행정작용법적 관계를 의미한다. 그러나 행정상의 법률관계를 광의로 파악할 때에는 행정작용법관계 외에 행정주체 상호 간의 관계나 행정기관 상호 간의 관계인 행정조직법관계를 포함한다. 또, 행정조직법적 관계는 다시 행정주체 내부에서의 법관계와 행정주체 간의 법관계로 나누어진다. 또한 행정작용법적 관계는 공법관계와 사법관계로 나눌 수 있다.

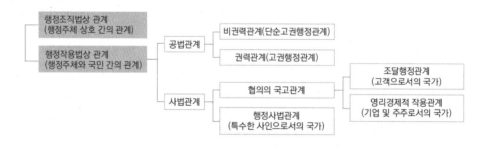

Ⅱ. 행정조직법적 관계

1. 행정주체 내부관계

상급청과 하급청의 지휘·감독의 관계, 권한위임의 관계 등이 이에 해당하며, 지방의회와 지방자치단체 집행기관 간의 관계도 이에 해당한다. 이러한 기관 상호 간의 권한에 대한 다툼이 있는 경우라 하더라도 법률상 쟁송이 아니므로 법률에 특별한 규정이 없는 한 법원에 제소할 수 없다.

2. 행정주체 상호 간의 관계

행정주체 상호 간의 관계는 국가와 공공단체, 특히 지방자치단체와의 관계, 또는 공공단체 상호간의 관계를 의미한다. 이들 관계가 행정조직법관계인지 행정작용법관계인지는 문제가 되고 있으나 행정주체와 국민과의 관계처럼 순수한 행정작용법관계로만 보기 어렵기 때문에 이에 관한 구체적인 것은 행정조직법의 고찰대상이 되고 있다.

Ⅲ. 행정작용법적 관계

행정작용법적 관계란 행정주체와 국민 간의 법률관계를 말하는 것으로, 이에는 공법(公法)관계와 사법(私法)관계가 있다.

1. 공법관계

1) 권력관계

① 의 의: 권력관계란 국가 기타의 행정주체가 공권력의 주체로서 행하는 행정상 법률관계를 말한다. 권력관계는 행정주체가 공권력을 행사하기 때문에, 국민에 대하여 일방적으로 명령·강제하는 행정작용으로 이루어진다.

② 사법관계와의 구별: 권력관계에 있어서 국가 또는 공공단체 등 행정주체는 행정목적을 달성하기 위하여 우월한 의사주체로서 행정객체에 대하여 일방적으로 명령, 강제하는 대등하지 못한 관계라는 점에서 사법상의 법률관계와 뚜렷한 차이를 보이고 있다.

③ 특 질

㉠ 성립상의 특질: 권력관계는 행정권발동에 법적 기속이 요구된다는 점에서, 그 행사에 있어서 법률의 근거가 있어야 할 뿐만 아니라, 그 성립에 있어서 실체적으로나 절차적으로 법에 적합한 것이어야 한다.

㉡ 효력상의 특질: 권력관계에 있어서 행정주체의 행위에는 행정목적의 달성을 위하여 사인의 법률행위와 달리 구속력, 공정력, 확정력, 자력집행력 등의 특수성이 인정되며 항고소송의 대상이 된다.

2) 관리관계

① 의 의: 관리관계란 행정주체가 공권력의 주체가 아니라 재산의 관리주체로서 개인과 맺는 법률관계(⑩ 수도법상 수도료의 납부관계)를 의미한다.

② 특 질: 관리관계는 기본적으로 공권력의 주체로서 우월적 지위에서 행하는 행위가 아니라는 점에서 원칙적으로 사법관계이고, 이에 대한 분쟁은 민사소송절차에 의한다(대판 1982.12.28. 82누441). 다만, 법령이 관리관계의 공익적 목적을 고려하여 특별한 규정을 두고 있거나 관계법규의 해석을 통해 공공복리와 관련이 있는 범위 내에서는 공법의 적용을 받는다.

[판례] 관리관계인 공물의 이용관계를 사법관계로 본 판례

국가 또는 지방자치단체라 할지라도 공권력의 행사가 아니고 단순한 사경제의 주체로 활동하였을 경우에는 그 손해배상책임에 국가배상법이 적용될 수 없고 민법상의 사용자책임 등이 인정되는 것이고 국가의 철도운영사업은 국가가 공권력의 행사로서 하는 것이 아니고 사경제적 작용이라 할 것이므로, 이로 인한 사고에 공무원이 관여하였다고 하더라도 국가배상법을 적용할 것이 아니고 일반 민법의 규정에 따라야 할 것이다(대판 1999.6.22. 99다7008).

---

2. 사법관계

1) 의 의
행정주체가 사법상의 재산권의 주체로서 사인과 동등한 지위에서 행하며 특별한 공공성도 띠지 않는 법률관계로, 이를 '국고관계'라고도 한다.

⑩ 국가가 물품매매계약을 하는 경우, 전화가입의 청약·승낙, 청사·도로·교량 등의 건설도급계약을 하는 경우, 국유재산(잡종재산)을 관리·매각하는 경우

2) 특 질
행정상 사법관계는 사법에 의하여 규율되며 민사소송의 대상이 된다.

[정리] 공법관계와 사법관계의 예

공법관계	사법관계
• 행정행위	• 국유의 잡종재산의 매각
• 특별권력관계	• 국고수표의 발행
• 행정강제	• 국채나 지방채의 모집
• 행정벌	• 청사나 도로 등의 건설도급계약
• 영조물경영·하천의 관리	• 전화가입의 청약 및 승낙
• 귀속재산의 임대·매각	• 물품의 매매계약
• 공공단체와 사인 간의 공용부담계약	• 시영버스·국영철도·시영식당의 이용

• 국립도서관의 이용	• 공공시설의 사용료 징수관계
• 학령아동의 국공립학교 입학	• 과오납한 조세의 반환청구(판례)
• 사립대학교의 학위수여	• 공법인과 그 임직원과의 관계(판례)

제3절 행정법관계의 당사자

Ⅰ. 행정법관계 당사자의 개념

일반적으로 법률관계의 당사자란 권리·의무의 귀속주체를 말한다. 따라서 행정법관계의 당사자란 행정법관계의 권리와 의무의 주체를 말하는 것으로, 행정주체와 행정객체를 의미한다. 주의할 것은 행정법관계는 행정주체와 객체 간의 공법관계만을 의미한다는 점에서, 행정상 공법관계와 행정상 사법관계를 포괄하는 행정상의 법률관계와는 구별된다.

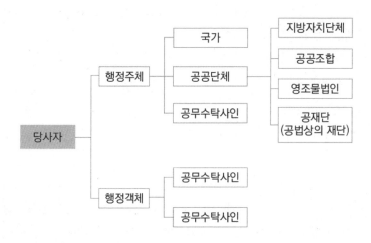

Ⅱ. 행정주체

1. 공익실현주체

1) 행정주체의 개념　행정주체란 공익실현을 위한 행정권의 담당자로서 행정권을 행사하고, 그의 법적 효과가 궁극적으로 귀속되는 당사자를 말한다.

2) 행정청과의 구별   행정청은 행정주체의 의사를 결정하고 그 의사에 따라 행동하는 조직으로, 행정청의 행위의 법적 효과는 당해 행정청이 아니라 행정주체에 귀속한다. 즉 행정청은 행정주체와는 달리 독립한 법인격을 갖지 못한다. 다만 행정소송법은 행정소송의 편의상 처분행정청에 대해서도 당사자 소송의 피고인적격을 인정하고 있으나, 행정청은 공법상 당사자소송의 당사자가 될 수 없으며 손해배상책임의 주체가 될 수도 없다.

2. 행정주체의 종류

행정주체의 당사자로는 국가, 공공단체 및 이들로부터 행정권한을 위임받은 사인이 있다.

1) 국 가   국가는 시원적으로 행정권을 가지는 행정주체이다. 국가는 행정주체로서 다음과 같이 행정을 수행한다.

① 직접행정: 대통령을 정점으로 하는 국가행정조직을 통하여 행하지는 행정을 말한다.

② 간접행정: 국가가 독립된 행정주체(예 지방자치단체 · 공공단체)로 하여금 일정한 범위의 행정을 하게하는 경우를 말한다.

③ 위임행정: 국가의 행정권의 일부가 지방자치단체 기타 공공단체(단체위임) 혹은 기관이나 사인에게 위임(기관위임)되어 행하여지는 경우이다.

2) 공공단체   공공단체란 국가의 감독 하에 국가사무를 수행하기 위하여 일정한 조직원에 의하여 조직된 공법상의 단체를 말한다. 공공단체에는 지방자치단체 · 공공조합 · 영조물 법인 및 공법상 재단이 있다.

① 지방자치단체: 국가의 영토의 일부인 일정한 지역과 그 지역의 주민을 구성요소로 하여 그 지역 내에서 일정한 통치권을 행사하는 단체를 말한다. 이러한 통치권의 근거에 대해서는 이론이 있으나 국가로부터 전래된 권한이라는 것이 일반적인 견해이다. 지방자치단체의 종류로는 포괄적인 행정권을 가지는 보통지방자치단체(서울특별시 · 광역시 · 도 · 시 · 군 · 구)와 특정 행정권만 가지는 특별지방자치단체(예 지방자치단체조합)가 있으나, 전자가 원칙이다.

② 공공조합: 특정한 행정목적을 위하여 일정한 자격을 가진 사람으로 구성된 공법상의 사단법인을 말한다. 공공조합은 일정한 지역을 그 존립기반으로 하지 않는다는 점에서 지방자치단체와 구별된다.

⑩ 농업협동조합, 국민건강보험조합, 변호사회, 의사회, 상공회의소, 재향군인회 등

③ 영조물법인: 일정한 행정목적을 달성하기 위하여 설립된 인적·물적 결합체로서 공법상 법인격이 부여된 것을 말한다. 인적·물적 결합체라는 점에서 물적 시설만을 의미하는 공공시설과 구별된다.

⑩ 한국방송공사, 한국도로공사, 서울대학교병원, 과학기술원 등 → 서울대학교, 광주과학기술원 등은 법인화가 되어 법인격이 있으나, 대다수의 국립대학은 법인격을 취득하지 않았기 때문에 영조물에 불과하고 영조물법인은 아니다.

④ 공법상 재단: 일정한 행정목적을 위하여 국가나 지방자치단체가 출연한 재산을 관리하기 위하여 성립된 재단법인인 공공단체를 말한다. 이는 재산의 결합체라는 점에서 인적·물적 결합체인 영조물법인과 구별된다.

⑩ 한국학술진흥재단, 한국정신문화연구원, 한국교육개발원, 한국사학진흥재단

3) 공무수탁사인　　공무수탁사인은 현대국가의 행정목적 실현의 방식에 있어서 그 활용도가 매우 높아지는 분야이다.

사법적 행정작용인 행정계약에 의한 행정목적 실현보다는 공무사탁사인 방식의 행정목적 실현이 책임행정의 구현에 적합하다고 본다.

국가목적적 행정인 군사행정, 외무행정, 조세행정 이외에도 사회목적적 행정인 경찰행정, 사회복지행정, 재난행정 등에서 많이 활용되어야 한다고 본다.

① 개 념: 자신의 이름으로 공행정사무를 처리할 수 있는 권한을 위임받아 그 범위 안에서 행정주체로서의 지위에 있는 사인을 말한다.

⑩ 항공기 기장, 선박의 선장이 경찰사무 및 호적사무를 처리하는 경우, 별정우체국사무를 처리하는 사인, 토지취득보상법에 따라 개인의 토지를 수용하는 사기업, 학위를 수여하는 사립대학교총장

② 법적지위: 사인은 원칙적으로 행정객체가 되나, 공무수탁사인은 자신의 이름으로 공행정사무를 처리할 수 있는 권한의 한도 내에서 행정주체의 지위를 갖는다.

㉠ 권한: 공무수탁사인은 수탁받은 행정사무를 처리할 권한을 가진다.

㉡ 의무: 공무수탁사인은 공무계속성의 원칙에 따라 공무수행을 중단할 수 없으며, 평등원칙을 준수하여야 하며, 의무를 이행하지 아니하는 경우 위탁자의 제재를 받는다.

㉢ 소송법상의 지위: 공무수탁사인이 발하는 처분에 대한 쟁송은 당해 공무수탁사인을 상대방으로 제기한다(행정소송법 제2조②).

③ 법적근거: 사인에게 공무를 위탁하기 위해서는 법률의 근거가 필요하며, 이에 대한 일반법으로는 정부조직법 제6조 3항과 지방자치법 제95조 3항이 있다. 개별법으로는

항공안전법, 선원법, 사법경찰관리의 직무를 수행할 자와 그 직무범위에 관한 법률 제7조, 별정우체국법 제5조, 공익사업을 위한 토지 등의 취득 및 보상에 관한 법률 제10조가 있다.

Ⅲ. 행정객체

행정객체란 행정작용의 상대방으로서 행정권 발동의 대상이 되는 자를 말한다. 이에는 자연인(내·외국인), 사법인, 공공단체가 있으며 국가는 제외된다. 즉, 국가는 행정주체가 될 뿐 행정객체가 되지 아니하며, 공공단체는 행정주체가 국가인 경우에는 행정객체가 되나 사인과의 관계에서는 행정주체가 된다.

제4절 행정법관계의 특질

Ⅰ. 민사적 법률관계와 구별되는 행정법관계의 특질

행정법관계의 특질이란 공익목적의 달성을 위하여 실정법상 행정주체에게 인정되는 특권 또는 우월적 지위를 말한다. 이러한 특질은 행정법관계에 본질적으로 내재하고 있는 것이 아니라 행정목적을 효과적으로 달성하기 위하여 실정법에 의하여 특별히 부여된 것이다.

Ⅱ. 행정법관계의 특질의 내용

1. 행정의사의 법률적합성

행정의사는 법에 적합하여야 한다는 것이다. 이는 법률에 의한 행정의 원리의 당연한 결과이다. 권력관계에는 이 원칙이 엄격히 적용됨이 명백하나, 비권력관계의 경우에도 이 원칙이 그대로 타당할 것인가는 법률유보의 범위에 따라 달라진다.

2. 행정의사의 공정력

행정의사의 공정력이란 행정행위가 발해지면 비록 그 성립에 하자(흠)가 있는 경우라도 그 하자가 중대하고 명백하여 당연무효가 되지 않는 한 권한 있는 행정기관이나 법률에 의하여 취소될 때까지는 유효한 행위로서, 누구도 그 효력을 부인할 수 없는 힘을 말한다.

3. 행정의사의 구성요건적 효력

행정행위의 구성요건적 효력이란 행정주체의 의사가 유효하게 존재하는 한 처분청과 재결청 및 취소소송에서의 수소법원을 제외한 다른 모든 국가기관은 그의 존재(또는 내용)를 존중하여야 하며, 스스로 판단의 기초 내지는 구성요건으로 삼아야 한다는 효력을 말한다.

4. 행정의사의 확정력(존속력)

행정주체의 행정행위는 공공성을 가지기 때문에 하자가 있는 경우라도 법적 안정성을 위하여 행정행위를 가능한 존속시키는 것이 바람직하다는 요청에서 생기는 효력으로서, 불가쟁력과 불가변력으로 나뉘어진다.

5. 강제력

행정의 실효성을 확보하기 위하여 강제력이 행정주체에게 주어지며, 이에는 자력집행력과 제재력이 있다.

1) **자력집행력**　행정주체는 상대방이 행정상의 의무를 이행하지 않는 경우, 법원 등 다른 기관의 힘을 빌리지 않고 스스로의 힘으로 의무를 이행시킬 수 있다. 이는 행정행위 중 하명에서 주로 문제되는 것으로 반드시 법적근거가 있어야 한다.

2) **제재력**　행정법관계에서 의무자가 의무를 위반하는 경우, 그 제재로서 행정벌을 과할 수 있는 바, 이에는 행정형벌과 행정질서벌이 있다.

6. 권리·의무의 상대성

행정법관계에 있어서 개인의 권리는 공공복리라는 공익적 견지에서 인정되는 것이거나, 그 권리의 행사가 공익의 실현과 밀접한 관련을 가지는 결과 권리가 의무를 수반하게 되는 상대성을 가진다. 따라서 사법관계와는 달리 공권과 공의무는 이전·포기가 제한되고, 특별한 보호와 강제가 이루어진다.

7. 권리구제수단의 특수성

국민의 권리와 이익이 국가 등의 행정작용에 의하는 경우에는 실정법상 다음과 같은 특별한 구제수단이 마련되어 있다.

1) 행정상 손해전보 행정법관계에서 사인이 행정작용으로 손해를 입은 경우 ① 당해 행정작용이 위법한 경우에는 국가배상법(행정상 손해배상)에 따라, 그리고 ② 당해 행정작용이 적법한 경우에는 행정상 손실보상제도(헌법 제23조③)에 의하여 손해를 전보받을 수 있다. 행정상 손해전보에 대한 소송은 공법상의 권리관계에 관한 소송으로서 행정소송(당사자소송)에 의할 것이나, 우리의 소송실무상으로는 민사소송으로 다루어지고 있다.

2) 행정상 쟁송 위법한 행정처분의 효력을 다투는 행정사건의 경우, 우리나라는 일반법원의 관할로 하고 있으면서 행정사건의 특수성을 감안하여 임의적 행정심판전치주의나 제소기간의 제한 등의 특례를 인정하고 있다. 한편 영미에서는 행정사건도 일반법원의 관할로 하여 사법국가의 형태를 취하고 있으나, 대륙법계에서는 행정재판소의 관할로 하여 행정국가의 형태를 취하고 있다.

제5절 행정법관계의 내용

Ⅰ. 행정법관계 내용의 이해

행정법관계는 행정법상의 권리·의무의 관계를 내용으로 하는 것으로서, 행정법관계에서의 권리를 공권이라고 하고 의무를 공의무라고 한다. 공권과 공의무는 그 귀속주체에 따라 국가에 귀속되는 국가적 공권과 공의무, 개인에 귀속되는 개인적 공권과 공의무로 구분된다. 여기서 공권이라 함은 공법관계에 있어서 직접 자기를 위하여 일정한 이익을 주장할 수 있는 법적인 힘을 말하고, 공의무란 타인의 이익을 위하여 의무자에 가해지는 공법상의 구속을 말한다.

Ⅱ. 국가적 공권

1. 의 의

국가적 공권이란 국가 또는 공공단체 기타 국가로부터 공권력을 부여받은 자가 우월한 의사의 주체로서 상대방인 개인 또는 단체에 대하여 가지는 권리를 말한다.

2. 국가적 공권의 주체

원칙적으로 국가만이 국가적 공권의 주체가 되나, 국가가 일정범위에서 국가적 공권을 공공단체 또는 사인에게 부여·위임한 경우에는 공공단체나 사인도 위임받은 범위 내에서 국가적 공권의 주체가 된다.

3. 국가적 공권의 종류

국가적 공권은 ① 그 목적을 기준으로 조직권·형벌권·경찰권·재정권·군정권·공기업특권·통제권·공용부담특권으로 구분할 수 있으며 ② 내용을 기준으로 하명권·강제권·형성권·공법상 물권으로 구분할 수 있다.

4. 국가적 공권의 특수성

국가적 공권은 우월한 의사의 주체로서 ① 권리의 내용을 스스로 결정하고(권리의 자율성) ② 자력으로 권리의 내용을 실현할 수 있으며(권리의 자력집행성) ③ 그 침해에 대해서는 제재를 과할 수 있는(제재성) 특수한 효과가 인정된다.

Ⅲ. 개인적 공권

1. 의 의

1) 개 념　　개인적 공권이란 개인이 공법상 자기의 고유한 이익을 추구하기 위하여 행정주체에게 작위·부작위, 수인·급부 등의 특정한 행위를 요구할 수 있는 법률상의 힘을 말한다. 이는 국가 등의 행정주체가 자신의 이익을 위하여 일정한 이익을 주장할 수 있는 힘인 국가적 공권과 대립하는 개념이다. 개인적 공권은 행정권에 대하여 일정한 행위를 의무지우는 공법규정이 공익뿐만 아니라 사익에도 기여하는 것을 내용으로 하고 있을 때, 다시 말하면 명문상 또는 해석상 관련 법규범이 개인의 보호를 목적으로 할 때에 존재한다.

2) 구별개념

① **법률상 이익과의 구별**: 행정심판법 제9조와 행정소송법 제12조는 법률상 이익이 있는 자에게만 행정심판 및 행정소송을 청구할 수 있는 자격을 인정하고 있다. 여기에서 법률상 이익이 공권과 동일하게 해석될 수 있는 지에 대하여 다툼이 있으나 통설은 양자를 동일하게 본다.

② **보호할 가치 있는 이익과의 구별**: 공권은 실정법에 의하여 이미 보호되고 있는 이익이라는 점에서, 입법자가 보호를 위해 법에 받아들이는 경우에 권리로 전환되는 보호할 가치가 있는 이익과는 구별된다.

2. 개인적 공권의 특수성

1) 이전성의 제한　공권은 공익성과 일신전속적 성격을 가지는 경우가 많으므로 양도·상속 등 이전성이 부인되는 경우가 많다. 그러나 공권 중에서 그 내용이 경제적 가치를 주목적으로 하는 것(例 재산권 침해로 인한 국가배상청구권)은 사권과 마찬가지로 이전성이 인정되는 경우가 있다.

　　例 공무원의 연금을 받을 권리의 양도·압류·담보제공 금지(공무원연금법 제39조), 급료·임금·봉급·세비·퇴직금·퇴직연금 등의 총액의 2분의 1을 초과하는 압류금지(국세징수법 제33조), 생명·신체의 침해로 인한 국가배상을 받을 권리의 양도 및 압류금지(국가배상법 제4조)

2) 포기의 제한　개인적 공권은 공익적 견지에서 인정된 것이므로 원칙적으로 포기할 수 없다.

　　例 선거권·연금청구권·소권등

3) 대리나 위임의 제한　개인적 공권은 공익적 견지에서 인정된 일신전속적인 권리이므로 대리나 위임이 제한된다.

　　例 선거권의 대리행사금지

4) 보호의 특수성　개인적 공권이 침해된 경우에는 행정소송법이 정하는 바에 따라 특례가 인정되어 국가로부터 특별한 보호를 받거나 부담을 지는 경우가 있다.

3. 반사적 이익과의 관계

1) 반사적 이익의 의의　반사적 이익이란 행정법규가 공익목적을 위하여 국가나 개인의

작위, 부작위 등을 규정하고 있는 결과로 인해 그 반사적 효과로서 국민이 사실상 받는 것에 불과한 이익을 말한다.

⟪예⟫ 영업허가 등에 대한 법적규제로 인하여 기왕에 허가받은 자가 얻은 영업상의 이익

2) 개인적 공권과 반사적 이익의 구별실익 공권과 반사적 이익은 현행 행정소송법 제12조가 취소소송의 원고적격으로서 '법률상 이익'을 요구함으로써, 어떠한 이익이 침해된 경우에 행정소송에 의해 구제받을 수 있는지 여부와 관련하여 논의의 의미가 있다. 그러나 오늘날은 근거법규의 해석에 있어서 점차 공익목적 이외에도 개인의 이익보호목적을 확대하여 인정함으로써 종래의 반사적 이익으로 인정되어 온 내용 중 많은 부분이 점차 법적인 보호대상으로 수용되고 있다.

3) 개인적 공권과 반사적 이익의 비교

① 공통점(강행법규의 존재): 개인적 공권이나 반사적 이익이나 모두 행정주체에게 일정한 행위의무를 부과하는 법규범의 존재를 필요로 한다. 통상적으로는 기속행위를 규정하는 규범이 이에 해당하게 되나, 오늘날은 재량행위의 수권규범도 일정한 개인적 공권과 관련하여 인정되고 있다.

② 차이점

㉠ 사익보호성의 인정: 근거법규가 단순한 공익보호목적성만을 갖는 경우에는 반사적 이익에 해당하게 되지만 당해 근거법규가 공익의 목적 이외에 개인의 사적 이익의 보호도 목적으로 하고 있으면 개인적 공권이 인정된다.

㉡ 원고적격의 인정: 사익보호성이 인정될 때에만 당사자는 당해 행정작용에 대해 행정소송을 제기할 수 있는 자격을 갖는다. 즉 행정작용을 통하여 보호되고 있는 사익이 침해될 때에만 위법한 행위가 되며, 이때에 당사자는 공권침해를 이유로 하여 자신의 법률상 이익보호를 위하여 취소소송 등을 제기할 수 있는 원고적격을 갖게 된다. 반면에 반사적 이익이 침해될 때에는 당사자는 행정소송을 제기하지 못한다.

4) 개인적 공권의 종류 개인적 공권은 그 법적 지위에 따라 ① 기본권으로 보호되는 개인적 공권과 그러하지 않는 개인적 공권, ② 행정청이 개인에 대해 특정한 행위를 하도록 의무지워진 개인적 공권인 실질적 개인적 공권과 무하자재량행사청구권과 같은 행정청이 행위를 하도록 의무지워져 있으나 행위의 내용이 특정되지 아니한 개인적 공권, ③ 봉급청구권·부당이득반환청구권·공물이용권과 같은 실체법상의 개인적 공권과 실체적 공권을 실효성 있게 하기 위한 절차법상의 개인적 공권으로 구분할 수 있다.

5) 개인적 공권의 성립요건

① 강행규범의 존재: 개인적 공권이 성립하기 위해서는 행정주체에게 행위의무를 부과하는 강행법규가 존재하고, 이러한 행위의무는 기속행위의 성질을 가져야 한다. 따라서 행정주체에게 행위의 재량이 인정되는 경우에는 원칙적으로 공권이 발생할 수 없다. 다만 재량행위일지라도 재량권이 0으로 수축될 경우에는 개인적 공권이 성립할 수 있다.

② 사익보호목적의 존재: 개인적 공권이 성립하기 위해서는 관련 법규가 사익보호를 목적으로 하여야 한다. 즉 강행법규에 의한 행정주체의 행위의무가 공익을 추구하기 위한 것일 뿐만 아니라 적어도 특정한 개인의 이익을 취한 것이어야 한다. 따라서 관련법규의 목적이 전적으로 공익의 보호만을 목적으로 하는 경우에는 그 이익은 공권이 아니라 반사적 이익에 지나지 않는다.

③ 의사력(소구가능성): 개인적 공권이 성립하기 위해서는 법이 인정하는 개인적 이익을 행정주체에 대하여 궁극적으로 소송에 의하여 관철할 수 있는 법적인 힘이 개인에게 부여되어있어야 한다. 그러나 헌법이 재판청구권을 일반적으로 보장하고 있고(헌법 제27조), 행정소송이 개괄주의(행정소송법 제12조·제18조)를 취하고 있기 때문에 공권의 성립요건으로서의 독자적인 지위를 상실하였으므로 공권의 성립요건으로 앞의 두 요건만 검토하면 된다는 것이 지배적인 견해이다.

6) 개인적 공권의 확대화 경향

국가위주의 사고가 지배하였던 과거에는 개인의 지위는 행정작용의 객체 또는 단순한 상대방의 지위에 불과하였고, 이로 인하여 공권의 범위는 제한적이었으며 오히려 반사적 이익의 개념이 주류를 형성하였다. 그러나 개인의 법적 지위가 변화한 오늘날에 있어서는 종전의 반사적 이익의 개념들은 점차로 공권으로 변화하고 있으며, 이로 인하여 공권의 영역이 확대되고 있다. 또한 종전의 행정작용의 직접적인 상대방의 보호에서 행정작용의 상대방이 아닌 제3자 보호의 문제로 논의의 중점이 이전되고 있다.

① 등장배경

㉠ 새로운 공권의 등장(행정청의 행위의무의 확대): 전통적 공권론에 의하면 강행법규에 의하여 행정주체에게 행위의무를 부과하는 규범은 기속규범을 의미하였으나, 오늘날에는 행정재량의 영역에서도 재량을 흠 없이 행사해 줄 것을 요구할 수 있는 개인적 공권이 성립한다고 본다. 이에 따라 최근에는 무하자재량행사청구권, 협의의 행정개입청구권 및 행정과정의 절차적 권리(주민참여) 등이 새롭게 논의되고 있다.

ⓛ 사익보호성의 확대(근거법률의 범위 확대): 오늘날의 공권이론은 사익보호를 위한 명시적인 규정이 없더라도 근거법규와 관련 법규의 합리적인 해석상 처분의 근거가 된 법규에 개인의 구체적 이익을 보호하고자 하는 취지가 포함되어 있다고 해석되는 경우에는 사익보호성을 인정하고 있다.

ⓒ 행정작용의 상대방이 아닌 제3자의 보호(보호규범이론)

ⓐ 문제점: 오늘날 개인적 공권론의 처분의 직접적인 상대방이 아닌 제3자의 이익을 어느 범위까지 보호할 것인가 하는 제3자의 보호가 논의의 핵심이 되고 있다. 이러한 제3자의 보호를 위한 방법론과 관련하여 특히 논의되고 있는 이론이 제3자의 보호규범론이다.

ⓑ 보호규범론: ⅰ) 행정작용의 근거가 되는 법규범이 공익뿐만 아니라 제3자의 이익도 보호하고 있고 ⅱ) 제3자의 이해관계가 일반인과 충분히 구별될 수 있을 정도로 특정화 된 것이라면 제3자도 소송상 자기의 이익을 주장할 수 있다는 이론이다.

ⓒ 기본권조항의 원용: 위와 같은 방법으로도 제3자에게 법률상 이익이 인정되지 않는 경우로서 제3자가 행정처분으로 인해 사실상 침해를 받았지만, 당해 처분의 근거법규가 제3자 보호에 대해 침묵하는 경우 그 침해가 중대하고 참을 수 없을 정도에 이른다면 예외적으로 헌법상 기본권조항에 직접 근거하여 제3자는 공권을 가질 수 있다는 견해도 있다.

② 구체적인 예

㉠ 주민소송 또는 환경소송

ⓐ 의 의: 행정청이 관련법규를 위반하여 주택밀집지역에 연탄공장건축허가처분을 한 경우, 이 처분은 건축주의 입장에서는 수익적인 처분이지만, 인근 주민의 입장에서는 침해적인 효과를 발생시키는 제3자효 행정행위이다. 따라서 주민들은 관계법령상 주택밀집지역에는 이러한 허가를 할 수 없도록 규정하고 있음에도 불구하고 행하여진 위법한 처분임을 주장하여 이 허가처분에 대한 취소소송을 제기할 수 있다. 이러한 소송을 주민소송 또는 인인소송이라고 한다.

ⓑ 판례의 태도

원고적격이 인정된 사례	· 인접주민의 연탄공장건축허가취소소송(대판 1975.5.13. 73누96 · 97) · 인근주민의 공설화장장설치 결정처분취소소송(대판 1995.9.26. 94누14544)
원고적격이 부정된 사례	· 상수원에서 급수를 받고 있는 지역주민들의 상수원보호구역 변경처분 취소소송(대판 1995.9.26. 94누14544) · 인근주민들의 산림훼손허가 및 중소기업창업사업계획승인처분취소소송(대판 1991.12.13. 90누10360)

ⓛ 경업자소송

    ⓐ 의 의: 기존업자가 행정청으로부터 영업허가를 받아 영업을 하고 있는데 새로이 신규업자에 대한 인·허가처분이 내려진 경우, 관련 법령에 인·허가처분의 요건으로 기존업자의 경영수지악화 등 경영합리화를 심사하도록 규정한 경우 또는 일정 지역 내에 업소의 수를 제한하는 규정이 있는 경우, 기존업자는 행정청의 신규 인·허가가 이러한 법령규정에 위반한 것이라고 주장하며 신규업자에 대한 인·허가처분의 취소소송을 제기할 것이다. 이러한 소송을 경업자소송이라고 한다.

    ⓑ 판례의 태도: 판례는 신규업자에 대한 인·허가처분에 의한 기존업자의 법률상 이익이 침해되는지 아니면 단순한 경제적·사실상 이익만이 침해되는지를 기준으로 전자의 경우에는 기존업자에게 원고적격을 인정하고 후자의 경우에는 기존업자에게 원고적격을 인정하지 않고 있다.

기존업자가 특허기업인 경우 원고적격 인정	·자동차운수사업자의 면허처분에 대한 기존업자의 취소소송(대판 1974.4.9. 73누173) ·동일한 사업구역 내의 동종의 사업용 화물자동차 면허 대수를 늘리는 보충인가처분에 대한 기존 개별 화물자동차 운수사업자의 취소소송(대판 1992.7.10. 91누9107)
기존업자가 허가기업인 경우 원고적격 부인	·공중목욕장 영업허가에 대한 기존업자의 취소소송(대판 1963.8.31. 63누101) ·석탄가공업에 관한 기존허가업자의 신규허가에 대한 취소소송(대판 1998.3.10. 97누4289)

ⓒ 경원자소송

    ⓐ 의 의: 경원자관계란 인·허가 등에 있어서 서로 양립할 수 없는 출원(신청)을 제기한 자로서, 일방에 대한 허가는 타방에 대한 불허가로 귀결될 수밖에 없는 관계를 의미한다. 이때 서로 양립할 수 없다는 의미는 성질상 양립할 수 없는 경우나 법규상 양립할 수 없는 경우를 포함한다.

    ⓑ 경업자관계와의 구별: 경원자관계는 새로이 인·허가 신청 등의 출원을 제기하는 신규출원자들 상호 간의 관계이므로, 기존업자 상호 간 또는 기존업자와 신규출원자 상호 간의 관계를 의미하는 경업자관계와 구별된다.

    ⓒ 판례의 태도: 경원자관계에 있는 경우, 행정청의 심사의 잘못으로 우선순위가 있는 자신에 대하여 인·허가가 되지 않고 타인에 대하여 인·허가가 났다고 주장하는 자는, 자신에 대한 허가거부처분 취소소송을 제기할 수 있을 뿐만 아니라 타인에 대한 인허가 취소소송을 제기할 수도 있고 양자를 병합제기할 수도 있다(대판 1992. 5. 8. 91누13724).

4. 공권과 기본권과의 관계

1) 문제점 개인적 공권의 성립은 원칙적으로 관계법률을 근거로 판단함이 원칙이나, 오늘날 헌법상의 기본권규정이 직접적인 효력을 가진다는 의식이 강해짐에 따라 과연 개인적 공권이 헌법상의 기본권 규정을 근거로 하여서도 직접 성립할 수 있는지가 문제된다.

2) 학 설 개인적 공권은 1차적으로 개별법규에서, 2차적으로는 헌법상 기본권에서 도출되는 이중적 의존성을 가진다고 한다. 즉 ① 헌법상 기본권은 일반적이고 추상적이기 때문에 이를 구체화한 관련법률에 근거하여 성립한다. 그러나 ② 개별법률로부터 공권의 성립이 불가능한 경우에는 예외적으로 권리의 실효성을 확보하기 위하여 기본권규정을 보호규범으로 하여 주관적 공권이 성립된다고 하는 것이 일반적 견해이다.

3) 판 례 우리나라의 헌법재판소와 대법원은 헌법상의 기본권규정에서 직접 공권이 성립할 수 있다고 한다. 독일 연반행정법원도 이를 긍정하고 있다.

헌법재판소	① 헌법상의 언론의 자유 조항을 근거로 개인의 알권리(공문서열람청구권)를 인정(헌재 1989.9.4. 88헌마22) ② 인간의 존엄과 가치 및 행복추구권에서 피고인 등의 타인과의 접견권을 직접 도출(헌재 1991.5.13. 90헌마133)
대법원	① 접견권을 헌법상 인간의 존엄과 가치 및 행복추구권에서 직접도출(대판 1992.5.8. 91누7552) ② 사회단체등록을 헌법상 결사의 자유로부터 직접 도출되는 기본권으로 봄(대판 1989.12.26. 87누308)

Ⅳ. 무하자재량행사청구권

1. 행정청의 재량행사

1) 개 념 무하자재량행사청구권이란 개인이 행정청에 대하여 재량행사를 하자 없이 행사해 줄 것을 청구하는 공권을 말한다. 한편 이를 광의와 협의로 구분하여 협의로는 행정청이 결정재량권을 갖지 못하고 선택재량권만을 가지고 있는 경우에 있어서의 하자없는 재량행사청구권만을 의미한다는 견해도 있다.

2) 법적 성질
  ① 재량영역에서의 주관적 공권: 행정기관에게 입법자에 의하여 재량이 허용되어

있는 경우에, 당사자는 원칙적으로 자신이 원하는 특정 내용의 행위를 청구할 수 있는 실체적인 권리를 갖지 못하지만, 이는 행정청에게 재량권을 행사함에 있어 하자 없이 행사해 줄 것을 청구할 수 있는 권리라고 본 것이다.

② 적극적 공권: 이 권리는 단순히 위법한 처분을 배제하는 소극적 또는 방어적 권리가 아니라 행정청에 대하여 적법한 재량처분을 구하는 적극적 공권이다.

③ 형식적 공권: 이 권리는 특정처분을 구할 수 있는 권리가 아니라는 점에서 실체적 공권이 아니라 형식적 공권이다.

2. 청구권의 인정 여부

1) 학 설

① 부정설: 부정설은 첫째 재량의 하자가 있는 경우는 그로 인한 권리나 이익의 침해가 존재하는 경우이므로 실체적 하자를 근거로 주장함으로써 충분하고, 둘째 이 권리를 인정하면 남소의 폐단이 생기고 민중소송화 될 우려가 있으며, 현행법상 이를 인정할 근거가 없다는 점 등을 논거로 하고 있다.

② 긍정설(다수설): 다수설인 긍정설은 첫째 재량권을 행사함에 있어서 법적 의무를 준수할 것을 사전에 요구할 필요가 있다는 점, 둘째 공권성립의 요건을 충족한 자에게만 인정되므로 민중소송의 우려가 없다는 점, 셋째 재량영역에서의 원고적격의 확대에 기여한다는 점 등을 논거로 든다.

③ 소 결: 부정설은 무하자재량행사청구권을 인정하면 원고적격의 범위가 무한히 확대된다고 하나, 이 권리도 강행법규성과 사익보호성의 요건을 갖추어야 인정되므로 그러한 주장은 타당하지 않다. 무하자재량행사청구권은 재량영역에서 원고적격의 확대와 관련하여 발전한 개념이며, 재량행위의 상대방이 특정의 공권의 침해를 주장하지 못하는 경우에도 이 권리의 침해를 이유로 원고적격을 인정받게 된다는 점에서, 다수설과 같이 무하자재량행사청구권을 실체적 권리와는 독립한 형식적 권리로 파악함이 옳다고 본다.

2) 판례의 태도   판례는 이러한 무하자재량행사청구권을 원칙적으로 부정한다. 다만 예외적으로 검사임용거부처분취소소송과 관련하여 "검사의 임용에 있어서 임용권자가 임용 여부에 관하여 어떠한 내용의 응답을 할 것인지는 임용권자의 자유재량에 속하므로 일단 임용거부라는 응답을 한 이상 설사 그 응답 내용이 부당하다고 하여도 사법심사의 대상으로 삼을 수 없는 것이 원칙이나, 적어도 재량권의 한계 일탈이나 남용이 없는 위법하지 않은 응답을 할 의무가 임용권자에게 있고 이에 대응하여 임용신청자로서도

재량권의 한계 일탈이나 남용이 없는 적법한 응답을 요구할 권리가 있다. 재량권 남용의 위법한 거부처분에 대하여는 항고소송으로서 그 취소를 구할 수 있다고 보아야 하므로 임용신청자가 임용거부처분이 재량권을 남용한 위법한 처분이라고 주장하면서 그 취소를 구하는 경우에는 법원은 재량권남용 여부를 심리하여 본안에 관한 판단으로서 청구의 인용 여부를 가려야 한다(대판 1991.2.12. 90누5825)."고 하여 무하자재량행사청구권의 법리를 인정하였다.

3. 청구권의 성립요건

　무하자재량행사청구권이 성립하기 위해서는 재량권의 한계를 준수하여할 의무가 존재하여야 하고, 관련규범의 사익보호목적이 존재하여야 한다.

1) 재량의 한계를 지켜야할 의무의 존재　개인적 공권은 행정주체에게 일정한 행위의무를 부과하는 강행규정이 존재해야 성립하는 것이므로 재량행위에는 공권이 성립할 수 없는 것이 원칙이다. 그러나 재량행위에도 법치행정의 원리상 재량권의 한계를 준수해야 할 법적의무가 존재하므로 이 범위에서 예외적으로 주관적 공권이 성립한다. 즉, 행정청에게 요구되는 재량권의 한계를 준수할 의무는 재량행위에 대해 법치행정상 요구되는 최소한의 요구이므로 이 요건은 별도의 논의 없이 충족된 것으로 볼 수 있다. 다만, 재량행위에 있어서의 법적 의무는 재량처분에 있어 재량권의 한계를 준수하여야 할 의무이나, 기속행위에 있어서의 법적 의무는 근거규정에 근거한 특정한 처분을 하여야 할 의무라는 점에서 양자는 구별된다.

2) 사익보호성　이 권리가 성립하기 위해서는 당해 행정작용의 근거규범이 공익뿐 아니라 최소한·부수적으로라도 사익을 같이 보호의 대상으로 하고 있어야 한다. 이때 청구권의 전제요건으로서 당사자의 법적 관련성을 확정하기 위한 기준으로 인정되는 것이 이른바 보호규범이론이다.

4. 적용범위

1) 수익적 행정행위와 부담적 행정행위　무하자재량행사청구권은 보통 수익적 행정행위를 대상으로 하나, 부담적 행정행위에도 인정된다.

2) 결정재량과 선택재량　무하자재량행사청구권은 행정청이 결정재량을 갖는 경우와 선택재량을 갖는 경우에 모두 인정된다.

　　예 경찰공무원의 임용공고를 보고 지원가가 신청한 경우 → 경찰청은 지원자를 경찰공무원으로 임용할 것인지의 여부(결정재량)와 지원자 중 누구를 임용 것인지(선택재량)에 대한 재량권을 가지나 모두 하자 없는 재량권을 행사하여야 할 의무를 짐

5. 청구권의 행사방법

1) 부담적 행정행위인 경우　재량행위의 내용이 허가의 취소 등과 같이 기존 행정행위의 수익적 효과를 배제하거나 제한하는 경우에는 취소심판과 취소소송을 제기할 수 있다.

2) 수익적 행정행위인 경우

　　① 거부처분일 경우: 당사자의 신청에 대하여 행정청이 거부한 경우에 당사자는 의무이 행심판 및 취소소송을 제기할 수 있다. 그러나 신청에 대한 거부처분을 취소하는 것으로는 당사자의 권리구제에 직접적인 도움이 되지 못한다. 취소만으로는 상대방의 권리가 곧바로 구제되는 것은 아니기 때문이다. 이 경우에 신청에 따른 처분을 하도록 하는 내용의 의무이행소송을 인정하여야 하나, 우리나라 행정소송법은 이를 인정하고 있지 않다.

　　② 부작위일 경우: 개인에게 이 청구권이 인정되는 한 행정청은 그 신청에 대하여 하자 없는 처분을 할 의무가 있다. 따라서 행정청이 관계인의 신청에도 불구하고 이를 방치하는 것은 위법한 부작위가 되고, 당사자는 의무이행심판이나 부작위위법확인소송을 제기할 수 있다.

V. 행정개입청구권

　　행정개입청구권이란 법률상 행정청에 규제·감독 기타 행정권의 발동의무가 부과되어

있는 경우, 그에 대응하여 사인이 행정청에 대하여 그러한 행정권의 발동을 요구할 수 있는 권리를 말한다. 이에 대해서는 경찰행정법의 특성상 경찰권의 발동부분에서 자세하게 설명하기로 한다.

Ⅵ. 공의무

1. 의의 및 종류

공의무란 공권에 대립하는 개념으로서 타인의 이익을 위하여 의무자에게 가해지는 구속을 의미한다. 공의무에는 ① 주체에 따라 국가적 공의무(예 국가의 손해배상지급의무와 봉급지급의무)와 개인적 공의무(예 납세의무와 국방의무)로 구별되고, ② 그 내용에 따라 작위·부작위·수인·급부의무로 구분된다.

2. 공의무의 특수성

1) **발생상의 특수성**　공의무는 법령이나 법령에 근거한 행정청의 일방적인 행위에 의하여 발생하는 경우가 많다.

2) **성질상의 특수성**　공의무는 일신전속적인 경우가 많아서 이전이나 포기가 제한되며, 사권과의 상계가 금지되는 경우가 많다. 다만 순수한 경제적 성질의 것(예 납세의무)은 이전이나 상속이 인정된다.

3) **이행상의 특수성**　공의무를 이행하지 않은 경우에는 행정권의 자력집행이 인정되고, 공의무에 위반한 경우에는 행정벌이 가해질 수 있다.

제6절 특별행정법관계

Ⅰ. 개 설

1. 전통적 특별권력관계의 의의와 성립배경

1) 전통적 특별권력관계론   행정법관계(공법관계)는 그 수단에 따라 권력관계와 비권력관계로 구분되며, 권력관계는 다시 일반 행정목적을 달성하기 위하여 성립된 일반권력관계와 특정 행정목적을 달성하기 위하여 성립된 특별권력관계로 구분된다.

　① 일반권력관계: 일반권력관계는 행정주체와 행정객체인 일반국민 사이의 관계로서, 국가의 일반통치권에 기하여 모든 국민 또는 주민의 신분을 가지는 자에게 당연히 성립하는 관계이다.

　② 특별권력관계: 특별권력관계는 특별한 공법적 원인에 의하여 성립되고, 공법상 행정목적을 위하여 필요한 한도에서 그 특별권력주체의 포괄적 지배권이 인정되는 관계이다.

2) 전통적 특별권력관계론의 배경

　① 생 성: 이 이론은 19세기 후반 독일의 입헌군주정의 정치상황에서 의회가 군주의 권력을 제한하는 반대급부로서 일정한 범위에서의 군주의 자유로운 행정영역을 보장해주기 위해 탄생한 이론이다. 즉 입헌군주정으로의 전환과정에서 군주와 신흥세력을 대표하는 의회 간의 타협의 산물이라고 할 수 있다.

　② 체계화: 전통적 특별권력관계론은 라반트(P. Laband)가 확립하였고, 오토 마이어(O. Mayer)에 의하여 체계화된 독일의 특유한 공법이론이다.

　③ 이론적 배경: 이는 당시의 법규개념을 그 이론적 근거로 한다. 이 이론은 법규를 인격주체 상호 간의 의사의 범위를 정해주는 것으로 이해하여, 국가도 법인체로서 하나의 인격주체이므로 국가와 다른 인격주체 간에는 법규가 적용되지만, 국가내부영역인 특별권력관계에서는 국가와 시민 간에 통용되는 이 법규개념이 성립(침투)되지 않기 때문에 법이 적용되지 않는다는 것이다. 이를 '불침투이론'이라고도 한다.

2. 전통적 특별권력관계론의 특색

1) 기본권제한에 대한 법률유보원칙 적용 부정   전통적 특별권력관계론은 특별권력관계 내부에서는 그 설정목적에 필요한 한도 내에서 법적 근거가 없어도 특별권력복종자의

기본권을 배제할 수 있다고 본다.

2) 포괄적 지배권 및 법률유보원칙의 배제　　또한 특별권력주체에게는 포괄적 지배권이 부여되어 있으므로 특별권력 발동시에 구체적인 법률의 근거가 필요하지 않다.

3) 사법심사의 배제　　특별권력관계에서 발해지는 명령 등은 법규적 성질을 가지지 아니하므로 특별권력관계 내부에서 특별권력주체의 행위에 대하여는 원칙적으로 사법심사가 미치지 않는다.

Ⅱ. 특별권력관계의 인정여부

　전통적 의미의 특별권력관계론을 인정할 것인가에 대해 견해가 대립한다.

1. 학 설

1) 긍정설　　일반권력관계와 특별권력관계의 본질적 차이를 인정하는 견해이다. 즉, 일반권력관계는 국가와 개인이라는 법익주체 간의 외부관계임에 반해, 특별권력관계는 행정부 내부관계라는 것이다. 따라서 일반권력관계에 적용되는 법원리와 법치주의원칙은 특별권력관계에는 적용되지 않는다고 한다.

2) 부정설

　① 전면적 · 형식적 부정설: 모든 공권력의 행사에 법치주의가 전면적으로 적용됨을 논거로 법치주의의 적용을 배제해 온 특별권력관계 개념을 전면적으로 부정하려는 견해이다.

　② 개별적 · 실질적 부정설: 종래의 특별권력관계로 이해되어 왔던 여러 법관계를 개별적으로 분석하여 특별권력관계로 분류해오던 권력관계를 일반권력관계나 비권력관계로 전환함으로써 특별권력관계 개념을 부정하는 견해이다.

3) 수정론

　① 기본관계 · 경영관계 구분론: 이 이론은 종래의 특별권력관계를 기본관계와 경영수행관계로 나눠, 전자는 일반권력관계와 동일한 것으로 보나, 후자의 경우는 사법심사의 적용으로부터 완화 또는 배제되는 것으로 본다. 여기서 기본관계란 구성원의 법적 지위의 본질적 사항에 영향을 미치는 관계를 말하고(공무원의 임면 · 보직변경 · 징계 · 군인의 전역과 징계), 경영관계란 당해 특별권력관계 내부에서 일상적으로 수행되는 것을 말한다(공무원의 일상적 근무 · 직무명령 · 군인의 훈련과 복무).

② 제한적 특별권력관계론: 기본권의 무제한적인 제한은 부정하면서도 독일헌법이 직접 공무원관계, 교도소 수용관계, 학교교육 및 방위근무관계를 규정하고 있는 것은 바로 특별권력의 존재를 인정하였기 때문이라는 점에 근거하여, 각 특별권력관계의 행정목적을 달성하기 위하여 일정한 범위 안에서만 법치주의의 완화를 인정하고 있다. 즉, ㉠ 기본권제한은 법률에 의하여야 하며 ㉡ 법률유보의 원칙도 지켜져야 하지만 본질적인 사항을 제외하고는 특별권력주체에게 상당한 자유영역을 부여할 수 있고, ㉢ 사법심사도 허용되지만 공직 등 특별한 기능의 수행을 보장한다는 의미에서 일정한 범위 내에서만 허용되어야 한다고 주장한다.

2. 판례의 태도

판례는 특별권력관계론을 인정하고 있다. 다만, 개별적인 사안에서 농지개량조합과 그 직원 간의 관계는 특별권력관계로 보았으나(대판 1989.9.12. 89누2103), 서울지하철공사와 그 직원과의 관계는 사법관계로 보고 있다(대판 1995.6.9. 94누10870).

3. 결 어

오늘날 실질적 법치주의를 지향하는 헌법체계 하에서 법으로부터 자유로운 영역인 특별권력관계이론은 인정할 수 없다고 본다. 그러나 이러한 관계가 일반권력관계와 다른 특수성은 인정될 수 있다고 보이므로, 실정법에 근거가 있고 설정목적에 부합하는 한도에서 그러한 관계를 특별행정법관계로 보아 제한된 범위에서 인정할 수는 있다고 본다. 그렇지만 그러한 관계를 인정한다고 하더라도 구성원의 지위에 영향을 끼치는 본질적인 사항에 대한 처분에 대하여는 사전에 권익구제장치가 마련되어 있어야 하며, 사후에 사법심사가 가능하여야 한다.

Ⅲ. 특별행정법관계

1. 특별행정법관계의 의의

위에서와 같이 전통적 특별권력관계론은 제2차 세계대전 후부터 수정을 거듭하여 오늘날에 이르러서는 부정되기에 이르렀다. 따라서 특별권력관계에도 ① 법률유보의 원칙이 적용되며, ② 기본권 행사의 제한도 법률 또는 법률의 위임에 의한 법규명령에 근거하여서 가능하며,

③ 집행부는 고유한 법정립 권한을 가지지 못하며, ④ 특별권력관계 내부의 처분도 권력복종자의 권리를 침해하는 것이라면 원칙적으로 사법심사가 가능한 것으로 변화되었다. 다만 일반적인 권력관계와 다른 특성이 인정되는 관계이므로 법률의 근거 하에서 내부적인 재량권 또는 자율권을 가질 수 있는데 이러한 관계를 특별행정법관계라고 부른다.

2. 성립과 소멸

1) 성 립   특별행정법관계의 성립원인으로는 법률의 규정에 의해 성립하는 경우와 상대방의 동의에 의한 경우가 있다.

① 법률의 규정에 의해 성립하는 경우: 특별행정법관계의 발생원인이 법률에 규정되어 있어서 그 원인된 사실이 발생하면 특별행정법관계가 성립하는 경우이다.

예 징·소집대상자의 입대, 전염병환자의 강제입원, 죄수의 수감, 일정한 자격있는 자의 공공조합의 강제가입

② 상대방의 동의에 의한 경우

㉠ 임의적 동의: 상대방의 자유로운 의사에 의하여 특별행정법관계가 성립하는 경우이다.

예 국·공립학교(초등학교는 제외)의 입학, 국·공립도서관의 이용

㉡ 강제적 동의: 그 동의가 법률에 의하여 강제되는 경우를 말한다.

예 학력아동의 초등학교 취학

2) 소 멸   일반적으로 목적의 달성(예 국립대학의 졸업), 구성원 스스로의 탈퇴(예 경찰공무원의 사임), 권력주체에 의한 일방적인 해제(예 학생의 퇴학처분)를 특별행정법관계의 소멸원인으로 한다.

3. 특별행정법관계의 종류

특별행정법 관계는 공법상 근무관계, 공법상 영조물 이용관계, 공법상 사단관계, 공법상 특별감독관계가 있다.

종 류	내 용	예
공법상 근무관계	국가 등 행정주체에 대하여 포괄적인 근무의무를 부담하는 윤리적 관계	공무원의 근무관계

공법상 영조물 이용관계	특정인이 영조물을 이용하는 경우 그 영조물의 관리자와 영조물 이용자 사이의 법률관계	국공립도서관·국공립학교의 이용관계, 교도소재소관계
공법상 사단관계	공공조합과 그 조합원과의 관계	농지개량조합과 그 조합원과의 관계
공법상 특별감독관계	위임 등 국가와 특별한 법률관계를 가짐으로써 국가로부터 특별한 감독을 받는 관계	공공조합·특허기업자 또는 국가사무를 위임받은 자 등이 국가 또는 공공단체의 특별감독을 받는 관계

4. 특별행정법관계의 내용

1) 명령권

① 의 의: 특별행정법관계의 주체가 포괄적인 지배권의 발동으로서 상대방에 대하여 당해 행정목적의 달성에 필요한 명령·강제를 할 수 있는 권한을 말한다.

② 형 식: 명령권은 일반적·추상적 형식(예 훈령 등 행정규칙) 또는 개별적·구체적 형식(예 직무명령 등)으로 발동된다.

③ 특별명령의 인정 여부: 특별행정법관계에서 그 주체가 구성원의 지위, 이용관계 등(예 경찰공무원의 임용·승진·복무 등에 관한 사항, 영조물 규칙)에 관하여 고권적으로 발하는 일반적이고 추상적인 명령을 특별명령이라고 하는바, 이의 인정 여부가 문제된다. 이에 대하여 다수설은 특별명령은 실질적 법규명령으로 인정할 수 없다고 한다.

2) 징계권

특별행정법관계의 주체는 내부의 질서를 유지하기 위하여 징계를 행할 수 있는 권한을 갖는다. 징계가 상대방의 법적 지위와 관계가 없을 때에는 법령에 근거가 없어도 가능하지만 상대방의 법적 지위에 영향을 미칠 때에는 법령에 근거가 있어야 한다.

다만, 특별행정법관계 주체의 징계에는 한계가 있다. 즉 법령에 위반할 수 없으며 특별행정법관계의 성립목적을 달성하기 위하여 필요한 한도 내에서 행사되어야 한다.

IV. 특별행정법관계와 법치주의

1. 법률유보의 원칙

오늘날 특별행정법관계에서도 법률유보의 원칙이 적용되어야 한다는 데는 거의 이론이 없다. 따라서 그 구성원의 권리·의무에 관한 명령·강제는 법률에 근거가 있어야 한다. 다만, 특별행정법관계는 그 목적과 기능의 특수성으로 인하여 법치주의가 다소 완화될 수 있을 것이다. 그러므로 본질적 사항을 제외하고는 어느 정도 개괄조항에 의한 수권도 가능하다고 보아야 할 것이다.

2. 기본권 제한

특별행정법관계에서도 그 구성원의 기본권 제한은 예외 없이 법률에 근거가 있어야 한다. 다만, 예컨대 교육목적의 달성을 위한 국공립학교 학생의 정치활동금지나 기숙사생활의 강제 등과 같이 법률의 근거 없이 기본권을 제한하는 경우도 있으나 이는 특별권력관계가 아니고 헌법상 기본권의 내재적 한계라고 하는 견해가 있다.

3. 사법심사

전통적인 특별권력관계이론이 그대로 유지될 수 없다는 점에서 부정설이나 제한적 긍정설이나 견해가 일치하고 있으므로, 특별행정법관계에서도 소의 적법요건(소송요건)을 갖추는 한 사법심사의 대상이 된다고 보아야 할 것이다. 다만 특별행정법관계는 전문적·기술적 판단을 요하기 때문에 특별권력의 발동주체에게 넓은 의미의 재량권이 인정되는 경우가 많을 것이다. 대법원도 서울교육대학장의 소속 학생에 대한 퇴학처분에서, 특별권력관계에서의 행위는 전면적으로 행정소송의 대상이 된다고 한다(대판 1991.11.22. 91누2144).

제7절 행정법관계에 대한 사법규정의 적용

Ⅰ. 개 설

행정법관계를 규율하는 행정법에는 민법과 같이 통칙적 규정이 존재하지 않으므로 행정법관계에 대한 적용법규가 흠결되는 경우에 사법규정이나 사법의 원리가 적용될 수 있는지가 문제된다. 이러한 사법규정을 통한 공법규정의 흠결보충문제는 공법과 사법의 이원적 법체계를 유지해 온 대륙법계에서 특히 문제된다.

Ⅱ. 사법규정의 적용에 관한 학설

1. 명문의 규정이 있는 경우

국가배상법 제8조처럼 행정법관계에 대한 적용법규가 흠결되는 경우에 사법규정을 적용할 것을 명문으로 규정한 경우에는 사법규정이 적용된다. 즉, 국가배상책임에 대한 법률관계에서 국가배상법에 규정이 없는 경우에는 민법규정이 적용된다.

> **국가배상법** 제8조(다른 법률과의 관계) 국가 또는 지방자치단체의 손해배상책임에 관하여는 이 법에 규정한 것을 제외하고는 민법의 규정에 의한다.

2. 명문의 규정이 없는 경우

학 설		내 용	주장자
소극설		공법과 사법은 각각 분리·독립된 별개의 법체계이므로 공법규정이 흠결되어도 사법규정을 적용할 수 없는 견해	O. Mayer를 중심으로 한 관료학파
적극설	직접 적용설	사법규정의 대부분은 법의 일반원리에 속하므로 공법관계에도 일반적·직접적으로 적용된다는 견해	
	유추 적용설	공법관계에 사법규정의 적용을 인정하되 공법과 사법의 특수성을 감안하여 사법규정을 유추적용하여야 한다는 견해	통설, 판례

Ⅲ. 사법규정 유추적용의 한계

공법관계에 대하여 사법규정을 유추적용하는 경우에도 공법관계의 특수성이 무시되어서는 아니 된다. 또한 사법규정이 유추적용되는 경우에도 이는 법률효과상의 유추적용이지 법률근거상의 적용은 아니므로 공법관계가 사법관계로 변질되는 것이 아니라 그대로 유지된다.

1. 일반법원리적 · 법기술적 규정

사법규정 중 일반법원리적 규정과 법기술적 규정은 형식적으로는 민법에 규정되어 있으나 일반규율적 성격을 가지는 것으로 공법관계에도 적용된다. 여기서 일반법원리적 규정이란 법질서 전체에 타당한 일반원리를 성문화한 사법규정(例 민법 제2조의 신의성실의 원칙과 권리남용금지의 원칙)을 의미하고, 법기술적 규정이란 일종의 법기술적인 약속으로서 다른 법의 분야에도 일반적으로 적용될 수 있는 사법규정(例 민법의 주소 · 기간의 계산)을 말한다.

[정리] 사법규정의 유추적용범위	
적용되는 사법규정	ⓐ 신의성실의 원칙　　　ⓑ 권리남용금지의 원칙 ⓒ 자연인 · 법인　　　　ⓓ 주소 · 거소 ⓔ 물건　　　　　　　　ⓕ 기간 ⓖ 시효　　　　　　　　ⓗ 제척기간 ⓘ 법률행위(반사회질서의 법률행위, 의사표시의 효력발생시기, 대리행위의 효력, 무효행위의 전환, 조건과 기한의 효력) ⓙ 사무관리 ⓚ 부당이득 ⓛ 불법행위
적용되지 않는 사법규정	ⓐ 사적자치의 원칙 ⓑ 법률행위 중 행위무능력자의 행위의 효력, 비진의 표시, 착오로 인한 의사표시의 취소, 취소권 소멸

2. 공법관계의 유형에 따른 한계(성질상의 한계)

1) 권력관계　　권력관계는 행정주체의 의사에 우월적 지위가 인정되므로 일반법원리적 규정만 유추적용되고, 다른 사법규정은 원칙적으로 유추적용되지 않는다(통설).

2) **비권력관계**　　비권력관계도 공익과 밀접한 관련을 가진다는 특수성이 인정되기는
하나, 사법관계와 성질상 다를 바가 없으므로 실정법상 특별한 규정이 없는 한 원칙적으로
사법규정이 유추적용된다.

제4장 행정상 법률요건과 법률사실

제1절 행정상 법률요건과 법률사실에 대한 논의 필요성

Ⅰ. 개 념

　행정법상의 법률관계를 발생, 변경 또는 소멸시키는 효과(이를 법률효과라고 한다)를 발생시키는 원인이 되는 사실을 총칭하여 행정법상의 법률요건이라 하며, 행정법상의 법률요건을 구성하는 개개의 사실을 행정법상의 법률사실이라고 한다. 행정법상의 법률요건은 1개의 법률사실로 이루어지는 수도 있고, 여러 개의 법률사실로 이루어진 경우도 있다. 행정법상의 법률요건과 법률사실이라는 개념은 민법상의 법률요건과 법률사실에서 도입된 개념이다.

Ⅱ. 종 류

　행정법상의 법률관계를 발생,변경,소멸시키는 원인이 되는 법률요건의 구성 요소들인 법률사실은 민법에서와 같이 사람의 정신작용을 요소로 하는 용태와 그렇지 아니한 사건으로 나누어진다.

1. 행정법상의 사건

　행정법상의 사건은 사람의 정신작용을 요소로 하지 아니하는 것으로 일정한 외부적, 객관적 사실의 존재 자체만으로 일정한 법률효과를 발생한다.

구 분	내 용
순수한 자연적 사건	사람의 생사, 시간의 경과, 일정한 연령에의 도달
사실행위	물건의 점유, 소유, 일정지역에의 거주 등

2. 행정법상의 용태

　사람의 정신작용을 요소로 하는 법률사실로서, 외부적 용태와 내부적 용태로 구분된다.

1) **외부적 용태**　외부에 표시된 정신작용에 의하여 일정한 행정법상의 법률효과를 발생시키는 것으로서, 공법행위가 그 중심을 이루고 있다. 공법행위에는 사인의 공법행위도 있지만, 그 대부분은 행정주체의 공법행위로서 행정입법, 행정계획, 행정지도, 행정계약, 행정행위 등이 있다.

2) **내부적 용태**　외부에 표시되지 아니한 내부적 정신 상태만으로 행정법상의 법률효과를 발생시키는 것을 말한다.

[정리] 법률사실의 분류

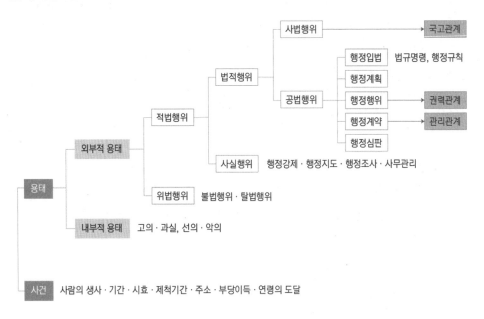

제2절 행정법상의 사건

Ⅰ. 기 간

1. 개 념

기간이란 한 시점에서 다른 시점까지의 시간적 간격을 말한다. 기간의 계산방법은 매우 중요한 문제이지만 행정법에는 이에 관한 일반규정은 없다. 그러나 이는 일종의 법기술적인 약속이므로 개별 행정법에 특별한 규정을 둔 경우를 제외하고는 사법관계와 달리할 합리적인 이유가 없기 때문에 민법총칙의 기간계산 방법에 관한 규정이 일반적으로 적용된다고 하겠다.

2. 기간의 기산점

1) **기간을 시, 분, 초로 정한 경우**   기간을 시, 분, 초로 정한 경우에는 즉시로부터 기산한다(민법 제157조).

2) **기간을 일, 주, 월, 년으로 정한 경우**

① 초일불산입의 원칙: 일, 주, 월, 년으로 정한 경우에는 초일은 산입하지 않고 다음날(익일)부터 기산한다(민법 제157조). 경찰행정법에서 기간계산이 특히 문제가 되는 것은 법령의 시행일에 관한 것인바, 예컨대 "공포 후 30일이 경과한 날부터 시행한다."고 한 경우 공포일의 다음날부터 기산하여(초일불산입의 원칙) 30일째가 되는 날의 다음날부터 시행하게 된다. 판례도 또한 같은 입장을 취하고 있다.

② 예외적 초일산입: 다음의 기간계산의 경우에는 예외적으로 초일을 산입한다.

㉠ 기간이 오전 0시부터 시작되는 때(민법 제157조 단서).

㉡ 연령계산(민법 제158조)

㉢ 국회의 회기(국회법 제7조)

㉣ 민원사무처리기간(민원사무처리에 관한 법률 시행령 제3조①)

3. 기간의 만료점

① 기간을 일, 주, 월, 연으로 정한 경우에는 그 기간의 말일이 종료됨으로써 기간이 만료되지만, 그 말일이 공휴일인 때에는 그 다음 날에 만료된다(민법 제159조, 제161조).

② 주, 월, 연의 처음부터 기산하지 아니하는 때에는 최후의 주, 월, 연에서 그 기산일에 해당하는 날의 전일에 만료하고, 월 또는 년으로 정한 경우에 최종의 월에 해당일이 없는 때에는 그 월의 말일로 만료한다.

4. 기간의 역산

행정법령(경찰 관련 법령) 중 예컨대 '몇 일 전까지'라고 하여 역산을 규정하고 있는 경우가 있으며 이때에도 역시 초일불산입의 원칙이 적용된다. 즉 '3일 전까지'라고 하는 경우 당일은 초일이므로 빼고, 그 전날부터 계산하여 3일이 되는 날의 이전을 말한다.

Ⅱ. 시 효

1. 개 념

일정한 사실 상태가 오랫동안 지속되어 온 경우, 그것이 진실한 법률관계에 합치되는가의 여부를 묻지 아니하고 그 사실상태 그대로를 존중하여 이를 진실한 법률관계로 간주하는 제도를 시효제도라고 하며, 이에는 취득시효와 소멸시효가 있다.

원래 시효제도는 장기간 계속된 사실 상태를 존중하여 법적 안정성을 기하기 위하여 사법에서 발달된 일반법원리적 성격의 제도이며, 공법 분야에서는 이에 관한 통칙적 규정이 없기 때문에 그 흠결을 사법으로 보완할 필요가 있다.

2. 금전채권의 소멸시효

1) 원 칙   국가의 금전채권 또는 금전채무의 소멸시효는 국가재정법 제96조에서 "다른 법률에 규정이 없는 것"은 5년으로 규정하고 있다. 여기서 "다른 법률에 규정이 없는 것"이라는 뜻은 국가재정법 이외의 모든 법률에서 5년보다 짧게 규정하고 있지 않는 한 5년의 시효로 소멸된다는 뜻이다.

2) 예 외   다른 법률에 특별한 규정을 둔 예로서는 관세법(제22조)에 의한 관세징수권(고나세 5억원 이상 10년, 그 외는 5년)이 있다.

3) 적용범위   상기 국가재정법 제96조 제1항은 "금전의 급부를 목적으로 하는 국가의 권리", 제2항은 "국가에 대한 권리로서 금전의 급부를 목적으로 하는 것"이라고 규정하고

있으므로 반드시 공법상의 금전채권뿐만 아니라, 국가와 국민 간에 발생한 사법상의 금전채권에 대하여도 적용된다고 하겠으며, 판례도 같은 입장에 있다.

4) 시효의 중단·정지　역시 다른 법률에 특별한 규정이 없는 한 민법의 규정을 준용한다(국가재정법 제96조③, 지방재정법 제83조). 특별한 규정으로서는 국가, 지방자치단체가 행하는 조세 등의 '납입의 고지'는 시효중단의 효력이 있다.

[판례] 시효중단은 직권심리사항이라는 판례

ⓐ 국세에 대하여 그 부과징수권의 소멸시효기간 5년이 경과되기 전에 부과처분이 있었다면 이에 의하여 소멸시효의 진행은 중단되었다 할 것이고, 그 시효중단의 효력은 후에 그 부과처분이 취소되어도 없어지는 것은 아니다.

ⓑ 시효중단의 사유가 기록상 현출되어 있다면 피고의 시효중단에 관한 명시적인 항변이 없더라도 행정소송법 제26조에 따라 직권으로 심리판단할 사항이다(대판 1987.1.20. 86누346).

5) 소멸시효완성의 효과

① 상대적 소멸설: 소멸시효의 효력은 권리 그 자체를 소멸시키는 것이 아니고 다만 상대방에 대하여 항변권을 발생시킬 뿐이며, 이 항변권은 상대방이 얼마든지 포기할 수 있는 것이라는 견해이다.

② 절대적 소멸설(판례, 다수설): 공법상의 금전채권에 있어서는 법률관계의 일률적 확정의 견지에서 권리가 절대적으로 소멸한다는 견해이다. 이 견해에 따르면 소멸시효의 완성 후에 행한 부과처분에 따라 납세한 경우에는 항상 민법상의 부당이득을 구성하므로 납세자는 과오납금반환청구권을 행사하게 된다.

[판례] 소멸시효 완성 후에 한 조세부과처분은 당연무효라는 판례

조세에 관한 소멸시효가 완성되면 국가의 조세부과권과 납세의무자의 납세의무는 당연히 소멸한다 할 것이므로 소멸시효완성후에 부과된 부과처분은 납세의무 없는 자에 대하여 부과처분을 한 것으로서 그와 같은 하자는 중대하고 명백하여 그 처분의 효력은 당연무효이다(대판 1985.1.14. 83누655).

[판례] 소멸시효의 완성은 그 이익을 받는 자가 소송에서 주장해야 한다는 판례

소멸시효에 있어서 그 시효기간이 만료되면 권리는 당연히 소멸하지만 그 시효의 이익을 받는 자가 소송에서 소멸시효의 주장을 하지 아니하면 그 의사에 반하여 재판할 수 없고, 그 시효이익을 받는 자는 시효기간 만료로 인하여 소멸하는 권리의 의무자를 말한다(대판 1991.7.26. 91다5631).

3. 공물의 취득시효

1) 문제점　민법 제245조와 제246조는 부동산은 20년간, 동산은 10년간 소유의 의사로 평온·공연하게 점유를 계속하면 소유권을 취득한다고 규정하고 있는바, 이 규정이 공물에도 적용되어 공물도 시효취득할 수 있는지가 문제된다.

2) 인정여부　공물도 시효취득 할 수 있는지에 대해서는 긍정설과 부정설이 대립하고 있으나, 우리나라 국유재산법 제5조 제2항은 국·공유물에 대한 시효취득을 부정하고 있어 논의의 실익은 없다. 한편 판례는 국·공유물의 사물(私物)인 잡종재산에 대한 시효취득을 인정한 바 있다(헌재 1991.5.13. 89헌가97). 다만 공물도 공용폐지가 있는 한 취득시효의 대상이 된다. 공용폐지의 의사표시는 명시적 또는 묵시적으로 가능하다.

4. 제척기간

1) 개 념　제척기간이란 행정법상으로 보장되는 일정한 권리에 대하여 법률이 정하고 있는 권리의 존속기간을 말한다.

　　예 행정심판·행정소송 등의 제기기간(행정심판법 제18조·행정소송법 제20조), 일정기간이 경과하면 토지수용에 관한 사업인정의 효력이 소멸하는 것(토지보상법 제23조)

2) 소멸시효와의 구별　제척기간은 일정한 기간 내에 권리를 행사하지 않음으로서 권리가 소멸된다는 점에서 소멸시효제도와 같으나, 제척기간은 법률관계의 신속한 확정이라는 행정상의 편의를 목적으로 하기 때문에 그 중단제도가 없다.

[정리] 소멸시효와 제척기간의 비교

구 분	소멸시효	제척기간
개 념	권리자의 권리불행사가 일정기간 계속된 경우 그 권리자의 권리를 소멸시키는 제도	일정한 권리 또는 법률관계의 존속기간으로, 법률관계를 신속히 확정하기 위해 인정되는 제도
취 지	법률생활의 안정	법률관계의 조속한 확정
소급효	인정	불인정
중단·정지	인정	불인정
주 장	당사사의 주장·원용(변론주의 원칙상)	법원의 직권조사사항
이익포기	시효완성후 포기가능	포기불가
기산점	권리를 행사할 수 있는 때부터	권리발생시부터
기간단축	기간의 단축·경감가능	기간의 단축·경감불가

Ⅲ. 주소와 거소

1. 주 소

1) 개 념
① 민법상의 주소: 민법에 의하면 "생활의 근거되는 곳"이 주소가 된다.

② 공법상의 주소: 행정법관계에 있어서의 주소는 주민등록법이 통칙적 규정을 마련하여 "다른 법률에 특별한 규정이 없는 한 이 법에 의한 주민등록지를 공법관계에 있어서의 주소로 한다."고 일률적으로 확정하였다. 법인의 공법상 주소에 관하여는 통칙적 규정이 없으므로 민법이 적용된다.

2) 주소의 수
주민등록법상의 주민등록은 ① 30일 이상 거주할 목적으로, ② 일정한 곳에 주소나 거소를 가지는 경우에 하는 것이며, 이중으로 주민등록을 하는 것은 허용치 아니하는바, 공법상의 주소는 1개소에 한정된다. 다만, 다른 법률이 공법관계에 있어서의 주소에 관하여 특별한 규정을 둔 경우에는 그 법률관계에 관한 한 그곳이 주소가 되므로 일반적인 주민등록지와 함께 복수의 주소를 가지게 된다.

3) 중요성
지방자치단체의 주민이 되거나, 주민세 납세의무지, 인감신고의 장소, 납세고지서 등 행정서류송달의 장소를 확정하기 위하여 주소가 가지는 공법상의 의의는 적지 아니하다.

2. 거 소

거소란 생활과의 밀착의 정도가 주소보다 낮은 곳을 말한다. 행정법관계에 있어서 주소가 없거나 불분명한 경우에는 거소에 대하여 일정한 법률효과를 부여하는 경우가 있으며, 이 경우 거소에 관하여 특별한 규정이 없으면 상기 민법의 규정이 준용된다고 하겠다.

Ⅳ. 행정법상의 사무관리와 부당이득

1. 사무관리

1) 개 념
사무관리란 민법상의 제도로서, 법률상의 의무 없이 타인을 위하여 그의 사무(일)를 대신 관리하는 것을 말한다.

　　[예] 국가의 특별감독하에 있는 사업에 대한 강제관리와 재해시의 구호나 행려병자의 보호와 같은 보호관리, 교통·통신의 두절 기타 비상재난시에 국가가 하여야 할 사무를 사인이 대신 관리하는 경우

2) 성립요건　　사무관리가 성립하기 위해서는 ① 타인의 사무관리를 하고, ② 타인을 위하여 관리한다는 의사가 필요하며, ③ 관리자에게는 관리에 대한 법률적인 의무가 없고, ④ 관리행위가 본인에게 불이익하거나 본인의 의사에 반하지 않아야 한다.

3) 적용법규　　행정법상의 사무관리에 관한 통칙적 규정은 없으므로 특별한 규정이 없는 한 사무관리에 관한 일반법원리적 규정이라 할 수 있는 민법의 규정을 준용하여야 할 것이다.

2. 부당이득

1) 의 의　　부당이득이란 정당한 법률상의 원인 없이 타인의 재산 또는 노무로 인하여 이득을 얻고, 이로 인하여 타인에게 손해를 가한 자에 대하여 형평의 견지에서 그 이득의 반환의무를 과하는 제도이다.

2) 유 형

　　① 행정주체의 부당이득: 공권적 발동인 행정행위에 기인한 경우에 처음부터 무효인 경우에는 당연히 행정주체의 부당이득이 성립되지만, 취소사유인 흠이 있는 경우에는 공정력으로 말미암아 당해 행정행위가 취소된 후에야 비로소 정당한 법률상의 원인없는 부당이득이 성립하게 된다. 따라서 취소사유인 흠이 있는 경우에 당해 행정행위에 대한 제소기간이 경과하여 불가쟁력이 발생한 후에는 부당이득반환청구의 길이 없다고 하겠다.

　　② 사인의 부당이득: 사인의 부당이득도 행정행위에 기인한 경우에는 그것이 처음부터 무효인 경우에는 당연히, 취소사유가 있음에 그치는 경우에는 취소된 후에 법률상 정당한 원인 없는 부당이득이 성립하게 된다. 이 경우 수익적 행정행위의 취소는 상대방에게 귀책사유가 없는 한 원칙적으로 불가능하므로 부당이득반환청구는 어렵게 된다.

3) 부당이득반환청구권의 성질

　　① 문제점: 공법상 부당이득청구권의 성질이 사권인지 공권인지 문제된다. 이는 부당이득의 반환을 구하는 소송유형의 선택에 있어서 공법상 당사자소송에 의할 것인지, 아니면 민사소송에 의할 것인지를 구별하는 데 그 실익이 있다.

② 학 설

㉠ 사권설: 부당이득반환청구권 자체가 원래 형평의 이념에서 확립된 사권이므로 이에 관한 소송도 민사소송에 의하여야 한다는 견해이다.

㉡ 공권설: 공법상의 원인에 의하여 잘못 발생된 결과를 시정하기 위하여 인정된 권리이므로 이는 공권이며, 이에 관한 소송도 '공법상의 법률관계에 관한 소송'인 공법상의 당사자소송에 의하여야 한다는 견해이다.

③ 판 례: 판례는 조세과오납금반환청구권에 대하여 "조세부과처분이 당연무효임을 전제로 하여 이미 납부한 세금의 반환을 청구하는 것은 민사상의 부당이득반환청구로서 민사소송절차에 따라야 한다."라고 판시하여(대판 1995.4.28. 94다55019), 사권설을 취하고 있다.

4) 성립요건　공법상의 부당이득이 성립하기 위해서는 첫째 법률관계의 한 당사자에게 이익이 발생하고 동시에 다른 한 당사자에게 손실이 발생하는 재산적 이익의 이동관계가 존재하고, 두 번째 재산적 이익의 이동이 법률상의 원인 없는 것이어야 한다.

5) 효 과　공법상의 부당이득이 성립하면 우선 반환의무가 발생하며, 그 반환의 범위는 부당이득 전액이다. 한편 이자의 반환여부가 문제되나 국세기본법은 국세과오납금의 반환의 경우에는 이자를 붙여 반환하도록 규정하고 있다(국세기본법 제52조).

① 상 계: 국세기본법과 같이 조세과오납금 및 그 이자를 다른 국세·가산금과 체납처분비에 충당하도록 하는 특별규정(동법 제51조)이 있는 경우에는 상계할 수 있으나, 그러한 특별규정이 없는 경우에는 민법의 규정에 따른다.

② 소멸시효: 행정법상 부당이득반환청구권의 소멸시효는 각 법률에 특별한 규정이 없는 한, 국가에 대한 금전채권·채무의 일반적 소멸시효기간인 5년의 시효에 걸린다고 할 것이다.

제3절 공법상의 행위

I. 공공법상의 행위에 대한 이해

1. 개 념

공법행위란 일반적으로 공법적 효과를 발생·변경·소멸시키는 행위를 말한다. 이러한 공법행위의 개념은 실정법상의 용어가 아니라 강학상·학문상의 용어이다.

2. 종 류

공법행위는 행위의 주체를 기준으로 ① 행정주체의 공법행위와 ② 사인의 공법행위로 구분되는바, 여기서는 사인의 공법행위만을 살펴보고 행정주체의 공법행위는 행정작용편에서 상술하기로 한다.

II. 사인의 공법행위

1. 논의의 필요성

1) 개 념   사인의 공법행위란 행정법관계에서 사인의 행위로서 공법적 효과를 발생시키는 모든 행위를 말한다.

2) 구별개념

① 행정행위와의 구별: 사인의 공법행위는 공법적 효과를 발생시킨다는 점에서 행정행위와 같으나, 공권력의 행사가 아니라 사인이 행한 공법행위라는 점에서, 행정주체의 공권력 행사인 행정행위와 구별된다. 따라서 사인의 공법행위는 행정행위가 가지는

내용상 구속력, 공정력, 구성요건적 효력, 존속력, 집행력 등의 우월적 효력을 가지지 못한다.

② 사법행위와의 구별: 양자는 사인의 행위라는 점에서 같으나, 사인의 공법행위는 정형성을 띠고 그 효과도 보통 법규에 의하여 정해진다는 점에서, 사적 자치의 원칙이 지배하는 사법관계와도 구별된다. 또한 사인의 공법행위는 행정목적의 실현을 목표로 한다는 점에서 당사자 간에 이해조절을 목적으로 하는 사법관계와는 다르다.

2. 종 류

1) 사인의 지위를 기준으로 한 분류
사인의 공법행위는 사인의 지위를 기준으로 다음과 같이 나눌 수 있다.

행정주체의 기관의 지위에서의 행위	행정객체의 지위에서의 행위
선거인단의 일원으로 하는 투표행위	행정주체의 상대방의 입장에서 국가나 공공단체에 대한 각종 신고·신청의 제출, 동의, 행정심판의 제기

2) 의사표시의 수를 기준으로 한 분류
사인의 공법행위는 의사표시의 수를 기준으로 다음과 같이 나눌 수 있다.

종 류	내 용	예
단순행위	하나의 의사만으로 공법행위가 되는 경우	신고나 신청
합성행위	다수인의 의사표시가 모여서 하나의 의사표시를 구성하는 경우	투표행위
합동행위	일정한 공법상의 효과를 발생하게 하는 다수당사자의 동일한 목적의 의사표시로서 이루어지는 공법행위	토지구획정리조합이나 재개발조합의 성립행위

3) 의사표시의 내용을 기준으로 한 분류
사인의 공법행위는 의사표시의 내용을 기준으로 의사표시행위와 통지행위로 나눌 수 있다.

종 류	내 용	예
의사표시행위	의사표시를 요소로 하는 공법행위	국적이탈신고, 혼인신고
통지행위	의사표시 이외의 정신적 표시행위를 요소로 하는 관념·의사의 통지	출생신고, 세법상의 신고

4) 의사표시의 성질을 기준으로 한 분류

종 류	예
일방적인 의사표시로 이루어지는 단독행위	허가신청, 쟁송의 제기
의사표시의 합치로 이루어지는 쌍방적 행위	・사인 상호 간의 공법상 계약 ・사인 상호 간의 공법상 합동행위

5) 행위의 효과를 기준으로 한 분류　사인의 공법행위는 그 행위 자체로서 법률효과를 완결하는 자기완결적(자족적) 공법행위와 그 자체로서 법률효과를 완성하지 못하는 행위요건적 공법행위로 나뉜다. 이에 대해서는 항을 바꾸어 살펴보기로 한다.

3. 자기완결적(자족적) 공법행위와 행위요건적 공법행위

1) 자기완결적(자족적) 공법행위

① 개 념: 자기완결적(자족적) 공법행위란 일방당사자의 의사표시만으로 일정한 법적효과가 발생하는 것을 말한다.

［예］ 출생신고, 공직선거에서의 투표행위, 주민등록신고

② 신 고

㉠ 신고의 의의: 신고란 사인이 행정청에 대하여 일정한 사실이나 관념을 통지함으로써 공법상 법률효과가 발생하는 행위를 말한다. 이러한 신고는 행정청에 대한 사인의 일방적인 통고행위로서 그것이 행정청에 제출되어 접수된 때에는 관계법령이 정한 법적 효과가 발생하는 것이고, 행정청의 별도의 수리행위에 의해서 비로소 그 법적 효과가 발생하는 것이 아니다. 행정절차법 제40조에 규정된 신고는 바로 이러한 자족적 공법행위로서의 신고를 의미한다.

㉡ 수리행위 또는 수리거부행위의 처분성 여부: 자족적 공법행위에서 사인의 신고에서는 사인이 신고함으로써 효력이 발생하는 것이므로, 행정청의 신고수리행위나 신고수리거부행위 또는 신고수리의 방치(부작위)행위는 사인의 권리의무에 아무런 영향을 미치지 않는다. 따라서 행정청의 그러한 행위는 항고소송의 대상이 되지 않는다. 판례도 인근주민들이 구건축법상의 증축신고수리행위에 대한 취소소송을 제기한 사안에서, 신고가 자족적 공법행위라는 취지에서 신고수리행위는 항고소송의 대상이 되지 않는다고 하였다(대판 1999.10.22. 98두18435).

건축법에 의하여 신고를 함으로써 건축허가를 받은 것으로 간주되는 경우에는 건축을 하고자 하는 자가 적법한 요건을 갖춘 신고만 하면 행정청의 수리행위 등 별다른 조치를 기다릴 필요 없이 건축을 할 수 있는 것이므로, 행정청이 위 신고를 수리한 행위가 건축주는 물론이고 제3자인 인근 토지 소유자나 주민들의 구체적인 권리·의무에 직접 변동을 초래하는 행정처분이라 할 수 없다(대판 1999.10.22. 98두18435).

　ⓒ 수리를 요하는 신고와의 구별

　　　ⓐ 수리를 요하는 신고의 의의: 수리를 요하는 신고란, 자기완결적 신고와는 달리 신고가 수리되어야 신고의 대상이 되는 행위에 대한 금지가 해제되는 신고를 말한다. 즉 신고의 요건을 갖춘 신고가 있었다 하더라도 수리되지 않으면 신고가 되지 않은 것이 된다.

　　　ⓑ 구별실익: 양자의 구별실익은, 신고수리가 필요 없는 신고는 신고수리에 의하여 아무런 법적 효과도 발생하지 않으므로 그 신고수리거부가 항고소송의 대상이 되는 처분이 아니지만, 신고수리가 필요한 신고는 신고수리에 의하여 적어도 신고의무의 해제라는 법적 효과가 발생하므로 신고수리거부가 항고소송의 대상이 되는 처분이 된다는 점에 있다.

　　　ⓒ 구별기준: 판례는 신고대상인 행위와 그 시설에 대해서 관계법이 적법요건을 두고 있지 않은 때에는 행정청에 의한 당해 신고의 수리행위는 필요하지 아니한 자족적 의미의 신고로 보고, 신고대상인 행위와 그 시설에 대해서 근거법 기타 관계법이 적법요건을 두고 있는 때에는 행정청은 그 수리를 거부할 수 있는 것으로 보아 수리를 요하는 신고로 보고 있다.

ⓐ 건축주명의변경신고에 관한 건축법시행규칙 제3조의2의 규정은 단순히 행정관청의 사무집행의 편의를 위한 것에 지나지 않는 것이 아니라, 허가대상건축물의 양수인에게 건축주의 명의변경을 신고할 수 있는 공법상의 권리를 인정함과 아울러 행정관청에게는 그 신고를 수리할 의무를 지게 한 것으로 봄이 상당하므로, 건축주명의변경신고수리거부행위는 양수인의 권리의무에 직접 영향을 미치는 것으로서 취소소송의 대상이 되는 처분이라고 하지 않을 수 없다(대판 1992.3.31. 91누4911).
ⓑ 수산업법 제44조 소정의 어업의 신고는 행정청의 수리에 의하여 비로소 그 효과가 발생하는 이른바 '수리를 요하는 신고'라고 할 수 있다(대판 2000.5.26. 99다37382).

　③ 합성행위(투표행위): 독립된 법주체로서의 복수당사자들의 의사가 어떤 결정, 의결 등을 위하여 구심점으로 표시되는 행위를 말한다.

④ 합동행위: 당사자 사이의 동일한 방향의 의사의 합치로서 각 당사자에게 동일한 법적효과를 발생한다. 그 예로는 농지개량조합, 재개발조합의 설립 등이 있다. 이러한 공법상 합동행위에 대하여는 행정청의 인가 등 보충행위가 요구되는 경우가 많다.

2) 행위요건적 공법행위

① 개 념: 행위요건적 공법행위란 사인의 어떠한 행위가 특정 행정행위의 전제요건이 되는 경우를 말한다. 즉 사인의 공법행위 그 자체만으로는 법적효과가 발생하지 아니하고 행정주체에 의한 행정행위의 동기 또는 요건이 되거나 행정계약의 일방당사자로서의 의사표시에 그치고 행정주체의 행위와 결합함으로서 비로소 법적효과가 발생하는 것을 말한다.

행위요건적 공법행위의 예

종 류	예
쌍방적 행정행위의 요건이 되는 동의 또는 승낙	공무원임명에 있어서 상대방의 동의
행정주체를 당사자로 하는 공법상 계약에 있어서의 상대방의 신청이나 승낙	토지수용에 있어서의 협의
행정기관의 공법적·사실적 판단을 요구하는 경우의 신청	행정심판의 제기, 청원
행정청에 행정행위를 요구하는 신청	사직원제출, 허가신청

② 자기완결적(자족적) 공법행위와의 구별: 행위요건적 공법행위는 행정청이 신청인의 의사를 받아들여 의사표시를 함으로써(예 허가·동의) 그 효과가 발생하는 쌍방적 행위이나, 자기완결적 공법행위는 사인의 행정행위 자체로서 효과가 발생하는 단독행위이다.

③ 신 청

㉠ 개 념: 신청이란 사인이 공법적 효과의 발생을 목적으로 행정청에 대하여 일정한 행위를 요구하기 위한 의사표시를 말한다.

㉡ 신고와의 구별: 행정법상 신고나 신청 모두 공법적 효과의 발생을 목적으로 하는 사인의 공법행위라는 점에서는 공통된다. 그러나 신고는 사인의 단독행위로서, 신고 그 자체로서 법률효과를 완성하는 자체완결적 공법행위임에 대하여, 신청은 쌍방적 행위로서 행정청의 어떤 공법행위가 행하여지는 동기 또는 요건이 되는 데 그치고 그 자체로서 법률효과를 완성하지 못하는 행위요건적 공법행위이다.

4. 사인의 공법행위에 대한 적용법규

사인의 공법행위를 규율하는 총칙적 규정은 존재하지 않는다. 따라서 적용할 법규정이 없는 경우에는 사인의 공법행위에 대한 민법상의 법원칙, 의사표시나 법률행위에 관한 규정을 원칙상 유추적용할 수 있다. 다만, 사인의 공법행위와 사법행위의 성질상의 차이가 있는 경우에는 그 한도 내에서 사법규정을 적용할 수 없거나 수정하여 적용하여야 할 것이다.

1) 의사능력과 행위능력

① 원 칙: 법령에 특별한 규정이 없는 한 민법의 의사능력이나 행위능력에 관한 규정이 적용된다. 따라서 의사무능력자의 행위는 무효이고, 행위무능력자의 재산상의 행위는 취소할 수 있다.

② 예 외: 공법은 행위능력에 관하여 개별법에 특별한 규정을 두는 경우가 많다(예 우편법 제10조). 또한 민법의 행위능력에 관한 규정은 행위무능력자의 재산법에서의 보호를 위한 규정이므로, 운전면허나 여권발급의 신청처럼 재산상의 행위가 아닌 신분법상의 행위는 미성년자가 단독으로 할 수 있다고 보아야 한다.

2) 대 리

사인의 공법행위에 있어서는 명문의 규정(예 우편법 제10조, 병역법 제87조) 또는 행위의 성질상(예 선거·귀화신청·수험 등과 같은 일신전속적인 행위) 대리가 허용되지 않는 경우가 많으나, 그 밖의 행위에 대해서는 대리가 인정되며, 이 경우에는 민법의 규정이 준용된다.

> **우편법** 제10조(제한능력자의 행위에 관한 의제) 우편물의 발송, 수취 기타 우편 이용에 관하여 제한능력자가 우편관서에 대하여 행한 행위는 능력자가 행한 것으로 본다.

> **병역법** 제87조(병역판정검사의 기피 등) ① 병역판정검사, 재병역판정검사, 신체검사 또는 확인신체검사를 받을 사람을 대리하여 병역판정검사, 재병역판정검사, 신체검사 또는 확인신체검사를 받은 사람은 1년 이상 3년 이하의 징역에 처한다.

3) 효력발생시기

이에 대한 공법상의 일반규정은 없으나, 사인의 공법행위에는 행위의 존재를 명확히 하고 관계자 간의 이해를 조절하기 위하여 도달주의가 원칙이다. 다만 개별법에서 달리 정한 것이 있으면 이에 의한다(예 국세기본법 제5조의2·행정절차법 제15조의 발신주의).

4) 행위의 형식　반드시 요식행위이어야 하는 것은 아니지만 행위의 존재 및 내용을 명확히 하기 위해 요식행위(서면주의)에 의할 것을 규정한 경우가 많다(행정심판법 제19조).

5) 의사표시의 하자

① 원 칙: 다른 특별한 규정이 없는 한 민법규정(민법 제107조 내지 제110조)이 원칙적으로 유추적용된다. 여기서 의사표시의 하자라 함은 의사와 표시의 불일치, 사기·강박에 의한 의사표시, 착오에 의한 의사표시를 말한다.

② 예 외: 그 행위의 단체적·정형적 성질이 강하여 사인간의 거래와는 다른 특수성이 인정되는 경우에는 민법총칙의 적용에 수정을 가할 필요가 있다. 예를 들어 영업재개신고 는 행위의 정형화가 요구되는 사인의 공법행위이므로 진의 아닌 의사표시라도 민법 제107조 단서는 적용되지 아니하며 무효가 되지 않는다.

> **[판례] 민법상 비진의 의사표시의 무효에 관한 규정은 사인의 공법행위에 적용되지 않는다는 판례**
>
> ⓐ 이른바 1980년의 공직자숙정계획의 일환으로 일괄사표의 제출과 선별수리의 형식으로 공무원에 대한 의원면직처분이 이루어진 경우, 사직원 제출행위가 강압에 의하여 의사결정의 자유를 박탈당한 상태에서 이루어진 것이라고 할 수 없고 민법상 비진의 의사표시의 무효에 관한 규정은 사인의 공법행위에 적용되지 않는다는 등의 이유로 그 의원면직처분을 당연무효라고 할 수 없다(대판 2000.11.14. 99두 5481).
>
> ⓑ 공무원이 사직의 의사표시를 하여 의원면직처분을 하는 경우 그 사직의 의사표시는 그 법률관계의 특수성에 비추어 외부적·객관적으로 표시된 바를 존중하여야 할 것이므로, 비록 사직원제출자의 내심의 의사가 사직할 뜻이 아니었다고 하더라도 진의 아닌 의사표시에 관한 민법 제107조는 그 성질상 사직의 의사표시와 같은 사인의 공법행위에는 준용되지 아니하므로 그 의사가 외부에 표시된 이상 그 의사는 표시된 대로 효력을 발한다(대판 1997.12.12. 97누13962).

6) 부 관　사인의 공법행위에는 행정법관계의 명확성과 법률관계의 신속한 확정을 위해서 허용되지 않음이 원칙이다.

7) 철회·보정　사법관계에 있어서는 의사표시가 상대방에게 도달한 경우에는 그것을 철회할 수 없다. 그러나 행정법관계에서는 사인의 공법행위에 근거하여 행정행위가 행하여지기 전에는 아직 법률관계에 변동이 일어난 것이 아니므로, 사인의 공법행위가 행정주체에 도달되었다고 하더라도 철회할 수 있다. 판례도 공무원에 의해 제출된 사직원 은 그에 터잡은 의원면직처분이 있을 때까지는 철회될 수 있고, 일단 면직처분이 있고 난 이후에는 철회나 취소할 여지가 없다는 입장이다.

5. 사인의 공법행위의 효과

1) 행정청의 수리 · 처리의무

① 자족적 공법행위로서의 신고의 경우: 건축법상 신고 등 자족적 공법행위인 신고는 적법한 신고서가 행정청에 접수가 되면 바로 공법적 효과가 발생하고, 행정청의 수리를 요하지 않는다. 이 경우 행정청의 수리는 단지 행정사무의 편의에 불과한 것이므로, 만약 행정청이 신고의 수리를 거부하거나 방치하였다 하더라도 이를 대상으로 항고소송을 제기할 수는 없다.

② 쌍방적 행정행위의 구성요소로서 신청의 경우: 완화된 허가제로서의 신고나 쌍방적 행정행위를 구하는 신청 등에 관하여 행정청은 그 사인의 신청이 적법하게 이루어진 경우에는 이를 수리하고 처리하여야 할 법적 의무를 진다 따라서 행정청이 상당기간 내에 이를 처리하지 않는 경우에는 부작위위법확인소송의 대상이 되고, 또는 특별한 원인 없이 거부하면 거부처분 취소소송의 대상이 된다.

2) 수정인가의 가부   인가는 사인의 법적행위를 완성시켜 주는 보충적 행정행위이므로 법률에 특별한 규정이 없는 한 수정인가는 허용되지 않는다.

6. 사인의 공법행위의 하자(흠)와 행정행위의 효과

사인의 공법행위에 하자(예 사인이 행한 신청이나 동의의 의사표시에 하자가 있는 경우)가 있는 경우, 그에 따른 행정행위의 효력이 문제된다. 다만 사인의 공법행위 그 자체로 효과가 발생하는 경우(예 출생신고, 의사나 약사의 개업신고)에는 이 문제는 발생하지 않는다.

1) 학 설

① 제1설(다수설): 사인의 공법행위가 행정행위를 행하기 위한 단순한 동기인 경우에는 공법행위의 흠결은 행정행위의 효력에 아무런 영향을 미치지 않으나, 사인의 공법행위가 행정행위의 전제요건인 경우에는 그 사인의 공법행위가 무효인 경우에 행정행위는 전제요 건을 결하게 되어 무효라고 보는 것이 견해이다. 그리고 사인의 공법행위에 단순한 위법사유가 있은 때에는 행정행위는 원칙적으로 유효하다고 본다.

② 제2설: 이에 대하여 사인의 공법행위에 흠이 있는 때에는 그에 의한 행정행위는 원칙상 취소할 수 있는 행정행위라고 보아야 한다는 견해가 있다. 이 견해에서도 행정행위의 효력발생요건인 상대방의 동의나 신청을 요하는 행정행위에서 신청이 명백히 결여한 경우 등에는 행정행위는 무효라고 본다.

2) 판례의 태도   판례는 "중앙정보부가 공무원의 면직 등에 관여할 수 없다 하더라도
그 부원이 사실상 당해 공무원을 구타 위협하는 등으로 관여하여 이로 말미암아 본의
아닌 사직원을 제출케 한 이상 위와 같은 사직원에 의한 공무원의 면직처분은 위법하다"라
고 판시한 바 있고(대판 1968.4.30. 68누8) 또한 "상대방의 변경처분에 대한 동의가 기망과
강박에 의한 것이라는 이유로 적법하게 취소되었다면 위 동의는 처음부터 무효인 것이므로
이 사건 변경처분은 위법한 것이 된다."고 판시하여(대판 1990.2.23. 89누7061), 다수설과
같은 태도를 취하고 있다.

7. 소 멸

   하자 없이 유효하게 성립한 사인의 공법행위는 실효와 철회에 의하여 그 효력을
상실한다.

제2편
행정절차

제1장 공익실현 위한 공무수행절차

제1장 공익실현 위한 공무수행절차

- 민주국가는 절차를 통하여 공익이 실현된다. 즉, 공익의 실현은 절차의 준수를 통하여 적법한 행정작용이 실행되는 것이다. 그러므로 행정작용을 학습하기 이전에 행정절차에 대한 이해가 전제되어야 할 것이다.

제1절 공무수행 프로세스로서의 행정절차 필요성

Ⅰ. 공익실현 위한 공무수행자가 행정절차를 준수해야 하는 이유

1. 행정절차의 개념

행정절차는 일반적으로 공익실현을 위한 조치들인 행정작용을 함에 있어서 거치는 절차로 정의된다. 따라서 행정절차란 행정기관이 공무집행 행정작용을 함에 있어서 거쳐야 하는 절차라고 말할 수 있다.

1) 광의의 행정절차와 협의의 행정절차   행정절차의 개념도 보는 관점이나 입법례에 따라 다음과 같은 차이가 있다.

① 광의의 행정절차: 행정작용을 함에 있어서 거치게 되는 모든 절차를 의미한다. 즉 경찰작용의 발령절차(예 경찰명령·경찰처분), 의무이행확보절차(예 경찰강제·경찰벌), 행정심판절차까지도 경찰절차로 보는 입법례이다.

② 협의의 행정절차: 행정기관이 하는 각종의 '행정작용의 사전절차(종국적 경찰작용의 형성과정상에서 이루어지는 절차)'를 의미한다. 즉, 이는 행정기관이 공권력을 행사하여 행정에 관한 제1차적 결정을 함에 있어서 밟아야 하는 일련의 외부와의 교섭과정을 말한다.

③ 통설: 통설은 행정절차를 협의로 파악하고 있다. 우리나라의 행정절차법도 이에 가까운 입법례라고 할 수 있다.

2) 내부절차와 외부절차

① 내부절차: 내부절차란 행정조직 내부에서 이루어지는 절차를 말한다(예 관계부서간의 협의, 관계행정청과의 협의, 감독청의 승인, 자문기관의 자문, 의결기관의 의결). 이러한 내부절차는 적정하고 신중한 행정결정에 기여한다.

② 외부절차: 외부절차란 상대방·이해관계인 또는 일반 국민을 상대로 경찰작용을

함에 있어서 거치는 절차를 말한다. 이러한 외부절차는 행정의 민주화와 국민의 권익보호에 기여한다.

③ 통 설: 일반적으로 행정절차라 함은 외부절차를 의미한다.

2. 행정절차의 개념요소

1) **행정관청이 행하는 절차**   행정절차는 행정관청이 행하는 절차이다. 따라서 행정관청 이외의 행정청이 행하는 절차와 구별되며, 입법절차나 사법절차와도 구별된다.

2) **행정작용을 함에 있어서 밟아야 할 절차**   행정절차는 경찰작용을 함에 있어서 밟아야 할 절차이다. 여기서 행정작용이라 함은 행정상 행정행위뿐만 아니라 행정입법 · 행정지도 및 행정상의 계약도 포함된다(통설).

3) **사전절차**   행정절차는 행정작용을 하기 전에 거쳐야 하는 사전절차이다. 따라서 행정기관의 행위에 관한 절차라도 이미 행하여진 행위의 집행이나 심판에 관한 절차 및 사법절차는 행정절차에 속하지 않는다.

예 행정작용의 발령절차(예 경찰명령 · 경찰처분), 의무이행확보절차(예 경찰강제 · 경찰벌), 행정심판절차, 행정소송절차 → 행정절차(×)

4) **대외적 절차**   행정절차는 행정기관이 행정작용을 함에 있어서 대외적으로 밟아야 하는 절차로, 행정작용의 객체인 국민과의 교섭과정을 말하는 것이다. 따라서 행정기관 내부적 행위에 국한되는 절차는 이에 해당하지 않는다.

3. 행정절차의 필요성

1) **행정의 민주화**   국민이 국가행정절차의 단순한 객체가 아니라 행정결정과정의 주체이자 행정의 파트너로서 그 행정과정에 적극적으로 참여함으로서 행정행정의 민주화와 행정결정의 정당성을 확보하게 한다.

2) **법치주의의 보장**   행정절차의 법제화는 행정의 투명성, 예측가능성을 부여하고 행정권 발동의 남용을 방지하는 역할을 한다.

3) **행정작용의 적정성 확보**   행정절차는 행정의 적정성과 공정성을 보장하는 실효적 수단이다. 행정처분을 하기에 앞서 미리 관계인에게 이를 통지하여 그에 관한 의견 또는 참고자료 등을 제출토록 하는 것은 구체적인 사실관계의 정확한 파악이나 관계법령의

해석·적용을 적정화 하고 행정작용의 적법성과 공정성을 확보할 수 있게 한다.

4) 행정의 능률성 확보   행정절차는 일응 행정의 능률성에 반하는 것으로 볼 수 있으나, 관계인을 결정과정에 참여시킴으로써 어떠한 형태로든 그들의 협조를 얻게 된다면, 불필요한 저항을 피하게 됨으로 궁극적으로는 행정의 능률화에 이바지하는 것이 된다.

5) 사법기능의 보완   행정절차는 종국적 처분에 앞서 관계인에게 의견진술 또는 자료제출 등의 기회를 부여하여 행정의 적법·타당성을 보장함으로써 발생 가능한 분쟁을 사전에 방지하는 사전적 권리구제기능을 수행하므로 법원의 부담을 완화시켜 준다.

Ⅱ. 행정절차의 법제화

1. 외국의 행정절차법제

1) 영미법계 국가

① 영 국: 영국에서의 행정절차법은 판례법으로 형성되어 온 '자연적 정의(Natural justice)의 원칙'과 이것을 보충하는 제정법을 통하여 발전되었다. 자연적 정의는 ㉠ 누구도 자기 사건에 대하여 심판관이 될 수 없다. ㉡ 누구도 청문 없이는 불이익을 당해서는 아니된다는 원칙을 내용으로 하는바, 행정절차는 특히, ㉡의 원칙에 의해서 생성·발전되었다.

② 미 국: 미국에서의 행정절차는 1942년 이전까지는 수정헌법 제5조와 제14조의 적법절차조항의 해석과 운용을 통하여 발전하였다. 그 후 1946년 행정절차법이 제정되어 시행해 오다가 1967년에 연방법전에 흡수되어 현재는 독립된 행정절차법이 존재하지 않는다.

2) 대륙법계 국가   대륙법계 국가에서는 행정절차가 발달하지 못하다가 2차 세계대전 이후에 발달하게 되었다.

① 독 일: 독일은 1977년 행정절차에 관한 일반법으로서 연방의 행정절차법이 제정·시행되어 오고 있다. 이 법의 특징은 행정절차뿐만 아니라 많은 실체법적 규정을 포함하고 있으며, 행정절차를 크게 정식절차와 비정식절차로 나누어 비정식절차를 원칙으로 하고 정식절차는 법에 특별한 규정이 있는 경우에 한하여 적용하고 있다.

② 프랑스: 프랑스에는 행정절차에 관한 일반법이 없다. 최근에는 행정입법, 일반처분, 각종의 행정계획 등의 결정에 앞서 이익대표자심의회의 자문을 거치도록 하고 있다.

2. 우리나라의 행정절차법제

1) 현 황   우리나라에서는 행정절차에 관한 일반법으로서의 행정절차법이 1996년 12월 31일 제정·공포되어 1998년 1월 1일 발효되었다. 기타 개별 법률에서 행정작용에 관한 절차를 규정하고 있다.

2) 근 거

① 헌법상 근거

㉠ 문제점: 행정절차는 헌법상의 근거를 갖는 다는 것이 통설이다. 그러나 그 법적 근거가 무엇이냐에 대해서는 견해가 나뉘고 있다.

㉡ 학 설: 이에 대하여 학설은 ⓐ 헌법 제12조 제1항의 적법절차조항에서 찾는 견해와 ⓑ 다원적인 헌법상의 원리에서 찾는 견해로 나누어져 있다.

㉢ 판 례: 헌법재판소는 행정절차의 헌법적 근거를 헌법 제12조 제1항의 적법절차조항에서 찾고 있다(헌재 1992.12.24. 92헌가8). 즉 헌법상 적법절차조항은 형사사법작용은 물론 행정작용의 근거규정이 된다고 본다.

> **헌법** 제12조 ① 모든 국민은 신체의 자유를 가진다. 누구든지 법률에 의하지 아니하고는 체포·구속·압수·수색 또는 심문을 받지 아니하며, 법률과 적법절차에 의하지 아니하고는 처벌·보안처분 또는 강제노역을 받지 않는다.

② 법 률

㉠ 행정절차법: 행정절차법은 행정절차에 관한 일반법으로서 경찰절차에도 그대로 타당하다. 전자정부법이 제정됨에 따라 전자적 방식에 의한 행정절차를 가능케 하는 일부개정이 이루어졌다.

㉡ 민원사무처리에 관한 법률: 이 법은 민원사무처리에 관한 일반법으로 경찰민원사무처리의 근거규정이 된다.

㉢ 기타 개별법률: 우리나라는 오래전부터 개별법에 행정절차에 관한 규정을 도입하고 있으며, 그 수가 증가하고 있다(예 행정대집행법 제3조, 식품위생법).

> **[이해] 법률의 적용순서**
> 행정절차법과 민원사무처리에 관한 법률은 개별 법률 상호 간은 일반법과 특별법의 관계에 있다.
> ⓐ 민원사무: 개별법률 → 민원사무처리에 관한 법률 → 행정절차법
> ⓑ 기타사무: 개별법률 → 행정절차법

Ⅲ. 행정절차의 기본적 내용

행정절차는 국가에 따라 그 내용을 달리하나, 사전통지·청문·기록열람·이유부기(결정이유의 제시) 등을 기본적 내용으로 한다.

1. 사전통지

1) 의 의 사전통지란 행정기관이 행정결정을 하기 전에 그 상대방 또는 이해관계인에게 당해 결정의 내용·이유 및 그에 관한 청문의 일시·장소 등을 알려주는 행위를 말한다(행정절차법 제21조).

2) 기 능 사전통지는 상대방 등에게 청문 시의 의견진술·권리주장·자료제출 등을 미리 준비할 수 있도록 하기 위한 것으로, 청문의 전제조건으로서의 의미를 가진다.

2. 청 문

1) 의 의 청문이란 국민의 자유·권리를 제한·침해하는 행정처분을 하기 전에 그 상대방 또는 이해관계인으로 하여금 자기를 위하여 의견을 진술하고 자기에게 유리한 증거를 제출하게 함으로써, 스스로를 방어할 수 있게 하는 절차를 말한다. 우리 행정절차법은 의견청취라고 부르고 있다(행정절차법 제22조).

2) 청문의 구분 다음의 청문 중 우리나라 행정절차법상의 청문은 정식청문·비공개청문을 원칙으로 하며, 진술형 청문과 사실심사형 청문 모두가 인정된다.

구별기준	종 류	내 용
청문절차의 엄격성과 대상	정식청문	사법절차에 준하는 엄격한 절차에 따라 중립적인 청문주제자의 주제 아래 당사자간의 구술에 의한 공격과 방어가 행하여지고 그 결과에 대하여 상당한 구속력이 인정되는 절차
	약식청문	엄격한 절차에 의하지 아니하고 상대방의 의견을 듣거나 주장과 증거를 제출받는 절차(행정절차법상의 의견제출)
	공청회	행정청이 공개적인 토론을 통하여 일정행정작용에 대하여 당사자 등 전문지식과 경험을 가진 자 기타 일반인으로부터 의견을 널리 수렴하는 절차

반론의 기회부여 여부	진술형 청문	단순히 의견진술·자료제출을 하는 경우
	사실심사형 청문	서로 상대방의 주장·증거에 대하여 반박하고 반대증거 등을 제출하는 등 상당히 실질적 공방을 행하는 경우
공개 여부	공개청문	청문 주재자, 당사자 이외에 일반인도 시청할 수 있도록 하는 청문
	비공개청문	주재자, 당사자, 이해관계인만 참가하여 행하는 청문

3. 기록열람

  기록열람은 청문절차와 관련하여 처분의 상대방 등이 당해 사안에 관하여 행정관청이 보유하고 있는 문서 등의 기록을 열람하는 것을 말하는 것으로, 청문절차의 실질성을 확보해 주는 기능을 수행한다. 당사자등은 청문의 통지가 있는 날부터 청문이 끝날 때까지 행정청에 해당 사안의 조사결과에 관한 문서와 그 밖에 해당 처분과 관련되는 문서의 열람 또는 복사를 요청할 수 있다(행정절차법 제37조① 전단).

4. 처분의 이유제시

1) 의 의   행정처분 등을 함에 있어서 그 근거가 되는 법적·사실적 이유를 구체적으로 명시하도록 하는 것을 말한다. 행정청은 처분을 할 때에는 당사자에게 그 근거와 이유를 제시하여야 한다(행정절차법 제23조).

2) 기 능

  ① 자의적 처분 방지: 이유부기제도는 행정청으로 하여금 처분 등을 보다 신중하게 하여 자의적 처분을 방지한다.

  ② 불복의 근거 제공: 이유부기는 쟁송단계에서 그 상대방이 당해 처분에 대하여 다툴 수 있는 구체적 근거를 제공해 준다.

  ③ 설득기능: 이유부기는 상대방에게 그 처분의 내용을 납득시키는 설득기능을 가진다.

제2절 행정절차의 근거인 행정절차법

Ⅰ. 행정절차법의 구조와 성격

1. 행정절차법의 구조

행정절차법은 총 8장 56개조로 구성되어 있다. 행정절차법은 처분절차 · 신고절차 · 행정상 입법예고절차 · 행정예고절차 및 행정지도절차를 규정하고 있다. 그중에서도 처분절차가 중심 내용을 이루고 있다.

[이해] 우리나라 행정절차법은 행정계획 확정절차 등 계획절차는 규정하고 있지 않다.

2. 행정절차법의 성격

1) 행정절차에 관한 일반법   행정절차법은 행정절차에 관한 일반법으로서의 성격을 갖는 것으로, 행정절차를 규정하는 다른 개별법률에 규정이 없는 사항은 행정절차법이 보충적으로 적용된다. 따라서 경찰작용의 절차에 관하여 개별법률에 특별한 규정이 있는 경우를 제외하고는 경찰작용에도 행정절차법이 그대로 적용된다.

2) 실체법적 요소를 포함한 절차법   우리나라 행정절차법은 절차법적 요소뿐만 아니라 실체법적 요소를 함께 규정하고 있다. 실체법적 요소로는 처분의 정정과 행정지도의 일부를 들 수 있다.

Ⅱ. 행정절차법의 통칙적 규정

행정절차법의 총칙에는 목적 · 정의 규정, 적용범위 · 적용 제외사항, 행정절차의 일반원칙, 행정청 간의 협조 · 조정 및 응원 등에 관한 규정을 두고 있다. 이들 통칙적 규정은 모든 행정절차에 공통적으로 적용되는 사항 및 절차이다.

1. 목 적

이 법은 행정절차에 관한 공통적인 사항을 규정하여 국민의 행정참여를 도모함으로써 행정의 공정성 · 투명성 및 신뢰성을 확보하고 국민의 권익을 보호함을 목적으로 한다(동법

제1조).

2. 행정절차의 원칙

1) 공정성의 원칙　이는 행정절차가 공평하고 정당하게 이루어져야 한다는 원칙이다. 이 원칙은 헌법상 적법절차의 원리(헌법 제12조①)로부터 직접 도출되는 원칙으로 행정절차법이 명시적으로 규정하고 있지는 않다.

2) 신의성실 및 신뢰보호의 원칙

　① 신의성실의 원칙: 동법은 제4조 제1항에서 "행정청은 직무를 수행함에 있어서 신의에 따라 성실히 하여야 한다."고 하여 신의성실의 원칙을 명문화 하고 있다.

　② 신뢰보호의 원칙: 동법 제4조 제2항은 "행정청은 법령 등의 해석 또는 행정청의 관행이 일반적으로 국민들에게 받아들여진 때에는 공익 또는 제3자의 정당한 이익을 현저히 해할 우려가 있는 경우를 제외하고는 새로운 해석 또는 관행에 의하여 소급하여 불리하게 처리하여서는 아니 된다."고 하여 신뢰보호의 원칙을 규정하고 있다.

3) 투명성의 원칙　행정청이 행하는 행정작용은 그 내용이 구체적이고 명확하여야 하며, 행정작용의 근거가 되는 법령 등의 내용이 명확하지 아니한 경우 상대방은 당해 행정청에 대하여 그 해석을 요청할 수 있다. 이 경우 당해 행정청은 특별한 사유가 없는 한 이에 응하여야 한다(동법 제5조).

3. 행정절차법의 적용범위 및 적용 제외사항

1) 행정절차법의 적용범위　행정절차법은 동법이 규율하는 사항으로서의 처분·신고·행정상 입법예고·행정예고 및 행정지도의 절차에 관하여 다른 법률에 특별한 규정이 있는 경우를 제외하고는 이 법이 정하는 바에 의한다고 규정하고 있다(동법 제3조①).

2) 행정절차법의 적용 제외사항　행정절차법은 동법이 적용되지 않는 것으로 다음의 9가지 사항을 규정하고 있다(동법 제3조②).

　① 국회 또는 지방의회의 의결을 거치거나 동의 또는 승인을 얻어 행하는 사항

　② 법원 또는 군사법원의 재판에 의하거나 그 집행으로 행하는 사항

　③ 헌법재판소의 심판을 거쳐 행하는 사항

　④ 각급 선거관리위원회의 의결을 거쳐 행하는 사항

⑤ 감사원이 감사위원회의의 결정을 거쳐 행하는 사항

⑥ 형사·행형 및 보안처분 관계법령에 의하여 행하는 사항

⑦ 국가안전보장·국방·외교 또는 통일에 관한 사항 중 행정절차를 거칠 경우 국가의 중대한 이익을 현저히 해할 우려가 있는 사항

⑧ 심사청구·해양안전심판·조세심판·특허심판·행정심판 기타 불복절차에 의한 사항

⑨ 병역법에 의한 징집·소집, 외국인의 출입국·난민인정·귀화, 공무원 인사관계 법령에 의한 징계 기타 처분 또는 이해조정을 목적으로 법령에 의한 알선·조정·중재·재정 기타 처분 등 당해 행정작용의 성질상 행정절차를 거치기 곤란하거나 불필요하다고 인정되는 사항과 행정절차에 준하는 절차를 거친 사항으로서 대통령령으로 정하는 사항

> **[이해]** 모든 국가안전보장·국방·외교 또는 통일에 관한 사항이 본법의 적용 제외 대상이 아니라, 그중 행정절차를 거칠 경우 국가의 중대한 이익을 현저히 해할 우려가 있는 사항만이 본법이 적용되지 않는다.

4. 행정절차의 당사자

1) 당사자등의 개념 당사자등이라 함은 행정청의 처분에 대하여 직접 그 상대가 되는 당사자와 행정청이 직권 또는 신청에 의하여 행정절차에 참여하게 한 이해관계인을 말한다(동법 제2조 제4호).

> **[이해]** 여기서 말하는 이해관계인은 이해관계를 가진 모든 자를 말하는 것이 아니라, 행정청이 직권으로 행정절차에 참여시킨 자와 본인의 신청에 의하여 행정청이 행정절차에 참여하게 한 자만을 의미한다.

2) 당사자등의 자격 행정절차에 있어서 당사자는 ① 자연인, ② 법인 또는 법인 아닌 사단이나 재단, ③ 기타 다른 법령 등에 의하여 권리의무의 주체가 될 수 있는 자가 된다(동법 제9조).

3) 대표자·대리인

① 다수의 당사자등이 공동으로 행정절차에 관한 행위를 하는 때에는 대표자를 선정할 수 있다. 행정청은 당사자등이 대표자를 선정하지 아니하거나 대표자가 지나치게 많아 행정절차가 지연될 우려가 있는 경우에는 그 이유를 들어 상당한 기간 내에 3인 이내의 대표자를 선정하여 줄 것을 요청할 수 있다. 이 경우 당사자등이 대표자의 선정요청에 응하지 아니한 때에는 행정청이 직접 선정할 수 있다(동법 제11조①②).

② 당사자등은 ㉠ 당사자등의 배우자, 직계존속·비속 또는 형제자매, ㉡ 당사자

등이 법인등인 경우 그 임원 또는 직원, ⓒ 변호사, ⓔ 행정청 또는 청문 주재자(청문의 경우에 한함)의 허가를 받은 자, ⓜ 법령 등에 의하여 당해 사안에 대하여 대리인이 될 수 있는 자를 대리인으로 선임할 수 있다(동법 제12조).

Ⅲ. 처분절차

1. 행정처분의 절차의 종류와 내용

1) 처분의 개념 처분이라 함은 행정청이 행하는 구체적 사실에 관한 법집행으로서의 공권력의 행사 또는 그 거부와 기타 이에 준하는 행정작용을 말한다(동법 제2조 제2호). 행정작용 중 행정처분·행정상 즉시강제·행정상 강제집행·권력적 경찰조사가 이에 해당한다.

2) 처분절차의 종류 행정절차법상의 처분절차는 모든 처분에 공통되는 절차, 신청에 의한 처분에만 적용되는 절차, 불이익처분에만 적용되는 절차로 구분된다.

2. 공통절차

행정절차법은 신청에 의한 처분절차와 불이익 처분절차에 공통된 사항으로 처분기준의 설정·공표, 처분의 이유제시, 처분의 방식, 처분의 정정, 고지 등을 규정하고 있다.

1) 처분의 방식(문서주의) 행정절차법은 개별법에 특별한 규정이 있는 경우를 제외하고는 처분은 문서로써 하여야 한다(동법 제24조)고 규정하여 문서주의를 취하고 있다. 또한 책임의 소재를 분명히 하기 위하여 처분을 하는 문서에는 그 처분행정청 및 담당자의 소속·성명과 연락처(전화번호·모사전송번호·전자우편주소 등)를 기재토록 하고 있다(동조 ②). 다만, 신속을 요하거나 사안이 경미한 경우에는 구술 기타 방법으로 할 수 있다. 그러나 이 경우에도 당사자의 요청이 있는 때에는 지체 없이 처분에 관한 문서를 주어야 한다(동조① 단서).

2) 처분기준의 설정·공표
① 기 능
㉠ 개 념: 행정절차법은 행정청에 처분기준의 설정·공표의무를 규정하고 있다(동법 제20조). 이는 행정청이 처분을 함에 있어서 따라야 할 기준을 정하여 이를 사전에 공표하는 것을 말하는 것이다.

ⓛ 기 능: 행정청이 처분을 함에 있어서 따라야 할 기준을 정하여 이를 사전에 공표함으로서 ⓐ 행정청의 자의와 독단을 방지하고, ⓑ 상대방의 예측가능성을 부여하고, ⓒ 행정청의 재량권 행사에 관한 사법심사를 용이하게 하며, ⓓ 궁극적으로는 행정절차의 투명성과 타당성을 보장하는 데 그 목적이 있다.

② 예 외: 다만, 처분기준을 공표하는 것이 당해 처분의 성질상 현저히 곤란하거나 공공의 안전 또는 복리를 현저히 해하는 것으로 인정될만한 상당한 이유가 있는 경우에는 이를 공표하지 아니할 수 있다(동조②).

③ 내 용: 행정청은 필요한 처분기준을 당해 처분의 성질에 비추어 될 수 있는 한 구체적으로 정하여 공표하여야 한다. 당사자 등은 공표된 처분기준이 불명확한 경우 당해 행정청에 대하여 그 해석 또는 설명을 요청할 수 있다. 이 경우 당해 행정청은 특별한 사정이 없는 한 이에 응하여야 한다(동조①③). 처분기준을 변경하는 경우에도 또한 같다.

④ 처분기준의 효력: 처분기준의 설정의무는 재량행위와 기속행위에 모두 적용된다. 이러한 처분기준은 해석규칙 또는 재량준칙 등의 행정규칙의 성질을 가지는 것으로, 기준 그 자체에는 법적 구속력이 인정되지 않는다.

[이해] 처분기준은 행정규칙의 형식으로 설정될 수 도 있고 법규명령의 형식으로 설정될 수도 있을 것이다. 그러나 법규명령의 형식으로 처분기준이 미리 설정된 경우에는 행정청이 따로 처분기준을 설정할 의무가 없으므로 일반적으로 처분기준은 행정규칙의 형식이 될 것이다.

3) 처분의 이유제시

① 기 능

㉠ 개 념: 처분의 이유제시 또는 이유부기란 행정청이 처분을 할 때에 그 법적·사실적 근거와 이유를 밝히는 것을 말한다. 행정절차법은 "행정청은 처분을 하는 때에는 당사자에게 그 근거와 이유를 제시하여야 한다(동법 제23조)."고 하여 이유제시원칙을 규정하고 있다. 이러한 이유제시원칙은 행정절차의 본질적 요소로 행정절차법 시행 이전부터 판례상 불문법원리로 인정되고 있었다.

㉡ 기 능: 이유제시의 원칙은 ⓐ 설득기능(상대방에 대한 수용기능·충족기능), ⓑ 설명·명확성 확보기능, ⓒ 자기통제 기능(자기억제기능), ⓓ 권리구제기능 등의 다양한 기능을 수행한다.

㉢ 적용대상: 처분의 이유제시원칙은 그것이 부담적(침익적) 처분이든 신청에 의한 처분(수익적 처분)이든지를 묻지 않고 적용되는 원칙이다.

② 예 외

㉠ 신청내용을 모두 그대로 인정하는 처분인 경우, ㉡ 단순·반복적인 처분 또는 경미한 처분으로서 당사자가 그 이유를 명백히 알 수 있는 경우, ㉢ 긴급을 요하는 경우에는 이유제시원칙에 대한 예외가 인정된다. 그러나 이러한 예외가 인정되는 경우에도 ㉡과 ㉢의 경우 처분 후 당사자가 요청하는 경우에는 그 근거와 이유를 제시하여야 한다.

③ 이유제시의 내용과 정도

㉠ 이유제시의 내용: 이유제시의 내용은 처분의 '근거와 이유'이다. '근거'는 법적 근거와 처분기준상의 적용기준을, '이유'는 처분의 이유가 된 사실을 의미한다.

㉡ 이유제시의 정도: 행정절차법은 처분의 근거와 이유를 제시하도록 규정하고 있을 뿐 이유제시의 정도에 대해서는 아무런 규정을 두고 있지 않으나, 통설은 상대방이 처분의 법적 근거와 사실상의 사유를 충분히 납득할 수 있을 정도로 구체적이고 명확해야 한다고 한다. 한편 판례는 상대방의 사정상 처분의 근거와 이유를 알 수 있을 정도로 구체적으로 이루어져야 하지만, 처분의 상대방이 알고 있는 경우라면 세세한 근거법 규정까지 제시할 필요는 없다고 한다(대판 2002.5.17. 2000두8912).

> **[판례]**
>
> 처분을 받은 자가 어떠한 위반사실에 대하여 당해 처분이 있었는지를 알 수 있을 정도로 사실을 적시할 것을 요하며, 이와 같은 취소처분의 근거와 위반사실의 적시를 빠뜨린 하자는 피처분자가 처분 당시 그 취지를 알고 있었다거나 그 후 알게 되었다 하여도 치유될 수 없다(대판 1990.9.11. 90누1780).

④ 이유제시의 방식과 시기

㉠ 이유제시의 방식: 이유제시의 방식에 관하여는 명문의 규정은 없으나, 당해 행정처분의 방식에 의존하는 것이 보통이다. 따라서 이유제시도 원칙적으로 문서에 의하여야 하나, 사안이 경미하거나 당해 행정처분이 구두로 이루어지는 경우에는 구두로 하여도 무방할 것이다. 경찰처분의 경우에는 특히 구두로 하거나 동작·표지·자동화된 기계에 의하는 경우가 많으므로, 구두로 하는 경우에는 구두로 하면 족하고, 동작·표지·자동화된 기계에 의하는 경우에는 성질상 이유제시의무가 없다고 할 것이다(최영규 경찰행정법 324쪽).

㉡ 이유제시의 시기: 이유제시는 행정처분과 동시에 이루어지는 것이 원칙이다.

⑤ 이유제시의 하자(흠)의 효과

㉠ 개 념: 이유제시의 하자란 행정절차에서 이유부기를 하여야 함에도 불구하고 이를 하지 않은 경우(형식상 하자) 또는 이유부기가 제대로 이루어지지 않은 경우(내용상 하자)를

말한다.

　　ⓛ 효 과: 이유제시의 하자의 효과에 대하여는 통설과 판례가 그 견해를 달리하고 있다.

　　　　ⓐ 통 설: 내용상 하자의 경우(이유제시가 있었으나 불충분·불명확하게 이루어진 경우)에는 취소사유에 그치나, 이유제시가 전혀 이루어지지 않은 형식적 하자의 경우에는 일정한 요건하에 무효가 된다는 것이 통설이다.

　　　　ⓑ 판 례: 판례는 일관되게 이유제시의 하자는 취소사유에 해당한다고 한다.

　　ⓒ 하자의 치유

　　ⓐ 형식상 하자의 치유: 형식적 하자의 치유란 처분 시에는 이유제기를 하지 않고 사후에 이를 행하는 것을 말한다. 이러한 형식적 하자의 치유를 인정할 것인가에 대하여 긍정하는 견해와 부정하는 견해가 대립하고 있으나, 판례는 이를 부정하고 있다.

> **[판례] 형식상 하자의 치유를 부정한 판례**
>
> 허가의 취소처분에는 그 근거가 되는 법령이나 취소권 유보의 부관 등을 명시하여야 함은 물론 처분을 받은 자가 어떠한 위반사실에 대하여 당해 처분이 있었는지를 알 수 있을 정도의 사실의 적시를 요한다고 할 것이므로 이와 같은 취소처분의 근거와 위반사실의 적시를 빠뜨린 하자는 피처분자가 처분 당시 그 취지를 알고 있었다거나 그 후 알게 되었다고 하여도 이로써 치유될 수는 없다(대판 1987.5.26. 86누788).

　　ⓑ 내용상 하자의 치유: 내용상 하자의 치유란 처분이유로 제시된 사실상·법률상의 근거에 하자가 있는 경우, 이를 변경함으로써 보완하는 것을 말한다. 내용상 하자의 치유를 인정할 것인가에 대하여 통설과 판례는 당초 처분의 근거로 삼은 사유와 기본적 사실관계가 동일하다고 인정되는 한도에서 허용된다고 한다.

> **[판례] 기본적 사실관계의 동일성이 인정되지 않는 경우 하자의 치유를 부정한 판례**
>
> 행정처분의 취소를 청구하는 항고소송에 있어서 행정청은 당초 처분의 근거로 삼은 사유와 기본적 사실관계가 동일하다고 인정되는 한도내에서만 다른 처분사유를 새로 추가하거나 변경할 수 있을 뿐, 기본적 사실관계가 동일하다고 인정되지 않은 별개의 사실을 들어 처분사유로 주장하는 것은 원칙적으로 허용되지 아니한다(대판 1989.12.8. 88누9299).

4) 처분의 정정　행정청은 처분에 오기·오산 또는 그 밖에 이에 준하는 명백한 잘못이 있는 때에는 직권 또는 신청에 따라 지체 없이 정정하고 그 사실을 당사자에게 통지하여야 한다(동법 제25조).

구 분	형식상 하자	내용상 하자
의 의	이유제시를 하지 않은 경우	이유제시가 있었으나 불충분·불명확하게 이루어진 경우
위법성	이유제시의무 위반 자체로 독자적인 위법 사유, 당해처분도 위법	당해 처분은 위법
효 과	• 통설: 일정한 요건 하에서 무효사유 • 판례: 취소사유	통설·판례: 취소사유
치 유	치유부정(판례)	기본적 사실관계의 동일성이 인정되는 경우 치유긍정(통설·판례)

5) 불복고지

① 개 념: 행정청이 처분을 하는 때에는 당사자에게 그 처분에 관하여 행정심판을 제기할 수 있는지 여부, 기타 불복을 할 수 있는지 여부, 청구절차 및 청구기간 기타 필요한 사항을 알려야 한다(동법 제26조). 이는 국민에 대한 행정구제를 보다 실질적으로 보장하기 위한 규정이다.

② 고지의무 위반의 효과: 행정청이 처분을 하면서 불복고지를 하지 아니하거나 고지의 내용이 잘못된 경우에 불복고지 없는 처분의 효과에 대해서는 행정심판법과 행정소송법이 정하고 있다. 따라서 불복고지가 없거나 잘못 고지한 경우에도 처분 자체가 위법으로 되지는 않는다고 볼 것이다.

㉠ 행정청이 불복고지를 하지 아니하거나 잘못 알려서 청구인이 심판청구서를 다른 행정기관에 제출한 때에는 당해 행정기관은 그 심판청구서를 지체 없이 정당한 권한 있는 행정청에 송부하여야 한다(행정심판법 제23조②). 이 경우 최초의 행정기관에 심판청구서가 제출된 때에 심판청구가 제기된 것으로 본다(동조④).

㉡ 행정청이 심판청구기간을 법정기간보다 긴 기간으로 잘못 알린 경우에 그 잘못 알린 기간 내에 심판청구가 있으면 그 심판청구는 기간 내에 제기된 것으로 본다. 또한 행정청이 심판청구기간을 알리지 아니한 때에는 처분이 있은 날로부터 180일 내에 심판청구를 할 수 있다(동법 제27조⑤⑥).

㉢ 행정심판을 청구할 수 없는데도 청구할 수 있다고 잘못 고지한 경우에는 행정소송 제소기간을 재결서의 정본을 송달 받은 날부터 기산한다(행정소송법 제20조① 단서).

3. 신청에 의한 처분(수익적 처분)의 절차

1) 구 조
① 개 념: 신청에 의한 처분은 주로 수익적 처분을 의미하는 것으로, 행정행위 중에서는 허가·인가·특허가 이에 해당한다.

② 구 조: 신청에 의한 처분의 절차는 처분의 신청, 신청의 심사, 처분의 결정의 구조로 이루어져 있다.

2) 신청에 의한 처분에 관한 행정청의 사전조치
행정절차법은 신청인의 편의 및 권익의 보호, 처분의 공정성 및 투명성 확보를 위하여 행정청이 신청에 의한 처분을 하기 이전에 다음과 같은 행위를 할 의무를 부과하고 있다.

① 필요사항의 게시·비치: 행정청은 신청에 필요한 구비서류·접수기관·처리기간 그 밖에 필요한 사항을 게시(인터넷 등을 통한 게시를 포함한다)하거나 이에 대한 편람을 갖추어 누구나 열람할 수 있도록 하여야 한다(동법 제17조③).

② 처리기간의 설정·공표

㉠ 처리기간 설정·공표의무: 행정청은 신청인의 편의를 위하여 처분의 처리기간을 종류별로 미리 정하여 공표하여야 한다(동법 제19조①).

㉡ 의무위반의 효과: 행정청의 처리기간 설정·공표의무는 법적 의무이나, 행정규칙의 형식으로 행해질 것으로 보이는바, 그것만으로 처분이 위법하다고는 할 수 없을 것이다.

㉢ 처리기간의 연장: 행정청은 부득이한 사유로 처리기간 내에 처리하기 곤란한 경우에는 당해 처분의 처리기간의 범위 내에서 1회에 한하여 그 기간을 연장할 수 있다. 처리기간을 연장하는 때에는 처리기간의 연장사유와 처리예정기한을 지체 없이 신청인에게 통지하여야 한다(동조②③).

㉣ 기간 내 불처리의 효과: 행정청이 정당한 처리기간 내에 처리하지 아니한 때에는 신청인은 당해 행정청 또는 그 감독행정청에 대하여 신속한 처리를 요청할 수 있다(동조④). 다만 처리기간은 행정규칙의 성질을 가진다 할 것이므로 처리기간이 경과하였다는 것만으로는 그 후에 행해진 처분이 위법이라고는 할 수 없다.

3) 신 청
① 개 념: 행정법상 신청이란 일정한 수익적 행정행위의 발급을 행정청에 요구하는 공법행위를 말한다.

② 신청의 방식: 행정청에 대하여 처분을 구하는 신청은 다른 법령 등에 특별한 규정이

있는 경우와 행정청이 미리 다른 방법을 정하여 공시한 경우를 제외하고는 문서로 하여야한다. 전자문서로 신청한 경우에는 행정청의 컴퓨터 등에 입력된 때에 신청한 것으로본다(동법 제17조①②).

③ 신청의 접수의무

㉠ 접수의무: 행정청은 신청이 있는 때에는 다른 법령 등에 특별한 규정이 있는경우를 제외하고는 그 접수를 보류 또는 거부하거나 부당하게 되돌려 보내서는 아니되며, 신청을 접수한 경우에는 신청인에게 접수증을 주어야 한다(동법 제17조④). 행정청이접수를 거부하거나 보류한 경우에는 취소심판·의무이행심판 또는 의무이행소송을 제기할 수 있다.

㉡ 보완요구: 행정청은 신청에 구비서류의 미비 등 흠이 있는 경우에는 보완에 필요한상당한 기간을 정하여 지체 없이 신청인에게 보완을 요구하여야 하며, 신청인이 기간내에 보완을 하지 아니한 때에는 그 이유를 명시하여 접수된 신청을 되돌려 보낼 수있다(동조⑤⑥).

㉢ 보완·변경 및 취하: 신청인은 처분이 있기 전에는 그 신청의 내용을 보완하거나변경 또는 취하할 수 있다. 다만, 다른 법령 등에 특별한 규정이 있거나 당해 신청의성질상 보완·변경 또는 취하할 수 없는 경우에는 그러하지 아니하다(동조⑧).

㉣ 신청접수기관: 신청인은 원칙적으로 당해 처분을 할 권한이 있는 행정청에 신청을제출하여야 한다. 그러나 행정절차법은 신청인의 편의를 위하여 다른 행정청에 신청을접수하게 할 수 있도록 하고 있으며, 이 경우 행정청은 다른 행정청에 접수할 수 있는신청의 종류를 미리 정하여 공시하여야 한다(동조⑦).

4) 신청의 처리

① 행정청의 처리의무: 행정청의 처리의무를 직접적으로 규정하고 있지는 않으나,동법 제1조와 제4조의 규정에 비추어 행정청은 신청을 공정하고 성실하게 심사하여처리기간 내에 신청된 처분을 하거나 거부처분을 하여야 할 의무가 있다. 따라서 신청이행해졌음에도 불구하고 행정청이 상당한 기간 내에 아무런 응답이 없는 경우에는 의무이행심판이나 의무이행소송을 제기할 수 있다.

② 다수의 행정청이 관여하는 처분의 신속처리의무: 행정청은 다수의 행정청이 관여하는처분을 구하는 신청을 접수한 경우에는 관계행정청과의 신속한 협조를 통하여 당해처분이 지연되지 아니하도록 하여야 한다(동법 제18조). 이는 복합민원에 관한 규정으로책임소재의 명확화와 처리지연의 방지를 위한 규정이다.

4. 불이익처분의 절차

1) 대상 및 절차

① 적용대상: 행정절차법상 불이익처분이란 당사자에게 의무를 부과하거나 권익을 침해하는 처분을 말한다. 행정행위 중에서는 하명, 수익적 처분(꣎ 허가 등)의 취소·철회가 이에 해당한다. 다만 상대방이 불특정한 경우에는 여기의 불이익처분이 아니며, 인·허가 등의 신청에 대한 거부처분도 실질적으로는 불이익처분의 성질을 가진다고 할 수 있지만 이는 행정절차법상의 처분이 아니므로 불이익처분절차의 대상이 아니다.

② 처분절차: 행정절차법은 불이익처분의 절차로서 처분의 사전통지, 의견제출·청문 및 공청회로 구분하여 규정하고 있다. 물론 이외에 처분의 공통절차를 포함한다.

2) 처분의 사전통지

① 개 념: 사전통지란 일정한 행정작용을 하기에 앞서 이해관계인에게 당해 행정작용의 내용과 청문이나 의견 또는 자료제출의 일시·장소 등을 알리는 행위를 말한다. 이는 상대방으로 하여금 의견청취절차에서 관련자료에 기한 의견 등의 진술에 의하여 자신의 권익을 보호할 수 있도록 하기 위한 것이다.

② 원칙과 예외

㉠ 원 칙: 행정청은 당사자에게 의무를 과하거나 권익을 제한하는 처분을 하는 경우에는 미리 처분의 제목, 당사자의 성명 또는 명칭과 주소, 처분하고자 하는 원인이 되는 사실과 처분의 내용 및 법적 근거, 이에 대하여 의견을 제출할 수 있다는 뜻과 의견을 제출하지 아니하는 경우의 처리방법, 의견제출기관의 명칭과 주소, 의견제출기한, 기타 필요한 사항을 당사자 등에게 통지하여야 한다(동법 제21조①). 행정처분의 사전통지가 된 뒤에는 의견제출·청문 절차를 거치게 된다.

㉡ 예 외: 다음에 해당하는 경우에는 사전통지를 아니할 수 있다(동조④).

ⓐ 공공의 안전 또는 복리를 위하여 긴급히 처분을 할 필요가 있는 경우

ⓑ 법령 등에서 요구된 자격이 없거나 없어지게 되면 반드시 일정한 처분을 하여야 하는 경우에 그 자격이 없거나 없어지게 된 사실이 법원의 재판 등에 의하여 객관적으로 증명된 때

ⓒ 당해 처분의 성질상 의견청취가 현저히 곤란하거나 명백히 불필요하다고 인정될 만한 상당한 이유가 있는 경우

③ 사전통지의 상대방: 사전통지의 상대방은 당사자 등, 즉 행정청의 처분에 대하여 직접 그 상대가 되는 당사자와 행정청이 직권 또는 신청에 의하여 행정절차에 참여하게 한 이해관계인이다.

④ 사전통지의 시기: 행정청은 청문을 실시하고자 하는 경우에 청문이 시작되는 날부터 10일 전까지 당사자 등에게 통지하여야 한다(동법 제21조①).

⑤ 사전통지의 방법: 사전통지의 방법에 대해서는 명문으로 규정하고 있지 않으나, 원칙적으로 문서로 통지하여야 한다고 보아야 한다.

3) 의견제출

① 개 념: 의견제출이란 행정청이 일정한 결정을 하기에 앞서 당사자 등에게 의견을 제시할 기회를 주는 절차로서, 청문이나 공청회에 해당하지 아니하는 절차를 말한다(동법 제27조). 이를 약식의 청문절차라고도 한다.

② 적용대상: 행정절차법은 청문 및 공청회는 동법이 규정하고 있는 경우에만 실시하도록 하고 있는 데 대하여, 의견제출은 청문 또는 공청회를 거치지 않는 경우에 일반적으로 행하는 것으로 규정하고 있다(동법 제22조③). 따라서 의견제출은 불이익처분에 있어 상대방이 의견을 제시할 수 있는 일반절차로서의 성격을 갖는다. 다만 사전통지의 예외사유에 해당하는 경우와 당사자가 의견진술의 기회를 포기한다는 뜻을 명백히 표시한 경우에는 의견제출절차를 거치지 않을 수 있다(동조④). 당사자가 의견진술의 기회를 포기한 때에는 의견진술포기서 또는 이에 준하는 문서를 행정청에 제출하여야 하므로(동법 시행령 제14조), 이러한 서류를 제출하지 않는 한 구술로 의견제출 포기 의사를 밝히더라도 의견제출의 기회를 주어야 할 것이다.

③ 의견제출의 방식: 당사자 등은 처분 전에 그 처분의 관할행정청에 서면·구술로 또는 정보통신망을 이용하여 의견제출을 할 수 있으며, 그 주장을 입증하기 위한 증거자료 등을 첨부할 수 있다(동법 제27조①②).

④ 의견제출의 시기: 행정절차법은 의견제출을 처분 전에 하도록 규정하고 있다(동법 제27조①). 그러나 의견제출절차는 위에서 검토한 사전통지에 의하여 개시되므로, 사전통지에서 정해진 의견제출기한 안에 의견을 제출하여야 할 것이다. 따라서 당사자등이 정당한 이유 없이 의견제출기한 내에 의견제출을 하지 아니한 경우에는 의견이 없는 것으로 본다(동조④). 다만 의견제출기한이 경과한 뒤라도 의견이 제출된 경우에는 처분이

부당하게 지연되지 않는 한, 행정청은 그 의견을 접수하여야 할 것이다.

⑤ 의견제출의 효력

㉠ 행정청의 구속여부: 당사자 등이 제출한 의견이나 증거자료는 행정청에 대하여 법적 구속력이 없다.

㉡ 제출의견의 반영: 행정청은 처분을 함에 있어서 당사자 등이 제출한 의견이 상당한 이유가 있다고 인정하는 경우에는 이를 반영하여야 한다(동법 제27조의2). 따라서 행정청이 당사자 등의 의견에 반하는 처분을 하는 경우에는 그 의견을 반영하지 않은 이유를 제시하여야 할 것이다.

4) 청 문

① 개 념: 청문이란 행정청이 어떠한 처분을 하기에 앞서 그 처분의 당사자 또는 이해관계인으로 하여금 자기에게 유리한 증거를 제출하고 의견을 진술하게 함으로써 사실조사를 하는 절차를 말한다.

② 적용대상: 청문은 ㉠ 다른 법령 등에서 청문을 실시하도록 규정하고 있는 경우, ② 행정청이 필요하다고 인정하는 경우에 이를 실시한다(동법 제22조①). 행정절차법은 이와 같이 청문의 실시를 내용(불이익처분 또는 수익처분)을 기준으로 하지 않고, 관계법의 규정을 기준으로 하고 있다. 따라서 불이익처분이 아니더라도 처분의 근거법에서 청문의 실시를 규정하고 있는 경우에는 동법상의 청문절차를 실시하도록 하고 있다.

> [이해] 행정절차법은 청문의 실시를 관계법을 기준으로 하고 있으므로 반드시 불이익처분에만 청문을 실시할 수 있는 것이 아니고, 수익적 처분이나 복효적 처분의 경우에도 행정청의 판단으로 청문을 실시할 수 있다.

③ 청문절차의 진행

㉠ 청문절차의 개시: 행정청은 청문을 실시하고자 하는 경우에 청문이 시작되는 날부터 10일 전까지 불이익처분에 대한 사전통지사항과 청문 주재자의 소속·직위 및 성명, 청문의 일시 및 장소, 청문에 응하지 아니하는 경우의 처리방법 등 청문에 필요한 사항을 당사자 등에게 통지하여야 한다(동법 제21조②).

㉡ 청문 주재자: 청문은 청문 주재자에 의하여 진행된다. 청문 주재자는 행정청이 소속 직원 또는 대통령령이 정하는 자격을 가진 자 중에서 선정하며, 청문 주재자는 독립하여 공정하게 직무를 수행하며, 그 직무수행상의 이유로 본인의 의사에 반하여 신분상 어떠한 불이익도 받지 아니한다(동법 제28조②). 또한 행정절차법은 청문 주재자의 공정성과 중립성을 보장하기 위하여 제척·기피 및 회피제도를 두고 있다(동법 제29조).

ⓒ 청문의 공개: 청문은 비공개로 진행함이 원칙이나, 당사자의 공개신청이 있거나 청문 주재자가 필요하다고 인정하는 경우 이를 공개할 수 있다. 다만, 공익 또는 제3자의 정당한 이익을 현저히 해할 우려가 있는 경우에는 공개하여서는 아니된다(동법 제30조).

ⓔ 청문의 진행: 청문 주재자가 청문을 시작할 때에는 먼저 예정된 처분의 내용, 그 원인이 되는 사실 및 법적 근거 등을 설명하여야 한다. 이에 대하여 당사자 등은 의견을 진술하고 증거를 제출할 수 있으며, 참고인·감정인 등에 대하여 질문할 수 있다. 당사자 등이 의견서를 제출한 경우에는 그 내용을 출석하여 진술한 것으로 본다(동법 제31조).

ⓜ 청문의 병합·분리: 행정청은 직권 또는 당사자의 신청에 의하여 수개의 사안을 병합하거나 분리하여 청문을 실시할 수 있다(동법 제32조).

ⓗ 증거조사(직권조사주의): 행정절차법은 청문 주재자는 신청 또는 직권에 의하여 필요한 조사를 할 수 있으며, 당사자등이 주장하지 아니한 사실에 대하여도 조사할 수 있다고 하여 직권조사주의를 채택하고 있다. 증거조사는 ⓐ 문서·장부·물건 등 증거자료의 수집, ⓑ 참고인·감정인 등에 대한 질문, ⓒ 검증 또는 감정·평가, ⓓ 기타 필요한 조사의 방법에 의한다. 또한 청문 주재자는 필요하다고 인정하는 때에는 관계행정청에 대하여 필요한 문서의 제출 또는 의견의 진술을 요구할 수 있다. 이 경우 관계행정청은 직무수행상 특별한 지장이 없는 한 이에 응하여야 한다(동법 제33조).

ⓢ 청문의 종결: 청문을 마친 때에는 청문 주재자는 지체 없이 청문조서 기타 관계서류를 행정청에 제출하여야 한다.

ⓐ 종결사유: 청문주재자는 당해 사안에 대하여 당사자 등의 의견진술·증거조사가 충분히 이루어졌다고 인정되는 경우와 당사자등의 전부 또는 일부가 정당한 사유없이 청문기일에 출석하지 아니하거나 의견서를 제출하지 아니한 경우에는 청문을 마칠 수 있다(동법 제35조①②).

ⓑ 청문조서의 작성: 청문 주재자는 제목, 청문주재자의 소속·성명 등 인적사항, 당사자등의 주소·성명 또는 명칭 및 출석 여부, 청문의 일시 및 장소, 당사자 등의 진술의 요지 및 제출된 증거, 청문의 공개 여부 및 공개 또는 제30조 단서의 규정에 의하여 비공개한 이유, 증거조사를 한 경우에는 그 요지 및 첨부된 증거, 기타 필요한 사항이 기재된 청문조서를 작성하여야 한다. 이에 대하여 당사자 등은 청문조서의 기재 내용을 열람·확인할 수 있으며, 이의가 있을 때에는 그 정정을 요구할 수 있다(동법 제34조).

ⓒ 의견서 작성: 청문 주재자는 청문의 제목, 처분의 내용·주요 사실 또는

증거, 종합의견, 그밖에 필요한 사항이 기재된 청문 주재자의 의견서를 작성하여야 한다(동법 제34조의2).

　　　ⓓ 청문의 재개: 행정청은 청문을 마친 후 처분을 하기까지 새로운 사정이 발견되어 청문을 재개할 필요가 있다고 인정하는 때에는 제출받은 청문조서 등을 되돌려보내고 청문의 재개를 명할 수 있다(동법 제36조).

　　　ⓔ 청문결과의 반영: 행정청은 처분을 함에 있어서 제출받은 청문조서, 청문주재자의 의견서, 그밖의 관계서류 등을 충분히 검토하고 상당한 이유가 있다고 인정하는 경우에는 청문결과를 반영하여야 한다(동법 제35조의2).

　④ 문서의 열람 및 비밀유지

　㉠ 문서의 열람: 당사자 등은 청문의 통지가 있는 날부터 청문이 끝날 때까지 행정청에 대하여 당해 사안의 조사결과에 관한 문서 기타 당해 처분과 관련되는 문서의 열람 또는 복사를 요청할 수 있다. 이 경우 행정청은 다른 법령에 의하여 공개가 제한되는 경우를 제외하고는 이를 거부할 수 없다. 만약 열람 또는 복사의 요청을 거부하는 경우에는 그 이유를 소명하여야 한다(동법 제37조①).

　㉡ 비밀유지: 누구든지 청문을 통하여 알게 된 사생활 또는 경영상이나 거래상의 비밀을 정당한 이유 없이 누설하거나 다른 목적으로 사용하여서는 아니 된다(동조⑥).

5) 공청회

　① 개 념: 공청회란 행정청이 공개적인 토론을 통하여 일정 행정작용에 대하여 당사자 등 전문지식과 경험을 가진 자 기타 일반인으로부터 의견을 널리 수렴하는 절차를 말한다(동법 제2조 제6호). 공청회는 청문과는 달리 공청 사항에 대하여 이해관계가 없는 사람도 참가가 가능하다는 특색이 있으며, 이를 통해 다수의 의견을 수렴하여 사전에 이해관계를 조정하고자 하는 데 그 의의가 있다.

　② 적용대상: 공청회는 ㉠ 다른 법령 등에서 공청회를 개최하도록 규정하고 있는 경우 및 ㉡ 당해 처분의 영향이 광범위하여 널리 의견을 수렴할 필요가 있다고 행정청이 인정하는 경우에 개최한다(동법 제22조②). 따라서 공청회는 신청에 의한 처분에 한하지 않고 수익적 처분이나 불이익처분의 경우에도 개최될 수 있다.

　③ 공청회의 절차

　㉠ 공청회의 통지·공고: 행정청은 공청회를 개최하고자 하는 경우에는 공청회 개최 14일 전까지 ⓐ 제목, ⓑ 일시 및 장소, ⓒ 주요 내용, ⓓ 발표자에 관한 사항, ⓔ 발표신청 방법 및 신청기한, ⓕ 정보통신망을 통한 사전의견제출, ⓖ 그 밖에 필요한

사항을 당사자등에게 통지하고 관보·공보·인터넷 또는 일간신문 등에 공고하는 등의 방법으로 널리 알려야 한다(동법 제38조①).

   ⓛ 발표자 및 주재자 선정: 발표자는 행정청이 선정하며, 주재자는 행정청이 지명·위촉한다.

      ⓐ 발표자의 선정: 행정청은 발표자의 선정에 있어 공정성이 확보될 수 있도록 하여야 한다(동조②).

      ⓑ 주재자의 선정: 공청회의 주재자는 당해 공청회의 사안에 관한 업무를 담당하는 과장 이상 또는 이에 상당하는 직위에 있는 공무원, 당해 공청회의 사안과 관련된 분야의 전문적 지식이 있고 동 분야에서 종사한 경험이 있는 자 중에서 행정청이 지명 또는 위촉하는 자로 한다(동법 제39조①, 동법 시행령 제21조).

      ⓒ 공청회의 진행: 발표자는 공청회의 내용과 직접 관련된 사항에 한하여 발표하여야 한다. 공청회의 주재자는 공청회를 공정하게 진행하여야 하며, 공청회의 원활한 진행을 위하여 발표 내용을 제한할 수 있고, 질서유지를 위하여 필요한 조치를 할 수 있다. 또한 주재자는 발표자의 발표가 끝난 후에는 발표자 상호 간에 질의 및 답변을 할 수 있도록 하여야 하며, 방청인에게도 의견을 제시할 기회를 주어야 한다(동법 제39조②③④).

   ④ 공청회 결과의 처분에의 반영: 행정청은 처분을 함에 있어서 공청회에서 제시된 사실 및 의견이 상당한 이유가 있다고 인정하는 경우에는 이를 반영하여야 한다(동법 제39조의2).

Ⅳ. 신고절차

1. 적용대상

1) **신고의 의의**   신고란 행정청에 대하여 일정한 사항을 알리는 사인의 공법상의 행위를 말한다.

2) **적용대상**   행정절차법은 '법령등에서 행정청에 대하여 일정한 사항을 통지함으로써 의무가 끝나는 신고를 규정하고 있는 경우'라고 규정(동법 제40조①)하여 동법상의 신고절차가 적용되는 신고를 행정청에 실질적 심사권이 없는 경우, 즉 행정청의 수리를 요하지 않는 신고로 한정하고 있다. 따라서 행정청에 실질적 심사권이 부여되어 있어서 수리 여부를 결정할 수 있는 경우, 즉 수리를 요하는 신고에는 행정절차법상의 신고절차에

관한 규정이 적용되지 않는다.

2. 행정청의 사전조치

법령 등에서 행정청에 대하여 일정한 사항을 통지함으로써 의무가 끝나는 신고를 규정하고 있는 경우 신고를 관장하는 행정청은 신고에 필요한 구비서류와 접수기관 기타 법령 등에 의한 신고에 필요한 사항을 게시(인터넷 등을 통한 게시를 포함)하거나 이에 대한 편람을 비치하여 누구나 열람할 수 있도록 하여야 한다(동법 제40조①).

3. 효 과

1) 요건 및 효과   신고가 ① 신고서의 기재사항에 흠이 없고 ② 필요한 구비서류가 첨부되어 있으며 ③ 기타 법령 등에 규정된 형식상의 요건에 적합한 경우에는 신고서가 접수기관에 도달된 때에 신고의 의무가 이행된 것으로 본다(동법 제40조②). 따라서 신고의 수리가 없어도 신고서가 행정청에 도달한 때부터 일정한 법적 효과가 발생한다.

2) 보완요구   행정청은 위의 형식적 요건을 갖추지 못한 신고서가 제출된 경우 지체 없이 상당한 기간을 정하여 신고인에게 보완을 요구하여야 하며, 신고인이 그 기간 내에 보완을 하지 아니한 때에는 그 이유를 명시하여 당해 신고서를 되돌려보내야 한다(동법 제40조③④).

Ⅴ. 행정상 입법예고절차

1. 개 념

입법예고절차란 국민의 권리·의무 또는 일상생활과 밀접한 관련이 있는 법령의 제정·개정에 있어서 국민들에게 미리 알림으로써 국민들의 의견을 수렴·반영하는 절차를 말한다.

2. 적용대상

1) 입법예고의 원칙   행정절차법은 법령 등을 제정·개정 또는 폐지하고자 할 때에는 행정청이 이를 예고하도록 하고 있다(동법 제41조① 본문). 따라서 법규명령을 제정·개정 또는 폐지하고자 하는 경우에는 행정청은 입법예고절차를 거쳐야 한다.

2) 예 외   행정청은 다음의 경우에는 입법예고를 아니할 수 있다. 그러나 법제처장은 입법예고를 하지 아니한 법령안의 심사요청을 받은 경우에 입법예고를 함이 적당하다고 판단될 때에는 당해 행정청에 대하여 입법예고를 권고하거나 직접 예고할 수 있다(동법 제41조① 단서·동조③).

① 신속한 국민의 권리 보호 또는 예측 곤란한 특별한 사정의 발생 등으로 입법이 긴급을 요하는 경우

② 상위법령등의 단순한 집행을 위한 경우

③ 입법내용이 국민의 권리·의무 또는 일상생활과 관련이 없는 경우

④ 예고함이 공공의 안전 또는 복리를 현저히 해칠 우려가 있는 경우

⑤ 단순한 표현·자구를 변경하는 경우 등 입법 내용의 성질상 예고의 필요가 없거나 곤란하다고 판단되는 경우

3. 입법예고절차의 내용

입법예고절차는 입법안의 예고와 의견청취절차로 구성되어 있다.

1) 입법안의 예고

① 예고의 방법: 예고의 방법은 공고와 통지이다(동법 제42조).

㉠ 공 고: 행정청은 입법안의 취지, 주요 내용 또는 전문을 법령의 입법안을 입법예고하는 경우에는 관보 및 법제처장이 구축·제공하는 정보시스템을 통한 공고, 자치법규의 입법안을 입법예고하는 경우에는 공보를 통한 공고를 하여야 하며, 추가로 인터넷, 신문 또는 방송을 통하여 공고할 수 있다(동법 제42조①). 또한 행정청은 의견접수기관·의견제출기간 그 밖의 필요한 사항을 해당 입법안을 예고할 때 함께 공고하여야 한다(동법 제44조②).

㉡ 통 지: 행정청은 입법예고를 하는 경우에 입법안과 관련이 있다고 인정되는 중앙행정기관, 지방자치단체, 그 밖의 단체 등이 예고사항을 알 수 있도록 예고사항을 통지하거나 그 밖의 방법으로 알려야 한다(동법 제42조②).

㉢ 열람 및 복사: 행정청은 예고된 입법안의 전문에 대하여 열람 또는 복사의 요청이 있는 때에는 특별한 사유가 없는 한 이에 응하여야 하며, 이 경우 복사에 따른 비용을

요청한 자에게 부담시킬 수 있다.

② 예고기간: 입법예고기간은 예고할 때 정하되, 특별한 사정이 없는 한 40일(자치법규는 20일) 이상으로 한다(동법 제43조).

2) 의견청취

① 의견제출: 누구든지 예고된 입법안에 대하여 그 의견을 제출할 수 있다. 행정청은 해당 입법안에 대한 의견이 제출된 경우 특별한 사유가 없는 한 이를 존중하여 처리하여야 하며, 의견을 제출한 자에게 그 제출된 의견의 처리결과를 통지하여야 한다(동법 제44조).

② 공청회: 행정청은 입법안에 관하여 공청회를 개최할 수 있다(동법 제45조).

Ⅵ. 행정예고절차

1. 개 념

행정예고절차란 국민생활에 중요한 의미를 가지는 행정시책의 수립·시행 및 변경을 하고자 할 때에 이를 미리 국민에게 알리고 국민의 의견을 수렴하여 반영하는 절차를 말한다. 이는 행정시책에 대한 국민의 예측가능성과 행정시책에 대한 국민의 참여 및 이해를 도모하기 위한 것이다.

2. 적용대상

1) 행정예고의 대상   행정청은 정책, 제도 및 계획(이하 '정책등'이라 함)을 수립·시행하거나 변경하려는 경우에는 이를 예고하여야 한다(동법 제46조① 본문).

2) 적용 제외

① 다음의 어느 하나에 해당하는 경우에는 예고를 하지 아니할 수 있다(동법 제46조① 단서).

㉠ 신속하게 국민의 권리를 보호하여야 하거나 예측이 어려운 특별한 사정이 발생하는 등 긴급한 사유로 예고가 현저히 곤란한 경우

㉡ 법령 등 단순한 집행을 위한 경우

ⓒ 정책등의 내용이 국민의 권리·의무 또는 일상생활과 관련이 없는 경우

ⓔ 정책등의 예고가 공공의 안전 또는 복리를 현저히 해칠 우려가 상당한 경우

② 법령 등의 입법을 포함하는 행정예고의 경우에는 입법예고로 이를 갈음할 수 있다(동법 제46조②).

> **[이해]** 행정예고의 대상에는 행정계획도 포함된다. 행정절차법은 행정계획 절차에 대하여는 규정하지 않고 있어 각 개별법에 맡기고 있으나, 행정예고제는 국민생활에 밀접하게 관련되고 다수 국민의 이해가 상충되는 행정계획에 대하여 국민의 의견을 수렴할 근거가 된다.

3. 행정예고의 기간과 절차

1) 행정예고기간　행정예고기간은 예고 내용의 성격 등을 고려하여 정하되, 특별한 사정이 없는 한 20일 이상으로 한다(동법 제46조③).

2) 절차　행정예고절차도 예고와 의견청취로 구성된다. 행정예고의 방법, 의견제출 및 처리, 공청회에 관하여는 입법예고에 관한 규정을 준용한다(동법 제47조).

Ⅶ. 행정지도절차

1. 개 념

행정지도라 함은 행정기관이 그 소관사무의 범위 안에서 일정한 행정목적을 실현하기 위하여 특정인에게 일정한 행위를 하거나 하지 아니하도록 지도·권고·조언 등을 하는 행정작용을 말한다(동법 제2조 제3호). 경찰작용 중에는 경찰지도가 이에 해당한다.

2. 행정지도의 원칙

1) 과잉금지 및 임의성의 원칙　행정지도는 그 목적달성에 필요한 최소한도에 그쳐야 하며, 행정지도의 상대방의 의사에 반하여 부당하게 강요하여서는 아니 된다(동법 제48조①).

2) 불이익조치금지의 원칙　행정기관은 행정지도의 상대방이 행정지도에 따르지 아니하였다는 것을 이유로 불이익한 조치를 하여서는 아니 된다(동법 제48조②).

3. 행정지도의 방식

1) 명확성의 원칙 및 행정지도실명제　행정지도를 행하는 자는 그 상대방에게 당해 행정지도의 취지 및 내용과 신분을 밝혀야 한다(동법 제49조①).

2) 문서교부요구권　행정지도가 말로 이루어지는 경우에 상대방이 행정지도의 취지 및 내용과 신분을 적은 서면의 교부를 요구하는 때에는 그 행정지도를 행하는 자는 직무수행에 특별한 지장이 없으면 이를 교부하여야 한다(동법 제49조②).

4. 의견제출

　행정지도의 상대방은 해당 행정지도의 방식·내용 등에 관하여 행정기관에 의견제출을 할 수 있다(동법 제50조). 이는 상대방으로부터 행정지도에 대한 의견을 들음으로써 잘못된 행정지도의 부당성을 밝히고 이를 시정하여 사후의 분쟁을 예방하기 위한 것으로 볼 수 있다.

5. 다수인을 대상으로 한 행정지도

　행정기관이 같은 행정목적을 실현하기 위하여 많은 상대방에게 행정지도를 하고자 하는 때에는 특별한 사정이 없는 한 행정지도에 공통적인 내용이 되는 사항을 공표하여야 한다(동법 제51조). 이는 행정지도의 명확성과 다수인에 대한 공평성을 확보하기 위한 것으로 해석된다.

Ⅷ. 행정절차의 하자와 효과

1. 개 념

　행정절차의 하자란 행정행위(처분)의 절차에 관련된 하자, 즉 거쳐야 할 행정절차를 거치지 않았거나 거쳤더라도 불충분한 경우를 말한다.

　🈡 처리기간이나 처분기간의 설정·공표 없이 행한 처분, 사전통지를 결한 처분, 송달방법에 하자가 있는 처분, 의견청취절차를 거치지 않은 처분, 필요적 청문절차를 거치지 않고 한 처분이나 청문대신 의견제출절차를 거쳐서 한 처분, 이유제시절차를 결한 처분, 불복고지에 하자가 있는 처분, 청문주재자의 선정 및 청문과정에 하자가 있는 처분, 문서열람에 하자가 있는 처분

2. 행정절차 하자의 효과

여기서는 ① 행정행위의 절차상 하자가 당해 행정행위 자체를 위법하게 만드는가, ② 위법하다면 이는 무효의 원인인가 취소의 원인인가 그리고 ③ 실체적인 하자가 없음에도 불구하고 절차상의 하자만으로 당해 행정행위를 취소할 수 있는가가 문제된다.

1) 행정행위의 위법성   행정절차법이 요구하는 절차에 위반한 행정행위는 실정법을 위반한 것으로 위법한 행정행위가 된다.

2) 위법성의 정도

① 문제의 소재: 절차상의 하자가 위법한 경우 그것이 무효사유인지 아니면 취소사유인지 여부가 문제이다.

② 통 설: 행정행위의 절차상 하자도 행정행위의 하자의 일부이므로 행정행위의 하자의 효과에 관한 이론이 그대로 적용된다고 한다. 즉, 절차상의 하자의 정도가 중대하고 명백한 것인 때에는 그 행정행위는 무효가 되지만, 중대하고 명백하지 않은 경우에는 취소할 수 있는 행위가 된다.

③ 판 례: 판례는 행정행위의 절차상 하자를 취소사유로 보고 있다.

3) 절차상의 하자를 이유로 행정행위를 취소할 수 있는지의 여부   절차법상의 하자만으로 실체법적으로는 하자가 없는 행정행위를 취소할 수 있는가가 문제된다.

① 소극설: 절차규정은 적정한 행정결정의 확보를 위한 수단에 불과하고, 절차 위반을 이유로 다시 처분한다고 하여도 전과 동일한 처분을 하는 경우에는 행정경제 및 소송경제에 반한다는 점을 근거로 절차상의 하자만을 이유로는 행정행위를 취소할 수 없다고 한다.

② 적극설(통설): 적정절차는 적정한 결정의 전제가 되고, 다시 처분한다고 할 때 반드시 동일한 결론에 도달한다는 보장이 없으며, 절차적 요건의 의미를 살려한다는 점을 근거로 절차상의 하자는 독자적인 취소사유가 된다고 한다.

③ 판 례: 판례는 적극설의 입장을 취하고 있다. 즉 법령상 요구되는 청문절차의 결여는 위법행위로 독립된 취소사유가 되며, 의견제출기회를 결한 행정행위도 독립된 취소사유가 된다고 판시하였다.

[판례] 의견제출기회를 주지 않은 침해적 행정처분은 위법하여 취소사유가 된다는 판례

행정절차법 제21조 제1항, 제4항, 제22조 제1항 내지 제4항에 의하면, 행정청이 당사자에게 의무를 과하거나 권익을 제한하는 처분을 하는 경우에는 미리 처분하고자 하는 원인이 되는 사실과 처분의

내용 및 법적 근거, 이에 대하여 의견을 제출할 수 있다는 뜻과 의견을 제출하지 아니하는 경우의 처리방법 등의 사항을 당사자 등에게 통지하여야 하고, 다른 법령 등에서 필요적으로 청문을 실시하거나 공청회를 개최하도록 규정하고 있지 아니한 경우에도 당사자 등에게 의견제출의 기회를 주어야 하되, 당해 처분의 성질상 의견청취가 현저히 곤란하거나 명백히 불필요하다고 인정될 만한 상당한 이유가 있는 경우 등에는 처분의 사전통지나 의견청취를 하지 아니할 수 있도록 규정하고 있으므로, 행정청이 침해적 행정처분을 함에 있어서 당사자에게 위와 같은 사전통지를 하거나 의견제출의 기회를 주지 아니하였다면 사전통지를 하지 않거나 의견제출의 기회를 주지 아니하여도 되는 예외적인 경우에 해당하지 아니하는 한 그 처분은 위법하여 취소를 면할 수 없다(대판 2000.11.14. 99두5870).

[판례] 청문절차를 거치지 않은 행정처분은 위법으로 취소사유가 된다는 판례
식품위생법 제64조, 같은 법시행령 제37조 제1항 소정의 청문절차를 전혀 거치지 아니하거나 거쳤다고 하여도 그 절차적 요건을 제대로 준수하지 아니한 경우에는 가사 영업정지사유 등 위 법 제58조 등 소정사유가 인정된다고 하더라도 그 처분은 위법하여 취소를 면할 수 없다(대판 1991.7.9. 91누971).

3. 행정절차의 하자의 치유

1) 개 념   행정절차의 하자의 치유란 행정행위가 발령 당시에 적법요건의 하나인 절차요건에 흠결이 있는 경우에 그 흠결을 사후에 보완하면, 발령 당시의 하자에도 불구하고 그 행위의 효과를 다툴 수 없도록 유지하는 것을 말한다. 이는 국민의 법생활의 안정과 신뢰보호를 위한 것이다.

[이해] 하자의 치유는 그 하자가 취소사유인 경우에만 인정되고, 무효사유인 경우에는 인정되지 않는다.

2) 인정 여부

① 학 설: 행정절차의 하자의 치유를 인정할 것인가에 대하여 ㉠ 행정의 능률성의 확보 등을 이유로 광범위하게 허용된다는 긍정설, ㉡ 당해 처분의 형식 또는 절차의 본질적인 의의를 손상하지 아니하는 범위 내에서 제한적으로만 인정된다는 제한적 긍정설, ㉢ 행정결정의 신중성 확보와 자의배제 등을 이유로 하자의 치유는 허용되지 않는다는 부정설 등이 있으나, 제한적 긍정설이 통설이다.

② 판 례: 판례도 제한적 긍정설의 입장에서 그 시간적 한계는 행정심판 제기 이전까지라고 한다(대판 1997.12.26. 97누9390).

Administrative Law

제3편
행정작용법

행정목적 실현을 위한
법집행 방법의 이론 체계

행정작용법의 학습목적은 행정실무자가
자신의 업무 속에 행정작용법이 작동되고 있음을 알게 하는 것이다.
즉, 행정 현장에서 행정법학의 이론체계를 토대로
법령의 분석과 숙지, 적용방법을 알려주는 것이다.
이것은 미래의 엘리트 행정가가 될 학생과 현재의 행정실무자들에게
행정법학이 행정실무 속에서 작동되고 있고,
법치행정이 동행함을 알게 하는 것이다.

제1장 행정작용법의 체계

 - 공익실현을 위한 공무수행의 방법론 -

행정작용이란 행정주체가 행정목적인 공익을 실현하는 다양한 조치와 행위를 말한다. 즉, 행정작용은 공익실현을 위한 행정주체의 행위 형식 또는 공무수행 방법론이라고 설명할 수 있다. 과학기술혁명인 4차산업혁명의 시대인 현대국가에서는 새로운 행정작용의 형식·방법론이 등장할 수 있을 것이다.

제1절 공무수행 방법으로서의 행정작용법 이해

I. 서 설

1. 행정작용법의 의의 및 내용

1) **행정작용법의 의의**　행정작용법이란 행정법학의 근간을 이루는 학술적 개념으로서, 행정기관이 행정목적 실현을 위한 개별 법령의 집행에 필요한 총체적 법리와 그 방법을 말한다. 행정법학적으로 행정작용법을 정의 하자면, 행정작용법이란 행정의 내용을 규율하는 법규로서 행정상의 법률관계의 성립·변경·소멸에 관련된 모든 법규를 말한다

2) **행정작용법의 내용**　행정작용법은 주무 행정기관이 행정목적 실현을 위한 해당 법령의 집행이라는 법치행정의 실현을 그 내용으로 한다. 즉 행정작용법은 행정기관의 직무, 행정권 발동의 근거와 한계, 행정작용의 제 유형, 행정처분의 법적 효력, 행정강제 등에 관한 규율을 그 내용으로 한다.

2. 행정작용법의 특징

1) **권력적 행정작용의 특징**　권력적 행정작용은 주로 국민에 대하여 명령·강제하는 권력적 작용이기 때문에 다른 어느 행정작용보다도 국민의 자유와 권리를 침해할 우려가 큰 행정작용이다. 예컨대 권력적 행정작용의 대표적 유형인 경찰행정의 경우 국민의 기본권을 보장하면서도 공공의 안녕과 질서에 대한 위험의 방지·제거라고 하는 경찰의 기본적 임무를 충실히 수행할 수 있도록 경찰작용의 근거·한계·요건·대상·효과 등에 관하여 가능한 한 명백히 규정함으로써 그 법적 뒷받침을 하는 것이 법치국가의 원리상

당연하다

2) **입법기술상의 특징 - 권력적 행정작용의 경우**   권력적 행정작용은 국가안전보장, 질서유지, 공공복리, 목전의 급박한 위해방지 등을 그 임무로 할 뿐만 아니라, 현대사회에 있어서의 사회현상은 급변하고 인간의 활동양상은 다양하기 때문에 행정작용의 성질상 입법기관이 미리 모든 행정권의 발동사태를 예측하여 빠짐없이 그 요건 등을 법률에 규정하는 것은 입법기술상 도저히 불가능하다.

2. 행정작용의 종류

1) **권력적 행정작용**   권력적 행정작용은 학술적 개념으로서 행정주체가 우월한 지위에서 일방적으로 행하는 권력적 단독행위를 말한다. 대표적으로 행정행위, 행정입법, 행정계획 등이 권력적 행정작용에 해당된다.

2) **비권력적 행정작용**   비권력적 행정작용은 행정주체가 행정목적을 실현하기 위하여 교육, 홍보, 계몽, 지도,캠페인, 지원, 소통, 협력, 계약 등의 방법 등을 수단으로 활용하는 경우를 말한다. 대표적으로는 행정지도, 행정사법, 공법상 계약 등이 비권력적 행정작요에 해당된다.

Ⅱ. 행정작용에 관한 법률

행정작용에 관한 일반법은 개별행정법의 유형별로 여러 가지의 실정법이 존재한다. 건축법, 식품위생법, 감염병 예방 및 관리에 관한 법률, 병역법, 통합방위법, 재난 및 안전관리 기본법, 소방기본법, 경찰관 직무집행법, 민방위기본법 등 수 많은 일반법이 존재한다.

제2절 행정권의 발동 근거

제1관 행정과 법치국가원리

Ⅰ. 법률유보의 원칙과 행정권

공공의 안녕과 질서를 유지하기 위하여 국민에게 명령·강제 등을 하는 전형적인 침해행정의 경우 법치국가의 요청인 행정의 법률적합성의 원칙(법률유보의 원칙)에 따라 그 발동에는 반드시 법률의 근거를 요한다(헌법 제37조②).

1. 행정권 발동의 근거가 되는 법률은 형식적 의미의 법률을 의미한다.

행정권 발동의 근거가 되는 법률은 원칙적으로 의회에 의하여 제정된 형식적 의미의 법률이어야 하고, 관습법 또는 조리를 근거로 행정권을 발동할 수 없다.

2. 예외적으로 명령도 행정권 발동의 근거가 될 수 있다.

현행법은 행정입법을 통한 법률의 보완을 인정하고 있고, 모든 행정권의 발동상태를 상정해서 그 요건을 법률에 규정하는 것은 불가능하므로, 법률에서 '구체적으로 범위'를 정하여 위임한 경우에는 법규명령(대통령령·총리령·부령, 위임명령·집행명령)도 행정권 발동의 근거가 될 수 있다.

Ⅱ. 임무규범과 수권규범

1. 임무규범(직무법규·직무규범)

임무규범이란 행정청의 직무범위를 정한 조직법규를 말하는 것으로, 행정권 발동의 근거규범이 될 수 없다.

예 재외국민보호를 위한 영사조력법 제3조(2021.1.16. 시행), 경찰법 제3조의 경찰관의 직무범위

2. 수권규범(작용법규·권한규범)

수권규범이란 행정기관에 부여된 임무의 영역 내에서 개인의 권리를 침해할 수 있는 조치를 취할 수 있는 권한을 부여하는 규범을 말하는 것으로, 행정권 발동의 근거법규가

된다.

3. 양자의 관계

행정의 직무와 권한 및 권능은 목적과 수단의 관계에 있다. 즉, 행정의 권한은 직무를 수행하기 위한 수단이기 때문에 임무규범을 전제로 한 개념이다. 그러나 반대로 임무규범에서 행정의 권리침해의 권한이 필연적으로 도출되는 것은 아니다. 따라서 행정권 발동의 근거법규는 조직법상의 임무규범이 아니라, 수권규범이다.

Ⅲ. 행정권 발동의 근거법규의 유형과 적용순서

1. 규정 유형

행정작용을 위한 근거법규의 규정방식에는 ① 특별법상 조항에 의한 특별수권방식(도로교통법·건축법 등에 근거한 제재조치), ② 개별법상 개별적 수권규정에 의한 방식(경찰관 직무집행법 제3조 이하), ③ 개별법상 일반적 수권조항(개괄조항)에 의한 방식으로 분류할 수 있다. 예컨대, 질서행정이며, 권력적 행정작용인 경찰법상으로 개인의 권리침해조치에 대한 특별구성요건을 정하고 있는 ②의 형태를 '표준적 직무조항'이라고 하며, 그에 따른 경찰상의 조치를 '표준조치'라고 한다.

2. 적용 순서

행정권 발동의 법규적용은 특별법이 일반법에 우선하고, 개괄적 수권조항은 보충적으로 적용되므로 규정 유형의 ① → ② → ③의 순서에 따른다.

제3절 행정권의 한계

제1관 개 설

행정권의 한계에 관한 논의에 있어서 가장 이해하기 쉬운 사례가 여러 유형의 행정작용 중에서도 대표적인 권력적 행정작용에 해당하는 질서행정작용이라 할 수 있다. 권력적 행정작용의 체계와 그 특징을 이해한다면 행정법학이 민사법, 형사법 등과 구별되는 이유를 이해하게 되고 행정법학의 특징을 이해하게 된다고 본다. 그러므로 권력적 행정작용 중에서 비교적 논의가 활발한 질서행정작용을 이해하는 것이 행정법학습의 지름길이다. 질서행정작용 중에서도 경찰행정작용은 공공의 안녕과 질서에 대한 위험과 장해를 예방·제거하는 권력작용으로 그것을 발동함에 있어서는 엄격한 법률적 근거(법규상의 한계)를 요할 뿐만 아니라, 행정법규에는 위험 상태에 대한 일반적·추상적인 불확정 개념이 인정되어 그 해석에 많은 재량의 여지를 남김으로써 이러한 재량권 행사에 대한 일정한 통제와 한계(조리상의 한계)를 필요로 한다. 행정권의 한계로서는 법규상의 한계와 조리상의 한계를 들 수 있다. 법규상의 한계는 행정권 발동의 1차적 제약이 되며, 조리상의 한계는 행정기관의 재량권 행사의 한계로서 행정권 발동의 2차적 제약으로서의 기능을 한다.

제2관 법규상의 한계

행정작용에 대한 이해의 모델로서 질서행정작용은 위해방지를 위한 권력적인 명령·강제작용이므로 반드시 법규에 근거가 있어야 하며, 또한 법규에 의하여 허용된 한도 내에서 발동되어야 한다. 따라서 권력적 행정작용의 대표적 근거 질서행정법규인 경찰행정법규는 행정권의 발동 근거인 동시에 그 한계이기도 하다. 행정권이 법규가 정한 한계를 벗어나 발동된 경우에는 그 행정권 행사는 위법이다.

[예] 순찰 중인 경찰관 A가 길에서 거동이 수상한 B를 발견하고 불심검문하였으나, B가 질문에 답변을 거부하자 B에게 경찰관서로의 동행을 요구한 경우 → 불심검문 시 경찰관서로의 동행요구는 '질문하는 것이 그 사람에게 불리하거나 교통의 방해가 된다고 인정되는 때(경찰관 직무집행법 제3조②)'에 인정되는 것으로 질문에 대한 답변의 거부를 이유로 경찰관서로의 동행요구는 경찰관 직무집행법 위반으로 위법하다.

제3관 조리상의 한계

Ⅰ. 조리상의 한계에 대한 개념과 종류

1. 의 의

행정권의 조리상의 한계란 행정영역에서의 재량권을 통제하기 위한 불문의 법원칙을 말한다. 이는 행정작용이 재량행위인 경우에 주로 적용되므로 재량한계라고도 한다.

2. 조리상 한계의 종류

행정권의 조리상 한계로는 경찰행정의 경우를 예를 들어 설명한다면, 경찰소극목적의 원칙, 경찰공공의 원칙, 경찰평등의 원칙, 경찰비례의 원칙, 경찰책임의 원칙 등을 들 수 있다. 최근에는 이 다섯 가지의 전통적 원칙 등을 소극적 한계로 묶고, 적극적 한계로 경찰권발동의무를 드는 경우가 많다.

제4관 행정권의 개입의무의 사례로서 경찰개입의무

Ⅰ. 재량행위의 통제로서 "재량권의 0으로의 수축"이론

1. 행정권 발동 여부에 대한 재량행위

1) 의 의   행정권 발동 여부의 재량행위란 예컨대 대표적 권력적 행정작용인 경찰권의 발동 여부와 그 수단의 선택을 경찰기관의 재량에 맡기는 것을 말하는 것으로, 이 경우 경찰권의 발동은 경찰기관의 의무가 아니라 권한에 해당한다.

2) 행정권 발동에 대한 재량행위의 권력적 행정작용에서의 인정   전형적인 권력적 행정작용에 해당되는 현행 경찰법은 경찰편의주의를 인정하고 있다. 즉 행정권을 발동할 것인가 말 것인가는 행정관청이 공익적 견지에서 자유롭게 판단할 수 있는 사안으로 여겨, 행정권 발동의 요건이 구비되어 있을지라도 행정관청은 그 자유재량에 의하여 권한을 발동하지 아니할 자유도 가지고 있다. 그러나 행정재량은 완전한 자유재량이 아니고 의무에 합당한 재량인 것이다. 그러므로 행정재량은 방치를 위한 수단이 아니고, 합목적적이고도 가능한 최상의 위험방지 임무의 수행을 위한 수단인 것이다.

2. 행정권 발동 재량행위에 대한 통제로서 재량권의 0으로의 수축

행정권의 발동의 재량행위에 대한 통제로서 학설·판례는 예외적인 상황 하에서는 오직 하나의 결정(조치)만이 의무에 합당한 재량권 행사로 인정된다고 보고 있는바, 이것을 재량권의 0(또는 1)으로의 수축이론이라고 한다. 예를 들어 행정권의 행사 여부는 원칙적으로 재량처분으로 인정되고 있으나, 목전의 상황이 매우 중대하고 긴박한 것이거나 그로 인하여 국민의 중대한 법익이 침해될 우려가 있는 경우에는 행정개입결정만이 의무에 합당한 재량행사, 즉 적법한 재량행사로 인정된다는 것이다. 그러나 이러한 요건은 점차 완화되어 피침해법익에 관하여 판례는 비둘기 사육으로 인한 생활상의 불편, 과도한 교통소음, 수인하기 어려운 교회의 종소리, 개인차고 앞의 불법주차 등의 교통방해의 경우에 재량권의 수축법리를 적용한 바 있다. 이처럼 재량권이 0으로 수축되는 경우 해당 재량행위는 내용적으로는 기속행위로 전환되고, 부작위에 대하여는 의무이행심판 및 부작위위법확인소송, 그리고 그로 인하여 손해가 발생한 경우에는 손해배상소송을 제기하여 구제받을 수 있다.

> **[판례] 피해자로부터 범죄신고와 함께 신변보호요청을 받은 경우 경찰관의 보호의무 위반과 그로 인한 국가배상을 인정한 사례**
>
> 가해자가 피해자를 살해하기 직전까지 오랜 기간에 걸쳐 원한을 품고 집요하게 피해자를 괴롭혀 왔고, 이후에도 피해자의 생명·신체에 계속 위해를 가할 것이 명백하여 피해자의 신변이 매우 위험한 상태에 있어 피해자가 살해되기 며칠 전 범죄신고와 함께 신변보호를 요청하고 가해자를 고소한 경우, 범죄신고와 함께 신변보호요청을 받은 파출소 소속 경찰관들이나 고소장 접수에 따라 피해자를 조사한 지방경찰청 담당경찰관은 사태의 심각성을 깨달아 수사를 신속히 진행하여 가해자의 소재를 파악하는 등 조치를 취하고, 피해자에 대한 범죄의 위험이 일상적인 수준으로 감소할 때까지 피해자의 신변을 특별히 보호해야 할 의무가 있다(대판 1998.5.26. 98다11635).

II. 행정개입청구권

1. 의의 및 법적 성질

1) 의 의 행정개입청구권이란 사인이 자신의 이익을 위하여 행정기관에 행정권의 발동을 요구할 수 있는 권리를 말한다. 행정권발동청구권이라고도 한다.

 ㈜ 자기 집 주차장 입구에 불법주차된 자동차로 인하여 교통에 장해를 받는 자가 불법주차의 단속을 요구할 수 있는 권리

2) 제도적 의의 행정개입청구권은 행정기관이 재량권을 가지는 경우에는 개인이 행정권의 발동을 청구할 수 없는 것이 원칙이지만, 재량권이 0으로 수축되는 경우에는 당사자에게 행정권의 발동을 청구할 수 있는 권리가 성립한다는 점에서 중요한 의미가 있다.

3) 법적 성질

 ① 실체법상의 권리: 행정개입청구권은 예컨대 행정관청의 부작위로 인하여 권익을 침해당한 자가 당해 행정관청에 대하여 행정권의 발동을 청구할 수 있는 실체법상의

권리이다.

② 적극적 공권: 행정개입청구권은 행정관청에 대하여 적극적으로 일정한 행정작용을 구하는 적극적 공권이라는 점에서, 위법한 권익침해의 배제를 구하는 소극적 공권 또는 방어권과 구별된다.

2. 청구권의 인정 여부 및 적용범위

1) 청구권의 인정 여부   사인에게 행정개입청구권을 인정할 수 있는가에 대하여 이를 부정하는 견해도 있으나, 통설은 이를 긍정한다. 다만, 사인에게 행정개입청구권을 인정한 직접적인 판례는 아직 없는 것으로 보인다.

2) 적용범위

① 선택재량의 경우: 행정권 발동은 행정기관의 재량행위이므로 당사자는 처음에는 행정에 대하여 하자 없는 재량권 행사를 청구할 수 있지만, 이 재량권이 구체적인 사정에 비추어 0으로 수축되는 경우에는 특정행위청구권인 행정개입청구권으로 변하게 된다. 따라서 이 청구권은 재량권 행사와 관련하여 결정재량이 문제되는 경우에 논의되는 것이고, 선택재량이 관련된 경우에는 논의의 대상이 되지 못한다.

② 기속행위의 경우: 행정관청이 특정처분을 하여야 할 법적 의무를 지고 있는 기속행위에 대하여도 행정개입청구권이 인정될 수 있다.

3. 성립요건

행정개입청구권이 발생하기 위해서는 예컨대 행정기관에 행정권을 발동할 의무가 존재하여야 하고, 행정기관에 행정권을 발동할 의무를 부과한 법규가 공익뿐만 아니라 사인의 이익도 보호하려는 목적이 있어야 한다.

1) 행정기관이 행정권을 발동할 의무가 존재할 것   행정개입청구권 성립하기 위해서는 행정기관의 행정권 발동에 대한 의무의 발생이 필수적이다. 예컨대, 위험에 처한 시민의 신고를 받은 경찰이 출동할 것인가에 대한 사안에서, 경찰법규가 경찰권 발동을 기속행위로 규정하는 경우와 경찰권 발동에 대한 재량권이 0으로 수축되는 경우에는 경찰기관은 일정한 행위를 하여야 할 개입의무를 지게 되므로, 이 경우 사인은 경찰개입청구권을 가지게 된다.

2) **의무부과 법규의 사익보호목적 존재**   개인적 공권으로서의 행정개입청구권이 성립하기 위해서는 행정기관의 행정권 발동의무가 존재할 뿐만 아니라, 그 근거법규가 공익뿐만 아니라 사익도 보호하는 것을 목적으로 하여야 한다. 그동안 행정법규는 오로지 공익만을 목적으로 하는 것으로 인식되어 왔으나, 최근에는 개인의 권리보호 확대와 국가의 기본권 보호의무에 따른 헌법 제10조 후단으로부터 국가의 위험방지의무와 사전배려의무가 인정됨에 따라 행정법규도 공익뿐만 아니라 사인의 이익도 보호하는 것으로 보아야 한다는 견해가 확대되고 있다.

3) **요건결여의 효과**   사인에게 행정개입청구권이 성립하기 위해서는 위의 두 가지 요건 모두를 갖추어야 하고, 어느 하나라도 결여한 경우에는 사인은 자신의 이익을 위하여 경찰권 발동을 요구할 수 없다. 따라서 이 경우 행정기관의 행정권 발동에 의하여 이익을 받더라도 그 이익은 반사적 이익에 불과하다.

4. 행정개입청구권의 행사

1) **행정소송**   행정개입청구권이 발생한 경우 개인은 행정관청에 대하여 행정권 발동을 청구할 수 있다. 그 청구에 대하여 행정관청이 거부하거나 가부간에 아무런 조치가 없는 경우(부작위)에는 행정심판 또는 행정소송을 제기할 수 있다.

　① 거부처분에 대해서는 행정심판으로서의 의무이행심판과 행정소송으로서의 취소소송과 무효등확인소송을 제기할 수 있다.

　② 부작위에 대해서는 당사자는 행정심판으로서의 의무이행심판과 행정소송으로서의 부작위위법확인소송을 제기할 수 있다.

> **[이해]** 행정개입청구가 거부되는 경우 사실 실효적인 방법은 의무이행소송이나, 현행법은 이를 인정하고 있지 않다.

2) **손해배상**   행정권의 개입의무가 존재함에도 불구하고, 행정기관이 이를 게을리(해태)하여 손해가 발생한 경우에는 당사자는 국가를 상대로 손해배상을 청구할 수 있다.

> **[판례]** 경찰관이 경찰관직무집행법 제5조에 규정된 위험발생 방지조치를 취하지 아니하였음을 이유로 국가배상책임을 인정한 사례
>
> 경찰관 직무집행법 제5조는 경찰관은 인명 또는 신체에 위해를 미치거나 재산에 중대한 손해를 끼칠 우려가 있는 위험한 사태가 있을 때에는 그 각 호의 조치를 취할 수 있다고 규정하여 형식상 경찰관에게

재량에 의한 직무수행권한을 부여한 것처럼 되어 있으나, 경찰관에게 그러한 권한을 부여한 취지와 목적에 비추어 볼 때 구체적인 사정에 따라 경찰관이 그 권한을 행사하여 필요한 조치를 취하지 아니하는 것이 현저하게 불합리하다고 인정되는 경우에는 그러한 권한의 불행사는 직무상의 의무를 위반한 것이 되어 위법하게 된다. 따라서 경찰관이 농민들의 시위를 진압하고 시위과정에 도로상에 방치된 트랙터 1대에 대하여 이를 도로 밖으로 옮기거나 후방에 안전표지판을 설치하는 것과 같은 위험발생 방지조치를 취하지 아니한 채 그대로 방치하고 철수하여 버린 결과, 야간에 그 도로를 진행하던 운전자가 위 방치된 트랙터를 피하려다가 다른 트랙터에 부딪혀 상해를 입은 경우에는 국가는 그 손해를 배상할 책임이 있다(대판 1998.8.25. 98다16890).

제2장 권력적 행정작용

제1목 행정행위론

제1절 행정행위의 논의 필요성과 체계

Ⅰ. 행정행위의 의의

공무원이 법령에 근거하여 행정목적 실현을 위한 직무를 집행하는 현장의 업무들을 행정작용이라고 한다. 그중에서 업무의 상대방인 국민에게 명령, 강제, 규제, 단속 등을 행하는 업무들을 행정법학에서 학술적으로 행정행위라고 한다. 이러한 행정행위는 행정법학이 다른 법학과 구별되게 하는 상징적 개념이다. 행정행위에 대한 행정법학에서의 학술적 정의를 내려 본다면, "행정행위란 행정청이 행하는 구체적 사실에 관한 법집행으로써 행하는 공법행위를 말한다." 따라서 행정행위란 행정기관이 공익실현을 목적으로 행하는 구체적 사실에 관한 법집행으로서 행하는 공법행위이다. 그러므로 행정업무를 처리하는 공무원은 행정행위의 개념을 잘 이해하는 것이 자신의 공무수행을 정밀하고 과학적으로 처리하게 된다는 사실을 알아야 한다. 또한 공무원이 되고자 공부하는 학생은 이러한 행정행위에 대한 논의 실익을 알고 학습에 임하게 되면 훨씬 더 이해가 잘 될 것이며, 더 흥미로운 학습이 될 것이다.

1. 행정행위의 개념요소

1) **행정청의 행위** 행정행위는 행정청이 하는 행위이다. 따라서 행정청이 아닌 보좌기관(예 행안부 차관·국장)의 행위와 행정청 이외의 행정청·입법부·사법부의 행위는 행정행위가 아니다. 그러나 항공기 기장, 선박의 선장, 사립대 총장 등 공무수탁사인의 행위는 행정행위에 포함된다.

2) **구체적 사실에 대한 규율행위** 행정행위는 구체적 사실을 규율하는 법집행행위이다. 이 점에서 일반적·추상적 규범의 정립작용인 행정입법(법규명령)과 구별된다. 다만 불특정 다수인을 대상으로 하는 경우에도 구체적 사실을 규율하는 행위인 '일반처분'의 경우에는 행정행위에 속한다(예 도로통행금지).

3) **외부에 대하여 직접적으로 법적 효과를 발생하는 행위** 행정행위는 일반국민에

대한 행위로서, 국민(외부)에 대하여 직접적인 법적 효과(예) 국민의 권리·의무의 발생·변경·박탈)를 가져오는 행위이어야 한다. 따라서 행정조직 내부의 행위(예) 상급행정관청의 하급행정관청에 대한 명령·승인·동의), 사실행위(예) 조사·보고)는 원칙적으로 행정행위가 되지 않는다.

> **[이해]** 행정조직 내부의 행정기관과 기관간의 행위는 원칙적으로 행정행위에 해당하지 아니하나, 특별권력 관계에 있어서의 그 구성원의 지위에 관련된 일정한 행위에 대해서는 행정행위성이 인정된다(통설·판례).

4) 공법적 행위 행정행위는 행정청에 의한 법적 행위로서 공법상의 행위이어야 한다. 따라서 행정청의 행위라도 사법상의 계약(예) 물자구매 등 국고행위, 국유재산 매각·잡종재산의 매각 등의 사법행위, 영리활동)은 행정행위가 아니다.

5) 권력적 단독행위 행정행위는 행정주체가 행정객체에 대하여 우월한 지위에서 행하는 공권력의 행사로서, 행정청이 일방적으로 국민에게 권리를 부여하거나 의무를 명하는 권력적 단독행위이다. 따라서 공법상의 계약이나 공법상 사실행위는 행정행위가 아니다.

> **[이해]** 행정행위의 성립에 있어서 상대방의 동의나 신청 등의 협력이 필요한 경우에도 그 법률관계의 내용이 일방적으로 결정되는 한에 있어서는 행정행위에 속한다. 또한 행정행위의 신청에 대한 거부 또는 거부처분도 행정행위에 해당한다.

2. 행정처분과의 구별문제

1) 통 설 통설은 행정처분을 행정행위 중에서 행정기관이 행정목적(위해의 방지)의 달성을 위하여 국가의 일반통치권에 의거하여 개인에게 특정한 작위·부작위·수인·급부의무를 부과하는 행위(하명)만을 의미한다고 하여, 양자를 구별한다. 본서에서도 이러한 의미에서 기술한다.

2) 소수설 일부의 학자는 개념의 혼란을 피하기 위하여 행정처분을 행정행위와 동일시하여, 행정행위 전체를 가리키는 용어로 사용하고 있다.

3. 행정행위의 특성

행정행위는 국가기관, 지자체의 명령, 규제, 금지, 단속, 허가 등 공권력의 발동인 까닭에 민법상의 법률행위와 구별하여 ① 법률적합성, ② 공정력(예선적 특권성), ③

실효성, ④ 존속성(불가쟁성 및 불가변성), ⑤ 구제제도의 특수성(자력집행성) 등의 특징을
가진다.

> **[이해]** 구속력은 사법행위(私法行爲)에서도 인정되므로 행정행위의 특성이 아니다.

Ⅱ. 행정행위의 종류

1. 법률행위적 행정행위와 준법률행위적 행정행위

행정행위는 의사표시를 구성요소로 하는가, 의사표시 이외의 정신작용(인식·판단)을
구성요소로 하는가에 따라 법률행위적 행정행위와 준법률행위적 행정행위로 구분할
수 있다. 법률행위적 행정행위는 행정기관의 의사표시를 요소로 하고 그 표시된 의사의
내용에 따라 법적 효과가 발생하는 행정행위를 말하고, 준법률행위적 행정행위는 행정기
관의 의사표시가 아니라 단순한 정신작용의 표시에 의하여 행위자의 의사를 불문하고
법령의 규정에 의하여 효과가 발생하는 행정행위를 말한다.

2. 수익적 행위·부담적 행위·복효적 행위

1) 개 념   이는 행정행위가 상대방에게 미치는 효과를 기준으로 한 분류이다.

구 분	내 용	종 류
수익적 행위	상대방에게 권리·이익을 부여하거나 권리의 제한을 없애는 행정행위	허가·인가·특허·면제, 하명의 취소
부담적 행위	권리를 제한하거나 의무를 부과하는 등 상대방에게 불리한 효과를 발생시키는 행정행위	하명, 허가·인가·특허의 취소나 거부
복효적 행위	하나의 행정행위가 동일인에게 수익적 효과와 부담적 효과가 함께 발생하거나, 한 사람에게는 수익적 효과가 발생하고 다른 사람에게는 부담적 효과가 발생되는 경우	상대방 당사자에게 영업허가를 한 결과 인근주민에게 피해가 생긴 경우

2) 수익적 행위와 부담적 행위의 구별실익

구 분	수익적 행위	부담적 행위
법률의 유보	완화되어 적용	엄격하게 적용

성 질	쌍방적 행위(상대방의 신청을 요함)	일방적 행위(직권으로 행함)
절차적 규제	완화	엄격
부 관	부관을 붙일 수 있음	부관을 붙일 수 없음(이설 있음)
취소·철회	제한(개인의 기득권 및 신뢰보호)	비교적 자유로움
재량·기속	재량행위성	기속행위성

3. 기속행위와 재량행위

1) 개 념

① 기속행위: 기속행위는 관련 법규에 규정된 대로 행정업무인 공무를 집행하는 것으로서 행정작용의 근거가 되는 행정법규가 요건에 따른 행위의 내용을 일의적·확정적으로 규정하고 있어서, 행정기관이 단순히 기계적으로 법규를 집행하는 데 그치는 행위를 말한다.

㉠ 운전면허를 받은 사람이 자동차 등을 이용하여 범죄행위를 한 때에는 운전면허를 취소하여야 한다(도로교통법 제93조①). → 기속행위(운전면허를 받은 사람이 자동차 등을 이용하여 범죄행위를 한 때 → 요건을 일의적·확정적으로 규정, 운전면허를 취소하여야 한다. → 요건에 따른 행위의 내용을 일의적·확정적으로 규정)

② 재량행위: 재량행위는 법규의 해석상 행정기관에게 행위 여부나 행위 내용에 관한 선택의 가능성을 부여하고 있어서, 행정업무 담당자가 공권력을 발동해도 되고, 안해도 되거나, 범위 내에서 그 여러 행위 중 하나를 선택할 수 있는 자유가 인정되는 경우를 말한다.

㉠ 운전면허를 받은 사람이 교통단속업무를 수행하는 경찰공무원을 폭행한 때에는 운전면허를 취소 하거나 1년의 범위 안에서 그 운전면허의 효력을 정지시킬 수 있다(도로교통법 제93조① 제14호). → 재량행위

2) 기속행위와 재량행위의 구별기준

① 학 설

㉠ 요건재량설: 이 견해는 행정법규가 요건규정과 효과규정으로 구분되는 것임을 전제로, 법규 중 요건규정을 해석하고 구체적 사실이 그에 해당하는지 여부를 판단할 행정청의 권한을 재량으로 보는 견해이다. 따라서 법이 행정행위의 요건을 정하면서 공백을 남겨두거나 불확정 개념을 사용하고 있는 경우를 재량행위로 본다.

㉡ 효과재량설: 이 견해는 행정청의 법률요건에 대한 해석과 판단에 관한 재량을

부인하면서, 법률효과를 선택할 권한을 재량으로 보는 견해이다. 즉, 재량행위의 성질을 기준으로 개인의 권리나 자유를 침해·제한하거나 의무를 부과하는 부담적 행정행위는 기속행위이고, 개인에게 권리를 설정하거나 이익을 제공하는 수익적 행정행위와 개인의 권리·의무에 직접적인 영향이 없는 행위는 재량행위로 본다.

ⓒ 판단여지설: 이 견해는 행정행위의 요건에 불확정개념이 사용된 경우 그에 관한 판단에는 재량과 구별되는 판단의 여지가 존재한다고 하여, 재량을 부정하는 견해이다.

학 설	요 건	효 과
요건재량설	재량 인정	재량 부정
효과재량설	재량 부정	재량 인정
판단여지설	재량 부정, 재량이 아닌 판단여지를 인정	재량 인정

ⓓ 결 어: 공무원이 공무수행에 앞서 기속행위, 재량행위를 구별하여 공무를 수행하기가 쉽지 않다. 기속행위와 재량행위의 구별기준은 법치행정의 원칙에 따라 1차적으로 법규정의 표현에서 찾아야 한다(통설). 이를 구체적인 사례에 적용하여 살펴보면 다음과 같다.

ⓐ 법규정이 "……하여야 한다" 또는 "……한다" 등의 형식을 취하면 그에 의거한 행정행위는 일반적으로 기속행위이다.

ⓑ 법규정이 "……할 수 있다"라고 규정하고 있는 경우에는 그에 의거한 행정행위는 재량행위라고 할 수 있다.

ⓒ 법규정의 표현이 불명확한 경우에는 행위의 성질에 의하여 구별하여야 한다. 즉 수익적 행정행위(상대방에게 권리를 부여하거나 의무를 부과하는 행위)는 재량행위로 보아야 하고, 침익적 행정행위(상대방의 권리를 제한하거나 의무를 부과하는 행위)는 기속행위로 보아야 한다. 다만 허가는 수익적 행정행위이나 기속행위라는 것이 통설이다. 왜냐하면 허가의 요건을 충족하는 한 허가를 거부할 수 없는 기속을 받기 때문이다.

② 판 례: 판례는 권리·이익을 부여하는 수익적 처분은 재량행위이고, 불이익처분은 기속행위에 속한다고 하여 효과재량설을 취하고 있는 것으로 보인다.

또한 당해 처분의 근거가 되는 규정의 체재·형식과 문언, 당해 행위가 속하는 행정분야의 목적과 특성, 당해행위의 성질과 유형 등을 모두 고려하여 판단해야 한다는 입장이다(대판 2001.2.9. 98두17593).

어느 행정행위가 기속행위인지 재량행위인지 나아가 재량행위라고 할지라도 기속재량행위인지 또는
자유재량에 속하는 것인지의 여부는 이를 일률적으로 규정지을 수는 없는 것이고, 당해 처분의 근거가
된 규정의 형식이나 체재 또는 문언에 따라 개별적으로 판단하여야 한다(대판 1997.12.26. 97누15418).

3) 기속행위와 재량행위의 구별실익   기속행위와 재량행위의 구분은 상대적이라는
것이 일반적인 견해이다. 즉 행정청의 재량이 인정되는 경우에도 재량권이 무한정 인정되는
것이 아니며, 기속행위라고 해도 행정청에 재량의 여지가 전혀 없는 것은 아니기 때문이다.
  ① 행정소송과의 관계: 재량행사의 흠이 있는 경우에는 원칙적으로 위법의 문제는
생기지 않고 부당의 문제만 생긴다. 따라서 이러한 행위는 행정심판 청구의 대상은
되나, 행정소송의 대상에는 포함되지 않는다. 다만 행정청의 재량에 속하는 행위라도
재량권의 한계를 넘거나 그 남용이 있는 경우에는 행정소송을 제기할 수 있다.

[이해] 행정심판법은 행정심판의 대상을 행정청의 '위법 또는 부당한 처분'으로 규정하고 있는 데 반하여(행
정심판법 제1조), 행정소송법은 행정소송의 대상은 위법한 처분으로 제한하고 있다(행정소송법 제1조).
따라서 기속행위에 흠이 있으면 위법하나, 재량행위에 흠이 있으면 재량권의 일탈 또는 남용이 아닌
한 부당할 뿐이다.

  ② 부관의 허용성 여부: 재량행위에 대해서는 부관을 붙일 수 있으나, 기속행위에는
부관을 붙일 수 없다. 기속행위에 있어서는 관계법의 요건이 충족되면 행정청은 당해
행위를 하여야 할 법적 기속을 받기 때문이다.
  ③ 공권의 성립: 기속행위의 경우에는 행정청은 그에 따라 행위를 할 의무를 가지므로,
상대방은 기속행위를 해 줄 것을 요구할 수 있는 청구권(공권)을 갖는다. 그러나 행위를
할 것인가에 대하여 행정청이 재량을 갖는 재량행위에 대하여는 원칙적으로 청구권을
가질 수 없다. 다만, 재량행위의 경우에도 무하자재량행사청구권이나 행정개입청구권이
라는 공권이 성립될 수 있기 때문에 양자를 구별할 실익은 크지 않다.

[정리] 기속행위와 재량행위의 구별실익

구 분	위반의 효과	행정소송	부관의 허용성	공권의 발생
기속행위	위법	가능	불가능	발생
재량행위	부당(재량권의 남용과 일탈은 위법)	불가능(재량권의 남용과 일탈의 경우에는 가능)	가능	발생하지 않음

4) 재량행위의 유형

① 결정재량과 선택재량: 결정재량은 공권력을 발동할 것인가 발동하지 않을 것인가에 대한 재량권의 '발동 여부'와 관련되는 재량이고, 선택재량은 공권발동 대상을 누구를 선택할 것인지, 공권력의 정도를 어느 정도 발동할 것인지에 대한 것으로서 재량권을 발동한 경우에 구체적으로 허용되는 '수단의 선택'과 관련되는 재량이다.

㉠ 결정재량: 행정청에게 공권력을 발동 할것인가에 대한 것으로서 어떤 행정행위를 할 수도 있고, 안할 수도 있는 선택·결정권한이 있는 경우를 말한다.

㉖ 경찰관은 수상한 거동 기타 주위의 사정을 합리적으로 판단하여 어떤 죄를 범하였거나 범하려 하고 있다고 의심할 만한 상당한 이유가 있는 자를 ……정지시켜 질문할 수 있다(경찰관 직무집행법 제3조①).

㉡ 선택재량: 행정청에게 공권력의 발동을 누구에게 할 것인지, 어느정도 할 것인지에 대한 법규상 허용된 여러 가지 행정행위 중 어느 것을 선택할 수 있는 권한이 있는 경우를 말한다.

㉖ ……운전면허를 받은 사람이 다음 각 호에 해당하는 때에는 ……운전면허를 취소하거나 1년의 범위 안에서 그 운전면허의 효력을 정지시킬 수 있다(도로교통법 제78조).

② 기속재량(법규재량)과 자유(공익)재량: 기속재량과 자유재량의 구별기준이 명확하지 않고, 재량권의 남용 및 일탈의 경우 모두 사법심사의 대상이 된다는 점에서 양자의 구별실익은 거의 없다는 것이 현재의 일반적 견해이다. 여기서는 전통적인 견해를 간략하게 기술하는 데 그치기로 한다.

㉠ 기속재량: 무엇이 법인가의 재량으로 법의 해석판단에 관한 재량을 말한다. 기속재량에 위배된 행위는 위법한 행위가 되어 법원의 심사대상이 된다.

㉡ 자유재량: 무엇이 공익에 적합한 것인가의 재량으로, 그 재량에 위배된 행위는 부당한 행위가 될 뿐 법원의 심사대상이 되지 않는다.

5) 재량권의 한계

재량행사는 재량권이 주어진 목적과 한계 내에서 이루어져야 한다. 그것이 의무에 합당한 재량권 행사가 된다.

① 재량하자의 유형: 행정소송법은 재량하자의 유형으로 일탈과 남용만을 규정하고 있으나(동법 제27조), 재량권의 불행사를 포함시키는 것이 일반적이다.

㉠ 재량의 일탈: 법이 인정하는 재량권의 외적 한계를 넘어 재량권이 행사된 경우를 말한다.

㉖ 도로교통법에는 1년의 범위 안에서 그 운전면허의 효력을 정지시킬 수 있도록 규정하고 있음에도 불구하고 운전면허의 효력을 1년 6개월 정지시킨 경우

ⓛ 재량의 남용: 재량권의 외적 한계는 지켰지만 재량권을 부여한 법규의 내재적 목적에 적합하지 않은 경우, 즉 재량권의 내적 한계를 넘어 재량권을 행사한 경우를 말한다. 아래에서는 그 구체적 기준을 살펴본다.

ⓐ 평등원칙 위반: 재량준칙이 정해진 경우 합리적인 이유 없이 특정인에게만 불리한 처분을 하는 경우와 하나의 사안에 대한 재량권 행사가 관행으로 형성되었음에도 불구하고 정당한 사유 없이 종전과 다른 처분을 하는 경우에는 평등원칙에 위반되어 위법한 재량권 행사가 된다(행정의 자기구속의 원리).

[판례]

ⓐ 당직근무대기 중 심심풀이로 돈을 걸지 않고 점수 따기 화투놀이를 한 사실이 징계사유에 해당한다 할지라도 징계처분으로 파면을 택한 것은 함께 화투놀이를 한 3명은 견책에 처하기로 된 사실을 고려하면 공평의 원칙상 그 재량의 범위를 벗어난 위법한 것이다(대판 1972.12.26. 72누194).

ⓑ 경찰관이 범죄의 피해를 신고하러 온 청구인을 뚜렷한 혐의도 없이 오히려 경범죄처벌법 위반자로 몰아 즉결심판을 청구하고 보호유치의 명목으로 감금하는 과정에서 상처를 입힌 것이 사실이라면, 당해 경찰관이 초범이고, 이미 경고의 징계처분을 받았으며 상해의 정도가 경미하다는 등의 사유만으로 기소를 유예한 검사의 처분은 기소재량권의 내재적 한계를 넘어 헌법상 보장된 청구인의 평등권과 재판절차진술권을 침해한 자의적인 처분이다(헌재 1996.3.28. 95헌마208).

ⓑ 비례원칙 위반: 이는 재량권의 행사에 있어 그 목적과 이를 위한 수단과는 적절한 비례관계가 형성되어야 한다는 헌법상의 원칙이다.

[판례]

유흥장에 미성년자를 단 1회 출입시켜 술을 제공하여 식품위생법을 위반한 데 대한 제재로서 가장 중한 영업취소로 응징한 것은 책임에 대한 응보의 균형을 잃은 것으로서 행정행위의 재량을 심히 넘은 처분이다(대판 1977.9.13. 77누15).

ⓒ 목적위반·동기부정: 재량권 행사가 법률이 정한 목적과 다르거나 불법한 동기에 의해 행사된 경우에는 위법한 재량권 행사가 된다.

예 소방법에 기하여 범죄의 예방목적으로 가택출입을 한 경우 → 위법(소방법에 의한 가택출입 검사는 화재의 예방·진압을 목적으로 하는 것이므로)

ⓓ 사실의 오인: 재량처분의 전제가 되는 요건사실의 인정이 전혀 합리성이 없는 경우에는 위법한 처분이 된다.

예 A 총영사에게 비위가 있다고 하여 징계처분을 하였으나 해당 행위를 도저히 비위로 볼 수 없는 경우

ⓔ 부당결부금지의 원칙 위반: 재량처분이 부당결부금지의 원칙에 위반된 경우

에는 위법한 처분이 된다.

　　⚑ 건축허가를 발령함에 있어 자동차세의 완납을 조건으로 하는 것

　　ⓒ 재량의 불행사: 행정청이 재량권을 충분히 행사하지 않은 경우로, 행정청이 관계법을 잘못 해석하여 해당 행위를 기속행위로 판단하여 거부처분을 한 경우가 이에 해당한다.

　　⚑ 경찰청장은 속임수를 써 허가를 받은 총포·화약류제조업자에 대하여 영업정지의 제재처분을 할 수 있다는 총포·도검·화약류 등의 안전관리에 관한 법률 제45조의 규정에도 불구하고 경찰청장 자신은 위의 제재권한이 없는 것으로 오인하고 제재처분을 할 것인지 고려조차 하지 않은 경우

　　ⓔ 재량권의 0으로의 수축: 행정청에 인정된 재량권이 0으로 수축되어 상대방에게 행정권의 발동을 요구할 수 있는 행정개입청구권이 발생한 경우에는 재량행위는 기속행위가 되고, 그 기속행위를 하지 않는 경우에는 위법이 된다.

　　ⓜ 무하자재량행사청구권: 재량행위에 대하여 상대방은 원칙적으로 재량권 행사를 청구할 수 없으나, 재량행위의 상대방 또는 이해관계인은 행정청에 대하여 하자 없는 재량행사를 청구할 수 있다(통설).

　　② 재량하자의 효과: 재량권의 목적과 한계 내에서 행정청이 재량을 적정하게 행사하지 못하더라도 당·부당의 문제는 생겨도 위법의 문제는 생기지 않으며, 이는 행정소송의 대상도 되지 않는다. 그러나 행정청의 재량권 행사가 그 목적과 한계를 벗어난 경우(일탈과 남용)에는 재량에 하자가 있게 되고 위법하여 사법심사의 대상이 된다.

6) 재량행위에 대한 통제

　① 입법적 통제

　ⓐ 법규적 통제: 국회에서 요건 등을 철저히 규정함으로써 해석·판단의 여지를 없애는 통제방식을 말한다.

　ⓑ 정치적 통제: 국정감사권, 출석요구 및 질문권, 국무총리 및 국무위원에 대한 해임건의·탄핵소추의결권 등 국회의 국정감시권을 통한 통제를 의미한다.

　② 행정적 통제

　ⓐ 직무감독권에 의한 통제: 감사원의 감사와 상급행정청의 하급행정청에 대한 감독권은 재량권 행사에 대한 예방적(재량준칙을 정하는 것)·교정적 기능(위법·부당한 재량행위를 취소·변경하는 것)을 가진다.

　ⓑ 행정절차에 대한 통제: 우리 행정절차법은 의견제출·청문·공청회 등에 관한 규정과 기준공표 및 이유제시에 관한 규정 등을 두어 재량행위를 절차적으로 통제하고 있다.

　ⓒ 행정심판에 의한 통제: 위법한 재량권 행사(⚑ 재량권의 일탈·남용)뿐만 아니라 부당한 재량권 행사도 행정심판을 통하여 취소 또는 변경할 수 있다.

③ 사법적 통제

㉠ 법원에 의한 통제: 행정청이 재량권을 행사함에 있어서 재량의 일탈·남용한 경우에는 위법한 행정작용으로 행정소송의 대상이 된다. 최근에는 무하자재량행사청구권과 재량권의 0으로 수축 법리를 통하여 사법통제가 강화되고 있다.

㉡ 헌법재판소를 통한 통제: 재량권의 잘못된 행사로 헌법상 보장된 기본권이 침해된 경우에는 일정한 요건 하에 헌법소원을 통한 통제가 가능하다.

7) 재량과 불확정개념 · 판단여지

① 불확정개념

㉠ 의 의: 행정법상 불확정개념이란 행정행위의 요건인 행정법규의 구성요건 부분이 '공익'·'상당한 이유' 등 다의적이며 불명확한 용어로 기술된 경우를 말한다.

예 수상한 거동 기타 주위의 사정을 합리적으로 판단하여 어떠한 죄를 범하였거나 범하려 하고 있다고 의심할만한 상당한 이유가 있는 자(경찰관 직무집행법 제3조①)

㉡ 재량과의 구별: 법률효과를 선택할 권한을 재량으로 보는 효과재량설에 의하면 행정청은 효과 부분에 대한 선택의 권한(재량)을 가질 뿐 요건 부분에 대해서는 선택의 권한을 갖지 못하게 된다. 따라서 행정청은 불확정개념에 대하여는 해석·판단할 권한이 없게 된다.

② 판단의 여지

㉠ 의 의: 불확정개념의 해석과 판단은 법률문제로서 행정청의 이에 대한 판단은 잠정적인 것에 불과하고, 이에 대한 최종적인 판단은 원칙적으로 법원의 권한에 속한다. 다만 행정기관의 전문성을 존중하여 법원이 권한을 행사하지 아니하고 불확정개념에 대한 행정청의 해석과 판단을 존중하여 그대로 따르고 있는 경우가 있다. 이러한 경우에 행정청이 사실상 가지는 불확정개념의 해석과 판단의 권한을 판단의 여지라고 한다.

예 지방경찰청장은 도로에서의 위험을 방지하고 교통의 안전과 원활한 소통을 확보하기 위하여 필요하다고 인정하는 때에는 구간을 정하여 보행자, 차마 또는 노면전차의 통행을 금지하거나 제한할 수 있다(도로교통법 제6조①).

→ 지방경찰청장의 통행금지 및 제한의 필요성 판단: 재량(×)(효과선택이 아니므로), 판단의 여지(O)(불확정개념에 대한 해석과 판단이므로)

→ 필요성 판단의 당부: 지방경찰청장의 필요성 판단은 잠정적 판단에 불과, 통행금지 및 제한조치의 당부에 소송이 제기된 경우 필요성의 요건을 충족하였는가에 대한 최종적 판단은

법원의 권한(다만, 경찰기관의 전문성을 고려하여 지방경찰청장의 판단을 존중)

ⓒ 재량행위와 판단여지의 구별: 재량행위와 판단여지는 행정기관의 일정한 판단에 대하여 법원의 심사권이 제한된다는 유사점을 가지나, 양자를 다음과 같이 구별하는 것이 우리나라의 통설이다.

구 분	재량행위	판단여지
권한의 대상	효과선택의 권한	불확정개념의 해석·판단에 관한 권한
권한의 근거	• 법규에 의하여 부여 • 법원은 재량권을 박탈할 수 없음	법원에 의하여 부여(법원이 행정권의 판단을 존중하여 스스로 판단권을 행사하지 않는 경우)

ⓒ 판단여지가 인정되는 영역: 비대체적 결정(예 공무원의 근무성적 평정), 구속적 가치평가(예 미술작품평가·방송윤리위원회의 결정), 예측결정(예 장래 국익을 해칠 우려유무의 판단), 형성적 결정(예 경찰계획 기타 형성행정분야에서의 결정) 등이 판단여지가 인정되는 전형적인 경우이다.

ⓔ 판단여지의 한계: 판단여지를 인정하는 것은 일정한 범위에서 행정청의 전문적·기술적 판단을 우선적으로 존중하는 데 있는 것이므로 판단여지가 인정된다고 하여 사법심사가 전면적으로 배제되는 것은 아니다. 따라서 이 경우에도 명확히 법을 위반하거나(예 절차규정 위반·다른 법 규정 위반) 사실의 인정을 잘못하였거나 객관적 기준을 위반한 경우에는 위법이 된다.

4. 일방적 행정행위와 협력을 요하는 행정행위

구 분	내 용	예
일방적 행정행위	행정관청이 직권에 의하여 일방적으로 행하는 행정행위(독립적 행정행위, 직권처분)	하명
협력을 요하는 행정행위	상대방의 신청·출원·동의 등에 의하여 이루어지는 행정행위(쌍방적 행정행위)	허가, 인가, 특허

5. 대인적 행정행위과 대물적 행정행위

행정행위는 그것이 발해지는 대상에 따라 대인적 행정행위와 대물적 행정행위로 나눈다.

구 분	내 용	예
대인적 행정행위	직접 사람을 대상으로 의무를 부과하는 것	경찰서장이 야간에 일정장소에 서의 집회를 금지하는 것
대물적 행정행위	물건의 성질·상태에 관해 규율하고 그것이 간접적 으로 사람에게 효과를 미치게 되는 것	주차금지구역의 지정

6. 개별적 행정행위와 일반적 행정행위

행정행위의 상대방이 특정된 자인지 불특정 다수인인지의 여부에 따른 구별이다.

1) 의 의   특정인을 상대방으로 하는 처분이 개별적 처분이고, 불특정 다수인을 상대방으로
하는 처분이 일반적 처분이다.

　예 도로의 통행금지표시, 특정도로의 공용개시 → 일반적 처분

2) 구별실익   개별적 행정행위는 상대방에게 통지됨으로써 성립하나, 일반적 행정행위는
공고 후 일정기간이 경과하면 성립한다.

Ⅲ. 행정행위의 내용

행정행위는 그 법률효과의 발생원인을 기준으로 법률행위적 행정행위와 준법률행위적
행정행위로 나눌 수 있다.

1. 명령적 행위

1) 개 념   명령적 행위란 상대방에게 일정한 의무를 부과하거나 이미 과하여진 기존의 의무를 해제하는 행정행위를 말한다.

2) 형성적 행위와의 구별   명령적 행위는 상대방의 자유를 제한하거나 의무를 부과하고 제한된 자유를 회복시키거나 의무를 소멸시킬 뿐이고, 상대방에게 새로운 권리나 법률상의 힘을 발생·변경·소멸시키지는 않는다는 점에서 형성적 행위와 구별된다. 따라서 명령적 행위에 위반된 행위는 경찰상의 제재나 강제집행의 대상은 될 수 있지만, 그 행위의 법률상 효력에는 영향을 주지 않는다.

3) 종 류   명령적 행위에는 국민에게 의무를 부과하거나 자유를 제한하는 '하명'과 국민에게 의무를 해제하여 자유를 회복케 하는 '허가'와 '면제'가 있다.

　① 하 명: 상대방에게 작위·부작위·급부·수인 등의 의무를 부과하는 행정행위를 말한다(후에 상술).

　② 허 가: 법령에 의한 일반적·상대적 금지를 특정한 경우에 해제함으로써 적법하게 일정한 행위를 할 수 있도록 해주는 행정행위를 말한다(후에 상술).

　③ 면 제: 법령에 의해 일반적으로 부과되는 작위·급부·수인 등의 의무를 특정한 경우에 해제해 주는 행정행위를 말한다. 면제는 해제되는 의무의 종류가 다를 뿐 의무의 해제라는 점에서 그 성질이 허가와 같다.

> **[이해]** 도로교통법 제84조의 운전면허시험 면제는 행정행위로서의 면제가 아니라, 법률의 규정에 의한 면제임에 유의하여야 한다.

제2절 하 명

Ⅰ. 하명의 의의와 성질

1. 하명의 개념

소방서장이 화재현장에서 인근 주민에게 화재진압을 돕도록 명하는 경우, 병무청장이 징집명령을 내리는 경우 등이 하명에 해당된다. 행정법학에서 정의하는 하명이란 행정목적을 위하여 상대방에게 일정한 작위·부작위·급부·수인의무를 부과하는 행정행위를 말한다. 이러한 하명은 권력적 행정작용에 있어서 경찰행정의 경우 경찰목적인 위해방지를 위한 명령의 주된 수단으로서 경찰행정의 가장 전형적인 수단 중의 하나이다.

2. 하명의 성질

1) **명령적 행위**　하명은 상대방의 자유를 제한하고 의무를 부과하는 것을 내용으로 하는 명령적 행정행위에 속한다. 하명은 상대방의 자유를 제한할 뿐 권리를 제한하거나 박탈하는 것은 아니므로 형성적 행위에는 해당하지 않는다.

2) **부담적(침익적) 행위**　하명은 상대방의 자유를 제한하거나 의무를 부과하는 것을 내용으로 하는 부담적 행정행위이다. 따라서 하명은 법치행정의 범주 내에서 이루어져야 하므로 법률적 근거를 필요로 하고 또한 기속행위인 것이 원칙이다.

Ⅱ. 하명의 종류

1. 내용에 따른 분류

하명은 부과되는 의무의 내용에 따라 작위하명·부작위하명·급부하명·수인하명으로 나누어진다.

구 분	내 용	예
작위하명	적극적으로 어떠한 행위를 행할 의무를 명하는 하명	경찰관이 위험발생의 방지를 위하여 필요한 조치를 명하는 것(경찰관 직무집행법 제5조① 제3호), 경찰관서장의 불법집회·시위의 해산명령(집회 및 시위에 관한 법률 제20조①)

부작위하명	소극적으로 어떠한 행위를 하지 않을 의무를 부과하는 하명	경찰관서장의 대간첩작전지역에의 접근·통행의 제한·금지명령(경찰관 직무집행법 제5조②), 지방경찰청장이나 경찰서장의 도로교통법에 의한 도로의 통행금지·제한명령(도로교통법 제6조)
급부하명	금품 또는 물품의 급부의무를 부과하는 하명	경찰서장의 범칙자에 대한 범칙금 통고처분(도로교통법 제163조), 과태료 부과처분(동법 제161조)
수인하명	행정권에 의한 자기의 신체·재산·가택에 대한 실력행사를 감수하고 그에 저항하지 아니할 의무를 부과하는 하명	미성년자 관람불가판정을 받은 영화를 상영하고 있는 극장에 경찰관이 내부확인을 위하여 출입하는 때에 극장주인이 그 출입을 감수하는 경우

[이해] 수인하명은 독립적으로 발해지는 경우는 없고, 경찰상 즉시강제나 강제집행 등의 실력행사에 부수하여 발해지거나 그것에 내포되어 행해진다.

2. 대상에 따른 분류

하명은 그 대상에 따라 사람의 행위에 중점을 둔 대인적 하명, 물적 상태에 중점을 둔 대물적 하명, 사람의 행위와 물적 상태 모두에 착안한 혼합하명으로 구분된다. 이러한 분류는 그 효과의 이전성에 논의의 실익이 있다.

3. 개별하명과 일반하명

하명은 특정인에 대하여 개별적으로 행하여지는 것이 원칙(개별하명)이나, 불특정 다수인에 대하여 일반적으로 행해지는 경우(일반하명)도 있다.

예 교통신호, 위험한 도로구간의 일시적 통행금지, 감염병 발생지역의 출입금지

4. 법규하명과 처분하명

종래의 통설은 하명에 처분하명뿐만 아니라 법규하명을 포함시켜 설명하였으나, 본장에서 말하는 하명은 처분하명만을 의미하고 법규하명은 포함하지 않는다. 따라서 보통하명이라고 하는 경우에는 처분하명만을 의미한다.

1) **법규하명**   법규는 일반적으로 처분의 근거를 정함에 그치고 그에 의거한 처분을 매개로 비로소 구체적인 의무가 발생하는 것이나, 예외적으로 처분을 매개로 하지 않고

법령 자체에 의하여 곧 하명의 효과가 발생하는 경우가 있는바, 이를 법규하명이라고 한다.

　　圖 청소년보호법 제28조에 의한 청소년에 대한 유해약물 판매금지, 도로교통법 제37조에 의한 차량의 야간 등화의무

2) **처분하명**　법령에 의거한 행정행위(하명처분)에 의하여 의무를 부과하는 하명을 말한다.

Ⅲ. 하명의 성립과 발효요건

1. 하명의 성립요건

　　하명도 행정행위이므로 행정행위의 일반적 성립요건을 충족함으로써 유효하게 성립한다.

1) **주체에 관한 요건**　하명은 정당한 권한을 가진 행정관청이 그 권한의 범위 내에서 정상적인 의사에 기하여 행해져야 한다. 다만, 권력적 행정작용의 전형적인 사례인 경찰행정에 있어서는 경찰임무의 특성상 현장에서 즉시 행해져야 하는 경우가 많은 까닭에 조직법상의 행정관청이 아닌 공무원에게 하명의 권한을 부여하는 경우가 많다(圖 경찰관 직무집행법 제5조①, 도로교통법 제6조④ · 제7조 등).

2) **내용에 관한 요건**　하명의 내용은 법률상 · 사실상 실현가능해야 하고 객관적으로 명확하여야 하며 법과 공익에 적합하여야 한다.

3) **형식에 관한 요건**　하명은 일반적으로 불요식행위이나 명확성을 기하기 위하여 일정한 형식을 요하는 경우가 많다.

　　① 우리 행정절차법은 문서주의를 선언하고 있으므로(동법 제24조) 하명도 문서로 하는 것이 원칙적이나, 개별행정작용의 경우 임무의 성질상 경찰행정에 있어서의 하명은 현장에서 이루어지는 경우가 많아 구술로 이루어지는 경우도 많다.

　　② 하명은 공무원의 동작(圖 교통경찰관의 수신호)이나 표지(안전표지에 의한 통행제한 · 속도제한) 또는 자동화된 기계(圖 적색신호등에 의한 횡단금지)에 의하는 경우도 있다.

4) **절차에 관한 요건**　하명은 당사자에게 의무를 과하거나 권익을 제한하는 불이익처분이므로 사전통지와 의견청취 등의 절차를 거쳐야 하고 또한 처분의 이유를 제시하여야 하는 것이 원칙이다(행정절차법 제21조 내지 제23조).

5) **표 시**　하명도 행정행위이므로 상대방에게 표시되어야 비로소 성립하고 효력을 발생한다. 하명의 표시방법은 다음과 같다.

① 개별하명: 개별하명의 경우에는 상대방에 통지함으로써 성립하고 도달함으로서 효력이 발생한다.

② 일반하명: 일반하명의 경우에는 공고함으로써 성립한다.

③ 동작·표지·기계에 의한 하명: 동작·표지·기계 등의 표시가 상대방이 볼 수 있는 상태에 놓임으로써 성립하고, 만약 상대방이 이를 볼 수 없는 상태라면 성립하지 못한다. 다만 이러한 표시들은 불특정 다수인을 상대방으로 하는 것이 일반적이므로 특정인이 이를 볼 수 없었다는 것은 하명의 성립에 영향을 미치지 않는다.

2. 하명의 발효요건

하명은 성립과 동시에 효력을 발생하는 것이 원칙이다. 행정 효율과 협업 촉진에 관한 규정 문서에 의한 행정행위는 수신자에게 도달됨으로써 효력을 발생한다고 함으로써 도달주의를 채택하고 있다(동규정 제6조②). 다만, 정지조건이나 시기가 붙은 하명은 조건의 성취나 시기의 도래로 효력이 발생한다.

Ⅳ. 하명의 효과

1. 효과의 내용

1) 하명의 기본적 효과   하명이 있게 되면 그 하명을 받은 자는 그 하명의 내용에 따라 행정기관에게 작위·부작위·급부·수인의무를 진다. 이러한 공법상의 의무를 수인의무라고도 한다.

2) 하명 위반의 효과

① 하명에 의하여 부과된 의무를 이행하지 않은 자에게는 행정상 강제집행이나 행정벌이 과해질 수 있다.

② 하명의 대상은 일반적으로 사실행위(剛 무허가 건물의 철거)이나 법률행위일 경우(剛 영업행위의 금지)도 있다. 하명이 일정한 법률행위를 하거나 하지 않을 의무를 내용으로 하는 경우에 해당 하명을 위반한 때에는 행정벌이 부과될 뿐 하명 위반행위의 법률효과에는 아무런 영향을 주지 않는다(剛 영업행위금지의무를 위반하여 영업을 한 경우 영업행위의 사법상 효력은 유효).

2. 효과의 범위

1) 대인적 하명　대인적 하명의 효과는 그 상대방에게만 발생한다(예 건축사에 대한 업무정지명령). 따라서 하명의 효과로 제3자가 반사적 이익을 받을지라도 사법상의 청구권을 발생시키는 것은 아니다.

　예 의료법 제15조에 의한 의사의 진료의무의 경우 → 제3자는 수명자(의사)에 대하여 의무이행을 청구하거나 그 의무불이행을 불법행위 또는 채무불이행을 이유로 손해배상을 청구할 수 없음(의사의 진료의무는 국가에 대하여 지는 의무이고 제3자(사인)에게 지는 의무가 아니므로)

2) 대물적 하명　대물적 하명의 효과는 상대방에게 국한되지 않고, 그 물건 또는 시설의 양수인·승계인에게도 미친다(예 철거명령을 받은 건축물의 매수인).

3) 혼합적 하명　혼합적 하명의 효과의 범위는 당해 하명이 어느 요소에 더 중점이 두어졌는가에 따라 구체적으로 판단한다.

3. 하자 있는 하명에 대한 구제

1) 행정쟁송　위법 또는 부당한 하명에 의하여 권리·이익을 침해당한 자는 행정심판 및 행정소송을 제기하여 그 취소 또는 변경을 구할 수 있다.

2) 국가배상　위법한 하명에 의하여 손해를 입은 자는 국가에 대하여 손해배상을 청구할 수 있다. 국가가 손해를 배상하는 경우 당해 하명을 발한 공무원에게 고의·중과실이 있는 경우에는 국가는 해당 공무원에게 구상할 수 있다.

제3절 허가

Ⅰ. 허가의 의의 및 성질

1. 허가의 의의와 구별개념

1) 허가의 의의   의과대학을 졸업하고 의사국가고시에 합격한 자에게 의사면허 부여, 건축법상 건축허가 등이 허가에 해당된다. 행정법학에서 정의하는 허가란 행정목적을 위해 일반적·상대적으로 금지되었던 행위를 특정한 경우에 해제함으로써 적법하게 일정한 행위를 할 수 있게 하는 행정행위를 말한다. 이는 실정법상 면허·특허·승인 등의 용어로 사용되고 있다. 허가의 효과는 자유권회복에 그치고, 권리·능력 기타 법률상의 힘을 설정하거나 법률행위의 효력에 영향을 미치지 아니한다.

2) 구별개념

　① 인가·특허와의 구별: 허가는 행정상 금지를 해제함으로써 상대방의 자연적 자유를 회복시켜 줄 뿐 상대방에게 어떠한 권리나 법률상의 힘을 부여해 주는 것이 아니라는 점에서 형성행위인 인가·특허와는 구별된다.

　② 하명과의 구별: 허가는 법규(법규허가)에 의하여 직접효과가 발생할 수 없다는 점에서 하명과 구별된다.

3) 허가의 대상   허가의 대상은 일반적으로 사실행위(예 운전면허)이나, 예외적으로 법률행위(예 무기양도허가)인 경우도 있다.

2. 허가의 전제로서의 금지

　금지는 효력을 기준으로 절대적 금지와 상대적 금지로, 인적 범위를 기준으로 일반적 금지와 개별적 금지로 구분할 수 있다. 이 중 허가는 상대적 금지와 일반적 금지를 전제로 한다. 따라서 절대적 금지나 개별적 금지는 허가의 대상이 될 수 없다.

1) 절대적 금지와 상대적 금지

구 분	내 용	예
절대적 금지	어떠한 행위 그 자체가 직접 사회공공의 안전·질서에 대한 장해가 되기 때문에 예외 없이 절대적으로 금지되는 경우	① 부패식품 판매금지 ② 청소년의 음주금지

	행위자체가 직접 사회공공의 안전·질서에 대한 장해가 되는 것은 아니지만 그것을 행하는 방법여하에 따라 사회공공의 안전·질서에 대한 장해가 될 수도 있기 때문에 일단 일반적으로 금지해 놓고 심사를 거쳐 장해를 끼칠 염려가 없는 경우에 금지를 해제해 주는 경우	① 자동차 운전
상대적 금지		② 음식점 경영
		③ 의료행위

2) 일반적 금지와 개별적 금지

구 분	내 용	예
일반적 금지	불특정 다수인을 상대로 한 금지	일정도로의 통행금지
개별적 금지	일정업무에 종사하는 자·일정한 지위에 있는 자 등 특정인에 대한 금지	면허 없는 자의 운전금지

3. 허가의 성질

1) 수익적 행정행위　　허가는 금지(부작위의무)를 해제하는 것이므로 수익적 행정행위에 속한다. 허가를 처분으로 보는 견해도 있으나, 처분은 특정한 의무를 과하기 위한 구체적 행정행위로서 부담적(침익적) 행정행위에 해당하므로 수익적 행정행위인 허가와는 구별된다.

2) 명령적 행정행위　　허가는 일반적·상대적 금지를 해제하여 상대방의 자연적 자유를 회복시켜 주므로 명령적 행위의 성질을 갖는다.

3) 기속행위　　허가의 대상이 되는 금지의 해제 여부를 행정청의 재량에 맡기는 것은 기본권에 대하여 과도한 제한을 가져올 수 있으므로 허가는 원칙적으로 기속행위라는 것이 다수의 견해이다. 따라서 허가의 요건을 충족하는 경우 행정기관은 당연히 허가를 하여야 할 기속을 받는다. 다만, 허가의 요건이 불확정 개념으로 규정되어 있는 경우에는 그 해석과 적용에 있어서 판단여지가 인정될 수 있다.

Ⅱ. 허가의 종류

1. 통제허가와 예외허가(승인)

　허가는 허가의 전제가 되는 금지의 취지를 기준으로 통제허가와 예외허가로 분류할 수 있다.

1) **통제허가**   통제허가란 공익을 위하여 국민의 자유에 속하는 행위를 잠정적으로 금지하였다가 특정한 경우 특정인에게 그 금지를 해제함으로써 금지행위를 적법하게 할 수 있게 해주는 행정행위를 말한다.

2) **예외허가(승인)**   예외허가란 그 행위가 본질적으로 사회에 유해하여 일반적으로 금지된 행위를 특정한 경우 특정인이 그 행위를 할 수 있도록 하게 해주는 행정행위를 말한다.

[이해] 통제허가는 그 본질이 자유의 회복인 데 대하여 예외허가는 권리의 범위를 확대하는 데 그 본질이 있다.

2. 대인적 허가 · 대물적 허가 · 혼합적 허가

허가는 그 심사의 대상에 따라 대인적 허가 · 대물적 허가 · 혼합적 허가로 분류할 수 있다. 이러한 구분은 허가효과의 이전성 여부와 관련하여 구별실익이 있다.

구 분	내 용	예
대인적 허가	신청자의 능력이나 자격 등을 심사의 대상으로 하는 경찰허가	자동차운전면허, 화약류 제조보안책임자 · 관리보안책임자의 면허
대물적 허가	물건이나 시설의 성질 · 규모 · 안전성 등을 심사의 대상으로 하는 경찰허가	화약류저장소의 설치허가
혼합적 허가	인적 요소와 물적 요소를 모두 심사의 대상으로 하는 경찰허가	총포판매업허가

Ⅲ. 허가의 요건

1. 허가의 성립요건

허가가 적법하게 성립하고 효력을 발생하기 위해서는 일반적인 행정행위와 마찬가지로 주체 · 형식 · 내용 · 절차 · 표시 등의 요건을 갖추어야 한다.

1) **주 체**   허가권자는 행정의 주체인 행정청이다.

2) **형 식**   허가는 개인의 신청에 의하여 구체적 행정행위(행정처분)의 형식으로 행해지는 것이 원칙이다.

① 구체적 행정행위의 형식: 허가는 일반적 금지를 특정한 경우에 해제하는 행위이므로 구체적 행정행위에 의해서만 행하여진다. 이 점에서 행정행위뿐만 아니라 법규의 형식으로도 행해지는 하명과 구별된다.

② 불요식행위: 허가는 서면으로 행해지는 경우가 보통이나, 관계법규가 특별한 형식을 규정하고 있지 않는 한 요식행위는 아니다.

③ 쌍방적 행정행위: 허가는 일반적으로 상대방의 신청에 의하여 행하여지는 쌍방적 행정행위이다.

3) 절 차

① 신청(출원): 허가는 상대방의 이익을 위한 것이므로 법령상 특별한 규정이 없는 한 당사자의 신청(출원)에 의해 이루어진다. 다만 예외적으로 상대방의 신청 없이 직권으로 이루어지는 경우가 있다(예 통행금지해제).

㉠ 신청 없는 허가의 효력: 이에 대하여는 당연무효설과 유동적 무효설이 대립하고 있다.

ⓐ 당연무효설(다수설): 신청(출원)은 허가의 필수적 요건이므로 신청이 없는 허가는 무효라는 견해이다.

ⓑ 유동적 무효: 신청 없는 허가의 효력은 상대방의 동의가 있을 때까지 유동적 무효상태에 있는 것이라는 견해이다.

㉡ 수정허가: 수정허가의 허용성 여부를 두고 학설이 대립하고 있다.

ⓐ 제1설(다수설): 재량허가의 경우에 한하여 신청내용의 일부를 변경하여 허가하거나 부관을 붙여 허가하는 수정허가가 가능하다는 견해이다. 이 경우 상대방의 동의에 의하여 효력이 완성된다.

ⓑ 제2설: 신청내용의 일부를 변경하여 허가하는 것은 법률에 근거가 없는 한 허용되지 않으나, 신청내용 중 일부만을 허가하는 것은 허용된다는 견해이다.

② 시험 · 검사 등: 법규에는 허가를 하기 전에 인적 사항이나 물적 특성을 개별적으로 심사하기 위하여 허가의 요건으로 시험이나 검사 등을 거치도록 규정하고 있는 경우(예 운전면허시험에 합격한 자에 한하여 운전면허를 부여하는 것)가 있다.

㉠ 합격 · 불합격 결정의 성질: 시험이나 검사가 허가의 요건으로 되어 있는 경우 그 합격 여부의 결정은 하나의 행정처분으로서 확인행위적 성질을 가진다.

㉡ 불합격자에 대한 허가의 효력: 시험이나 검사의 합격절차를 거치지 아니한 허가는 무효이며, 불합격자에 대한 허가도 무효이다.

③ 타기관 및 제3자의 동의

㉠ 타기관의 협력: 허가를 함에 있어서 타 기관의 동의나 협의 등을 거칠 것을 요구하는 경우가 있다(예 건축법 제11조②⑥, 군사기지 및 군사시설 보호법 제13조 등). 이 경우에 행정청은 타행정기관의 의사표시에 기속된다(대판 1992.9.22. 91누8876).

㉡ 제3자의 동의: 허가를 함에 있어서 인근주민의 동의와 같이 제3자의 동의를 요구하는 경우가 있다(예 액화석유가스의 안전관리 및 사업법 제3조④). 이 경우에는 동의 요구에 법적근거가 필요한지의 여부와 동의 없는 허가의 효력이 문제된다.

ⓐ 행정청이 제3자의 동의를 요구하기 위해서는 법령에 근거가 있어야 한다. 따라서 법령에 근거 없이 제3자 등의 동의서를 제출하게 한 경우에는 신청인이 이에 응하지 않았다든가 주민의 불만이 많음을 이유로 허가를 거부할 수는 없다.

ⓑ 행정청이 법령에 근거하여 제3자의 동의서를 제출하도록 한 경우에 상대방이 이를 제출하지 않은 경우에는 허가를 거절할 수 있다(대판 1991.4.9. 90누4112). 또한 동의서의 제출 없이 행한 경찰허가도 무효이다.

④ 수수료의 납부: 허가를 함에 있어서 법령이 상대방에게 수수료의 납부를 그 요건으로 하는 경우가 있다(예 운전면허시험·운전면허증의 교부 수수료). 이 경우 수수료의 납부가 허가의 요건인가에 대하여는 긍정설과 부정설이 대립하고 있다.

⑤ 공적 증명(공증): 법규에서는 허가를 받은 자와 받지 않은 자를 구별하기 위하여 특정한 형식의 공적 증명을 허가의 효력발생요건으로 규정하고 있는 경우가 있다. 이러한 경우에는 증명서를 발급받아야 허가의 효력이 발생한다.

예 자동차의 운전면허증의 효력은 운전면허증을 본인 또는 대리인이 발급받은 때부터 발생하는 것(도로교통법 제85조⑤), 자동차 운행허가의 효력은 자동차검사증의 교부와 자동차등록원부에 등록한 때 발생하는 것

2. 효력발생요건

허가도 일반적 행정행위와 마찬가지로 성립과 동시에 효력이 발생한다. 다만, 정지조건이나 시기가 붙은 허가의 경우에는 조건의 성취나 시기의 도래로 효력이 발생한다.

Ⅳ. 허가의 부관

1. 의의 및 종류

1) 개 념　허가의 부관이란 허가의 효과를 제한보충하기 위하여 주된 행위에 부가된 종된 규율을 말한다.

2) 종 류　허가의 부관에는 조건·부담·법률효과의 일부 배제·수정부담·철회권의 유보 등이 있다(행정행위의 부관 참조).

2. 허용 여부

허가는 원칙적으로 기속행위이므로 법령에 특별한 규정이 없는 한 행정청이 재량으로 부관을 붙일 수 없다. 다만, 예외적으로 행정청에 재량권 행사가 인정되는 경우에는 부관을 붙일 수 있다.

Ⅴ. 허가의 효과와 범위

1. 허가의 효과

1) 금지의 해제

① 허가의 기본적 효과로서의 금지해제: 허가의 기본적 효과는 금지를 해제함으로써 상대방에게 본래 가지고 있던 자유권을 회복시켜 주어 자유권을 적법하게 행사할 수 있는 법적 지위를 부여해 주는 데 있다.

② 금지해제의 범위: 허가의 효과는 상대적이어서 금지만 해제하여 줄 뿐, 다른 법률상의 금지까지 해제하여 주는 것은 아니다.

　　예 경찰관 甲이 유흥음식점을 운영하기 위하여 식품위생법상의 허가를 받은 경우 → 甲이 식품위생법상의 허가를 받았다고 해서 국가공무원법상의 영리활동 금지의무까지 해제된 것은 아니다. 따라서 경찰관 甲은 유흥음식점 영업불가

2) 허가로 얻은 이익의 성질　허가로 얻은 이익이 반사적 이익인가 아니면 법률상 이익인가에 대하여 견해가 대립하고 있다.

① 종래의 통설: 허가는 일정한 요건만 갖추면 그 제한된 금지를 해제시켜 주는 것으로, 개인에게 특정한 권리를 설정해 주는 것은 아니고, 따라서 그로부터 얻은 이익은 사실상

이익으로써 반사적 이익이라는 견해이다.

　　예 사행행위영업허가를 받은 자가 주변에 허가를 받은 자가 없어서 받는 영업이익

　　② 새로운 견해: 최근에는 허가로 얻는 이익은 반사적 이익의 성질뿐만 아니라 법률상 이익이라는 두 가지 성질을 아울러 가지고 있다는 견해가 주장되고 있다. 이 견해에 따르면 구체적으로 관계법규의 취지와 목적을 합리적으로 고려하여 그 이익이 반사적 이익인지 법적으로 보호되는 이익인지 여부를 판단하여야 한다고 한다. 즉, 관계법규의 취지와 목적이 공익뿐만 아니라 관계업자 개개인의 이익도 보호하는 경우에는 법률상 이익의 성질을 갖는다는 것이다.

3) 허가와 법률행위의 효력(무허가행위의 효과)

　　① 원 칙: 허가는 공법상 목적을 실현하기 위한 작용이므로, 사법상 법률행위의 효과에는 영향을 미치지 아니한다. 따라서 무허가영업행위가 경찰상의 강제집행이나 행정벌의 대상이 되는 경우에도 사법상의 영업행위가 무효로 되는 것은 아니다.

　　예 무허가음식점의 음식판매 행위 → 유효

　　② 예 외: 다만 예외적으로 법률이 무허가행위의 처벌 외에도 그 행위의 무효를 규정하고 있는 경우가 있다

　　예 경찰서장의 허가 없는 화약류의 양수계약 → 총포·도검·화약류 등의 안전관리에 관한 법률 제21조 제1항은 화약류를 양도·양수하고자 하는 사람은 경찰서장의 허가를 받도록 하고 있으므로 이 경우에는 이행불능으로 무효

2. 허가효과의 범위

1) 대인적 범위　　허가가 미치는 대인적 범위는 대인적 허가와 대물적 허가가 다르다.

　　① 대인적 허가: 대인적 허가의 효과는 허가받은 사람에게만 발생하고, 원칙적으로 이전·상속되지 않는다(예 의사면허·운전면허). 따라서 본인의 사망으로 허가의 효과는 당연히 소멸한다.

　　② 대물적 허가: 대물적 허가의 효과는 허가의 대상인 물건의 이전에 따라 원칙적으로 이전·상속된다(예 건축허가·자동차검사합격처분·공중목욕장영업허가). 이 경우 양수인은 양도인의 모든 권리·의무를 승계한다. 따라서 허가받은 행위를 적법하게 할 권리뿐만 아니라, 양도인의 의무 위반으로 인한 허가의 철회사유·정지사유·과징금 등의 제재처분을 받을 지위도 승계된다.

주유소허가는 소위 대물적 허가의 성질을 갖는 것이어서 그 사업의 양도도 가능하고 이 경우 양수인은
양도인의 지위를 승계하게 됨에 따라 양도인의 위 허가에 따른 권리의무가 양수인에게 이전되는 것이므로
만약 양도인에게 그 허가를 취소할 위법사유가 있다면 허가관청은 이를 이유로 양수인에게 응분의
제재조치를 취할 수 있다 할 것이고, 양수인이 그 양수 후 허가관청으로부터 석유판매업허가를 다시
받았다 하더라도 이는 석유판매업의 양수도를 전제로 한 것이어서 이로써 양도인의 지위승계가 부정되는
것은 아니므로 양도인의 귀책사유는 양수인에게 그 효력이 미친다(대판 1986.7.22. 86누203).

식육판매영업허가시에 과하여진 밀도살육 판매금지와 같은 허가조건의 위배는 이를 위배한 당초허가를
받은 자만이 영업허가취소의 행정제제를 받는다 할 것이고 선의의 허가명의 승계인에게는 전 허가명의자
의 허가조건 위배사실을 알았다는 등 특단의 사정이 없는 한 전 허가명의자의 허가조건 위배를 이유로
허가취소를 행할 수 없다(대판 1977.6.7. 76누303).

③ 혼합적 허가: 이 경우에는 물적 시설의 양도나 상속으로 인하여 허가의 효과가
당연히 이전되지 않는 것이 원칙이고, 양수인·상속인으로 하여금 새로운 허가신청을
받게 하고 있다.

2) 지역적 범위　　허가는 원칙적으로 해당 행정기관의 관할구역 내에서만 유효하다.
따라서 중앙행정기관의 허가는 전국, 지방행정관청의 허가는 해당 관할구역 내에서만
그 효과가 미친다. 그러나 법령의 규정에 의하여(예 자동차검사의 효과) 또는 허가대상의
성질(예 운전면허의 효과)에 따라 관할구역 이외에도 그 효력이 인정되는 경우가 있다.

[정리] 허가효과의 대인적 범위 정리

구 분	심사대상	효과의 이전성
대인적 허가	신청자의 능력이나 자격(특정인의 주관적 요소)	부정
대물적 허가	물건이나 시설의 성질·규모·안전성(특정물의 객관적 요소)	인정
혼합적 허가	특정인의 주관적 요소와 특정물의 객관적 요소	제한적 인정

Ⅵ. 허가의 소멸과 갱신

1. 허가의 소멸

허가도 행정행위의 일반적 소멸사유인 취소·철회·실효에 의하여 그 효력이 소멸한

다. 허가의 실효원인으로는 대상의 소멸(예 허가대상자의 사망·허가대상인 물건의 소멸·허가영업의 자진폐업), 해제조건의 성취 및 종기의 도래, 목적의 달성 등이 있다. 다만, 허가의 철회는 그 취소보다 더 강한 제한을 받는다.

2. 허가의 갱신

1) 의 의
허가에 종기가 붙어 있는 기한부 허가는 그 기간의 도래로 허가는 실효함이 원칙이다. 그러나 관계법령에 갱신허가를 신청할 수 있도록 규정하고 있는 경우에는 행정청은 새로운 사정이 없는 한 갱신을 허가하여야 한다. 다만, 이 경우 갱신신청은 원칙적으로 기한의 도래 전에 이루어져야 한다.

2) 기간갱신허가의 성질
① 다수설: 다수설은 허가의 갱신을 새로운 허가가 아니라 기존의 허가를 전제로 그 효과를 지속시키는 행위로 본다. 따라서 허가의 종기가 도래하기 전에 갱신의 신청이 있으면 기한의 도래 전에 갱신의 허가가 없더라도 잠정적으로 허가된 행위를 계속할 수 있으며, 그 후 갱신이 거부되더라도 비례의 원칙상 장래를 향해서만 허가의 효력이 소멸된다고 한다.

② 판 례: 판례는 기한갱신의 허가를 종전의 허가와는 별도의 새로운 허가의 일종으로 보고 있다.

> **[판례] 기간갱신허가를 새로운 허가로 본 판례**
> 종전 허가의 유효기간이 지나 다시 한 허가신청에 대한 허가는 종전의 허가처분을 전제로 하여 단순히 유효기간을 연장하여 주는 행정처분이라기보다는 종전의 허가처분과는 별도의 새로운 영업허가를 내용으로 하는 행정처분이므로 허가권자는 이를 같은 법 제7조 제2항에 정한 재허가신청으로 보아, 그 규정에 의하여 허가요건의 적합 여부를 새로이 판단하여 허가 여부를 결정하여야 한다(대판 1993.2.26. 92누 18832).

제4절 면 제

Ⅰ. 면제와 허가의 개념차이

1. 개 념

면제라 함은 법령에 의하여 일반적으로 부과하여진 행정상의 작위·급부·수인 등의 의무를 특정한 경우에 해제하여 주는 행정행위를 말한다.

예 시험의 면제, 수수료의 일부 면제, 납기의 연기

2. 허가와의 구별

허가는 부작위의무, 즉 금지를 해제하는 것이라는 점에서 행정상의 작위·급부·수인의 의무를 해제하는 행위인 면제와 구별된다. 따라서 면제는 해제되는 의무의 종류만 허가와 다를 뿐이고, 의무를 해제한다는 면에서 허가와 같으므로 허가에 대한 설명은 면제에도 대부분 적용될 수 있다.

Ⅱ. 의무이행의 연기 및 유예의 성질문제

행정상의 작위의무나 지급의무의 이행을 연기하거나 유예하는 행위가 면제에 해당하는가에 대해서는 견해가 대립하고 있다.

학 설	내 용
하명변경설	행정상의 작위의무나 지급의무의 이행을 연기하거나 유예하는 행위는 의무 자체를 소멸시키는 것은 아니고 오직 의무의 일부를 변경하는 데 그치는 것이므로 하명의 변경에 해당한다는 견해
면제설	행정상의 작위의무나 지급의무의 이행을 유예하게 되면 원래의 이행기까지의 의무는 이행하지 않아도 되기 때문에 그 한도에서는 이를 면제의 일종이라고 볼 수 있다는 견해

1. 형성적 행위

1) 개념   형성적 행위란 상대방에게 새로운 권리·능력 또는 법률상의 힘을 발생·변경·소멸시키는 행정행위를 말한다.

2) **명령적 행위와의 구별** 형성적 행위는 제3자에 대하여 대항할 수 있는 법률상의 힘을 부여하거나 혹은 그것을 부정하는 것을 목적으로 하는 행위라는 점에서, 사람이 법 이전에 가지고 있던 자연적 자유를 대상으로 이를 제한 또는 회복시키는 명령적 행위와 구별된다.

3) **종 류** 형성적 행위는 직접 상대방을 위하여 권리·능력이나 기타 법률상의 힘을 발생(예 특허)·변경·소멸시키는 행위와 타인을 위하여 그 행위의 효력을 보충·완성하거나(예 인가) 또는 타인을 대신하는 행위(예 대리행위)로 나누어진다.

① 특 허: 특정인에 대하여 새로이 일정한 권리·능력 또는 포괄적 법률관계를 설정하는 행위를 말한다. 특허는 사람이 자연적으로 갖지 못한 법률상의 힘을 설정하는 행위라는 점에서 형성적 행위의 성질을 가진다.

예 공무원의 임명

② 인 가: 상대방의 법률행위를 보충하여 그 효력을 완성시키는 처분을 말한다.

예 자동차운전 전문학원연합회의 정관변경의 인가(도로교통법 제119조④), 도로교통공단의 정관변경의 인가(동법 제122조②)

③ 대 리: 타인이 해야 할 행위를 경찰기관이 대신하여 행하고, 그 행위가 본인이 한 것과 동일한 법적 효과를 발생시키는 처분을 말한다. 이러한 공법상의 대리는 행정목적의 달성을 위하여 법률의 규정에 의한 것이므로 법정대리에 해당한다.

[정리] 허가·특허·인가의 이동

구 분	허 가	특 허	인 가
의 의	자연적 자유의 회복	새로운 권리의 부여	제3자의 법률행위의 보충
성 질	• 기속행위 • 명령적 행위	• 재량행위 • 형성적 행위(설권행위)	• 재량행위 • 형성적 행위(보충행위)
신 청	• 원칙적 필요(예외적 무신청 허가 가능) • 수정허가 가능	• 반드시 필요 • 수정특허 불가	• 반드시 필요 • 수정인가 불가
효 과	공법적 효과 발생	공·사법적 효과 발생	공·사법적 효과 발생
대 상	법률행위, 사실행위	법률행위, 사실행위	법률행위
위반행위의 효과	• 적법요건, 행위는 유효 • 행정벌·강제집행의 대상	• 효력요건, 행위는 무효 • 강제집행 등의 대상 안 됨	• 효력요건, 행위는 무효 • 강제집행 등의 대상 안 됨
공통점	법률적 행정행위, 수익적 행정행위, 신청에 의한 행정행위		

2. 준법률행위적 행정행위

1) 개 념　준법률행위적 행정행위란 행정기관의 의사표시가 아니라 단순한 정신작용의 표현(인식·판단·관념의 표시)에 의하여 그 효과는 법령이 정하는 바에 따라 부여되는 처분을 말한다.

2) 법률행위적 행정행위와의 구별

구 분	법률행위적 행정행위	준법률행위적 행정행위
구성요소	의사표시	의사표시 이외의 정신작용(인식·판단)의 표시
법적효과	표시된 의사의 내용에 따라 법적 효과 발생	행위자의 의사를 불문하고 법령의 규정에 의하여 효과 발생
부 관	부관 허용	부관 불가능
종 류	① 명령적 행위(하명·허가·면제) ② 형성적 행위(특허·인가·대리)	확인·수리·통지·공증

3) 종 류

① 확 인: 확인은 특정한 사실 또는 법률관계에 관하여 의문이 있는 경우에 경찰기관이 공적 권위로써 그 존부 또는 정부(正否)를 판단하는 행위로, 실정법상으로는 재결·결정·사정·검정 등의 용어로 사용되고 있다.

㉠ 확인은 행정주체가 우월한 지위에서 기존의 사실 또는 법률관계를 유권적으로 확정하는 판단의 표시이다.

〔예〕 시험합격자 결정, 면허시험합격 여부 결정, 행정행위에 대한 행정심판재결

㉡ 확인은 법선언적 행위로 준사법적 행위이다. 따라서 확인 후에는 그것을 임의로 변경할 수 없는 불가변력이 발생하고, 의문이 없거나 정당하다고 판단되면 확인하지 않으면 안 되는 기속행위이다.

[이해] 확인은 새로운 법률관계를 설정하는 것이 아니라는 점에서 특허와 구별되고, 확인의 효과는 법률행위가 아닌 법률의 규정에 의하여 발생한다는 점에서 하명·허가와 구별된다.

② 공 증: 공증은 행정기관이 특정한 사실이나 법률관계의 존재를 공적으로 증명하는 것으로, 의문이나 다툼이 없는 분명한 사실이나 법률관계만을 그 대상으로 한다. 공증은 일반적으로 반증에 의하지 아니하고는 전복될 수 없는 '공적 증거력'이 발생한다. 다만, 공정력은 부인되므로 공적 증거력은 반증이 있으면 누구나 행정청 또는 법원의 취소를

기다릴 필요없이 이를 번복할 수 있다(통설).

　예 각종 증명서(예 운전면허증)의 교부, 각종 공부(公簿)에의 등록·등재(예 자동차운전학원의 등록)

[이해] 확인과 공증의 구별

ⓐ 확인은 특정한 사실 또는 법률관계에 관한 의문이나 다툼이 있는 행위에 대하여 행해지나, 공증은 의문이나 다툼이 없는 행위에 대하여 행하여진다.

ⓑ 공증은 효과의사의 표시가 아니라는 점에서 확인과 동일하나, 그 성질이 인식의 판단이라는 점에서 판단의 표시행위인 확인과 구별된다.

---

　③ 통 지: 통지는 특정인 또는 불특정 다수인에 대하여 특정한 사항을 알리는 행위를 말한다.

　예 대집행을 하는 경우의 계고(대집행법 제3조①), 도로의 통행금지 또는 제한의 공고(도로교통법 제6조⑤)

　④ 수 리: 수리는 타인의 행정청에 대한 행위를 유효한 행위로서 받아들이는 행위이다. 법정요건을 갖춘 신고는 수리되어야 하므로 기속행위이다. 여기서 말하는 신고는 법률에 의하여 국민에게 신고의무가 부과되어 있는 신고만을 의미한다(수리를 요하는 신고). 신고의무 없는 신고는 사실행위로서 형식적 요건을 갖추고 있는 한 신고서가 접수기관에 도달한 때에 그 효력을 발생하기 때문에 행정청의 수리를 요하지 않기 때문이다.

수리를 요하지 않는 사실의 신고	수리를 요하는 신고
㉠ 출생신고 ㉡ 사망신고 ㉢ 전입신고	㉠ 이의신청 및 행정심판청구서의 수리 ㉡ 교통사고 신고의 수리(도로교통법 제54조②) ㉢ 자동차운전학원의 휴·폐원 신고의 수리(도로교통법 제112조)

제5절 행정행위의 부관

Ⅰ. 부관의 개념

1. 부관의 개념

행정행위의 부관이란 행정행위의 효과를 제한하거나 보충하기 위하여 주된 행정행위에 부가된 종된 규율을 말한다. 주된 행정행위에 부가된 부관은 주된 행정행위와 결합하여 하나의 행위를 구성하는 것이고 별개의 행위로 되는 것은 아니다.

> **[이해]** 종래의 통설적 견해는 행정행위의 부관의 개념을 행정행위의 효과를 제한하기 위하여 주된 의사표시에 부가된 종된 의사표시로 이해하였다. 이 견해는 '의사표시'라는 용어를 사용함으로써 준법률행위적 행정행위에는 부관을 붙일 수 없다는 것을 강조하기 위함이나, 준법률행위적 행정행위에도 제한적이기는 하지만 부관을 붙일 수 있으므로 종래의 통설적 견해는 문제가 있다 하겠다.

2. 법정부관과의 구별

법정부관이란 법령 스스로가 행정행위의 조건과 기한을 정하고 있는 경우(예 자동차검사증의 유효기간, 운전면허증의 종류에 따라 운전할 수 있는 자동차의 종류를 법령으로 정한 것)를 말한다. 이러한 법정부관은 행정청이 스스로 부가한 종된 규율이 아니므로 부관이 아니다.

Ⅱ. 부관의 종류

부관은 그 내용에 따라 조건·기한·부담·철회권 유보 및 법률효과의 일부배제로 나눌 수 있다.

1. 조 건

1) 개 념   조건은 행정행위의 효과의 발생 또는 소멸을 장래의 불확실한 사실의 성부에 의존시키는 부관을 말한다. 그러나 행정법관계를 오랫동안 불확실한 상태에 두는 것은 공익상 바람직하지 않기 때문에 조건부 행정행위의 예는 많지 않다.

2) 종 류   조건은 장래의 불확실한 사실의 성취로 행정행위의 효력이 발생하는 정지조건과 장래의 불확실한 사실의 성취로 행정행위의 효력이 소멸하는 해제조건으로 구분된다.

例 • 주차시설의 완비를 조건으로 하는 영업허가 → 정지조건
　　• 일정기간 내에 영업을 개시할 것을 조건으로 하는 영업허가 → 해제조건

3) 기한과의 구별　　조건은 발생이 불확실한 장래의 사실을 전제로 한 것이라는 점에서 발생이 확실한 장래의 사실을 전제로 한 기한과 구별된다.

2. 기 한

1) 개 념　　기한은 행정행위의 효과의 발생과 소멸을 장래에 발생하는 것이 확실한 사실에 의존케 하는 부관을 말한다.

2) 종 류　　기한은 사실의 도래에 의하여 행정행위의 효력이 비로소 발생하는 시기와 사실의 도래에 의하여 행정행위의 효력이 소멸되는 종기로 구분된다. 또한 시기와 종기가 함께 붙여지는 경우도 있다.

例 • ○○○○년 ○○월 ○○일부터 도로점용을 허가한다 → 시기
　　• ○○○○년 ○○월 ○○일까지 도로점용을 허가한다 → 종기

3) 문제점　　종기가 행정행위의 절대적 소멸원인인지에 대하여 견해가 대립하고 있으나, 다수설과 판례는 이를 부정하고 있다. 즉, 종기의 도래로 행정행위는 당연히 효력을 상실하는 것이 아니라 '그 효력이 장기계속성이 예정되어 있는 행정행위에 부당하게 짧은 기한이 붙여진 경우'에는 그것은 행정행위의 존속기간이 아니라 갱신기간이라는 것이다.

3. 부 담

1) 개 념　　부담은 행정행위의 주된 내용에 부가하여 그 행정행위의 상대방에게 작위·부작위·급부·수인 등의 의무를 부과하는 부관을 말한다. 부담은 주로 수익적 행정행위에 붙여진다.

例 영업허가를 하면서 일정한 수수료를 과하는 것

2) 특 징　　부담은 다른 부관과 같이 행정행위의 일반적 효과를 제한하는 것이 아니라, 주된 행정행위와는 독립된 하나의 행정행위로서 상대방에게 별개의 의무를 부과하는 것이다. 따라서 부담에 의하여 과해진 의무는 주된 행정행위와는 별도로 그것만으로도 강제집행과 행정쟁송의 대상이 된다. 다만, 그 성립과 존속은 주된 행정행위에 종속한다.

3) **조건과의 구별** 실무상으로나 실정법상 부담을 조건이라는 용어로 통칭하고 있으나 양자는 다음과 같이 구별된다. 다만, 양자의 구별이 불확실한 경우에는 침익성이 적은 부담으로 추정한다(다수설).

구 분	조 건	부 담
행정행위의 효력발생	정지조건의 성취로 효력 발생	처음부터 완전한 효력 발생
행정행위의 효력소멸	해제조건의 성취로 효력 소멸	상대방이 의무를 이행하지 않는 경우에도 당연히 효력은 소멸되지 않음(별도의 행정행위가 있어야 소멸)
강제집행	독립하여 강제집행의 대상이 되지 않음	독립하여 강제집행의 대상이 됨
행정소송	조건만의 독립쟁송 및 취소 불가능	부담만의 독립쟁송 및 취소 가능

4. 철회권의 유보

1) **개 념** 철회권의 유보란 일정한 경우에 행정청이 행정행위의 효력을 소멸시킬 수 있음을 정한 부관을 말한다.

2) **해제조건과의 구별** 해제조건의 경우에는 조건의 성취로 당연히 행정행위의 효력이 소멸되나, 철회권의 유보의 경우에는 유보된 사실이 발생하더라도 그 효력을 소멸시키기 위해서는 행정청의 별도의 의사표시(철회)를 필요로 한다는 점에서 양자는 구별된다.

3) **철회권의 행사제한** 철회권이 유보된 경우에도 철회권의 행사가 언제나 자유로운 것이 아니라 행정행위의 철회의 일반적 요건인 신뢰보호의 원칙·비례원칙 및 과잉금지의 원칙 등을 충족하는 경우에만 철회가 허용된다(통설·판례). 또한 철회사유가 법령에 명시되어 있는 경우에는 법정사유 이외의 사유를 철회권의 유보사유로 할 수 없다(판례).

5. 부담유보

1) **개 념** 부담유보란 행정청이 행정행위를 하면서 사후적으로 부담의 추가·변경·보충할 수 있는 권한을 미리 유보하는 부관을 말한다.

2) **법적 성질** 부담유보를 철회권 유보로 보는 견해도 있으나, 이는 장래 일정한 사실이 발생한 경우에 새로운 의무를 과하는 것으로 일반적 부담으로 보는 것이 다수의 견해이다.

6. 수정부담

1) 개 념   수정부담이란 행정행위에 부가하여 새로운 의무를 과하는 것이 아니라 당사자가 신청한 것과 다르게 행정청이 내용을 수정하여 허가하는 것을 말한다. 이에는 원칙적으로 상대방의 동의가 필요하다.

　　[예] 甲이 A국으로부터의 물품수입허가를 신청하였지만 행정청이 B국으로부터의 물품수입허가를 부여한 경우, 화물차량의 A도로 통행허가 신청에 대하여 B도로의 통행을 허가한 경우

2) 법적 성질   수정부담이 부관인가에 대하여는 견해가 나뉘어지나, 수정부담은 부관이 아니라 새로운 허가라는 것이 현재 지배적인 견해이다.

7. 법률효과의 일부배제

1) 개 념   법률효과의 일부배제란 행정행위의 주된 내용에 부가하여 그 법률효과의 일부를 배제하는 내용의 부관을 말한다. 이는 법령상 규정되어 있는 법률효과를 일부배제한다는 점에서 법률에 근거가 있는 경우에만 붙일 수 있다.

　　[예] 택시영업을 허가하면서 격일제 운행을 부관으로 정하는 경우, 도로점용허가 시 야간에만 사용할 것을 부관으로 정하는 경우

2) 법적 성질   통설은 법률효과의 일부배제를 부관의 하나로 보나, 이를 부관이 아니라 행정행위의 효과의 내용적 제한으로 보아야 한다는 견해도 있다.

Ⅲ. 부관의 한계

1. 부관의 가능성

1) 법규에 규정이 없는 경우   부관은 법률행위적 행정행위 중 재량행위에 대해서만 붙일 수 있다는 것이 통설이다. 또한 법률의 명문의 규정이 없는 경우에도 수익적 행정행위(허가·특허 등)에는 부관을 붙일 수 있다(대판 1997.3.11. 96다49650). 아래에서는 부관의 가능성이 문제되는 경우를 살펴보기로 한다.

　　① 준법률행위적 행정행위: 준법률행위적 행정행위는 의사표시를 요소로 하지 아니하고 그 효과도 법률에 의하여 부여되므로 부관을 붙일 수 없다는 것이 통설적 견해이다. 그러나 최근 유력한 견해는 효과를 제한하기 위한 부관은 붙일 수 없으나, 특별한 의무를

부과하기 위한 부관(부담)과 요건을 보충하기 위한 부관은 붙일 수 있다고 한다.

② 기속행위: 기속행위의 경우에는 행정청은 법규에 엄격히 기속되므로 법령이 부여한 일정한 효과를 제한하는 부관은 붙일 수 없다(통설·판례).

[판례] 기속행위에 붙은 부관의 효력

ⓐ 기속행위에 대하여는 법령상 특별한 근거가 없는 한 부관을 붙일 수 없고 가사 부관을 붙였다 하더라도 이는 무효이다(대판 1993.7.27. 92누13998).

ⓑ 행정청이 건축변경허가를 함에 있어 건축주에게 새 담장을 설치하라는 부관을 붙인 것은 법령상 근거 없는 부담을 부가한 것으로 위법하다(대판 2000.2.11. 98누7527).

[정리] 부관의 가능성 정리(명문규정이 없는 경우)

구 분	통설적 견해	새로운 견해
법률행위적 행정행위	가능	개별성질로 판단
준법률행위적 행정행위	불가능	개별성질로 판단
재량행위	가능	가능
기속행위	불가능	요건충족 부관은 가능

2) 법규에 규정이 있는 경우 실정법에 부관에 관한 명문규정이 있는 경우에는 준법률행위적 행정행위나 기속행위에 대해서도 부관을 붙일 수 있다.

2. 부관의 일반적 한계

행정행위에 부관을 붙일 수 있는 경우에도 다음과 같은 일정한 한계가 있다. 이러한 한계를 위반한 부관은 위법한 부관이 된다.

① 법규상 한계: 부관은 법령에 위배되지 않아야 한다. 따라서 부관의 내용이 적법해야 함은 물론 형식도 법령에 위배되어서는 안 된다.

② 내용상 한계: 부관의 내용은 가능한 한 명확해야 하고, 실행 가능한 것이어야 한다. 불명확한 내용의 부관은 통상 전체 행정행위를 위법하게 하고, 실행 불가능한 부관은 부관 없는 행정행위로 다루어진다.

③ 목적상 한계: 부관은 그 주된 행정행위가 추구하는 목적의 범위를 일탈하여서는 아니된다.

  예 경찰허가에 붙이는 부관은 경찰목적에 비추어 필요한 범위 내일 것

④ 일반법원칙상의 한계: 부관은 평등의 원칙·평등의 원칙 및 부당결부금지의 원칙

등 행정법의 일반원칙을 위반하여서는 아니 된다.

　[예] 목적과 무관한 다른 목적을 위한 부관, 다른 자에 비하여 특정인에게만 불리한 부관 →
위법한 부관

> **[판례] 법령상의 근거 없이도 재량행위에 부관을 붙일 수 있는지 여부 및 부관의 내용적 한계**
>
> 재량행위에 있어서는 법령상의 근거가 없다고 하더라도 부관을 붙일 수 있는데, 그 부관의 내용은
> 적법하고 이행 가능하여야 하며 비례의 원칙 및 평등의 원칙에 적합하고 행정처분의 본질적 효력을
> 해하지 아니하는 한도의 것이어야 한다(대판 1997.3.14. 96누16698).

3. 부관의 시간적 한계(사후부관)

1) 개 념　행정행위를 발한 후에 새로운 부담을 추가하거나 이미 붙여진 부담을 변경·
보충할 수 있는가가 부관의 시간적 한계의 문제이다.

2) 허용 여부　사후에도 부관을 붙일 수 있는가에 대하여는 부정설과 긍정설 등이
주장되고 있으나, 제한적 긍정설이 다수설이며 판례의 견해이다. 제한적 긍정설에 의하면
법규 또는 행정행위 자체가 사후 부관을 허용하고 있거나 유보한 경우 또는 상대방의
동의가 있을 경우에는 사후에도 부관을 붙일 수도 있다고 한다.

> **[판례] 부관의 사후변경이 허용되는 범위**
>
> 행정처분에 이미 부담이 부가되어 있는 상태에서 그 의무의 범위 또는 내용 등을 변경하는 부관의
> 사후 변경은, 법률에 명문의 규정이 있거나 그 변경이 미리 유보되어 있는 경우 또는 상대방의 동의가
> 있는 경우에 한하여 허용되는 것이 원칙이지만, 사정변경으로 인하여 당초에 부담을 부가한 목적을
> 달성할 수 없게 된 경우에도 그 목적달성에 필요한 범위 내에서 예외적으로 허용된다(대판 1997.5.30.
> 97누2627).

Ⅳ. 부관의 하자와 행정쟁송

1. 부관의 하자

　주된 행정행위에 부가된 부관에 하자가 있어 위법한 경우에는 위법한 부관의 효력과
주된 행정행위의 효력이 문제된다.

1) 하자 있는 부관의 효력　하자 있는 부관의 효력은 행정행위의 무효·취소의 구별기준에
준하여 판단한다. 따라서 부관의 하자가 중대하고 명백한 경우에는 그 부관은 무효이고,

그렇지 않은 경우에는 취소할 수 있는 부관이 된다.

2) 하자 있는 부관이 붙은 행정행위의 효력

① 당연무효인 부관이 붙은 행정행위의 효력: 무효인 부관이 붙은 행정행위는 원칙적으로 부관만이 무효로 되어 부관 없는 행정행위가 되나, 그 부관이 주된 행정행위를 함에 있어서 '중요한 요소'가 되는 경우에는 주된 행정행위는 무효로 된다(절충설, 통설·판례).

> **[판례] 부관이 주된 행정행위의 중요한 요소가 되는 경우**
> 도로점용허가의 점용기간은 행정행위의 본질적인 요소에 해당하는 것이어서, 부관인 점용기간을 정함에 있어서 위법이 있으면 도로점용허가처분 전부가 위법이 된다(대판1985.7.9. 84누604).

② 취소할 수 있는 부관이 붙은 행정행위의 효력: 취소할 수 있는 부관은 권한 있는 기관에 의하여 취소될 때까지 유효한 부관이 된다. 따라서 취소가 있기 전에는 일응 유효한 부관부 행정행위로서 효력을 가진다. 권한 있는 행정기관에 의하여 취소된 경우에 주된 행정행위에 미치는 영향은 부관이 무효인 경우와 동일하게 다루어진다.

2. 하자 있는 부관에 대한 행정쟁송

1) 문제점   하자 있는 부관으로 인하여 권익이 침해된 경우 관련 당사자가 하자 있는 부관만을 따로 분리하여 행정쟁송의 대상으로 할 수 있는지(독립쟁송가능성)와 독립하여 쟁송의 대상이 될 수 있다고 보는 경우 부관만을 분리하여 취소할 수 있는지(독립취소가능성)가 문제된다.

2) 독립쟁송가능성   부관만을 따로 분리하여 행정쟁송의 대상으로 할 수 있는지에 대해서는 학설이 대립하고 있으나, 부담독립쟁송설이 다수의 견해이며 판례의 입장이다. 따라서 부담독립쟁송설에 의하면 다음과 같다.

① 부 담: 부관의 종류 가운데 부담만이 주된 행정행위와 분리하여 독립쟁송의 대상이 된다.

② 부담 이외의 부관: 부담 이외의 부관은 그것만을 분리하여 독립쟁송의 대상으로 할 수 없고, 부관부행정행위 전체를 행정쟁송의 대상으로 하여야 한다.

> **[판례] 부담만의 독립쟁송가능성을 인정한 판례**
> 행정행위의 부관은 행정행위의 일반적인 효력이나 효과를 제한하기 위하여 의사표시의 주된 내용에 부가되는 종된 의사표시이지 그 자체로서 직접 법적 효과를 발생하는 독립된 처분이 아니므로 현행

행정쟁송제도 아래서는 부관 그 자체만을 독립된 쟁송의 대상으로 할 수 없는 것이 원칙이나 행정행위의 부관 중에서도 행정행위에 부수하여 그 행정행위의 상대방에게 일정한 의무를 부과하는 행정청의 의사표시인 부담의 경우에는 다른 부관과는 달리 행정행위의 불가분적인 요소가 아니고 그 존속이 본체인 행정행위의 존재를 전제로 하는 것일 뿐이므로 부담 그 자체로서 행정쟁송의 대상이 될 수 있다(대판 1992.1.21. 91누1264).

[판례] 기한은 독립쟁송의 대상이 아니나, 기간의 연장신청 거부는 독립쟁송의 대상이 된다는 사례

ⓐ 행정행위의 부관은 부담인 경우를 제외하고는 독립하여 행정소송의 대상이 될 수 없는바, 기부채납 받은 행정재산에 대한 사용·수익허가에서 공유재산의 관리청이 정한 사용·수익허가의 기간은 그 허가의 효력을 제한하기 위한 행정행위의 부관으로서 이러한 사용·수익허가의 기간에 대해서는 독립하여 행정소송을 제기할 수 없다(대판 2001.6.15. 99두509).
ⓑ 원고의 개발제한구역 내 허가기간 연장신청을 허가함으로 인하여 예상되는 공익의 침해보다는 위 신청을 불허함으로 인하여 초래되는 원고의 불이익이 매우 중대하여, 피고가 위 허가기간 연장신청을 반려하는 것이 원고가 입게 되는 불이익을 희생시키더라도 부득이하다고 할 정도의 공익상의 필요가 있다고 할 수 없으므로, 이 사건 처분은 재량권을 남용하였거나 재량권의 범위를 일탈한 위법한 처분이다(대판 1991.8.27. 90누7920).

3) 독립취소 가능성   부관만을 분리하여 취소할 수 있는지에 관하여는 견해의 대립이 있으나, 중요성설(관련성기준설)이 다수설적 견해이다. 이 견해의 내용은 다음과 같다.

① 위법한 행정행위의 부관이 주된 행정행위의 중요한 요소가 아닌 경우(분리 가능한 요소인 경우)에는 부관만의 일부취소가 허용되어, 부관 없는 행정행위가 된다.

② 부관의 내용이 주된 행정행위의 중요한 요소(본질적 요소, 부관이 없었다면 주된 행위를 하지 않았을 것이라고 인정되는 경우)인 경우에는 부관부행정행위 전체가 취소의 대상이 된다.

4) 부관에 대한 행정쟁송의 형태

① 행정심판: 부담에 대해서는 취소심판을 조건과 기한에 대해서는 의무이행심판(조건이나 기한이 붙어 있지 않은 행정행위를 구하는 행정심판)을 제기할 수 있을 것이다.

② 행정소송: 현행 행정소송법은 의무이행소송을 인정하지 않으므로 부관의 위법성을 다투는 경우의 보편적 소송형태로는 취소소송과 무효등확인소송이 될 것이다.

제6절 행정행위의 성립과 효력요건

Ⅰ. 행정행위의 성립요건

행정행위의 성립요건은 내부적 성립요건과 외부적 성립요건으로 나누어진다.

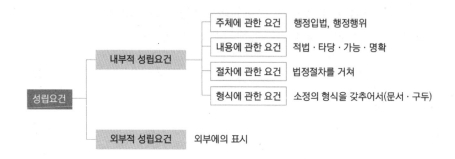

1. 내부적 성립요건

1) 주체에 관한 요건 행정행위는 정당한 권한을 가진 행정청이 그 권한 내에서 정상적인 의사에 기하여 행한 것이어야 한다. 다만 행정행위는 그 특성상 조직법상의 행정청이 아닌 집행기관인 공무원에 의하여 행하여지는 경우(예 교통정리하는 경찰관)가 많은 데에 그 특징이 있으며, 이 경우 경찰관은 경찰행정청으로 간주된다.

2) 내용에 관한 요건 행정행위의 내용은 법률상·사실상 실현 가능해야 하고 객관적으로 명확하여야 하며 법과 공익에 적합하여야 한다. 특히 행정행위는 과잉금지의 원칙, 즉 비례의 원칙을 준수하여야 한다. 따라서 행정행위는 법률상 허용된 목적을 달성하기 위해서 가장 적합한 수단으로서 최소 침해를 가져오는 것이어야 하며, 그 비례관계가 유지되어야 한다. 또한 행정처분이 이루어지기 위해서는 현존하는 위험이 보호법익에 대한 손해로 이어질 충분한 개연성, 즉 구체적 위험이 있어야 한다.

3) 절차적 요건 행정행위에 일정한 절차가 요구되는 경우에는 그 절차를 갖추어야 한다. 즉 침익적 행정행위의 경우에는 사전통지와 의견청취의 절차를 거쳐야 하고(행정절차법 제21조·제22조), 모든 행정행위는 원칙적으로 이유를 제시하여야 한다(동법 제23조).

4) 형식에 관한 요건 행정행위는 일반적으로 불요식행위이나, 행정행위의 내용을 명확히 하고 그에 관한 증거를 보존하기 위하여 일정한 형식(요식행위)을 요구하는 경우가

있다. 행정절차법은 법령에 특별한 규정이 있는 경우를 제외하고는 신속을 요하거나 경미한 경우 이외에는 문서로 한다고 규정(동법 제24조①)하여 행정행위의 '서면주의 원칙'을 규정하고 있다. 다만, 신속히 처리할 필요가 있거나 사안이 경미한 경우에는 말 또는 그 밖의 방법으로 할 수 있다(동법 제24조②).

2. 외부적 성립요건

1) **외부적 표시**　행정행위는 상대방에게 표시(통지)된 때 성립한다. 따라서 위의 내부적 성립요건을 갖추었더라도 외부적 표시가 없다면 행정행위는 성립했다고 볼 수 없다.

2) **성립의 효과**　행정행위가 일단 성립하면 그 행위가 아직 상대방에게 도달하지 않은 경우에도 행정청은 이유 없이 그것을 취소·변경할 수 없는 구속을 받는다. 여기에 행정행위의 성립요건과 효력요건의 구별실익이 있다.

Ⅱ. 행정행위의 효력발생요건

행정행위는 시기나 정지조건의 부관이 붙은 경우를 제외하고는 원칙적으로 성립과 동시에 효력을 발생한다. 행정행위에 시기나 정지조건의 부관이 붙은 경우에는 그 시기의 도래나 조건의 성취가 효력발생의 요건이므로 그 시기가 도래하거나 조건이 성취된 때 효력을 발생한다.

1. 대외적 표시와 도달주의

상대방 있는 행정행위는 일반적으로 고지(또는 송달)가 상대방에게 도달함으로써 효력을 발생한다. 행정 효율과 협업 촉진에 관한 규정 제6조 제2항도 도달주의를 규정하고 있다. 여기서 도달(到達)이란 상대방이 알 수 있는 상태에 두는 것을 말하며, 상대방이 현실적으로 수령하여 요지할 것을 의미하는 것은 아니다(대판 1976.6.8. 75누63).

　　예 대문의 수신함에 투입된 때, 우체국 개인 사서함에 투입된 때, 동거 가족이 수령한 때, 법인 대표자에 대한 통지는 그 종업원이 받은 때 → 도달(○)

2. 고지(송달)의 방법

1) **송 달**　행정절차법 제14조와 제15조에서는 송달(送達)의 방법과 그 효력을 규정하고

있는바, 송달도 다른 법령 등에 특별한 규정이 있는 경우를 제외하고는 송달받을 자에게 도달됨으로써 그 효력이 발생한다.

2) 공고　송달받을 자의 주소 등을 통상의 방법으로 확인할 수 없거나 송달이 불가능한 경우에는 송달받을 자가 알기 쉽도록 관보·공보·게시판·일간신문 중 하나 이상에 공고하고 인터넷에도 공고하여야 하는바, 이 경우에는 다른 법령 등에 특별한 규정이 있는 경우를 제외하고는 공고일부터 14일이 지난 때에 그 효력이 발생한다.

Ⅲ. 행정행위의 요건 불비의 효과

행정행위가 성립·효력요건을 갖추면 완전한 효력이 발생하나, 요건의 불비가 있는 경우에는 하자 있는 행정행위로 그 하자의 정도에 따라 취소의 대상이 되거나 무효 또는 부존재의 처분이 된다.

제7절 행정행위의 효력

Ⅰ. 일반적 효력

행정행위는 권력적 단독행위로서의 공권력 집행의 전형적인 모습이다. 학술적 개념인 행정행위의 일반적 효력으로서 구속력, 공정력, 구성요건적 효력, 존속력 및 강제력을 갖는다.

1. 구속력

구속력이란 행정행위가 일단 성립·발효되면 그 내용에 따라 관계행정청 및 상대방과 이해관계인에 대하여 행정행위가 담고 있는 규율(명령 또는 금지)을 준수하고 그에 따라 행위하도록 하는 힘을 말한다.

例 경찰관이 경찰관 직무집행법에 근거한 위험방지조치를 명하면 상대방은 그 조치를 하여야 할 의무가 발생, 도로교통법에 의하여 운전면허증이 발급되면 상대방에 대한 운전금지의무가 해제

2. 공정력

1) 공정력의 개념

① 통설적 견해: 공정력이란 경찰상 행정행위가 일단 성립요건과 효력요건을 갖추게 되면 그 행정행위에 하자(흠)가 있더라도 그 하자가 중대하고 명백하여 당연무효가 아닌 경우에는 권한 있는 기관(처분청·재결청·수소법원)에 의하여 취소될 때 까지 일응 적법·유효한 것으로 추정되어 누구든지 그 효력을 부인할 수 없는 힘을 말한다(판례). 예선적 효력이라고도 한다.

② 새로운 견해: 최근에는 공정력을 협의의 공정력과 구성요건적 효력으로 구분하는 견해가 유력하다. 이 견해는 공정력을 '누구에 대한 효력인가'를 기준으로 행정행위의 상대방 또는 이해관계인에 대한 효력인 '협의의 공정력'과 취소권을 가진 기관 이외의 국가기관에 미치는 힘인 '구성요건적 효력'으로 구분한다(공정력=협의의 공정력+구성요건적 효력).

[정리] 구성요건적 효력

ⓐ 의의: 행정행위의 구성요건적 효력이란 경찰처분이 당연무효가 아닌 이상 처분청과 재결청 및 취소소송에서의 수소법원을 제외한 다른 모든 국가기관은 그의 존재(또는 내용)를 존중하여야 하며, 스스로 판단의 기초 내지는 구성요건으로 삼아야 하는 행정행위의 구속력을 말한다. 즉 이는 제3의 국가기관은 유효한 행정행위가 존재하는 한 그러한 사실을 자기의 권한 행사의 전제요건(구성요건)으로 삼아야 한다는 것을 말한다.

例 A지방경찰청장이 甲에게 운전면허증을 교부한 경우 → 운전면허가 당연무효가 아닌 이상 다른 국가기관도 甲이 운전면허를 받은 사람으로 인정하여야 한다.

ⓑ 공정력과의 관계: 통설은 구성요건적 효력을 공정력에 포함시켜 양자를 합쳐 공정력이라고 부르고 있다. 그러나 행정행위의 상대방 또는 이해관계인에 대한 구속력인 공정력과 제3의 국가기관에 대한 구속력인 구성요건적 효력과는 구별되어야 한다는 것이 최근 유력설이다.

---

2) 공정력의 근거

① 실정법상의 근거: 실정법상 행정행위의 공정력을 인정하는 명문의 규정은 없으나,

간접적 근거규정으로는 취소소송에 관한 행정법상의 규정(행정심판법 제5조, 행정소송법 제4조)과 행정대집행법상의 자력집행에 관한 규정 등이 있다.

② 이론적 근거: 공정력의 인정 근거에 대해서는 국가권위성·예선적특권설·자기확인설 등이 대립하고 있으나, 법적 안정설(행정정책설)이 우리나라의 다수설적 견해이다. 즉 하자 있는 행정행위는 행정쟁송제도를 통하여 해결하는 것이 원칙이므로 행정쟁송제도에 의하여 해결되기 전까지는 행정법관계의 안정성과 행정작용의 능률적 수행을 확보하기 위하여 공정력이 인정된다는 것이다.

3) 공정력의 한계

① 무효 또는 부존재의 행정행위: 행정행위의 하자가 중대하고 명백하여 당연무효인 경우에는 공정력이 인정되지 않는다(통설).

② 행정행위 이외의 경찰작용: 공정력은 취소쟁송(취소심판·취소소송)의 대상이 되는 행정행위에 대해서만 인정된다.

[예] 무효인 행정행위, 취소쟁송의 대상이 되지 않는 행위(명령·행정계약·사실행위 및 사법행위) → 공정력(×)

③ 실체법상의 효력: 공정력은 해당 경찰상 행정행위가 실체법상 적법하다고 인정하도록 요구하는 힘이 아니라, 그것이 취소될 때까지는 그 처분의 효력을 부인할 수 없게 하는 절차적 효력에 불과하다. 따라서 취소할 수 있는 권한을 가지는 기관(처분청·재결청·수소법원)에 대하여는 공정력이 미치지 않는다.

[예] A지방경찰청장이 甲에게 운전면허증을 교부한 경우 → 공정력이 A지방경찰청장의 운전면허가 적법하다는 것을 인정하여 주는 것은 아니다.

4) 공정력의 객관적 범위(공정력과 선결문제)   취소소송 이외의 소송을 재판하는 법원에서 선결문제로서 행정행위의 효력 유무를 심사할 수 있는가가 문제된다.

① 민사법원의 경우: 판례와 다수설은 행정행위가 당연무효인 경우나 단순위법인 경우에 민사법원이 선결문제로서 행정행위의 위법성 여부에 대하여 심리·판단할 수 있다고 한다(대판 1972.4.28. 72다337). 다만, 행정행위가 당연무효가 아닌 한 민사법원이 행정행위의 효력을 부인할 수는 없다고 한다(대판 1973.7.10. 70다1439). 행정행위가 절대적 무효인 경우를 제외하고는 그 하자를 심사하여 효력을 부인할 수 있는 기관은 취소쟁송을 제기받은 행정청(행정심판의 경우) 또는 법원(행정소송의 경우)뿐이기 때문이다.

[예] 행정청의 철거처분으로 집을 철거당한 사람이 그 철거처분의 위법을 이유로 국가배상을 청구한 경우 → 해당 민사법원은 행정행위(철거처분)의 위법성을 심리 판단할 수 있으나, 해당 행정처분이 무효임을 판단할 수는 없음

② 형사법원의 경우: 행정행위가 형사사건의 선결문제로 되는 경우에도 형사법원은 그 행정행위의 위법성 여부는 심리·판단할 수 있으나, 그 행정행위의 유효성(효력)은 심리할 수 없다는 것이 통설·판례(대판 1986.1.28. 85도2489)이다. 다만, 해당 위법사유가 당연무효인 경우에는 형사법원은 응당 행정행위의 효력을 판단할 수 있을 것이다.

예 • 영업허가가 취소되었음에도 불구하고 영업을 계속한 자가 무허가 영업죄로 기소된 경우 → 형사법원에서는 영업허가 취소처분의 적법성 여부만을 심리할 수 있고, 유효성은 심리할 수 없음

• 위법사유가 있는 운전면허를 가진 자의 운전행위가 무면허운전으로 기소된 경우 → 형사법원은 운전면허처분의 유효성은 심리할 수 없음

[판례] 도로교통법 제57조 제1호(현행법 제82조 제1호)에 위반하여 교부된 운전면허의 효력

제한연령 미달의 결격자인 피고인이 소외인의 이름으로 운전면허시험에 응시, 합격하여 교부받은 운전면허는 당연무효가 아니고 도로교통법 제65조 제3호의 사유에 해당함에 불과하여 취소되지 않는 한 유효하므로 피고인의 운전행위는 무면허운전에 해당하지 아니한다(대판1982.6.8. 80도2646).

3. 존속력(확정력)

행정행위의 존속력은 불가쟁력과 불가변력으로 구분할 수 있다.

1) 불가쟁력(형식적 존속력)

① 개 념: 불가쟁력이란 행정행위에 하자(위법·부당)가 있는 경우라도 쟁송기간이 경과하거나 쟁송수단을 모두 거친 경우(심급이 종료한 때)에는 상대방 또는 이해관계인은 더이상 그 행정행위의 효력을 다툴 수 없는 효력을 말한다. 불가쟁력이 생긴 행정행위에 대한 행정심판 및 행정쟁송의 제기는 부적법한 것으로 각하된다.

[판례] 정처분의 확정력의 의미

일반적으로 행정처분이나 행정심판재결이 불복기간의 경과로 인하여 확정될 경우, 그 확정력은 그 처분으로 인하여 법률상 이익을 침해받은 자가 당해 처분이나 재결의 효력을 더 이상 다툴 수 없다는 의미일 뿐, 더 나아가 판결에 있어서와 같은 기판력이 인정되는 것은 아니어서 그 처분의 기초가 된 사실관계나 법률적 판단이 확정되고 당사자들이나 법원이 이에 기속되어 모순되는 주장이나 판단을 할 수 없게 되는 것은 아니다(대판 2000.4.25. 2000다2023).

② 존재이유: 행정행위의 효력을 신속하게 형식적으로 확정시킴으로써 행정법관계의 안정성을 확보하는 것이 불가쟁력을 인정하는 이유이다.

③ 적용범위: 불가쟁력이 인정되는 것은 행정행위의 하자가 취소사유인 경우에 국한되

고, 무효인 경우에는 쟁송제기기간의 제한을 받지 않으므로 불가쟁력이 발생하지 않는다.

④ 효 력: 불가쟁력이 발생한 행정행위에 대해서는 위법함이 확인되더라도 상대방 등은 재심을 청구할 수 없다. 다만 당해 행정청의 직권취소가능성과 국가배상청구권만이 가능할 뿐이다.

㉠ 직권취소가능성: 행정행위에 대하여 불가쟁력이 발생하더라도 그 위법성이 확인되면 경찰행정청은 당해 행정행위를 직권취소할 수 있다(대판 1995.9.15. 95누6311). 그러나 상대방이나 이해관계인은 직권취소를 청구할 수 없으므로 재심사를 청원하거나 직권에 의한 재심사를 촉구할 수밖에 없다.

㉡ 국가배상청구권: 불가쟁력이 생긴 행정행위에 대해서도 그 처분의 위법성이 확인되면 국가배상법에 따른 배상청구가 가능하다.

2) 불가변력(실질적 존속력)

① 개 념: 불가변력이란 행정행위가 일단 발해지면 하자가 있거나 사정이 변경되더라도 행정청 자신이 자유로이 이를 취소·변경·철회할 수 없는 효력을 말한다.

② 존재이유: 행정행위가 위법하거나 공익에 부적합한 경우에는 행정청은 이를 취소·변경할 수 있는 것이 원칙이나, 당사자의 법적 안정성을 위하여 취소·변경이 제한되는 경우가 있다.

③ 적용범위: 불가변력은 모든 행정행위에 인정되는 것이 아니라 예외적으로 특별한 경우에만 인정된다.

㉠ 준사법적 행위: 준사법적 행위(예 행정심판의 재결·확인적 행위)에는 불가변력이 인정된다(통설·판례).

㉡ 수익적 행정행위: 특허·인가·허가 등 수익적 행정행위는 상대방 및 이해관계인의 신뢰보호와 법적 안정성을 이유로 취소·철회가 인정되는 경우가 있다.

㉢ 법률의 규정에 의한 경우: 법률이 일정한 행위에 대하여 확정판결 또는 재판상 화해와 같은 소송법적 존속력을 인정하는 경우가 있으나, 이는 행정행위의 효력인 불가변력에 해당하지 않는다.

㉣ 공공복리: 공공복리를 이유로 행정행위의 취소·철회가 제한되는 경우가 있으나, 이는 행정행위의 효력인 불가변력이라기 보다는 구체적인 경우의 공공복리와 비교·형량하여 그 취소권이 제한되는 것이라고 보는 것이 타당하다(다수설).

㉤ 무효인 행정행위: 행정행위의 불가변력은 유효인 행정행위를 전제로 하므로, 무효인 행정행위에 대하여는 불가변력이 발생하지 않는다.

3) 불가쟁력과 불가변력의 관계

① 불가쟁력은 행정행위의 상대방 및 이해관계인에 대한 구속력이지만, 불가변력은 처분청 등 행정기관에 대한 구속력이다.

② 불가쟁력이 발생한 행정행위는 불가변력이 발생하지 않는 한 권한 있는 기관이 취소·변경할 수 있다(대판 1995.9.15. 95누6311).

③ 불가변력이 있는 행정행위도 쟁송제기기간이 경과되지 않는 한, 쟁송을 제기하여 그 효력을 다툴 수 있다.

④ 불가쟁력은 절차법적 효력이지만, 불가변력은 실체법적 효력이다.

[정리] 불가쟁력과 불가변력의 비교

구 분	불가쟁력	불가변력
구속대상	상대방 및 이해관계인	처분청 등 행정기관
성 질	절차법적 효력	실체법적 효력
적용범위	무효인 행정행위를 제외한 모든 행정행위	일정한 행정행위
양자의 관계	상호 무관하게 독립적 효력을 가짐(법적 안정과 신뢰보호목적은 동일)	

4. 강제력

강제력이라 함은 행정행위에 의하여 부과된 의무를 상대방이 스스로 이행하지 않는 경우 행정기관이 그 의무이행을 강제할 수 있는 힘을 말한다. 이러한 강제력은 강제집행력과 제재력으로 구분된다.

1) 강제집행력

① 개 념: 강제집행력이란 상대방이 행정행위에 의하여 부과된 의무를 이행하지 않는 경우 법원의 힘을 빌리지 않고 행정기관이 자력으로 그 의무를 실현시키는 힘을 말한다.

② 범 위: 행정행위 중에서 강제적인 실현이 요구되는 것은 상대방에게 일정한 의무(작위·부작위·급부·수인의무 등)를 하도록 하는 하명행위뿐이므로, 집행력은 하명행위에만 인정된다.

③ 인정근거: 집행력은 행정행위의 본질상 내재하는 효력이 아니라, 행정행위와는 별도의 법규에 의하여 부여되는 효력에 불과하므로, 그에 관한 법률상의 근거가 있어야 한다. 행정기관의 자력집행의 근거가 되는 법률은 행정대집행법과 국세징수법이다.

2) 제재력
제재력은 행정행위에 의하여 부과된 의무를 상대방이 위반한 경우 그에 대한 제재로서 행정벌(행정형벌·질서벌)을 부과할 수 있는 효력을 말한다. 물론 제재력도 법률상 명문의 근거가 있는 경우에만 인정된다.

Ⅱ. 수인의무의 발생

1. 개 념

행정처분은 그 내용에 따라 특정한 개인 또는 불특정한 인적 집단에 대하여 일정한 행위를 하거나 하지 않아야 할 의무를 발생시키는데, 이러한 의무를 수인의무라고 한다.

2. 수인의무의 성질

수인의무는 예컨대 위반 상태의 제거라는 행정목적을 달성하기 위하여 일시적으로 자연적 사실·상태 또는 사람의 행위에 대한 제한이나 금지를 가하는 것이고, 법률상 능력이나 법률행위의 효력을 제한하거나 영구적으로 박탈하는 것은 아니다. 즉, 수인의무는 공공의 안녕과 질서에 위해를 끼칠 '사실상의 행위'를 제한하는 것이지, 금지를 위반한 상대방 행위의 '법률적 효력'를 부인하는 것은 아니다. 그러므로 의무를 위반한 자가 처벌을 받는 경우에도 그 법률행위는 원칙으로 유효하다.

    예 총포·도검·화약류 등의 제조업자 A가 총포 등의 소지허가가 없는 B에게 총포 등을 매도한 경우 → A는 총포·도검·화약류등단속법 위반(동법 제21조④·제71조 제3호)으로 처벌, B는 유효하게 총포 등의 소유권 취득

3. 수인의무의 상대방

수인의무는 행정주체(국가 등)에 대하여 지는 것이고, 제3자에게 지는 것은 아니다.

    예 의사의 의료법상 환자의 치료의무 → 의사의 치료의무는 행정주체에 대하여 지는 것이지, 환자에게 지는 것이 아님

제8절 행정행위의 효력이 미치는 범위와 실효성 확보수단

Ⅰ. 행정행위의 효력이 미치는 범위

1. 인적 범위

행정행위의 인적 범위는 처분의 효력이 직접 수명자(상대방)에게만 미치는 가 아니면 수명자로부터 다른 사람에게 이전될 수 있는가가 문제되다.

1) 대인적 행정행위인 경우   행정행위가 대인적 행정행위인 경우에는 그 행정행위는 일신 전속적인 성격을 가지므로 행정행위의 상대방인 수명자에게만 효력이 발생하고, 이전되지 않는다.

2) 대물적 행정행위인 경우   대물적 행정행위는 특정 물건에 초점이 맞추어져 있으므로 물건이 양수 또는 승계된 경우에는 당해 물건에 대한 행정행위의 효력도 이전된다.

3) 혼합 행정행위의 경우   대인적 행정행위와 대물적 행정행위가 경합하는 경우에는 그 행정행위를 있게 한 법령의 합리적인 판단에 의해 구체적으로 정하지만, 대물적 효과는 이전된다고 본다.

2. 지역적 범위

1) 원 칙   행정행위의 효력이 미치는 지역적 범위는 원칙적으로 당해 행정청의 관할구역에 한정된다.

2) 예 외   행정행위 가운데 대물적 행정행위는 그 효력이 당해 행정청의 관할구역 이외에도 미칠 수 있다.

　　예 운전면허정지처분

Ⅱ. 행정행위의 실효성 확보수단

행정행위의 수명자가 행정행위의 의무를 스스로 이행하지 않는 경우에는 그 이행을 확보하기 위하여 뒤에서 고찰하게 될 강제집행과 질서벌을 통하여 직접·간접으로 실력을 행사하게 된다.

제9절 행정행위의 하자(흠)와 그 효과

I. 서 설

1. 하자의 의의와 종류

1) 하자(흠)의 의의   행정행위의 하자라 함은 행정행위가 적법·유효하게 성립하기 위한 요건을 갖추지 못한 것을 말하며, 이러한 요건을 갖추지 못한 행정행위를 하자(흠) 있는 행정행위라고 한다.

2) 하자의 종류   행정행위의 하자는 성문·불문의 법규가 요구하는 요건을 구비하지 못한 위법행위와 법에는 위반되지 않지만 공익에 부적합한 부당행위로 구분된다.

> **[이해]** 기속행위의 하자는 항상 위법이 되지만, 재량행위는 법을 위반하거나 재량권을 남용·일탈한 경우에는 위법이 되나, 재량의 범위 내에서 재량권을 부적정하게 행사한 경우에는 부당이 될 뿐이다.

2. 하자의 판단시점

행정행위 하자 여부의 판단시점은 행정행위의 발령시이다. 따라서 행정행위가 상대방에게 도달된 시점을 기준으로 하자의 유무 여부가 판단되고, 행정행위의 발령 후 그 행위의 근거가 된 사실관계나 법령이 변경됨으로써 당해 행정행위가 위법하게 된 경우에는 하자의 문제가 아니라 철회가 문제될 뿐이다.

3. 구별개념

1) 부존재와의 구별　　행정행위의 부존재라 함은 행정행위가 그 성립요건의 중요한 요소를 결여함으로써 행정행위라고 볼 수 있는 외형상의 존재가 없는 경우를 말한다. 따라서 이는 행정행위의 성립을 전제로 하는 행정행위의 하자와 구별된다.

　　☞ 행정기관이 아닌 것이 명백한 사인의 행위, 행정기관의 행위이나 행정권 발동으로 볼 수 없는 행위(권유·주의·호의적 알선·희망표시 등), 행정기관 내부의 의사결정이 있을 뿐 행정행위로서 외부에 표시되지 않은 경우, 행정행위가 해제조건의 성취·기한의 도래·철회 등에 의하여 실효된 경우 → 행정행위의 부존재

2) 철회와의 구별　　하자는 발령 당시를 기준으로 논의되는 것이지만, 철회는 적법유효하게 성립하였으나 그 후의 새로운 사정의 발생으로 더이상 유지할 수 없는 경우에 문제되는 것으로 양자는 구별된다.

Ⅱ. 행정행위의 하자의 효과

　　행정행위의 하자의 효과에 대해서는 일률적으로 말할 수 없으나, 일반적으로는 하자의 정도와 유형에 따라 무효와 취소 두 가지로 구분하여 논의하고 있다.

1. 무효와 취소의 의의

1) 행정행위의 무효　　행정행위로서의 외형은 있으나 법률상으로는 행정행위로서의 효력이 전혀 없는 경우를 말한다.

2) 취소할 수 있는 행정행위　　행정행위에 하자가 있지만 권한 있는 기관의 취소가 있기 전까지는 유효한 행위로서 효력을 가지며, 그 취소로 인하여 비로소 행정행위로서의 효력을 상실하게 되는 행위를 말한다.

3) 무효와 취소의 구별　　무효인 행정행위는 처음부터 아무런 효력이 발생하지 않으므로

권한있는 기관의 무효 선언이나 그 무효의 확인이 없더라도 당연히 무효가 된다. 따라서 누구도 이에 구속당하지 않으며, 상대방이나 이해관계인뿐만 아니라 다른 국가기관도 독자적인 판단에 의하여 그 무효를 단정할 수 있다. 그러나 취소할 수 있는 행정행위는 취소할 수 있는 권한을 가진 기관의 취소가 있기 전에는 일응 유효한 행위로 상대방과 다른 국가기관을 구속한다. 따라서 그 행위의 상대방 또는 이해관계인은 물론 다른 국가기관도 독자적인 판단에 의하여 그 효력을 부정할 수 없다.

구 분	무 효	취 소
효 력	처음부터 효력이 발생하지 않음	취소될 때까지 유효
공정력 · 불가쟁력	부정(언제나 무효 주장)	인정(소제기간 내에만 주장)
하자의 치유	부정	인정
하자의 전환	인정	부정
하자의 승계	언제나 승계인정	① 일련의 과정: 승계인정 ② 독립된 행위: 승계부정
쟁송방법의 형태	무효확인심판 · 무효확인소송 · 무효선언적 취소소송	취소심판 · 취소소송
행정소송제기요건	제한 없음[단, 무효선언적 취소소송은 제한 있음(판례)]	일반적 소송요건 및 제소기간에 의하여 제한을 받음
사정재결 · 판결	부정	인정
선결문제	형사 · 민사법원에서의 독자판단에 의한 무효 인정 가능	위법성 판단은 가능, 효력을 부인하는 판단은 불가능

2. 무효와 취소의 구별기준

무효와 취소의 구별기준에 대해서는 논리적 견해 · 개념론적 견해 · 목적론적 견해 · 중대명백설 · 조사의무설과 명백성보충설 등이 주장되고 있으나, 우리나라의 통설과 판례는 중대명백설을 취하고 있다. 중대명백설은 행정행위가 당연무효이기 위해서는 그 하자가 중대함과 동시에 명백한 것이어야 하고, 이 중 어느 하나라도 결여하게 되면 단지 취소사유가 된다고 본다.

1) **무효인 행정행위**   그 하자가 중대한 법규 위반이고 또한 외관상 명백한 경우에는 무효인 행정행위가 된다.

2) **취소할 수 있는 행정행위**   그 하자가 위의 정도에 이르지 아니한 경우, 즉 단순위법인

경우를 말한다. 부당한 행정행위도 이에 포함된다.

3. 하자의 승계

1) 개 념　하자의 승계란 둘 이상의 행정행위가 연속하여 행하여지는 경우(⑩ 계고 후 대집행을 실행하는 경우)에 선행행위에 하자가 있으면 후행행위에는 하자가 없는 경우에도, 그 선행행위의 하자가 후행행위에 영향을 미치는 경우를 말한다.

2) 하자의 승계가 문제되는 경우　선행정행위에 무효사유인 하자가 있는 경우에는 언제나 선행행위의 무효를 이유로 후행행위의 효력을 다툴 수 있으므로 하자의 승계문제는 발생하지 않는다. 따라서 하자의 승계문제를 논의하기 위해서는 ① 선행정행위에는 하자가 존재하지만 후행정행위에는 하자가 존재하지 않을 것, ② 선행정행위의 하자가 무효가 아닌 취소의 하자가 존재할 것, ③ 선행정행위의 하자가 불가쟁력을 발생하고 있을 것 등이 요구된다.

　　⑩ 두 개 이상의 행정처분이 연속하여 행하여진 경우에 선행정처분의 출소기간이 경과되어 불가쟁력 이 발생한 후에, 후행정처분의 취소소송에서 그 자체는 위법하지 아니함에도 불구하고, 선행정처분의 위법을 이유로 후행정처분의 위법을 주장하는 경우

3) 승계 여부　행정법관계의 조속한 안정과 법적 안정성 및 행정의 능률적 수행을 위하여 행정행위 상호 간에는 하자의 승계가 인정되지 않는 것이 원칙이나, 다음의 경우에는 예외적으로 그 승계 여부가 문제되고 있다.

① 연속적인 두 개의 행정행위가 하나의 법적 효과를 목적으로 하는 경우: 선행정행위와 후행정행위가 서로 결합하여 하나의 법적 효과를 완성하는 경우에는 하자가 승계되어 선행정행위가 위법하면 후행정행위도 위법한 것이 되어 항고소송으로 취소를 청구할 수 있다.

圖 행정대집행에 있어서 계고 → 대집행영장통지 → 대집행실행 → 대집행비용의 납부명령의 각 행위 사이의 하자 승계

> **[판례] 선행처분과 후행처분이 서로 결합하여 하나의 법률효과를 발생시키는 경우 하자는 승계**
>
> 일한 행정목적을 달성하기 위하여 단계적인 일련의 절차로 연속하여 행하여지는 선행처분과 후행처분이 서로 결합하여 하나의 법률효과를 발생시키는 경우, 선행처분이 하자가 있는 위법한 처분이라면, 비록 하자가 중대하고도 명백한 것이 아니어서 선행처분을 당연무효의 처분이라고 볼 수 없고 행정쟁송으로 효력이 다투어지지도 아니하여 이미 불가쟁력이 생겼으며 후행처분 자체에는 아무런 하자가 없다고 하더라도, 선행처분을 전제로 하여 행하여진 후행처분도 선행처분과 같은 하자가 있는 위법한 처분으로 보아 항고소송으로 취소를 청구할 수 있다(대판 1993. 2.9. 92누4567).

② 연속적인 두 개의 행정행위가 독립하여 별개의 효과를 발행하는 경우: 연속하는 행정행위라도 양자가 서로 독립하여 각각의 효과를 목적으로 하는 경우에는 선행정행위가 무효가 아닌 한 그 위법성은 후행정행위에 승계되지 않는다(통설·판례).

圖 과세처분과 체납처분 사이(대판 1987.9.22. 87누383), 위법한 건물의 철거명령과 대집행의 계고처분 사이

③ 선행처분이 당연무효인 경우: 선행행위가 부존재하거나 무효인 경우에는 그 하자는 당연히 후행행위에 승계되어 후행행위도 무효로 된다(대판 1996.6.28. 96누4374).

4) 선행정행위의 후행정행위에 대한 구속력의 한계(규준력이론)　선행정행위의 후행정행위에 대한 구속력이란 행정행위가 일련의 절차에 따라 연속하여 행하여지는 경우, 행정청은 후행정행위를 함에 있어 불가쟁력이 발생한 선행정행위의 규율 내용과 모순되는 결정을 할 수 없고, 상대방도 후행정행위를 다툼에 있어 불가쟁력이 발생한 선행정행위의 규율 내용과 모순된 주장을 할 수 없다는 것을 말한다. 이를 규준력 또는 기결력이라고도 한다. 그러나 선행정행위의 후행정행위에 대한 구속력은 다음과 같은 한계 내에서만 미치게 된다.

① 사물적 한계(사안적 한계): 선행정행위의 후행정행위에 대한 구속력은 양 행위가 동일한 목적을 추구하며 그의 법적 효과가 궁극적으로 일치하는 한도에서만 미친다.

② 대인적 한계: 선행정행위의 후행정행위에 대한 구속력은 양 행위의 수범자가 일치하는 한도 내에서만 그 효력이 미친다.

③ 시간적 한계: 선행정행위의 후행정행위에 대한 구속력은 선행정행위의 기초되는 사실 및 법상태가 유지되는 한도에서만 미친다.

④ 예측성과 수인 가능성: 선행정행위의 후행정행위에 대한 구속력의 승인이 그로 인하여 불이익을 입게 되는 자에게 수인 한도를 넘지 말아야 하며, 그 결과가 당사자에게 예측 가능한 범위 내에서만 그 효력이 미친다.

4. 하자(흠) 있는 행정행위의 치유와 전환

행정행위에 하자(흠)가 있는 경우에는 그 하자의 정도에 따라 무효 또는 취소하는 것이 법치행정의 원리에 합당하다. 그러나 행정행위에 하자가 있더라도 공익과 사익에 불이익이 미치지 않는 범위에서 법률생활의 안정을 도모하고 상대방의 신뢰를 보호하며 행정행위의 불필요한 반복을 피하기 위하여 하자 있는 행정행위의 효력을 유지하는 것이 필요한 경우가 있는바, 이것이 하자(흠) 있는 행정행위의 치유와 전환에 관한 법리이다.

1) 하자(흠) 있는 행정행위의 치유

① 개 념: 하자(흠) 있는 행정행위의 치유란 행정행위가 성립 당시에는 하자가 있었으나 사후에 요건이 보완되거나, 하자가 경미하거나 기타사유로 취소할 필요가 없는 것으로 인정되는 경우에, 성립 당시의 하자에도 불구하고 그 행정행위의 효력을 유지시키는 것을 말한다.

② 허용 여부: 판례는 "하자 있는 행정행위에 있어서 하자의 치유는 행정행위의 성질이나 법치주의의 관점에서 원칙적으로 허용될 수 없고, 행정행위의 무용한 반복을 피하고 당사자의 법적 안정성을 보호하기 위하여 국민의 권익을 침해하지 아니하는 범위 내에서 예외적으로만 허용된다."고 판시하고 있다(대판 2001.6.26. 99두11592, 대판 2002.7.9. 2001두10684).

[판례]
원래의 징계과정에 절차위반의 하자가 있더라도 재심과정에서 그 하자가 보완된 경우에 그 절차위반의 하자는 치유된다(대판 1993.10.26. 93다29358).

③ 치유사유: 하자 있는 행정행위는 ㉠ 요건의 사후 보완, ㉡ 정당한 권한을 가진 행정청의 추인(예 무권대리의 추인), ㉢ 장기간 방치로 법률관계가 확정된 경우(예 소멸시효의 완성), ㉣ 행정행위에 내포된 하자를 보정하는 행위가 있는 경우(예 요식행위의 형식보완,

서식에 반한 서류의 재작성), ⑩ 어떤 처분에 선행해야 할 행위의 흠결이 후에 보충된 경우(예 계고에서 철거부분이 명시되지 않았으나 대집행영장에서 이를 명기한 경우), ⑭ 취소를 불허하는 공공복리상의 필요 등에 의하여 치유된다.

④ 치유의 인정범위: 여기서는 무효인 행정행위의 하자가 치유될 수 있는가가 문제된다.

㉠ 취소할 수 있는 하자: 통설과 판례는 취소할 수 있는 하자 있는 행정행위의 치유를 인정한다.

㉡ 무효사유인 하자: 무효인 행정행위는 어떤 효력도 발생하지 않기 때문에 그 하자의 치유는 인정되지 않는다는 것이 통설과 판례이다.

예 임용 당시의 국가공무원법상 결격사유가 있었음에도 불구하고 국가의 과실로 이를 밝혀내지 못하고 국가공무원으로 임용된 뒤 명예퇴직한 경우 → 그 임용은 당연무효로 그 하자는 치유되지 않음. 따라서 퇴직금청구를 기각(대판 1996.4.12. 95누18857)

[판례] 당연무효인 징계처분의 하자가 피징계자의 인용으로 치료되는지 여부

징계처분이 중대하고 명백한 흠 때문에 당연무효의 것이라면 징계처분을 받은 자가 이를 용인하였다 하여 그 흠이 치료되는 것은 아니다(대판1989.12.12. 88누8869).

㉢ 경미한 하자: 여기서는 경미한 내용상의 하자도 치유가 인정되는지가 문제된다. 이에 대하여 다수설은 절차상의 하자뿐만 아니라 내용상의 하자도 치유를 인정하나, 판례는 하자의 치유는 절차상의 하자의 경우에만 인정되고 내용상의 하자에 대해서는 그 치유를 부정하고 있다(대판 1991.5.28. 90누1359).

⑤ 하자의 치유시한: 하자의 치유가 언제까지 허용되는지에 관하여는 ㉠ 행정쟁송제기 이전까지 보는 견해와 ㉡ 소송절차종결 전까지로 보는 견해가 대립하고 있다. 판례는 "하자의 치유는 늦어도 당해 처분에 대한 쟁송제기 이전에는 하자가 치유되어야 한다."고 판시하여 행정쟁송제기 이전까지 보는 견해를 취하고 있다. 다만, 징계처분의 하자의 경우에는 징계처분과 재심절차가 본래 하나의 징계절차를 이루고 있는 것이므로 재심절차 에서도 그 치유가 가능하다고 한다(대판 1999.3.26. 98두4672).

⑥ 하자의 치유의 효과: 행정행위의 하자가 치유되면 소급적으로 행정행위는 그 효력을 유지한다.

2) 하자 있는 행정행위의 전환

① 개 념: 하자 있는 행정행위의 전환이란 하자 있는 행정행위를 하자 없는 다른 행정행위로서의 효력을 발생케 하는 것을 말한다. 다시 말하면 행정행위가 원래의 행정행 위로서는 위법한 것으로 무효이나, 이를 다른 행정행위로 보면 그 요건이 충족되는

경우에 그러한 다른 행정행위로 보아 유효한 행위로 취급하는 것을 말한다.

　예 사자(死者)에 대한 조세부과처분의 효력을 그 상속인에 대한 것으로 인정하는 것

　② 하자 있는 행정행위의 치유와의 구별: 치유는 하자 있는 행정행위가 하자 없는 행정행위로 되어 본래의 행위로서의 효력을 발생하지만, 전환은 본래의 행정행위가 아니고 다른 행위로 유효하게 성립한다는 점에서 구별된다.

　③ 법적 성질: 하자 있는 행정행위의 전환은 그 자체가 하나의 새로운 행정행위로서의 성질을 가진다. 따라서 전환은 법원이 아니라 처분청이나 재결청에 의하여 행해질 수 있으며, 당사자는 전환행위를 행정소송의 대상으로 할 수 있다. 다만 하자 있는 행정행위와 전환된 행정행위 사이의 하자의 승계는 인정되지 않는다.

[이해] 하자 있는 행정행위의 전환권자는 처분청·행정심판기관·법원이다.

　④ 허용성: 우리나라의 통설은 무효인 행정행위에 대해서만 전환을 인정하고, 취소할 수 있는 행정행위의 전환은 부정하고 있다. 이 견해에 따르면 취소할 수 행정행위는 장래에 하자가 치유될 가능성이 있으므로 행위의 효력이 불확정상태에 있는 동안에는 당사자가 의욕한 바가 아닌 다른 행위로 전환하여서는 안 된다고 한다.

　⑤ 전환의 요건: 학설이 전환의 요건으로 드는 것은 다음과 같다.

　㉠ 하자 있는 행정행위와 전환하려는 다른 행정행위와의 사이에 요건·목적·효과에 있어서 실질적 공통성이 있을 것

　㉡ 하자 있는 행정행위가 전환하려는 다른 행정행위의 성립·발효요건을 갖추고 있을 것

　㉢ 하자 있는 행정행위를 한 행정청의 의도에 반하는 것이 아닐 것

　㉣ 당사자에게 원처분의 경우보다 불이익을 초래하는 것이 아닐 것

　㉤ 제3자의 이익을 침해하는 것이 아닐 것

　⑥ 전환의 효과: 전환으로 인하여 생긴 새로운 행정행위는 종전의 행정행위의 발령 당시로 소급하여 효력이 발생한다.

제10절 행정행위의 무효·취소·철회 및 실효

Ⅰ. 행정행위의 무효

1. 의 의

행정행위의 무효란 행정행위로서의 외형은 갖추고 있으나, 중대하고 명백한 하자(흠)가 있어 처음부터 그 처분의 효력이 발생하지 못하는 것을 말한다.

2. 구별개념

1) 부존재와의 구별　행정행위의 무효는 행위의 외형이 존재한다는 점에서 외형상으로도 존재하지 않는 행정행위의 부존재와 구별된다.

2) 취소할 수 있는 행정행위와의 구별　행정행위의 무효는 처음부터 효력이 없다는 점에서 권한있는 기관에 의하여 취소될 때까지는 효력을 갖는 취소할 수 있는 행정행위와 구별된다.

3) 실효와의 구별　행정행위의 무효는 하자를 이유로 그 효력이 부인된다는 점에서 하자 없이 일단 유효하게 성립되었다가 일정한 사유의 발생으로 효력이 소멸되는 실효와 구별된다.

3. 무효의 원인

행정행위의 무효의 원인으로는 일반적으로 다음과 같은 원인을 들고 있다.

1) 주체에 관한 하자(흠)

① 정당한 권한을 가진 행정기관이 아닌 자의 행위

㉠ 공무원 아닌 자의 행위(예 무효인 선거에 의하여 임명된 자의 행위, 정년·임기만료 등으로 공무원의 신분을 상실한 자의 행위)

㉡ 대리권 없는 자 또는 권한의 위임을 받지 않은 자의 행위. 다만, 표현대리(상대방이 대리권이 있다고 인정할만한 상당한 이유가 있는 경우)의 경우에는 유효가 되는 경우가 있다.

㉢ 적법하게 구성되지 않은 합의체기관의 행위(예 적법한 소집이 없는 경우, 정족수를 결한 경우)

㉣ 법령상 필요한 다른 행정기관의 협력을 받지 아니하고 행한 행위(자문기관의 자문을 받지 아니하고 행한 행위는 유효)

② 행정기관의 권한 외의 행정행위: 사항적·지역적·대인적 한계를 벗어난 행정행위는 원칙적으로 무효이다.

예 경찰관청이 조세를 부과하는 경우

③ 행정기관의 의사에 결함이 있는 경우

㉠ 의사능력 없는 자의 행위(예 공무원의 심신상실 중의 행위, 저항할 수 없는 정도의 강제로 인한 행위)

㉡ 행위능력이 없는 자의 행위(미성년자인 공무원의 행위 → 유효, 금치산자 또는 한정치산자인 공무원의 행위 → 무효)

㉢ 착오로 인한 행위(원칙적으로 유효하나, 착오의 결과 그로 인한 행위의 내용이 불능 또는 위법한 것인 때에는 무효 또는 취소할 수 있다. 판례(대판 1970.2.24. 69누83)는 부정한 방법으로 유발된 착오에 의한 행정행위는 취소할 수 있다고 하였다)

2) 내용에 관한 하자(흠)

① 내용이 실현불능인 행위

㉠ 사실상 실현불능인 행위(사회통념상 실현이 매우 곤란한 경우도 포함)

㉡ 법률상 실현불능인 행위

ⓐ 인적 불능(예 사망자에 대한 영업허가)

ⓑ 법적 불능(예 존재하지 않는 물건의 징발을 명하는 행위)

ⓒ 법률관계의 불능(예 납세의무 없는 자에 대한 납세의무면제)

[이해] 공서양속에 위반되는 행위는 민법상 무효이나, 행정법상으로는 취소할 수 있는 행위이다(다수설).

② 내용이 불명확한 행위: 행정행위의 내용이 사회통념상 인식할 수 없을 정도로 불명확하고 내용이 불확정한 행위

3) 절차에 관한 하자(흠)

① 일반적 기준

㉠ 무 효: 절차를 정한 취지가 당사자 사이의 공정한 이해관계의 조정이나 이해관계인의 권익을 보호하기 위한 경우

㉡ 취 소: 절차를 정한 취지가 행정의 적정과 원활을 위한 경우

② 무효로 인정되는 경우

㉠ 상대방의 신청 또는 동의를 결한 행위(예 상대방의 동의 없는 경찰공무원의 임명)

ⓒ 필요한 공고 또는 통지를 결여한 행위

ⓒ 필요한 이해관계인의 참여 또는 협의를 결한 경우

ⓔ 필요한 청문 또는 변명의 기회를 주지 아니한 행위

4) 형식에 관한 하자(흠)

① 문서에 의하지 아니한 행위(예 재결서에 의하지 아니한 행정심판의 재결). 다만, 기재사항에 오류가 있을 경우에는 취소의 원인

② 서명·날인을 결여한 행위

③ 이유부기 등을 결여한 행위(예 이유를 붙이지 아니한 행정심판재결). 다만, 이유부기가 불충분한 경우에는 취소사유

4. 행정행위의 무효의 효과

1) 무효인 행정행위는 행정청의 특별한 의사표시를 기다릴 것 없이 처음부터 아무런 효력이 발생하지 않는다. 다만, 제한적으로 무효의 전환이 인정된다.

2) 무효가 행정행위의 일부에만 있는 경우에는 원칙적으로 그 일부만 무효로 된다. 다만 그 무효인 부분이 전체 행정행위에 있어서 본질적인 의미를 갖는 경우(그 무효인 부분이 없었더라면 당해 행정처분을 하지 않았을 것이라고 인정할만한 본질적 부분이 무효인 경우)에 한하여 전체가 무효로 된다.

3) 무효인 행정행위에 대해서는 사인도 그 효력을 부인할 수 있으므로 행정청의 강제집행에 대하여 대항하여도 공무집행방해죄를 구성하지 않는다.

5. 무효인 행정행위에 대한 구제

무효인 행정행위는 처음부터 아무런 효력을 발생하지 아니하나, 행정행위로서의 외형이 존재하므로 행정청이나 이해관계인이 그 유효를 주장할 우려가 있으므로 그 처분이 무효임을 공적으로 확인받을 필요가 있다.

1) **행정심판**　무효등확인심판을 제기할 수 있으며, 이 심판의 청구에는 청구기간 등의 제한이 없다.

2) **행정소송**　행정소송에 의한 경우로는 무효확인소송과 무효선언적 확인소송이 있다.

① 무효확인소송: 이 경우에는 행정심판전치주의와 제소기간에 대한 제한을 받지

않는다(행정소송법 제38조①).

　② 무효선언적 확인소송: 이는 행정행위의 무효선언을 구하는 의미에서의 취소소송을 의미하는 것으로, 취소소송의 요건을 갖추어야 한다(대판 1987.6.9. 87누219).

3) 민사소송과 형사소송에서의 선결문제로 무효주장　행정행위의 무효가 민사소송이나 형사소송의 선결문제로 된 경우에는 수소법원은 무효를 확인할 수 있다.

Ⅱ. 행정행위의 취소

1. 행정행위 취소의 개념

　행정행위의 취소란 일단 유효하게 성립한 행정행위를 그 성립상의 흠(하자)을 이유로 권한 있는 기관이 그 효력을 소급하여 소멸시키는 행위를 말한다. 권한 있는 기관의 취소처분은 원래의 처분과는 별개의 독립된 처분이다.

2. 구별개념

1) **무효선언과의 구별**　취소는 일단 유효하게 성립한 행정행위의 효력을 사후에 소멸시킨다는 점에서, 처음부터 효력이 없는 당연무효인 처분을 무효라고 선언하는 무효선언과 구별된다.

2) **철회와의 구별**　취소는 성립 당시의 흠(하자)을 이유로 한다는 점에서, 흠 없이 성립한 행정처분에 대하여 새로운 사유의 발생을 이유로 그 효력을 소멸시키는 철회와 구별된다.

3. 취소의 유형

　① 행정청에 의한 취소와 법원에 의한 취소
　② 직권에 의한 취소와 쟁송에 의한 취소
　③ 수익적 행정행위의 취소와 부담적 행정행위의 취소
　④ 형식적 의미의 취소와 실질적 의미의 취소
　㉠ 형식적 의미의 취소: 보통의 취소를 말한다.
　㉡ 실질적 의미의 취소: 흠 있는 행정행위와 양립될 수 없는 행정행위를 함으로써

흠 있는 행정행위를 실질적으로 소멸시키는 경우를 말한다.

4. 직권취소와 쟁송취소의 구별

1) 개 념　　직권취소는 행정청(처분청 또는 감독청)이 직권으로 하는 취소를 말하고, 쟁송취소는 상대방이나 이해관계인의 청구에 의하여 행정심판이나 행정소송을 거쳐 재결청(행정심판의 경우)이나 법원(행정소송의 경우)이 재결이나 판결로써 취소하는 경우를 말한다.

2) 구체적 구별　　양자는 목적·대상·사유 등에서 아래와 같이 구별된다.

구 분	직권취소	쟁송취소
목 적	행정행위의 적법성 회복과 행정목적 실현	법률에 의한 행정실현
취소대상	부담적 행정행위, 수익적 행정행위	부담적 행정행위
취소권자	행정청(처분청 또는 감독청)	재결청 또는 법원
취소사유	위법성과 부당성	위법성
제 한	이익형량	제한없음
취소기간	제한받지 않음	제기기간이 법정
취소절차	특별절차 없음(불이익처분의 경우 의견진술기회 부여)	행정심판법 및 행정소송법상의 법정절차 있음
취소형식	특별한 형식 없음	서면주의
취소내용	적극적 변경도 허용	소극적 변경만 허용(적극적 변경 불가)
취소효력	원칙적으로 불소급(장래효)	원칙적으로 소급효
불가변력	인정되지 않음	인정

5. 취소의 주체와 법적 근거

1) 취소의 주체(취소권자)

　① 직권취소: 행정행위의 직권취소권자는 그 행정행위를 발한 처분청과 처분청의 감독청이다.

　㉠ 처분청: 처분청은 법적 근거가 없어도 당해 행정행위를 취소할 수 있는 권한을 갖는다.

ⓛ 감독청: 취소에 관한 근거 규정이 없는 경우에도 감독청이 흠 있는 행정행위를 취소할 수 있는가에 대하여는 적극설과 소극설이 대립하고 있다. 다수설인 소극설은 이를 인정하게 되면 행정권한 법정주의에 반하고 국민의 법적 안정성을 해칠 우려가 있다는 이유로 이를 부정한다.

> **[이해]** 정부조직법 제11조 제2항·제18조 제2항과 지방자치법 제169조 제1항은 감독청의 취소권을 명문으로 규정하고 있다.

② 쟁송취소: 쟁송취소권자는 행정청과 법원이다. 행정심판의 경우에는 처분청과 재결청(보통 감독청) 및 제3의 기관(공무원소청심사위원회 등)이, 행정소송의 경우에는 행정법원·고등법원·대법원 등 법원이 취소권자가 된다. 헌법재판소도 헌법재판의 인용결정이 있으면 취소권자가 된다.

2) 법적 근거

① 직권취소: 특별한 법적 근거를 요하지 않으며, 흠 있는 원처분의 근거규정만으로 가능하다(대판 1982.7.27. 81누271).

② 쟁송취소: 쟁송취소는 행정심판법·행정소송법 등 쟁송을 규정한 법률에 근거하여 이루어진다.

6. 취소사유

취소사유를 개별 법령에 규정하고 있는 경우도 있으나, 개별규정이 없는 경우에도 그 하자가 무효원인에 해당하는 경우를 제외하고는 취소의 원인이 된다.

> **[정리] 학설·판례에 의하여 제시된 취소사유**
> ① 권한초과
> ② 행위능력결여
> ③ 공서양속에 위반한 경우
> ④ 착오로 위법·부당하게 된 경우
> ⑤ 내용이 공익을 위반한 경우(부당)
> ⑥ 경미한 절차나 형식을 결여한 경우
> ⑦ 사기·강박·증뢰 등 부정한 수단에 의한 경우

7. 취소권의 제한

1) 쟁송취소   쟁송취소는 주로 부담적(침익적) 행정행위를 대상으로 하므로 원칙적으로

자유롭게 인정된다. 따라서 취소사유가 있으면 원칙적으로 취소하여야 한다. 다만, 행정심판법 제44조와 행정소송법 제28조는 사정재결과 사정판결을 규정하여 취소권 행사를 제한하고 있는바, 제한사유는 공공복리이다.

2) 직권취소

① 부담적 행정행위의 취소: 부담적 행정행위의 취소는 상대방에게도 이익을 주므로 원칙적으로 자유롭다.

② 수익적 행정행위: 수익적 행정행위의 직권취소는 상대방에게 불이익을 주는 것이므로 행정의 법률적합성의 원칙과 신뢰보호의 원칙 및 비례의 원칙에 의하여 제한을 받는다. 따라서 당해 행정행위를 취소함으로써 얻는 공익(적법 상태의 회복과 행정의 적정성 실현)과 그 행정행위의 취소로 인하여 상대방이 입는 불이익을 비교형량하여(이익형량의 원칙) 공익이 더 큰 경우에 한하여 취소할 수 있다(통설·판례). 다만, 취소권의 제한은 선의의 상대방을 보호하고자 하는 것이므로 처분의 하자에 상대방이 원인을 제공한 경우에는 상대방을 보호할 필요가 없으므로 상대방의 불이익을 고려할 필요가 없다.

8. 취소의 절차와 형식

1) 취소의 절차

① 직권취소는 특별한 절차를 요하지 않으나, 수익적 행정행위의 취소의 경우에는 행정절차법이 정하는 불이익처분의 절차, 즉 사전통지·의견청취 등의 청문을 거쳐야 한다.

② 쟁송취소의 경우에는 행정심판법·행정소송법 등이 정한 절차에 따라 행해진다.

2) 형 식

① 직권취소는 그 자체가 하나의 행정행위이므로 특별한 규정이 없는 한, 그 취소의 의미를 객관적으로 알 수 있는 방법이면 충분하다.

② 쟁송취소의 경우에는 재결 또는 판결의 형식에 의한다.

9. 취소의 효과

1) 직권취소 행정청이 직권으로 취소하는 경우에는 그 범위와 효력발생 시기를 재량으로 정할 수 있다.

① 수익적 행정행위의 취소: 이 경우에는 취소의 효력이 소급하는 것이 아니라 장래에 대해서만 효력이 발생한다. 다만, 상대방에게 귀책사유가 있는 경우(예 허위의 서류를 제출하여 허가를 받은 경우)에는 취소의 효력은 소급한다.

② 손실보상: 수익적 행정행위가 상대방의 귀책사유 없이 취소된 경우에는 취소권 행사로 발생한 상대방의 손실을 보상하여야 한다.

2) 쟁송취소   쟁송취소는 과거의 사태에 대한 적법성 확보에 그 목적이 있으므로 원칙적으로 소급한다.

> **[이해]** 여기서 소급한다 함은 취소가 있으면 행정행위의 효력이 처음부터 무효가 된다는 의미이고, 소급하지 않는다(장래효) 함은 취소처분이 있을 당시부터 당해 행정행위가 무효가 됨을 의미한다.

10. 취소의 취소

흠이 있는 행정행위를 일단 취소한 후에 그 취소에 흠이 있다는 것을 이유로 다시 그 취소행위를 취소하고 원래의 행정행위의 효력을 회복시킬 수 있는가가 문제된다. 취소의 취소는 기판력이 없는 직권취소의 경우에 문제된다.

1) 취소에 무효사유인 하자가 있는 경우   직권취소의 하자가 중대하고 명백하여 무효인 경우에는 처음부터 효력이 발생하지 않으므로 원 행정행위는 아무런 영향을 받지 않고 그대로 존속한다.

2) 취소에 단순취소 사유인 하자가 있는 경우   이 경우 취소를 부정하는 견해(소극설)도 있으나, 취소도 행정행위이므로 하자의 일반이론에 따라 이를 취소하여 원 행정행위를 다시 소생시킬 수 있다는 적극설이 통설이다. 판례는 부담적 행위는 이를 취소한 후 다시 취소하여 본 행정행위를 회생시킬 수 없다(대판 1995.3.10. 94누7027)고 하였으나, 수익적 행위는 처음의 취소처분을 한 후 새로운 이해관계인이 생기기 전까지는 다시 직권취소하여 수익적 행정행위의 효력을 회복시킬 수 있다(대판 1967.10.23. 67누126)고 하였다.

Ⅲ. 행정행위의 철회

1. 개념

행정행위의 철회란 아무런 하자 없이 적법·유효하게 성립된 행정행위의 효력을 그 성립 후에 발생된 사정변경을 이유로 장래에 향하여 소멸시키는 행정행위를 말한다. 이러한 철회는 항상 직권에 의해서만 이루어지고, 쟁송에 의한 철회란 존재하지 않는다.

2. 취소와의 비교

철회는 실정법상 취소라는 용어로 사용되기도 하나 다음과 같이 양자는 구별된다.

구 분		철 회	취 소
차이점	주 체	처분청	① 직권취소: 처분청·감독청 ② 쟁송취소: 처분청·재결청·법원
	사 유	성립 후의 새로운 사정변경	성립상의 하자
	대 상	완전 유효한 행정행위	일응 유효한 행정행위
	효 과	장래효	① 직권취소: 원칙적 장래효 ② 쟁송취소: 원칙적 소급효
	손실보상	원칙적 손실보상	원칙적 손해배상
유사점		① 행정행위의 효력을 소멸시키는 형성행위이다. ② 일정한 조리상의 제한을 받는다.	

3. 철회권자 및 철회권의 법적 근거

1) **철회권자**　행정행위의 철회는 그 처분을 한 처분청만이 할 수 있다. 감독청은 처분청에 철회를 명할 수는 있으나, 법률에 특별한 규정이 없는 한 직접 해당 처분을 철회할 수는 없다.

2) **철회권의 법적 근거**　철회사유가 존재하는 경우 법률에 근거 없이도 철회할 수 있는가에 대하여 근거불요설과 근거필요성이 대립하고 있으나, 근거불요설이 통설·판례이다. 근거불요설에 따르면 별도의 법적 근거가 없더라도 사정변경 또는 공익상의 필요에 의하여 원칙적으로 철회가 자유롭다는 것이다. 다만, 수익적 처분의 철회는 기존의 권리·이익을 소멸시키는 침익적 처분의 성질을 가지는 것이므로 조리상 제한된다

고 한다.

4. 철회사유

철회의 사유는 원래의 행정행위를 존속시킬 필요가 없게 된 사정변경이 생겼거나 또는 중대한 공익상의 필요가 발생한 경우로, 이러한 사유는 행정행위가 유효하게 성립한 이후에 생긴 것이어야 한다.

① 사정변경이 있는 경우: 사실관계의 변화(예 도로의 폐지에 따른 도로점용허가의 철회), 근거법령의 개폐

② 철회권이 유보된 경우

③ 상대방의 의무 위반: 법정의무 위반(예 식품영업허가를 받은 자가 식품위생법 제31조에 규정된 영업자의 준수사항을 위반한 경우), 부관에 의한 의무를 이행하지 않는 경우

④ 중요한 공익상의 필요가 요구되는 경우

⑤ 법령에 규정된 철회사유의 발생

5. 철회권의 제한

1) 부담적 행정행위의 철회   부담적 행정행위의 철회는 상대방에게 이익을 주는 것이므로 원칙적으로 자유롭다.

2) 수익적 행정행위의 철회   수익적 행정행위의 철회는 상대방의 기득권이나 법적 안정성을 해치게 되므로 '이익형량의 원칙'에 의하여 제한을 받는다. 즉 철회사유가 있는 경우에도 철회를 요구하는 공익상의 필요와 철회로 인하여 상대방이 입는 불이익을 비교형량하여 공익상의 필요가 더 큰 경우에만 철회를 할 수 있다.

철회가 제한되는 경우	철회가 제한되지 않는 경우
① 실권(철회사유가 있음에도 불구하고 장기간 철회권을 행사하지 않은 경우 예 3년 전의 위반행위를 이유로 한 운전면허취소처분은 위법) ② 포괄적 신분설정행위(공무원임용행위) ③ 불가변력 있는 행정행위(행정심판의 재결) ④ 복효적 행정행위 ⑤ 기속적 행위(철회하여도 결국 동일행위를 반복하여야 하므로)	① 상대방의 책임(철회가 상대방에 대한 제재의 수단으로 이루어진 경우) ② 위험방지

예 운전면허 취소사유에 해당하는 음주운전을 적발한 경찰관의 소속 경찰서장이 사무착오로 위반자에게 운전면허정지처분을 한 상태에서 위반자의 주소지 관할 지방경찰청장이 위반자에게 운전면허 취소처분을 한 경우 → 운전면허 취소사유에 해당하는 음주운전을 적발한 경찰관의 소속 경찰서장이 사무착오로 위반자에게 운전면허정지처분을 한 상태에서 위반자의 주소지 관할 지방경찰청장이 위반자에게 운전면허취소처분을 한 것은 선행처분에 대한 당사자의 신뢰 및 법적 안정성을 저해하는 것으로써 허용될 수 없다(대판 2000.2.25. 99두10520).

6. 철회의 절차와 형식

1) 철회의 절차　철회의 절차에 관한 일반적 규정은 없으므로 부담적 행정행위의 철회는 행정청이 적정한 절차에 따라 행사하면 된다. 다만, 철회의 대상이 수익적 행정행위인 경우에는 행정절차법이 요구하는 사전통지 및 의견청취의 절차를 거쳐야 한다.

2) 철회의 형식　철회의 형식은 특별한 규정이 없는 한 철회의 뜻을 알 수 있으면 된다.

7. 철회의 효과

1) 일반적 효과　철회의 효과는 그 성질상 '장래'에 향해서만 발생한다. 따라서 철회 전에 그 처분을 전제로 이루어진 법률관계는 유효하게 존속한다.

2) 부수적 효과　철회로 인하여 ① 양 당사자는 법률이 정하는 바에 따라 원상회복의무가 생기며, ② 상대방은 원 행정행위와 관련된 문서나 물건의 반환을 요구할 수 있으며, ③ 상대방의 귀책사유(예 부담의 불이행, 의무의 불이행)가 없는 한 수익적 행정행위의 철회로 인하여 발생한 상대방의 손실을 보상하여야 한다.

8. 일부철회의 가능성

1) 외형상 하나의 행정처분이라 하더라도 가분성이 있거나 그 처분대상의 일부가 특정될 수 있는 경우, 일부취소의 가능성

① 한 사람이 여러 종류의 자동차 운전면허를 취득하는 경우뿐 아니라 이를 취소 또는 정지함에 있어서도 서로 별개의 것으로 취급하는 것이 원칙이다.

② 외형상 하나의 행정처분이라 하더라도 가분성이 있거나 그 처분대상의 일부가 특정될 수 있다면 그 일부만의 취소도 가능하고 그 일부의 취소는 당해 취소 부분에 관하여 효력이 생긴다고 할 것인바, 이는 한 사람이 여러 종류의 자동차운전면허를 취득한 경우 그 각 운전면허를 취소하거나 그 운전면허의 효력을 정지함에 있어서도 마찬가지이다.

③ 제1종 보통, 대형 및 특수면허를 가지고 있는 자가 레이카크레인을 음주운전한 행위는 제1종 특수면허의 취소사유에 해당될 뿐 제1종 보통 및 대형 면허의 취소사유는 아니므로, 3종의 면허를 모두 취소한 처분 중 제1종 보통 및 대형 면허에 대한 부분은 이를 이유로 취소하면 될 것이나, 제1종 특수면허에 대한 부분은 원고가 재량권의 일탈·남용하여 위법하다는 주장을 하고 있음에도, 원심이 그 점에 대하여 심리·판단하지 아니한 채 처분 전체를 취소한 조치는 위법하다(대판 1995.11.16. 95누8850).

2) 관련성·공통성이 있는 복수의 운전면허의 전부 취소가능성 한 사람이 여러 종류의 자동차운전면허를 취득하는 경우뿐 아니라 이를 취소 또는 정지하는 경우에 있어서도 서로 별개의 것으로 취급하는 것이 원칙이기는 하나, 자동차운전면허는 그 성질이 대인적 면허일 뿐만 아니라 도로교통법 시행규칙 제26조 별표 14에 의하면, 제1종 대형면허 소지자는 제1종 보통면허로 운전할 수 있는 자동차와 원동기장치자전거를, 제1종 보통면허 소지자는 원동기장치자전거까지 운전할 수 있도록 규정하고 있어서 제1종 보통면허로 운전할 수 있는 차량의 음주운전은 당해 운전면허뿐만 아니라 제1종 대형면허로도 가능하고, 또한 제1종 대형면허나 제1종 보통면허의 취소에는 당연히 원동기장치자전거의 운전까지 금지하는 취지가 포함된 것이어서 이들 세 종류의 운전면허는 서로 관련된 것이라고 할 것이므로 제1종 보통면허로 운전할 수 있는 차량을 음주운전한 경우에 이와 관련된 면허인 제1종 대형면허와 원동기장치자전거면허까지 취소할 수 있는 것으로 보아야 한다(대판 2000.9.26. 2000두5425).

9. 철회의 취소

행정행위를 철회하는 행위는 그 자체가 하나의 행정행위이므로 그 행위에 흠이 있는 경우에는 취소의 경우에 준하여 판단하여야 한다.

Ⅳ. 행정행위의 실효

1. 개 념

행정행위의 실효란 하자 없이 성립·발효한 행정행위가 이후 일정한 사정의 발생으로 인하여 권한 있는 기관에 의하지 않고 당연히 그 효력이 소멸되는 것을 말한다.

2. 구별개념

1) 무효와의 구별　실효는 하자 없는 행정행위가 일정한 사유의 발생으로 그 효력이 소멸된다는 점에서, 그 하자가 중대하고 명백하여 처음부터 효력이 발생하지 않는 무효와 구별된다.

2) 취소·철회와의 구별　실효는 일정한 사유의 발생으로 당연히 그 효력이 소멸하고 별도의 행정행위를 필요로 하지 않는다는 점에서, 별개의 행정행위에 의하여 그 효력을 소멸시키는 취소나 철회와 구별된다.

3. 실효사유

① 행정행위의 대상인 사람의 사망이나 물건이 소멸한 경우(예 운전면허를 받은 자의 사망으로 인한 운전면허의 실효, 신청에 의한 영업허가를 받은 자가 자진 폐업한 경우 영업허가의 실효, 유기장 영업허가를 받은 자가 유기시설을 철거한 경우 유기장 영업허가의 실효)
② 부관의 성취(예 해제조건의 성취, 종기의 도래)
③ 목적의 달성

4. 실효의 효과

행정행위의 실효사유가 발생하면 행정청의 별도의 의사표시 없이 행정행위의 효력은 그때부터 장래에 향하여 당연히 효력이 소멸한다.

5. 실효의 주장

실효 여부에 대한 분쟁의 해결방법으로는 실효확인심판 또는 실효확인소송의 제기가 있다.

제2목 행정입법

제1절 행정입법의 필요성

1. 행정입법의 의의

행정입법이란 행정기관이 법조의 형식에 의하여 일반적·추상적인 규정을 정립하는 것을 말한다. 행정입법에는 법규의 성질을 가지는 명령(법규명령)과 법규로서의 성질을 가지지 아니하는 행정규칙(경찰규칙)이 있다.

2. 행정입법의 필요성

법률에 의한 행정의 원리는 국회가 제정한 법률에 의하여 행정권이 발동될 것을 요구하나, 오늘날에는 대부분의 국가에서 다음과 같은 이유로 국회에서는 기본적인 사항만을 정하되 나머지 세부적인 사항은 행정기관이 정하도록 하고 있다.

① 현대 행정의 복잡성과 전문화로 인하여 전문적·기술적 사항에 관하여는 실제 행정을 담당하고 있는 행정기관의 행정입법이 보다 능률적인 것이 되었다.

② 입법대상의 급속한 변화로 입법에 많은 시간이 소요되는 국회에 의하여는 이에 대응하기 어렵게 되었다.

③ 정치적 중립이 요구되는 사항에 대해서는 행정부가 정치적으로 중립적인 입장에서 보다 객관적으로 규율할 수 있다.

④ 법률의 일반적인 규정으로는 지역별·분야별 특수사정을 고려하는 것이 곤란하게 되었다.

⑤ 법률의 규정으로는 비상사태에 적절히 대처하는 것이 어려운 경우가 많다.

제2절 법규명령

Ⅰ. 법규명령의 개념과 구별개념

1. 개 념

법규명령이란 행정기관이 정립하는 행정의 조직과 작용에 관한 일반적·추상적 규정 중에서 법규로서의 성질을 가진 것으로, 행정상의 법규명령을 말한다. 여기서 일반적이라 함은 불특정 다수를 규율대상으로 한다는 것을 의미하고, 추상적이라 함은 되풀이하여 적용된다는 것을 의미한다. 또한 법규로서의 성질을 가진다 함은 그 효력이 행정기관 내부에 그치지 않고 대외적 구속력, 즉 일반국민에게도 효력이 미친다는 것을 의미한다.

2. 구별개념

1) **행정규칙과의 구별**　법규명령은 원칙적으로 법적 근거가 있어야 하고 대외적 구속력이 있다는 점에서, 법적 근거를 요하지 않고 원칙적으로 행정기관 내부에서만 효력을 갖는 행정규칙과 구별된다.

2) **행정작용(행정처분)과의 구별**　법규명령은 불특정 다수의 경우를 그 규율대상으로 한다는 점에서, 개별적·구체적인 경우에 이루어지는 구체적 조치인 행정처분과는 구별된다. 또한 법규명령의 실효성은 행정처분과 달리 행정벌을 통하여 확보된다.

Ⅱ. 법규명령의 성질과 종류

1. 법규명령의 성질

1) 법규명령은 행정권에 의하여 정립된 법형식이므로 법규명령의 정립행위는 형식적 의미에서는 행정이지만, 실질적 의미에서는 행정부 내의 입법에 속한다.

2) 법규명령은 그 형식상 법규형식을 띠고 있으므로, 일반적·대외적 구속력을 가진다. 따라서 이에 위반한 행정관청의 행위는 위법행위로서 무효 또는 취소사유가 되며, 그러한 행위로 인하여 자신의 권익이 침해된 국민은 행정쟁송을 제기하여 그 무효확인 또는 취소를 청구하거나 손해배상을 청구할 수 있다.

2. 법규명령의 종류

법규명령은 그 제정의 근거를 기준으로 위임명령과 집행명령으로, 발령권의 주체에 따라 대통령·총리령·부령(국방부장관, 외교부장관, 행정안전부장관, 해양수산부장관 등) 등으로 분류된다.

> **[이해]** 현행법상 법규명령은 대통령·국무총리·행정안전부장관·해양수산부장관 등 만이 제정할 수 있다. 이들은 형식적 의미의 행정작용라고는 할 수 없으나, 실질적으로는 행정작용에 포함시킬 수 있다.

1) 위임명령   위임명령이란 법률 또는 상위의 명령에 의하여 명시적으로 위임된 사항에 관하여 발하는 명령을 의미한다. 위임의 범위 내에서는 국민에 대해 새로이 권리·의무(법규사항)를 정할 수 있다. 위임명령은 범위설정이 중요하다.

2) 집행명령   집행명령이란 상위법령의 범위 내에서 그 시행에 관한 세부적·기술적 사항을 규율하기 위하여 발하는 명령을 말한다. 집행명령은 법령의 명시적 규정이 없어도 행정에 고유한 법집행권에 의하여 발할 수 있으나, 새로운 입법사항에 관하여는 정할 수 없다.

▣ •어떤 행위를 할 경우에 행정기관에 하는 신고가 법률상 의무로 되어 있는 경우에 그 신고양식을 정하는 것

　•주정차위반 차량을 견인·보관하는 경우 해당 차의 사용자 또는 소유자에게 보관장소 등을 등기우편으로 통지하도록 정한 것(도로교통법 시행령 제13조③)

[정리] 위임명령과 집행명령의 비교

구 분		위임명령	집행명령
차이점	제정의 근거	법령의 명시적 수권이 있을 것	법령의 명시적 수권을 요하지 않음
	제정 범위	새로운 입법사항을 정할 수 있음(단, 위임의 범위 내)	새로운 입법사항을 정할 수 없음
공통점	발령권자	행정기관	
	구속력	법규성이 있으므로 구속력 보유	
	형 식	법조의 형식, 문서, 공표	

Ⅲ. 법규명령의 한계

1. 위임명령

1) 근 거   위임명령은 구체적으로 범위를 정하여 수권한 개별 법률 또는 상위법령의 규정에 근거하여야 한다. 따라서 법률 또는 상위법령의 근거가 없는 위임명령은 헌법에 반한다.

2) 일반적 한계   위임명령의 내용은 헌법에 적합한 것이어야 하며, 또한 그것은 법률에서 구체적으로 범위를 정하여 위임받은 사항만을 정할 수 있고 위임의 범위를 넘어서 정하면 안 된다.

3) 위임의 한계   법률은 다음의 위임의 한계를 지켜야 한다. 만약 법률이 이러한 위임의 한계를 벗어난 경우에는 그 위임은 무효이고, 이에 근거한 경찰명령도 무효가 된다.

　① 포괄위임금지: 헌법 제75조는 포괄적 위임을 금지하고 있다. 따라서 법률에 의한 수권은 개별적 · 구체적이어야 하고, 포괄적 내지 백지위임식 수권은 허용되지 않는다. 여기에서 구체적 위임이란 수권규정에서 행정입법의 규율대상 · 범위 · 기준 등을 명확하고 구체적으로 한정하여야 한다는 것을 의미한다.

> **[판례] 위임입법의 한계로서의 구체성과 명확성의 정도**
>
> 헌법 제75조의 '구체적으로 범위를 정하여'라 함은 법률에 대통령령 등 하위법규에 규정될 내용 및 범위의 기본사항이 가능한 한 구체적이고도 명확하게 규정되어 있어서 누구라도 당해 법률 그 자체로부터 대통령령 등에 규정될 내용의 대강을 예측할 수 있어야 함을 의미하고, 이러한 예측가능성의 유무는 당해 특정조항 하나만을 가지고 판단할 것은 아니고 관련 법조항 전체를 유기적 · 체계적으로 종합 판단하여야 하며, 각 대상 법률의 성질에 따라 구체적 · 개별적으로 검토하여야 하므로, 법률조항과 법률의 입법취지를 종합적으로 고찰할 때 합리적으로 그 대강이 예측될 수 있는 것이라면 위임의 한계를 일탈하지 아니한 것으로 판단된다(헌재 1997.9.25. 96헌바18).

　② 국회 전속사항의 위임금지: 헌법에서 명시적으로 법률로 정하도록 한 사항과 본질적 사항은 명령에 위임할 수 없다.

　③ 처벌규정의 위임: 헌법상의 죄형법정주의는 원칙적으로 벌칙규정을 행정입법에 위임하는 것을 허용하지 않는다. 다만 구성요건의 구체적인 기준을 정하고 그 범위 내에서 세부적인 사항을 정하도록 하거나, 형벌의 종류 및 그 상한과 폭을 정하고 그 범위 내에서 구체적인 사항을 정하도록 위임하는 것은 허용된다(통설 · 판례).

위임입법에 관한 헌법 제75조는 처벌법규에도 적용되는 것이지만 처벌법규의 위임은 특히 긴급한 필요가 있거나 미리 법률로써 자세히 정할 수 없는 부득이한 사정이 있는 경우에 한정되어야 하고 이 경우에도 법률에서 범죄의 구성요건은 처벌대상인 행위가 어떠한 것일 것이라고 이를 예측할 수 있을 정도로 구체적으로 정하고 형벌의 종류 및 그 상한과 폭을 명백히 규정하여야 한다(헌재 1991.7.8. 91헌가4).

④ 재위임: 법령에 의하여 위임받은 사항을 전면적으로 재위임하는 것은 실질적으로 수권법의 내용을 변경하는 것이므로 허용되지 않는다. 그러나 위임받은 사항에 관한 일반적 기준을 정한 다음 그의 세부적 사항을 다시 하위명령에 위임하는 것은 가능하다고 할 것이다.

법률에서 위임받은 사항을 전혀 규정하지 않고 재위임하는 것은 위임금지의 법리에 반할 뿐 아니라 수권법의 내용 변경을 초래하는 것이 되고, 부령의 제정·개정절차가 대통령령에 비하여 보다 용이한 점을 고려할 때 재위임에 의한 부령의 경우에도 위임에 의한 대통령령에 가해지는 헌법상의 제한이 당연히 적용되어야 할 것이므로 법률에서 위임받은 사항을 전혀 규정하지 아니하고 그대로 재위임하는 것은 허용되지 않으며 위임받은 사항에 관하여 대강을 정하고 그 중의 특정사항을 범위를 정하여 하위법령에 다시 위임하는 경우에만 재위임이 허용된다(헌재 1996.2.29. 94헌마213).

2. 집행명령

1) 근 거 집행명령은 반드시 법률 또는 상위법령에 명시적 수권규정이 없더라도 직권으로 발할 수 있다. 다만, 집행명령은 법률을 집행하기 위하여 필요한 사항을 정하는 것이므로 결국 법률에 근거하여 제정되는 것이라고 할 수 있다.

2) 일반적 한계 집행명령은 법률 또는 상위법령을 집행하기 위하여 필요한 사항을 정하는 것이므로 시행하려는 상위법령의 범위 내에서 그 시행에 필요한 구체적인 절차·형식 등을 규정할 수 있을 뿐, 국민의 권리나 의무에 관한 새로운 법규사항은 규정할 수 없다.

Ⅳ. 법규명령의 성립 · 효력요건

1. 법규명령의 성립요건

법규명령은 주체·내용·절차·형식에 관한 요건을 갖추고 또한 공포됨으로써 성립한다.

1) 주 체   법규명령은 정당한 권한을 가진 기관이 그 권한의 범위 내에서 제정하여야 한다. 즉 대통령령은 대통령이, 총리령은 국무총리가 부령은 국방부장관, 외교부장관, 보건복지부장관, 행정안전부장관, 해양수산부장관 등이 제정하여야 하며, 조례와 규칙은 시·도 의회와 시·도 지사가 제정한다.

2) 내 용   법규명령은 그 내용상 상위법령에 근거가 있어야 하고, 또한 상위법령이나 헌법에 저촉되지 않아야 하며, 그 규정내용이 명확하고 실현가능한 것이어야 한다(법규명령의 한계 참조).

3) 절 차   법규명령의 제정은 법정절차를 거쳐야 한다. 대외적 절차와 대내적 절차로 나누어 살펴보기로 한다.

  ① 대외적 절차: 대외적 절차로는 행정절차법 제4장에서 규정하고 있는 행정상 입법예고제를 들 수 있다. 이에 따르면 국민의 권리·의무 또는 일상생활과 밀접한 관련이 있는 법령안은 그 입법취지·입법내용을 관보 또는 일간신문에 20일 이상 게재하여 국민에게 예고하고, 이해관계인으로부터 의견 제출을 받도록 하는 한편, 행정청은 이 기간 동안 제출된 의견을 존중하여 처리하도록 하고 있다.

  ② 대내적 절차: 대통령령은 법제처의 심사와 국무회의의 심의를 거쳐야 하고, 총리령과 부령은 법제처의 심사를 거쳐야 한다(헌법 제89조 제3호, 정부조직법 제23조①).

4) 형 식   법규명령은 조문 형식으로 작성한다(행정 효율과 협업 촉진에 관한 규정 시행규칙). 대통령령에는 국무회의의 심의를 거친 날을 기재하고, 대통령이 서명한 후 대통령인을 찍고, 그 번호와 일자를 명기하며, 국무총리와 관계 국무위원이 부서한다(법률 등 공포에 관한 법률 제7조). 총리령과 부령에는 그 일자를 명기하고 각각 서명날인한다(동법 제9조).

5) 공 포   법규명령은 그 내용을 외부(국민)에 공포함으로써 성립한다. 공포는 관보에 게재하는 방법에 의하며(법률 등 공포에 관한 법률 제11조①), 공포일은 그 법규명령을 게재한 관보가 '발행된 날'이다(동법 제12조).

2. 효력요건

법규명령은 성립함으로써 바로 효력을 발생하는 것이 아니라 시행이 되어야 효력(구속력)을 발생한다. 법규명령 스스로가 시행시기를 정한 경우(예 이 영은 ××년 ×월 ×일부터 시행한다.)에는 이에 의하나, 이러한 특별한 규정이 없는 경우에는 공포한 날로부터 20일을 경과함으로써 효력을 발생한다(법률 등 공포에 관한 법률 제13조). 다만 국민의 권리제한 또는 의무부과와 직접 관련이 있는 법규명령은 긴급히 시행되어야 할 특별한 경우를 제외하고는 공포일부터 30일이 경과한 날부터 시행되도록 하여야 한다(동법 제13조의2).

V. 법규명령의 하자(흠)와 소멸

1. 법규명령의 하자

1) **하자 있는 법규명령의 효력**　법규명령이 위의 성립요건을 갖추지 못하거나 효력요건을 결한 경우(예 공포되지 않은 경우)에는 위법한 법규명령으로 무효이다.

> **[이해]** 현행 행정소송법은 명령에 대한 취소소송을 인정하고 있지 않으므로 취소할 수 있는 명령은 존재하지 않는다.

2) **하자 있는 행정행위와의 구별**　행정행위에 하자가 있는 경우에는 그 하자가 중대하고 명백한 경우에 한하여 무효가 될 뿐, 원칙적으로 취소하는 데 그칠 뿐이다.

2. 법규명령의 소멸

1) **폐 지**　법규명령의 효력을 장래에 대하여 소멸시키는 행정권의 의사표시를 폐지라고 한다. 즉, 법규명령은 폐지 대상인 법규명령과 동위 또는 상위의 법령의 명시적 폐지규정에 의하여 소멸된다.

2) **저촉규정의 시행**　법규명령은 내용상 그와 충돌되는 동위 또는 상위의 법령이 시행됨으로써 효력이 소멸된다.

3) **부관의 성취**　법규명령은 그 시행기간이 붙은 경우(예 한시법)에는 그 기간의 도래로, 해제조건이 붙은 경우에는 그 조건의 성취로 당연히 효력을 상실한다.

4) **근거법령의 소멸**　법규명령은 그 존속이 수권법령의 존재에 의존하므로, 그 근거법인

법률 또는 상위명령이 소멸하면 당해 법규명령도 효력을 상실한다. 다만, 집행명령의 경우 근거법령이 개정된 경우에도 새로운 집행명령이 제정·발효될 때까지는 유효하다.

> **[판례] 상위법령이 개정된 경우 종전 집행명령의 효력**
>
> 상위법령의 시행에 필요한 세부적 사항을 정하기 위하여 행정관청이 일반적 직권에 의하여 제정하는 이른바 집행명령은 근거법령인 상위법령이 폐지되면 특별한 규정이 없는 이상 실효되는 것이나, 상위법령이 개정됨에 그친 경우에는 개정법령과 성질상 모순, 저촉되지 아니하고 개정된 상위법령의 시행에 필요한 사항을 규정하고 있는 이상 그 집행명령은 상위법령의 개정에도 불구하고 당연히 실효되지 아니하고 개정법령의 시행을 위한 집행명령이 제정, 발효될 때까지는 여전히 그 효력을 유지한다(대판 1989.9.12. 88누6962).

Ⅵ. 법규명령의 효력

1. 법규범성

법규명령은 법규범의 일종으로 행정의 법원이 된다. 따라서 행정기관과 국민을 구속함은 물론 법원을 구속함으로써 재판의 기준이 된다.

2. 법률의 하위규범성

법규명령은 법률보다 하위의 효력을 가진다. 법규명령 상호 간의 관계에 대하여는 견해의 대립이 있다.

① 대통령령은 총리령·부령보다 우월하다.

② 총리령이 부령보다 효력상 우월한가에 대하여는 우월하다는 견해와 동일하다는 견해가 대립하고 있다. 종래에는 총리령과 부령의 효력은 동위에 있다는 것이 통설적 견해였으나, 현재에는 총리령이 부령보다 우월하다는 견해가 다수의 견해를 점하고 있다.

3. 법규명령의 법적 성질

법규명령은 법규성을 가진 행정입법으로서 국민의 권리·의무에 관한 사항, 즉 법규사항을 정한다. 다만 법규명령은 처분이 아니라 규범이라는 점에서 법규명령 자체에 의하여 직접 국민의 권리나 의무를 발생케 하는 것은 아니다. 다시 말하면 국민의 권리와 의무는 법규명령 그 자체가 아니라, 법규명령을 구체화하는 행정처분(예 하명·허가 등)을 통하여 발생하는 것이다. 다만, 예외적으로 법규처분의 개입 없이도 법규명령 그 자체에 의하여 직접 국민에게 구체적인 권리·의무가 발생하는 경우가 있는바, 이를 처분적 법규명령이라고 한다.

Ⅶ. 법규명령에 대한 통제

법규명령에 대한 통제는 그 주체에 따라 의회에 의한 통제, 사법적 통제, 행정적 통제, 민중통제로 나누어 볼 수 있다.

1. 의회에 의한 통제

의회에 의한 법규명령의 통제는 간접통제와 직접통제로 구분된다.

1) 법규명령의 간접통제

① 의 의: 의회가 행정부에 대하여 가지고 있는 감시·견제권의 행사를 통하여 간접적으로 위법·부당한 법규명령을 견제·교정하는 것을 말한다.

② 통제수단: 간접적 통제수단으로는 국정조사·감사, 국무총리·국무위원 등의 출석요구 및 질문권, 국무총리 또는 국무위원의 해임건의, 대통령·국무총리 또는 국무위원의 탄핵소추, 예산·결산의 심의 등을 들 수 있다.

2) 법규명령의 직접통제

① 의 의: 법규명령의 성립·발효에 대한 동의 또는 승인권을 의회에 유보하거나, 일단 유효하게 성립된 법규명령의 효력을 소멸시키는 권한을 의회에 유보하는 방법에 의한 통제를 말한다. 그 대표적인 예로서 독일의 '동의권 유보', 영국의 '의회제출절차', 미국의 '입법적 거부'를 들 수 있다.

② 통제수단: 우리나라의 직접적 통제의 수단으로는 '국회제출제도'를 들 수 있다.

㉠ 긴급명령의 보고 및 승인: 대통령이 긴급명령을 발할 때에는 지체 없이 국회에 보고하여 그 승인을 얻어야 하고, 만일 승인을 얻지 못한 때에는 그때부터 효력을 상실한다(헌법 제76조).

㉡ 대통령령 등의 국회제출: 중앙행정기관의 장은 법률에서 위임한 사항이나 법률을 집행하기 위하여 필요한 사항을 규정한 대통령령·총리령·부령·훈령·예규·고시 등이 제정·개정 또는 폐지된 때에는 10일 이내에 이를 국회 소관 상임위원회에 제출하여야

한다. 상임위원회는 제출한 대통령령·총리령 및 부령에 대하여 법률에의 위반 여부 등을 검토하여 당해 대통령령 등이 법률의 취지 또는 내용에 합치되지 아니하다고 판단되는 경우에는 소관 중앙행정기관의 장에게 그 내용을 통보할 수 있다. 이 경우 행정기관은 통보된 내용에 따라 해당 명령을 개정 또는 폐지할 법적 의무를 진다(국회법 제98조의2).

국회법 제98조의2(대통령령 등의 제출 등) ① 중앙행정기관의 장은 법률에서 위임한 사항이나 법률을 집행하기 위하여 필요한 사항을 규정한 대통령령·총리령·부령·훈령·예규·고시 등이 제정·개정 또는 폐지되었을 때에는 10일 이내에 이를 국회 소관 상임위원회에 제출하여야 한다. 다만, 대통령령의 경우에는 입법예고를 할 때(입법예고를 생략하는 경우에는 법제처장에게 심사를 요청할 때를 말한다)에도 그 입법예고안을 10일 이내에 제출하여야 한다.
② 중앙행정기관의 장은 제1항의 기간 이내에 제출하지 못한 경우에는 그 이유를 소관 상임위원회에 통지하여야 한다.
③ 상임위원회는 위원회 또는 상설소위원회를 정기적으로 개회하여 그 소관 중앙행정기관이 제출한 대통령령·총리령 및 부령(이하 이 조에서 "대통령령등"이라 한다)의 법률 위반 여부 등을 검토하여야 한다.
④ 상임위원회는 제3항에 따른 검토 결과 대통령령 또는 총리령이 법률의 취지 또는 내용에 합치되지 아니한다고 판단되는 경우에는 검토의 경과와 처리 의견 등을 기재한 검토결과보고서를 의장에게 제출하여야 한다.
⑤ 의장은 제4항에 따라 제출된 검토결과보고서를 본회의에 보호하고, 국회는 본회의 의결로 이를 처리하고 정부에 송부한다.
⑥ 정부는 제5항에 따라 송부받은 검토결과에 대한 처리 여부를 검토하고 그 처리결과(송부받은 검토결과에 따르지 못하는 경우 그 사유를 포함한다)를 국회에 제출하여야 한다.
⑦ 상임위원회는 제3항에 따른 검토 결과 부령이 법률의 취지 또는 내용에 합지되지 아니한다고 판단되는 경우에는 소관 중앙행정기관의 장에게 그 내용을 통보할 수 있다.
⑧ 제7항에 따라 검토내용을 통보받은 중앙행정기관의 장은 통보받은 내용에 대한 처리 계획과 그 결과를 지체 없이 소관 상임위원회에 보고하여야 한다.
⑨ 전문위원은 제3항에 따른 대통령령등을 검토하여 그 결과를 해당 위원회 위원에게 제공한다.

---

2. 사법적 통제

1) 일반 법원에 의한 통제

① 구체적 규범통제: 행정입법에 대한 통제방식으로는 추상적 규범통제와 구체적 규범통제가 있는바, 우리 헌법은 구체적 규범통제 방식을 취하고 있다.

① 구체적 규범통제의 의의: 이는 특정 법규명령의 위헌·위법 여부가 구체적 사건에 대한 재판의 전제가 된 경우(예 법규명령을 근거로 특정 국민에 대하여 처분을 한 경우)에만 그 사건의 재판을 위하여 그 법규명령을 간접적으로 심사하는 것을 말한다(선결문제로서의 구체적 규범통제).

© 위법한 법규명령의 효력: 법원에 의하여 위헌·위법인 것으로서 무효로 판정된 경찰명령은 일반적으로 실효되는 것이 아니라, 해당 사건에 대해서만 적용이 배제될 뿐이다. 따라서 공식절차에 의하여 폐지되지 않는 한 이 규정은 형식적으로는 여전히 유효한 것이 된다.

> 헌법 제107조 ② 명령·규칙 또는 처분이 헌법이나 법률에 위반되는 여부가 재판의 전제가 된 경우에는 대법원은 이를 최종적으로 심사할 권한을 가진다.

② 행정소송: 행정소송의 대상은 행정행위이다. 따라서 법규명령은 구체적인 처분이 아니므로 법규명령에 하자가 있는 경우에도 그 자체를 행정소송(취소소송)의 대상으로 삼을 수 없다. 다만 당해 법규명령을 근거로 한 행정처분이 있거나, 법규명령이 처분성을 갖는 경우에는 행정소송의 대상이 되므로 이에 대한 쟁송은 가능하다.

예 법규명령 → 법규명령에 기한 행정처분 → 행정쟁송 → 법규명령의 무효확인 판결

[판례] 부령이 행정소송의 대상이 될 수 있는지의 여부

행정소송의 대상이 될 수 있는 것은 구체적인 권리의무에 관한 분쟁이어야 하고 일반적 추상적인 법령 그 자체로서 국민의 구체적인 권리의무에 직접적인 변동을 초래하는 것이 아닌 것은 그 대상이 될 수 없으므로 구체적인 권리의무에 관한 분쟁을 떠나서 재무부령 자체의 무효 확인을 구하는 청구는 행정소송의 대상이 아닌 사항에 대한 것으로서 부적법하다(대판 1987.3.24. 86누656).

[판례] 처분적 법규명령이 행정소송의 대상이 될 수 있는지의 여부

조례가 집행행위의 개입 없이도 그 자체로서 직접 국민의 구체적인 권리의무나 법적 이익에 영향을 미치는 등의 법률상 효과를 발생하는 경우 그 조례는 항고소송의 대상이 되는 행정처분에 해당한다. 따라서 그에 관한 이해관계자는 그 명령의 취소를 법원에 구할 수 있다(대판 1996.9.20. 95누8003).

2) 헌법재판소에 의한 통제

① 헌법소원의 제기 가능성

⊙ 문제점: 우리 헌법은 "명령·규칙 또는 처분이 헌법이나 법률에 위반되는 여부가 재판의 전제가 된 경우에는 대법원은 이를 최종적으로 심사할 권한을 가진다(헌법 제107조 ②)."고 하여, 명령·규칙에 대한 위헌·위법 심사권을 법원에 주고 있다. 따라서 법규명령

에 의하여 기본권이 침해된 경우 직접 헌법재판소에 헌법소원을 제기할 수 있는지가 문제되고 있다.

ⓒ 통설과 판례의 견해: 통설은 헌법 제107조 제2항은 '재판의 전제가 된 경우'에 한하여 명령·규칙에 대한 법원의 위헌·위법 심사권을 규정한 것이므로, 재판의 전제가 되지 아니하고 국민의 기본권을 침해한 경우에는 헌법소원이 인정된다고 한다. 헌법재판소도 경찰명령은 아니지만 법무사법 시행규칙에 대한 헌법소원을 받아들여 법규명령도 헌법소원의 대상에 포함시키고 있다(헌재 1990.10.15. 89헌마178).

② 헌법소원의 인용결정의 효력: 행정입법에 대한 헌법소원의 인용결정은 소원제기인과 피청구기관은 물론 모든 국가기관을 구속하는 것으로, 해당 행정입법은 효력을 상실한다.

3. 행정적 통제

1) 행정감독권에 의한 통제
상급행정권의 지휘·감독권의 대상에는 행정입법권의 행사도 포함한다.

① 사전통제: 상급행정청은 훈령으로 법규명령의 기준과 방향 등을 지시할 수 있다.
② 사후통제: 상급행정청은 위법한 법규명령을 개정·폐지하도록 명할 수 있다.

[이해] 상급행정청은 하급행정청이 제정한 법규명령을 직접 폐지하거나 개정할 수는 없다.

2) 절차적 통제
이는 법규명령을 제정할 때 일정한 내부적·외부적 절차를 거치게 함으로써 법규명령의 적정성을 도모하기 위한 것을 말한다. 이에 대표적인 것으로는 미국 행정절차법의 행정입법절차와 우리나라의 입법예고제를 들 수 있다.

① 내부적 절차: 대통령령에 대한 법제처의 심사와 국무회의의 심의(헌법 제89조 제3호), 총리령과 부령에 대한 법제처의 심사 등의 절차적 통제 장치가 있다(정부조직법 제23조 제1항).

② 대외적 절차: 법규명령의 제정에 있어서 상대방 기타 이해관계인에 대한 행정입법안의 통지·청문 기타 의견진술이나 참고자료 제출기회 부여 등이 있다(행정절차법 제41조).

3) 행정심판에 의한 통제
국무총리 행정심판위원회는 심판청구를 심리·의결함에 있어서 처분 또는 부작위의 근거가 되는 명령 등 법령에 근거가 없거나 상위법령에 위배되거나 국민에게 과도한 부담을 주는 등 현저하게 불합리하다고 인정되는 경우에는 관계행정기관에 대하여 당해 명령 등의 개정·폐지 등 적절한 시정조치를 요청할 수 있다.

4. 민중통제

일반국민에 의한 통제로, 법규명령의 제정과정에서 국민의 여론을 반영함으로써 그 적법성을 확보하는 방법이다. 이에는 언론에 의한 비판·압력단체의 활동 내지 시민운동 등이 있으며, 입법예고제는 이를 제도화한 것이라고 볼 수 있다. 또한 국민은 청원권을 행사하여 경찰명령의 제정·개정 또는 폐지를 요구할 수 있다.

제3절 행정규칙

Ⅰ. 행정규칙의 의의 및 기능

1. 행정규칙의 개념

행정규칙이란 행정의 조직과 활동에 관한 사항을 정한 것을 의미하는 것으로, 행정조직 내부에서 상급기관이나 상급자가 그의 소관기관이나 하급자에게 경찰의 조직과 활동(법집행·재량권 행사 등)을 보다 자세히 규율할 목적으로 그의 권한 내에서 발하는 일반적·추상적 규범으로 법규의 성질을 가지지 않는 것이 행정규칙이다.

2. 법규명령과의 구별

행정규칙은 행정청이 발하는 일반적·추상적 규율이라는 점에서 법규명령과 같으나, 다음과 같은 점에서 구별된다.

구 분	법규명령	행정규칙
형 식	대통령령·총리령·부령 등	훈령·고시·예규·일일명령
법적근거	① 위임명령: 상위법령의 수권필요 ② 집행명령: 수권불필요	수권불필요(행정권의 당연한 권능으로 제정)
권력적기초	일반권력관계	특별권력관계
성 질	법규성 있음(행정기관과 국민 구속)	법규성 없음(행정기관 내부적 규율에 그침)
존재형식	조문형식	조문형식, 구두로도 가능
규정내용	국민의 권리·의무창설	기관의 조직, 재량행사의 지침, 규범해석
구속력	내부적·외부적 구속력	원칙적으로 내부적 구속력

효력발생	공포를 요함	공포를 요하지 않음
소 멸	폐지, 부관의 성취, 근거법령의 소멸	자유로이 변경·폐지
위반의 효과	위법한 행위로 무효·취소할 수 있음	적법한 행위로 위반행위의 효력에는 영향이 없음. 단 징계사유가 됨
재판규범성	인정됨	인정되지 않음
한 계	법률유보의 원칙·법률우위의 원칙 적용	법률우위의 원칙만 적용

3. 행정규칙의 기능

1) 행정규칙은 법률의 해석과 집행에 있어서 행정관청에 공통적·통일적 기준을 제시함으로써 해석자·장소·시간 등의 차이로 인한 불공평을 방지하고 사무집행의 통일성을 보장한다.

2) 행정규칙은 사무집행의 통일적 기준을 제시함으로서 실무상 일어나는 혼란을 제거하고 행정의 효율성을 제고시킨다.

Ⅱ. 행정규칙의 종류와 성질

1. 행정규칙의 종류

행정규칙은 내용 및 형식 등 여러 가지 기준에 따라 분류할 수 있다. 여기서는 형식에 의한 분류만을 살펴보기로 한다.

종 류	내 용
훈 령	상급기관이 하급기관에 대하여 상당히 장기간에 걸쳐 그 권한의 행사를 일반적으로 지시하기 위하여 발하는 명령
일일명령	당직, 출장, 특근, 휴가 등 일일업무에 관한 명령
예 규	법규문서 이외의 문서로서 반복적 행정사무의 기준을 제시하는 명령
지 시	상급기관이 직접 또는 하급기관의 문의에 의하여 개별적·구체적으로 발하는 명령

[이해] 훈령은 수명자가 하급기관이라는 점에서, 상사가 부하인 공무원 개인에 대하여 직무를 지휘하기 위하여 발하는 명령인 직무명령과 구별된다.

2. 행정규칙의 성질

행정규칙의 성질에 대한 논의는 행정규칙이 법규의 성질을 가지느냐에 대한 문제이다. 이를 긍정하는 경우에는 행정규칙 위반의 행정처분에 대하여 당사자는 그 위법성을 쟁송을 통해 주장할 수 있다.

1) 학 설

① 부정설(종래의 통설·판례): 행정규칙을 포함한 행정규칙은 법규가 아니므로 행정조직의 내부에서만 효력이 있을 뿐 국민에 대해서는 효력이 없다는 견해이다. 행정규칙의 법규성을 부정하는 이 견해에 따르면 행정규칙으로는 국민의 권리·의무에 관한 사항을 규정할 수 없으며, 국민과 법원을 구속할 수 없으므로 재판의 기준(법원)이 되지 않는다.

② 긍정설: 행정규칙도 법규적 성질을 갖는다는 입장으로 이 견해는 법규개념을 어떻게 보느냐에 따라 행정규칙 내부법규설·행정규칙 외부법규설·준법규설 등으로 다시 학설이 나누어진다. 이 중 외부적 효력을 갖는 행정규칙을 법규에 가까운 성질, 즉 준법규로 파악하는 준법규설에 따르면, 행정규칙은 원칙적으로 행정조직의 내부에만 효력을 가지나 재량준칙이 평등의 원칙을 매개로 하여 국민에 대해서도 법적 효력을 갖게 된다는 것이다.

⑩ 행정규칙으로서의 재량준칙이 그 적용을 통하여 일정한 행정관행이 형성된 경우 행정청은 동일한 사안에 대해서는 당해 관행에 따른 처분을 하여야 할 법적 구속을 받게 되는 경우(행정의 자기구속의 원리)

2) 판례의 태도   우리나라 판례는 예외적인 경우를 제외하고는 원칙적으로 행정규칙의 법규성을 부인하고 있다.

① 원 칙: 대법원과 헌법재판소는 원칙적으로 행정규칙의 법규성을 부정한다.

> **[판례] 훈령의 법률적 성질**
> 훈령이란 행정조직 내부에 있어서 그 권한의 행사를 지휘감독하기 위하여 발하는 행정명령으로서 훈령, 예규, 통첩, 지시, 고시, 각서 등 그 사용명칭 여하에 불구하고 공법상의 법률관계 내부에 관한 준칙 등을 정하는 데 그치고 대외적으로는 아무런 구속력도 가지는 것이 아니다(대판 1983.2.22. 82누324).

② 예 외: 판례는 예외적으로 행정규칙이 실질적으로 법의 규정 내용을 보충하는 기능을 가진 경우 상위법령과 결합하여 대외적으로 구속력이 있는 법규명령의 성질을 갖는다고 하고 있다(규범구체화 행정규칙).

상급행정기관이 하급행정기관에 대하여 업무처리지침이나 법령의 해석적용에 관한 기준을 정하여 발하는 이른바 행정규칙은 일반적으로 행정조직 내부에서만 효력을 가질 뿐 대외적인 구속력을 갖는 것은 아니지만, 법령의 규정이 특정 행정기관에게 그 법령내용의 구체적 사항을 정할 수 있는 권한을 부여하면서 그 권한 행사의 절차나 방법을 특정하고 있지 아니한 관계로 수임 행정기관이 행정규칙의 형식으로 그 법령의 내용이 될 사항을 구체적으로 정하고 있는 경우, 그러한 행정규칙, 규정은 행정조직 내부에서만 효력을 가질 뿐 대외적인 구속력을 갖지 않는 행정규칙의 일반적 효력으로서가 아니라, 행정기관에 법령의 구체적 내용을 보충할 권한을 부여한 법령규정의 효력에 의하여 그 내용을 보충하는 기능을 갖게 되고, 따라서 당해 법령의 위임한계를 벗어나지 아니하는 한 그것들과 결합하여 대외적인 구속력이 있는 법규명령으로서의 효력을 갖게 된다(대판 1998.6.9. 97누19915).

Ⅲ. 행정규칙의 근거와 한계

1. 행정규칙의 근거

행정규칙은 행정기관이 법령상의 직무권한의 범위 내에서 직권에 의하여 발하는 자율적인 규범으로서, 법령의 구체적·개별적 수권을 요하지 않는다.

2. 행정규칙의 한계

행정규칙은 ① 법령과 상급기관의 행정규칙에 위반되지 않는 한도 내에서 ② 특정의 행정목적을 달성하기 위하여 필요한 범위 내에만 제정할 수 있고 ③ 국민의 권리·의무에 관한 사항을 새로이 규정할 수 없다.

Ⅳ. 행정규칙의 적법요건

행정규칙이 유효하게 성립하기 위하여는 다음의 요건을 갖추어야 한다.

1. 행정규칙의 성립요건

1) 주 체　행정규칙은 당해 행정규칙을 발할 수 있는 행정기관에 의하여 정립되어야 한다. 행정규칙의 제정권자는 행정청에 한정되지 않으며, 행정사무에 대하여 권한을 가진 모든 행정관청이 그 제정의 주체가 된다.

◎ 대통령, 국무총리, 행정안전부장관, 해양수산부장관, 국방부장관, 산림청장, 경찰청장, 해양경찰청장, 지방경찰청장

2) 내 용　행정규칙은 ① 법령 또는 상위감독기관의 행정규칙에 위반되지 아니하여야 하고 ② 행정조직 내부에서의 복종의무의 한계를 넘어서 수명기관에 대하여 필요 이상의 자유제한규정을 두어서는 아니되며 ③ 그 내용은 명확하고 실현가능한 것이어야 한다.

3) 형 식　행정규칙의 형식에는 제한이 없으므로(불요식행위) 문서뿐만 아니라 구술로도 가능하다. 그러나 일반적으로는 법조의 형식으로 문서로써 발해지고 있다.

4) 절 차　행정규칙의 제정에 있어서는 절차에 관한 특별한 규정은 두고 있지 않다.

5) 공 포　행정규칙은 법규명령과는 달리 공포를 요하지 않는다. 따라서 법령상 특별한 규정이 없는 한, 수명자인 하급 공무원에게 도달한 때 성립한다.

2. 행정규칙의 효력발생요건

행정규칙은 성립과 동시에 효력을 발생하는 것이 원칙이므로 수명자에게 도달한 때 구속력이 발생한다. 다만, 행정규칙 자체에 그 시행일을 정한 경우에는 그 시행일에 효력을 발생한다.

Ⅴ. 행정규칙의 하자(흠)와 소멸

1. 행정규칙의 하자(흠)

위의 성립요건 중 하나라도 결한 행정규칙은 하자(흠) 있는 행정규칙으로, 위법·무효이다.

[이해] 하자 있는 행정규칙은 행정처분과는 달리 취소라는 제도가 없다.

2. 행정규칙의 소멸

유효하게 성립된 행정규칙도 동위 또는 상위의 행정규칙에 의하여 명시적으로 폐지될 수 있고, 당해 행정규칙과 내용상 저촉되는 법령이나 동위 또는 상위의 행정규칙의 제정으로 묵시적으로 폐지될 수 있다. 또한 종기의 도래, 해제조건의 성취 등에 의해서도 효력을 상실한다.

Ⅵ. 행정규칙의 효력

1. 내부적 효력

행정규칙은 행정부 내의 행정조직과 활동에 관한 사항을 규율하는 것이므로 행정부 내에서만 구속력이 있다.

⠸예⠹ 외무공무원이 외교부 규칙에서 정한 근무규칙을 위반한 경우 → 징계사유가 됨

2. 외부적 효력

1) 원칙적인 경우 행정규칙은 행정조직 밖에 있는 국민이나 법원에 대하여는 구속력이 없다. 따라서 행정처분이 행정규칙을 위반하였는지 여부는 그 처분의 위법성과는 관계가 없다.

2) 예외적인 경우 행정규칙이 예외적으로 외부적(대외적) 효력을 가지는 경우가 있는바, 이를 간접적으로 효력을 가지는 경우와 직접적으로 효력을 가지는 경우로 나누어 설명하기로 한다.

① 간접적으로 외부적 효력을 가지는 경우: 재량준칙(재량권 행사의 기준을 정하는 행정규칙)과 같이 행정기관을 통하여 국민에게 적용될 것이 예정되어 있는 행정규칙은 그것이 정립되고 행정규칙의 수명자인 하급행정기관을 통하여 적용되면 행정관행이 성립하게 되어 행정은 자기구속을 받게 된다(행정의 자기구속의 법리). 그러므로 행정기관이 합리적인 이유없이 행정규칙에 의하여 성립된 행정관행에 어긋나는 행위를 한 경우에는, 당사자는 행정규칙 위반이 아니라 평등의 원칙·신뢰보호의 원칙 위반을 이유로 위법성을 주장할 수 있다. 결국 행정규칙은 직접적으로 외부적 효력을 갖는 것이 아니라 평등의 원칙이나 행정의 자기구속의 법리 등을 매개로 하여 간접적으로 외부적 효력을 갖게 된다.

② 직접적으로 외부적 효력을 가지는 경우: 형식적으로는 고시·훈령 등 행정규칙의

형식으로 제정되었으나, 법령 등의 명시적 위임에 의하여 내용적으로는 행정규칙으로 정할 수 없는 국민의 권리·의무에 관한 사항을 규정한 경우, 즉 법규를 내용으로 하는 행정규칙의 대외적 효력이 문제된다. 이에 대하여 통설과 판례는 당해 행정규칙의 근거가 되는 법령과 결합하여 법률을 보충하는 것으로서 법규명령의 효력을 가진다고 한다(법령보충적 경찰규칙).

> **[판례] 법규를 내용으로 하는 행정규칙의 효력**
>
> 보건사회부장관이 정한 1994년도 노인복지사업지침은 노령수당의 지급대상자의 선정기준 및 지급수준 등에 관한 권한을 부여한 노인복지법 제13조 제2항, 같은 법시행령 제17조, 제20조 제1항에 따라 보건사회부장관이 발한 것으로서 실질적으로 법령의 규정내용을 보충하는 기능을 지니면서 그것과 결합하여 대외적으로 구속력이 있는 법규명령의 성질을 가지는 것으로 보인다(대판 1996.4.12. 95누 7727).

Ⅶ. 행정규칙의 통제

1. 입법적 통제

행정규칙에 대한 동의, 승인권의 유보 등의 직접적인 통제방법은 없다. 다만, 국정조사와 국정감사, 국무위원의 해임건의, 대정부질문 등의 간접적인 통제수단을 통해 통제할 수 있다.

2. 행정적 통제

상급행정기관은 그 지휘감독권에 의하여 하급행정기관의 행정규칙을 통제할 수 있다.

🔲 상급행정청이 하급행정청이 발한 법규명령의 개정·폐지를 명하는 것, 상급행정청이 하급행정청이 발한 행정규칙과 충돌하는 행정규칙을 제정하는 것

3. 사법적 통제

1) 구체적 규범통제 헌법의 규정에 의하여 대법원이 갖고 있는 명령·규칙심사권의 대상은 법규명령에 한하므로 행정규칙은 그 대상이 아니다.

2) 행정소송 행정규칙은 처분이 아니므로 행정소송의 대상이 되지 않는다(대국민적 효력도 없으므로 처분적 경찰규칙도 있을 수 없다). 다만, 행정규칙이 공무원에 대한 처분적

효력을 가지는 경우에는 이는 행정소송법상의 행정처분에 해당하므로 행정소송의 대상이 될 수 있다.

3) 헌법소원   헌법소원은 공권력의 행사 또는 불행사로 기본권을 침해받은 경우 다른 방법으로는 이러한 침해를 다툴 수 없는 경우에만 청구할 수 있다(헌법재판소법 제68조①). 따라서 행정조직 내부에만 구속력이 있고 외부적 구속력이 없는 행정규칙은 헌법소원의 대상인 공권력의 행사에 해당되지 않아, 원칙적으로 이를 대상으로 헌법소원을 청구할 수 없다. 다만, 규범보충규칙이나 재량준칙이 평등의 원칙이나 신뢰보호의 원칙에 따라 자기구속을 받아 대외적 구속력을 갖는 경우에는 헌법소원의 대상이 될 수 있다(헌재 1990.9.3. 90헌마13).

제3목 행정계획

제1절 행정계획의 필요성

Ⅰ. 행정계획의 기능과 필요성

1. 행정계획의 개념

행정기관이 정책을 수립하여 실행한다는 것은 조직, 인력, 예산, 권한이 수반되어야 하므로 대부분의 정책들은 법률에 근거를 두고 추진 실행하거나 법적 근거가 없는 경우에는 우선 그 정책의 근거가 되는 법률의 입법부터 추진하게 된다. 이렇게 법적 근거를 두게 된 경우, 정책의 근거가 되는 법률에서는 조직기구, 예산, 권한, 계획, 강제수단 등을 규정하게 된다. 이러한 근거 법률에서는 행정계획을 수립하도록 규정한바, 기본계획·집행계획·시행계획, 시·도·특별시·광역시 계획, 시·군·구 계획 등을 수립하도록 하고 있다.

행정법학에서 학술적으로 정의 하는 행정계획이란 특정한 행정목표를 달성하기 위하여 서로 관련되는 행정수단을 종합·조정함으로써 장래의 일정한 시점에 있어서 일정한 질서를 실현하기 위한 활동기준으로 설정된 것을 말한다. 즉 행정계획은 ① 행정주체가 하는 활동기준 또는 그 설정행위이고, ② 행정주체가 일정한 목적을 설정하는 행위이며, ③ 행정주체가 설정된 목표를 달성하기 위하여 행정수단을 종합하고 조정하는 작용이며, ④ 위와 같은 목표를 실현하기 위한 활동기준이다.

2. 성립배경

1) **국가기능의 변화**　사회국가원리의 영향으로 행정의 중심이 복리행정으로 변화됨에 따라 이를 효율적으로 수행하기 위한 수단이 필요하게 되었다.

2) **다양한 행정수요에 대한 효율적 대응**　현대사회는 그 다원성으로 인하여 복잡하고 광범위한 이해관계가 얽혀있는 사회이다. 따라서 이러한 이해관계의 조정이나 다양한 행정수요의 효율적인 충족을 위하여 장기적이고 종합적인 행정계획이 필요하게 되었다.

3) **과학기술의 발달**　과학기술의 발달은 자료수집 및 처리기술을 향상시켜 장래예측의 정확성을 높임에 따라 행정계획은 중요한 행정수단으로 등장하였다.

3. 행정계획의 기능

① 목표설정기능
② 행정수단의 종합화 기능
③ 행정작용의 기준 설정적 기능
④ 행정과 국민 간의 매개적 기능

4. 행정계획의 종류

구별기준	종류	내용
계획의 대상범위	종합계획	종합적·전반적 사업계획(전략적 계획) 예 국토종합계획, 도시기본기획
	부분계획	특정지역 또는 특정사업에 관한 계획(전술적 계획) 예 도시계획, 교육계획, 공해방지계획
계획기간	장기계획	6년 이상의 기간에 걸치는 계획
	중기계획	2년 이상 5년 이하의 기간에 걸치는 계획
	단기계획	2년 이하의 기간에 걸치는 계획
지역적·공간적 의미유무	지역계획	지역적·공간적 의미를 가지는 계획 예 국토계획
	비지역계획	지역적·공간적 의미를 가지지 않는 계획 예 경제·사회계획
다른 계획의 기준여부	상위계획	다른 계획의 기준이 되는 계획 예 국토종합계획
	하위계획	상위기획의 지침에 따라 책정되는 계획 예 도시계획
구속력의 차이	자료제공적 계획	아무런 법적구속력을 갖지 않는 사실행위로서의 성질을 가지는 계획
	영향적 계획	명령이나 강제를 통하지 않고 일정한 혜택을 줌으로써 일정한 행정목적을 달성하려는 계획 예 계획목적에 부응하는 행위에 조세를 감면해주거나 보조금을 지급하는 것
	명령적 계획	상대방에 대하여 법적구속력을 가지는 계획
법적구속력의 유무	구속적 계획	법규 또는 행정행위의 성격을 띠어 법적구속력을 갖는 계획
	비구속적 계획	행정기관의 구상 또는 행정의 지침에 불과하여 행정부 내부적으로나 국민에 대하여 어떠한 법적 구속력을 갖지 못하는 행정계획

5. 행정계획의 법적성질

1) 문제점 행정계획, 특히 도시계획법에 의한 도시계획결정과 관련하여 그것이 행정처분에 해당하는지가 문제된다. 이 문제는 결국 도시계획결정이 항고소송의 대상이 되는 처분의 개념요소 중 구체적 집행행위성과 개별적 규율성이 인정되는지와 연관된다.

2) 학 설

① 입법행위설: 도시계획결정은 도시계획사업의 기본이 되는 일반적·추상적 규율로서 개인에게 구체적인 권리·의무가 발생하지 않는다고 보는 견해이다.

② 행정행위설(다수설, 판례): 도시계획이 고시되면 법률규정과 결합하여 각종의 권리제한의 효과가 발생하며, 이는 법관계의 변동이라는 구체적 효과이므로 행정행위의 성질을 가진다는 견해이다.

③ 독자성설: 행정계획은 법규범도 아니고 행정행위도 아니지만 구속력을 가진다는 점에서 행정행위에 준하여 취급하여야 한다는 견해이다.

3) 판례의 태도 판례는 "도시계획결정은 특정 개인의 권리 내지 법률상의 이익을 개별적이고 구체적으로 규제하는 효과를 가져오게 하는 행정청의 처분이라 할 것이고, 이는 행정소송의 대상이 되는 것이라 할 것이다."고 판시하여 일관되게 처분성을 긍정한다 (대판 1978.12.26. 78누218).

4) 결 어 행정계획은 불특정 다수인에 대한 것이나 일반적인 기준에 의해 인적 범위가 특정되거나 특정되어질 수 있는 경우에 해당하므로 개별적 규율성은 인정될 수 있고, 특히 도시계획결정이 고시되면 도시계획구역 안의 토지나 건물소유자는 별다른 집행행위의 개입 없이 토지형질변경이나 건물의 신축·개축·증축 등의 권리행사가 제한된다는 점에서 구체적 규율성도 인정된다. 따라서 처분성이 인정된다고 보는 견해가 타당하다.

[정리] 행정계획의 처분성에 관한 판례	
처분성을 인정한 경우	**처분성을 인정하지 않은 경우**
도시계획결정(대판 1978.12.26. 78누218)	• 환지계획(대판 1999.8.20. 97누6889) • 구 농어촌도로정비법 제6조에 의한 농어촌도로 기본계획(대판 2000.9.5.99두974)

Ⅱ. 행정계획의 법적근거 및 절차

1. 법적근거

1) 조직법적 근거의 요부 행정기관은 조직규범에 의하여 부여된 권한의 범위 내에서만 적법하게 작용할 수 있으므로, 구속적 행정계획 물론이고 비구속적 행정계획도 조직법적 근거가 있어야 계획을 수립할 수 있다.

2) 작용법적 근거의 요부 여기서는 행정기관이 행정계획을 수립하고자 하는 경우에 조직법적 근거 이외에 작용법적 근거를 필요로 하느냐가 문제이다.

① 구속적 계획: 이는 국민의 권리·의무에 영향을 미치거나 관계행정기관에 대하여 법적구속력을 가지므로 작용법적 근거를 요한다.

② 비구속적 계획: 이는 단순히 행정의 지침적 기능을 하는 데 지나지 않으므로 작용법적 근거 없이도 수립할 수 있다.

2. 행정계획의 절차

일반적으로 행정계획은 ① 심회의의 조사·심의 → ② 관계행정기관 간의 조정 → ③ 이해관계인의 참여 → ④ 행정예고 → ⑤ 지방자치단체의 참가 → ⑥ 공고의 단계를 거쳐 책정한다.

제2절 행정계획과 법적효과

Ⅰ. 행정계획의 법적 효과

1. 일반적 효과

행정계획은 그 형태와 내용의 다양성으로 인하여 그 법적 효과를 일률적으로 말할 수 없다. 따라서 여기서는 구속효를 가지는 명령적 계획의 국민에 대한 효과와 관계행정기관에 대한 효과 그리고 다른 계획에 대한 효과 등 세가지 유형으로 나누어 살펴보기로 한다.

유 형	예
국민에 대한 효과	도시관리계획이 결정·고시되어 효력이 발생하면 도시계획시설의 설치장소로 정해진 구역 안에서의 토지형질변경 등의 행위가 제한되는 것(국토의 계획 및 이용에 관한 법률 제64조②)
관계행정기관에 대한 효과	국무총리가 국무회의의 심의를 거쳐 대통령의 승인을 얻어 비상대책기본계획을 확정하면 각 주무부장관은 이에 따라 집행계획을 작성할 의무를 지는 것(비상대비자원관리법 제7조, 제8조)
다른 계획에 대한 효과	국토기본법에 의한 국토종합계획은 도종합계획 및 시·군종합계획의 기본이 되고, 도종합계획은 시·군종합계획의 기본이 되며, 동법상의 국토종합계획은 다른 법령에 의한 국토에 관한 계획에 우선하는 것(국토기본법 제7조, 제8조)

2. 집중효

1) 의 의   행정처분으로서의 행정계획이 일정한 절차를 거쳐 확정되면, 다른 법령에 의해 받게 되어있는 다른 행정청의 인가, 허가, 승인 등을 받은 것으로 의제하는 효력을 말한다. 이는 계획확정결정을 통해 인·허가 등을 받은 것으로 대체된다는 점에서 '대체효' 라고도 한다.

2) 법적 근거   집중효제도는 행정기관의 권한 및 절차법상의 변경을 가져오므로 개별법률에서 명시적인 법적 근거가 있을 것을 요한다(홍정선 221쪽).

3) 효 과
　① 문제점: 다른 행정청의 인가, 허가, 승인 등을 받은 것으로 의제된다는 의미가
　㉠ 후속 인·허가의 관할권만 계획확정기관에게 이전된다는 의미인지, ㉡ 의제된 인·

허가와 관련된 절차법적·실체법적 규정에도 영향을 미쳐 계획확정기관에서는 인·허가에 관련된 절차규정에 따를 필요가 없다는 의미인지에 대하여 다툼이 있다.

② 학설과 판례의 태도

㉠ 절차집중효설(다수설): 계획확정기관은 계획확정절차에 관한 제 규정을 준수하면 될 것이지 의제되는 인·허가 등의 절차규정을 따를 필요는 없으나, 의제되는 인·허가 등 행정결정의 실체법상의 요건규정에는 전면적으로 구속된다는 견해이다.

㉡ 판례의 태도: 대법원도 절차집중효설의 입장에서 사업계획승인 절차를 거쳐 이를 확정한 이상, 별도로 후속 인·허가 결정 등에 필요한 절차는 거칠 필요가 없다고 판시한 바 있다.

> **[판례] 인·허가의제의 의미**
>
> 건설부장관이 구 주택건설촉진법(1991.3.8. 법률 제4339호로 개정되기 전의 것) 제33조에 따라 관계기관의 장과의 협의를 거쳐 사업계획승인을 한 이상 같은 조 제4항의 허가·인가·결정·승인 등이 있는 것으로 볼 것이고, 그 절차와 별도로 도시계획법 제12조등 소정의 중앙도시계획위원회의 의결이나 주민의 의견청취 등 절차를 거칠 필요는 없다(대판 1992.11.10. 92누1162).

Ⅱ. 행정계획의 위법성심사

1. 서 설

행정계획은 성질상 행정청에게 폭넓은 형성의 자유가 인정되지만 국민의 권리의무에 중대한 영향을 미치므로 적절한 통제를 통해 국민의 권익을 보호할 필요가 있다. 통제방법으로 행정내부적 통제, 입법부에 의한 통제, 국민에 의한 통제, 법원에 의한 통제 등이 있으나, 가장 실효성이 있는 것은 법원에 의한 통제이다. 이와 관련하여 문제되는 것이 계획재량과 형량명령이론이다.

2. 계획재량

1) 의 의   계획재량이란 계획의 수립·변경과정에서 행정청이 가지는 계획상의 그 무엇을 만들어 내는 이른바 형성의 자유를 말한다. 행정계획의 근거규범은 통상적인 재량행위의 수권규범처럼 조건적 규범구조가 아니라 목적·수단적 규범구조의 형식으로 규정되어 있는데 행정청의 형성의 자유는 이러한 계획규범의 특성에서 기인한다.

2) 계획재량의 성질   계획재량이 통상적인 재량행위와 비교하여 그 법적 성질이 다른

것인지에 대해 견해가 대립한다.

① 이질설(종래의 다수설): 계획재량은 규범구조적 측면에서 조건적 규범구조를 갖는 재량행위와 달리 목적·수단적 규범구조를 가지며, 형량명령이라는 특유한 하자이론이 존재한다는 점을 논거로 재량행위와 구별하는 견해이다.

② 동질설(유력설): 수권규범의 구조는 중요한 것이 아니며, 형량명령 또한 그 실질적 내용이 비례의 원칙과 같다는 점을 논거로 양자는 질적 차이가 없다는 견해이다.

③ 결 어: 재량행위에 있어서 근거규범의 구조는 중요한 의미를 가지며, 특히 계획재량은 그 통제와 관련하여 특유한 하자이론인 형량명령이 적용된다는 점에서 재량행위와 구별된다고 보는 것이 타당하다.

구 분	행정재량	계획재량
의 의	법규의 해석상 행정청에 행위여부나 행위 내용에 관한 선택의 가능성이 인정되는 경우	계획의 수립·변경과정에서 행정청이 가지는 재량
규범구조	조건적 규범구조	목적·수단적 규범구조
재량범위	상대적으로 협소(행정법규에서 정한 요건 규정과 효과규정 내에서 재량권이 인정)	상대적으로 넓음(계획규범이 요건- 효과에 대하여 공백규정을 주는 것이 보통)
위법성 판단	재량권의 외적·내적 한계를 기준	재량권 행사의 절차적 과정을 중심으로 한 절차하자를 기준
판단대상	구체적 사실에의 적용문제	구체적 목적달성의 문제
형량대상	부분적 이해관계인만 고려	전체적 이해관계인 모두 고려
통제방법	사후적 통제 중심	사전적·절차적 통제 중심

3. 형량명령과 형량의 하자

1) 형량명령의 원칙　형량명령의 원칙이란 행정청은 행정계획결정을 함에 있어서 공익 상호 간, 공익과 사익 상호 간, 사익 상호 간에 정당하게 이익을 저울질 해보라는 이른바 형량하여야 한다는 것을 말한다. 이 법리는 1960년 독일 연방 건설법에서 처음으로 입법화 되었고, 독일연방행정법원에 의하여 발전하였다.

2) 형량명령의 원칙의 기능　형량명령의 원칙은 계획재량권 행사에 있어서의 위법성 여부를 판단하는 기준으로, 법문상 명시적 규정이 없더라도 법치국가의 원리에 따라 모든 계획에 적용되는 것으로 인정되고 있다. 우리나라 대법원도 도시계획사업실시계획인

가처분 취소소송에서 "공사이익의 정당한 저울질인, 형량의 원칙은 명문규정이 없는 경우에도 계획재량권 행사에 대하여 당연히 적용된다."고 하여 이 법리를 수용하고 있다(대판 2015.12.10. 2011두32515).

3) 형량하자

① 의 의: 형량명령이론에 의하면 일반적인 형량의 과정은 조사단계 → 평가단계 → 비교·결정단계를 거치는데, 계획기관이 이러한 단계를 거치면서 행한 형량에 잘못이 있을 때에는 형량하자가 되어 법원의 심사대상이 된다.

② 인정 여부: 재량계획의 위법성을 판단함에 있어서 형량명령이론을 인정할 것인가가 문제되나 학설은 이를 긍정하는 견해가 다수설이다. 판례도 "행정주체가 행정계획을 입안·결정함에 있어서 이익형량을 전혀 하지 않거나, 이익형량의 고려대상에 마땅히 포함시켜야할 사항을 누락한 경우 또는 이익형량을 하였으나 정당성·객관성이 결여된 경우에는 그 행정계획결정은 위법하다."고 판시하여 형량명령이론을 수용하면서, 형량하자라는 용어를 사용하지 않고 재량권의 일탈·남용이라고만 판시하고 있다(대판 1996.11.29. 96누8567).

유 형	예
형량의 해태	형량을 전혀 행하지 않은 경우
형량의 흠결	형량을 함에 있어서 반드시 고려하여야할 사항을 빠트린 경우
형량조사의 하자	관계된 공익 또는 사익의 의미를 간과하여 형량을 한 경우
오형량	형량시에 여러 이익간의 형량을 행하기는 하였으나 그것이 객관성·비례성을 결한 경우

Ⅲ. 행정계획과 권리구제

1. 행정쟁송

1) 행정계획의 처분성 문제   행정계획의 처분성이 인정되는 경우에만 행정쟁송의 대상이 될 수 있는 바, 판례는 도시계획결정과 같이 다수인에 대한 개별·구체적인 규율효과를 가져오는 행정계획의 경우에는 그 처분성을 인정하여 행정소송의 대상으로 하고 있다(대판 1982.3.9. 80누105). 그러나 행정계획이 행정활동의 지침에 지나지 않거나 행정조직 내부에서만 효력을 갖는 경우에는 행정쟁송의 대상이 되는 처분성으로는 볼 수 없을

것이다(장태주 383쪽).

2) 위법성 판단의 문제   계획재량의 경우에는 광범위한 계획·형성의 자유가 부여되어 있어 다른 행정재량보다 행정쟁송에서 인용될 가능성이 낮아 권익구제의 실효성을 거두기 어렵다. 따라서 행정계획의 위법·부당을 심사함에 있어서는 성문법규의 저촉 여부뿐만 아니라 형량명령의 위반 여부와 절차의 준수 여부 등의 관점에서도 심사되어야 한다.

2. 행정상 손해배상

사인이 위법한 행정계획으로 인하여 구체적인 손해를 입은 경우에는 그에 대한 배상을 청구할 수 있다(헌법 제29조①, 국가배상법 제2조). 그러나 취소소송과 마찬가지로 배상책임의 요건을 충족하기는 어렵다는 문제가 있다.

3. 행정상 손실보상

1) 특별한 희생   행정계획으로 인하여 특별한 희생에 해당하는 재산권을 침해당한 자는 손실보상을 청구할 수 있다(헌법 제23조③). 따라서 행정계획으로 인한 재산권의 제한이 수인한도내의 사회적 제약에 그치고 특별한 희생에 미치지 못하는 경우에는 손실보상을 청구할 수 없다. 문제는 행정계획으로 인한 재산권의 제한이 특별한 희생인가, 아니면 수인한도 내의 사회적 제약인가를 판단하기가 어렵다는 데에 있다.

2) 보상규정이 없는 경우   손실보상의 청구를 인정하는 경우라도 이에 관한 근거법규가 없는 경우 보상을 청구할 수 있는지가 문제된다.

① 학 설: 다수설은 손실보상에 관한 규정이 없이 행한 재산권 제한행위는 위헌·무효이므로 손해배상청구만이 가능하다고 한다.

② 판례의 태도: 대법원은 개발제한구역 지정에 관한 도시계획법 제21조의 위헌 사건에서, 개발제한구역지정으로 인한 재산권 제한행위에 대한 손실보상을 부정한 바 있고(대판 1996.6.28. 94다54511), 헌법재판소는 개발제한구역 자체는 합헌이나 예외적으로 사회적 제약을 넘는 경우도 보상규정을 두지 않은 것은 위헌이라고 판시한 바 있다(헌재 1998.12.24. 97헌바78).

4. 계획보장청구권

1) 의 의   행정청에 의하여 이미 수립하여 공개된 행정계획에 대하여 그 계획에 대한 보장과 이행의 촉구를 주장하는 계획보장청구권의 개념은 광의와 협의로 나뉘어 설명되고 있다.

① 협의의 계획보장청구권: 행정계획의 폐지·변경 및 그 내용의 불이행이 있는 경우 이로 인해 손실을 입은 개인이 행정계획의 주체에 대하여 그 손실의 보상을 청구할 수 있는 권리를 말한다.

② 광의의 계획보장청구권(다수설): 행정청의 행정계획의 폐지·변경에 대하여 당사자가 그 계획의 존속, 계획의 준수, 경과조치 및 손실보상 등을 요구할 수 있는 청구권을 말한다. 즉, 계획존속청구권·계획준수청구권·경과조치청구권·손해보전청구권을 포함하는 개념이다.

2) 이론적 근거 및 법적성격

① 이론적 근거: 계획보장청구권의 이론적 근거로는 계약법리설, 재산권보장설, 법적안전성 및 그에 바탕을 둔 신뢰보호설 등이 주장되고 있으나, 신뢰보호설이 다수설이다.

② 법적성격: 계획보장청구권의 법적성격에서는 채무불이행설, 불법행위성, 수용안정성침해설 등이 주장되고 있다.

3) 계획보장청구권의 내용

① 계획존속청구권: 계획존속청구권이란 행정계획의 변경이나 폐지에 대하여 그 행정계획의 유지와 계속적 존속을 요구할 수 있는 당사자의 권리를 말한다. 통설과 판례는 이러한 청구권을 일반적인 형태로는 인정하지 않는다.

② 계획이행청구권: 계획이행청구권이란 행정계획의 준수와 집행을 요구할 수 있는 청구권을 의미한다. 이러한 청구권도 일반적으로는 인정되지 않는다.

③ 경과조치청구권: 경과조치청구권이란 행정계획에 따라 일정한 조치를 취하였으나 이후 계획이 변경·폐지되는 경우 이로 인해 입게 되는 재산상의 손실을 전보할 경과규정이나 일정한 적응조치를 요구하는 권리를 말한다. 이러한 권리도 별도의 법적 근거규정이 없는 이상 일반적인 형태로는 인정되지 않는다.

④ 손해전보청구권: 손해전보청구권이란 행정계획의 변경이나 위반행위가 있는 경우 손실보상이나 손해배상을 주장할 수 있는 권리를 말한다.

적법한 계획의 변경·폐지로 인하여 손해를 입은 경우 개별법상 손실보상규정이 있는 경우에는 그에 따라 손실보상을 청구할 수 있을 것이나, 손실보상규정이 없는 경우에는 문제가 된다. 이에 대한 권리구제수단으로 직접효력설, 유추적용설, 위헌무효설 등의 견해가 대립한다.

위법한 행정계획의 변경·폐지로 인하여 재산상 손해를 입은 경우에는 국가배상법 제2조 제1항에 의해 국가 등에게 손해배상을 청구할 수 있다.

4) 소송상 의미

① 문제점: 행정청의 행정계획 폐지·변경에 대해 이해관계인이 기존의 계획으로 변경시켜달라는 도시계획변경신청을 한 경우, 이 신청에 대하여 행정청이 거부하거나 부작위한다면 이는 항고소송의 대상이 되는지 여부가 문제된다.

② 학 설: 다수의 학설은 행정계획의 장기성·종합성·가변성이라는 성질상 이를 부정하고 있다.

③ 판 례: 판례는 행정청의 거부나 부작위가 항고소송의 대상이 되는 처분이 되기 위해서는 ㉠ 신청인의 권리의무에 직접 관계가 있는 공권력행사의 거부일 것, ㉡ 그 거부가 국민의 권리의무에 직접적으로 영향을 미치는 것일 것, ㉢ 법규상·조리상 신청권의 존재할 것을 요구한다. 따라서 장기성·종합성이 요구되는 행정계획에 있어서는 그 계획이 확정된 후에 어떤 사정의 변동이 있다고 하여 지역주민에게 일일이 그 계획의 변경을 청구할 권리를 인정해줄 수 없으므로 변경신청을 불허한 행위는 항고소송의 대상이 되는 행정처분으로 볼 수 없다는 입장이다. 다만, 행정계획변경신청을 거부하는 것이 실질적으로 당해 행정처분 자체를 거부하는 결과가 되는 경우에는 예외적으로 계획변경을 신청할 권리가 인정된다고 본다(대판 2003.9.23. 2001두10936).

5. 사전적 권리구제수단

행정계획의 사전적 권리구제수단은 행정계획 수립과정에 이해관계인들의 절차적 참여를 보장하는 것이다. 이를 위해서 개개의 행정계획법에서는 행정계획안에 대한 공람·공청회를 통한 의견수렴·청문의 인정 등의 방법으로 이해관계인들의 절차적 참여를 보장하고 있다.

제3장 비권력적 행정작용

  - 행정주체가 교육, 홍보, 캠페인, 지도, 계약 등을 통한 상대방의 협력에 의하여 행정목적을 실현하는 행정작용들을 비권력적 행정작용이라 분류하여 설명하고자 한다.

제1절 행정지도

Ⅰ. 행정지도

1. 의의 및 성질

1) 행정지도의 의의   행정기관이 상대방에게 교육, 홍보, 캠페인, 권고, 조언, 멘토링, 코칭 등의 방법으로 행정목적을 실현하는 경우가 행정지도에 해당된다. 행정절차법은 행정지도를 '행정기관이 그 소관사무의 범위 안에서 일정한 행정목적을 실현하기 위하여 특정인에게 일정한 행위를 하거나 하지 아니하도록 지도·권고·조언 등을 하는 행정작용'으로 정의하고 있다(동법 제2조 제3호). 따라서 행정지도는 행정기관이 그 소관사무의 범위 안에서 일정한 행정목적을 실현하기 위하여 특정인 또는 불특정 다수인에 대하여 일정한 행위를 하거나 하지 아니하도록 지도·권고·조언 등을 하는 비권력적 사실행위라고 정의할 수 있다.

  ⟦예⟧ 교통경찰관인 金경사가 교통법규를 위반한 보행자나 운전자에게 통고처분 등 공식적인 단속행위 대신에 교통법규의 준수를 권고·훈계하는 행위, 불법시위자들에 대하여 강제해산명령을 하기 전에 자진 해산하도록 권고하는 행위

2) 구별개념
  ① 행정행위와의 구별: 행정지도는 아무런 법적 효과가 발생하지 아니하는 사실행위라는 점에서, 일정한 법적 효과의 발생을 목적으로 하는 행정행위와 구별된다.
  ② 행정강제와의 구별: 행정지도는 비권력적 행위라는 점에서, 강제적 사실행위인 행정강제와 구별된다.
  ③ 지휘·감독권의 발동으로 행하는 지도와의 구별: 행정지도는 개인·법인 기타 단체를 상대방으로 한다는 점에서, 상급행정기관이 하급행정기관에 대하여 지휘·감독권의 발동으로 행하는 지도와는 구별된다.

3) 행정지도의 성질

① 비권력적 행위: 행정지도는 권고·설득, 코칭, 멘토링 등의 방법으로 상대방의 임의적 협력을 기대하여 행하는 비권력적 행위로, 상대방에 대한 구속력과 강제력이 없다. 따라서 행정기관은 행정지도의 상대방의 의사에 반하여 부당하게 강요할 수 없으며(행정절차법 제48조①), 상대방이 행정지도에 따르지 아니하였다는 것을 이유로 불이익한 조치를 하여서는 아 니된다(동법 제48조②). 다만, 행정지도가 권력적 행위 못지않은 사실상의 구속력을 가지는 경우가 있으며, 법률이 행정지도에 대하여 일정한 효과를 인정하는 경우도 있다.

② 사실행위: 행정지도는 그 자체로는 아무런 법적 효과도 발생하지 않는 사실행위이며, 법률이 행정지도에 대하여 일정한 법적 효과를 인정하고 있는 경우에도 이는 행정지도의 간접적인 법률효과에 불과하다. 따라서 비권력적 행위이면서도 법적 행위인 '공법상의 계약'이나 합동행위와 구별된다.

2. 행정지도의 방식

1) 일반적 관례 행정지도는 실제로 코칭, 멘토링, 상담, 권고·요망·지도 등의 행위로 이루어지며, 구술이나 문서 등의 수단으로 행해진다.

2) 행정절차법상의 방식 다른 법률에 특별한 규정이 있는 것을 제외하고는 행정지도에 대해서도 행정절차법이 적용된다(동법 제3조①).

① 취지 등의 고지: 행정지도를 행하는 자는 그 상대방에게 그 행정지도의 취지 및 내용과 신분을 밝혀야 한다(동법 제49조①).

② 문서교부: 행정지도가 말로 이루어지는 경우에 상대방이 취지 및 내용과 신분에 관한 사항을 기재한 서면의 교부를 요구하는 때에는 그 행정지도를 행하는 자는 직무수행에 특별한 지장이 없으면 이를 교부하여야 한다(동법 제49조②).

③ 의견제출: 행정지도의 상대방은 해당 행정지도의 방식·내용 등에 관하여 행정기관에 의견제출을 할 수 있다(동법 제50조).

④ 다수인을 대상으로 하는 행정지도: 행정기관이 같은 행정목적을 실현하기 위하여 많은 상대방에게 행정지도를 하고자 하는 경우 특별한 사정이 없으면 행정지도에 공통적인 내용이 되는 사항을 공표하여야 한다(동법 제51조).

3. 행정지도의 유형

1) 상대방에 따른 분류　행정지도는 지도의 상대방을 기준으로 행정주체·행정기관에 대한 행정지도와 사인에 대한 행정지도로 구분할 수 있으나, 보통 행정지도라 함은 사인에 대한 행정지도를 말한다.

2) 기능(목적)에 의한 분류

　① 규제적 행정지도: 일정한 행정목적의 달성이나 공익에 장애가 될 일정한 행위를 예방·억제하기 위한 행정지도를 말한다.

　② 조정적 행정지도: 사인 또는 기업 간의 이해대립이나 과열경쟁을 조정하거나 해결하기 위해 행하는 행정지도를 말한다.

　③ 조성적 행정지도: 생활지도·기술지도 등과 같이 일정한 질서형성을 촉진하기 위하여 관계자에게 기술·지식을 제공하거나 조언하는 방식의 행정지도를 말한다.

4. 행정지도의 근거·원칙 및 한계

1) 행정지도의 근거　행정지도는 사실행위로 권한에 대한 조직법적 근거법령은 필요하나 명령, 금지, 규제, 단속 등의 작용법적 근거법령은 필요하지 않다는 것이 다수설이다. 이를 구체적으로 살펴보면 다음과 같다.

　① 법령에 근거가 있는 경우: 행정법규 중에는 명문으로 행정지도의 근거규정을 둔 경우가 있다.

　例 경찰관은 인명 또는 신체에 위해를 미치거나 재산에 중대한 손해를 끼칠 우려가 있는 천재, 사변, 공작물의 손괴, 교통사고, 위험물의 폭발, 광견·분마류 등의 출현, 극단한 혼잡 기타 위험한 사태가 있을 때에는 그 장소에 집합한 자, 사물의 관리자 기타 관계인에게 필요한 경고를 발할 수 있다(경찰관 직무집행법 제5조).

　② 법령이 권력적 행정작용의 근거를 규정한 경우: 법령이 권력적 행정작용의 근거를 규정하고 있는 경우에는 행정기관은 권력적 행정작용에 갈음하여 또는 그 전단계로서 같은 내용의 행정지도를 할 수 있다. 이를 간접적 근거에 의한 행정지도라고도 한다.

　例 교통단속중인 金경사가 주·정차방법을 위반한 운전자 A에게 주·정차방법의 변경명령 또는 이동명령을 하기 전에 주·정차방법의 변경 또는 이동을 권고한 경우

　③ 법령의 근거가 없는 경우: 행정기관의 조직법상의 권한에 속하는 사항이면 행정지도에 관한 작용법상의 직접적·간접적 근거규정이 없는 경우에도 행정지도를 발할 수 있다(통

설). 이러한 통설에 따르면 공공의 안녕과 질서는 행정기관의 조직법상의 권한에 해당하므로, 행정기관은 이를 위하여 작용법상의 근거 없이도 행정지도를 할 수 있게 된다. 이에 대하여 규제적 지도는 사실상 상대방의 임의성이 제약되기 때문에 작용법적 근거가 있어야 한다는 견해가 있다.

2) 행정지도의 원칙　행정절차법은 행정지도의 원칙을 규정하고 있는바(동법 제48조), 행정지도에도 그대로 타당하다.

① 과잉금지의 원칙·임의성의 원칙: 행정지도는 그 목적달성에 필요한 최소한도에 그쳐야 하며, 행정지도의 상대방의 의사에 반하여 부당하게 강요하여서는 아니 된다.

② 불이익조치금지의 원칙: 행정기관은 행정지도의 상대방이 행정지도에 따르지 아니하였다는 것을 이유로 불이익한 조치를 하여서는 아니 된다.

> **행정절차법** 제48조(행정지도의 원칙) ① 행정지도는 그 목적달성에 필요한 최소한도에 그쳐야 하며, 행정지도의 상대방의 의사에 반하여 부당하게 강요하여서는 아니 된다.
> ② 행정기관은 행정지도의 상대방이 행정지도에 따르지 아니하였다는 것을 이유로 불이익한 조치를 하여서는 아니 된다.

3) 행정지도의 한계

① 권한에 대한 조직법상의 한계: 행정지도는 조직법상 당해 행정기관의 소관사무의 범위 내에서만 이루어져야 하며, 권한의 범위를 넘는 행정지도는 위법한 행정작용이다.

② 법령상의 한계: 행정지도를 함에 있어서는 법률우위의 원칙에 따라 헌법이나 법률 등 실정법에 위반하여서는 아니 된다.

[이해] 행정지도에 법률유보의 원칙은 적용되지 않으나, 법률우위의 원칙은 적용된다

③ 행정법 일반원칙에 의한 한계: 행정지도도 행정작용이므로 행정법의 일반원칙인 비례성의 원칙·평등의 원칙·신뢰보호의 원칙 등에 적합하여야 한다. 특히 우리나라 행정절차법은 비례원칙의 내용인 과잉금지의 원칙을 규정하고 있다(동법 제48조①).

5. 행정지도의 효과

1) 사실적 효력

① 행정지도 그 자체로는 아무런 법적 효과도 발생하지 않는다. 그러나 행정지도는 행정력을 배경으로 하는 이유로 상대방이 이를 거부하면 여러 가지 억제조치를 취함으로써

상대방에게 권력적 행위 못지않게 사실상의 강제적·구속적 효과를 발생하는 경우가 많다.

　② 행정지도는 상대방의 자발적·임의적 협력을 전제로 한다. 따라서 행정기관은 상대방에게 이를 강요할 수 없으며, 불응한다는 이유로 불이익한 조치를 취할 수 없다.

2) 위법한 행정지도와 위법성 조각　　위법한 행정지도에 따라 행한 사인의 행위가 위법한지 아니면 위법성이 조각되는지가 문제된다. 일반적으로는 행정지도는 강제가 아니라 상대방의 임의적 협력을 기대하는 것이므로 행정지도에 따른 행위는 상대방의 자의에 의한 행동이므로 위법성은 조각되지 않는다고 한다.

6. 행정지도와 권리구제

1) 행정절차(사전구제)　　행정절차법은 행정지도에 관계하는 자는 그 상대방에게 당해 행정지도의 취지·내용 및 신분을 밝힐 것을 의무화하고 있으며, 구술에 의하는 경우에는 상대방에게 문서교부를 청구할 수 있고, 행정기관은 행정지도를 받은 자에게 의견진술기회를 부여하여야 한다고 규정하고 있다(동법 제49조).

2) 행정쟁송

　① 원 칙: 행정지도는 비권력적 사실행위로 상대방의 동의를 기초로 하는 비권력적·비구속적 행위로 행정심판법과 행정절차법상의 '처분'에는 해당하지 않는다. 따라서 행정지도는 원칙적으로 행정쟁송의 대상이 되지 않는다(통설·판례).

　② 예 외: 행정지도에 불응한 것을 이유로 행정기관이 부담적(침익적) 내용의 처분을 한 경우에는 그 처분을 대상으로 행정쟁송을 제기할 수 있다.

3) 행정상 손해배상(국가배상)　　행정지도를 받은 상대방이 그로 인하여 손해를 입은 경우에 행정지도의 상대방은 자유로운 의사에 따라 행정지도에 따른 것이므로 국가배상법 제2조에 의하여 행정상 손해배상을 청구할 수 있는가가 문제된다. 이에 대하여 다수설은 상대방이 그의 자유로운 판단에 따라 손해발생의 가능성을 인식하면서 위법한 경찰지도에 따른 경우에는 "동의는 불법행위의 성립을 배제한다."는 법언과 같이 손해배상청구가 인정되지 않는다고 본다.

4) 행정상 손실보상　　적법하게 한 행정지도에 의하여 상대방이 특별한 희생을 입은 경우에도 그 피해자가 자유의사에 의하여 그 불이익을 수인한 것이므로 그에 따른 손실보상청구권은 부인된다(통설). 그러나 이에 대하여 신뢰보호의 차원에서 손실보상을 인정해야

한다는 견해와 수용적 침해이론에 의하여 손실보상을 인정해야 한다는 견해가 주장되고 있다.

제2절 행정상 확약

I. 의 의

1. 개 념

세무서장이 특정한 경우 세율을 인하하겠다고 발표하거나, 공무원 임용이 내정된 경우가 확약에 해당된다. 행정법학에서 정의하는 확약이란 행정기관이 국민에 대한 관계에 있어서 자기구속을 할 의도로써 장래에 향하여 일정한 행정행위를 하거나 하지 않을 것을 약속하는 단독적 의사표시를 말한다. 실무상 내인가, 내허가등으로 불리우고 있다.

圓 공무원임용의 내정, 각종 인·허가에 대한 예비인·허가, 자진납세신고자에 대한 세율인하의 약속

2. 구별개념

1) 확언과의 구별　확약은 그 대상이 특정 행정행위에 한정되고 있다는 점에서 행정작용 전반을 대상으로 할 수 있는 확언과 구별된다.

2) 단순고지(교시)와의 구별　확약은 행정청의 구속적 의사표시라는 점에서, 구속력이 없이 단순히 특정사실 또는 법적 상태에 대한 행정청의 견해표명인 고지와 구별된다.

행정기관의 일방적인 의사표시라는 점에서 공법상 계약과도 구별된다.

3) 예비결정·부분허가와의 구별　확약은 특정한 행정행위에 대한 약속이지 종국적 의사표시가 아니라는 점에서, 비록 한정된 사항이지만 종국적으로 규율하는 행정행위로서 의 효과를 발생하는 예비결정·부분허가와 구별된다.

4) 가행정행위와의 구별　확약은 특정한 행정행위에 대한 약속에 불과하다는 점에서, 행정행위를 잠정적으로 확정하는 효력을 갖는 가행정행위와 구별된다.

5) 기타 행위와의 구별　확약은 대외적으로 국민에 대한 의사표시라는 점에서 행정조직

내의 내부행위인 내부결정과 구별되고, 행정청의 일방적인 의사표시라는 점에서 쌍방적 행위인 공법상 계약과 구별되며, 일정한 법적효과를 발생시킨다는 점에서 행정지도와 같은 사실행위와 구별된다.

Ⅱ. 법적성질(행정행위성 여부)

1. 문제점

확약의 법적성질과 관련하여 확약이 행정소송의 대상이 되는 처분인지가 문제된다.

2. 학 설

1) **행정행위의 일종으로 보는 견해**　확약의 구속적 성격에 비추어 행정행위로서의 규율성 요건을 충족하는 것으로 보아 행정행위의 일종으로 보는 견해이다.

2) **독자적인 행위형식이라는 견해**　확약의 단계에서는 아직 규율성이 결여되어 있다고 보아 행정행위성이 부인되고 따라서 확약은 독자적인 행위형식이라는 견해이다.

3) **행정행위로 볼 수 없다는 견해**　확약은 행정청에게 일정한 작위·부작위의무를 부담시킨다는 점에서 그 자체가 법적규율성이 있고 그 한도 내에서는 행정행위의 성질을 갖지만 확약의 실효가 인정된다는 점에서 법적규율성은 완결되지 않은 것이므로 행정행위로 볼 수는 없다는 견해이다.

3. 판례의 태도

판례는 확약은 행정행위가 아님을 이유로 처분성을 부정하고 있다(대판 1995.1.20. 94누6529).

> **[판례] 확약의 행정행위성을 부정한 판례**
> 행정청이 상대방에게 장차 어떤 처분을 하겠다고 확약 또는 공적인 의사표명을 하였다고 하더라도, 그 자체에서 상대방으로 하여금 언제까지 처분의 발령을 신청을 하도록 유효기간을 두었는데도 그 기간 내에 상대방의 신청이 없었다거나 확약 또는 공적인 의사표명이 있은 후에 사실적·법률적 상태가 변경되었다면, 그와 같은 확약 또는 공적인 의사표명은 행정청의 별다른 의사표시를 기다리지 않고 실효된다(대판1996.8.20. 95누10877).

Ⅲ. 확약의 허용 여부와 한계

1. 확약의 허용 여부

확약도 주체·내용·형식·절차상의 요건을 구비하여야 한다. 다만, 확약의 내용상의 요건과 관련하여 그 법적 근거가 있어야 하는가가 문제되는데, 통설은 법령이 본 행정처분을 할 권한을 부여한 경우에는 본 처분에 관한 확약을 할 수 있는 권한도 당연히 부여된 것으로 보아 확약 자체의 법적 근거는 요하지 않는다고 보고 있다.

2. 허용의 한계

1) 본처분이 기속행위인 경우　재량행위인 경우 행정청이 확약을 할 수 있다는 점에 대해서는 견해가 일치한다. 그리고 기속행위의 경우에도 확약에 의해 상대방에게 예지이익 및 대처이익이 주어질 것이므로 확약이 가능하다고 보는 것이 통설이다.

2) 본처분인 행정행위를 행할 요건사실이 완성된 경우　요건사실이 완성된 이후에 확약이 가능한가에 대해 통설은 예지이익 및 대처이익을 주기 때문에 확약이 가능하다고 보는 반면, 본 처분의 요건사실이 완성된 이후에는 확약이 아니라 본 처분을 하여야 한다고 보는 견해도 있다. 생각건대, 행정기관은 행정처분의 발령시기를 스스로 결정할 수 있고, 과세처분의 경우처럼 과세요건사실이 완성된 후에도, 확약이 납세의무자에게 준비이익이나 기대이익을 줄 수 있으므로 확약을 인정함이 타당하다.

Ⅳ. 확약의 요건

1. 일반적 요건

1) 주 체　확약은 본행정행위를 할 수 있는 권한을 가진 행정기관이 자신의 권한의 범위 안에서 행하여야 한다.

2) 내 용　확약의 내용은 법령에 위반되어서는 아니되고, 명확하여야 하며 실현가능하여야 한다.

2. 절 차

본 행정행위를 행하기 위하여 일정한 행정절차가 요구되는 경우에는 확약을 위해서도 그러한 절차가 이행되어야 한다. 따라서 확약에 앞선 절차의 생략은 개인의 권익을 보호하기 위하여 요구되는 절차를 회피하는 수단으로 활용될 수 있기 때문에 허용되지 않는다.

3. 형 식

문서의 형식을 요하는 명문의 규정이 없는 한, 특정한 형식을 요하지 않는다. 따라서 특별한 규정이 없는 한 구술로도 가능하다.

Ⅴ. 확약의 효과 및 철회와 실효

1. 확약의 효과

1) 일반적 효과(구속성) 확약이 행해진 경우에 행정기관은 확약의 내용에 따라 본처분을 발령할 의무를 진다. 확약의 내용에 따라 본처분을 발령하지 않는 경우에는, 행정주체의 행위유형에 따라 본처분의 거부나 부작위의 경우에는 행정심판으로서 의무이행심판을, 행정소송으로서 거부처분취소소송 또는 부작위위법확인소송을 제기할 수 있다. 또한 확약의 내용에 반하는 처분을 하는 때에는 취소쟁송을 제기할 수 있다.

2) 하자있는 확약의 효과 확약에 중대하고 명백한 하자가 있는 경우에는 처음부터 당연 무효가 되고, 단순한 위법의 하자가 있는 확약은 취소할 수 있다.

2. 확약의 취소 철회

확약의 내용이 위법하거나 확약의 대상행위가 위법한 때에는 취소사유가 되며, 확약을 발령한 이후에 그 효력을 유지할 수 없는 사정이 발생한 때에는 철회할 수 있다.

3. 확약의 실효(구속력의 배제)

1) 의 의 확약의 실효란 확약 후 사실상태 또는 법률상태가 변경된 경우에 행정청이

그와 같은 변경이 있을 것을 미리 알았더라면 그와 같은 확약을 하지 않았을 것으로 인정되는 경우에는 확약의 구속력이 면제된다는 것을 말한다.

2) 인정 여부　　판례와 통설은 확약의 실효를 인정하고 있다. 단, 그때 당사자의 신뢰는 손실보상해 주어야 한다.

VI. 권리구제

1. 행정쟁송

확약의 내용에 따른 본처분을 발령하지 않은 경우에는 본처분의 거부나 부작위 등 행정주체의 행위유형에 따라 의무이행심판, 거부처분취소소송 또는 부작위위법확인소송을 제기할 수 있다. 확약의 내용에 반하는 처분을 하는 경우에는 행정법의 일반원칙인 신뢰보호원칙 위반으로 당해 처분의 취소소송을 제기할 수 있다.

2. 손해전보

확약의 불이행으로 인해 당사자에게 손해가 발생한 경우에는 국가배상법이 규정하는 바에 의거 손해배상을 청구할 수 있다. 확약이 수익적 행정행위를 대상으로 하는 때에는 신뢰보호의 관점에서 당해 확약의 취소나 철회가 제한될 수 있으며, 이때 당사자의 귀책사유에 기인하지 않는 하자로 인한 취소의 경우에는 그 손실이 보상되어야 한다.

제3절 공법상 계약

Ⅰ. 서 설

1. 개 념

행정청이 자신의 행정목적 실현방법을 상대방과 계약의 방식으로 실현하는 경우를 공법상의 계약이라 한다. 행정법학에서 정의하는 공법상 계약이란 행정법상의 법률관계의 발생·변경·소멸을 목적으로 하여 대등한 당사자 사이에 반대방향의 의사의 합치에 의하여 성립하는 공법행위를 말한다.

2. 공법상 계약의 개념요소

① 공법상 계약은 공법상 법률관계의 설정·변경·소멸을 규율대상으로 한다.
② 규율은 행정법의 영역에서 있어서 이루어지는 규율이다.
③ 공법상 계약은 계약적 규율이므로 국민은 규율의 내용에 대해서 행정청과 대등한 법적 지위를 부여받는다.

3. 구별개념

1) **사법상 계약과의 구별** 양자는 복수 당사자 사이의 의사의 합치에 의하여 성립한다는 점에서 동일하나, 공법상 계약은 공익실현을 위한 공법적 효과의 발생을 목적으로 한다는 점에서 사법적 효과의 발생을 목적으로 하는 사법상 계약과 구별된다.

> **[참고] 사법상 계약과의 구별실익**
> ① 공법상 계약은 일방 또는 쌍방 당사자가 행정주체이다.
> ② 공법상 계약과 관련한 불법행위로 발생한 손해는 국가배상법에 의한 손해배상의 대상이 된다.

2) **행정행위와의 구별** 양자는 공익 실현을 위한 공법적 효과의 발생을 목적으로 하고 행정법상의 개별적·구체적인 행위라는 점은 동일하나, 공법상 계약은 복수당사자 사이의 의사의 합치로 성립한다는 점에서 행정주체에 의하여 일방적으로 행하여지는 행정행위와는 구별된다.

3) 공법상 합동행위와의 구별   양자는 복수의 당사자의 의사의 합치에 의하여 성립한다는
점에서는 같다. 그러나 공법상 계약은 당사간의 반대방향의 의사의 합치에 의하여 성립하
고 그 법적효과가 각 당사자에 대하여 각각 반대의 의미를 가진다는 점에서, 동일한
방향의 의사의 합치에 의하여 성립하고 그 법적효과가 당사자에게 동일하게 발생하는
점에서 공법상 합동행위와 구별된다.

4) 행정계약과의 구별   행정계약은 행정목적을 수행하기 위하여 행정주체 간 또는
행정주체와 국민 간에 체결되는 계약을 말하는 것으로, 사법상 계약과 공법상 계약이
모두 포함된다는 점에서 공법상 계약과 구별된다. 한편 공법상 계약과 행정계약의 구별을
부정하는 견해도 있으나 우리나라의 실정법제도상 구별되어야 한다는 것이 다수설이다.
사견으로는 공법상의 계약과 행정계약을 구별할 필요가 없다고 본다.

4. 공법상 계약의 유용성

행정기능의 양적 확대와 행위형식의 다양화에 따라 오늘날 행정목적 실현을 위한
행정행위에 대한 공법계약의 유용성이 크게 인식되고 있다.

그러나 국민의 생명과 재산을 보호해야 하는 위험방지행정인 경찰행정, 교통행정,
재난관리행정, 소방행정 등이나 국가목적적 행정인 국방행정, 외교행정, 조세행정 등에서

는 행정목적 실현의 상대방과 공법상 계약의 방식보다는 공무수탁사인의 지위를 부여하여 실행하는 것이 더 책임 있는 행정이 될 것이라 평가된다.

Ⅱ. 공법상 계약의 유형

행정목적을 수행하기 위하여 계약을 사용하는 것은 각국의 공통된 현상이나, 행정주체가 당사자로 되어 있는 계약 중에서 공법상 계약이 인정되는 범위는 국가에 따라 다르다. 우리가 흔히 말하는 공법상 계약은 독일법상의 관념이다.

1. 독일의 공법상 계약

독일에서의 공법상 계약은 제2차 대전 이후에야 이론적으로 논의되어 오다가 1977년 연방행정절차법에 의하여 인정되었다. 동법은 "공법영역에서의 권리관계는 법규에 저촉되지 아니하는 범위 안에서 계약에 의하여 발생·변경·소멸될 수 있다."고 규정하고 있다(독일 연방행정절차법 제54조).

2. 프랑스의 행정계약

프랑스에서의 공법상 계약은 독일에서와는 달리 실정법과 '꽁세유데따'의 판례를 중심으로 행정계약의 관념으로 체계화되어 일찍부터 인정되었다. 또한 행정계약의 범위도 독일의 경우에 비하여 광범위하게 인정되고 있다. 다만 프랑스의 행정계약은 행정기관이 계약을 일방적으로 변경·해지할 수 있고, 상대방의 의무를 이행시키기 위한 강제수단이 마련되어 있다는 점에서 독일법상의 행정행위와 가깝다는 점이 지적되고 있다(석종현 395쪽).

3. 영·미의 정부계약

공법과 사법의 구별을 부정하는 영미법계에서는 전통적으로 공법상 계약이라는 관념을 인정하지 않았다. 그러나 행정기능의 확대에 따른 행위형식의 다양화에 따라 행정주체와 개인간의 계약에 표준조항을 도입함으로써 정부계약이라는 특수한 성질의 계약을 실현시키고 있으며, 이러한 정부계약에는 사법상의 계약에 대한 특칙을 인정하고 있다.

Ⅲ. 법적 근거와 인정범위 및 한계

1. 공법상 계약의 법적근거

1) 성립가능성 문제　종래 행정주체와 개인 간의 의사의 합치에 의하여 과연 계약이 성립할 수 있는지가 논의되었으나, 오늘날에는 공법상 계약의 성립가능성을 부정하는 견해는 없다.

2) 자유성 문제　자유성의 문제란 행정주체와 개인 간의 의사합치에 의한 계약의 성립을 인정하는 경우, 그 체결에 법률의 근거가 있어야 할 것인가 하는 문제를 말한다.

　① 부정설: 법치주의는 공법상 계약에도 타당하므로 행정권은 법률이 명시적으로 그것을 인정하는 경우에 한하여 공법상 계약이 성립될 수 있다는 견해이다.

　② 긍정설(통설): 공법상 계약은 비권력적 행정작용의 일종으로서 권력적 행위인 행정행위 등과는 성립의 기초를 달리하여 당사자 사이의 의사의 합치에 의하여 성립하는 것이므로, 법률의 명시적 근거가 없어도 성립할 수 있다고 보는 견해이다.

2. 인정범위 및 한계

1) 인정범위　공법상 계약은 특별한 규정이 없는 한 비권력적 행정분야에서 인정되고, 권력적 행정분야에도 명문의 규정이 있는 경우에는 인정된다고 본다.

2) 한 계　공법상 계약이 인정되는 경우에도 ① 국가행정작용의 일환으로서 법률우위의 법적합성의 원칙에 따르므로 법을 위반할 수 없으며 ② 절대적 평등이 요구되는 대량적이고 지속적인 사안(예 군입대여부 및 복무기간)에 대해서는 가능한 한 행정행위에 의하며 ③ 제3자의 권익을 제한하는 내용의 행정행위를 할 것을 내용으로 하는 공법상 계약은 제3자의 동의가 없는 한 인정될 수 없다(장태주 344쪽).

Ⅳ. 공법상 계약의 종류

1. 주체에 의한 구분

구 분	내 용	예
행정주체 상호 간의 공법상 계약	국가와 공공단체 또는 공공단체 상호 간에 성립하는 공법상 계약	• 지방자치단체간의 교육사무위탁 • 지방자치단체 상호 간의 도로·하천의 관리 및 경비부담에 관한 협의
행정주체와 사인 간의 공법상 계약	행정주체와 사인간에 체결되는 공법상 계약	• 공물 또는 영조물 이용관계를 위한 계약(우편 및 철도이용) • 임의적 공용부담(사유지를 공원용지로 제공하는 계약) • 행정사무의 위탁(별정우체국의 지정) • 보조금 지급에 관한 계약 • 전문직 공무원채용계약 • 환경보전협정 • 보상계약(지방자치단체와 특허기업 간의 계약)
사인 상호 간의 공법상 계약	일정한 공법적 원인 또는 절차로서 국가로부터 공권을 위탁받은 사인과 다른 사인 사이에 이루어진 계약	토지수용에 있어서의 기업자와 토지소유자 및 관계인과의 협의

2. 성질에 따른 구분

구 분	내 용	대 상
대등계약	행정주체 상호 간, 사인 상호 간에 성립하는 계약	행정행위로는 규율할 수 없는 법률관계
종속계약	행정주체와 사인 간에 성립하는 계약	• 행정행위 대신에 체결될 수 있는 경우 • 행정행위와 아무런 직접적인 관계를 갖지 않는 경우

V. 공법상 계약의 특수성

1. 실체법적 특수성

1) 성 립

① 공법상 계약의 성립에 관한 통칙적 규정이 없으므로 특별한 규정이 없으면 민법규정에 따른다.

② 공법상 계약은 그 체결에 있어서 관계행정기관의 확인을 받도록 하는 경우가 있다(예 토지취득보상법 제29조).

③ 공법상 계약은 법률상 체결이 강제되어 행정기관은 정당한 사유 없이 청약을 거절하지 못하는 경우가 있다.

④ 제3자의 권리·이익을 침해하는 내용의 공법상 계약은 그 제3자의 동의를 요하도록 하는 경우가 있다.

⑤ 공법상 계약은 특별한 규정이 없으면 원칙적으로 문서에 의한다.

2) 내 용

① 공법상 계약도 행정작용의 한 형태이므로 법령상 금지하는 명시적·묵시적 규정에 위반하여서는 아니된다. 특히 침해행정인 경찰행정 등에서는 법률에 특별한 규정이 있는 경우 이외에는 원칙적으로 공법상 계약이 허용되지 않는다.

② 공법상 계약의 내용은 영조물 규칙·공급규칙 등의 형식으로 사전에 정형화되어 있는 결과로 부합계약의 형식을 취하는 경우가 많다.

3) 계약의 해제·변경 등

① 행정주체에게는 일정한 경우에 공법상 계약 내용의 변경이나 해제 및 해지가 인정되나(예 보보조금 관리에 관한 법률 제21조), 사인이 일방적으로 계약관계를 해소하는 것은 원칙적으로 인정되지 않는다. 다만 귀책사유 없이 손실을 입은 사인에게는 손실보상을 하여야 한다. 따라서 민법의 해제규정이 그대로 적용될 수 없다.

> **보조금 관리에 관한 법률** 제21조(사정 변경에 의한 교부 결정의 취소 등) ① 중앙관서의 장은 보조금의 교부를 결정한 경우 그 후에 발생한 사정의 변경으로 특히 필요하다고 인정할 때에는 보조금의 교부 결정 내용을 변경하거나 그 교 부결정의 전부 또는 일부를 취소할 수 있다. 다만, 이미 수행된 부분의 보조사업에 대하여는 그러하지 아니하다.

② 행정주체에게 공법상 계약 내용의 변경이나 해제 및 해지가 인정되는 경우라도 일상생활에 필요한 재화나 노무를 제공하는 급부계약의 해제나 상대방의 의무불이행에 따른 계약의 변경·해제는 공법상 계약이 가지는 공공성으로 인하여 많은 제약을 받는다(동법 제21조②).

> **보조금 관리에 관한 법률** 제21조(사정 변경에 의한 교부 결정의 취소 등) ② 중앙관서의 장이 제1항에 따라 보조금의 교부 결정을 취소할 수 있는 경우는 보조금의 교부 결정을 한 후에 발생한 천재지변 이나 그 밖의 사정의 변경으로 보조사업의 전부 또는 일부를 계속할 필요가 없는 경우와 대통령령으로 정하는 경우로 한정한다.

4) 계약의 하자   공법상 계약에 하자가 있는 경우에 그 효력에 대하여 ① 무효로 보는 견해와 ② 무효 또는 취소할 수 있다는 견해가 대립하나, 공법상 계약에 하자가 있는 경우에 그 효과는 무효라는 전자의 견해가 다수설이다. 다만, 여기서의 하자는 당사자의 의사표시에 하자가 있는 경우를 말하는 것이 아니라 공법상 계약의 내용이 법령에 저촉되는 경우를 말한다.

2. 절차법적 특수성

1) 계약의 강제절차   공법상 계약에 있어서의 당사자인 행정주체와 사인은 대등한 지위에 있으므로 상대방의 의무불이행에 대하여 자력강제권은 인정되지 않는 것이 원칙이다. 따라서 명문으로 자력강제권을 규정하고 있지 않는 경우에는 법원의 판결에 의하여만 이행을 강제할 수 있다. 공익사업을 위한 토지 등의 취득 및 보상에 관한 법률은 예외적으로 자력강제권을 인정하고 있다(토지보상법 제29조④).

2) 쟁송절차   공법상 계약에 관한 분쟁은 행정소송법상의 당사자소송에 의하여야 한다.

> **[판례] 공법상 계약에 관한 분쟁의 소송형식**
> ⓐ 서울특별시립무용단 단원의 위촉은 공법상의 계약이라고 할 것이고, 따라서 그 단원의 해촉에 대하여는 공법상의 당사자소송으로 그 무효확인을 청구할 수 있다(대판 1995.12.22. 95누4636).
> ⓑ 공중보건의사 채용계약 해지의 의사표시에 대하여는 대등한 당사자 간의 소송형식인 공법상의 당사자소송으로 그 의사표시의 무효확인을 청구할 수 있는 것이지, 이를 항고소송의 대상이 되는 행정처분이라는 전제 하에서 그 취소를 구하는 항고소송을 제기할 수는 없다(대판 1996.5.31. 95누10617).

제4절 사법형식의 행정작용

I. 서 설

1. 행정목적 실현을 위한 방법으로서 행정작용의 공·사법형식

행정은 행정법의 적용을 받는 공법형식에 의해 그 행정목적 실현을 수행하는 것이 보통이나, 행정기관은 법규에 명시적인 반대규정이 없는 한, 원칙적으로 공법상 행위형식 또는 사법상 행위형식 중 하나를 선택할 수 있는 형식선택의 자유를 갖는다. 예컨대, 재난피해를 입은 기업들에게 근로자 임금지급을 위하여 금융기관에 장기 저리 융자를 주선해 주거나, 가정형편이 어려워 등록금 납입이 어려운 대학생들의 학업 지속이 가능하도록 정부(한국장학재단)가 보증하고 금융기관에 장기 저리 융자를 주선·대출하게 해주는 것 등이 행정사법에 해당된다.

2. 행정목적 실현에 사법 형식이 활용되는 이유

① 행정기능의 확대에 따라 구체적인 경우에 공법에서는 적합한 행위 형식이 존재하지 않는 경우가 많다. 특히 급부행정분야, 자금지원행정, 영조물이용관계에서 공법 형식이 마련되지 않은 경우가 많다.

② 사법 형식을 통한 과제의 수행이 공법 형식을 취한 경우의 효과보다 자유롭고 효율적인 행정작용을 도모할 수 있다.

3. 문제점

이러한 형식선택의 자유는 행정기관이 단순히 공법적 구속을 피하기 위하여 '사법으로 도피'할 수 있다는 문제점이 제기된다. 따라서 사법 형식의 행정작용을 어떻게 통제할 것인가 하는 것이 사법적 행정작용의 중요한 문제인바, 이러한 문제를 해결하기 위한 이론이 행정사법이론이다.

4. 유 형

사법적 행정작용은 행정과제의 직접적인 관련성 여부에 따라 협의의 국고작용과 행정사법으로 구분된다.

구 분		내 용	예
협의의 국고작용	사법상 보조작용	행정기관이 필요로 하는 물자를 사법형식에 의해 조달하는 행정작용	• 청사를 짓기 위한 공사의 도급계약이나 노무자의 고용계약 • 사무용품의 구입
	영리경영적 활동	행정주체가 공행정의 목적과는 직접적인 관계없이 수익의 확보를 위해 활동하는 작용	국가 또는 지방자치단체가 광산을 경영하거나 영리목적으로 기업을 경영하는 경우
행정사법		사법형식에 의하여 행정과업을 직접적으로 수행하는 것	시민의 일상생활에 필요한 물·전기·가스 등을 사법상의 계약을 통하여 공급하는 것

Ⅱ. 행정사법

1. 의 의

1) **행정사법의 의의**　행정주체가 사법형식에 의하여 행정임무를 직접적으로 수행하는 것으로 일정한 공법적 규율을 받는 것을 말한다. 이는 독일에서 지베르트(Siebert)와 볼프(Wolff)에 의해 정립된 개념이다.

2) **행정사법의 개념요소** 행정사법은 ① 행정이 사법형식으로 이루어지고 ② 직접적으로 행정의 목적을 수행하는 활동이며 ③ 일정한 공법적 구속을 받는다.

2. 관리관계와의 구별

　행정사법은 관리관계와 구별되어야 한다. 관리관계는 국가와 국민 간에 발생하는 법률관계 중에서 공법관계와 사법관계가 혼재하는 것을 의미함에 반하여, 행정사법은 사법관계에 대하여 공법적 제한이 가하여지는 법 영역을 의미하기 때문이다.

3. 특 성

1) **공익목적 적합성**　행정사법작용은 공익목적 및 국가목적에 기여하고 적합한 경우에만 정당화 된다(장태주 352쪽).

2) 공법적 구속성

① 공법규정에 의한 수권: 행정주체는 행정작용을 함에 있어서 사법형식에 의해 수행할 수 있는 권한을 당해 공법규정에 의하여 수권 받아야만 한다. 즉, 공법규정에 의하여 선택의 자유가 인정되어야만 한다. 따라서 경찰행정, 조세행정 등의 분야에서는 행정사법이 적용될 여지가 없다.

② 헌법원리에 의한 기속: 행정사법관계에서는 우선 평등권을 비롯한 기본권이 적용되며, 아울러 비례의 원칙, 신뢰보호의 원칙, 부당결부금지의 원칙, 신의성실의 원칙 등 행정법의 일반원칙이 적용된다. 이러한 헌법의 기본권규정 및 헌법원리에 의한 제한은 행정권의 사법에의 도피현상을 억제하는 의미를 가진다.

③ 사법규정의 제약 내지 수정: 행정사법에 의한 공기업의 분야에서는 의사표시에 관한 사법규정이 제한 내지 수정적으로 적용된다. 즉, 공기업분야에서 쌍무적 계약관계는 개별적 계약체결 없이 또는 계약 성립의 흠결, 예컨대 행위능력이 없는 자에 의하거나 또는 착오에 의한 경우에도 성립될 수 있다. 이 밖에 계약강제, 해약강제, 경영의무 등의 경우에 그 계약이 규범적으로 확정됨으로써 약간의 공법적 기속을 받게 된다.

④ 법규적 규제: 행정사법의 영역에서는 국가 또는 지방자치단체의 예산을 절약하고 행정의 공정을 기하기 위하여 국가 지방자치단체의 행위에 관하여 계약의 방법, 상대방, 내용 등에 특별한 제약규정을 두는 것이 보통이다.

4. 행정사법의 적용영역

1) 급부행정영역   급부행정분야의 행정사법으로는 ① 교통 및 운수사업, 전기·수도·가스 등의 공급사업, 폐수·오물·쓰레기 등 폐기물의 처리사업 등을 위한 공기업 공물에 의한 배려행정과 ② 자금지원에 의한 경제지도로서 행정처분에 의거하지 아니한 융자 보조금 지불보증 등이 있다.

2) 유도행정영역   유도행정분야에서의 행정사법은 주로 규제행정분야에서 성립되고 있다. 이 경우 '공공의 손'은 직접적 또는 간접적으로 토지대책, 경기대책, 고용대책, 수출진흥 등의 목적을 위하여 사법적 형식의 활동으로 개입한다.

5. 행정사법과 권리구제

행정사법 영역에서의 법적 분쟁에 대해, 행정소송으로 다투는 것이 타당하다는 견해도 있으나 행정사법은, 사법이라는 형식을 취하고 있으므로 특별한 규정이 없는 한 민사소송에 의하여야 할 것이다(대판 1982.12.28. 82누441). 물론 특별한 공법적 규율이 미치는 영역의 분쟁에 대해서는 공법관계로 보아 행정소송이 가능하다.

제5절 비공식 행정작용

I. 서 설

1. 의 의

1) 개 념   정부가 행정목적 실현을 위하여 준비차원에서 그 상대방인 주민들과 사전에 협조를 구하는 소통 등의 합의, 협의 등을 비공식적 행정작용이라고 한다. 행정법학에서 비공식적 행정작용이란 행정주체가 공식적인 행정작용(예 행정행위·공법상 계약)에 앞서 그 준비행위로서 또는 그 대체적인 것으로서 행해지는 행정청과 국민 간의 협의·합의를 말한다.

2) 광의 및 협의의 비공식적 행정개념   비공식적 행정작용은 실무상 오래전부터 행하여지고 있었으나 최근에 들어서야 논의되기 시작한 것으로 그 개념이나 내용에 대해서는 학자들 간에 견해 차이를 보이고 있다.

구 분	예
광 의	① 행정주체와 국민 간에 이루어지는 협상(협의)·사전절충·비구속적 합의 + ② 행정주체가 일방적으로 행하는 경고·권고(추천)·정보제공
협 의	행정주체와 국민 간에 이루어지는 협상(협의)·사전절충·비구속적 합의

2. 성 질

비공식적 행정작용은 그의 요건·효과·절차 등이 일반적으로 법령에 규정되어 있지 않은 공식적 행정작용의 대체·준비행위이며, 법적 구속력이 발생하지 않는 행정작용으로 사실행위에 속한다.

3. 등장배경

전통적인 일방적인 행정수단으로는 현대의 복잡·다양한 행정수요에 대처하기 어렵고, 국민이 행정법관계에서 단순한 객체로서가 아니라 주체로 부각되면서 비공식적 행정작용에 대한 검토가 본격적으로 이루어지기 시작하였다.

4. 적용범위

비공식적 행정작용은 주로 경제법·환경법·건축법 및 경찰법 영역에서 공식적인 행정결정 이전에 또는 그에 대신하여 많이 이루어지고 있다.

   ⓔ 행정주체와 기업 간의 협의, 건축허가청과 신청인 간의 사전접촉을 통한 협상, 환경행정청과 주민들 간의 환경보전목적을 위한 지원대책에 관한 합의

Ⅱ. 비공식적 행정작용의 유용성과 문제점

1. 비공식적 행정작용의 유용성

1) **법적불확실성의 제거**   행정주체와 상대방의 의사소통을 통한 협상을 통해서 향후 법해석과 적용에서 발생될 수 있는 법적불확실성을 제거할 수 있다.

2) **행정의 능률화**   보다 간편한 방법으로 행정목적을 달성할 수 있으므로 공식적 행정작용에 따르는 노력과 비용 등을 절감시키는 효력이 있다.

3) **탄력성의 제고**   비공식적 행정작용은 사전절차로서 행정주체와 상대방 간의 협상을 통한다는 점에서 행정이 현실상황에 맞게 탄력적으로 이루어질 수 있다.

4) **법적분쟁의 회피와 경감**   행정주체와 상대방 간의 소통이라는 사전협의에 의한다는 점에서 법적분쟁의 회피 내지 조기해결을 도모할 수 있다.

2. 비공식적 행정작용의 문제점

1) **법치행정의 후퇴**   행정작용이 타협의 형태로 이루어질 경우 행정의 엄격한 법적기속의 완화와 규율준수의 저하를 초래하여 법치행정의 원리를 후퇴시킬 위험이 있다.

2) **제3자에의 위험부담**   비공식적 행정작용은 그 전모가 외부에 노출되지 않으므로

이해관계인 또는 제3자에게 불리하게 작용될 위험이 있다.

3) 효과적인 권리구제의 곤란　　비공식적 행정작용은 행정소송의 대상인 행정처분이 아니라 사실행위에 불과하므로 가장 효과적인 권리보장 수단인 취소소송이나 항고소송의 대상이 되지 않는다.

4) 행정의 능률적 집행의 저해　　행정주체가 개발사업 등을 추진하면서 주민과의 마찰을 피하기 위하여 공식적 행정작용작용 대신에 타협·협상 등의 비공식적 행정작용을 통하여 이를 추진함으로서 행정의 능률적 집행을 저해할 수 있다.

Ⅲ. 비공식적 행정작용의 법적문제

1. 허용성

　행정의 발전선도자로서의 기능이 요구되는 현대사회에 있어서는 비공식적 행정작용은 법률에 반대규정이 없는 한 원칙적으로 허용된다.

2. 법률유보의 문제

1) 당사자의 합의에 의하는 경우　　비공식적 행정작용이 당사자의 합의에 의하는 경우에는 별도의 특별한 수권규정을 필요로 하지 않는다.

2) 행정기관의 일방적 형식에 의하는 경우　　비공식적 행정작용이 행정기관의 일방적 형식에 의하고 특히 당사자에게 실질적으로 불이익하게 적용되는 경우(예 특정의약품의 유효성 평가나 경고로 인하여 불매되는 경우)에는 별도의 수권규정이 필요하다. 다만, 경찰상 경고의 경우에는 위해방지라는 행정작용의 특성상 개괄조항에 의한 발동도 가능하다.

3. 효 력

　비공식적 행정작용은 행정상 사실행위로서 법적구속력을 가지지 않는다. 또한 행정법의 일반원칙인 신뢰보호의 원칙·신의성실의 원칙 및 행정의 자기구속의 원칙 등을 매개로 하여서도 그 법적구속력이 인정되지 않는다(통설).

1) 당사자의 불구속　　법적구속력이 부정되므로 행정청은 사실 또는 법적 여건이 변경된 경우뿐만 아니라 자신의 평가에 변경이 있는 경우에도 협의내용과 다른 결정을 할 수

있으며, 그 상대방도 그 합의내용을 준수할 법적 의무가 없다.

2) 손해배상 등의 배제　합의내용에 대한 이행청구권이나 그 불이행을 이유로 한 손해배상청구권은 인정되지 않는다. 다만, 계약체결상의 과실책임은 인정될 소지가 있다.

4. 한 계

비공식적 행정작용이 구속력을 가지지 못한다고 해서 무제한적으로 허용되는 것이 아니라, 법원리상·실체법상·절차법상 일정한 한계를 가진다.

1) 법원칙상의 한계　비공식적 행정작용은 법치국가원리로부터 도출되는 법원칙에 의하여 제한을 받는다. 특히 부당결부의 원칙·평등의 원칙·법령에 위반한 합의의 금지의 원칙 등이 준수되어야 한다.

2) 실체법상의 한계　규범목적에 반하는 사실상의 내용적 구속력을 창설하는 비공식적 행정작용은 금지된다. 즉, 행정청은 관계인에게 그것이 위법한 허가 또는 위법한 사실상태로 귀결된 성질의 것을 양해 사항(예 필요한 법적 규제조치의 불행사)으로 하여서는 안된다.

3) 절차법상의 한계　행정기관은 비공식적 행정작용을 포괄적 사실해명을 그 내용으로 하는 조사의무나 제3자의 청문권·참가권 등을 회피·배제하기 위한 수단으로 사용하여서는 안 된다.

제6절 행정상의 사실행위

Ⅰ. 서 설

1. 의의 및 구별개념

1) **행정상 사실행위의 의의**　해양경찰이 조난 당한 어선을 구조하기 위하여 함정을 조종하는 행위, 항공기 기장이 공무수탁사인으로서 기내 난동범을 제압하는 조치를 하는 행위, 재외공관에서 테러정보를 수집 등의 경우 등이 행정상 사실행위에 해당된다. 행정법학에서 정의 하는 행정상 사실행위란 행정기관의 행위가 일정한 법률효과를 목적으로 하는 것이 아니라 직접적으로 어떠한 사실상의 효과나 결과의 실현을 목적으로 하는 행정작용을 말한다.

　　예 범인체포, 순찰, 교통정리, 미아 등의 보호, 경호·경비, 치안정보의 수집

2) **법률행위적 행위와의 구별**　행정상 사실행위는 법률효과를 목적으로 하는 것이 일정한 행위가 이루어진 사실 또는 그 결과만을 목적으로 하는 행위로서 직접적으로는 아무런 법적 효과를 발생하지 아니한다는 점에서, 일정한 법률효과의 발생을 목적으로 하는 법률행위적 행위와 구별된다. 다만, 사실행위도 직접적으로는 법적 효과를 발생하지 않지만 간접적·결과적으로는 법적 효과를 발생하는 경우가 있다(예 사실행위로 인한 손해배상의무).

2. 중요성

　행정상 사실행위가 직접적인 법효과를 갖는 것이 아니기 때문에 법적 행위보다 관심의 대상에서 먼 것은 사실이다. 그러나 국민에 대하여 일정한 의무를 부과하거나 자유의 제한을 수반하는 행정상 사실행위나 사실상의 구속력을 가지는 행정지도 등에 대한 권리구제문제는 중요한 의미를 갖는다.

3. 행정상 사실행위의 종류

1) **권력적 사실행위와 비권력적 사실행위**　이는 당해 사실행위가 공권력의 행사로서 이루어진 것인지의 여부에 따른 구분이다.

구 분	내 용	예
권력적 사실행위	행정청의 일방적 의사결정에 기하여 특정한 행정목적을 위해 상대방의 신체·재산 등에 실력을 가하여 경찰상 필요한 상태를 실현하고자 하는 권력적 행위	① 행정상 강제집행 ② 행정상 즉시강제
비권력적 사실행위	권력을 사용하지 않고 비권력적으로 이루어지는 사실행위	행정지도, 순찰, 미아의 보호, 치안정보의 수집, 각종 고지와 통지
구별실익	권력적 사실행위는 행정소송법상 '처분'에 해당하는 것으로서 행정심판과 행정소송의 대상이 되나, 비권력적 사실행위의 경우에는 법적 행위의 요소를 결여하여 행정심판이나 행정소송의 대상이 되지 않는다. 또한 권력적 사실행위는 법규의 근거를 요한다.	

2) 내부적 사실행위와 외부적 사실행위   이는 사실행위가 이루어지는 영역에 따른 구분이다. 행정상 사실행위는 외부적 사실행위를 의미하는 것이 일반적이다.

구 분	내 용	예
내부적 사실행위	국민과 관계 없이 행정기관 내부에서 이루어지는 행정사무의 처리에 관한 사실행위	문서작성·편철·정리, 행정결정을 위한 준비행위, 사무감사
외부적 사실행위	대외적 국민과의 관계에서 행해지는 사실행위	교통안전시설의 설치·관리, 불법주차차량의 견인, 문서의 접수 및 금전의 수납, 도로상 방치물의 제거

3) 정신적 사실행위와 물리적 사실행위   이는 인간의 의사작용의 포함 여부에 따른 구분이다.

구 분	내 용	예
정신적 사실행위	의사작용(상대방에 대하여 일정한 행위를 유도하고 하는 의사) 중심으로 이루어지는 사실행위	행정지도, 표창, 고지·통지·보고, 축사
물리적 사실행위	단순히 사실상의 결과 발생만을 의도하는 사실행위	강제집행행위, 교통안전시설 설치 및 유지관리행위, 무허가건물의 철거

4) 집행적 사실행위와 독립적 사실행위   이는 사실행위가 일정한 법령 또는 행정행위의 집행으로 이루어지는 것인지의 여부에 따른 구분이다.

구 분	내 용	예
집행적 사실행위	일정한 행정상의 행정행위 또는 법령의 집행수단으로 행해지는 사실행위	경찰관의 무기사용행위, 감염병 환자의 강제격리행위, 무허가건물의 철거행위, 강제징수
독립적 사실행위	그 자체로서 독립적인 의미를 가지는 사실행위, 즉 선행하는 행정작용이 없이 최초로 행해지는 사실행위	행정지도, 행정조사, 관용차운전

4. 행정상 사실행위의 법적 근거와 한계

1) 행정상 사실행위의 법적 근거　행정상 사실행위는 직접적인 법적 효과를 발생하지 않는 행위이므로 법적 근거가 필요한지에 대하여 문제된다. 이를 조직법과 작용법으로 구분하여 살펴보기로 한다.

　① 조직법적 근거: 행정상 사실행위는 행정기관의 행정행위이므로 그것이 적법하기 위해서는 권한의 유무에 대한 조직법적 근거가 있어야 한다. 즉 사실행위는 당해 행정기관의 정당한 권한의 범위 내의 것이어야 한다.

　② 작용법적 근거: 행정상 사실행위가 적법하기 위하여 조직법적 근거 이외에 명령, 강제, 금지, 규제 등의 작용법적 근거도 필요한가가 문제되나, 권력적·부담적(침익적) 사실행위의 경우에는 법률유보의 원칙이 엄격히 적용되므로 반드시 작용법상의 근거가 있어야 한다는 것이 일반적인 견해이다.

2) 행정상 사실행위의 한계　권력적이든 비권력적이든 모든 사실행위는 행정법의 일반원칙에 기속을 받는다. 따라서 사실행위는 헌법 또는 법령에 위배되지 않아야 하며, 행정목적을 위해 필요한 범위 내에서 이루어져야 한다(비례의 원칙). 또한 평등의 원칙·신뢰보호의 원칙 등의 준수도 요구된다.

5. 행정상 사실행위에 대한 권리구제

1) 행정쟁송　행정상의 사실행위가 행정쟁송의 대상이 되는지의 여부는 사실행위가 행정쟁송법상의 '처분'의 개념(행정심판법 제2조 제2호, 행정소송법 제2조 제1호)에 포함되느냐의 여부에 달려 있다.

　① 권력적 사실행위: 권력적 사실행위는 행정쟁송법상의 처분에 해당하므로 그에

대한 행정쟁송은 가능하다(통설). 따라서 계속성이 있는 위법한 권력적 사실행위에 대하여는 그 취소심판·취소소송을 제기하여 권리구제를 받을 수 있으며, 계속성이 없는 위법한 권력적 사실행위의 경우에는 가구제(假救濟)로서의 집행정지결정을 신청하기 위한 취소소송도 가능하다(다수설).

② 비권력적 사실행위: 통설과 판례는 비권력적 사실행위는 상대방 또는 기타 관계자들의 권리·의무에 직접적인 법적 효과를 발생하는 것이 아니라는 이유로 그 처분성을 부정하고 있다. 따라서 비권력적 사실행위는 행정쟁송의 대상이 될 수 없다.

> **[판례] 비권력적 사실행위의 처분성을 부인한 판례**
>
> 항고소송의 대상이 되는 행정처분이라 함은 행정청의 공법상 행위로서 특정사항에 대하여 법규에 의한 권리의 설정 또는 의무의 부담을 명하며 기타 법률상 효과를 발생케 하는 등 국민의 구체적 권리의무에 직접적 변동을 초래하는 행위를 말하고 행정권 내부에서의 행위나 알선, 권유, 사실상의 통지 등과 같이 상대방 또는 기타 관계자들의 법률상 지위에 직접적인 법률적 변동을 일으키지 아니하는 행위는 항고소송의 대상이 될 수 없다(대판 1993.10.26. 93누6331).

2) 행정상 손해전보

① 행정상 손해배상: 행정상 사실행위도 행정작용의 하나이므로, 국가배상법 제2조와 제5조에서 규정하고 있는 '공무원의 직무행위'와 '영조물의 설치나 관리행위'에 해당한다. 따라서 위법한 사실행위에 의하여 재산상 손해를 입은 자는 행정상 손해배상을 청구할 수 있다.

> **[이해]** 사실행위가 사법상 사실행위인 경우에는 국가배상법에 의한 손해배상은 청구할 수 없고, 민법에 의하여 손해배상을 청구하여야 한다.

② 손실보상: 적법한 행정상의 사실행위로 사인에게 손실이 발생한 경우, 그 손실이 사인에게 '특별한 희생'에 해당하는 경우에는 행정상 손실보상을 청구할 수 있다(헌법 제23조③).

> **[이해]** 손실보상에 관한 법률규정이 없는 경우에는 당해 사실행위는 손실보상에 관한 규정 없이 행한 재산권제한 행위로 위헌무효이므로 손해배상만 청구할 수 있다(통설).

3) 결과제거청구권
위법한 행정상의 사실행위로 위법한 사실상태가 발생된 경우(예 경찰이 위법하게 물건을 압수한 경우)에는 적법한 상태로의 원상회복과 관련하여 결과제거청구권이 발생한다. 이러한 결과제거청구권은 공법상의 당사자소송에 의한다.

4) 사실행위와 가구제
임시적 구제인 가구제의 유형으로는 행정소송법상의 가구제인

집행정지와 민사소송법상의 가처분제도가 있다.

① 집행정지: 행정상 사실행위에 대해서도 소송상 인정되는 집행정지가 허용될 수 있는가에 대하여 견해가 대립하고 있으나, 사실행위가 행정쟁송의 대상이 되는 경우에 한하여 가구제가 인정된다는 것이 다수설이다.

따라서 권력적 사실행위는 집행정지의 대상이 되나, 비권력적 사실행위에 대하여는 집행정지가 인정되지 않고 이 경우에는 통상적인 민사소송을 통하여 가처분을 신청할 수밖에 없다.

② 민사소송법상의 가처분제도의 활용: 민사소송법상의 임시적 보호제도인 가처분제도를 행정소송에도 준용할 수 있는가에 대하여 견해가 대립하고 있으나, 판례는 이를 부정하고 있다.

[판례] 민사소송법상의 가처분으로써는 행정행위의 금지를 구할 수 없다는 판례

민사소송법상의 보전처분은 민사판결절차에 의하여 보호받을 수 있는 권리에 관한 것이므로, 민사소송법상의 가처분으로써 행정청의 어떠한 행정행위의 금지를 구하는 것은 허용될 수 없다 할 것이다(대판 1992.7.6. 92마54).

제7절 행정의 자동기계결정

Ⅰ. 의의 및 법적 성질

1. 의 의

4차산업혁명은 빅데이터를 기반으로 인공지능에 의한 스마트 행정의 시대를 선도하며, 행정법학에 새로운 과제를 부여하고 있다. 행정청의 지위와 역할에서 인공지능(AI)가 논의되어야 할 시대가 시작된 것이다. 기계문명 특히 컴퓨터 등의 발달은 행정 분야에서도 각종 통계의 집계, 수많은 자료의 정리와 저장과 같은 양적 업무 이외에도 각종의 행정적 결정과 지시라는 차원 높은 작업에까지 자동기계가 활용되면서 행정의 자동화시대를 도래케 하였다. 이와 같이 행정과정에서 컴퓨터 등 전자데이터장비를 투입하여 행정업무를 자동화하여 수행되는 행정활동을 하는 것은 행정의 자동기계결정이라고 한다(김남현 192쪽).

예 전자신호시스템에 의한 교통신호, 무인단속장비에 의한 교통법규위반자 단속, 컴퓨터에 의한 교통신호, 무인교통단속장비에 의한 교통법규위반자 단속, 컴퓨터에 의한 교통단속결과의 처리 및 운전면허 행정처분, 객관식 시험의 채점과 합격자 결정, 전과 및 지문 등 각종 경찰정보와 기록의 보존 및 관리 등

2. 법적 성질

1) 행정의 자동기계결정의 법적 성질　　행정의 자동기계결정은 그것이 '자동기계결정'이라고는 하지만 근본적으로 인간의 도움 없이는 행해질 수는 없고, 최소한 공무원이라고 하는 인간이 작성한 프로그램에 입각하여 구체적 조치로써의 행정자동결정이 행해지는 것이므로 행정자동결정은 대부분 행정행위의 성질을 가진다고 말할 수 있을 것이다.

2) 자동결정프로그램의 법적 성질　　행정자동결정의 기준에 되는 전산프로그램은 행정규칙의 성질을 갖는다.

Ⅱ. 행정의 자동기계결정의 대상

1. 기속행위

기속행위의 경우에는 이를 정식화하여 자동절차화 하는 데 별문제가 없으므로 기속행위의 자동화는 인정된다.

2. 재량행위

재량행위도 자동기계결정의 대상이 되는가가 문제된다. 이에 대하여 일반적인 견해는 재량행위에 자동기계결정이 완전히 전혀 배제되는 것이 아니라, 재량준칙에 의한 일반적 재량행사가 허용되는 한도에서 재량결정도 자동화하는 것이 허용된다고 한다. 즉, 재량준칙은 재량행위의 통일적 수행을 보장하기 위하여 일정한 유형화를 지향하기 때문에 이를 자동화 할 수 있다는 것이다. 이 경우 전산프로그램은 일종의 행정규칙의 성질을 가진다.

Ⅲ. 자동기계결정의 특수성

1. 일반론

자동기계결정도 행정행위의 성질을 가진다면 행정행위에 관한 일반원칙이 적용되는 것은 당연하다고 할 것이다. 따라서 그 것이 성립·발효되기 위하여서는 다른 행정행위에 있어서와 같이 주체·내용·절차·형식에 관한 요건을 갖추어야 하며, 그 내용을 상대방에게 통지하여야 한다.

2. 자동기계결정의 특례

행정의 자동기계결정은 대량으로 이루어지는 것이 보통이므로 행정청이 개개인을 직접 상대로 하여 개별적으로 행하는 보통의 행정행위와는 여러 가지 특수성이 있다. 여기서는 독일의 특례와 우리나라의 경우를 나누어 살펴보기로 한다.

1) **독일의 입법례**   독일 행정절차법의 경우에서는 행정의 기계자동결정의 성립에 보통의 행정행위가 갖추어야 하는 성립요건에 대한 특례를 두고 있는바, 발령 행정청의 장의 서명 또는 기명의 생략, 이유부기의 생략, 부호의 사용허용, 청문의 생략 등이

그것이다.

2) 우리나라의 경우   현행법상 행정자동기계결정에 관한 특별법에 관한 특칙을 따로 규정하고 있는 법률은 없다. 따라서 특별한 법률의 근거가 없는 한 단지 행정자동기계결정의 특수성만을 이유로 보통의 행정행위에 대한 절차적 특례를 인정할 수 는 없으며, 법치국가적 요청이 면제된다고 생각해서는 안 될 것이다. 다만 우리나라의 행정절차법은 다음과 같은 특례를 인정하고 있다.

① 행정처분이 단순·반복적인 처분 또는 경미한 처분으로서 당사자가 그 이유를 명백히 알 수 있는 경우 또는 긴급히 처분을 할 필요가 있는 경우에는 이유의 제시를 생략할 수 있도록 하고 있다(동법 제23조① 제2호·제3호).

② 행정처분의 문서주의 원칙에 대하여 예외적으로 신속을 요하거나 사안이 경미한 경우에는 '말 또는 그 밖의 방법'으로도 할 수 있도록 하여(동법 제24조) 컴퓨터나 모사전송에 의한 대량적인 행정처분이 가능케 하고 있다.

Ⅳ. 행정의 자동기계결정의 하자와 배상책임

1. 자동기계결정의 하자

자동기계결정의 하자는 일반적으로 기계의 이상 또는 프로그램을 작성하는 관계공무원의 과실에 의하여 발생된다. 이러한 하자의 문제도 행정행위의 하자에 관한 일반원칙에 따른다. 즉, 중대하고 명백한 하자의 경우에는 무효로 되고 그밖의 하자가 있는 경우에는 취소할 수 있다. 행정상 자동기계결정에 쉽게 판별할 수 있는 오기·오산 등이 있는 경우에는 특별한 절차 없이 언제든지 그것을 정정할 수 있다고 볼 것이다.

2. 권리구제

1) 행정쟁송   행정의 자동기계결정에 하자가 있는 경우에는 이를 행정쟁송을 통하여 다툴 수 있다.

2) 하자에 대한 배상책임   전자신호시스템에 의한 교통신호기 등 행정상 자동장치의 하자에 따라 손해가 발생한 경우 국가의 배상책임을 인정할 수 있을 것인가 문제된다.

① 공무원의 고의 또는 과실에 의한 경우: 자동장치의 하자가 공무원의 고의 또는 과실에 의한 경우는 국가배상법 제2조에 의한 국가의 배상책임이 인정되고, 자동기계의

설치·관리에 하자가 있는 경우에는 국가배상법 제5조에 의하여 국가의 배상책임이 발생할 수 있다.

② 공무원의 유책행위나 자동장치의 하자로 귀책시킬 수 없는 경우: 공무원에게 고의·과실이 없고 영조물의 설치·관리에 하자가 없는 경우(예 통행인이 보행자 작동신호기조작을 실수하여 야기된 교통사고로 인하여 발생한 손해)에 있어서는 국가의 배상책임을 인정하기 어려운 문제가 있다. 이 경우 '수용유적 침해이론'에 의한 보상을 시사하는 견해와 '위험책임의 법리'를 통하여 해결하려는 견해가 있다.

Administrative Law

제4편
의무이행 확보수단

공익실현의 확보수단

제1장 행정강제

제1절 행정강제의 필요성

Ⅰ. 행정상 의무이행 확보수단의 의의

행정부인 정부는 공익실현이라는 행정목적을 달성하기 위하여 행정작용으로서의 법령에 기반한 국민에게 의무를 부과하고 의무를 이행하게 하는 경우가 많다. 행정법학에서는 정부가 행정목적 실현을 위하여 상대방인 국민에게 의무이행을 직접적·간접적으로 강제하는 수단을 총칭하여 행정상 의무이행 확보수단 또는 행정의 실효성 확보수단이라고 정의한다.

행정주체인 정부가 행정 목적 실현을 위하여 그 상대방인 국민에게 의무이행을 강제할 수 있는 개별 행정법상의 의무이행 확보수단을 정리하면 다음과 같다.

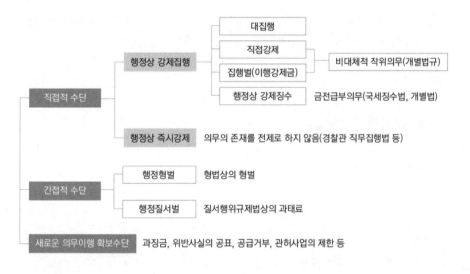

Ⅱ. 행정강제의 의의와 종류

1. 행정강제의 개념

1) 개 념   행정강제란 행정기관이 행정목적 실현을 위하여 일반통치권에 기초한 개인의

신체·재산 또는 가택 등에 실력을 행사하여 행정상 필요한 상태를 실현하는 사실상의 작용을 말한다.

2) 개념요소

① 권력적 작용: 행정강제는 일반통치권에 근거하는 권력작용이라는 점에서 하명이나 허가와 같다.

② 권력적 사실행위: 행정강제는 실력으로 일정한 상태를 실현하는 사실행위라는 점에서, 의무를 명하거나 의무를 해제하는 법률행위인 하명이나 허가와는 구별된다.

③ 직접 행정목적 실현: 행정강제는 상대방의 의무이행에 관한 의사의 유무와는 관계없이 행정권에 의하여 직접 행정목적을 실현시키는 것이다. 이 점에서 상대방에게 일정한 의무를 부과하고 그의 의사에 의한 의무이행을 기대하는 하명과 구별된다.

2. 행정강제의 종류

행정강제로는 행정상 강제집행과 행정상 즉시강제가 있다. 종래에는 행정조사를 즉시강제에 포함시켜 일괄적으로 취급하였으나, 현재에는 행정조사를 즉시강제와 분리하여 취급하는 것이 일반적 경향이다.

제2절 행정상 강제집행

I. 행정상 강제집행의 이해

1. 행정상 강제집행의 개념

행정상 강제집행은 의무의 불이행이 있는 경우에 행정기관이 의무자의 신체 또는 재산에 실력을 행사함으로써 장래에 향하여 그 의무를 이행시키거나 이행이 있었던 것과 같은 상태를 실현하는 행정작용을 말한다.

2. 행정상 강제집행의 대상

행정상 강제집행의 대상인 의무는 보통 행정행위에 의하여 부과된 의무를 말하나, 법규에 의하여 직접 부과된 의무인 경우도 있다.

3. 구별개념

1) 행정상 즉시강제와의 구별　행정상 강제집행은 '의무의 존재와 그 불이행'을 전제로 하나, 행정상 즉시강제는 사전적인 의무부과 없이 행정목적의 달성을 위하여 급박한 경우 즉시 가해진다는 점에서 구별된다.

2) 행정벌과의 구별　행정상 강제집행은 '장래'에 향하여 의무이행을 강제하는 것을 직접목적으로 하나, 행정벌은 '과거'의 의무 위반에 대하여 제재를 가하는 것을 직접목적으로 한다는 점에서 구별된다. 즉, 행정벌은 간접적인 의무이행확보수단이다.

3) 민사상 강제집행과의 구별　행정상 강제집행과 민사상 강제집행은 국가적 강제력을 배경으로 하여 권리주체의 청구권을 실현시키는 강제수단인 점에서는 동일하나 다음과 같이 구별된다.

　① 행정상 강제집행: 행정상 강제집행은 의무의 불이행이 있는 경우, 행정기관이 법원 등의 개입을 거치지 않고 독자적인 강제수단에 의해 집행하는 행정법관계의 특질에서 설명한 자력집행이다.

　② 민사상 강제집행: 민사상 강제집행은 의무불이행이 있는 경우, 권리자는 의무자에게 직접 강제력을 행사하여 의무이행을 강제(자력집행)할 수 없고, 민사소송을 제기하여 집행될 권리의 존재를 확인받은 후 그 채무 명의에 따라 법원에 강제집행을 청구함으로써 의무이행을 강제할 수 있을 뿐이다.

4) 과태료와의 구별　행정상 강제집행은 행정상 의무자에 대한 직접이행이라는 점에서, 금전상 제재인 과태료와 구별된다.

4. 행정상 강제집행의 성질

　행정상 강제집행은 본질적으로 강제적 사실행위이나, 그 구체적 수단 중에는 법적 성질을 가지는 것(예 집행벌)도 있고, 또한 강제집행이 여러 단계의 절차를 거쳐 이루어지는 경우에는 그중 일부가 법적 행위의 성질을 가지는 경우가 있다.

Ⅱ. 행정상 강제집행의 근거와 수단

1. 행정상 강제집행의 근거

1) 실정법상 근거의 필요성 논의   종래의 일부 견해는 대륙법계국가의 입헌군주시대 국가관에 따라 국민에게 의무를 명하는 법규에는 의무의 내용을 실현할 수 있는 강제집행권을 포함하는 것으로 보아 강제집행에 필요한 별도의 법적 근거가 필요 없다고 보았으나(처분내재설), 오늘날의 통설은 행정상의 강제집행을 위해서는 의무를 명하는 법규와는 별도로 그 의무이행을 강제하는 데 필요한 법적 근거가 있어야 한다고 본다(법규설 또는 법적실효설).

2) 실정법적 근거   현행법상 행정상 강제집행의 전반에 관한 일반법은 없으나, 행정대집행법과 국세징수법이 행정상 강제집행의 일반법 역할을 하고 있으며, 직접강제와 이행강제금(집행벌) 등 행정상 강제집행의 여러 수단들에 대하여는 각 단행법에 규정되어 있다.

2. 행정상 강제집행의 수단

행정상 강제집행의 수단으로는 일반적으로 대집행·이행강제금(집행벌)·직접강제 및 행정상 강제징수 등 네 가지가 인정되고 있다. 우리나라에서는 전술한 것처럼 대집행과 행정상 강제징수가 강제집행의 일반법적 수단으로 인정되고, 이행강제금(집행벌)과 직접 강제 등 여러 행정상 강제집행의 수단들은 개별법에서 특별히 인정하는 경우에 한하여 예외적으로 인정되고 있다.

Ⅲ. 대집행

1. 대집행의 필요성과 특색

1) 대집행의 개념   대신 집행한다는 의미를 가진 대집행이란 대체적 작위의무가 이행되지 않은 경우에 당해 행정관청이 의무자가 해야 할 일을 스스로 행하거나 또는 제3자로 하여금 이를 행하게 함으로써 의무의 이행이 있었던 것과 동일한 상태를 실현시킨 후, 그에 관한 비용을 의무자로부터 징수하는 것을 말한다.

2) 우리나라 대집행의 특징   대륙법계에서는 행정청 스스로 의무자가 행하여야 할 행위를 하는 것을 자력집행의 일종으로 보나, 우리나라 행정대집행법은 행정주체를

대신하여 제3자가 대신 집행하는 것을 의미하는 대집행을 규정하고 있다.

2. 법적 근거

대집행은 권력적 사실행위로서 의무자의 재산에 대하여 직접실력을 가하여 의무가 이행된 것과 동일한 상태를 실현하는 것이므로 상대방의 신체의 자유와 재산권을 극도로 침해하는 행위이다. 따라서 의무를 부과하는 법규와는 별도로 대집행 자체에 관한 법률의 근거가 필요하다. 현행법체계는 대집행의 일반법으로 행정대집행법을 두고 있으며, 개별 법률에도 그 근거규정을 두고 있는 경우가 있다.

3. 대집행의 주체와 법률관계

1) 자력집행과 타자집행　　대집행의 실행행위를 누가 하느냐에 따른 구분이다.

　① 자력집행: 당해 행정관청(대집행의 주체)이 대집행을 실행하는 경우를 말한다.

　② 타자집행: 당해 행정관청이 아닌 제3자가 대집행을 실행하는 경우이다.

2) 대집행의 주체　　대집행의 주체는 당해 행정관청, 즉 처분청을 말한다. 여기서 처분청이라 함은 당초에 의무를 명하는 행정행위를 한 행정관청을 말한다. 법령에 의하여 직접 의무가 부과된 경우에는 그 법령의 집행을 책임지고 있는 관할 행정관청이 주체가 된다.

　① 권한의 수임청: 당해 행정관청의 위임이 있으면 수임 행정관청도 대집행의 주체가 된다.

　② 제3자: 당해 행정관청의 위임을 받아 대집행을 실행하는 제3자는 대집행의 주체가 아니다.

[판례] 대집행의 수임 행정청도 대집행의 주체라는 판례

군수가 군사무위임조례의 규정에 따라 무허가 건축물에 대한 철거대집행사무를 하부 행정기관인 읍·면에 위임하였다면, 읍·면장에게는 관할구역 내의 무허가 건축물에 대하여 그 철거대집행을 위한 계고처분을 할 권한이 있다(대판 1997.2.14. 96누15428).

---

3) 법률관계　　자력집행의 경우의 법률관계가 공법관계라는 것은 의문이 없으나, 타자집행의 경우에는 그 법률관계가 문제된다.

　① 행정관청과 제3자의 관계: 행정관청과 제3자의 법률관계는 사법상 도급계약관계이다(다수설). 따라서 제3자의 대가는 행정관청에 청구하게 되고 의무자에게 청구하는 것은 아니다.

② 제3자와 의무자의 관계: 제3자와 의무자 간에는 아무런 법률관계도 성립하지 않는다. 다만 의무자는 제3자에 의한 대집행행위를 수인할 의무를 부담할 뿐이다.

③ 행정관청과 의무자와의 관계: 행정관청과 의무자 사이에는 행정관청의 의무자에 대한 비용상환청구권이 성립한다.

4. 대집행의 요건

대집행이 인정되기 위해서는 ① 법령이나 처분에 의하여 부과된 대체적 작위의무의 불이행이 있을 것, ② 다른 수단으로는 그 의무의 이행을 확보하기 곤란할 것, ③ 그 불이행을 방치함이 심히 공익을 해할 것 등의 요건을 갖추어야 한다(행정대집행법 제2조).

1) 대체적 작위의무의 불이행

① 대체적 작위의무일 것: 대집행의 대상이 되는 행위는 대체적 작위의무에 한한다. 여기서 대체적 작위의무란 타인이 대신하여 행할 수 있는 행위를 말한다.

예 일신전속적 작위의무, 수인의무, 부작위의무 → 대집행 불가

> **[이해]** ⓐ 부작위의무는 원칙적으로 대집행의 대상이 되지 않으나, 부작위의무를 그 위반의 유형적 결과의 시정을 명하는 방법(예 철거명령)을 통해 작위의무로 전환시킨 뒤 그 작위의무위반을 이유로 대집행을 할 수 있다. 다만 이 경우에도 법적 근거가 있어야 한다(대판 1996.6.28. 96누4374). ⓑ 토지·건물 등의 인도의무는 대체적 작위의무가 아니므로 대집행의 대상이 되지 않는다(대판 1998.10.23. 97누157).
> ⓒ 사람은 대집행의 대상이 될 수 없다.

② 의무의 기초: 대집행의 대상이 되는 대체적 작위의무는 법령에 의하여 부과되거나 법령에 근거한 행정처분에 의하여 부과된 것이어야 한다.

③ 의무의 불이행: 대집행을 하기 위해서는 대체적 작위의무의 불이행이 있어야 한다. 대집행절차의 개시 이후에 의무의 이행이 있게 되면 대집행은 중지되어야 한다.

2) 다른 수단으로는 그 의무의 이행을 확보하기 곤란할 것
대집행은 다른 수단으로는 의무자의 의무이행을 확보하기 곤란한 경우에 한하여 가능하다. 여기서 '다른 수단'이라 함은 최소침해의 원칙상 의무자의 자유·재산에 대한 침해가 대집행보다 경미한 수단을 의미한다. 따라서 직접강제나 행정벌 및 민사상의 강제집행은 여기의 다른 수단에는 포함되지 않는다.

3) 불이행 방치의 공익 저해성
대집행은 의무의 불이행을 방치함이 심히 공익을 해할 것으로 인정되는 경우에 한하여 가능하다. 어떤 사실이 심히 공익을 해하는 것인지의

판단의 성질에 대해서는 ① 재량으로 보는 견해 ② 요건의 존부에 관하여 전면적 사법심사의 대상이 된다는 견해 ③ 재량이 아니라 판단여지의 문제가 된다는 견해가 대립하고 있으나, 판례는 재량으로 보는 경향이 있다(대판 1967.11.18. 67두139).

4) 대집행에 있어서의 재량문제와 입증책임

① 재량문제: 이상의 요건이 충족되면 행정관청은 대집행을 행할 수 있게 된다. 행정대집행법은 "……대집행을 할 수 있다."고 규정하고 있으므로 대집행을 할 것인지의 여부는 행정청의 재량처분의 성질을 갖는다. 따라서 대집행의 요건이 충족된 경우에도 행정기관은 대집행을 할 것인지의 여부에 대한 재량적 판단을 할 수 있으며, 대집행을 하지 않는 경우 그로 인한 권익침해가 발생하더라도 이해관계자는 원칙적으로 그 부작위의 위법을 이유로 쟁송을 통해 이를 다툴 수 없다. 다만 불이행을 방치하는 것이 심히 공익을 해할 것으로 인정되는 한 행정관청은 대집행을 할 의무가 있다고 할 것이다.

② 입증책임: 대집행의 요건이 충족되었는지 여부에 관한 입증책임은 행정관청에 있다.

> **[판례] 대집행계고처분의 요건 및 그 주장·입증책임은 행정청에 있다는 판례**
>
> 건축법에 위반하여 건축한 것이어서 철거의무가 있는 건물이라 하더라도 그 철거의무를 대집행하기 위한 계고처분을 하려면 다른 방법으로는 이행의 확보가 어렵고 불이행을 방치함이 심히 공익을 해하는 것으로 인정될 때에 한하여 허용되고 이러한 요건의 주장·입증책임은 처분 행정청에 있다(대판 1996.10.11. 96누8086).

5. 대집행의 절차

대집행의 절차는 ① 계고 → ② 대집행영장에 의한 통지 → ③ 실행 → ④ 비용징수의 4단계를 거치게 된다.

1) 계 고

① 의 의: 집행을 알린다는 의미를 가진 계고란 의무이행을 최고함과 동시에 일정한 기한까지 그 의무가 이행되지 않은 경우에는 대집행을 한다는 말을 문서로 통지하는 것을 말한다.

② 계고의 방식: 대집행을 하려 함에 있어서는 상당한 이행기한을 정하여 그 기한까지 이행되지 아니할 때에는 대집행을 한다는 뜻을 미리 문서로써 계고하여야 한다(행정대집행법 제3조①). 다만, 비상시 또는 위험이 절박한 경우에 있어서 당해 행위의 급속한 실시를

요하여 계고를 거칠 여유가 없을 때에는 그 수속을 거치지 아니하고 대집행을 할 수 있다(동조③).

　　㉠ 상당한 이행기간: 사회통념상 이행에 필요한 기간을 말한다.

　　㉡ 계고의 형식: 계고는 요식행위로서 문서로 하여야 한다. 문서에 의하지 않는 계고는 무효이다.

　　③ 계고의 성질: 계고는 새로운 의무를 부과하는 행위가 아니라 법령 또는 처분에 의하여 이미 부과된 의무를 전제로 그 이행을 촉구하는 행위로서, 준법률행위적 행정행위의 일종인 통지행위(의사의 통지)로 항고소송의 대상이 될 수 있다.

　　④ 계고의 내용: 계고를 하는 경우에는 이행할 의무의 내용을 구체적으로 특정하여야 한다(대판1992. 6. 12. 91누13564). 또한 대집행의 요건은 계고를 할 때에 충족되어야 한다. 따라서 의무를 과하는 경찰처분과 계고와는 결합시킬 수 없다.

　　⑤ 계고를 결한 대집행의 효력: 계고는 대집행의 유효요건으로서 이를 결한 대집행은 무효이다.

2) 대집행영장에 의한 통지

　　① 의 의: 의무자가 계고를 받고 지정기한까지 그 의무를 이행하지 아니할 때에는 당해 행정관청은 대집행영장으로써 대집행을 할 시기, 대집행을 시키기 위하여 파견하는 집행책임자의 성명과 대집행에 요하는 비용의 개산에 의한 견적액을 의무자에게 통지하여야 한다(행정대집행법 제3조②). 다만 법률에 다른 규정이 있는 경우 및 비상시 또는 위험이 절박하여 통지할 여유가 없을 때에는 대집행영장에 의한 통지를 생략할 수 있다(행정대집행법 제3조③).

　　② 성 질: 대집행영장에 의한 통지는 준법률행위적 행정행위 중 통지행위로서의 성질을 가진다.

3) 대집행의 실행

　　① 의 의: 의무자가 대집행영장에 명시된 기한까지 의무를 이행하지 않은 경우에는 당해 행정관청은 스스로 의무자가 할 행위를 하거나 제3자로 하여금 그 행위를 하게 할 수 있는데, 이를 대집행의 실행이라고 한다.

　　② 집행책임자의 증표제시: 대집행을 하기 위하여 현장에 파견되는 집행책임자는 그가 집행책임자라는 것을 표시한 증표를 휴대하여 대집행시에 이해관계인에게 제시하여야 한다(행정대집행법 제4조③).

　　③ 성 질: 대집행의 실행은 권력적 사실행위(합성적 행정행위)로서의 성질을 가지므로,

의무자는 대집행 실행에 대하여 수인의무가 있다. 만일 의무자가 대집행의 실행에 저항하는 경우, 공무집행방해죄를 구성하는 것과는 별도로 실력으로 배제할 수 있는가에 대하여는 학설이 대립하고 있다.

4) 비용징수

① 의 의: 대집행은 원래 의무자가 하여야 할 행위를 행정관청이나 제3자가 대신하는 것이므로 그 비용은 의무자가 부담하여야 한다. 따라서 대집행의 실행이 끝난 후에는 행정관청은 의무자에게 비용을 징수하여야 한다.

② 비용의 성질: 행정관청이 의무자로부터 징수하는 비용은 수수료가 아니라 대집행에 소요된 비용의 징수로, 공법상의 청구권에 해당한다.

③ 형 식: 대집행에 요한 비용의 징수에 있어서는 실제에 요한 비용액과 그 납기일을 정하여 의무자에게 문서(비용납부명령서)로써 그 납부를 명하여야 한다(행정대집행법 제5조). 비용납부명령을 받은 의무자가 비용을 납부하지 않는 경우에는 국세징수법의 예에 의하여 징수할 수 있다(동법 제6조①).

5) 대집행에 대한 권리구제

① 대집행의 실행완료 전의 구제: 대집행의 실행완료 전에 대집행에 관하여 불복이 있는 자는 그 취소나 변경을 구하는 행정쟁송을 제기할 수 있다.

㉠ 행정심판: 대집행에 대하여는 행정심판을 제기할 수 있다(행정대집행법 제7조①). 행정심판전치주의는 임의적 절차이므로 행정심판을 거치지 않고도 행정소송을 제기할 수 있다(통설).

㉡ 행정소송: 대집행의 기초가 되는 하명과 그에 이은 계고나 대집행영장에 의한 통지ㆍ대집행의 실행 및 비용납부의 명령은 각각 처분의 성질을 갖는 것이므로 행정소송의 대상이 된다.

㉢ 하자의 승계 여부: 계고ㆍ대집행영장에 의한 통지ㆍ대집행실행ㆍ비용납부명령 사이는 동일한 목적을 달성하기 위한 일련의 단계적 절차이므로 이들 상호 간에는 하자가 승계된다(대판 1993.11.9. 93누14271). 따라서 불가쟁력이 발생한 계고 등 선행처분의 하자를 후행정행위의 위법성의 사유로 주장할 수 있다.

㉎ 계고ㆍ대집행영장에 의한 통지ㆍ대집행실행의 위법을 이유로 비용납부명령의 위법을 주장

[이해] 대체적 작위의무를 명하는 경찰처분과 계고처분은 별개의 효과를 추구하는 것으로 하자의 승계는 부정된다.

② 대집행 실행 후의 구제: 대집행이 실행종료된 후에는 대집행의 취소나 변경을

구할 법률상 이익이 없는 것이 보통이다(대판 1993.6.8. 93누6164). 따라서 이 경우에는 행정소송은 제기할 수 없고 대집행의 위법이나 과잉진압을 이유로 하는 손해배상이나 원상회복(결과제거)을 청구할 수 있다. 그러나 대집행이 종료된 후에도 대집행의 취소로 인해 회복되는 법률상의 이익이 있는 경우에는 그 취소를 구하는 행정소송을 제기할 수 있다.

IV. 이행강제금(집행벌)

1. 개 념

의무를 이행하지 아니하면 금전을 급부를 명하겠다는 의미를 가진 이행강제금이란 행정법상의 부작위의무 또는 비대체적 작위의무를 이행하지 않은 경우에 의무이행을 간접적으로 강제하기 위하여 과하는 금전벌이다. '집행벌'이라고도 불리고 있다. 이는 일정한 기한까지 의무를 이행하지 아니할 경우에는 일정한 금액의 과태료 등 금전지급의무를 부과할 것을 미리 계고함으로써 의무자에게 심리적 압박을 주어 그 의무를 이행하게 하는 강제집행의 수단이다.

2. 이행강제금의 특징

① 이행강제금은 의무자가 이를 이행하지 않는 한 반복해서 부과될 수 있고, 그 상한 내에서 그 금액이 증액될 수도 있다. 이 점에서 하나의 의무위반에 대하여 1회만 부과할 수 있는 행정벌과 구별된다.
② 이행강제금은 의무자가 자신의 의무를 이행한 경우에는 더이상 부과할 수 없다.
③ 이행강제금은 형벌 또는 과태료와의 병과가 허용된다.

3. 구별개념

1) 대집행 및 직접강제와의 구별

이행강제금(집행벌)	대집행 및 직접강제
간접적·심리적 강제수단	직접적·물리적 강제수단
행정행위 (하명)	권력적 사실행위

2) 행정벌과의 구별

이행강제금(집행벌)	행정벌
장래를 향한 의무이행의 확보	과거의 의무위반에 대한 제재
반복 부과 허용	1회만 부과
양자의 병과 허용	

4. 법적 근거

이행강제금은 의무부과행위의 근거와는 별도의 법률상 근거를 요한다. 이행강제금에 관한 일반적인 규정은 없으나, 건축법과 환경관련법 등의 개별법에서 예외적으로 인정하고 있다. 침해행정이며, 질서행정인 경찰의무의 강제집행수단으로서의 이행강제금은 그 예를 찾을 수 없다.

5. 이행강제금에 대한 불복

이행강제금의 부과처분에 대해서는 통지를 받은 날로부터 30일 이내에 부과권자에게 이의를 제기할 수 있다. 이 경우에 당해 부과권자는 지체없이 관할법원에 그 사실을 통보하여야 한다. 통보를 받은 관할 법원은 비송사건절차법(제247조)이 정하는 바에 따라 과태료의 재판을 하게 된다.

> **[판례] 건축법에 의한 이행강제금 부과처분은 행정소송의 대상이 되는 행정처분이 아니라는 판례**
>
> 건축법 제83조의 규정에 의하여 부과된 이행강제금 부과처분의 당부는 최종적으로 비송사건절차법에 의한 절차에 의하여만 판단되어야 한다고 보아야 할 것이므로 위와 같은 이행강제금 부과처분은 행정소송의 대상이 되는 행정처분이라고 볼 수 없다(대판 2000.9.22. 2000두5722).

V. 직접강제

1. 개 념

행정주체가 행정목적실현을 위하여 의무자에게 직접 공권력을 행사하는 것을 의미하는 직접강제란 행정상의 의무자가 의무를 이행하지 않은 경우에 행정권이 직접 의무자의 신체 또는 재산에 실력을 가하여 의무의 이행이 있었던 상태를 실현하는 작용으로, 행정상의 의무불이행에 대한 최후의 수단이다.

   예 예방접종의 명령에 응하지 않은 경우에 실력으로 예방접종을 시행하는 경우, 영업소폐쇄조치

2. 성질과 대상

1) 직접강제의 성질   직접강제는 권력적 사실행위로서, 개인의 권익침해 가능성이 매우 높기 때문에 다른 수단이 동원될 수 없거나 더이상 다른 수단으로는 그 목적을 달성할 수 없는 경우에 행정관청의 최후의 수단으로서 사용되는 실효성 확보수단이다.

2) 직접강제의 대상   직접강제의 대상이 되는 의무는 제한이 없다. 따라서 대체적 작위의무·비대체적 작위의무, 부작위의무, 수인의무, 금전 이외의 급부의무 등 모든 의무가 대상이 된다. 다만, 금전급부의무는 행정상 강제징수에 의하여 실현되므로 직접강제의 대상에서 제외된다.

3. 다른 강제수단과의 구별

1) 대집행과의 구별   직접강제는 대집행과 다음과 같이 구별된다.

구 분	대집행	직접강제
대상의무	대체적 작위의무	금전급부의무를 제외한 모든 행정법상의 의무
실력행사의 대상	의무자의 재산	의무자의 재산과 신체
타자집행	행정관청 스스로 + 제3자를 시켜	행정관청 스스로
비용징수	비용징수	비용징수 안함

2) 즉시강제와의 구별   직접강제는 사전에 법령 또는 행정행위에 의하여 부과된 의무를 의무자가 이행하지 않았을 것을 전제로 한다는 점에서, 이러한 의무불이행을 전제로 하지 않는 즉시강제와 구별된다.

4. 근 거

    즉시강제의 경우 즉시강제에 관한 일반법은 없고, 개별법에서 예외적으로 인정하고 있다. 직접강제의 경우에도 일반법은 없고 개별법으로는 정하고 있으며, 대표적인 것은

경찰관직무집행법과 도로교통법이 있다.

　㉔ 위험방지조치 중 관계인에게 위험방지상 필요하다고 인정되는 조치를 명하였으나 불응하는 경우 경찰관 스스로 그 조치를 하는 것(경찰관 직무집행법 제5조① 제3호), 자동차운전학원의 폐쇄조치(도로교통법 제115조)

5. 절 차

　직접강제의 절차에 관하여 정한 일반법은 없으나, 도로교통법은 직접강제를 시행하는 공무원의 증표제시의무를 규정하고 있다(동법 제115조③).

6. 직접강제의 한계

　직접강제는 강제집행수단 중에서 가장 강력한 수단이므로 국민의 기본권을 침해할 가능성이 높기 때문에 비례의 원칙(과잉금지의 원칙)을 준수하여 최후의 수단으로 활용되어야 할 것이다(보충성의 원칙).

7. 직접강제에 대한 권리구제

　직접강제는 권력적 사실행위로서 행정쟁송법상의 행정처분에 해당하므로 위법한 직접강제에 대해서는 행정쟁송을 제기할 수 있다. 또한 직접강제가 완료된 후에는 국가배상이나 결과제거를 청구할 수 있다.

Ⅵ. 행정상 강제징수

1. 개 념

　금전납부 의무가 있는 국민이 그 납부 의무를 이행하지 않는 경우 정부가 의무 불이행자의 재산에 공권력을 행사하여 강제로 징수하는 것을 의미하는 행정상 강제징수는 법률상의 금전급부의무가 이행되지 않은 경우에 의무자의 재산에 실력을 행사하여 그 의무가 이행된 것과 같은 상태를 실현시키는 행정상의 강제집행을 말한다.

　㉔ 행정목적을 위하여 부과된 분담금·수수료·과태료·과징금 등 공과금 납부의무를 불이행하는 경우 행정기관이 강제징수하는 것

2. 근 거

① 행정상 강제징수를 위해서는 공과금 납부의무의 근거와는 별도로 강제징수에 관한 벌률적 근거가 있어야 한다.

② 현행법상 강제징수에 관하여 국세징수법이 일반법 역할을 하고 있고, 도로교통법, 경비업법, 총포·도검·화약류등 안전관리법 등에서 개별적으로 규정하고 있다. 개별법에서 강제징수에 관하여 규정하고 있는 경우에도 근거만을 규정하고, 그 방법과 절차 및 효과에 관하여는 국세징수법을 준용하고 있어, 국세징수법이 사실상 강제징수의 일반법적인 기능을 하고 있다.

3. 절 차

국세징수법상의 강제징수의 절차는 크게 독촉과 체납처분 등 2부분으로 이루어진다.

1) 독 촉

① 의 의: 독촉은 금전납부의무자에게 의무의 이행을 최고하고, 일정한 기한까지 의무를 이행하지 아니하는 경우에는 강제징수할 뜻을 예고하는 통지행위이다.

② 독촉의 성질: 독촉은 통지행위로 준법률행위적 행정행위에 해당한다.

③ 형 식: 독촉은 반드시 문서(독촉장)로 하여야 하며, 원칙적으로 납부기한이 지난 후 10일 내에 독촉장을 발급하여야 한다(국세징수법 제23조①).

④ 효 과: 독촉은 국세징수권의 소멸시효의 진행을 중단시키며(국세기본법 제28조①), 압류의 전제요건을 충족시킨다.

> **[판례] 독촉처분 절차 없이 행한 압류처분은 당연무효가 아니라는 판례**
>
> 납세의무자가 세금을 납부기한까지 납부하지 아니하기 때문에 과세청이 그 징수를 위하여 참가압류처분에 이른 것이라면 참가압류처분에 앞서 독촉절차를 거치지 아니하였고 또 참가압류조서에 납부기한을 잘못 기재한 잘못이 있다고 하더라도 이러한 위법사유만으로는 참가압류처분을 무효로 할 만큼 중대하고도 명백한 하자라고 볼 수 없다(대판 1992.3.10. 91누6030).

2) 체납처분

체납처분이란 의무자가 독촉장에 의해 지정된 납부기한까지 의무이행을 하지 않은 경우에 의무자의 재산을 압류하여 이를 매각하고 의무자가 납부하여야 할 급부액을 충당하는 행위를 말한다. 체납처분은 ① 재산의 압류 → ② 압류재산의 매각 → ③ 청산의 세 단계로 이루어진다.

① 재산의 압류: 압류란 의무자의 재산에 대하여 사실상 및 법률상의 처분을 금지시키고

그것을 확보하는 강제보전행위이다.

ㄱ 압류대상 재산: 압류대상 재산은 의무자의 소유로서 금전적 가치가 있고 양도성이 있는 모든 재산이다. 동산·부동산·무채재산권 등을 불문한다. 국세징수법은 압류금지재산을 규정하고 있다.

국세징수법 제31조(압류금지 재산) 다음 각 호의 재산은 이를 압류할 수 없다.
1. 체납자와 그 동거가족의 생활상 없어서는 아니 될 의복·침구·가구와 주방기구
2. 체납자와 그 동거가족이 필요한 3개월간의 식료와 연료
3. 인감도장이나 그 밖에 직업에 필요한 인장
4. 제사·예배에 필요한 물건, 비석 및 묘지
5. 체납자 또는 그 동거가족의 상사·장례에 필요한 물건
6. 족보나 그 밖의 체납자의 가정에 필요한 장부·서류
7. 직무상 필요한 제복·법의
8. 훈장이나 그 밖의 명예의 증표
9. 체납자와 그 동거가족의 수학상 필요한 서적과 기구
10. 발명 또는 저작에 관한 것으로서 공표되지 아니한 것
11. 법령에 의하여 급여하는 사망급여금과 상이급여금
12. 의료·조산의 업 또는 동물진료업에 필요한 기구·약품 기타 재료
13. 주택임대차보호법 제8조 및 같은 법 시행령의 규정에 따라 우선변제를 받을 수 있는 금액
14. 체납자의 생계 유지에 필요한 소액금융재산으로서 대통령령으로 정하는 것

ㄴ 압류방법: 압류방법은 압류재산의 종류에 따라 다르다. 즉, 동산과 유가증권은 세무공무원이 점유함으로써, 채권은 압류한 사실을 채무자에게 통지함으로써, 부동산·공장재단·광업재단 및 선박은 소관 등기소에 압류등기를 촉탁함으로써, 무채재산권은 압류하였음을 권리자에게 통보함으로써 압류가 이루어진다(동법 제38조·제41조·제45조·제46조·제51조). 압류의 경우 당해 공무원은 수색권(동법 제26조)과 질문검사권(동법 제27조)을 가진다.

ㄷ 압류의 효력: 의무자는 압류된 재산에 대하여 법률상 또는 사실상의 처분을 할 수 없다. 주물에 대한 압류는 종물에 미치며, 압류재산의 천연과실·법정과실에도 미친다. 또한 압류의 효력은 재판상의 가압류·가처분 또는 체납자의 사망이나 법인합병 등에 영향을 받지 않는다(동법 제35조·제37조).

ㄹ 압류재산의 매각: 압류재산의 매각이란 체납자의 재산을 금전으로 바꾸는 것을

말한다.

㉠ 매각방법: 매각은 공정성을 기하기 위하여 입찰 또는 경매 등 공매(公賣)에 의하는 것이 원칙이나(동법 제61조), 예외적으로 수의계약에 의하는 경우도 있다(동법 제62조).

㉡ 공매의 성질: 체납처분으로 행하는 공매는 공권력의 행사로서 행정소송의 대상이 되는 처분이다(대판 1997.2.28. 96누1757).

③ 청 산: 청산이란 매각대금 등 체납처분절차로 획득한 금전을 조세 기타 공과금 및 담보채권에 배분하고 잔여가 있으면 체납자에게 되돌려주는 행정작용을 말한다.

㉠ 압류한 금전과 교부청구에 의하여 받은 금전은 압류 또는 교부청구와 관계되는 체납액에 충당한다(동법 제81조②).

㉡ 금전을 배분하거나 충당하고 남은 금액이 있을 때에는 이를 체납자에게 지급하여야 한다(동조③).

㉢ 세무서장은 매각대금이 체납액과 채권의 총액보다 적을 때에는 민법이나 그 밖의 법령에 따라 배분할 순위와 금액을 정하여 배분하여야 한다(동법 제81조④).

㉣ 배분이 끝나면 경찰관서의 장은 배분계산서를 작성하여 채무자에게 교부하여야 하며, 이로써 체납처분은 종결된다.

4. 행정상 강제징수에 대한 구제

1) 행정쟁송 강제징수의 절차인 독촉 또는 체납처분(압류와 공매)은 행정쟁송법상의 처분에 해당하므로 체납자는 이에 불복하는 경우에 행정심판 및 행정소송을 제기하여 그 취소 또는 변경을 청구할 수 있다. 다만, 국세기본법은 행정쟁송절차 중 행정심판에 관하여 행정심판법의 적용을 배제하는 특칙을 두고 있으며(동법 제56조 이하), 행정소송에 있어서도 약간의 특칙이 규정되어 있다(동법 제56조②).

2) 하자의 승계 체납처분을 구성하는 압류와 매각은 동일한 목적을 달성하기 위한 일련의 단계적 절차이므로 이들 상호 간에는 하자가 승계된다. 그러나 금전급부의무의 부과처분과 체납처분은 별개의 처분이므로 하자가 승계되지 않는다.

[정리] 행정상 강제집행의 대상인 이행의무에 대한 정리

대집행	이행강제금(집행벌)	직접강제	강제징수
대체적 작위의무	• 비대체적 작위의무 • 부작위의무	• (대체적 · 비대체적) 작위의무	금전급부의무

		• 부작위의무 • 수인의무 • 급부의무	

제3절 행정상 즉시강제

Ⅰ. 즉시즉시강제의 필요성

1. 개 념

행정상 즉시강제란 목전에 급박한 행정상의 장해를 제거할 필요가 있으나 미리 의무를 부과할 시간적 여유가 없을 때 또는 그 성질상 의무를 부과해서는 목적달성이 곤란한 때에 즉시 국민의 신체 또는 재산에 실력을 가하여 행정상의 필요한 상태를 실현하는 작용을 말한다.

> 예 경찰관 직무집행법상의 표준조치 중 보호조치·위험발생의 방지·범죄행위의 제지·장구의 사용·무기의 사용, 도로교통법상의 주차위반차량의 견인

2. 법적 성질

즉시강제는 당사자의 신체나 재산에 대한 실력행사로 권력적 사실행위의 성질을 갖는다. 따라서 행정쟁송의 대상이 되는 처분성이 인정된다.

Ⅱ. 구별개념

1. 행정상 강제집행과의 구별

행정상 즉시강제는 실력으로 행정상 필요한 상태를 실현시키는 사실행위라는 점에서 행정상 강제집행과 같으나, 다음과 같은 점에서 구별된다.

1) 행정상 의무의 존재 여부   행정상 강제집행은 사전에 부과된 의무의 불이행을 전제로 하지만, 행정상 즉시강제는 의무의 불이행을 전제로 하지 않을 뿐만 아니라 구체적 의무도 존재하지 않는다.

2) 의무부과행위와의 관계　　행정상 강제집행은 그 전제인 의무를 부과하는 행위와는 별도로 선행의 의무내용을 실현시키는 사실행위이나, 행정상 즉시강제는 구체적인 의무를 부과하는 행위(하명)와 그 의무의 내용을 실력으로 실현시키는 사실행위가 결합되어있다는 점에서 구별된다.

2. 행정조사와의 구별

행정상 즉시강제와 행정조사는 그 목적과 내용에서 서로 구별된다.

구 분	행정상 즉시강제	행정조사
목 적	실력을 가하여 행정상 필요한 상태를 실현하는 것을 목적으로 하는 행정작용	행정조사 그 자체가 목적이 아니라 행정작용을 위한 자료의 수집을 목적으로 한 예비적·보조적 수단
수 단	항상 권력적 수단 사용	권력적 수단과 비권력적 수단 사용

Ⅲ. 행정상 즉시강제의 근거

1. 이론적 근거

즉시강제의 이론적 근거를 대륙법계 국가에서는 국가의 일반긴급권에서, 영미법계 국가에서는 불법방해와 자력제거에서 구하였다. 그러나 오늘날의 법치국가에서는 국민의 기본권에 중대한 침해를 가하는 즉시강제는 그 이론적 근거만으로는 정당화 될 수 없는 것으로 엄격한 실정법적 근거를 가져야 한다.

2. 실정법적 근거

행정상 즉시강제에 관한 근거법으로는 일반법이라고 할 수 있는 경찰관 직무집행법이 있으며, 개별법으로는 마약법·검역법·식품위생법·감염병의 예방 및 관리에 관한 법률·도로교통법 등이 있다.

Ⅳ. 행정상 즉시강제의 수단

행정상 즉시강제의 수단은 실력행사의 대상에 따라 대인적 강제·대물적 강제·대가택 강제로 나눌 수 있다.

1. 대인적 즉시강제

사람의 신체에 실력을 가하여 행정상 필요한 상태를 실현시키는 행정작용이다.

1) 경찰관 직무집행법상의 대인적 강제　　불심검문(동법 제3조), 정신착란 또는 술취한 상태로 인하여 자기 또는 타인의 생명·신체와 재산에 위해를 미칠 우려가 있는 자와 자살을 기도하는 자에 대한 보호조치(동법 제4조①), 위험발생의 방지를 위한 조치 중 위해를 받을 우려가 있는 자에 대한 억류나 강제피난 및 위해방지상 필요한 조치(동법 제5조① 제2·3호), 범죄의 제지(동법 제6조), 장구의 사용(동법 제10조의2), 무기의 사용(동법 제10조의4) 등이 있다.

> **[이해]** ⓐ 미아·병자·부상자 등으로서 적당한 보호자가 없으며 응급의 구호를 요한다고 인정되는 자에 대한 보호조치는 당해인이 이를 거절하는 경우에는 할 수 없으므로 경찰상 즉시강제에 해당하지 않는다(비권력적 사실행위).
> ⓑ 위험발생의 방지조치 중 그 장소에 있는 자, 사물의 관리자 기타 관계인에게 위해방지상 필요하다고 인정되는 조치를 하게 하는 것은 하명에 해당하고 경찰상 즉시강제에는 포함되지 않는다. 그러나 스스로 그 조치를 하는 것은 경찰상 즉시강제에 해당한다.
> ⓒ 범죄의 제지조치는 경찰상 즉시강제에 해당하나, 범죄의 예방을 위한 조치(관계인에게 경고를 발하는 것)는 비권력적 사실행위 중 경찰지도의 성질을 가질 뿐 즉시강제는 아니다.

2) 개별법상의 대인적 즉시강제　　개별법상의 대인적 강제수단으로는 감염병예방법상의 강제격리(동법 제42조② 제1호)와 강제건강진단(동법 제46조)·교통차단(동법 제49조① 제1호), 출입국관리법상의 강제퇴거(동법 제46조), 마약류 관리에 관한 법률상의 강제수용(동법 제50조), 관세법상의 동행명령(동법 제2294조②), 소방기본법상의 원조강제(동법 제72조) 등이 있다.

2. 대물적 즉시강제

타인의 물건에 실력을 가하여 행정상 필요한 상태를 실현시키는 행정작용을 말한다.

1) 경찰관 직무집행법상의 대물적 강제　　피구호자가 휴대하고 있는 무기·흉기 등 위험한 물건의 임시영치(동법 제4조③), 위험발생방지조치(동법 제5조) 등이 있다.

2) 개별법상의 대물적 강제　　도로교통법상의 장애물제거조치(동법 제72조②), 식품위생법상의 물건의 폐기처분(동법 제72조), 소방기본법상의 소화를 위한 물건의 파괴(동법 제55조),

감염병예방법상의 물건 등에 대한 방역조치(동법 제47조), 약사법상의 위해의약품의 폐기(동법 제71조②) 등이 있다.

3. 대가택 즉시강제

대가택 강제는 소유자 또는 관리자의 의사에 반하여 타인의 건물·영업소 등에 대하여 실력을 가하여 행정상 필요한 상태를 실현시키는 즉시강제를 말한다. 오늘날 대가택 강제는 대부분 행정작용에 필요한 자료의 수집을 목적으로 하는 것이어서 행정조사에 속하고, 행정상 즉시강제에 속하는 대가택 강제의 예는 매우 드물다.

1) 경찰관 직무집행법상의 대가택 강제　위험방지를 위한 가택출입(동법 제7조①)이 이에 해당한다.

2) 개별법상의 대가택 강제　집회 및 시위에 관한 법률상의 긴급한 경우의 옥내 집회장소에의 출입(동법 제19조① 단서), 식품위생법상의 음식물검사를 위한 출입·검사(동법 제22조), 총포·도검·화약류 등의 안전관리에 관한 법률상의 제작소·저장소 임검(동법 제44조) 등이 있다.

Ⅴ. 행정상 즉시강제의 한계

1. 실체법적 한계

행정상 즉시강제는 국민의 기본권과 법치국가적 안전에 있어 중대한 침해를 가져올 수 있으므로 엄격한 법률의 근거를 요하고 또한 법규에 적합하여야 한다. 나아가 다음과 같은 조리상의 한계 내에서 행사되어야 한다.

① 급박성: 행정상 즉시강제가 발동되기 위해서는 행정상 장해의 발생이 현존하거나 사회통념에 비추어 장해의 발생이 확실하여야 한다. 이는 미국의 경찰권 발동에 관한 '명백하고 현존하는 위험(clear and present danger)의 법리'에 상당한 것이다.

② 보충성: 행정상 즉시강제가 발동되기 위해서는 다른 수단으로는 해당 행정목적을 달성할 수 없거나 다른 위해방지조치를 취할 시간적 여유가 없는 경우이어야 한다.

③ 비례성: 행정상 즉시강제로서의 위해방지 수단은 행정목적을 달성함에 있어 적합하고 유용한 수단이어야 한다. 또한 목적 달성을 위한 여러 가지 수단이 있는 경우에는 행정기관은 관계자에게 최소한의 침해를 가져오는 수단을 선택하여야 하고(최소침해의

원칙), 침해의 정도는 공익과 상당한 비례가 유지되어야 한다.

④ 소극성: 행정상 즉시강제는 소극적으로 공공의 안녕과 질서를 유지하기 위하여 필요한 범위 내에서 이루어져야 하고, 적극적인 행정목적의 달성을 위하여 발동되어서는 안 된다.

2. 절차적 한계(영장주의와의 관계)

사람의 신체를 구속하거나 주거를 수색하기도 하는 행정상 강제에 있어서도 헌법상의 영장주의(헌법 제12조③·제16조)를 그대로 적용할 것인가에 대하여 견해가 대립하고 있다.

> 헌법 제12조 ③ 체포·구속·압수 또는 수색을 할 때에는 적법한 절차에 따라 검사의 신청에 의하여 법관이 발부한 영장을 제시하여야 한다. 다만, 현행범인인 경우와 장기 3년 이상의 형에 해당하는 죄를 범하고 도피 또는 증거인멸의 염려가 있을 때에는 사후에 영장을 청구할 수 있다.
> 제16조 모든 국민은 주거의 자유를 침해받지 아니한다. 주거에 대한 압수나 수색을 할 때에는 검사의 신청에 의하여 법관이 발부한 영장을 제시하여야 한다.

1) 학 설

① 영장불요설(소극설): 헌법상의 영장주의는 형사사법상의 원칙에서 연유한 것이고, 모든 즉시강제에 영장주의를 관철함은 결국 즉시강제를 부정하는 것이 되므로, 법률에 특별한 규정이 없는 한 원칙적으로 즉시강제에는 영장주의가 적용되지 않는다는 견해이다.

② 영장필요설(적극설): 헌법상 영장주의는 국민의 자유와 권리를 보장하기 위한 절차적 보장수단이며, 즉시강제도 형사사법의 경우와 마찬가지로 신체와 재산에 대한 실력작용이므로 즉시강제에도 영장주의가 적용된다는 견해이다.

③ 절충설(통설): 헌법상의 영장주의는 권력억제와 기본권 보장적인 면에서 형사사법권 행사뿐만 아니라 행정권의 행사에도 원칙적으로 적용되어야 한다. 그러나 행정강제의 특수성을 전혀 고려하지 않을 수 없으므로 행정목적의 달성을 위해 불가피한 경우에만 영장주의의 예외를 인정하자는 견해이다. 그러나 행정목적의 달성을 위하여 불가피한 경우에도 ㉠ 하나의 조치가 행정상 즉시강제와 형사사법의 두 가지 목적을 겸하고 있는 경우나 ㉡ 침해가 계속되거나 개인의 신체·재산·가택에 중대한 침해를 가한 경우에는 헌법상의 영장주의가 적용된다고 한다.

2) 판례의 입장

판례는 원칙적으로 사전영장주의에 의해야 하지만, 예외적으로 행정목적의 달성을 위하여 사전영장주의가 적용되지 않을 수 있다는 입장이다.

> **[판례] 구 사회안전법 제11조 소정의 동행보호규정은 사전영장주의에 반하지 않는다는 판례**
>
> 사전영장주의는 인신보호를 위한 헌법상의 기속원리이기 때문에 인신의 자유를 제한하는 모든 국가작용의 영역에서 존중되어야 하지만, 헌법 제12조 제3항 단서도 사전영장주의의 예외를 인정하고 있는 것처럼 사전영장주의를 고수하다가는 도저히 행정목적을 달성할 수 없는 지극히 예외적인 경우에는 형사절차에서와 같은 예외가 인정되므로, 구 사회안전법(1989.6.16. 법률 제4132호에 의해 '보안관찰법'이란 명칭으로 전문 개정되기 전의 것) 제11조 소정의 동행보호규정은 재범의 위험성이 현저한 자를 상대로 긴급히 보호할 필요가 있는 경우에 한하여 단기간의 동행보호를 허용한 것으로서 그 요건을 엄격히 해석하는 한, 동 규정 자체가 사전영장주의를 규정한 헌법규정에 반한다고 볼 수는 없다(대판1997.6.13. 96다 56115).

VI. 행정상 즉시강제에 대한 구제

1. 적법한 즉시강제에 대한 구제

행정상 즉시강제 자체는 적법하게 이루어 졌으나, 제3자에게 수인의 한도를 넘는 특별한 희생이 발생한 경우에는 국가는 그 특별한 희생에 대한 보상을 하여야 한다. 따라서 이와 같은 경우에는 행정강제의 상대방이나 제3자는 법률이 정하는 바에 따라 보상을 청구할 수 있다(방조제관리법 제11조 등). 그러나 손실보상에 관한 명문의 규정이 없는 경우에도 손실보상을 청구할 수 있는지에 대해서는 ① 손해배상을 청구할 수 있다는 견해와 ② 수용유사침해이론·수용적침해이론에 의해 손실보상을 청구할 수 있다는 견해가 대립하고 있다.

2. 위법한 즉시강제에 대한 구제

1) 행정쟁송

① 처분성: 행정상 즉시강제는 권력적 사실행위로 행정쟁송법상 처분에 해당하므로 행정심판과 행정쟁송의 대상이 된다.

② 소의 이익: 행정상 즉시강제는 주로 매우 긴박한 경우에 단시간의 행위로 종료되는 경우가 보통이므로 이미 침해가 가해진 뒤에는 설혹 그것이 위법·부당하더라도 즉시강제를 취소·변경을 구할 법률상 이익이 없는 경우가 있다. 그러나 즉시강제가 비교적 장시간에 걸쳐 진행되는 경우(예 강제수용·물건의 영치)에는 그 취소·변경을 구할 실익이

있다. 또한 즉시강제가 종료된 때에도 그 취소로 회복되는 법률상 이익이 있는 경우에는 행정쟁송을 제기할 수 있다(행정심판법 제13조①, 행정소송법 제12조).

2) 행정상 손해배상(국가배상) 위법한 행정상 즉시강제로 재산상 손해를 입은 자는 국가에 대하여 그 손해의 배상을 청구할 수 있다. 즉시강제가 종료하여 행정쟁송이 불가능한 통상적인 경우에는 행정상 손해배상이 가장 효과적인 구제수단이 된다.

3) 정당방위 행정상 즉시강제가 위법하게 행해진 경우에는 상대방은 이에 수인할 의무가 없으며, 그에 저항하더라도 정당방위로서 공무집행방해죄는 성립하지 않는다(대판 1992.2.11. 91도2797).

4) 기 타 감독권에 의한 취소·정지, 공무원의 징계, 공무원의 형사책임, 청원, 고소·고발 등의 구제수단이 있으나, 이는 간접적·우회적인 구제수단에 불과하다.

제2장 행정벌

제1절 행정벌에 대한 이해

Ⅰ. 행정벌의 개념과 강제집행과 구별

1. 행정벌의 개념

행정벌이란 행정상의 의무위반에 대한 제재로서 일반통치권에 의거해서 부과하는 벌을 말하며, 이러한 행정벌이 과해지는 비행을 행정범이라고 한다.

2. 행정벌의 성질

1) 징계벌과의 구별   행정벌은 일반통치권에 기하여 일반국민에 대하여 행정법규의 실효성을 확보하기 위하여 과하는 벌이라는 점에서, 특별권력관계의 내부질서를 유지하기 위하여 특별행정법관계의 상대방에게 부과하는 제재인 징계벌과는 구별된다. 이와 같이 양자는 그 목적·대상 및 권력의 기초 등에 있어서 차이가 난다. 따라서 양자를 병과하는 것은 일사부재리의 원칙에 저촉되지 않는다.

구 분	행정벌	징계벌
목 적	일반사회 질서유지	특별권력관계의 내부질서유지
성 격	과거의무에 대한 제재	신분적 이익의 박탈
대 상	일반국민(일반사회 질서위반자)	특별권력관계 복종자
권력의 기초	일반통치권	특별권력
부과절차	형사소송법에 따라 법원이 부과(원칙)	특별권 내부에서 특별권력 주체가 부과
양자의 병과	양자는 그 목적·대상 및 권력의 기초를 달리하므로 양자의 병과가 가능	

2) 행정상 강제집행과의 구별   행정벌은 과거의 의무위반에 대한 제재를 직접적인 목적으로 한다는 점에서, 의무의 불이행에 대한 장래의 이행을 확보하기 위한 목적으로 행해지는 행정상 강제집행과는 구별된다.

3) 형사벌과의 구별   행정벌을 형사벌(형법상의 형벌을 그 제재내용으로 하는 행정형벌)과 구별할 것인가에 대하여는 종래 부정설과 긍정설이 대립하고 있다.

① 부정설: 형사벌이나 행정벌이나 모두 제재로써의 벌이 과해지는 범죄라는 점에서 차이가 없다는 견해로, 일부 형법학자들이 주장하는 견해이다.

② 긍정설: 양자의 구별을 긍정하는 견해는 그 구별기준에 따라서 다음과 같이 견해가 나뉜다.

㉠ 피침해이익의 성질을 기준으로 하는 견해: 형사범은 법익침해로서의 위법행위이나 행정범은 공공복리의 침해에 대한 제재로서 행해진다는 점에서 구별된다는 견해이다.

㉡ 피침해규범의 성질을 기준으로 하는 견해(통설): 형사범은 국가의 명령이나 금지를 기다릴 것 없이 반사회성·반도덕성이 인식될 수 있는 행위(예 자연범)인 데 대하여, 행정범은 일정한 행정목적의 달성을 위한 국가의 명령·금지에 위반됨으로써 법적 비난의 대상이 되는 행위(예 법정범)라는 점에서 구별된다는 견해이다.

Ⅱ. 행정벌의 근거

1. 법 률

행정벌도 처벌의 성격을 가지므로 형사벌과 마찬가지로 죄형법정주의 원칙이 적용된다. 따라서 법적 근거가 없이는 행정벌을 과할 수 없으며, 행정벌법규의 소급입법은 허용되지 않는다.

2. 명 령

법률은 행정벌 규정의 정립을 명령(법규명령)에 위임할 수 있으나, 처벌의 대상인 행위의 기준 및 행정벌의 최고한도 등을 구체적으로 정하여 위임하여야 한다.

3. 조 례

지방자치단체도 법률의 위임이 있는 경우에는 조례로서 조례위반행위에 대하여 1,000만 원 이하의 과태료를 정할 수 있다(지방자치법 제27조①). 또한 사기나 그 밖의 부정한 방법으로 사용료·수수료·분담금의 징수를 면한 자 및 공공시설을 부정 사용한 자에 대하여 일정액의 과태료의 벌칙을 정할 수 있다(동법 제139조②).

Ⅲ. 행정벌의 종류

행정벌은 그 처벌의 내용에 따라 행정형벌과 행정질서벌 및 조례에 의한 과태료로 구분할 수 있다.

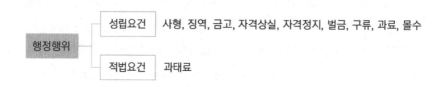

1. 행정형벌

행정형벌이란 행정상의 의무위반에 대하여 형법에 정해져 있는 형벌(예 사형·징역·금고·자격상실·자격정지·벌금·구류·과료·몰수)을 과하는 행정벌을 말한다. 행정형벌에는 특별한 규정이 있는 경우를 제외하고는 원칙적으로 형법총칙이 적용되며, 과벌절차는 원칙적으로 형사소송절차에 의하며, 행정형벌에 의한 제재는 형사처벌이 된다.

2. 행정질서벌

1) 개 념   행정질서벌이란 행정법상의 의무위반에 대하여 과태료를 과하는 경우를 말한다. 행정질서벌은 행정법규의 위반행위가 직접적으로 행정목적이나 사회공익을 침해하는 것이 아니고, 다만 간접적으로 행정상의 질서에 장해를 줄 위험성이 있는 정도의 단순한 의무태만에 대한 제재로써 과해지는 벌이다. 과태료는 형벌이 아니므로 형법총칙이 적용되지 않으며, 그 과벌절차도 형사소송법이 아니라 특별한 규정이 없는 한 질서위반행위규제법에 의한다.

2) 행정형벌과의 구별   양자는 행정법상의 의무위반에 대한 제재라는 점에서 공통점이 있으나, 행정형벌은 그 행정법규위반이 직접적으로 행정목적과 사회공익을 침해하는 경우에 과해지지만, 행정질서벌은 신고·등록서류비치 등의 의무를 태만히 하는 것과 같이, 간접적으로 행정상의 질서에 장해를 줄 위험성이 있는 정도의 행위에 대해서 과해진다는 점에서 양자는 구별된다(대판 1969.7.29. 69마400).

3) 행정형벌의 행정질서벌화   동일한 금액이라도 행정형벌로 처벌받는 자는 전과자로

되고 행정질서벌로 처벌받는 자는 전과자가 되지 않으므로 전과자의 양산을 방지하기 위하여 최근에는 행정형벌에 처하던 것을 행정질서벌로 대체하는 경향을 보이고 있다.

3. 조례에 의한 과태료

이는 지방자치법의 규정에 의하여 조례로써 정하는 과태료를 말한다(동법 제27조·제139조). 조례에 의한 과태료에는 행정질서벌적인 것뿐만 아니라 행정형벌적인 것도 있다. 조례에 의한 과태료는 조례로 정하고, 지방자치단체장 또는 그 위임을 받은 자가 부과·징수한다는 점에서 법령에 의한 질서벌과 구별된다.

제2절 행정벌의 특수성

Ⅰ. 행정형벌의 특수성

1. 행정형벌과 형법총칙의 적용

1) 형법총칙 적용의 원칙　형법 제8조 본문은 형사범뿐만 아니라 행정범에 대해서도 원칙적으로 형법총칙이 적용됨을 명문으로 밝히고 있다.

> 형법 제8조(총칙의 적용) 본법 총칙은 타 법령에 정한 죄에 적용된다. 단 그 법령에 특별한 규정이 있는 때에는 예외로 한다.

2) 예외적 형법총칙 적용배제　형법 제8조 단서는 "단 그 법령에 특별한 규정이 있는 때에는 예외로 한다."고 하여 행정벌의 특수성을 인정한 특별한 규정이 있는 경우에는 형법총칙이 적용되지 아니함을 밝히고 있다. 이 경우 '특별규정'의 의미에 관하여는 ① 성문의 규정은 물론이고 법령의 해석을 통한 조리상의 특수성을 포함한다는 견해와 ② 명문의 규정과 당해규정 자체의 해석상 특수성만을 의미한다는 견해가 대립하고 있으나 ②의 견해가 통설과 판례의 입장이다. 따라서 조리상의 이유로 형법총칙의 적용을 배제할 수 없다고 할 것이다.

2. 행정형벌의 특수성

행정형벌의 특수성으로 인하여 형법총칙의 적용이 배제되거나 변형되는 구체적인 사례는 다음과 같다.

1) 범 의

① 고 의: 형사범의 성립에는 원칙적으로 고의가 있음을 요건으로 하고(형법 제13조), 과실 있는 행위는 법률에 특별한 규정이 있는 경우에 한하여 처벌된다(형법 제14조). 이러한 형법의 규정은 행정범에도 그대로 적용되어(동법 제8조), 행정범의 성립을 위해서도 원칙적으로 고의가 있어야 한다.

> **형법** 제13조(범의) 죄의 성립요소인 사실을 인식하지 못한 행위는 벌하지 아니한다. 단, 법률에 특별한 규정이 있는 경우에는 예외로 한다.

㉠ 사실의 인식: 경찰범도 형사범과 마찬가지로 고의의 성립을 위해서는 사실의 외형적 표상에 대한 인식뿐만 아니라 사실의 의미·내용에 대한 인식도 필요하다.

㉡ 위법성 인식: 경찰범에 있어서도 고의가 성립하기 위해서는 사실의 인식 이외에 위법성의 인식 내지 인식 가능성이 있어야 한다(통설).

[판례] 숙박업자가 알지 못하는 사이에 손님이 도박을 한 경우 공중위생법위반을 부정한 판례

공중위생법 제12조 제2항 제1호 (다)목은 "숙박업자는 손님에게 도박 기타 사행행위를 하게 하거나 이를 하도록 내버려 두어서는 아니된다."고 규정하고 있는바, 숙박업자가 알지도 못하고 있는 상태에서 손님이 도박을 한 경우에는 숙박업자가 위 규정에 위반한 것으로 볼 수 없는 것이다(대판 1994.1.11. 93누22173).

② 과 실: 형사범과 마찬가지로 행정범의 경우에도 법률에 특별한 규정이 있는 경우에만 처벌할 수 있는지가 문제된다.

㉠ 학 설: ⓐ 행정범의 경우에도 형사범과 마찬가지로 법령에 특별한 처벌규정이 있는 경우에만 행정범의 과실범을 처벌할 수 있다는 견해와 ⓑ 행정범의 경우에는 법령에 특별한 처벌규정이 있는 경우뿐만 아니라 행정법규정의 해석상 과실범의 가벌성도 인정될 수 있는 경우에도 법령의 취지에 따라 과실범을 벌할 수 있다는 견해가 대립하고 있다. ⓑ의 견해가 통설이다.

㉡ 판례의 태도: 판례도 통설과 마찬가지로 관계법규의 해석상 과실범도 벌할 뜻이 명확할 경우에는 명문의 규정이 없더라도 과실범을 처벌할 수 있다고 한다.

[판례] 명문의 규정이 없는 경우에도 과실범을 처벌할 수 있다는 판례

행정상의 단속을 주안으로 하는 법규라 하더라도 명문규정이 있거나 해석상 과실범도 벌할 뜻이 명확한 경우를 제외하고는 형법의 원칙에 따라 고의가 있어야 벌할 수 있다(대판 1986.7.22. 85도108).

2) 타인의 행위에 대한 책임

① 내 용: 형사범에 있어서는 범죄를 범한 행위자만 처벌하는 데 대하여, 행정범의 경우에는 행위자가 아니라 행정법상의 의무를 지는 자가 책임을 지는 경우도 있다.

⑩ 미성년자·금치산자의 위법행위에 대하여 법정대리인을 처벌하는 경우, 양벌규정을 두어 행위자 이외에 사업주도 처벌하는 경우

② 성 질: 행정상 의무자의 책임은 타인을 대신하여 책임을 지는 대위책임(代位責任)이 아니라, 자기 자신의 주의·감독 의무를 태만히 한 과실책임(자기책임)이다(통설·판례).

[판례] 종업원의 행위에 대한 영업주의 책임은 자기책임이라는 판례

양벌규정에 의한 영업주의 처벌은 금지위반행위자인 종업원의 처벌에 종속하는 것이 아니라 독립하여 그 자신의 종업원에 대한 선임감독상의 과실로 인하여 처벌되는 것이므로 영업주의 위 과실책임을 묻는 경우 금지위반행위자인 종업원에게 구성요건상의 자격이 없다고 하더라도 영업주의 범죄성립에는 아무런 지장이 없다(대판 1987.11.20. 87도1213).

3) 법인의 책임

형사범의 경우에는 법인은 범죄능력이 없으므로 형벌을 과할 수 없는 것이 원칙이다. 그러나 행정범의 경우에는 법인의 대표자 또는 법인의 대리인·사용인 기타의 종업원이 법인의 사무에 관하여 행정법상의 의무에 위반되는 행위를 한 때에는 행위자를 벌하는 이외에 법인에 대해서도 처벌하는 경우가 많다(⑩ 소방법 제118조, 문화재보호법 제94조, 인삼산업법 제32조, 청소년보호법 제54조, 도로교통법 제116조). 이 경우 법인의 범죄능력이 문제된다.

① 법인의 처벌에 관한 명문규정이 있는 경우: 법인의 처벌에 관한 명문규정이 있는 경우에는 법인도 범죄능력을 갖는다는 것이 통설과 판례의 견해이다.

② 법인의 처벌에 관한 명문규정이 없는 경우: 법인의 처벌에 관한 명문규정이 없는 경우에도 법인을 처벌할 수 있는지에 대하여는 견해가 갈리고 있으나, 통설과 판례는 법인의 처벌은 그것을 인정하는 특별한 규정이 있는 경우에만 가능하고, 처벌규정이 없는 경우에는 처벌할 수 없다고 한다.

③ 법인책임의 성격: 법인이 책임을 지는 경우 ㉠ 법인의 대표자의 행위에 대한 법인의 책임은 법인의 자기책임(직접책임)이고 ㉡ 법인의 대리인·사용인 기타 종업원의 행위에 대한 법인의 책임도 대위책임이 아니라 종업원 등에 대한 주의·감독의무를 태만히 한

데 대한 법인의 과실책임(자기책임)이다.

4) **책임능력** 형사범의 경우에는 심신장애자의 행위는 형을 감경하거나 벌하지 아니하며 (형법 제10조), 농아자의 행위는 형을 감경하고(동법 제11조), 14세 미만자의 행위는 벌하지 않는다(동법 제9조). 그러나 행정범에 대하여는 이들 규정의 적용을 배제 또는 제한하는 규정을 두는 경우가 있다(예 담배사업법 제31조).

5) **공 범** 행정범에 대해서도 형법상의 공범규정(형법 제30조·제34조)이 적용되는지가 문제된다.

  ① 공범에 관한 특별규정을 둔 경우: 행정범에 있어서는 행정법상의 의무의 다양성으로 인하여 형법총칙상의 공동정범·교사범·종범의 규정 적용을 배제하는 경우(예 선박법 제39조)도 있고, 종범감경규정의 적용을 배제하는 경우(예 담배사업법 제31조)도 있으며, 교사범을 정범으로 처벌하도록 한 경우(예 구 근로기준법 제112조②)도 있다.

  ② 공범에 관한 특별규정이 없는 경우: 이 경우에는 다음과 같이 두 가지 경우로 나누어 살펴보기로 한다.

  ㉠ 행정법상의 의무가 일반인에게 부과된 경우: 이 경우에는 형법의 공범규정이 행정범에도 적용된다.

  ㉡ 행정법상의 의무가 특정인에게 부과된 경우: 이 경우에는 견해가 대립하고 있으나, 의무자 아닌 자가 의무자를 교사·방조하여 행정법상의 의무 위반죄를 범하게 한 경우에도 공범으로서의 책임은 지지 않는다는 견해가 타당하다.

6) **경합범·누범·작량감경**

  ① 경합범: 행정범에 있어서는 경합범에 관한 규정의 적용을 배제하는 경우도 있다(예 담배사업법 제31조).

> **형법** 제37조(경합범) 판결이 확정되지 아니한 수개의 죄 또는 금고 이상의 형에 처한 판결이 확정된 죄와 그 판결확정 전에 범한 죄를 경합범으로 한다.

  ② 상상적 경합: 명문규정으로 특례를 인정하지 않는 한 행정범에도 그대로 적용된다.

> **형법** 제40조(상상적 경합) 한 개의 행위가 여러 개의 죄에 해당하는 경우에는 가장 무거운 죄에 대하여 정한 형으로 처벌한다.

  ③ 누 범: 행정범에 대하여 적용을 배제하는 명문 규정이 없는 경우에도 행정범의 특수성에 비추어 해석상 적용이 배제된다.

> **형법 제35조(누범)** ① 금고 이상의 형을 받아 그 집행이 종료되거나 면제된 3년 내에 금고 이상에 해당하는 죄를 범한 자는 누범으로 처벌한다.
> ② 누범의 형은 그 죄에 정한 형의 장기의 2배까지 가중한다.

④ 작량감경: 행정범의 특수성에 비추어 그 적용을 배제하는 경우가 있다(예 담배사업법 제31조).

> **형법 제53조(작량감경)** 범죄의 정상에 참작할만한 사유가 있는 경우에는 그 형을 감경할 수 있다.

3. 행정형벌의 과벌절차

1) 일반과벌절차   행정형벌은 원칙적으로 형사소송법의 절차에 따라 법원이 과한다.

2) 특별과벌절차   행정형벌은 형사소송절차에 의하는 것이 원칙이나, 이에 대한 예외로 통고처분과 즉결심판절차라는 예외적 과벌절차가 인정되고 있다.

① 통고처분

㉠ 의 의: 통고처분이란 행정청이 정식재판에 갈음하여 일정한 벌금 또는 과료에 상당하는 금액의 납부를 명하는 행정처분을 말한다. 이러한 통고처분은 절차의 간이·신속에 주안을 둔 것으로, 도로교통범·조세범·출입국관리범 등에 대하여 인정된다.

㉡ 통고처분권자: 행정형벌의 통고처분권자는 각 기관의 장이다. 따라서 행정형벌의 통고처분권자는 경찰서장이다. 기타 행정형벌의 통고처분권자로는 국세청장·지방국세청장·세무서장·관세청장·세관장·출입국사무소장 등이 있다.

㉢ 통고처분의 내용: 통고처분의 내용은 벌금 또는 과료에 상당하는 금액(도로교통범·출입국사범), 몰수에 해당하는 물품이나 추징금에 상당하는 금액(조세범), 서류송달·압류물건의 운반·보관비용을 납부하도록 통고하는 것이다.

㉣ 통고처분의 효과: 통고처분은 통고처분을 받은 자의 이행 여부에 따라 그 효과를 달리한다. 다만, 어느 경우에나 통고처분으로 공소시효의 진행은 중단된다.

ⓐ 통고처분의 내용을 이행한 경우: 통고처분을 받은 자가 법정기간 내에 통고된 내용에 따라 이행한 때에는 확정절차와 동일한 효력을 발생하므로 처벌절차는 종료한다.

따라서 이 경우에는 '일사부재리의 원칙'이 적용되어 다시 형사소추할 수 없다.

　　　ⓑ 통고처분의 내용을 불이행한 경우: 통고처분을 받은 자가 법정기간 내에 통고된 내용을 이행하지 아니하면 형사소송절차로 이행하게 된다. 다만 도로교통법과 경범죄처벌법에 의하면 형사소송절차에 앞서 즉결심판의 절차를 거칠 수도 있다.

　　ⓜ 통고처분의 구제: 통고처분은 행정쟁송의 대상이 될 수 없다. 따라서 통고처분에 이의가 있는 경우에도 통고처분을 받은 자는 행정소송을 제기할 수 없다. 왜냐하면 통고처분을 받은 자가 법정기간 내에 이행하지 않으면 당연히 그 효력을 상실하고, 당해 통고처분에 대해서는 형사소송절차에 의한 정식재판절차가 보장되어 있기 때문이다.

[판례] 통고처분은 행정소송의 대상이 되는 행정처분이 아니라는 판례

도로교통법 제118조에서 규정하는 경찰서장의 통고처분은 행정소송의 대상이 되는 행정처분이 아니므로 그 처분의 취소를 구하는 소송은 부적법하고, 도로교통법상의 통고처분을 받은 자가 그 처분에 대하여 이의가 있는 경우에는 통고처분에 따른 범칙금의 납부를 이행하지 아니함으로써 경찰서장의 즉결심판청구에 의하여 법원의 심판을 받을 수 있게 될 뿐이다(대판 1995.6.29. 95누4674).

[판례] 통고처분을 행정쟁송의 대상에서 제외하고 있는 것은 위헌이 아니라는 판례

통고처분은 상대방의 임의의 승복을 그 발효요건으로 하기 때문에 그 자체만으로는 통고이행을 강제하거나 상대방에게 아무런 권리의무를 형성하지 않으므로 행정심판이나 행정소송의 대상으로서의 처분성을 부여할 수 없고, 통고처분에 대하여 이의가 있으면 통고내용을 이행하지 않음으로써 고발되어 형사재판절차에서 통고처분의 위법·부당함을 얼마든지 다툴 수 있기 때문에 관세법 제38조 제3항 제2호가 법관에 의한 재판받을 권리를 침해한다든가 적법절차의 원칙에 저촉된다고 볼 수 없다(헌재 1998.5.28. 96헌바4).

---

　　② 즉결심판절차: 20만 원 이하의 벌금·구류 또는 과료의 행정벌은 경찰서장의 청구에 의하여 지방법원 또는 지원의 순회판사가 부과하며, 그 형은 경찰서장에 의하여 집행된다. 즉결심판에 불복하는 피고인은 정식재판을 청구할 수 있다(법원조직법 제34조③·제35조, 즉결심판에 관한 절차법 제2조·제3조).

[이해] 즉결심판은 행정범뿐만 아니라 20만원 이하의 벌금·구류 또는 과료에 처할 형사범에게도 적용되므로 행정형벌만의 특별한 과벌절차라고는 할 수 없다.

Ⅱ. 행정질서벌의 특수성

1. 행정질서벌과 형법총칙의 적용

1) 형법총칙 적용의 배제　행정질서벌 즉 과태료 처분은 형벌이 아니므로 형법총칙이 적용되지 않고, 질서위반행위규제법이 적용된다.

2) 범의의 필요성 여부　행정질서벌은 단순히 의무를 게을리한 것에 대한 제재로서 부과되는 것이므로 고의 · 과실 등과 같은 주관적 요건은 요하지 않고, 객관적 법규위반 사실이 있으면 행정질서벌을 과할 수 있다(통설 · 판례).

> **[판례] 행정질서벌의 부과에 고의 · 과실은 필요치 않다는 판례**
>
> 과태료와 같은 행정질서벌은 행정질서유지를 위하여 행정법규위반이라는 객관적 사실에 대하여 과하는 제재이므로 반드시 현실적인 행위자가 아니라도 법령상 책임자로 규정된 자에게 부과되고 또한 특별한 규정이 없는 한 원칙적으로 위반자의 고의 · 과실을 요하지 아니한다(대판 1994.8.26. 94누6949).

3) 일사부재리의 원칙 적용여부

　① 형벌과의 관계: 행정질서벌과 형벌은 그 목적과 성질이 다르므로 과태료 처분을 받은 자에게 형벌을 부과하는 것은 일사부재리의 원칙에 반하지 않는다(판례).

> **[판례] 과태료 처분은 형벌과의 병과가 가능하다는 판례**
>
> 일사부재리의 효력은 확정재판이 있을 때에 발생하는 것이고 과태료는 행정법상의 질서벌에 불과하므로 과태료 처분을 받고 이를 납부한 일이 있더라도 그 후에 형사처벌을 한다고 해서 일사부재리의 원칙에 어긋난다고 할 수 없다(대판 1989.6.13. 88도1983).

　② 행정형벌과의 관계: 행정질서벌과 행정형벌은 모두 행정벌이므로 동일 행정범에 대하여 양자를 병과할 수 없다. 그러나 행정처분의 병과는 가능하다(판례).

> **[판례] 행정질서벌과 행정형벌의 병과는 불가하다는 판례**
>
> 행정법규에 있어서 행정질서의 유지를 위하여 행정벌을 과하는 경우 입법자는 그 입법목적의 달성을 위하여 행정형벌이나 행정질서벌을 선택하여 과할 수 있고, 그 입법목적이나 입법당시의 실정 등을 종합 고려하여 어느 하나를 결정하는 것이다(헌재 1997.4.24. 95헌마90).

4) 행정질서벌의 효력　행정질서벌은 부과요건을 충족하는 이상 사후에 그 위반된 의무를 시정하였다 하더라도 그 부과행위에는 아무런 영향을 미치지 않는다(대판 1990.10.2. 90마699). 이는 행정질서벌이 장래의 의무불이행을 방지하는 데 중점이 있기 때문이다.

2. 행정질서벌의 적용대상과 과벌절차

1) **일반행정질서벌의 근거와 적용대상**　　법률상 의무의 효율적인 이행을 확보하고 국민의 권리와 이익을 보호하기 위하여 질서위반행위의 성립요건과 과태료의 부과·징수 및 재판 등에 관한 사항을 규정하는 것을 목적으로 '질서위반행위규제법'이 2011년 제정되어 시행되고 있다. 이러한 질서위반행위규제법은 과태료 부과에 대한 일반법의 역할을 수행하고 있다. '질서위반행위'란 법률(지방자치단체의 조례를 포함한다. 이하 같다)상의 의무를 위반하여 과태료를 부과하는 행위를 말한다(동법 제2조).

2) **질서위반행위의 성립**　　법률에 따르지 아니하고는 어떤 행위도 질서위반행위로 과태료를 부과하지 아니한다고 규정하여 질서위반행위 법정주의를 채택하고 있다(동법 제6조). 또한 행정청 및 법원은 과태료를 정함에 있어서 ① 질서위반행위의 동기·목적·방법·결과, ② 질서위반행위 이후의 당사자의 태도와 정황, ③질서위반행위자의 연령·재산상태·환경, ④ 그 밖에 과태료의 산정에 필요하다고 인정되는 사유 등을 고려하여야 한다(동법 제14조).

3) **과벌절차**　　행정청이 질서위반행위에 대하여 과태료를 부과하고자 하는 때에는 미리 당사자에게 통지하고, 10일 이상의 기간을 정하여 의견을 제출할 기회를 주어야 한다. 이 경우 지정된 기일까지 의견 제출이 없는 경우에는 의견이 없는 것으로 본다. 당사자는 의견 제출 기한 이내에 행정청에 의견을 진술하거나 필요한 자료를 제출할 수 있다(동법 제16조).

　　행정청은 의견 제출 절차를 마친 후에 서면(당사자가 동의하는 경우에는 전자문서를 포함한다. 이하 이 조에서 같다)으로 과태료를 부과하여야 한다. 서면에는 질서위반행위, 과태료 금액 등의 사항을 명시하여야 한다(동법 제17조).

4) **조례에 의한 과태료의 과벌절차**

　　① 지방자치법 제27조에 의한 과벌절차: 지방자치법 제27조에 의한 과태료는 당해 지방자치단체의 조례가 정하는 바에 따라 당해 지방자치단체의 장 또는 관할구역 안의 지방자치단체의 장이 부과·징수한다(동조①②).

　　② 지방자치법 제139조에 의한 과벌절차: 지방자치단체는 사기 기타 부정한 방법으로 사용료·수수료 또는 분담금의 징수를 면한 자에 대하여는 그 징수를 면한 액의 5배 이내의 과태료에, 공공시설을 부정사용한 자에 대하여는 50만원 이하의 과태료에 처하는 규정을 조례로 정할 수 있다(동조②).

3. 이의신청

행정청의 과태료 부과에 불복하는 당사자는 과태료 부과 통지를 받은 날부터 60일 이내에 해당 행정청에 서면으로 이의제기를 할 수 있다. 이의제기가 있는 경우에는 행정청의 과태료 부과처분은 그 효력을 상실한다(질서위반행위규제법 제20조). 이의제기를 받은 행정청은 이의제기를 받은 날부터 14일 이내에 이에 대한 의견 및 증빙서류를 첨부하여 관할 법원에 통보하여야 한다(동법 제21조).

4. 질서위반행위의 조사

행정청은 질서위반행위가 발생하였다는 합리적 의심이 있어 그에 대한 조사가 필요하다고 인정할 때에는, ① 당사자 또는 참고인의 출석 요구 및 진술의 청취, ② 당사자에 대한 보고 명령 또는 자료 제출의 명령 등의 조치를 할 수 있다.

행정청은 질서위반행위가 발생하였다는 합리적 의심이 있어 그에 대한 조사가 필요하다고 인정할 때에는 그 소속 직원으로 하여금 당사자의 사무소 또는 영업소에 출입하여 장부·서류 또는 그 밖의 물건을 검사하게 할 수 있다. 검사를 하고자 하는 행정청 소속 직원은 당사자에게 검사 개시 7일 전까지 검사 대상 및 검사 이유 등을 통지하여야 한다. 다만, 긴급을 요하거나 사전통지의 경우 증거인멸 등으로 검사목적을 달성할 수 없다고 인정되는 때에는 그러하지 아니하다. 검사를 하는 직원은 그 권한을 표시하는 증표를 지니고 이를 관계인에게 내보여야 한다. 조치 또는 검사는 그 목적 달성에 필요한 최소한에 그쳐야 한다(동법 제22조).

5. 가산금, 체납처분

행정청은 당사자가 납부기한까지 과태료를 납부하지 아니한 때에는 납부기한을 경과한 날부터 체납된 과태료에 대하여 100분의 3에 상당하는 가산금을 징수한다. 체납된 과태료를 납부하지 아니한 때에는 납부기한이 경과한 날부터 매 1개월이 경과할 때마다 체납된 과태료의 1천분의 12에 상당하는 가산금에 따른 가산금에 가산하여 징수한다. 이 경우 중가산금을 가산하여 징수하는 기간은 60개월을 초과하지 못한다(동법 제24조).

6. 질서위반행위의 재판

① 재 판: 과태료 사건은 다른 법령에 특별한 규정이 있는 경우를 제외하고는 당사자의 주소지의 지방법원 또는 그 지원의 관할로 한다. 법원은 행정청의 통보가 있는 경우 이를 즉시 검사에게 통지하여야 한다. 법원은 심문기일을 열어 당사자의 진술을 들어야 한다. 법원은 검사의 의견을 구하여야 하고, 검사는 심문에 참여하여 의견을 진술하거나 서면으로 의견을 제출하여야 한다(동법 제22조 내지 제33조)과태료 재판은 이유를 붙인 결정으로써 한다. 결정서의 원본에는 판사가 서명날인하여야 하며, 결정은 당사자와 검사에게 고지함으로써 효력이 생긴다(동법 제36조 · 제37조). 법원은 상당하다고 인정하는 때에는 심문 없이 과태료 재판을 할 수 있고, 과태료 재판절차의 비용은 과태료에 처하는 선고가 있는 경우에는 그 선고를 받은 자의 부담으로 하고, 그 외의 경우에는 국고의 부담으로 한다.

② 항 고: 당사자와 검사는 과태료 재판에 대하여 즉시항고를 할 수 있다. 이 경우 항고는 집행정지의 효력이 있다. 검사는 필요한 경우에는 즉시항고 여부에 대한 행정청의 의견을 청취할 수 있다. 민사소송법의 항고에 관한 규정은 항고에 준용한다(동법 제39조 내지 41조).

7. 과태료 재판의 집행

과태료 재판은 검사의 명령으로써 집행한다. 이 경우 그 명령은 집행력 있는 집행권원과 동일한 효력이 있다. 과태료 재판의 집행절차는 민사집행법에 따르거나 국세 또는 지방세 체납처분의 예에 따른다. 다만, 민사집행법에 따를 경우에는 집행을 하기 전에 과태료 재판의 송달은 하지 아니한다(동법 제42조).

[정리] 행정형벌과 행정질서벌의 비교		
구 분	행정형벌	행정질서벌
목적(보호법익)	행정목적 및 사회공익	행정질서
성 질	행정목적의 직접적 침해에 대한 제재	단순한 행정상 의무태만에 대한 제재
처벌내용	형법상 형벌	과태료
형법총칙의 적용여부	원칙적 적용	원칙적 부적용
고의 · 과실	필요	불필요
과벌절차	• 원 칙: 형사소송법 • 예 외: 통고처분 및 즉결심판	• 원 칙: 질서위반행위규제법 • 예 외: 지방자치법에 의한 조례
병 과	양자의 병과는 불가	요건충족 부관은 가능

제3장 새로운 의무이행 확보수단

제1절 의무이행 확보수단의 변화 필요성

정부의 행정목적 실현을 위한 전통적인 의무이행 확보수단들은 오늘날 변화된 행정환경에 그 기능을 제대로 발휘하지 못하고 그 한계를 나타내고 있다. 이에 따라 전통적 수단의 보완적 성격을 갖는 과징금, 가산금, 부당이득세, 각종 인·허가 발급의 거부 등 관허사업의 제한, 명단공표 및 공급거부, 수익적 행정처분의 철회·정지 등 새로운 의무이행 확보수단이 논의되고 있다.

제2절 금전적 제재

Ⅰ. 과징금

1. 개 념

과징금이란 일정한 행정법상의 의무를 위반하거나 이행하지 아니한 자에 대하여 행정청이 부과·징수하는 금전상의 제재를 말한다.

2. 본래의 과징금과 변형적 과징금

1) 본래의 과징금 본래의 과징금은 행정법상의 의무 위반 또는 불이행한 자에게 경제상의 이익이 발생한 경우 그 이익을 박탈하여 경제적 불이익을 가하기 위한 행정제재금을 의미한다. 이는 1980년 독점규제및공정거래에관한법률(제6조)의 제정으로 처음 도입된 것으로, 도입 당시에는 경제행정법상의 의무를 위반한 자가 해당 위반행위로 경제적 이익을 얻을 것이 예정되어 있는 경우에 당해 의무 위반행위로 인한 불법적인 이익을 박탈하기 위하여 그 이익액에 따라 과해지는 일종의 행정제재금이었다.

2) 변형적 과징금
① 개 념: 공공성이 강한 인·허가 사업자가 행정법규를 위반한 경우 해당 사업을

정지처분하게 되면 국민의 생활상의 불편이 야기될 것을 고려하여, 사업을 계속하게 하되 사업을 계속함으로써 얻은 이익을 박탈하는 제도이다. 근래에는 이러한 변형적 과징금이 교통행정, 에너지 행정 등의 분야에서 증가하고 있다(예 여객자동차 운수사업법 제88조, 도시가스사업법 제10조, 해운법 제19조).

② 본래의 과징금과의 구별: 본래의 과징금이 불법이익이나 기대이익을 전면적으로 박탈하는 과징금이라면, 변형적 과징금은 위반행위자에 대한 단속적 의미가 크다는 점에서 구별된다.

3. 구별개념

1) **벌금과의 구별**　과징금은 위반행위로 인한 경제적 이익의 환수에 초점이 맞춰진 단순한 금전부담이라는 점, 행정청이 부과 · 징수한다는 점, 행정행위(급부하명)의 형식으로 부과되고, 부과행위에 대한 불복은 행정쟁송절차에 의한다는 점에서 행정형벌인 벌금과 구별된다.

2) **과태료와의 구별**　과징금은 행정질서벌이 아니라는 점과 별도의 절차 없이 행정청이 바로 징수할 수 있다는 점에서 과태료와 구별된다.

> **[이해]** 과징금과 경찰벌은 성질을 달리하는 것으로 병과가 가능하나, 실질적으로는 이중처벌의 성격을 가지므로 하나를 선택적으로 과하는 것이 바람직하다고 할 수 있다.

4. 과징금의 법적 근거

과징금은 당사자에게 금전적 부담이 되는 것이므로 반드시 법적 근거가 있어야 한다. 우리나라에는 과징금에 관한 일반법은 존재하지 않으며 각 개별법에서 이를 규정하고 있다.

예 소방시설공사업법 제10조(소방시설업자에 대한 영업정지처분에 갈음하는 과징금), 화재예방, 소방시설 설치 · 유지 및 안전관리에 관한 법률 제35조(소방시설관리업장에 대한 영업정지처분에 갈음하는 과징금), 위험물안전관리법 제13조(위험물제조소 등의 사용정지처분에 갈음하는 과징금)

5. 위법한 과징금 부과에 대한 구제

행정청의 과징금 부과행위는 하명으로 행정행위에 속하므로 위법한 과징금 부과행위에 대해서는 행정쟁송을 제기할 수 있다.

Ⅱ. 부과금

1. 개 념

　부과금의 개념정의에 대해서는 학자들의 견해가 일치하고 있지 않으나, 일반적으로 부과금이란 어떠한 사업을 수행하기 위하여 필요한 경비를 다수의 관계자로부터 징수하는 금전적 부담을 말한다. 이는 1981년 환경보전법의 제정으로 처음으로 도입된 것으로, 현재는 대기환경보전법상의 배출부과금이 대표적인 부과금의 예이다.

대기환경보전법 제35조(배출부과금의 부과·징수) ① 환경부장관 또는 시·도지사는 대기오염물질로 인한 대기환경상의 피해를 방지하거나 줄이기 위하여 다음 각 호의 어느 하나에 해당하는 자에 대하여 배출부과금을 부과·징수한.
1. 대기오염물질을 배출하는 사업자(제29조에 따른 공동 방지시설을 설치·운영하는 자를 포함한다)
2. 제23조 제1항부터 제3항까지의 규정에 따른 허가·변경허가를 받지 아니하거나 신고·변경신고를 하지 아니하고 배출시설을 설치 또는 변경한 자

2. 과징금과의 구별

　과징금과 부과금을 구별하는 견해는 양자는 행정법상의 의무위반에 대한 금전적 제재로서의 성질을 갖는다는 점과 그 징수절차가 국세나 지방세 체납처분의 예에 의한다는 점에서 같으나, 부과금은 과징금과 같이 국고에 귀속되는 것이 아니라, 당해 특정된 행정법상의 의무이행을 전체적으로 확보하기 위한 목적으로 그 사용목적이 제한된다는 점에서 과징금과 구별된다고 한다.

3. 부과금의 법적 근거

　부과금도 당사자에게 금전적 부담을 주는 것이므로 반드시 법적 근거가 있어야 한다.

Ⅲ. 범칙금

1. 개 념

범칙금이란 도로교통법을 위반한 자가 경찰서장의 통고처분에 의하여 납부하여야 할 금전을 말한다. 경찰서장은 도로교통법 위반행위가 있는 경우에 그 범증이 충분할 때에는 위반자에게 일정한 금액의 범칙금 납부를 통고하고, 그 통고처분을 받은 자는 5일 이내에 그 금액을 납부하여야 하며, 이를 납부한 때에는 처벌절차가 종료되어 공소가 제기되지 아니하나, 납부를 하지 않은 경우에는 형사절차가 진행되는 도로교통법상의 제도이다(도로교통법 제162조 이하).

2. 성 격

범칙금이 행정벌의 일종인가에 대하여 견해가 대립하고 있으나, 범칙금의 목적이 전과자를 양산하는 형법상의 형벌을 부과하지 않고 행정법상의 의무이행을 간접적으로 확보하는 데 있으므로 이를 행정벌로 보는 것은 모순이라는 견해가 있다.

제3절 비금전적 제재

I. 공급거부

1. 개 념

공급거부란 행정법상의 의무를 위반하거나 불이행한 자에 대하여 일정한 행정상의 서비스나 재화의 공급을 거부하는 행정조치를 말한다(예 건축법상의 명령이나 처분에 위반되어 행정청이 발한 시정명령을 불이행한 경우 전기 또는 수도 등의 공급시설의 설치나 공급을 중단하는 것). 이러한 공급거부는 경찰법상의 의무위반자 또는 불이행자에게 사업 또는 생활에 어려움을 줌으로써 간접적으로 의무이행을 확보하는 수단으로서의 의미를 가진다.

2. 법적 근거

공급거부는 국민의 권익을 침해하는 부담적 행정작용이므로 반드시 법률의 근거를 요한다.

3. 공급거부의 한계

공급거부의 대상이 되는 서비스나 재화는 급부행정의 대상으로 공역무 내지 공행정작용으로서의 성질을 가진다. 따라서 이러한 공역무의 공급거부는 생존배려행정·복리행정을 추구하는 현대행정법의 이념에 비추어 다음과 같은 일정한 한계를 갖는다.

① 공급행정에 있어서의 행정주체는 이용제공의무가 인정되는 것이 보통이므로, 공급거부에 있어서도 공역무계속성의 원칙과 공역무에 대한 평등의 원칙이 적용되어야 한다.

② 공급거부는 보충적으로 적용되어야 하며, 법률에 명확한 근거가 있어야 하고, 충분한 사물적 관련성이 있어야 한다. 여기서 사물적 관련성이란 공급거부는 거부되는 당해 급부와 실질적으로 관련된 의무의 불이행이나 위반이 있는 경우에 한하여 인정되어야 한다는 '부당결부금지의 원칙'을 의미한다.

4. 공급거부에 대한 구제

공급거부에 대한 구제는 급부관계의 성질에 따라, 급부가 사법적 형식으로 행해지는 경우에는 민사상 구제수단에 의할 것이나, 공법적 형식으로 행해지는 경우에는 행정쟁송을 제기할 수 있다.

II. 관허사업의 제한

1. 개 념

관허사업의 제한이란 행정법상의 의무를 위반하거나 불이행한 자에 대하여 각종허가를 하지 아니하거나 허가를 취소·정지함으로써 스스로 행정법상의 의무를 이행하도록 하는 간접적인 이행확보수단을 말한다.

2. 일반적 관허사업의 제한

특정한 행정법상의 의무와는 직접 관련이 없는 각종 인·허가 등의 취소·정지를 통하여 의무위반나 의무불이행자의 사업수행 자체를 위협함으로써 간접적으로 행정법상의 의무이행을 확보하는 경우이다.

예 국세징수법 제7조 제1항(조세를 체납한 자에 대하여 국가 등의 허가·인가·특허 사업을 새로이 할 수 없게 하거나 기존의 허가·인가·특허 등을 취소 또는 정지함으로써 체납조세의 납부를 강제하는 경우)

3. 특정 관허사업의 제한

특정한 행정법상의 의무를 위반하는 경우에 당해 법령에 의해 허가·인가·특허를 취소·정지하는 경우이다.

예 식품위생법 제38조(식품영업자가 유독식품 판매금지 등의 의무를 위반한 경우에 영업의 전부 또는 일부의 허가취소), 마약류 관리에 관한 법률 제44조(마약취급자가 마약법령 등을 위반한 경우에 마약취급자의 면허취소나 그 업무의 전부나 일부의 정지)

4. 관허사업의 제한의 문제점

① 조세체납자에 대한 관허사업의 제한은 체납된 조세와 불허가 또는 취소·정지되는 사업과는 실질적인 관련성이 없다는 점에서 부당결부금지의 원칙에 위반된다고 할 수 있으며, 또한 이 수단은 전통적 강제수단인 체납처분보다 당사자에게 불리하게 영향을 미치므로 비례원칙 위반의 문제가 있다.

② 특정 관허사업의 제한은 경제손실을 가져온다는 점이 문제점으로 지적되고 있다.

Ⅲ. 위반사실의 공표

1. 개 념

공표란 행정법상의 의무위반 또는 의무불이행이 있는 경우에 그의 성명이나 위반사실을 일반에게 공개하여 명예나 신용의 침해를 위협함으로써 행정법상의 의무이행을 간접적으로 강제하는 수단을 말한다.

2. 성 질

공표는 그 자체로서는 아무런 법적 효과도 발생하지 않는 일정한 사실을 국민에게 알리는 비권력적 사실행위이다.

3. 법적 근거

① 원 칙: 공표 그 자체는 직접적으로 아무런 법적 효과도 발생하지 아니하고 단지 일정한 사실을 국민에게 알리는 사실행위에 지나지 않는 것이므로 원칙적으로 법적 근거를 요하지 않는다.

② 예 외: 공표가 단순히 국민에 대한 정보제공의 의미를 넘어서 제재적 의미를 가지는 경우에는 관계자의 명예·프라이버시 및 신용에 중대한 영향을 미치게 되므로 법적 근거를 요한다고 할 것이다. 현재 우리나라에서는 명단 등의 공표를 규정하고 있는 일반법은 없고, 각 개별법에서 규정하고 있다.

<예> 국세기본법 제85조의5(고액·상습체납자 명단의 공개), 환경법 위반업체의 공개, 공직자윤리법 제10조의2 제1항(공직재산의 허위등록사실의 공개)

4. 위반사실 공표의 한계

1) 법적제약   공무원이 직무상의 비밀을 공표하는 것은 공무원의 비밀유지의무에 반하고(국가공무원법 제60조), 형법상 공무상 비밀누설죄(형법 제127조)를 구성하므로 공표는 법적 제약을 받는다.

2) 비례의 원칙   공표제도는 헌법상 보장된 사생활의 비밀과 자유(프라이버시권)를 침해할 가능성이 있으므로, 공표로 인한 공익실현과 관계인의 프라이버시권의 침해를 비교·교량하여 공표여부를 결정하여야 할 것이다.

> **[판례] 전과사실의 공표는 위법하지 않다는 판례**
>
> 공직선거및선거부정방지법 제251조단서도 위법성 조각사유의 하나인 이상 정당성의 일반적 원리들을 필요로 하고 그런 면에서 개인의 명예(인격권)의 보호와 헌법 제21조에 의한 표현의 자유 및 공공의 이익 사이에 이익교량의 원리가 고려되어야 한다고 할 것이지만, 이익교량은 일반적으로 우월한 가치가 다른 쪽보다 중하기만 하면 되는 것이지 현저히 중하여야만 하는 것은 아니다. 이 경우도 공공의 이익의 기초가 되는 표현의 자유권 또한 헌법상 보장된 권리로서 인간의 존엄과 가치에 기초한 피해자의 명예(인격권)에 못지 아니할 정도로 보호되어야 할 중요한 권리이기 때문에 후자가 전자보다 중하기만 하면 위법성 조각사유로써 정당성이 충족된다고 보는 것이 타당하다(대판 1996.6.28. 96도977).

> **[판례] 피의사실 공표의 위법성 판단**
>
> 수사기관의 피의사실 공표행위가 위법성을 조각하는지의 여부를 판단함에 있어서는 공표 목적의 공익성과 공표 내용의 공공성, 공표의 필요성, 공표된 피의사실의 객관성 및 정확성, 공표의 절차와 형식, 그 표현 방법, 피의사실의 공표로 인하여 생기는 피침해이익의 성질, 내용 등을 종합적으로 참작하여야 한다(대판 1999.1.26. 97다10215).

5. 위법한 공표에 대한 구제

1) 행정쟁송   비권력적 사실행위인 공표가 행정쟁송의 대상이 되는 '처분'에 해당하는가에 대하여 학설이 대립하고 있으나, 판례는 처분성을 부인하여 명단 등의 공표는 행정쟁송의 대상이 되지 않는다고 판시한 바 있다.

2) 행정상 손해배상(국가배상)   공표는 국가공무원법상의 공무원의 '직무'에 속하므로, 위법한 공표로 인하여 손해를 받은 자는 국가배상법에 따라 그 배상을 청구할 수 있다.

3) 정정공고   위법한 공표로 인하여 명예를 훼손당한 자는 매스컴을 통한 정정공고를

청구할 수 있다(민법 제764조).

4) 공무원의 책임   위법한 공표를 행한 공무원에 대해서는 형법상의 명예훼손죄(형법 제307조)·피의사실공표죄(동법 제126조)·공무상 비밀누설죄(동법 제127조) 등이 적용될 수 있으며, 공무원법상의 징계책임을 지울 수도 있다.

제4절 행정조사

I. 서 설

코로나19 등 감염병 재난 발생시 검역, 방역 등 조치와 대규모 자연재난·사회적 재난 발생시 재난의 원인조사 등에서 행정조사가 활용되고 있다.

앞으로도 현대 국가의 행정목적 실현을 위한 행정현장에서 광범위하게 활용될 것으로 예상된다.

1. 행정조사의 이해

1) 행정조사의 개념과 행정조사기본법   행정조사란 행정기관이 정책을 결정하거나 직무를 수행하는 데 필요한 정보나 자료를 수집하기 위하여 현장조사·문서열람·시료채취 등을 하거나 조사대상자에게 보고요구·자료제출요구 및 출석·진술요구를 행하는 활동을 말한다. 행정조사에 관한 기본원칙·행정조사의 방법 및 절차 등에 관한 공통적인 사항을 규정함으로써 행정의 공정성·투명성 및 효율성을 높이고, 국민의 권익을 보호함을 목적으로 행정조사기본법이 2013년 제정·시행되고 있다.

2) 행정상 즉시강제와의 구별   종래 행정조사를 행정상 즉시강제에 포함시켜 설명하는 것이 일반적이었으나, 오늘날에는 양자를 별개의 작용으로 보는 것이 일반적이다.

구 분	행정조사	행정상 즉시강제
목 적	행정작용을 위한 자료를 얻기 위하여 이루어지는 준비적·보조적 수단	행정상 필요한 구체적인 결과의 실현
수 단	벌칙에 의하여 간접적으로 강제	직접적인 실력행사
발동요건	급박성 불요	급박성 필요

2. 행정조사의 성질

1) 준비적·보조적 수단　행정조사는 그 자체가 구체적으로 일정한 상태를 실현하고자 하는 종국적 행정작용이 아니라, 앞으로의 행정작용의 실효성을 확보하기 위한 준비적·보조적 수단으로서의 의미를 가진다.

2) 사실행위　행정조사는 대부분 직접적으로는 법적 효과가 발생하지 않는 사실행위이다. 이 점에서 법적행위인 행정상 행정행위와 구별된다. 다만 조사의 상대방에 대하여 보고의무를 부과하는 처분(하명)의 형식으로 이루어지는 경우도 있다.

3) 권력적 사실행위　최근 유력설은 행정조사는 권력적 수단을 사용하는 경우뿐만 아니라 비권력적 수단을 사용하는 경우도 행정조사에 포함시키나, 통설은 권력적 수단을 사용하는 경우만을 행정조사라고 하고 있다.

3. 행정조사의 종류

1) 수단에 의한 구분

① 비권력적 행정조사(임의조사): 당사자의 임의적 협력에 의하여 행하거나 경찰기관 단독으로 행하는 조사를 말한다(예 여론조사, 임의적 성격의 통계자료조사).

② 권력적 행정조사(강제조사): 상대방이 행정기관의 명령이나 지시에 따르지 않는 경우에 실력행사나 벌칙을 받게 되는 조사를 말한다. 강제조사는 다시 물리적 강제력을 사용하는 조사(예 영업소에 들어가 강제적으로 장부나 서류를 조사하는 경우)와 행정벌 등의 제재 수단에 의하여 간접적으로 실효성을 담보하는 조사(예 조사에 불응하는 경우 벌칙이나 급부의 철회·정지 등 불이익을 주는 경우)로 나누어진다.

2) 대상에 의한 구분

① 대인적 조사: 조사의 대상이 사람에 관한 경우의 조사를 말한다.

예 경찰관 직무집행법상의 불심검문·질문·신체수색(제3조) 및 사실조회·출석요구(제7조)

② 대물적 조사: 장부나 서류의 열람, 시설검사, 물품의 검사·수거 등과 같이 조사의 대상이 물건에 관한 경우를 말한다.

예 총포 등의 제조업체 등에 대한 정기안전검사·제조 또는 수입한 총포 등의 검사(총포·도검·화약류 등의 안전관리에 관한 법률 제41조·제42조)

[이해] 경찰관 직무집행법은 대물적 조사에 관한 근거규정을 두고 있지 않다.

③ 대가택적 조사: 주거 · 창고 · 영업소 등의 출입 · 조사와 같이 조사의 대상이 가택에 관한 경우를 말한다.

㉠ 범죄예방 및 위해예방을 목적으로 한 흥행장 등의 출입(경찰관 직무집행법 제7조②), 경비업자의 주사무소 등에 대한 출입(경비업법 제24조), 총포 등의 제조소 등에 대한 출입 · 검사(총포 · 도검 · 화약류 안전관리에 관한 법률 제44조), 위험물 저장 · 취급 장소 등에 대한 출입 · 검사(위험물 안전관리법 제22조①), 풍속영업소에의 출입 · 검사(풍속영업의 규제에 관한 법률 제9조), 사행행위 영업소 등에 대한 출입 · 검사(사행행위 등 규제 및 처벌 특례법 제18조)

3) 방법에 의한 구분

① 직접조사: 직접적으로 사람의 신체나 재산 등에 실력을 가함으로서 경찰상 필요한 정보나 자료를 수집하는 조사를 말한다(㉠ 가택이나 신체의 수색).

② 간접조사: 상대방에게 일정한 사항에 대하여 보고 또는 자료를 제출하게 함으로써 이루어지는 조사를 말한다.

Ⅱ. 행정조사의 근거와 한계

1. 행정조사의 법적 근거 – 행정조사기본법

1) 권력적 행정조사　권력적 행정조사는 개인의 신체나 재산에 대한 제한을 가하는 것이므로 '법률유보의 원칙'에 따라 반드시 법률의 근거가 있어야 한다. 현행법상 권력적 행정조사에 관한 일반법으로는 행정조사기본법이 있고, 개별 법률에 의하여도 이루어지고 있다.

2) 비권력적 행정조사　비권력적 행정조사는 작용법적 근거는 필요 없지만, 당해 행정기관의 권한 범위 내에서만 이루어져야 하는 것이므로 권한에 대한 조직법적 근거는 필요하다.

2. 행정조사의 한계

1) 실체적 한계　행정조사도 일반적 행정작용과 마찬가지로 행정법의 일반원리상의 한계 내에서 이루어져야 한다.

① 법률유보의 원칙: 행정조사는 헌법과 법령에 위반되어 행할 수 없으며, 권력적

행정조사는 법률의 근거를 요한다. 행정조사기본법 제3조에서는 행정조사에서 제외되는 사항을 규정하고 있으며, 행정조사를 한다는 사실이나 조사내용이 공개될 경우 국가의 존립을 위태롭게 하거나 국가의 중대한 이익을 현저히 해칠 우려가 있는 국가안전보장·통일 및 외교에 관한 사항, 국방 및 안전에 관한 사항으로서, 군사시설·군사기밀보호 또는 방위사업에 관한 사항 , 병역법·예비군법·민방위기본법·비상대비자원 관리법에 따른 징집·소집·동원 및 훈련에 관한 사항에 해당하는 사항은 행정조사에서 제외하도록 규정하고 있다.

② 목적적합성: 행정조사는 당해 조사를 필요로 하는 목적의 테두리 안에서 허용하는 것이므로 당해 행정조사와 직접 관계가 없는 목적을 위하여 행하여져서는 안 된다.

③ 보충성: 권력적 조사는 비권력적 조사로는 당해 조사를 통해 확보하고자 하는 자료나 정보를 효과적으로 수집하기 어렵다고 인정되는 경우에 한하여 보충적으로만 행해져야 한다.

④ 비례성: 당해 행정의 목적달성과 행정조사로 인한 관계자의 권익침해 사이에 적정한 비례관계가 유지되어야 함은 물론 필요한 최소한도에 그쳐야 한다.

⑤ 평등의 원칙: 행정조사의 실시에 있어서 합리적 이유 없이 피조사자를 차별해서는 안 된다.

3) 절차적 한계

① 영장주의의 적용 여부: 헌법 제12조 제3항과 제16조는 영장주의를 규정하고 있는 바, 이러한 헌법상의 영장주의가 행정조사를 포함한 행정조사에도 적용되는지가 문제된다.

㉠ 권력적 행정조사: 권력적 행정조사의 경우에 영장이 필요한가에 관하여는 영장필요설(적극설)·영장불요설(소극설)·절충설 등이 대립하고 있으나, 절충설이 다수의 견해이다. 그러나 어느 견해에 의하더라도 행정조사가 형사책임의 추급과 직접 관련이 있는 경우에는 형사사법작용의 성질을 겸하므로 영장이 필요하다는데 의견이 일치하고 있다. 또한 순수한 행정목적을 위한 조사의 경우처럼 영장이 필요없는 경우에도 영장주의의 취지는 존중되어야 하므로 현행법은 대개의 경우 조사를 위한 출입·검사를 함에 있어 권한을 표시하는 증표를 휴대하여 관계인에게 제시하도록 하고 있다(식품위생법 제17조②).

㉡ 비권력적 행정조사: 비권력적 행정조사의 경우에는 강제력을 행사하는 것이 아니고 당사자의 임의적 동의에 의하는 것이므로 영장주의에 관한 문제는 발생하지 않는다.

② 진술거부권의 적용여부: 헌법상의 진술거부권(제12조②)이 경찰조사를 위한 질문에도 적용되는 가에 대하여 ㉠ 형사권과 행정권의 발동은 모두 공권력의 발동이므로 행정조사

를 위한 질문에도 진술거부권이 적용된다는 견해와 ⓒ 헌법상의 진술거부권은 형사상의 진술거부권을 인정한 것이므로 행정조사의 상대방은 진술거부권을 갖지 못하나, 질문이 행정조사와 형사책임추급의 두 가지 목적으로 행사되는 경우에는 진술을 거부할 수 있다는 견해가 대립하고 있다. ⓒ설이 타당하다.

> 헌법 제12조(신체의 자유, 자백의 증거능력) ② 모든 국민은 고문을 받지 아니하며, 형사상 자기에게 불리한 진술을 강요당하지 아니한다.

③ 실력행사의 가부: 행정조사를 행하는 과정에서 상대방이 이에 불응하는 경우에 행정기관이 실력을 행사하여 조사를 강행할 수 있는가에 대하여 이를 긍정하는 견해도 있으나 부정설이 다수설이다. 다수설에 따르면 행정조사를 규정한 대부분의 근거법들이 행정조사를 거부·방해하거나 기피한 자에 대하여 징역·벌금·구류·과료 등의 별도의 벌칙규정을 두고 있으므로 실력행사는 허용되지 않는다고 한다.

Ⅲ. 행정조사의 일반적 절차와 방법

1. 일반적인 행정조사의 절차

1) 사전통지와 이유제시 행정조사의 근거법률들은 조사의 목적·일시·장소·범위 등에 관한 사전통지와 조사이유를 고지하도록 하고 있으며, 이러한 명문 규정이 없는 경우에도 사전통지를 할 시간적 여유가 없거나 미리 고지하면 조사의 목적을 달성할 수 없는 경우를 제외하고는 사전통지 및 고지를 하여야 할 것이다.

2) 증표의 제시의무 행정조사의 근거법률들은 일반적으로 당해 공무원이 그 권한을 표시하는 증표를 휴대·제시하도록 요구하고 있으며(공중위생관리법 제9조⑤), 이러한 규정이 없는 경우에도 당해 공무원은 증표를 제시할 의무가 있다고 할 것이다.

3) 시간의 고려 행정조사는 긴급을 요하거나 그 시간이 아니면 조사의 목적을 달성할 수 없는 경우를 제외하고는 합리적 시간대, 즉 원칙적으로 일출시부터 일몰시까지 또한 영업시간 내에 실시되어야 한다.

2. 행정조사의 방법

행정기관의 장이 조사대상자의 출석·진술을 요구하는 때에는 ① 일시와 장소, ②

출석요구의 취지, ③ 출석하여 진술하여야 하는 내용, ④ 제출자료, ⑤ 출석거부에 대한 제재(근거 법령 및 조항 포함), ⑥ 그 밖에 당해 행정조사와 관련하여 필요한 사항 등이 기재된 출석요구서를 발송하여야 한다.

조사대상자는 지정된 출석일시에 출석하는 경우 업무 또는 생활에 지장이 있는 때에는 행정기관의 장에게 출석일시를 변경하여 줄 것을 신청할 수 있으며, 변경신청을 받은 행정기관의 장은 행정조사의 목적을 달성할 수 있는 범위 안에서 출석일시를 변경할 수 있다(동법 제9조).

행정기관의 장은 법령등에서 규정하고 있는 조사사항을 조사대상자로 하여금 스스로 신고하도록 하는 제도를 운영할 수 있다. 행정기관의 장은 조사대상자가 자율신고제도에 따라 신고한 내용이 거짓의 신고라고 인정할 만한 근거가 있거나 신고내용을 신뢰할 수 없는 경우를 제외하고는 그 신고내용을 행정조사에 갈음할 수 있다(동법 제25조).

Ⅳ. 행정조사의 하자(흠)와 그 효과

1. 행정조사의 하자의 의의

행정조사의 하자란 권력조사의 경우에 권력을 남용하여 조사가 이루어지거나 비권력적 조사가 실력행사를 통하여 이루진 것과 같이 당해 조사가 행정조사의 한계를 벗어나 위법하게 이루어진 경우를 말한다.

2. 하자의 효과

1) 행정조사 자체의 효과　행정조사는 사실행위의 성질을 가지므로 원칙적으로 무효 여부는 문제되지 않는다. 다만 경찰조사가 처분의 형식으로 행하진 경우에는 그 하자가 중대하고 명백한 경우에는 무효가 되고, 그밖의 경우에는 취소할 수 있는 행정행위가 된다.

2) 행정조사 자체에 하자가 있는 경우의 효과　위법한 행정조사를 기초로 한 행정처분도 위법한 것이 되는가가 문제되는 바, 이는 조사상의 하자가 이를 기초로 한 행정처분에 승계되는 가의 문제로 귀착된다. 이에 대하여는 ① 위법한 행정조사가 있는 경우 그 위법은 원칙적으로 승계된다는 견해와 ② 행정조사와 그에 기초한 행정처분은 별개의 것이므로 조사의 불법이 곧 행정처분을 위법하게 할 수 없다는 견해가 대립하고 있으나,

②가 타당하다. 왜냐하면 행정조사는 행정처분의 전제요건이 아니라 별도의 예비적·준비적인 작용이므로 행정조사가 위법하다고 하여 곧 행정처분이 위법하다고는 할 수 없다 할 것이다.

3) 수집된 정보 자체에 오류가 있는 경우의 효과   행정조사에 의하여 수집된 정보나 자료 자체에 오류가 있는 경우에는 그에 기초한 행정행위는 하자 있는 행정행위로 위법하다(다수설).

V. 행정조사에 대한 구제

1. 적법한 행정조사에 대한 구제

적법한 행정조사로 재산상 손해를 받은 자는 그것이 특별한 희생에 해당되는 때에는 법률이 정하는 바에 따라 손실보상을 청구할 수 있다. 그러나 행정조사의 근거법률로서 손실보상을 규정한 규정이 없으므로, 이때 헌법 제23조 제3항을 근거로 손실보상을 청구할 수 있는지가 문제된다.

2. 위법한 행정조사에 대한 구제

1) 행정쟁송

① 행정조사의 처분성: 행정조사가 처분의 형식으로 이루어진 경우에는 당연히 행정쟁송의 대상이 되나, 처분의 형식으로 행해지지 않은 경우에도 처분성을 인정할 수 있는가가 문제된다.

㉠ 권력적 행정조사: 권력적 행정조사는 권력적 사실행위의 성질을 가지므로 당연히 처분성이 인정되어 행정쟁송의 대상이 된다. 그러나 권력적 행정조사는 단기간의 침해로 행위가 종료되는 일이 많으므로 행정쟁송을 제기하여 당해 행정조사를 취소할 법률상의 이익이 없는 경우가 많을 것이다. 다만, 행정조사가 이미 종료된 경우에도 그 취소로 회복되는 법률상 이익이 있는 경우에는 행정쟁송을 제기할 수 있다(행정심판법 제13조①, 행정소송법 제12조).

㉡ 비권력적 행정조사: 비권력적 행정조사는 처분이 아니므로 행정쟁송의 대상이 되지 않는다.

② 하자 있는 행정조사를 기초로 한 행정행위에 대한 행정쟁송: 이는 앞에서 논의한

하자의 승계문제에 해당한다.

　㉠ 원 칙: 일반적으로 행정조사에 위법이 있는 경우에도 그에 기초한 행정행위가 당연히 위법이 되는 것은 아니다.

　㉡ 예 외: 행정조사가 후속 행정행위 자체의 절차를 구성하거나 조사로 얻어진 자료에 오류가 있는 경우에는 전자는 절차위반으로, 후자는 사실적 기초의 결여로 행정행위가 위법이 될 수 있으므로, 후속 행정행위에 대하여 행정쟁송을 제기할 수 있다.

　③ 조사 불응을 이유로 한 제재조치에 대한 구제: 위법한 행정조사에 당사자가 불응하였음을 이유로 벌칙이 적용되어 기소되거나 과태료가 부과된 경우에는 형사소송절차 또는 과태료에 대한 이의절차에서 조사의 위법성을 항변할 수 있고, 인허가의 철회·정지와 같은 제재처분이 행해진 경우에는 그 처분의 위법성을 이유로 행정쟁송을 제기할 수 있다.

2) 국가배상(행정상손해배상)　　위법한 행정조사로 손해를 입은 자는 국가배상법 제2조 및 제5조에 의하여 국가배상을 청구할 수 있다.

3) 형사상 구제　　위법한 행정조사에 대해서는 정당방위가 가능하다(통설).

4) 기타 구제절차　　기타 위법한 행정조사에 대한 구제방법으로는 청원, 직권에 의한 취소, 공무원의 형사책임·징계책임 등을 들 수 있다.

Administrative Law

제5편
정보공개·개인정보보호

국가가 보유한 정보의 확보와
국가로부터 개인의 정보 방어

제1장 국가의 정보공개
제2장 국가, 기업으로부터의 개인정보보호

제1장 국가의 정보공개

제1절 국가보유 정보에 대한 국민의 알권리 보장제도

Ⅰ. 정보공개의 의의 및 필요성

1. 정보공개제도의 의의

정보공개제도란 국민이 국가가 보유한 정보에 접근하여 그것을 이용할 수 있게 하기 위하여 국민에게 정부가 보유한 정보에 대한 공개를 청구할 수 있는 권리를 보장하고 국가는 정보공개 의무를 지는 제도를 말한다. 따라서 행정정보공개란 행정기관이 보유하고 있는 정보에 대하여 국민의 청구가 있으면 공개하는 제도를 말한다. 정보공개제도는 국민의 알권리를 실현하기 위한 독자적인 권리로, 대부분의 국가는 독자적인 법제로 규정하고 있다.

2. 정보공개제도의 필요성

① 국민의 알권리 충족
② 민주주의 실현
③ 국민의 권리·이익의 보호
④ 정부에 대한 국민의 신뢰성 확보

3. 정보공개제도의 문제점

① 정보공개는 국가기밀과 개인정보를 침해할 우려가 있다.
② 행정의 부담이 증대된다.
③ 국민의 정보접근능력의 차이에 따라 정보이용에 있어서의 형평성을 잃을 수 있다.
④ 국방,외교,경찰정보에 있어서는 정보를 공개함으로써 오히려 그 목적의 달성이 불가능하게 되는 경우가 있다.

Ⅱ. 정보공개청구권의 법적 근거

1. 헌법상의 근거

1) 학설   정보공개청구권의 헌법상 근거는 '알 권리'에서 찾는 것이 일반적이다. 그러나 이러한 알 권리의 근거를 헌법상 어디에 두느냐에 대해서는 인간의 존엄과 가치 및 행복추구권에서 찾는 견해, 표현의 자유에서 찾는 견해 등이 대립하고 있다.

2) 판례의 태도   헌법재판소는 알 권리의 헌법상 근거조항을 표현의 자유에 있다고 하면서, 정보공개청구권 내지 알 권리는 법률에 의한 구체화 없이도 헌법에 의하여 직접 인정되는 권리라고 하고 있다(헌재 1991.5.13. 90헌마133).

2. 법률적 근거

공공기관이 보유·관리하는 정보에 대한 국민의 공개 청구 및 공공기관의 공개 의무에 관하여 필요한 사항을 정함으로써 국민의 알 권리를 보장하고 국정(國政)에 대한 국민의 참여와 국정 운영의 투명성을 확보함을 목적으로 공공기관의 정보공개에 관한 법률이 시행 중이며 2016.5.29. 일부 개정되었다.

Ⅲ. 공공기관의 정보공개에 관한 법률의 내용

1. 정보공개의 목적과 정보공개의 원칙

1) **정보공개의 목적**   이 법은 공공기관이 보유·관리하는 정보에 대한 국민의 공개청구 및 공공기관의 공개의무에 관하여 필요한 사항을 정함으로써 국민의 알권리를 보장하고 국정에 대한 국민의 참여와 국정운영의 투명성을 확보함을 목적으로 한다(동법 제1조).

2) **정보공개원칙**   동법은 공공기관이 보유·관리하는 정보는 이 법이 정하는 바에 따라 공개하여야 한다(제3조)고 규정하여 정보공개의 원칙을 선언하고 있다.

2. 적용범위

① 정보의 공개에 관하여는 다른 법률에 특별한 규정이 있는 경우를 제외하고는 이 법이 정하는 바에 의한다(동법 제4조①). 그러나 국가안전보장에 관련되는 정보 및

보안업무를 관장하는 기관에서 국가안전보장과 관련된 정보분석을 목적으로 수집되거나 작성된 정보에 대하여는 이 법을 적용하지 아니한다(동조③).

② 이 법은 지방자치단체에 의한 정보공개에도 적용되지만, 지방자치단체는 그 소관사무에 관하여 법령의 범위에서 정보공개에 관한 조례를 정할 수 있다(동조②).

3. 정보공개청구권자

1) **국 민**　　모든 국민은 정보의 공개를 청구할 권리를 가진다(동법 제5조①). 여기서 국민이란 자연인은 물론 법인, 권리능력 없는 사단·재단도 포함되며, 법인, 권리능력 없는 사단·재단 등의 경우에는 설립목적을 불문하고 당사자 능력을 갖는다(대판 2003.12.12. 2003두8050).

2) **외국인**　　외국인도 ① 국내에 일정한 주소를 두고 거주하거나 학술·연구를 위하여 일시적으로 체류하는 자 또는 ② 국내에 사무소를 두고 있는 법인 또는 단체는 정보공개를 청구할 권리를 가진다(동법 시행령 제3조).

4. 공개대상 정보

정보공개의 대상이 되는 정보는 공공기관이 보유·관리하는 정보이다(동법 제3조).

1) **공공기관**　　공공기관이라 함은 국가기관[국회, 법원, 헌법재판소, 중앙선거관리위원회, 중앙행정기관(대통령 소속 기관과 국무총리 소속 기관 포함) 및 그 소속 기관, 행정기관 소속 위원회의 설치·운영에 관한 법률에 따른 위원회], 지방자치단체, 공공기관의 운영에 관한 법률에 따른 공공기관, 그 밖에 대통령령으로 정하는 기관을 말한다. 국방행정기관, 경찰기관은 국가의 기관으로써 당연히 공공기관에 포함된다(동법 제2조 제3호).

2) **정 보**　　정보라 함은 공공기관이 직무상 작성 또는 취득하여 관리하고 있는 문서(전자문서를 포함)·도면·사진·필름·테이프·슬라이드 및 그밖에 이에 준하는 매체 등에 기록된 사항을 말한다(동조 제1호).

> **[이해]** 본법은 공개대상정보를 공공기관의 정보로 한정하고 있으므로 민간 부문에서 보유·관리하는 정보는 공개대상이 아니다.

3) **공 개**　　공개라 함은 공공기관이 이 법의 규정에 의하여 정보를 열람하게 하거나 그 사본·복제물을 교부하는 것 또는 정보통신망을 통하여 정보를 제공하는 것 등을

말한다.

5. 비공개 대상 정보

공공기관의 정보공개에 관한 법률은 공공기관이 보유·관리하는 정보에 대하여 공개를 원칙으로 하고 있으나, 일정한 정보에 대해서는 공개대상에서 제외하고 있다.

1) 비공개 대상 정보의 내용   다음에 해당하는 정보에 대하여는 이를 공개하지 아니할 수 있다(동법 제9조①).

① 다른 법률 또는 법률이 위임한 명령(국회규칙·대법원규칙·헌법재판소규칙·중앙선거관리위원회규칙·대통령령 및 조례에 한한다)에 의하여 비밀 또는 비공개 사항으로 규정된 정보

② 국가안전보장·국방·통일·외교관계 등에 관한 사항으로서 공개될 경우 국가의 중대한 이익을 현저히 해할 우려가 있다고 인정되는 정보

③ 공개될 경우 국민의 생명·신체 및 재산의 보호에 현저한 지장을 초래할 우려가 있다고 인정되는 정보

④ 진행 중인 재판에 관련된 정보와 범죄의 예방, 수사, 공소의 제기 및 유지, 형의 집행, 교정, 보안처분에 관한 사항으로서 공개될 경우 그 직무수행을 현저히 곤란하게 하거나 형사피고인의 공정한 재판을 받을 권리를 침해한다고 인정할만한 상당한 이유가 있는 정보

⑤ 감사·감독·검사·시험·규제·입찰계약·기술개발·인사관리·의사결정과정 또는 내부검토과정에 있는 사항 등으로서 공개될 경우 업무의 공정한 수행이나 연구·개발에 현저한 지장을 초래한다고 인정할만한 상당한 이유가 있는 정보

⑥ 당해 정보에 포함되어 있는 이름·주민등록번호 등 개인에 관한 사항으로서 공개될 경우 개인의 사생활의 비밀 또는 자유를 침해할 우려가 있다고 인정되는 정보. 다만, 다음에 열거한 개인에 관한 정보는 제외한다.

㉠ 법령이 정하는 바에 따라 열람할 수 있는 정보

㉡ 공공기관이 공표를 목적으로 작성하거나 취득한 정보로서 개인의 사생활의 비밀과 자유를 부당하게 침해하지 않는 정보

ⓒ 공공기관이 작성하거나 취득한 정보로서 공개하는 것이 공익 또는 개인의 권리구제를 위하여 필요하다고 인정되는 정보

ⓓ 직무를 수행한 공무원의 성명·직위

ⓔ 공개하는 것이 공익을 위하여 필요한 경우로써 법령에 의하여 국가 또는 지방자치단체가 업무의 일부를 위탁 또는 위촉한 개인의 성명·직업

⑦ 법인 등(법인, 단체 또는 개인)의 경영·영업상 비밀에 관한 사항으로서 공개될 경우 법인등의 정당한 이익을 현저히 해할 우려가 있다고 인정되는 정보. 다만, 다음에 열거한 정보를 제외한다.

ⓐ 사업활동에 의하여 발생하는 위해로부터 사람의 생명·신체 또는 건강을 보호하기 위하여 공개할 필요가 있는 정보

ⓑ 위법·부당한 사업활동으로부터 국민의 재산 또는 생활을 보호하기 위하여 공개할 필요가 있는 정보

⑧ 공개될 경우 부동산 투기·매점매석 등으로 특정인에게 이익 또는 불이익을 줄 우려가 있다고 인정되는 정보

2) 비공개 대상 정보의 공개　동법은 공공기관은 위의 "비공개 대상 정보를 공개하지 아니할 수 있다."고 하여, 비공개를 공공기관의 의무로 하고 있지 않다. 따라서 공공기관은 이들 정보의 공개에 대한 재량권을 가지므로 이들 정보에 대한 공개청구에 대해서 무조건 거부하여서는 아니 되며, 공개청구의 근거법령의 목적·공공기관의 정보공개에 관한 법률 제9조의 취지를 종합적으로 고려하여 해당 정보의 공개 여부를 결정하여야 한다. 또한 공공기관은 비공개 대상 정보에 해당하는 정보가 기간의 경과 등으로 인하여 비공개의 필요성이 없어진 경우에는 그 정보를 공개 대상으로 하여야 한다(동법 제9조②).

[판례] 시험정보로서 공개될 경우 업무의 공정한 수행에 현저한 지장을 초래하는지 여부의 판단 기준
공공기관의정보공개에관한법률 제7조 제1항 제5호 소정의 시험정보로서 공개될 경우 업무의 공정한 수행에 현저한 지장을 초래하는지 여부는 법 및 시험정보를 공개하지 아니할 수 있도록 하고 있는 입법취지, 당해 시험 및 그에 대한 평가행위의 성격과 내용, 공개의 내용과 공개로 인한 업무의 증가, 공개로 인한 파급효과 등을 종합하여 개별적으로 판단되어야 한다(대판2003.3.14. 2000두6114).

6. 정보공개의 절차

1) 정보공개의 청구의 방법　정보의 공개를 청구하는 자는 해당 정보를 보유하거나

관리하고 있는 공공기관에 대하여 ① 청구인의 이름·주민등록번호·주소 및 연락처(전화번호·전자우편주소 등)와 ② 공개를 청구하는 정보의 내용 및 공개방법을 기재한 정보공개청구서를 제출하거나 구술로써 정보의 공개를 청구할 수 있다(동법 제10조①).

> **공공기관의 정보공개에 관한 법률 시행령** 제6조(정보공개의 청구방법 등) ① 법 제10조 제1항에 따른 정보공개 청구서는 공공기관에 직접 출석하여 제출하거나 우편·팩스 또는 정보통신망을 이용하여 제출한다.

2) 정보공개 여부의 결정

① 결정기간: 공공기관은 정보공개의 청구를 받으면 그 청구를 받은 날부터 10일 이내에 공개 여부를 결정하여야 한다(동법 제11조①). 공공기관은 부득이한 사유로 10일 이내에 공개 여부를 결정할 수 없는 때에는 그 기간의 만료일 다음 날부터 기산하여 10일의 범위에서 공개 여부 결정기간을 연장할 수 있다. 이 경우 공공기관은 연장된 사실과 연장사유를 청구인에게 지체 없이 문서로 통지하여야 한다(동조②).

② 관련 있는 제3자에 대한 통지: 공공기관은 공개 청구된 공개 대상 정보의 전부 또는 일부가 제3자와 관련이 있다고 인정할 때에는 그 사실을 제3자에게 지체 없이 통지하여야 하며, 필요한 경우에는 그의 의견을 들을 수 있다(동법 제11조③).

③ 정보공개심의회 : 국가기관등은 정보공개 여부 등을 심의하기 위하여 정보공개심의회를 설치·운영한다. 심의회는 위원장 1명을 포함하여 5명 이상 7명 이하의 위원으로 구성한다(동법 제12조①②).

④ 정보공개 여부 결정의 통지 : 공공기관은 정보의 공개를 결정한 때에는 공개의 일시 및 장소 등을 명시하여 청구인에게 통지하여야 하며, 정보의 비공개결정을 한 때에는 비공개 이유·불복방법 및 절차를 구체적으로 밝혀 청구인에게 지체 없이 문서로 통지하여야 한다(동법 제13조①④).

7. 정보공개방법

1) 일반적 공개
정보의 공개는 정보를 열람하게 하거나 그 사본·복제물을 제공하는 것 또는 전자정부법에 따른 정보통신망을 통하여 정보를 제공하는 것을 말한다(동법 제2조 제2호). 공공기관은 정보를 공개함에 있어 그 정보의 원본이 더러워지거나 파손될 우려가 있거나 그밖에 상당한 이유가 있다고 인정될 때에는 그 정보의 사본·복제물을 공개할 수 있다(동법 제13조③).

2) **부분 공개**   공공기관은 공개 청구한 정보가 비공개 정보에 해당하는 부분과 공개가 가능한 부분이 혼합되어 있는 경우로서 공개 청구의 취지에 어긋나지 아니하는 범위에서 두 부분을 분리할 수 있는 때에는 비공개 정보에 해당하는 부분을 제외하고 공개하여야 한다(동법 제14조).

3) **즉시공개**   법령 등에 의하여 공개를 목적으로 작성된 정보, 일반국민에게 알리기 위하여 작성된 각종 홍보자료, 공개하기로 결정된 정보로서 공개에 오랜 시간이 걸리지 아니하는 정보로써 즉시 또는 말로 처리가 가능한 정보에 대하여는 정식절차(제11조의 규정에 의한 공개)를 거치지 아니하고 공개하여야 한다(동법 제16조).

4) **전자적 공개**

① 공공기관은 전자적 형태로 보유 · 관리하는 정보에 대하여 청구인이 전자적 형태로 공개하여 줄 것을 요청하는 경우에는 그 정보의 성질상 현저히 곤란한 경우를 제외하고는 청구인의 요청에 따라야 한다(동법 제15조①).

② 공공기관은 전자적 형태로 보유 · 관리하지 아니하는 정보에 대하여 청구인이 전자적 형태로 공개하여 줄 것을 요청한 경우에는 정상적인 업무수행에 현저한 지장을 초래하거나 그 정보의 성질이 훼손될 우려가 없는 한 그 정보를 전자적 형태로 변환하여 공개할 수 있다(동조②).

8. 비용부담

정보의 공개 및 우송 등에 소요되는 비용은 실비의 범위 안에서 청구인의 부담으로 한다. 다만, 공개를 청구하는 정보의 사용목적이 공공복리의 유지 · 증진을 위하여 필요하다고 인정되는 경우에는 비용을 감면할 수 있다(동법 제17조).

9. 공공기관의 의무

1) **관계법령의 정비**   공공기관은 정보의 공개를 청구하는 국민의 권리가 존중될 수 있도록 이 법을 운영하고 소관 관계법령을 정비하여야 한다(동법 제6조①).

2) **정보관리체계의 정비**   공공기관은 정보의 적절한 보존과 신속한 검색이 이루어지도록 정보관리체계를 정비하고, 정보공개업무를 주관하는 부서 및 담당하는 인력을 적정하게 두어야 하며, 정보통신망을 활용한 정보공개시스템 등을 구축하도록 노력하여야 한다(동

법 제6조②).

3) **정보의 공표의무**　　공공기관은 국민생활에 매우 큰 영향을 미치는 정책에 관한 정보 등에 대해서는 공개의 구체적 범위, 공개의 주기·시기 및 방법 등을 미리 정하여 공표하고, 이에 따라 정기적으로 공개하여야 한다(동법 제7조① 본문).

10. 불복구제절차

1) 청구인의 불복절차

① 이의신청: 청구인이 정보공개와 관련한 공공기관의 비공개 또는 부분공개의 결정에 대하여 불복이 있거나 정보공개 청구 이후 20일이 경과하도록 정보공개 결정이 없는 때에는 공공기관에 이의신청을 할 수 있다.

㉠ 이의신청의 기한과 형식: 공공기관으로부터 정보공개 여부의 결정 통지를 받은 날 또는 정보공개 청구 후 20일이 경과한 날부터 30일 이내에 해당 공공기관에 문서로 이의신청을 할 수 있다(동법 제18조①).

㉡ 이의신청에 대한 결정: 공공기관은 이의신청을 받은 날부터 7일 이내에 그 이의신청에 대하여 결정하고 그 결과를 청구인에게 지체 없이 문서로 통지하여야 한다. 다만, 부득이한 사유로 정해진 기간 이내에 결정할 수 없는 때에는 그 기간이 끝나는 날의 다음 날부터 기산하여 7일 이내의 범위에서 연장할 수 있으며, 연장사유를 청구인에게 통지하여야 한다(동조③).

㉢ 각하·기각결정의 통지: 공공기관은 이의신청을 각하 또는 기각하는 결정을 한 경우에는 청구인에게 행정심판 또는 행정소송을 제기할 수 있다는 사실을 ㉡에 따른 결과 통지와 함께 알려야 한다(동조③).

㉣ 성　격: 이의신청은 청구인의 권리이지 의무는 아니므로, 이의신청을 하지 않고 바로 행정심판이나 행정소송을 제기할 수 있다(동법 제19조②).

② 행정심판: 청구인이 정보공개와 관련한 공공기관의 결정에 대하여 불복이 있거나 정보공개 청구 후 20일이 경과하도록 정보공개 결정이 없는 때에는 행정심판법에서 정하는 바에 따라 행정심판을 청구할 수 있다. 이 경우 국가기관 및 지방자치단체 외의 공공기관의 결정에 대한 재결청은 관계 중앙행정기관의 장 또는 지방자치단체의 장으로 한다(동법 제19조①).

③ 행정소송: 청구인이 정보공개와 관련한 공공기관의 결정에 대하여 불복이 있거나 정보공개 청구 후 20일이 경과하도록 정보공개 결정이 없는 때에는 행정소송법에서

정하는 바에 따라 행정소송을 제기할 수 있다(동법 제20조①). 행정소송법은 정보공개의 특수성을 고려하여 다음과 같은 특칙을 규정하고 있다.

㉠ 재판장은 필요하다고 인정하면 당사자를 참여시키지 아니하고 제출된 공개 청구 정보를 비공개로 열람·심사할 수 있다(동조②).

㉡ 재판장은 행정소송의 대상이 제9조 제1항 제2호의 규정에 의한 정보 중 국가안전보장·국방 또는 외교에 관한 정보의 비공개 또는 부분 공개 결정처분인 경우에 공공기관이 그 정보에 대한 비밀 지정의 절차, 비밀의 등급·종류 및 성질과 이를 비밀로 취급하게 된 실질적인 이유 및 공개를 하지 아니하는 사유 등을 입증하는 때에는 해당 정보를 제출하지 아니하게 할 수 있다(동조③).

2) 제3자의 불복절차   이는 공공기관의 공개결정으로 인하여 제3자가 자신의 권리 또는 이익이 침해되었다고 할 때 제기하는 불복절차이다.

① 제3자의 비공개 요청: 공개청구된 사실을 통지받은 제3자는 그 통지를 받은 날부터 3일 이내에 해당 공공기관에 대하여 자신과 관련된 정보를 공개하지 아니할 것을 요청할 수 있다(동법 제21조①). 제3자의 비공개 요청에도 불구하고 공공기관이 공개결정을 하는 때에는 공개 결정 이유와 공개 실시일을 명시하여 지체 없이 문서로 통지하여야 한다.

② 이의신청: 제3자는 해당 공공기관에 문서로 이의신청을 할 수 있다. 이 경우 이의신청 은 통지를 받은 날부터 7일 이내에 하여야 한다(동조② 후단).

> **[이해]** 청구인의 이의신청은 비공개 결정에 대한 것이나, 제3자의 이의신청은 공개여부의 결정에 대한 것이 아니라 그 결정전의 공개통지에 대한 것임을 유의하여야 한다.

③ 행정소송: 비공개요청에도 불구하고 공공기관이 공개결정을 하는 때에는 제3자는 행정심판 또는 행정소송을 제기할 수 있다(동조②).

제2장 국가, 기업으로부터 개인정보보호

제1절 국가, 기업으로부터 개인의 정보보호

Ⅰ. 국가,기업으로부터 개인의 정보보호 개념과 법적 근거

1. 의 의

개인정보의 보호란 국가 또는 기업에 의하여 수집·처리된 정보가 노출되어 개인의
사생활에 대한 부당한 침해를 막기 위하여 일정한 제한을 가하거나 또는 개인에게도
그 통제를 위한 권리를 인정하는 것을 말한다. 「개인정보 보호법」은 개인정보의 처리
및 보호에 관한 사항을 정함으로써 개인의 자유와 권리를 보호하고, 나아가 개인의
존엄과 가치를 구현함을 목적으로 제정 시행 중이며, 2020.2.4. 일부 개정되어 시행
중이다.

2. 내 용

개인정보의 보호의 내용에는 소극적으로는 자기의 정보가 타인에게 알려지거나 공개되
는 것을 방지할 수 있는 권리와 적극적으로는 개인이 자기의 정보를 스스로 통제할
수 있는 '정보적 자기결정권'을 포함한다. 개인정보 보호법모 정보주체의 열람·정정청구
권을 인정함으로써 소극적 보호뿐만 아니라 적극적 보호를 규정하고 있다.

3. 개인의 정보보호에 대한 법적 근거

1) 헌법적 근거   개인정보의 보호에 관한 헌법적 근거로는 헌법 제17조의 사생활의
비밀과 자유에 관한 규정을 들 수 있다.

> 헌법 제17조 모든 국민은 사생활의 비밀과 자유를 침해받지 아니한다.

2) 개별법적 근거   공공 부분에 대한 개인정보보호에 관한 일반법으로는 개인정보
보호법이 있으며, 민간 부분의 개인정보보호에 관한 일반법으로는 정보통신망 이용촉진
및 정보보호 등에 관한 법률이 있다. 그 밖에 형법과 통신비밀보호법 및 행정절차법도

단편적으로 개인정보 보호에 관한 규정을 두고 있다.

II. 개인정보 보호법의 내용

1. 목 적

이 법은 개인정보의 처리 및 보호에 관한 사항을 정함으로써 개인의 자유와 권리를 보호하고, 나아가 개인의 존엄과 가치를 구현함을 목적으로 한다(동법 제1조).

2. 개인정보와 처리의 개념

"개인정보"란 살아 있는 개인에 관한 정보로서 성명, 주민등록번호 및 영상 등을 통하여 개인을 알아볼 수 있는 정보, 해당 정보만으로는 특정 개인을 알아볼 수 없더라도 다른 정보와 쉽게 결합하여 알아볼 수 있는 정보(이 경우 쉽게 결합할 수 있는지 여부는 다른 정보의 입수가능성 등 개인을 알아보는 데 소요되는 시간, 비용, 기술 등을 합리적으로 고려해야 한다), 가명처리함으로써 원래의 상태로 복원하기 위한 추가정보의 사용·결합 없이는 특정 개인을 알아볼 수 없는 정보(이하 '가명정보')를 말한다.

"처리"란 개인정보의 수집, 생성, 연계, 연동, 기록, 저장, 보유, 가공, 편집, 검색, 출력, 정정(訂正), 복구, 이용, 제공, 공개, 파기(破棄), 그 밖에 이와 유사한 행위를 말한다

"개인정보파일"이란 개인정보를 쉽게 검색할 수 있도록 일정한 규칙에 따라 체계적으로 배열하거나 구성한 개인정보의 집합물(集合物)을 말한다.

"개인정보처리자"란 업무를 목적으로 개인정보파일을 운용하기 위하여 스스로 또는 다른 사람을 통하여 개인정보를 처리하는 공공기관, 법인, 단체 및 개인 등을 말한다.

3. 보호대상 정보

살아 있는 개인에 관한 정보로서 성명, 주민등록번호 및 영상 등을 통하여 개인을 알아볼 수 있는 정보, 해당 정보만으로는 특정 개인을 알아볼 수 없더라도 다른 정보와 쉽게 결합하여 알아볼 수 있는 정보(이 경우 쉽게 결합할 수 있는지 여부는 다른 정보의 입수가능성 등 개인을 알아보는 데 소요되는 시간, 비용, 기술 등을 합리적으로 고려해야 한다), 가명처리함으로써 원래의 상태로 복원하기 위한 추가정보의 사용·결합 없이는 특정

개인을 알아볼 수 없는 정보를 말한다.

　개인정보 보호법에 의하여 보호되는 정보는 살아있는 개인의 정보에 한정된다. 따라서 사자(死者)의 정보 또는 법인의 정보는 보호대상에서 제외된다.

4. 개인정보의 처리

1) **정보의 수집**　개인정보처리자는 다음 경우에는 개인정보를 수집할 수 있으며 그 수집 목적의 범위에서 이용할 수 있다(동법 제15조).

　① 정보주체의 동의를 받은 경우

　② 법률에 특별한 규정이 있거나 법령상 의무를 준수하기 위하여 불가피한 경우

　③ 공공기관이 법령 등에서 정하는 소관 업무의 수행을 위하여 불가피한 경우

　④ 정보주체와의 계약의 체결 및 이행을 위하여 불가피하게 필요한 경우

　⑤ 정보주체 또는 그 법정대리인이 의사표시를 할 수 없는 상태에 있거나 주소불명 등으로 사전 동의를 받을 수 없는 경우로서 명백히 정보주체 또는 제3자의 급박한 생명, 신체, 재산의 이익을 위하여 필요하다고 인정되는 경우

　⑥ 개인정보처리자의 정당한 이익을 달성하기 위하여 필요한 경우로서 명백하게 정보주체의 권리보다 우선하는 경우. 이 경우 개인정보처리자의 정당한 이익과 상당한 관련이 있고 합리적인 범위를 초과하지 아니하는 경우에 한한다.

2) **민감정보의 처리 제한**　개인정보처리자는 사상·신념, 노동조합·정당의 가입·탈퇴, 정치적 견해, 건강, 성생활 등에 관한 정보, 그 밖에 정보주체의 사생활을 현저히 침해할 우려가 있는 개인정보로서 대통령령으로 정하는 정보(이하 "민감정보"라 한다)를 처리하여서는 아니 된다(동법 제23조).

3) **고유식별정보의 처리 제한**　개인정보처리자는 다음 경우를 제외하고는 법령에 따라 개인을 고유하게 구별하기 위하여 부여된 식별정보로서 대통령령으로 정하는 정보(이하 "고유식별정보"라 한다)를 처리할 수 없다(동법 제24조①).

　① 정보주체에게 개인정보의 수집·이용에 관한 사항 또는 개인정보의 제공에 관한 사항을 알리고 다른 개인정보의 처리에 대한 동의와 별도로 동의를 받은 경우

　② 법령에서 구체적으로 고유식별정보의 처리를 요구하거나 허용하는 경우

4) **주민등록번호 처리의 제한**　위 3)에도 불구하고 개인정보처리자는 다음의 어느 하나에 해당하는 경우를 제외하고는 주민등록번호를 처리할 수 없다(동법 제24조의2①).

① 법률·대통령령·국회규칙·대법원규칙·헌법재판소규칙·중앙선거관리위원회 규칙 및 감사원규칙에서 구체적으로 주민등록번호의 처리를 요구하거나 허용한 경우

② 정보주체 또는 제3자의 급박한 생명, 신체, 재산의 이익을 위하여 명백히 필요하다고 인정되는 경우

③ 위 ①, ②에 준하여 주민등록번호 처리가 불가피한 경우로서 보호위원회가 고시로 정하는 경우

5. 정보주체의 권리보장

정보주체는 개인정보처리자가 처리하는 자신의 개인정보에 대한 열람을 해당 개인정보처리자에게 요구할 수 있다. 정보주체가 자신의 개인정보에 대한 열람을 공공기관에 요구하고자 할 때에는 공공기관에 직접 열람을 요구하거나 대통령령으로 정하는 바에 따라 보호위원회를 통하여 열람을 요구할 수 있다. 개인정보처리자는 열람을 요구받았을 때에는 대통령령으로 정하는 기간 내에 정보주체가 해당 개인정보를 열람할 수 있도록 하여야 한다. 이 경우 해당 기간 내에 열람할 수 없는 정당한 사유가 있을 때에는 정보주체에게 그 사유를 알리고 열람을 연기할 수 있으며, 그 사유가 소멸하면 지체 없이 열람하게 하여야 한다(동법 제35조).

자신의 개인정보를 열람한 정보주체는 개인정보처리자에게 그 개인정보의 정정 또는 삭제를 요구할 수 있다. 다만, 다른 법령에서 그 개인정보가 수집 대상으로 명시되어 있는 경우에는 그 삭제를 요구할 수 없다(동법 제36조①).

6. 권리구제

1) 개인정보 분쟁조정위원회 　개인정보에 관한 분쟁의 조정(調停)을 위하여 개인정보 분쟁조정위원회를 둔다. 분쟁조정위원회는 위원장 1명을 포함한 20명 이내의 위원으로 구성하며, 위원은 당연직위원과 위촉위원으로 구성한다. 위촉위원은 다음의 어느 하나에 해당하는 사람 중에서 보호위원회 위원장이 위촉하고, 국가기관 소속 공무원은 당연직위원이 된다(동법 제40조①②③).

① 개인정보 보호업무를 관장하는 중앙행정기관의 고위공무원단에 속하는 공무원으로 재직하였던 사람 또는 이에 상당하는 공공부문 및 관련 단체의 직에 재직하고 있거나 재직하였던 사람으로서 개인정보 보호업무의 경험이 있는 사람

② 대학이나 공인된 연구기관에서 부교수 이상 또는 이에 상당하는 직에 재직하고 있거나 재직하였던 사람

③ 판사·검사 또는 변호사로 재직하고 있거나 재직하였던 사람

④ 개인정보 보호와 관련된 시민사회단체 또는 소비자단체로부터 추천을 받은 사람

⑤ 개인정보처리자로 구성된 사업자단체의 임원으로 재직하고 있거나 재직하였던 사람

위원장은 위원 중에서 공무원이 아닌 사람으로 보호위원회 위원장이 위촉한다. 위원장과 위촉위원의 임기는 2년으로 하되, 1차에 한하여 연임할 수 있다(동법 제40조④⑤).

2) 개인정보 단체소송   다음의 단체는 개인정보처리자가 집단분쟁조정을 거부하거나 집단분쟁조정의 결과를 수락하지 아니한 경우에는 법원에 권리침해 행위의 금지·중지를 구하는 소송(이하 "단체소송"이라 한다)을 제기할 수 있다(동법 제51조).

① 소비자기본법 제29조에 따라 공정거래위원회에 등록한 소비자단체로서 다음의 요건을 모두 갖춘 단체

㉠ 정관에 따라 상시적으로 정보주체의 권익증진을 주된 목적으로 하는 단체일 것

㉡ 단체의 정회원수가 1천 명 이상일 것

㉢ 소비자기본법 제29조에 따른 등록 후 3년이 경과하였을 것

② 비영리민간단체 지원법 제2조에 따른 비영리민간단체로서 다음의 요건을 모두 갖춘 단체

㉠ 법률상 또는 사실상 동일한 침해를 입은 100명 이상의 정보주체로부터 단체소송의 제기를 요청받을 것

㉡ 정관에 개인정보 보호를 단체의 목적으로 명시한 후 최근 3년 이상 이를 위한 활동실적이 있을 것

㉢ 단체의 상시 구성원수가 5천 명 이상일 것

㉣ 중앙행정기관에 등록되어 있을 것

3) 손해배상   정보주체는 개인정보처리자가 이 법을 위반한 행위로 손해를 입으면 개인정보처리자에게 손해배상을 청구할 수 있다. 이 경우 그 개인정보처리자는 고의 또는 과실이 없음을 입증하지 아니하면 책임을 면할 수 없다. 개인정보처리자의 고의 또는 중대한 과실로 인하여 개인정보가 분실·도난·유출·위조·변조 또는 훼손된 경우로서 정보주체에게 손해가 발생한 때에는 법원은 그 손해액의 3배를 넘지 아니하는 범위에서 손해배상액을 정할 수 있다. 다만, 개인정보처리자가 고의 또는 중대한 과실이 없음을 증명한 경우에는 그러하지 아니하다(동법 제39조).

Administrative Law

제6편
행정구제법

공익실현 과정에서
발생된 사익의 피해보호

제1장 행정구제법의 이해

- 국가의 공무집행에 대한 국민보호시스템

제1절 행정구제법의 체계

I. 연구와 학습의 필요성

1. 행정구제법의 개념

행정구제법은 행정구제의 근거가 되는 관련 법을 총칭하는 것으로, 공익실현을 위한
행정작용으로 인하여 침해된 국민의 권리구제에 관련된 법령들을 학술적으로 정의하는
개념이다. 행정법학을 구성하는 행정조직법, 행정작용법, 행정구제법의 3요소 중의 한
분야라고 설명할 수 있다.

2. 연구와 학습의 필요성

모든 행정은 법치행정의 원칙상 헌법과 법령의 테두리 안에서 적법하게 행사되어야
하는데 위법, 부당한 행정권의 행사로 국민의 권리나 이익이 침해된 경우 그로 인하여
피해를 입은 국민의 권익을 회복하는 구제제도가 필요하게 된다. 즉, 행정구제제도는
행정권의 남용으로부터 국민의 자유와 재산을 보호함으로서 헌법이 지향하고 있는 법치주
의원칙의 확립과 기본권 보장을 핵심으로 하는 실질적 법치주의를 실현하는 필요불가결의
전제가 된다.

3. 체계

행정구제법에는 행정작용의 합법성과 타당성을 보장하기 위한 사전절차에 관한 행정절
차법과 하자있는 행정작용의 시정을 위한 절차법인 행정쟁송법 및 행정작용으로 인한
실체적 손해의 전보와 원상회복을 위한 법인 국가배상법과 손실보상법이 있다.

제2절 사전적 권리보호와 사후적 권리구제제도

행정구제제도에는 사전적 권리보호(행정구제제도)와 사후적 권리구제(행정구제제도)가 있다. 사전적 행정구제제도란 위법·부당한 행정작용 등으로 인한 구체적인 권익침해가 발생되기 이전에 그와 같은 침해를 예방하기 위한 구제수단을 말하고, 사후적 행정구제제도란 행정작용으로 인하여 권익을 침해당한 자가 행정기관이나 법원에 대하여 원상회복·비용상환 및 손해전보 또는 당해 행정작용의 시정을 구할 수 있도록 하는 사후적 행정구제를 인정하는 제도를 말한다. 이를 정리하면 다음과 같다.

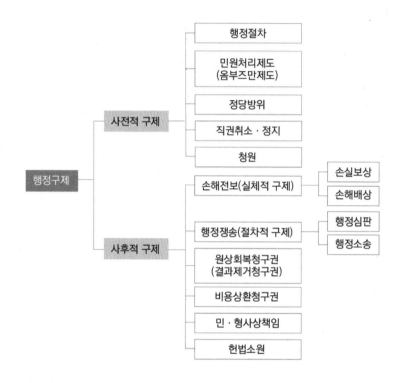

아래에서는 행정상 손해배상과 손실보상 그리고 행정상 결과제거청구권 및 행정심판과 행정소송에 대해 설명하기로 한다.

제2장 행정상 손해전보

제1절 손해배상과 손실보장

행정상 손해전보라 함은 국가 또는 공공단체의 작용에 의하여 개인에게 발생한 손해 또는 손실을 보전하여 주는 제도를 말한다. 우리나라의 행정상 손해전보제도로는 행정상 손해배상인 국가배상과 손실보상이 있다.

이러한 행정상 손해배상과 손실배상은 아래의 표와 같이 연역적으로나 제도상 별개의 제도로 발전해 왔으나 최근에는 도의적 비난을 가할 수 없는 무과실의 경우에도 배상하여야 한다는 무과실책임이론과 위험책임론이 등장하여 양자를 국가배상제도로 통일하려는 경향이 있다.

구 분	손해배상	손실보상
개 념	위법한 행정활동에 의하여 발생한 손해를 보충하는 제도	적법행위에 의하여 발생한 손실을 보충하는 제도
손해 또는 손실 발생의 원인이 되는 행위(가해행위)의 성질	위법한 행위	적법한 행위
이념(기초원리)	① 개인적 · 보상적 정의에 입각 ② 도의적 과실책임주의	① 단체주의적 · 배분적 정의에 입각 ② 사회적 공평부담주의
인정근거	행위자의 도의적 책임	피해자의 경제적 희생을 고려
일반법	국가배상법	일반법은 없고 개별법률에 산재
성립요건	행위자의 주관적 책임과 객관적 위법성 필요	주관적 책임은 불문
손해의 범위	재산적 · 비재산적 손해	재산적 손실에 한정
청구권의 양도 · 압류	생명 · 신체의 침해에 대한 손해배상청구권은 不可	생명 · 신체의 침해에 대한 손해배상청구권도 可
공통점	① 사후적 구제제도 ② 금전적 전보제도 ③ 행정작용으로 인한 손해의 전보제도 ④ 단일제도로의 통합경향 (양자의 접근경향): 국가 또는 공공단체의 활동과 관련하여 개인에게 발생된 손실의 전보라는 점에서 단일의 국가배상제도로 통일하려는 경향	

제2절 행정상 손실보상

제1관 적법한 공권력행사로 인한 피해에 대한 손실보상 체계

Ⅰ. 손실보상 개념의 필요성

1. 손실보상의 개념

국가나 지방지치단체가 공공의 필요에 응하기 위한 적법한 공권력 행사로 인해 사인의 재산권에 특별한 희생을 가한 경우에 재산권보장과 공적 부담 앞의 평등이라는 견지에서 그 사인에게 조절적인 보상을 해주는 제도를 말한다.

2. 손실보상의 특색

① 손실보상은 공권력 행사로 인한 손실의 보상이다.

공권력 행사로 인한 손실의 보상이라는 점에서 공공용지의 임의매수에 수반한 보상 및 사법상의 계약에 있어서의 반대급부와 구별된다.

② 손실보상은 적법행위로 인한 손실의 보상이다.

적법행위로 인한 손실의 보상이라는 점에서 위법한 공권력 행사로 인한 손해배상과 구별된다.

③ 손실보상은 재산상의 손실을 전보하는 제도이다.

사람의 생명이나 신체에 대한 침해에 대한 배상은 손실보상의 대상이 아니다.

④ 손실보상은 특별한 희생에 대한 조절적 보상제도이다.

손실보상은 특별한 희생에 대한 조절적 보상제도이므로 국민의 일반적인 부담이나 재산권에 내재하는 사회적 제약(예 전염병균에 오염된 건물의 철거)에 대해서는 손실보상의 문제가 발생하지 않는다.

3. 공용수용

1) 수인해야 할 공용수용   적법한 행정작용에 의해서도 국민의 재산권이 침해되는 경우가 있으나 이는 본인의 책임있는 사유에 의한 것이거나 또는 공공질서를 위해 누구에게나 평등하게 가해지는 제한일 것이다. 예컨대 교통법규 위반에 대한 범칙금 통고처분이나

주차금지구역에 불법주차된 자동차의 견인처분은 본인의 귀책사유에 의한 것이고, 파손된 도로에서의 사고방지를 위한 우회로 교통비용이 증가하는 것은 공공의 질서유지를 위해 국민 모두에게 평등하게 가해지는 제한으로 볼 수 있다.

2) 보상이 필요한 공용수용　　그러나 긴급한 경우에 있어 행정상 즉시강제처분 등을 행한 경우에는 일정한 손실보상을 하여야 하고 또한 경찰책임 없는 자에 대한 경찰권의 발동으로 재산상 손실을 입힌 경우에는 공용수용에 준하여 그 손실보상을 해야 한다.

Ⅲ. 손실보상의 근거

1. 이론적 근거

　행정상 손실보상의 이론적 근거에 대해서는 기득권설, 은혜설, 특별희생설 등이 대립하나, 특별희생설이 통설과 판례의 입장이다. 특별희생설은 정의·공평원칙에 입각하여 공익을 위하여 개인에게 부과된 특별한 희생은 이를 전체의 부담으로 하여 보상하는 것이 정의 공평의 요구에 합치하는 것이라는 견해이다.

2. 손실보상에 대한 실정법적 근거

1) 헌법적 근거

　① 헌법규정: 헌법 제23조 제3항은 "공공필요에 의한 재산권의 수용·사용 또는 제한 및 그에 대한 보상은 법률로써 하되, 정당한 보상을 지급하여야 한다."고 규정하고 있다.

　② 헌법 제23조 제3항의 해석: 헌법 제23조가 불가분조항으로서 그 근거가 될 수 있는가에 대해 견해의 대립이 있다.

　㉠ 불가분조항의 의의: 불가분조항(또는 부대조항)이란 법률 속에 공공필요에 의한 사인의 재산권을 제한하는 사항이 있는 경우에는 이에 대한 손실보상의 기준·방법 등이 함께 규정되어야 한다는 이론이다. 이는 독일 Bonn기본법에서 처음으로 도입되어 인정된 것이다.

　㉡ 학 설: 헌법 제23조 제3항이 불가분조항인가에 대해서는 많은 견해가 있으나, 이를 불가분조항으로 이해하려는 견해가 점차 많은 학자들의 지지를 얻고 있다. 즉 재산권 행사를 제약하는 행위의 허용에 있어 손실보상의 기준과 범위의 내용 등은 본질적인

사항에 해당하는 것이므로 본질성이론에 의하여 반드시 입법자가 스스로 규율하여야 한다는 것이다.

2) 법률상의 근거　현행 법령상 손실보상에 관한 일반법이나 통칙적 규정은 없고 개별 법률로는 공익사업을 위한 토지 등의 취득 및 보상에 관한 법률, 공유수면 관리 및 매립에 관한 법률, 소방기본법 등에서 각기 정하고 있을 뿐이다.

3. 보상규정이 없는 경우의 권리구제방법

1) 문제점　개별 법률에서 손실보상에 관한 규정이 있는 경우 그에 의할 것이지만 보상규정이 없는 경우 헌법 제23조 제3항을 직접 근거로 하여 손실보상을 청구할 수 있는지 동 조항의 성질과 관련하여 견해가 대립한다.

2) 헌법 제23조 제3항의 성질

　① 학　설

학　설	내　용
방침규정설	동 규정은 입법의 방침을 정한 것에 불과한 것으로 이를 근거로 직접 손실보상을 청구할 수는 없고 손실보상에 관한 구체적인 개별법률이 있어야만 손실보상청구가 가능하다는 견해이다.
직접효력규정설	헌법 제23조 제3항은 개인의 손실보상청구권을 규정한 것으로 동 규정에 의해 직접 손실보상청구가 가능하다는 견해이다.
위헌무효설	보상규정 없는 수용법률에 의한 수용이 이루어진다면 그러한 법률은 위헌무효의 법률이고 따라서 수용은 위법한 것이 되어 피수용자는 손해상청구권을 갖는다는 견해이다.
유추적용설	동 규정 및 관계규정의 유추해석을 통해 손실보상을 청구할 수 있다는 견해이다.
보상입법부작위위헌설	공용수용 자체는 합헌이나 손실보상을 규정하지 않은 입법부작위 자체가 위헌이라는 견해이다.

　② 판 례: 대법원은 개별법률의 규정을 유추적용하여 보상을 인정한 경우(대판 84누126)가 있고, 관련 규정이 없는 경우에도 손실보상을 인정한 경우(대판 72다1597)도 있으며, 경우에 따라서는 불법행위의 문제로 다룬 경우(대판 66다1715)도 있다. 한편, 헌법재판소는 구 도시계획법 제21조 및 제4조에 대한 위헌 사건에서 개발제한구역 지정으로 인하여 토지를 종래의 목적으로도 사용할 수 없거나 실질적으로 토지의 사용, 수익의 길이 없는 경우에는 이는 수인한도를 넘는 것이므로 특별한 희생에 해당하고 이러한 경우에도

보상규정을 두지 않은 것은 위헌이라는 결정을 내린 바 있다(헌재 1998.12.24. 89헌마214 전원재판부, 90헌바16, 97헌바78병합).

Ⅲ. 행정상 손실보상청구권의 성질

1. 공권설(통설)

손실보상의 원인행위가 권력작용이므로 그 효과로서의 손실보상도 공법관계로 보아야 한다는 견해이다. 따라서 손실보상청구권은 공권이고 그에 관한 소송은 행정소송인 당사자소송에 의한다는 것이다.

2. 사권설(판례)

손실보상의 원인행위가 공법적인 것이라 할지라도 이에 대한 손실보상은 당사자의 의사 또는 직접 법률의 규정에 의거한 사법상의 채권채무관계라는 견해이다. 따라서 손실보상청구권은 사권이고 그에 관한 소송은 민사소송에 의하게 된다는 것이다.

> **[판례]**
>
> 제외지 안의 토지가 국유로 됨으로써 하천법 부칙 제2조 제1항에 의하여 발생하는 손실보상청구권은 그 성질이 사법상의 권리로서 그 손실보상금 청구의 소는 민사소송으로 제기하여야 한다(대판 1996.1.26. 94누12050).

제2관 행정상 손실보상의 요건

　일반적으로 행정상 손실보상이 성립하기 위해서는 ① 공공필요에 의한 재산권의 사용·수용·제한이 있어야 하고, ② 헌법 제23조 제2항이 규정하는 재산권의 사회적 제약을 넘는 특별한 희생이어야 하며, ③ 법률에 보상규정이 있을 것 등이 필요하다. 다만 개별법의 규정이 있는 경우에는 개별적으로 그 요건을 판단하여야 할 것이다.

Ⅰ. 공공의 필요에 의한 재산권의 수용·사용·제한

1. 공공필요

　손실보상의 원인이 되는 공권력 행사는 공공필요에 의한 경우에만 인정된다. 이러한 공공필요의 요건이 존재하는지 여부를 판단하는 데는 비례의 원칙이 그 기준이 된다. 즉 공공필요는 사인의 재산권을 침해함으로써 얻어지는 공익과 사인이 재산권을 보유함으로써 얻는 사익 간의 이익형량을 통해서 그 여부가 결정된다.

2. 재산권에 대한 공권적 침해

1) 재산권의 의의　　여기서 재산권이란 소유권은 물론이고 그 밖에 법에 의해 보호되는 모든 재산적 가치있는 사법상·공법상의 권리(예 물권·채권·공유수면매립권)를 말한다. 그러나 현존하는 구체적인 자산가치일 것을 요하므로 지가상승의 기대와 같은 기대이익은 원칙적으로 손실보상의 대상이 되지 않는다.

손실보상의 대상(○)	손실보상의 대상(×)
① 소유권, 광업권, 어업권 ② 물권·채권·공유수면매립권 ③ 무체재산권(저작권 등) ④ 재산적 가치 있는 회원권 ⑤ 토지에 속한 흙·돌·모래·자갈 ⑥ 영업손실	① 지가상승의 기대 ② 자연적·문화적·학술적 가치(대판 1989.9.12. 88누11216)

2) 재산권에 대한 침해

　① 침해법익의 범위: 공공필요에 의하여 침해되는 법익은 재산권이어야 한다. 따라서 비재산적 법익이 침해된 경우에는 손실보상의 대상이 아니라 희생유사침해이론으로

논의된다.

② 침해의 유형: 헌법 제23조 제3항은 침해의 유형으로 수용·사용·제한을 규정하고 있다. 수용이란 국가 등이 사인의 재산권을 강제적으로 취득하는 것을 말하고, 사용이란 수용에 이르지 않는 일시적 사용을 말하며, 제한이란 수용에 이르지 않되 소유자 등에 의한 사용·수익을 제한하는 것을 말한다.

③ 침해의 개념: 여기서 침해란 재산적 가치를 파괴하거나 감소시키는 것과 같은 실질적 침해뿐만 아니라 재산권자의 재산의 향유·사용을 박탈·억제하는 것도 포함된다.

④ 침해의 직접성: 개인의 재산권에 대한 침해는 공권력의 주체에 의한 침해가 직접적인 원인이 되어야 한다. 따라서 개인이 입은 손해가 공권력 발동의 간접적·결과적으로 야기된 경우에는 여기서의 보상의 원인이 되지 않는다.

3. 적법성

손실보상의 원인이 되는 공권력의 발동은 적법한 것이어야 한다. 여기서 적법하다 함은 법률에 근거한 것임을 의미한다. 따라서 위법한 공권력의 발동으로 인한 손해는 손실보상의 대상이 되지 않는다.

II. 특별한 희생의 존재

1. 의 의

손실보상청구권이 발생하기 위해서는 타인의 재산권에 대한 공권적 침해로 인하여 특별한 희생이 발생하여야 한다. 여기서 특별한 희생이란 사회적 제약을 넘어서는 손실을 말한다. 따라서 재산권에 대한 침해의 정도가 재산권의 사회적 제약에 해당하는 경우에는 손실보상을 청구할 수 없다.

특별희생	사회적 제약
나대지인 경우와 토지를 더 이상 종래의 목적으로 사용하는 것이 불가능하거나 현저히 곤란하게 되어버린 경우(헌재 1998.12.24. 89헌마214, 97헌바7)	개발제한구역지정에 의한 재산권의 제약(대판 1990. 5.8. 89부2)

2. 특별희생의 판단기준

손실보상을 청구할 수 있는 특별희생과 수인하여야 하는 사회적 제약의 구별기준에 대해서는 많은 견해들이 주장되고 있다.

1) 학 설

학 설		내 용
형식적 기준설		특정인 또는 특정 집단에 대하여 재산권의 침해가 가해지면 특별희생에 해당한다는 견해이다.
실질적 기준설	수인한도설	재산권의 본질인 배타적 지배성을 침해하는 것은 수인한도를 넘는 것으로 특별희생에 해당한다는 견해이다.
	보호가치설	보호할만한 가치가 있는 재산권에 대한 침해는 특별희생에 해당한다는 견해이다.
	사적효용설	사적효용 내지 주관적 이용목적을 불가능하게 하는 행위는 보상을 요하는 특별희생에 해당한다는 견해이다.
	목적위배설	종래의 재산권 본래의 기능 또는 목적을 침해하는 경우 특별희생에 해당한다는 견해로서, 이 견해에 의하면 택지가 그린벨트 또는 개발제한구역으로 지정된 경우에는 당연히 보상금을 지급하여야 한다.
	상황적 구속성설	침해 당시의 상황이나 지리적 위치 등에 따라 사회적 제약에 차이를 두어야 한다는 견해로서 국토이용관리법상 토지거래허가제의 합헌성의 논거로 제시되기도 한다.
	사회적 비용설	공공필요에 의한 재산권 침해는 원칙적으로 재산권의 주체에게 특별한 희생을 의미하므로 보상해 주어야 하지만 사회적 비용을 고려하여 손실보상 여부를 결정하여야 한다는 견해이다.
절충설(통설)		위의 모든 학설을 종합적으로 고려하여 판단하여야 한다는 견해이다.

2) 재해방지·사회질서유지 등을 목적으로 한 행정작용에 의한 재산권의 제한

재해방지·사회질서유지 등을 목적으로 한 행정작용에 의한 재산권의 제약은 모든 시민이 공동생활을 위해 수인하여야 할 일반적·사회적 제약으로 보아야 한다. 다만, 경찰책임을 지지 않는 제3자에 대해서 긴급한 필요에서 가해진 침해는 특별한 희생으로 보상할 필요가 있다(장태주 592쪽).

囲 •화재예방을 위해 필요하거나 화재가 발생하면 인명이 위험이 있다고 인정되는 위법한 방화대상물의 이전 또는 사용금지 → 사회적 제약

•소화의 방지 또는 인명구조를 위해 제3자에 속하는 토지·건물 등을 사용한 경우 → 특별한 희생

Ⅲ. 보상규정

헌법 제23조 제3항은 "공공필요에 의한 재산권의 수용·사용 또는 제한 및 그에 대한 보상은 법률로써 하되 정당한 보상을 지급하여야 한다."고 규정하고 있으므로 헌법이 예정하고 있는 형태의 손실보상은 보상규정이 법률상 존재할 것을 요건으로 하고 있다(이에 대한 논의는 전술한 보상규정이 없는 경우의 권리구제방법 참조).

제3관 손실보상의 기준·방법 및 절차

Ⅰ. 손실보상의 기준

1. 손실보상기준의 변천

구 분	내 용
제1·2공화국 헌법	상당한 보상
제3공화국 헌법	정당한 보상
제4공화국 헌법	보상의 기준과 방법은 법률로서 정한다.
제5공화국 헌법	보상은 공익 및 관계자의 이익을 정당하게 형량하여 법률로써 정한다.
현행 헌법	보상은 법률로 하되, 정당한 보상을 지급하여야 한다.

2. 현행법상의 손실보상기준

헌법 제23조 제3항에서는 "보상은 법률로써 하되, 정당한 보상을 지급하여야 한다."고 규정하고 있다. 여기서 어떠한 보상이 정당한 보상인지에 관해 완전보상설과 상당보상설의 대립이 있으나, 대법원과 헌법재판소는 완전보상설의 입장이다.

1) 완전보상설(판례)   침해 전후를 비교하여 피침해 재산이 가지는 재산적 가치에 대하여 완전하게 보상하여야 한다는 견해이다.

> **[판례] 정당보상의 의미**
>
> 헌법 제23조 제3항이 규정하는 정당한 보상이란 원칙적으로 피수용재산의 객관적인 재산가치를 완전하게 보상하는 것이어야 한다는 완전보상을 의미한다(헌재 1995.4.20. 93헌바20).

2) 상당보상설　손실보상은 재산권의 사회적 구속성과 침해행위의 공공성에 비추어 사회국가원리에 바탕한 기준에 따른 적정한 보상이면 족하다는 견해이다.

3) 절충설　작은 재산에 대한 침해는 완전보상을, 큰 재산에 대한 침해에 대해서는 상당한 보상을 행하자는 견해이다.

Ⅱ. 손실보상의 방법

1. 금전보상의 원칙

손실보상은 금전(현금)보상을 원칙으로 한다(공익사업을 위한 토지 등의 취득 및 보상에 관한 법률 제63조①). 이는 금전은 자유로운 유통이 보장되고, 또 그 객관적 가치의 변동 내지 차이가 비교적 적어 적정한 보상수단이 되기 때문이다.

2. 그 밖의 보상방법

1) 현물보상　손실보상은 금전보상이 원칙이지만 예외적으로 현물보상도 인정된다. 이는 공공사업의 용지취득이 대규모로 되어 그에 따른 영향이 큰 경우에는 금전보상으로는 한계가 있기 때문에 현물보상의 방법이 오히려 보상목적에 적합하기 때문이다.

　　예 도시 및 주거환경정비법에 의한 재개발사업의 경우에 하는 주택의 공급(동법 제50조)

2) 매수보상　매수보상이란 물건의 사용 기타의 이용제한에 따라 종래의 이용목적에 제공하는 것이 곤란한 경우에 상대방의 이익을 위하여 그 물건의 매수청구권을 인정하고 이에 따라 그 물건을 사들임으로서 실질적으로 보상하는 방법을 말한다.

　　예 토지 수용에서 동일한 토지소유자에 속하는 일단의 토지의 일부를 수용함으로서 잔여지를 종래의 이용목적에 제공하는 것이 현저히 곤란하게 된 경우 그 잔여지의 매수청구를 받아들인 경우(공익사업을 위한 토지 등의 취득 및 보상에 관한 법률 제72조 · 제74조)

3) 채권보상　공익사업을 위한 토지 등의 취득 및 보상에 관한 법률 제63조는 금전보상을 원칙으로 하면서도, 예외적으로 사업시행자가 국가 · 지방자치 단체 그 밖에 대통령령이

정하는 공공기관의 운영에 관한 법률에 따라 지정·고시된 공공기관 및 공공단체인 경우로서, ① 토지소유자 및 관계인이 원하는 경우 또는 ② 사업인정을 받은 사업의 경우에는 대통령령으로 정하는 부재소유자의 토지에 대한 보상금이 대통령령으로 정하는 일정 금액을 초과하는 금액에 대하여 보상하는 경우에는 해당 사업자가 발행하는 채권으로 지급할 수 있다(동조⑦). 이 경우에 채권의 상환기간은 5년을 넘지 아니하는 범위에서 정하여야 하며, 그 이자율은 다음과 같다(동조⑨).

구 분	상환기간 3년 이하 채권	상환기간 3년 초과 5년 이하 채권
부재부동산 소유자에게 채권으로 지급하는 경우	3년 만기 정기예금 이자율	5년 만기 국고채 금리
부재부동산 소유자가 아닌 자가 원하여 채권으로 지급하는 경우	3년 만기 국고채 금리 (단, 3년 만기 정기예금 이자율이 3년 만기 국고채 금리보다 높은 경우에는 3년 만기 정기예금 이자율)	5년 만기 국고채 금리

Ⅲ. 손실보상의 절차

1. 손실보상액의 결정

손실보상액의 결정은 크게 협의에 의한 결정, 행정청에 의하 결정, 소송에 의한 결정, 법률에 근거 없는 수용 또는 보상 없는 공익사업 시행의 경우 등으로 대별된다. 손실보상액의 방법·산정기준·산정시기에 대한 통칙규정은 없고 개별법에 규정되어 있거나 규정 자체가 없는 경우도 있다.

1) 보상액의 결정방법

① 당사자 간의 협의에 의하는 경우

㉠ 성 격: 협의에 의한 결정은 손실보상의 원칙적인 결정유형으로 행정기관의 결정의 전단계로서의 의미를 갖는다. 협의가 성립하지 않는 경우에는 행정청이 개입하여 결정하기 때문이다.

㉡ 협의의 효력: 협의가 성립되어 관할 토지수용위원회의 확인을 받으면 이때 확인은 토지수용위원회의 재결로 보게 된다(동법 제29조④).

② 행정청의 재결 또는 결정에 의하는 경우

㉠ 의 의: 협의가 성립되지 않거나 협의를 할 수 없을 때에 사업시행자가 관한 토지수용위

원회에 재결을 신청하는 경우와 자문기관의 심의를 거쳐 행정청이 결정하는 경우를 말한다(동법 제28조).

  ⓒ 결정유형: 행정청의 결정유형에는 재산권의 제약행위의 허용여부와 그 보상액을 함께 결정하는 경우와 보상액만을 결정하는 경우로 나눌 수 있다.

  ③ 소송에 의하는 경우: 법률의 보상액의 결정방법에 관하여 아무런 규정을 두고 있지 않은 경우에는 당사자는 법원에 보상금지급청구소송을 제기할 수 있다.

2) 보상액산정의 기준   손실보상액을 결정함에 있어서는 재산권의 경제적 가치, 피침해자가 입는 손실의 정도, 침해의 강도 등을 고려한다. 그러나 기업자가 얻은 이익의 정도나 기업자의 재산상태를 고려할 필요는 없다.

3) 보상액산정의 시기

  ① 토지보상법상 손실보상액의 산정시기: 토지보상법상 손실보상액의 산정은 ㉠ 당사자 간의 협의에 의한 경우에는 협의성립 당시의 가격을 기준으로 하고, ㉡ 행정청의 재결에 의한 경우에는 재결 당시의 가격을 기준으로 한다(동법 제67조①). 이는 시가보상의 원칙을 규정한 것이다.

  ② 산정기준시기에 대한 명문규정이 없는 경우: 손실보상의 산정기준시기가 법으로 규정되어 있지 않은 경우에는 청구권발생시기를 배상액산정의 기준시기로 한다. 다만 청구권발생시부터 보상금지급시기까지의 이자는 보상액에 가산하여야 한다.

2. 보상액의 지급방법

1) 선불주의(사전보상의 원칙)   공익사업을 위한 토지 등의 취득 및 보상에 관한 법률은 "사업시행자는 사용의 경우를 제외하고는 수용 또는 사용의 개시일까지 관할 토지수용위원회가 재결한 보상금을 지급하여야 한다."고 하여 선불주의를 채택하고 있다. 다만 성질상 선불이 곤란한 경우에는 후불이 인정된다. 후불의 경우에는 물가변동의 위험은 보상의무자가 부담하고, 손실발생시부터 보상지급시까지의 이자는 보상액에 가산하여야 한다(동법 제40조).

2) 일시불원칙   원칙적으로 일시불을 원칙으로 하고 있으며, 부득이하여 분할불로 지급하도록 하고 있다(동법 제65조).

3) 개인별 보상의 원칙   개인별 보상이란 보상액을 피보상자 개인별로 지급하는 것이고, 일괄보상이란 일단의 피보상자에게 지급할 보상의 합계액을 그 중의 일인에게 지급하는

것을 말한다. 공익사업을 위한 토지 등의 취득 및 보상에 관한 법률은 개인별 보상을 원칙으로 개인별 보상액의 산정이 불가능한 경우 예외적으로 일괄보상을 인정하고 있다(동법 제64조·제65조).

제4관 손실보상에 대한 불복

보상액의 결정은 일차적으로 당사자간의 협의에 의하여 결정되는 것이 원칙이고, 협의가 이루어지지 않은 경우 행정청의 재결의 형식으로 보상금결정이 이루어지게 된다. 이 경우 관계인은 이의신청에 따른 행정심판과 직접 행정소송을 제기함으로써 이에 불복할 수 있다.

Ⅰ. 이의신청(행정심판)

지방토지수용위원회의 재결에 대하여 이의가 있는 자는 해당 지방토지수용위원회를 거쳐 중앙토지수용위원회에, 중앙토지수용위원회의 재결에 이의가 있는 자는 중앙토지수용위원회에 그 재결서의 정본을 받은 날부터 30일 이내에 이의신청을 할 수 있다(동법 제83조). 이때 중앙토지수용위원회는 원 재결이 위법 또는 부당하다고 인정하는 때에는 그 재결의 전부 또는 일부를 취소하거나 보상액을 변경할 수 있다(동법 제84조①). 따라서 중앙토지수용위원회는 원재결을 취소하지 않고도 손실보상액을 변경할 수 있다.

Ⅱ. 행정소송

1. 이의신청과의 관계

이의신청은 특별행정심판의 성질을 가지며, 임의절차이다. 토지수용위원회의 재결에 불복하는 사업시행자, 토지소유자 또는 관계인은 이의신청을 거치지 아니하고 직접 행정소송을 제기할 수 있고, 이의신청을 거쳤을 때에는 이의재결에 대해 행정소송을 각각 제기할 수 있다(동법 제85조①). 이의신청에 대한 재결이 확정되면 민사소송법상의 확정판결이 있는 것으로 보며, 재결서 정본은 집행력 있는 판결의 정본과 동일한 효력을 가진다(동법 제86조①).

2. 행정심판법 및 행정소송법의 적용 여부

토지수용에 대한 불복절차에는 행정심판법 제18조, 행정소송법 제20조의 규정은 적용될 수 없다는 것이 판례(대판 1989.3.29. 88누246)의 입장이다.

3. 유 형

행정소송은 재결의 내용을 형성하는 수용결정 부분과 보상액결정 부분으로 분리하여, 수용결정을 대상으로 하는 경우에는 취소소송을 제기하고, 보상액결정에 대하여 불복하는 경우에는 보상액증감소송을 제기할 수 있으며, 이를 병합하여 소를 제기할 수 있다.

1) 수용결정을 대상으로 하는 경우　이의신청에 대해 인용하지 않는 재결이 행해진 경우, 재결의 내용을 형성하는 수용재결이 대상인 경우에는 취소소송을 제기하여야 한다. 사업시행자·토지소유자 또는 관계인은 동법 제34조의 규정에 의한 재결에 대하여 불복할 때에는 재결서를 받은 날부터 90일 이내에, 이의신청을 거쳤을 때에는 이의신청에 대한 재결서를 받은 날부터 60일 이내에 각각 행정소송을 제기할 수 있다(동법 제85조①). 이 경우 법원은 재결의 전부 또는 일부를 취소할 수 있다.

2) 보상금이 대상인 경우　재결의 내용 중 보상금만의 증액 또는 감액을 행정소송을 통하여 청구할 수 있다.

① 소제기 방식: 이의신청을 거치지 않은 경우에는 재결서를 받은 날부터 90일 이내에, 이의신청을 거쳤을 때에는 이의신청에 대한 재결서를 받은 날부터 60일 이내에 보상금의 증감청구소송을 제기할 수 있다. 보상금의 증감에 관한 소송인 경우 그 소송을 제기하는 자가 토지소유자 또는 관계인인 때에는 사업시행자를, 사업시행자인 때에는 토지소유자 또는 관계인을 각각 피고로 한다(동법 제85조②).

② 법적성질: 판례는 보상액증감소송을 필요적 공동소송으로 보고 있으며(대판 1991.5. 28. 90누8787), 공법상 당사자소송으로 보고 있다(대판 1991.11.26. 91누285).

제5관 기타의 손실보상

Ⅰ. 생활보상

1. 행정상 손실보상 대상의 변천

1) 의 의

① 대인적 보상: 대인적 보상이란 보상이 수용목적물의 객관적 가치가 아니라, 피수용자가 해당 수용목적물을 이용함으로써 얻고 있는 편익적 가치를 기준으로 이루어지는 경우의 보상을 말한다.

　㉠ 영국의 1845년 토지조항통합법

② 대물적 보상: 대물적 보상이란 재산권제약에 대한 보상이 수용목적물에 대한 피수용자의 주관적 가치나 기준이 아니라 객관적인 시장가치(가격)를 보상의 기준으로 하는 보상을 말한다. 대물적 보상은 수용의 대상과 보상의 대상이 대체적으로 일치한다는 특징이 있으며, 미국의 손실보상제도의 특징이기도 하다.

③ 생활보상: 생활보상이란 공공사업에 의하여 생활의 근거를 박탈당한 사람들에게 재산권에 대한 보상만으로 전보되지 않는 생활근거의 상실에 대해 부여되는 보상을 말한다. 이는 모든 국민에게 생활의 기본적 수요를 충족시킴으로써 건강하고 문화적인 생활을 할 수 있도록 함으로써 현대복지국가 이념에 부합하는 보상이라고 할 수 있다.

　㉠ 댐 또는 수력발전소 건설로 인해 전 부락이 수몰되는 경우 수몰지역 주민의 이주대책이나 인근지역 소수 잔존자에 대한 보상

2) 대물적 보상에서 생활보상으로　손실보상의 대상은 대인적 보상에서 대물적 보상으로, 대물적 보상에서 생활보상으로 변천하고 있다. 사회복지국가적 관점에서 손실보상의 목적은 단순히 보상에 의해서 수용 전과 같은 재산상태를 만드는 것으로 불충분하고, 수용 전과 같은 생활 상태를 만들 수 있는 것이어야 한다. 여기서 수용 전과 같은 생활 상태를 만든다 함은 수용 전의 유기체적인 생활의 회복을 보장하는 것을 말한다.

2. 생활보상의 특징

1) 객관성　생활보상은 일정한 수입·일정한 이윤·일정한 생활비 등 보상액이 객관적으로 산출되므로 주관적 성격이 강한 대인적 보상보다 객관적 성격이 강하다.

2) 보상대상의 확대   대물적 보상은 수용의 대상과 보상의 대상이 일치하는 것이 원칙이나, 생활보상은 그 보상의 대상이 훨씬 확대되어 있다.

3) 원상회복적 성격   생활보상은 수용이 없었던 것과 같은 경제적 상태를 실현시키는 것이 아니라 수용이 없었던 것과 같은 생활 상태를 확보시켜주는 것을 이념으로 하는 것이므로 원상회복적 성격이 강하다. 이러한 의미에서 생활보상은 보상의 역사에 있어서 최종단계의 보상으로서의 의미를 갖는다고 하겠다.

3. 생활보상의 법적 근거

생활보상의 실정법상 근거로는 헌법 제23조 제3항과 헌법 제34조 제1항, 그리고 공익사업을 위한 토지 등의 취득 및 보상에 관한 법률 제78조를 들 수 있다.

헌법 제23조 ③ 공공필요에 의한 재산권의 수용·사용 또는 제한 및 그에 대한 보상은 법률로써 하되, 정당한 보상을 지급하여야 한다.
헌법 제34조 ① 모든 국민은 인간다운 생활을 할 권리를 가진다.
공익사업을 위한 토지 등의 취득 및 보상에 관한 법률 제78조(이주대책의 수립등) ① 사업시행자는 공익사업의 시행으로 인하여 주거용 건축물을 제공함에 따라 생활의 근거를 상실하게 되는 자(이하 "이주대책 대상자"라 한다)를 위하여 대통령령이 정하는 바에 따라 이주대책을 수립·실시하거나 이주정착금을 지급하여야 한다.

---

4. 생활보상의 내용

보상의 내용으로는 ① 주거의 총체가치의 보상, ② 영업상 손실의 보상, ③ 이전료 보상, ④ 이주대책, ⑤ 소수잔존자 보상, ⑥ 잔지보상 등이 있다.

Ⅱ. 수용유사적 침해에 대한 보상

1. 수용유사적 침해의 개념

수용유사적 침해란 공용수용의 모든 요건을 갖추었으나 단지 적법성이라는 요건을 결한 재산권 침해, 즉 공공의 필요를 위한 권력적이고 의도적인 재산권 침해로서 특별한 희생에 해당하지만 단지 그 침해가 위법한 경우를 말한다. 특히 침해의 근거법률이 보상규정을 두지 않아 헌법 제23조 제3항 위반으로 위헌·무효이고 따라서 그 법률에 근거한 재산권 침해가 위법한 것으로 평가되는 경우에 주로 문제된다.

　　㉔ 경찰관 甲이 시민들이 밀집되어 있는 여의도 광장 한복판으로 돌진하는 자동차를 막기 위해 근처에 있는 乙의 자동차로 이를 막음으로써 乙에게 자동차 파손이라는 재산적 손실을 준 경우 → 甲의 행위는 경찰관 직무집행법 제5조 제1항 제3호에 근거한 것으로 적법한 직무집행행위이므로 국가배상청구의 대상이 될 수 없고, 乙은 특별한 희생에 해당하므로 그에 따른 손실보상을 받아야 하지만 경찰관 직무집행법에는 손실보상에 관한 규정을 두고 있지 않으므로 공용수용으로도 볼 수 없다. 따라서 乙은 손실보상도 청구할 수 없게 된다. 이 경우 甲의 행위는 공공의 필요를 위하여 권력적으로 국민에게 재산상의 특별한 희생을 야기하였다는 점에서는 공용수용과 다를 바 없고, 그에 대한 보상의 필요성은 적법한 공용수용의 경우보다 결코 작지 않다. 따라서 이러한 침해를 수용유사침해로 보아 헌법 제23조 제3항과 관계 법령을 유추적용하여 손실을 보상하여야 한다는 것이 수용유사침해이론이다.

2. 인정 여부

1) 학 설　　① 국가에 의한 침해가 상기의 수용유사침해보상에 해당하는 경우는 손해배상청구권만 가능하다는 견해, ② 헌법 제23조 제3항을 직접적 또는 간접적 효력규정으로 보아 손실보상청구가 가능하다는 견해, ③ 보상·배상이 아니라 취소소송으로 다툴 수 있다는 견해가 있다.

2) 판 례　　대법원은 수용유사침해에 해당하는 경우를 손실보상의 문제로 해결하기도 하고(대판 1972.11.28. 72다1597), 불법행위 내지 부당이득의 법리로 해결하기도(대판 1991.2.22. 90다16474) 하는 등 수용유사침해보상의 이론적 수용 여부에 대해서는 명백하지 않다.

3. 성립요건

　　수용유사침해로 인한 보상청구권의 성립요건으로는 침해의 위법성을 제외하면 수용보상청구권의 요건을 유추적용하여 정해진다. 그 요건으로는 ① 공법상 행정주체의 침해, ② 재산권에 대한 침해, ③ 특별희생, ④ 침해의 위법성, ⑤ 침해의 공공복리관련성 등이 제시되고 있다. 이 중 일반적인 손실보상과 비교하여 구별되는 특징들만 간단히 언급해 보기로 한다.

1) 침해의 유형　　공법상 권리침해로서 법률행위·사실행위를 불문하고 부작위에 의해서도

가능하다.

2) **침해의 위법성**　　침해의 위법성은 수용(손실보상)과 수용유사침해를 구별하는 유일한 요건이다.

> **침해의 위법성 유형**
> ① 침해의 근거규정(보상규정)을 갖는 수용법률을 위법하게 집행하는 경우
> ② 침해의 근거규정은 있으나 보상규정이 없는 경우의 침해
> ③ 침해의 근거규정도 없는 침해로서 오로지 공공복리를 위한 경우

3) **존속보호의 불가능**　　재산권은 1차적으로 존속보호를 목표로 한다. 따라서 누구든지 위법하게 자기의 재산권이 침해되면 재산권의 존속을 주장할 수 있다. 그러나 구체적인 경우에 방어가 가능하지 않거나 수인할 수 없고, 이 때문에 재산권에 대한 위법한 침해에 대하여 존속보호가 불가능하거나 충분하지 아니하면 보상이 주어져야 한다는 전제 하에 수용유사침해보상청구권이 인정된다는 것이 독일의 이론과 판례의 태도이다.

4. 보 상

수용유사침해가 인정되면 그 보상은 손실보상의 일반원리가 적용된다. 따라서 그에 따른 정당한 보상이 있어야 한다.

Ⅲ. 수용적 침해

1. 수용적 침해 개념의 필요성

1) **의 의**　　적법한 행정작용에 의하여 의도하지 않은 부수적 결과로써 국민의 재산권에 대한 특별한 희생을 가져오는 재산권의 침해를 수용적 침해라고 한다.

　　[예] 경찰이 개정된 성매매특별법의 시행에 따른 집창촌 단속 활동을 계속적 집중적으로 벌임으로써 인근의 술집과 음식점 등의 상인이 영업상의 손실을 입는 경우 → 적법한 단속행위에 대해 국가배상은 청구할 수 없고 그 손실 또한 사회적 제약의 범위 내의 것으로 이를 수인하여야 할 것이지만 그 수인한도를 넘는 경우 손실보상의 문제가 발생할 수 있는데 이를 수용적 침해라고 한다.

2) **구별개념**

　　① 공용침해와의 구별: 수용적 침해의 경우에는 예측할 수 없는 특별한 희생의 발생이라

는 점에서, 특별한 희생의 발생이 예측가능한 공용침해와 구별된다.

② 수용유사침해와의 구별: 수용적 침해는 공권력의 행사가 그 자체로는 적법하다는 점에서, 공권력의 행사가 위법한 수용유사침해와 구별된다.

2. 성립배경

수용적 침해는 헌법상 재산권이 사회적 기속에 의하여 감수될 수 있는 것이다. 그러나 예외적으로 그러한 피해의 정도, 규모, 지속성 등이 심대하여 관계인에게 수인한도를 넘어서는 경우에는 일종의 특별한 희생이 발생하는 것이고 이에 대하여는 손실보상이 인정되어야 한다는 것이다. 수용적 침해이론은 수용유사적 침해이론과 함께 독일의 연방최고법원의 판례를 통하여 성립·발전하였다.

3. 성립요건

수용적 침해로 인한 손실보상의 청구는 ① 공공의 필요, ② 적법한 공권력 행사, ③ 비정형적 결과로 인한 재산권의 침해, ④ 특별한 희생의 요건이 필요하다.

1) 공공의 필요　수용적 침해에 있어서의 공권력행사는 공공의 필요, 즉 공익달성을 위하여 행하여진 것이어야 한다.

2) 적법한 공권력의 행사　수용적 침해에서의 공권력 행사는 그 자체로는 적법한 것이어야 한다. 다만 여기서의 공권력행사는 수용유사적 침해에서의 공권력과 그 법적 성격을 달리한다. 즉, 수용유사적 침해는 대부분 법적행위, 특히 행정처분을 통하여 이루어짐에 반하여 수용적 침해의 경우에는 대부분의 공권력 행사가 사실행위라는 점이다. 따라서 수용적 침해의 경우에는 행정쟁송을 통한 일차적 권리구제수단이 우선적으로 고려되기 어렵다. 이렇게 볼 때 수용적 침해는 손실보상이 더 직접적인 권리구제수단이 될 것이다.

3) 비정형적 결과로 인한 재산권의 침해　공권력행사 자체는 적법하지만 이로 인하여 의도하지 않은 비정형적인 결과가 발생하고, 이것이 직접적인 재산권의 침해로 이어진다. 그러므로 공권력행사는 적법하지만 그로 인한 결과가 재산권의 내용과 한계를 정하는 헌법적 한계를 일탈하여 재산권을 침해함으로서 위법하다는 평가를 받는 것이다.

4) 특별한 희생　특별한 희생은 개인에게는 수인한도를 넘어서는 동시에 재산권의

내용과 한계를 넘어서는 재산권에 대한 직접적인 피해를 말한다.

Ⅳ. 희생보상

1. 희생보상 개념의 필요성

희생보상이란 생명, 신체, 명예, 자유 등과 같은 비재산적 법익의 침해에 대한 보상을 말한다. 생명 또는 신체 등의 비재산적 법익은 재산권에 대한 침해보다 오히려 보호의 필요성이 더 크므로 이에 대한 보상을 인정할 필요가 있어 논의되고 있다.

[예] 경찰관이 적법요건을 모두 구비하고 도주하는 범인에게 총기를 발사하였는데 총알이 빗나가 옆에 있던 사인이 맞아 중상을 입은 경우의 보상문제

[이해] 손실보상의 경우에는 재산적 가치 있는 권리나 법적 지위에 대한 침해만을 대상으로 하고, 생명이나 신체와 같은 비재산적 법익의 침해는 보상청구의 대상으로 하고 있지 않다.

2. 법적 근거(인정 여부)

① 독 일: 희생보상의 원리는 독일 판례상 발전된 것으로 헌법적 관습법으로서 효력을 가진 프로이센 일반란트법 제75조에 그 근거를 두고 있다.

② 우리나라: 실정법상 희생보상청구권을 인정하는 일반규정은 없으나 개별법률상 이를 규정하고 있는 법률은 있다.

[예] 소방대장 등은 화재, 재난 그밖의 위급한 사정이 발생한 현장에서 소방활동을 위하여 필요한 때에는 그 현장에 있는 자로 하여금 인명구출 또는 화재진압을 하게 할 수 있는데(소방기본법 제24조①), 이 경우 소방활동 종사자가 이로 인하여 사망 또는 부상을 입은 경우에는 이를 보상하여야 한다(소방기본법 제24조②).

3. 성립요건

희생보상청구권이 성립하기 위해서는 ① 공공의 필요에 의한 비재산권에 대한 침해가 있을 것, ② 적법한 행정작용에 의한 침해일 것, ③ 특별한 희생이 있을 것 등이 요구된다.

4. 희생보상의 효과

침해를 통하여 수익하는 자가 있다면 그 자가 보상의무자가 되고 만약 그러한 자가

없다면 처분의 관할청에 속하는 행정주체가 보상의무자가 된다. 독일의 판례는 보상을 비재산적인 이익의 침해에 대한 것이 아니라, 비재산적 침해에 따른 재산적 결과의 보상으로 보고, 보상의 범위를 비재산권 침해에 대한 재산적 손해(예 의료비, 소득상실 등)에 한정하여 정신적 손해(예 위자료)는 배제하고 있다.

제3절 국가배상

  – 행정상 손해배상

제1관 공무수행으로부터 재산상 피해에 대한 국가배상

Ⅰ. 국가배상의 개념 및 기능

1. 의 의

  행정상 손해배상이라 함은 국가가 자신의 사무수행과 관련하여 위법하게 타인에게 손해를 가한 경우에 국가가 피해자에게 손해를 배상해 주는 제도인 국가배상을 말한다. 국가배상법상 배상책임의 유형으로는 ① 공무원의 직무상 불법행위로 인한 배상책임과 ② 영조물의 설치·관리상의 하자로 인한 배상책임의 두 가지가 있다.

2. 행정상 손해배상제도인 국가배상의 기능

  ① 피해자의 구제를 통한 기본권 보장기능
  ② 손해의 분산기능
  ③ 공무원의 위법행위에 대한 억제 및 제재의 기능

Ⅱ. 연 혁

1. 프랑스

1) 성립 및 발전   프랑스에서의 국가책임은 국참사원의 판례를 통하여 형성·발전하였다.
  ① 콩세유데따(Conseil d'etat) 판결: 프랑스의 국가배상책임의 성립 및 발전에 기초가

된 판결이다.

② 블랑코(Blanco) 판결: 프랑스의 국참사원이 1873년에 국가배상책임을 공법적 책임으로 최초로 확인한 판결로 블랑코란 소년이 국영담배공장 운반차에 부상을 당하여 민사법원에 손해배상청구소송을 제기하였으나, 손해가 공무원(공역무)에 의하여 발생한 것이라는 이유에서 국참사원(행정재판소)으로 옮겨진 사건이다. 이 판결을 통해 프랑스에서 국가배상책임이 확립되게 되었다.

2) 국가배상책임의 특징

① 역무과실책임과 위험책임의 이원적 구조를 인정한다.

② 과실책임 이외에 무과실책임 또는 위험책임이 광범위하게 인정된다.

③ 공무원의 행위가 개인과실로 인정되어 개인적으로 책임을 부담하는 경우에도 직무관련성이 있으면 피해자에게 공무원 개인 또는 국가에 대한 선택적 배상청구권을 인정하고 있다. 이를 '중복이론'이라고도 한다.

2. 독 일

1) 성립 및 발전

독일에서의 국가배상책임은 위임이론에서 기관책임과 대위책임이론으로 전환하면서 형성·발전하였다.

① 위임이론: 18세기 독일에서는 국가와 공무원의 관계를 위임계약으로 보고 공무원은 국가로부터 적법한 행위만을 위임받았기 때문에 공무원의 불법행위로 인한 손해는 공무원 자신이 책임을 지고 국가는 책임이 없다는 국가무책임사상이 확립되었다. 다만 이때도 국가의 사경제작용으로 인한 손해에 대해서는 민법에 의한 손해배상책임을 인정하였다.

② 대위책임: 공행정작용으로 인한 손해에 대한 배상책임은 1919년 바이마르(Weimar) 헌법에 의해 확립되었다. 1919년 바이마르헌법은 대위책임을 인정하였고, 1981년 제정된 국가책임법은 자기책임적 구조를 띠고 있었으나 국가책임법이 위헌결정을 받음에 따라 시행되지 못하였고 결국 독일의 배상책임제도는 종전의 바이마르헌법상의 대위책임제로 회귀하게 되었고, 이를 본기본법이 그대로 계승함으로써 정착하였다.

2) 국가배상책임의 특징

① 공무원의 행위에 의해 손해가 발생한 이상 가해 공무원이 판명되지 않더라도 국가배상책임을 인정한다. 이를 조직과실이론이라고 한다.

② 국가배상책임을 사경제적작용과 공행정작용으로 구별하여, 공행정작용으로 인한

국가배상은 국가의 직접적 책임이 아니라 공무원이 부담해야할 책임을 국가가 대신하여 책임을 진다는 대위책임설을 기초로 한다.

3. 영국과 미국

1) 영 국   영국에서는 "왕은 악을 행하지 않는다."는 주권면책사상에 따라 20세기 초에 이르기 까지 국가의 불법행위에 대해서는 공무원 개인의 잘못으로 간주되어 국가의 배상책임을 인정하지 않았으나, 1947년 국왕소추법(Crown Proceeding Act)이 제정되어 비로소 국가(국왕)의 배상책임을 인정하게 되었다.

2) 미 국   1946년 연방불법행위청구권법(Federal Tort Claims Act)을 제정함으로써 국가배상책임을 인정하기 시작하였다.

3) 특 징   광범위한 적용배제조항을 두고 있다.

Ⅲ. 한국의 행정상 손해배상제도 - 국가배상

1. 국가배상청구권의 헌법적 보장

1) 헌법규정   헌법 제29조는 "공무원의 직무상 불법행위로 손해를 받은 국민은 법률이 정하는 바에 의하여 국가 또는 공공단체에 정당한 배상을 청구할 수 있다. 이 경우 공무원 자신의 책임은 면제되지 아니한다."고 규정하여 국가배상청구권을 헌법적 차원에서 보장하고 있다.

2) 헌법규정의 법적 성질   국가배상청구권을 규정한 헌법 제29조의 법적 성격에 대해서는 견해가 일치하고 있지 않다.

① 입법방침규정설과 직접효력규정설

학 설	내 용
입법방침규정설	헌법 제29조만으로는 추상적인 권리가 발생할 뿐이고, 구체적인 권리가 발생하기 위해서는 손해배상의 요건 등 법률에 의한 보완이 필요하다는 견해이다.
직접효력규정설 (통설·판례)	헌법 제29조를 구체적인 권리를 규정하고 있는 직접적 효력규정으로 보는 견해이다. 즉 이 규정에서 직접 국가배상을 청구할 수 있고, '법률이 정하는 바에 의하면'의 표현은 국가배상의 구체적인 기준과 방법을 법률이 규정한다는 의미로 본다.

② 재산권설과 청구권설

학 설	내 용
재산권설	국가배상청구권을 헌법 제23조 제1항에 규정되어 있는 재산권의 한 내용으로 이해하는 견해이다.
청구권설 (통설)	국가배상청구권을 공무원의 불법행위로 받은 국민의 손해를 구제하기 위한 청구권으로서 재산권과는 별도의 기본권으로 보는 견해이다.
판례	헌법재판소는 국가배상청구권을 재산권적 성질과 청구권적 성질을 아울러 가지고 있는 권리로 보고 있다(헌재1997.2.20. 96헌바24).

2. 국가배상법

1) 국가배상법의 지위

① 일반법: 국가배상법은 헌법 제29조 제1항을 구체화하기 위하여 국가배상의 요건·내용 및 절차를 규정한 법률로서 공행정작용으로 인한 배상의 일반법이다.

② 적용순위: 공행정작용으로 인한 배상에 대한 ㉠ 특별법이 있으면 그 규정이 먼저 적용되고, ㉡ 특별법이 없으면 국가배상법이 적용되며, ㉢ 국가배상법에 없으면 민법의 규정에 의한다. 국가배상법에 대한 특별법으로는 배상금액을 정형화 또는 경감하는 경우(예 우편법 제38조·형사보상 및 명예회복에 관한 법률 제5조③)와 무과실책임을 인정하는 경우(예 원자력 손해배상법 제3조·공무원연금법 제35조·산업재해보상보험법 제3조①)가 있다.

> **국가배상법** 제8조(다른 법률과의 관계) 국가 또는 지방자치단체의 손해배상의 책임에 관하여는 이 법에 규정된 사항 외에는 민법에 따른다. 다만, 민법 이외의 법률에 다른 규정이 있을 때에는 그 규정에 따른다.

2) 국가배상법의 법적 성질
국가배상법상의 배상책임이 공법상의 책임인지 사법상의 책임인지에 대하여는 사법설과 공법설이 대립하고 있다.

학 설	논 거	국가배상청구권의 성질
사법설 (판례)	① 배상책임은 민법상 불법행위책임의 한 유형 ② 국가배상법은 민법의 특별법	• 국가배상청구권은 사권 • 소송 형태는 민사소송에 의함
공법설 (통설)	① 실정법은 공법과 사법의 이원적 체계 ② 국가배상청구권은 공법적 원인에 의해 발생하므로 공권	• 국가배상청구권은 공권 • 소송 형태는 당사자소송에 의함

국가배상에 관한 법규의 적용순위

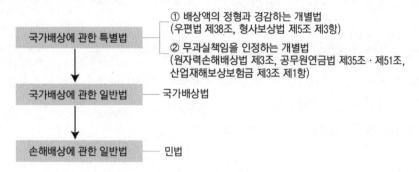

국가배상에 관한 특별법 ── ① 배상액의 정형과 경감하는 개별법
(우편법 제38조, 형사보상법 제5조 제3항)
② 무과실책임을 인정하는 개별법
(원자력손해배상법 제3조, 공무원연금법 제35조 · 제51조,
산업재해보상보험금 제3조 제1항)

국가배상에 관한 일반법 ── 국가배상법

손해배상에 관한 일반법 ── 민법

[판례] 국가배상청구권은 사권이라는 판례

공무원의 직무상 불법행위로 손해를 받은 국민이 국가 또는 공공단체의 배상을 청구하는 경우 국가 또는 공공단체에 대하여 그의 불법행위를 이유로 손해배상을 구함은 국가배상법이 정한 바에 따른다 하여도 이 역시 민사상의 손해배상책임을 특별법인 국가배상법이 정한 데 불과하다(대판 1972.10.10. 69다701).

3) 배상청구권의 주체

① 원 칙: 국가배상청구권의 주체는 국민이다. 따라서 대한민국의 국민이 아닌 자는 배상청구를 할 수 없다. 국민에는 자연인뿐 아니라 법인도 포함된다.

② 예 외

㉠ 외국인이 피해자인 경우에는 상호의 보증이 있는 때에 한하여 적용한다(국가배상법 제7조). 여기서 상호 보증이란 한국인도 피해자인 외국인의 본국에서 손해배상을 청구할 수 있는 경우를 말한다.

㉡ 한국에 주둔해있는 미군의 구성원 · 고용원 또는 카투사의 공무집행 중의 행위로 피해를 입은 경우에도 동법에 의하여 대한민국을 상대로 국가배상을 청구할 수 있다(한미행정협정 제23조⑤).

4) 국가배상법상의 배상책임의 유형

국가배상법은 행정상 손해배상의 유형으로 ① 공무원의 직무상 불법행위로 인한 손해배상책임(제2조)과 ② 영조물의 설치 · 관리 하자로 인한 손해배상책임(제5조)을 규정하고 있다. 그러나 헌법 제29조는 ②의 경우를 규정하고 있지 않다.

제2관 공무원의 직무상 불법행위로 인한 배상책임

Ⅰ. 배상책임의 요건(국가배상법 제2조 제1항)

국가배상법 제2조 제1항 본문에 의하면 국가배상책임이 성립하기 위해서는 ① 공무원이 ② 직무를 ③ 집행함에 당하여 ④ 고의 또는 과실로 ⑤ 위법하게 ⑥ 타인에게 ⑦ 손해를 가하였어야 한다. 이를 분설하면 다음과 같다.

1. 공무원

국가 등의 배상책임이 성립하기 위해서는 불법행위를 한 자가 공무원이어야 한다. 여기서 공무원이라 함은 국가공무원법이나 지방공무원법상의 공무원의 신분을 가진 자(협의의 공무원)뿐만 아니라 널리 공무를 위탁받아 실질적으로 공무에 종사하는 자(공무위탁사인)를 포함한다(광의설, 통설과 판례).

① 행정관청의 지위에 있는 자나 보조기관의 지위에 있는 자 및 의결기관을 구성하는 자 모두 공무원에 포함된다.

② 공무원을 임용한 후 무효사유가 발견되더라도 그 때까지 위탁받아 한 직무행위에 대해서는 공무원의 행위로 본다(사실상공무원이론).

국가배상법 제2조의 공무원의 범위	
판례가 국가배상법상 공무원으로 인정한 예	판례가 국가배상법상 공무원임을 부정한 예
국회의원, 판사, 검사, 소집 중인 향토예비군, 미군부대의 카투사, 시청소차운전수, 집행관(집달관), 통장, 공무를 위탁받은 교통할아버지, 조세원청징수의무자, 전투경찰, 지방자치단체에 근무하는 청원경찰	의용소방대원, 시영버스운전사, 공무집행에 자진 협력하는 사인(예 우체국에서 아르바이트하는 자)

[판례] 국가배상법상 공무원의 의미

국가배상법 제2조 소정의 '공무원'이라 함은 국가공무원법이나 지방공무원법에 의하여 공무원으로서의 신분을 가진 자에 국한하지 않고, 널리 공무를 위탁받아 실질적으로 공무에 종사하고 있는 일체의 자를 가리키는 것으로서, 공무의 위탁이 일시적이고 한정적인 사항에 관한 활동을 위한 것이어도 달리 볼 것은 아니다(대판 2001.1.5. 98다39060).

2. 직무행위

1) 직무행위의 범위

① 학 설: 직무행위의 범위는 권력작용, 비권력 작용, 사경제적 작용 중 어느 범위까지를 직무행위로 인정할 것인가의 문제이다.

학 설	내 용
협의설	국가배상법 제2조의 직무를 권력작용으로 한정하는 견해
광의설 (통설)	국가배상법 제2조의 직무를 사경제적 작용을 제외한 권력적 작용과 비권력적 작용으로 보는 견해
최광의설	국가배상법 제2조의 직무에 권력작용, 비권력 작용, 사경제적 작용 모두를 포함시키는 견해

② 판례의 태도: 판례는 "국가배상청구의 요건인 '공무원의 직무'에는 권력적 작용만이 아니라 비권력적 작용도 포함되며 단지 행정주체가 사경제주체로서 하는 활동만 제외된다."고 판시하여 광의설을 지지하고 있다(대판 2001.1.5. 98다39060).

③ 공무원의 사경제작용으로 인한 손해: 광의설에 의하면 공무원의 사경제작용으로 인한 손해에 대해서는 국가배상청구가 인정되지 않는다. 따라서 이 경우에는 국가 등은 민법 제756조에 따라서 사용자책임을 지게 된다.

> **[판례]**
>
> 국가의 철도운행사업이나 시영버스사업은 국가가 공권력의 행사로서 하는 것이 아니고 사경제작용이라 할 것이므로 이로 인한 사고에 공무원이 관여하였다고 하더라도 국가배상법을 적용할 것이 아니고 일반 민법의 규정(제756조)에 따라 사용자책임을 진다(대판 1999.6.22. 99다7008, 대판 1970.11.24. 70다1148).

2) 직무행위의 내용   국가배상책임의 원인행위로서의 공무원의 직무행위는 행정뿐만 아니라 입법 및 사법의 모든 직무를 의미한다. 따라서 명령적 행위뿐만 아니라 형성적 행위, 준법률행위적 행정행위, 사실행위, 특별행정법 관계에서의 행위 등도 모두 직무행위에 포함된다.

① 입법작용: 입법작용을 공무원의 직무행위의 범위에 포함시키는 것이 일반적이나, 그러나 구체적인 경우 입법상의 불법에 대하여 배상책임을 인정하기가 쉽지 않다. 판례는 "국회의원의 입법행위는 그 입법 내용이 헌법의 문언에 명백히 위반됨에도 불구하고 국회가 굳이 당해 입법을 한 것과 같은 특수한 경우가 아닌 한 국가배상법 제2조 제1항

소정의 위법행위에 해당된다고 볼 수 없다."고 판시하고 있다(대판 1997.6.13. 96다56115).

② 사법작용: 법관도 국가배상법상의 공무원에 해당하므로 법관이 판결을 함에 있어서 고의 또는 과실로 법령에 위반하여 타인에게 손해를 가한 경우에는 원칙적으로 국가에 대하여 배상을 청구할 수 있다. 그러나 그 범위에 대하여는 견해가 대립하고 있다.

㉠ 외국의 예: 영·미에서는 법관의 면책특권을 인정하고 있고, 독일에서는 원칙적으로 국가배상을 인정하지 않고 예외적으로 법관의 직무 위반이 형법상의 범죄행위에 해당하고 또 그 위반에 고의 또는 중과실이 있는 경우에만 국가책임을 인정하고 있다.

㉡ 학 설: 재판작용에 대해서는 경험칙상 불합리한 사실의 인정·법령내용의 오해나 부지로 인한 오판의 경우에 한해 제한적으로 위법성이 인정되고, 사법행정작용에 대해서는 보통 공무원의 직무행위와 마찬가지로 국가배상책임을 인정해야 한다는 견해가 다수설이다.

㉢ 판례의 태도: 대법원은 법관이 위법 또는 부당한 목적을 가지고 재판하는 등 법관이 그에게 부여된 권한의 취지에 명백히 어긋나게 이를 행사하였다고 인정할만한 특별한 사정이 인정되는 경우에 한하여 예외적으로 재판작용의 위법성을 인정하여 배상책임을 인정하고 있다(대판 2001.4.24. 2000다16114).

[판례] 법관이 압수수색할 물건의 기재가 누락된 압수수색영장을 발부한 행위가 불법행위를 구성하지 않는다고 본 사례

법관의 재판에 법령의 규정을 따르지 아니한 잘못이 있다 하더라도 이로써 바로 그 재판상 직무행위가 국가배상법 제2조 제1항에서 말하는 위법한 행위로 되어 국가의 손해배상책임이 발생하는 것은 아니고, 당해 법관이 위법 또는 부당한 목적을 가지고 재판을 하는 등 법관이 그에게 부여된 권한의 취지에 명백히 어긋나게 이를 행사하였다고 인정할 만한 특별한 사정이 있어야 위법한 행위가 되어 국가배상책임이 인정된다고 할 것인바, 압수수색할 물건의 기재가 누락된 압수수색영장을 발부한 법관이 위법·부당한 목적을 가지고 있었다거나 법이 직무수행상 준수할 것을 요구하고 있는 기준을 현저히 위반하였다는 등의 자료를 찾아볼 수 없다면 그와 같은 압수수색영장의 발부행위는 불법행위를 구성하지 않는다(대판 2001.10.12. 2001다47290).

③ 비권력작용: 직무행위에는 권력작용뿐만 아니라 행정지도와 같은 비권력작용도 사경제 작용이 아닌 한 포함된다는 것이 통설과 판례의 입장이다.

④ 부작위

㉠ 직무행위성: 행정청 등 국가기관이 법령에 의하여 일정한 행위를 하여야 하는데 이를 하지 않아 개인에게 손해가 발생한 경우에는 그 부작위 자체가 곧 직무행위로 인정된다(통설·판례).

㉡ 위법성 인정요건: 부작위의 위법성이 인정되기 위해서는 법령 또는 조리상 행정청의

작위의무가 인정되어야 하고, 그 작위의무가 사익보호성을 가져야 한다(대판 1998.10. 13. 98다18520).

[판례] 경찰서 감방 내의 폭력행위를 방지하기 위한 경찰관의 주의의무

이 사건 당시 배치된 경찰관 등으로서는 사고 감방 내의 상황을 잘 살펴 수감자들 사이에서 폭력이 일어나지 않도록 예방하고 나아가 폭력행위 등이 일어난 경우에는 이를 제지하여야 할 의무가 있음에도 불구하고 이러한 주의를 게을리한 사실(부작위)을 인정할 수 있으므로 피고(대한민국)의 배상책임은 인정된다(대판 1993.9.28. 93다17546).

[판례] 간첩 김신조 사건

무장공비 색출체포를 위한 대간첩 작전을 수행하기 위하여 파출소 소장, 순경 및 육군장교 수명 등이 파출소에서 합동대기하고 있던 중 그로부터 불과 60~70미터 거리에서 약 15분간에 걸쳐 주민들이 무장간첩과 격투하던 주민 중 1인이 무장간첩의 발사한 권총탄에 맞아 사망하였다면 위 군경공무원들의 직무유기 행위와 위 망인의 사망과의 사이에 인과관계가 있다고 봄이 상당하므로 피고(대한민국)의 배상책임이 인정된다(대판 1971.4.6. 71다124).

---

⑤ 통치행위: 긍정설과 부정설의 견해의 대립이 있으나, 당연무효가 아닌 한 직무범위에 해당하지 않는다고 봄이 타당하다.

⑥ 검사의 구속·기소행위: 검사의 공소권 행사도 당연히 직무범위에 해당하여 국가배상청구권의 대상이 되나, 기소편의주의를 취하고 있는 형사소송법 구조에서 그 위법성의 인정범위가 문제된다. 이에 대하여 판례는 "그 구속 및 공소제기에 관한 검사의 판단이 그 당시의 자료에 비추어 경험칙이나 논리칙상 도저히 합리성을 긍정할 수 없는 정도에 이른 경우에만 그 위법성을 인정할 수 있다"는 입장이다(대판 2002.2.22. 2001다23447).

[판례]

"공소제기 후 형사재판과정에서 범죄사실의 존재를 증명함에 충분한 증거가 없다는 이유로 무죄판결이 확정되었다고 하더라도 그러한 사정만으로 바로 검사의 구속 및 공소제기가 위법하다고 볼 수 없고, 그 구속 및 공소제기에 관한 검사의 판단이 그 당시의 자료에 비추어 경험칙이나 논리칙상 도저히 합리성을 긍정할 수 없는 정도에 이른 경우에만 그 위법성을 인정할 수 있다"는 입장이다(대판 2002.2.22. 2001다23447).

---

3) 직무를 집행하면서

① '집행하면서'의 의미: 직무집행 그 자체뿐만 아니라 객관적으로 직무의 범위 내에 속하는 행위라고 인정되거나 직무와 밀접하게 관련된 행위라고 인정되는 경우를 말한다.

② 판단기준: 직무와의 관련성의 유무의 판단기준에 관해 통설과 판례는 외형설의

입장을 취하고 있다. 즉, 직무행위인지의 여부는 해당 행위가 현실적으로 정당한 권한 내의 것인지의 여부 또는 공무원에게 직무집행의 의사가 있는지의 여부를 불문하고 객관적으로 직무행위의 외관을 갖추고 있는지 여부를 기준으로 판단하여야 한다는 것이다.

예 유실물 보관을 담당하는 경찰공무원이 보관 중인 유실물을 횡령하는 것은 본연의 직무집행행위는 아니지만 외형상 직무행위와 밀접한 관련이 있다고 볼 수 있으므로 직무를 집행함에 당하여 한 행위가 된다.

[판례] 총기오발사건

국가배상법 제2조 제1항에서 말하는 직무를 집행함에 당하여라는 취지는 공무원의 행위의 외관을 객관적으로 관찰하여 공무원의 직무행위로 보여질 때에는 비록 그것이 실질적으로 직무행위이거나 아니거나 또는 행위자의 주관적 의사에 관계없이 그 행위는 공무원의 직무집행행위로 볼 것이요, 이러한 행위가 실질적으로 공무집행행위가 아니라는 사정을 피해자가 알았다고 하더라도, 그것을 국가배상법 제2조 제1항에서 말하는 '직무를 행함에 당하여'라고 단정하는 데, 아무런 영향이 없다(대판 1966.6.28. 66다781).

[정리] 직무관련성 유무의 판례정리

판례가 직무관련성을 인정한 예	판례가 직무관련성을 부정한 예
퇴근 중의 사고, 공무출장 후 귀대 중의 사고, 훈련도중 꿩사냥 하다가 발생한 사고, 훈계권 행사로서 행한 기합에 의한 사고, 학군단 소속 차량이 학교교수의 장례식에 참석하기 위해 운행하다가 발생한 사고	부대이탈 후 민간인 사살, 고참병의 훈계살인, 보초근무 중 절취한 총탄으로 저지른 살인, 불법휴대 카빈으로 행한 보리밭의 꿩사격, 군의관의 포경수술, 출근을 위한 자동차운전 중 사고, 결혼식 참석을 위한 군용차량 운행

3. 고의 또는 과실로 인한 행위

타인이 받은 손해는 공무원이 직무를 집행함에 있어 고의·과실로 입힌 것이어야 한다.

1) 의 의　고의란 어떠한 위법행위의 발생가능성을 인식하고 그 결과를 인용하는 것을 말하고, 과실이란 공무원이 직무를 수행함에 있어 해당 직무를 담당하는 평균적 공무원이 보통 갖추어야 할 주의의무를 게을리한 것, 즉 추상적 과실을 말한다(판례). 과실은 그 정도에 따라 중과실과 경과실로 나눌 수 있으며 모두 국가배상법상의 과실에 포함된다.

2) 판단기준　고의나 과실의 유무는 당해 공무원을 기준으로 판단한다. 따라서 공무원의

직무책임은 과실책임이다. 또한 가해 공무원이 특정될 필요는 없다.

예 • 야간 시위 중 이를 진압하던 경찰들의 집단 불법구타로 인해 상해를 입은 경우 → 가해 경찰이 누구인지 알 수 없어 특정할 수는 없으나 손해의 발생상황으로 보아 경찰의 행위에 의한 것임이 인정됨으로 국가는 이에 대해 배상책임을 지게 됨

　　• 신원을 알 수 없는 자가 군용폭음탄을 투척하여 상해를 입힌 경우 → 군부대에서 사용하는 총기·탄약·폭발물 등의 관리책임자는 자기의 보관 및 관리 소홀로 총기 등이 군 외부로 유출되면 그것이 범죄행위에 사용되어 국민 개개인의 생명과 신체를 침해하는 결과가 발생할 수 있다는 것을 충분히 예견할 수 있으므로, 관리상의 과실로 군부대에서 유출된 폭음탄이 범죄행위에 사용된 경우, 그 범죄행위로 인해 피해자가 입은 손해와 관리책임자의 폭음탄 관리상의 과실 사이에는 상당인과관계가 인정(대판 1998.2.16. 97다49534)

학 설	내 용
대위책임설	공무원의 고의·과실은 공무원의 책임요건이므로 고의·과실은 당해 공무원의 주관적 인식유무를 기준으로 판단한다.
자기책임설	고의·과실을 국가 등에 책임을 귀속시키기 위한 공무운영상의 객관적 흠으로 이해하고, 그 흠은 위법한 국가작용의 발생원인을 객관적으로 평가하여 판단한다. 따라서 비록 공무원에게 과실이 없다 하더라도 그의 행위가 위법하기만 하면 국가는 배상책임을 져야 한다는 일종의 무과실책임을 인정한다.

3) 입증책임　　고의 또는 과실에 대한 입증책임은 피해자가 진다. 최근에는 이러한 입증책임을 완화하여 권리구제를 용이하게 하기 위한 '일응 추정의 법리'가 원용되고 있다. 이는 피해자가 공무원의 위법한 직무행위에 의하여 손해가 발생하였음을 입증하면 공무원에게 과실이 있는 것으로 일응 추정된다는 것이다.

4) 과실개념의 객관화　　최근 과실개념을 객관화하여 국가배상책임의 성립을 용이하게 하려는 시도가 이루어지고 있다. 과실의 객관화로는 과실의 개념을 ① 해당 공무원이 아닌 해당 직무를 담당하는 평균적인 공무원을 기준으로 판단해야 한다는 견해, ② 국가작용의 흠으로 해석하려는 견해, ③ 국가작용의 하자로서 객관적으로 파악하려는 견해, ④ 위법성과 과실의 융합이론 등의 견해가 있다.

[정리] 고의·과실의 판단에 대한 판례의 태도
ⓐ 고의 · 과실의 의미: 판례는 고의·과실을 객관적 정당성의 상실로 보고 있다. 즉 "어떠한 행정처분이 후에 항고소송에서 취소되었다고 할지라도 그 기판력에 의하여 당해 행정처분이 곧바로 공무원의 고의 또는 과실로 인한 것으로서 불법행위를 구성한다고 단정할 수는 없는 것이고, 그 행정처분의 담당공무원이 보통 일반의 공무원을 표준으로 하여 볼 때 객관적 주의의무를 결하여 그 행정처분이 객관적 정당성을

상실하였다고 인정 될 정도에 이른 경우에 국가배상법 제2조 소정의 국가배상책임의 요건을 충족하였다고 봄이 상당하다(대판 2000.5.12. 99다70600)"고 판시하였다.

ⓑ 고의·과실의 판단기준: 객관적 정당성을 상실하였는지 여부는 피침해이익의 종류 및 성질, 침해행위가 되는 행정처분의 태양 및 그 원인, 행정처분의 발동에 대한 피해자측의 관여의 유무, 정도 및 손해의 정도 등 제반 사정을 종합하여 손해의 전보책임을 국가 또는 지방자치단체에게 부담시켜야 할 실질적인 이유가 있는지 여부에 의하여 판단하여야 한다(대판 2000.5.12. 99다70600).

ⓒ 법령해석의 하자와 공무원의 과실인정 여부: 공무원의 법령해석의 하자를 과실로 인정할 수 있는지 여부가 문제된다.

ⅰ) 공무원이 관계법규를 알지 못하거나 필요한 지식을 갖추지 못하여 법규의 해석을 그르친 경우 법령에 대한 해석이 복잡, 미묘하여 워낙 어렵고, 이에 대한 학설, 판례조차 귀일되어 있지 않는 등의 특별한 사정이 없는 한 과실이 없다고는 할 수 없다(대판 2001.2.9. 98다52988).

ⅱ) 관계법령의 해석이 미확립된 경우
행정청이 관계법령의 해석이 확립되기 전에 어느 한 설을 취하여 업무를 처리한 것이 결과적으로 위법하게 되어 그 법령의 부당집행이라는 결과를 빚었다고 하더라도 처분 당시 그와 같은 처리방법 이상의 것을 성실한 평균적 공무원에게 기대하기 어려웠던 경우라면 특별한 사정이 없는 한 이를 두고 공무원의 과실로 인한 것이라고는 볼 수 없다(대판 2001.3.13. 2000다20731).

4. 법령에 위반한 행위(위법성)

국가배상책임이 인정되기 위해서는 공무원의 작위 또는 부작위에 의한 가해행위가 법령에 위반한 것이어야 한다.

1) 법령의 범위 법령의 범위에 대해서는 협의설과 광의설이 대립하고 있다.

학 설	내 용	위법성 판단 대상 및 기준
협의설	① 법령을 성문법과 불문법을 포함한 모든 법규로 이해하는 견해 ② 법령 위반은 직무행위가 법규범에 위반한 것을 의미한다는 견해	행위위법설
광의설 (통설)	① 법령을 성문법과 불문법 등 엄격한 의미에서의 법령뿐 아니라 권리남용금지·신의성실의 원칙·공서양속 등의 법의 일반원칙을 포함하고 더 나아가 당해 직무행위가 객관적으로 정당성도 포함된다는 견해 ② 법령위반은 직무행위가 법규범에 위반한 경우뿐만 아니라 그 결과가 객관적 정당성을 상실한 경우까지를 의미한다는 견해	결과위법설
판 례	판례는 법령의 범위에 대해서는 광의설을, 위법성판단대상 및 기준에 대해서는 행위불법설을 취하고 있다.	

ⓐ 국가배상책임은 공무원의 직무집행이 법령에 위반한 것임을 요건으로 하는 것으로서, 공무원의 직무집행이 법령이 정한 요건과 절차에 따라 이루어진 것이라면 특별한 사정이 없는 한 이는 법령에 적합한 것이고 그 과정에서 개인의 권리가 침해되는 일이 생긴다고 하여 그 법령적합성이 곧바로 부정되는 것은 아니다.

ⓑ 경찰관이 교통법규 등을 위반하고 도주하는 차량을 순찰차로 추적하는 직무를 집행하는 중에 그 도주차량의 주행에 의하여 제3자가 손해를 입었다고 하더라도 그 추적이 당해 직무 목적을 수행하는 데에 불필요하다거나 또는 도주차량의 도주의 태양 및 도로교통상황 등으로부터 예측되는 피해발생의 구체적 위험성의 유무 및 내용에 비추어 추적의 개시·계속 혹은 추적의 방법이 상당하지 않다는 등의 특별한 사정이 없는 한 그 추적행위를 위법하다고 할 수는 없다(대판 2000.11.10. 2000다26807).

ⓐ 국가배상책임은 공무원의 직무집행이 법령에 위반한 것임을 요건으로 하는 것으로서, 공무원의 직무집행이 법령이 정한 요건과 절차에 따라 이루어진 것이라면 특별한 사정이 없는 한 이는 법령에 적합한 것이고 그 과정에서 개인의 권리가 침해되는 일이 생긴다고 하여 그 법령 적합성이 곧바로 부정되는 것은 아니라고 할 것인바, 불법시위를 진압하는 경찰관들의 직무집행이 법령에 위반한 것이라고 하기 위하여는 그 시위진압이 불필요하거나 또는 불법시위의 태양 및 시위 장소의 상황 등에서 예측되는 피해 발생의 구체적 위험성의 내용에 비추어 시위진압의 계속 수행 내지 그 방법 등이 현저히 합리성을 결하여 이를 위법하다고 평가할 수 있는 경우이어야 한다.

ⓑ 경찰관들의 시위진압에 대항하여 시위자들이 던진 화염병에 의하여 발생한 화재로 인하여 손해를 입은 주민의 국가배상청구권은 인정되지 아니한다(대판 1997.7.25. 94다2480).

2) 법령 위반이 특히 문제되는 경우

① 행정규칙 위반: 행정규칙은 법규가 아니므로 이에 위반한 경우에는 법령 위반에 해당하지 않는다(대판1973.1.30. 72다2060). 다만 통설인 광의설에 의하면 법령 위반에 해당하게 된다.

② 재량 위반: 재량행위도 재량을 일탈·남용하면 법령 위반으로 위법한 행정작용이 되나, 단순히 재량을 그르친 데 그친 경우에는 법령 위반에 포함되지 않는다. 따라서 부당으로서의 재량 위반은 법령 위반에 해당하지 않는다.

③ 부작위: 행정작용에는 작위와 부작위를 포함하므로 재량권이 0으로 수축하여 공무원이 적극적 처분을 하여야 함에도 불구하고 이를 행하지 않은 경우에는 법령 위반이 되어 국가배상책임을 진다.

3) 취소소송의 기판력과 국가배상청구소송에서의 선결관계
취소소송(전소)에서 판결이 확정되면 기판력이 발생한다. 취소판결 이후 국가배상청구소송(후소)이 제기된 경우

후소법원이 취소판결의 기판력에 구속되어 처분의 위법성을 인정할 수 있는지 문제되는데, 이를 선결관계라고 한다.

① 학 설

학 설	위법성의 본질	기판력의 인정 여부
행위위법설	취소소송에서의 위법과 국가배상청구소송에서의 위법을 동일하게 봄	취소소송에서의 위법성의 판단은 후소인 국가배상청구소송에 언제나 기판력이 미침 예 · 취소소송에서 청구기각판결된 경우 국가배상청구소송도 기각판결 · 취소소송에서 청구인용판결된 경우 국가배상청구소송도 인용판결
결과위법설	국가배상청구소송에서의 위법을 취소소송에서의 위법개념보다 더 넓은 것으로 봄	청구인용판결의 경우에는 취소판결의 기판력이 국가배상청구소송에 미치게 되나 청구기각판결의 경우에는 국가배상청구소송에 기판력이 미치지 않는다고 봄 예 · 취소소송에서 청구기각판결된 경우 국가배상청구소송도 기각 또는 인용판결 · 취소소송에서 청구인용판결된 경우 국가배상청구소송도 인용판결

② 선결문제: 국가배상의 선결문제로서 행정행위의 위법성을 다투기 위하여 먼저 위법한 행정행위의 취소판결이 필요한가에 대하여 다수설과 판례는 필요 없다고 본다.

4) 위법성의 입증책임   원칙적으로 피해자인 원고가 가해행위의 위법성에 대한 입증책임을 부담한다.

5. 타인에게 손해를 가했을 것

국가의 배상책임이 성립하기 위해서는 공무원의 직무상 불법행위로 인하여 타인에게 손해가 발생하여야 한다.

1) 타 인   타인이란 가해공무원과 그 행위에 가담한 자 이외의 모든 자를 포함한다.

2) 손 해   손해란 가해행위로부터 발생한 모든 법익의 침해를 말하는 것으로, 재산적·비재산적 손해와 적극적·소극적 손해를 모두 포함한다.

3) 공무원의 불법행위와 손해의 인과관계   가해행위와 손해 사이에는 상당인과관계가 있어야 한다.

Ⅱ. 배상책임

위의 조건이 충족되면 국가 또는 지방자치단체는 배상책임을 지는바, 여기서는 배상책임의 성질과 배상책임자가 문제된다.

1. 배상책임의 성질

공무원의 직무상 불법행위에 대한 국가 등의 배상책임의 성질이 무엇인가에 대해서는 대위책임설, 자기책임설, 절충설(중간설) 등의 견해가 있다.

1) 대위책임설(행정법학자의 다수견해)　공무원의 위법한 직무행위로 인한 손해배상책임은 원칙적으로 공무원이 져야 하나, 국가 등이 가해자인 공무원을 대신하여 배상책임을 지는 데 불과하다고 본다. 그 논거로는

① 위법한 공무원의 행위를 국가 등의 행위로 볼 수 없으므로 그 효과도 국가 등에 귀속시킬 수 없다.

② 배상능력이 충분한 국가 등을 배상책임자로 하는 것이 피해자에게 유리하다.

③ 국가배상법 제2조는 과실책임주의를 선언하고 있고, 국가 등이 배상한 경우 공무원 개인에 대해 구상권을 행사할 수 있도록 규정하고 있다.

2) 자기책임설(헌법학자의 다수견해)　국가 등의 배상책임은 공무원의 책임을 대신하여 지는 것이 아니고 그의 기관인 공무원의 행위라는 형식을 통한 자기의 행위에 대한 책임을 지는 것으로 이해한다. 그 논거로는

① 국가는 공무원을 통해서 행위를 하는 것이므로 그로 인한 효과는 위법·적법을 불문하고 국가 등에 기속된다.

② 헌법이나 국가배상법 규정에 "공무원에 대신하여…"라는 표현이 없다.

③ 구상권의 인정문제는 정책적 측면에서 인정된 것이므로 이를 기준으로 배상책임을 논하는 것은 옳지 않다.

3) 절충설(중간설, 판례)　공무원의 고의·중과실로 인한 위법행위는 이미 기관으로서의 행위라고 볼 수 없으므로 이로 인한 배상책임은 공무원을 대신한 대위책임이지만, 공무원의 경과실에 의한 위법행위는 국가 등의 기관으로서의 행위이므로 이로 인한 배상책임은 자기책임의 성질을 가진다는 견해이다. 이 설은 경과실의 경우 공무원에 대한 구상권이 인정되지 않는다는 것을 논거로 한다.

4) 결 어   대위책임설은 연혁적으로 국가무책임 사상의 반영이라는 점에서 타당하지 않고, 절충설은 국가배상책임의 성질을 결국 자기책임으로 귀결시키고 있다. 따라서 공무원의 행위는 국가기관의 지위에서 한 것으로서 기관의 행위는 위법·적법을 불문하고 국가 등 법인격주체에게 그 효과가 귀속된다고 보아야 한다는 점, 국가배상책임은 국가권력에 내재하는 위험에 대한 위험책임적인 성질을 갖는다는 점에서 자기책임설이 타당하다고 본다.

2. 배상책임자

1) 국가 또는 지방자치단체(원칙)   국가배상법 제2조의 요건이 갖추어지면 사무의 귀속 주체인 국가 또는 지방자치단체는 원칙적으로 피해자에게 손해를 배상할 책임이 있다. 따라서 국가사무에 대해서는 국가가, 자치사무에 관해서는 지방자치단체가, 기관위임사무에 대해서는 위임기관이 배상책임을 진다.

[예] 경찰공무원은 국가공무원이므로 경찰공무원의 직무상 위법행위를 원인으로 하는 손해에 대해서는 국가(대한민국)가 배상책임을 진다. 다만 광역자치단체에 소속되어 있는 소방공무원에 대해서는 소속 광역자치단체에 손해배상책임이 있다.

[이해] 헌법 제29조 제1항은 '국가 또는 공공단체'를 배상책임의 주체로 규정하고 있으나 국가배상법 제2조 는 '국가 또는 지방자치단체' 라고 규정하여 손해배상책임자의 범위를 한정하고 있어 국가배상법 제2조가 헌법에 위반되는 것이 아닌지 문제된다. 이에 대해 학설상 합헌설과 위헌설의 대립이 있고 판례는 합헌설의 입장에서 공공단체에 대한 손해배상사건에서 민법을 적용하고 국가배상법 개정 전 결정전치주의 하에서 결정전치주의를 적용하지 않았다.

2) 비용부담자의 손해배상책임(예외)   기관위임사무에 있어서 공무원의 선임감독자 또는 영조물의 설치·관리자와 비용부담자가 다른 경우 비용부담자도 손해배상책임이 있다(국가배상법 제6조①). 따라서 피해자는 양자 중 선택적으로 배상을 청구할 수 있다. 이 경우에 손해를 배상한 자는 내부관계에서 그 손해를 배상할 책임이 있는 자에게 구상할 수 있다(동조②).

국가배상법 제6조(비용부담자등의 책임) ① 제2조·제3조 및 제5조의 규정에 의하여 국가나 지방자치단체가 손해를 배상할 책임이 있는 경우에 공무원의 선임·감독 또는 영조물의 설치·관리를 맡은 자와 공무원의 봉급·급여, 그 밖의 비용 또는 영조물의 설치·관리의 비용을 부담하는 자가 동일하지 아니하면 그 비용을 부담하는 자도 손해를 배상하여야 한다.

② 제1항의 경우에 손해를 배상한 자는 내부관계에서 그 손해를 배상할 책임이 있는 자에게 구상할 수 있다.

Ⅲ. 가해공무원의 배상책임

1. 선택적 청구권의 인정 여부(공무원 개인의 대외적 책임)

1) 문제점 공무원의 위법한 직무행위에 대하여 피해자인 국민이 국가 등에 대한 배상청구권 이외에 가해공무원 개인에 대해서도 민사상 손해배상을 청구할 수 있는지에 관해 개별 법률에 명문의 규정이 없어 학설상 견해가 대립한다. 이는 헌법 제29조 제1항 단서에서 규정한 '책임'에 민사책임이 포함되는지 여부와 국가배상법 제2조 제2항을 가해공무원의 외부적 책임규정으로 볼 수 있는지의 해석과 관련하여 논의되고 있다.

2) 학 설

① 부정설(종래의 통설): 피해자는 국가 등에 대해서만 배상을 청구할 수 있고 가해자인 공무원 개인에 대해서는 직접배상을 청구할 수 없다는 견해로서, 국가배상책임의 성질에 관한 대위책임설의 입장에서 주로 주장된다. 그 논거로는

㉠ 헌법 제29조 제1항 단서의 책임은 구상, 징계, 형사책임만을 규정한 것이다.

㉡ 국가배상법 제2조 제2항은 대내관계에서 고의 또는 중과실이 있는 공무원에게만 구상책임을 지게 하고 경과실에 불과한 경우에는 내부적 구상책임도 면제시킴으로써 능동적인 직무수행을 가능케 하기 위한 것이다.

㉢ 국가의 손해배상으로 피해자의 완전한 구제가 가능하고, 공무원의 위법방지 기능은 구상과 징계로 충분하며 오히려 직무집행의 위축을 가져올 우려가 있다.

② 긍정설: 피해자는 그의 선택에 따라 국가 등과 가해공무원에 대하여 배상을 청구할 수 있다는 견해로서, 국가배상책임의 성질에 관한 자기책임설의 입장에서 주로 주장된다. 그 논거로는

㉠ 헌법 제29조 제1항 단서의 책임에는 민사상, 형사상 책임을 모두 포함하는 것이다.

㉡ 국가배상법 제2조 제2항은 대외적으로 손해를 배상한 국가 등과 공무원 개인 간의 대내적인 구상문제를 규정한 것이지 대외적으로 공무원과 피해자 간의 배상책임 문제를 규정한 것으로는 볼 수 없다.

㉢ 피해자의 구제에 만전을 기하고 공무원의 위법행위 방지를 위해 공무원 개인의

책임을 인정하여야 한다.

　③ 절충설: 공무원의 경과실에 기한 행위는 국가의 자기책임으로서 가해공무원 개인의 책임은 부정되므로 선택적 청구가 인정되지 않으나, 고의나 중과실이 있는 경우에는 국가 또는 공무원 개인에게 선택적 청구가 가능하다는 견해이다.

3) 판 례　　판례는 "공무원이 직무수행 중 불법행위로 타인에게 손해를 입힌 경우에 국가 등이 국가배상책임을 부담하는 외에 공무원 개인도 고의 또는 중과실이 있는 경우에는 불법행위로 인한 손해배상책임을 진다고 할 것이지만, 공무원에게 경과실뿐인 경우에는 공무원 개인은 손해배상책임을 부담하지 아니한다고 해석하는 것이 헌법 제29조 제1항 본문과 단서 및 국가배상법 제2조의 입법취지에 조화되는 올바른 해석이다."라고 판시하여, 절충설적인 입장을 취하고 있다.

> **[판례] 절충설**
> 국가배상법 제2조 제1항 및 제2항의 입법취지는 공무원의 경과실의 경우 이는 직무수행상 통상 예기할 수 있는 흠에 불과한 것으로서 이는 국가자신의 행위로 국가에게만 배상청구가 가능하고 공무원 개인에게는 그로 인한 책임을 부담시키지 아니하고(선택적 청구 불가), 고의 또는 중과실의 경우에는 기관으로서의 품격을 상실하여 국가 등에게 그 책임을 귀속시킬 수 없으므로 공무원 개인의 불법행위에 불과하여 공무원개인에게 배상책임 인정할 것이나, 다만 피해자 보호를 위해 국가도 중첩적으로 배상책임을 지게 한 것이다(선택적 청구가 가능)(대판 1996.2.15. 95다38677).

2. 공무원에 대한 구상

1) 의 의　　국가 등의 배상책임이 공무원의 고의 또는 중대한 과실에 의한 경우에는 국가 등은 그 공무원에게 구상할 수 있다(국가배상법 제2조②). 따라서 공무원의 경과실에 의한 경우에는 구상할 수 없다.

2) 구상권의 성질　　구상권의 성질은 배상책임의 성질에 따라 다르다.

　① 대위책임설: 국가 등의 배상책임을 대위책임으로 보는 견해에 따르면 그 공무원에 대한 구상은 당연한 것이며, 그 법적 성질은 부당이득반환청구권이 된다.

　② 자기책임설: 국가 등의 배상책임을 자기책임으로 보는 견해에 따르는 경우에도 그 공무원에 대한 구상은 인정되며, 그 법적 성질을 채무불이행에 근거한 손해배상청구권과 유사한 것으로 본다.

3) 구상권의 범위　　국가가 배상책임을 부담한 경우 원칙적으로 배상금액 전액을 구상하여야

할 것이다. 판례는 "구상권의 행사범위는 신의칙상 상당하다고 인정되는 한도 내에서만 당해 공무원에게 할 수 있다(대판 1991.5.10. 91다6764)."고 하고 있다. 다만, 공무원의 고의·중과실이 있는 경우에는 국가 등은 구상의무를 부담하지 아니한다.

4) 공무원의 연대책임　손해의 발생에 다수의 공무원이 가담한 경우 이들이 국가의 구상권에 대하여 연대책임을 지는가가 문제되나, 판례는 연대책임을 부인하고 각 공무원은 부담부분에 상응한 각자의 책임만을 부담한다고 판시하고 있다(대판 1991.5.10. 91다6764).

5) 비용부담자의 구상권　위법한 공무집행위를 한 공무원의 선임·감독자와 비용부담자가 다른 경우에는 선임·감독자가 궁극적인 배상책임자이므로 비용부담자가 배상을 한 경우에 비용부담자는 선임·감독자에게 구상할 수 있다(국가배상법 제6조②).

[정리] 부관의 가능성 정리(명문규정이 없는 경우)			
구 분	대위책임설	자기책임설	절충설(중간설)
과실판단기준	공무원의 주관적 인식 유무를 기준	공무운영상의 객관적인 흠을 기준	
위법성 판단	결과불법설	행위불법설	
선택적 청구권 (공무원의 민사책임)	• 공무원의 민사책임 부정 • 선택적 청구 부정	• 공무원의 민사책임 인정 • 선택적 청구 인정	• 경과실: 부정 • 고의 또는 중과실 인정
국가의 구상권	인정	부정	• 경과실: 부정 • 고의 또는 중과실 인정
구상권의 성질	부당이득반환청구권	채무불이행에 근거한 손해배상청구권	

Ⅳ. 배상의 범위

1. 배상기준

1) 정당배상의 원칙　헌법 제29조 제1항은 "공무원의 직무상 불법행위로 손해를 받은 국민은 법률이 정하는 바에 의하여 정당한 배상을 청구할 수 있다."고 규정하고 있으므로 배상은 원칙적으로 정당한 배상을 하여야 한다. 여기서 '정당한 배상'이란 가해행위와

상당한 인과관계에 있는 모든 손해를 정당한 가격으로 환산하여 배상하는 것을 말한다.

2) 배상기준의 성질 　국가배상법은 생명·신체에 대한 침해와 물건의 멸실·훼손으로 인한 손해에 대해서 배상금액의 기준을 정해놓고 있으며(국가배상법 제3조① 내지 ③), 그 밖의 손해에 대해서는 불법행위와 상당인과관계가 있는 범위 내의 손해를 기준으로 하고 있는데(국가배상법 제3조④), 이러한 배상기준의 성질과 관련하여 학설상 한정액설과 기준액설의 대립이 있다.

학 설	내 용
기준액설 (다수설, 판례)	국가배상법 제3조상의 배상기준은 단순한 기준에 불과하므로 구체적 사안에 따라 배상액을 증감할 수 있다는 견해
한정액설	국가배상법 제3조상의 배상기준은 배상액의 상한을 규정한 제한규정으로 보는 견해

[판례]
국가배상법상의 손해배상의 기준은 배상심의회의 배상금지급기준을 정함에 있어서의 하나의 기준을 정한 것에 지나지 아니하는 것이고 이로써 배상액의 상한을 제한한 것으로 볼 수 없다(대판 1970.1.29. 69다1203).

3) 이익의 공제

① 피해자가 손해를 입은 동시에 이익을 얻은 경우에는 손해배상액에서 그 이익에 상당하는 금액을 빼야 한다(국가배상법 제3조의2①).

② 유족배상과 손해배상 및 장래에 필요한 요양비 등을 한꺼번에 신청하는 경우에는 중간이자를 빼야 한다(국가배상법 제3조의2②).

③ 중간이자의 공제방식은 대통령령으로 정한다. 국가배상법 시행령에서는 중간이자의 공제방식으로 호프만식(단할인법)을 취하고 있다.

2. 이중배상의 금지

1) 의 의 　군인, 군무원, 경찰공무원 또는 예비군대원이 직무집행과 관련하여 손해를 입은 경우에 군인연금법, 유족연금법 등에 의한 보상금이나 연금 등의 보상을 지급받을 수 있을 때에는 국가에 대해 손해배상청구를 할 수 없다(헌법 제29조②, 국가배상법 제2조① 단서).

헌법 제29조 ② 군인·군무원·경찰공무원 기타 법률이 정하는 자가 전투·훈련 등 직무집행과 관련하여 받은 손해에 대해서는 법률이 정하는 보상 외에 국가 또는 공공단체에 공무원의 직무상 불법행위로 인한 배상은 청구할 수 없다.

국가배상법 제2조(배상책임) ① 국가나 지방자치단체는 공무원 또는 공무를 위탁받은 사인(이하 "공무원"이라 한다)이 그 직무를 집행하면서 고의 또는 과실로 법령에 위반하여 타인에게 손해를 입히거나, 자동차손해배상 보장법에 따라 규정에 의하여 손해배상의 책임이 있는 때에는 이 법에 따라 그 손해를 배상하여야 한다. 다만, 군인·군무원·경찰공무원 및 예비군대원이 전투·훈련 등 직무집행과 관련하여 전사·순직하거나 공상을 입은 경우에 본인이나 그 유족이 다른 법령에 따라 재해보상금·유족연금·상이연금 등의 보상을 지급받을 수 있을 때에는 이 법 및 민법에 따른 손해배상을 청구할 수 없다.

2) 규정취지   직무의 성질상 상시적으로 위험을 무릅써야 하는 군인·경찰공무원 등에 대하여 사망·부상 등에 대비하여 따로 보상제도를 마련하는 대신에, 국가배상법상의 배상요건을 충족하는 경우에도 별도의 보상제도에 의한 보상 외에 추가로 국가배상을 하지 않고자 하는 취지이다.

3) 동조항의 위헌 여부   과거 대법원은 이중배상금지를 위헌으로 판시(대판 1971.6.22. 70다1010)한 바 있으나 유신헌법에서 이중배상금지를 명문화하였고 현행법까지 유지되면서 학설상 동 규정에 대한 위헌설(다수설)과 합헌설의 견해의 대립이 있다. 이에 대해 헌법재판소는 헌법의 개별규정 자체는 위헌심사의 대상이 되지 않고, 국가배상법 제2조 제1항 단서는 헌법 제29조 제1항에 의하여 보장되는 국가배상청구권을 헌법 내재적으로 제한하는 헌법 제29조 제2항에 직접 근거하고, 실질적으로 그 내용을 같이하는 것이므로 헌법에 위반되지 아니한다고 판시하여 합헌 결정을 내렸다(헌재 2001.2.22. 2000헌마38 전원재판부).

4) 적용요건

① 적용대상자: 이중배상이 금지되는 자는 군인, 군무원, 경찰공무원 및 예비군대원이다.

[이해] 판례는 구 전투경찰대 설치법에 따른 전투경찰순경은 여기의 경찰공무원으로 보아 이중배상금지의 적용을 긍정하나, 공익근무요원은 포함되지 않는다고 보아 적용이 없는 것으로 판시한 바 있다.

② 손해발생의 태양: 전투·훈련 등 직무집행과 관련하여 전사·순직 또는 공상을 입은 경우에 한한다.

㉮ 숲경사가 경찰서 숙직실에서 연탄가스 중독으로 사망한 경우 → 국가배상법에 따르면

숲경사의 유족들은 동법 제2조 제1항 단서규정과는 무관하게 국가배상청구를 할 수 있다.

③ 다른 법령에 의한 보상의 가능성: 다른 법령에 의해 보상을 받을 수 있는 경우에는 국가배상청구는 허용되지 않는다(이중배상금지). 판례는 다른 법령에 의해 보상을 받을 수는 있으나 그 권리가 시효로 소멸한 경우에는 국가배상청구는 허용되지 않는다는 입장이다. 다만, 실질적으로 보상을 받을 수 없게 된 경우, 예컨대 직무수행 중 상이를 입고 퇴직한 경찰공무원이라도 신체장애나 장애등급에 해당하지 않음이 판명되면 국가배상은 허용된다는 것이 판례의 입장이다.

<사례> 甲은 의무경찰로서 훈련도중 분대장 乙로부터 훈련자세가 불량하다는 이유로 전신을 구타당해 사망하고 말았다. 이 경우 甲의 유족은 국가배상청구를 할 수 있는가? (단 甲은 다른 법률에 의하여 연금 및 순직보상금을 받을 수 있는 경우)

구 분	내 용
배상책임의 요건 구비 여부	乙은 의무경찰로서 국가배상법상의 공무원에 해당하고 훈련 중이었으므로 직무집행에 당하여 乙의 고의 또는 과실에 의한 위법한 행위에 의해 사망에 이르게 된 것이므로 국가배상법 제2조 제1항 본문에 의해 국가는 이에 대해 배상책임을 진다.
甲의 유족이 국가에 대해 배상을 청구할 수 있는지 여부	甲은 의무경찰로서 판례에 의하면 국가배상법 제2조 제1항 단서의 경찰공무원에 해당하고 훈련도중 사망하였으므로 순직에 해당하며 이에 따라 보상금 또는 연금을 받을 가능성이 있으므로 이중배상금지원칙에 의해 甲의 유족은 국가에 대해 손해배상을 청구할 수 없다.

5) 공동불법행위와 구상권

① 문제점: 일반 사인인 甲과 공무원(군인 또는 경찰공무원)인 乙이 또 다른 공무원인 丙에게 직무집행 중 공동으로 불법행위에 의한 손해를 입힌 경우 甲이 丙에게 乙의 부담 부분까지 배상한 후 그 부담 부분에 관하여 乙이 공무원임을 이유로 국가에 대해 국가배상법 제2조 제1항 본문에 의한 배상청구(구상)를 할 수 있는지 문제된다.

② 판례의 추이

판 례	판 결	판시내용
대법원(93다12738)	구상불가(기각)	이중배상금지의 원칙 적용
헌법재판소(93헌바21)	한정위헌	구상권의 행사를 절대적으로 제한하는 것으로 해석하는 한 위헌
대법원(96다42420)	구상불가(기각)	공동불법행위책임의 예외인정 → 甲은 자기부담부분만 배상하고 따라서 구상불가

V. 배상청구권의 양도 또는 압류금지

공무원의 직무상 불법행위로 인한 손해배상청구권 중 생명·신체의 침해에 대한 배상청구권은 양도하거나 압류하지 못한다(국가배상법 제4조). 이는 사회보장적 견지에서 피해자 또는 피해자의 유족의 보호를 위한 것이다.

VI. 배상청구권의 소멸시효

행정상 손해배상청구권은 피해자나 그 법정대리인이 손해 및 그 가해자를 안 날로부터 3년이 지남으로써 시효로 소멸한다(국가배상법 제8조, 민법 제766조①). 다만 손해배상청구 전 배상심의회에 대한 손해배상금 지급신청은 민법상 시효중단사유인 청구에 해당한다.

제3관 영조물의 설치 · 관리상의 하자로 인한 손해배상

I. 서 설

1. 개 념

도로, 하천, 기타 공공의 영조물의 설치 또는 관리에 하자가 있기 때문에 타인에게 손해를 발생하게 하였을 때에는 국가 또는 지방자치단체는 그 손해를 배상하여야 하는데 이를 영조물의 설치관리상의 하자로 인한 배상책임(영조물책임)이라 한다(국가배상법 제5조①).

⟮예⟯ 신호등, 교통안전표지, 경찰견, 순찰차 등과 같이 경찰기관이 설치 관리하는 영조물의 하자로 인하여 손해가 발생한 경우에는 국가를 상대로 손해배상을 청구할 수 있다.

2. 공공영조물 책임의 성질

영조물 책임은 국가배상법 제2조의 공무원의 고의 또는 과실로 인한 배상책임과는 달리 과실을 요건으로 하고 있지 않으므로 무과실책임이라는 것이 통설과 판례의 입장이다. 따라서 영조물책임은 국가배상법 제2조의 책임과는 달리 헌법 제29조와 연계되지 않고, 무과실책임이라는 점에서 서로 구별된다.

⟮예⟯ 언덕에 주차 중인 경찰순찰차가 브레이크파열로 뒤로 밀리면서 타인에게 손해를 준 경우 경찰관에게 고의 또는 중과실이 있는지 여부를 불문하고 국가는 배상책임을 진다.

3. 민법상 공작물책임(민법 제758조)과의 구별

영조물은 공작물보다 그 범위가 넓다는 점, 공작물책임의 경우에는 점유자의 면책이 인정되지만 영조물책임의 경우는 면책이 규정되어 있지 않다는 점에서 양 자는 구별된다.

> 민법 제758조(공작물등의 점유자, 소유자의 책임) ① 공작물의 설치 또는 보존의 하자로 인하여 타인에게 손해를 가한 때에는 공작물점유자가 손해를 배상할 책임이 있다. 그러나 점유자가 손해의 방지에 필요한 주의를 해태하지 아니한 때에는 그 소유자가 손해를 배상할 책임이 있다.
> ② 전항의 규정은 수목의 재식 또는 보존에 하자있는 경우에 준용한다.
> ③ 제2항의 경우에 점유자 또는 소유자는 그 손해의 원인에 대한 책임있는 자에 대하여 구상권을 행사할 수 있다.

Ⅱ. 영조물책임의 성립요건

국가 등에 영조물책임이 성립하기 위해서는 도로, 하천, 기타 공공의 영조물의 설치 또는 관리에 하자가 있어서 타인에게 손해가 발생하여야 한다.

1. 공공의 영조물일 것

공공의 영조물이란 국가 또는 지방자치단체에 의하여 공공목적에 제공되는 유체물, 즉 강학상의 공물을 의미한다. 공물의 개념에는 인공공물과 자연공물(예 하천), 동산과 부동산(예 관공서청사), 동물(예 경찰견)을 모두 포함된다. 그러나 국·공유재산이라도 잡종재산은 여기서 말하는 공공의 영조물에 포함되지 않는다.

공공영조물인 것	공공영조물이 아닌 것
신호등, 교통안전표지, 경찰견, 맨홀, 건널목, 경보기, 공중변소 등	현금, 수표, 국유림, 잡종재산

> **[판례] 공공영조물의 의미**
> 국가배상법 제5조 제1항 소정의 "공공의 영조물"이라 함은 국가 또는 지방자치단체에 의하여 특정 공공의 목적에 공여된 유체물 내지 물적 설비를 지칭하며, 특정 공공의 목적에 공여된 물이라 함은 일반공중의 자유로운 사용에 직접적으로 제공되는 공공용물에 한하지 아니하고, 행정주체 자신의 사용에 제공되는 공용물도 포함하며 국가 또는 지방자치단체가 소유권, 임차권 그밖의 권한에 기하여 관리하고 있는 경우뿐만 아니라 사실상의 관리를 하고 있는 경우도 포함한다(대판 1995.1.24. 94다45302).

2. 설치 또는 관리의 하자가 있을 것

1) 하자의 의의와 종류

① 하자의 의의: 하자란 당해 영조물의 구조와 성질 등 물적 상태에 결함이 있어서 통상적으로 당해 시설이 갖추고 있어야 할 안전성을 결하는 것을 말한다.

② 하자의 종류: 하자에는 설치상의 하자와 관리상의 하자가 있다. 설치상의 하자는 당해 영조물이 그 성립 당시부터 원시적으로 안전성을 결하는 것을 의미하는 것으로서, 당해 영조물의 건조 이전의 하자(예 설계상 또는 시공상의 하자)를 말한다. 이에 반해 관리상의 하자는 당해 시설이 건조된 후의 후발적인 하자를 의미하며, 이에는 유지·수선에 불완전한 점이 있는 경우가 해당한다.

2) 하자의 판단기준
하자 유무의 판단에 있어서 '설치 또는 관리'에 중점을 둘 것인지 아니면 '하자'에 중점을 둘 것인지, 그 판단기준에 관해 학설상 견해가 대립한다.

① 학 설

학 설	하자의 의미	하자의 판단기준
객관설 (다수설, 판례)	객관적으로 영조물의 설치와 그 후의 유지·수선이 불완전하여 통상적으로 갖추어야 할 안전성을 결함으로써 타인에 위해를 미칠 위험성이 있는 상태	통상 갖추어야 할 안전성 위반 → 관리자의 과실은 불요
주관설	관리자의 영조물에 대한 안전확보의무 내지 사고방지의무위반(주의의무위반)에 기인하는 물적 위험상태	관리자의 관리의무 위반 → 관리자의 주관적 귀책사유(고의·과실) 필요
절충설	하자의 유무를 영조물 자체의 객관적 하자뿐만 아니라 관리자의 주관적 요소도 고려하여 판단	영조물 자체에 결함이 없는 경우에도 그 관리행위의 과오로 인하여 생긴 손해에 대하여 국가의 배상책임을 인정

② 판례의 태도: 판례도 다수설과 같이 객관설을 취한다고 볼 수 있으나, 객관설을 취하되 예견가능성과 회피가능성을 고려한 예도 있다.

> **[판례] 영조물 설치의 하자의 의미**
>
> 영조물 설치의 하자라 함은 영조물의 축조에 불완전한 점이 있어 이 때문에 영조물 자체가 통상 갖추어야 할 완전성을 갖추지 못한 상태에 있음을 말한다(대판 1967.2.21. 66다1723).

3) 하자의 입증책임
하자의 입증책임에 대해서는 불법행위책임의 일반적 이론에 의해 원고(피해자)가 부담하는 것이 원칙이다. 그러나 최근에는 피해자의 입증곤란을 안전성의 구비 여부를 판단함에 있어서는 사회통념상 일반적으로 요구되는 정도의 방호조치의무를 다하였는지 여부를 기준으로 삼아야 할 것이며, 객관적으로 보아 시간적·장소적으로 영조물의 기능상 결함으로 인한 손해발생의 예견가능성과 회피가능성이 없는 경우, 즉 그 영조물의 결함이 영조물의 설치관리자의 관리행위가 미칠 수 없는 상황 아래에 있는 경우에는 영조물의 설치·관리상의 하자를 인정할 수 없다(대판 2000.2.25. 99다54004).

위해서 이때에 피해자는 영조물로부터 손해가 발생하였음을 입증하면 그 손해가 설치관리상의 하자에 기인한 것이라는 점에서 일응의 추정이 생기고 이에 대해 행정주체가 간접반증을 하여야 한다는 입증책임의 완화이론이 주장되고 있다.

3. 타인에게 손해를 발생하게 하였을 것

배상책임이 성립하기 위해서는 영조물의 설치·관리의 하자로 인하여 타인에게 손해가 발생하여야 하고, 하자와 손해 간에는 상당한 인과관계가 있어야 한다.

1) 타인의 범위　여기서의 타인에는 공무원도 포함된다. 다만 경찰 등 일정한 공무원에 대해서는 국가배상법 제2조와 마찬가지로 특례가 인정된다(국가배상법 제5조①·제2조①단서).

2) 손해의 발생　손해에는 재산적·정신적 손해 또는 적극적·소극적 손해가 모두 포함된다.

3) 하자와 손해 사이의 인과관계　손해는 영조물의 설치·관리상의 하자로 인하여 발생하여야 하고, 하자와 손해발생 사이에는 상당인과관계가 있어야 한다. 판례는 영조물의 설치 또는 관리상의 하자와 다른 자연적 사실이나 제3자의 행위 또는 피해자의 행위와 경합하여 손해가 발생하였더라도 영조물의 설치 또는 관리상의 하자가 공동원인의 하나가 되는 이상 그 손해는 영조물의 설치 또는 관리상의 하자에 의하여 발생한 것이라고 하여 이 경우에도 인과관계를 인정하고 있다(대판 1992.9.22. 92다30219).

4. 면책사유

손해가 천재지변 등 불가항력으로 발생한 경우나 재정사정에 의해 발생한 경우 국가배상책임을 면할 수 있는지 면책사유에 관해 명문의 규정이 없어서 문제된다.

1) 불가항력

① 면책 여부: 사회통념상 일반적으로 갖추어야 할 안전성을 갖추어 설치·관리의

하자가 없음에도 불구하고 인력으로 막을 수 없는 재난이 원인이 되어 손해가 발생한 경우에는 불가항력으로 국가 등의 책임을 지지 않는다.

② 유 형: 불가항력은 제3자의 행위로 인한 경우(예 공사표지판을 사고전에 제3자가 쓰러트린 경우)와 자연력(예 폭풍우 · 지진 · 눈사태 등)에 의한 경우가 있다.

③ 면책의 범위: 불가항력에 의한 것이라도 영조물의 설치 · 관리에 객관적 안정성을 결여한 경우(예 설치 · 관리의 하자와 자연재해가 경합하여 손해를 야기한 경우)에는 그 결여로 인해 피해가 악화된 범위 내에서는 면책되지 아니한다.

> **[판례] 자연재해에 의한 것이나 영조물의 관리상 하자를 인정한 사례**
>
> ⓐ 집중호우로 제방도로가 유실되면서 그 곳을 걸어가던 보행자가 강물에 휩쓸려 익사한 경우, 사고 당일의 집중호우가 50년 빈도의 최대강우량에 해당한다는 사실만으로 불가항력에 기인한 것으로 볼 수 없으므로 제방도로의 설치 · 관리상의 하자가 인정된다(대판 2000.5.26. 99다53247).
> ⓑ 산비탈부분이 하루에 내린 약 308.5㎜의 집중호우에 견디지 못하고 위 도로 위로 무너져 내려 차량의 통행을 방해함으로써 일어난 교통사고에 대해서 매년 비가 많이 오는 장마철을 겪고 있는 우리나라와 같은 기후의 여건 하에서 위와 같은 집중호우가 내렸다고 하여 전혀 예측할 수 없는 천재지변이라고 보기는 어렵다 할 것이다(대판 1993.6.8. 93다11678).

2) 재정적 제약(예산부족)   재정부족(예산부족)으로 영조물의 설치 · 관리상의 하자가 발생한 경우에 면책사유가 될 수 있는지가 문제된다. 판례는 재정사정이나 사용목적에 의한 사정은 면책사유가 될 수 없다는 입장이다.

> **[판례] 재정부족은 면책사유가 아니라는 사례**
>
> 영조물 설치의 '하자'라 함은 영조물의 축조에 불완전한 점이 있어 이 때문에 영조물 자체가 통상 갖추어야 할 완전성을 갖추지 못한 상태에 있음을 말한다고 할 것인바 그 '하자' 유무는 객관적 견지에서 본 안전성의 문제이고 그 설치자의 재정사정이나 영조물의 사용목적에 의한 사정은 안전성을 요구하는데 대한 정도 문제로서 참작사유에는 해당할지언정 안전성을 결정지을 절대적 요건에는 해당하지 아니한다(대판 1967.2.21. 66다1723).

5. 국가배상법 제2조 책임과 제5조 책임의 관계

1) 문제점   영조물의 관리자의 주의의무 위반으로 영조물의 하자가 발생하여 국가배상법 제2조와 제5조의 요건을 모두 충족하는 경우 양자 간의 경합적 적용 여부가 문제된다.

예 경찰순찰차의 결함과 운전경찰관의 과실이 결합하여 자동차 사고가 발생한 경우

2) 학 설

① 경합설: 제2조는 과실책임이고, 제5조는 무과실책임이므로 양자는 경합한다고 보는 견해이다. 즉 영조물의 물적 하자로 인한 손해배상의 문제는 제5조의 문제이고, 영조물의 관리자의 관리의무 위반으로 인한 손해배상은 제2조의 문제이므로 설치·관리의 하자와 동시에 관리의무의 위반이 손해발생의 원인이 된 경우 두 책임이 서로 경합하여 피해자는 선택적으로 청구할 수 있다고 보게 된다.

② 비경합설: 제2조와 제5조는 법조경합 중 일반법(제2조)과 특별법(제5조)의 관계에 있으므로 국가배상법 제5조에 의한 손해배상만 청구할 수 있다는 견해이다.

③ 소 결: 피해자의 두터운 보호를 위해 경합설이 타당하다고 본다. 판례도 경합설의 입장에서 양 청구를 선택적으로 행사할 수 있다고 한다.

Ⅲ. 배상책임

1. 배상책임자

1) 의 의   위의 요건이 충족되면 그 영조물의 설치·관리 주체인 국가 또는 지방자치단체가 그 손해를 배상할 책임이 있다. 경찰작용과 관련된 영조물은 국가가 설치·관리주체이므로 그 하자로 인한 손해배상책임은 국가에 있다.

2) 공공영조물의 설치·관리자와 비용부담자가 다른 경우의 대외적 배상책임자

① 의 의: 국가배상청구의 요건이 구비되면 국가 또는 지방자치단체는 손해를 배상할 책임이 있는데(국가배상법 제5조①), 이 경우 공무원의 선임·감독 또는 영조물의 설치·관리를 맡은 자와 공무원의 봉급·급여 기타의 비용 또는 영조물의 설치·관리의 비용을 부담하는 자가 동일하지 아니한 경우에는 그 비용을 부담하는 자도 손해를 배상하여야 한다(국가배상법 제6조①). 따라서 피해자는 설치·관리자와 비용부담자에 대하여 선택적으로 배상을 청구할 수 있다.

예 국가의 기관위임사무를 지방공무원이 하는 경우, 국가의 사업이지만 그 비용을 지방공공단체가 부담하는 경우(국영공비사업)

② 자치사무 및 단체위임사무의 경우: 자치사무나 단체위임사무의 경우 원칙적으로 사무의 귀속주체가 배상책임자가 된다. 따라서 국가의 사무에 대해서는 국가가, 자치사무나 단체위임사무의 경우에는 자치단체가 배상책임의 주체가 된다.

③ 기관위임사무의 경우

㉠ 문제점: 기관위임사무의 경우 수임자가 불법행위를 한 경우에 대외적으로 비용을 지급할 책임이 있는 자와 내부관계에서 실질적으로 그 비용을 부담하는 자가 서로 다른 경우에 누가 제6조 제1항의 비용부담자인가가 문제된다.

㉡ 학 설: 위의 비용부담자의 범위에 대해서는 형식적 비용부담자설, 실질적 비용부담자설, 병합설 등이 대립하고 있다.

학 설	내 용	기관사무에 있어서의 비용부담자 (선택적 청구의 상대방)
형식적 비용부담자설	법률상 대외적으로 비용을 부담하는 자(형식적 비용부담자)가 비용부담자라는 견해	통상적으로 지방자치단체가 비용부담자
실질적 비용부담자설	실질적으로 그 비용을 지출하여 경제적 손실을 입게될 자(실질적 비용부담자)가 비용부담자라는 견해	위임자인 국가가 비용부담자
병합설	피해자보호의 견지에서 형식적 비용부담자와 실질적 비용부담자 모두가 비용부담자라는 견해	수임자(형식적 비용부담자)와 위임자(국가 또는 상급자치단체)에게 선택적으로 손해배상을 청구

㉢ 판례의 태도: 판례는 병합설의 입장에서 형식적 비용부담자뿐만 아니라 실질적 비용부담자도 국가배상법 제6조 제1항의 배상책임을 진다고 한다. 다만, 도로교통법에 의한 신호기 및 안전표지는 특별시장 · 광역시장 · 시장 · 군수가 설치 또는 관리할 책임이 있기 때문에 신호기나 안전표지의 하자로 인한 손해는 당해특별시 · 광역시 · 시 또는 군이 배상책임을 지므로, 국가를 상대로 한 국가배상청구는 부적합하다고 판시하고 있다.

[판례] 지방자치단체장이 설치하여 관할 지방경찰청장에게 관리권한이 위임된 교통신호기의 고장으로 인하여 교통사고가 발생한 경우, 지방자치단체뿐만 아니라 국가도 손해배상책임을 진다는 사례

지방자치단체장이 교통신호기를 설치하여 그 관리권한이 도로교통법 제71조의2 제1항의 규정에 의하여 관할 지방경찰청장에게 위임되어 지방자치단체 소속 공무원과 지방경찰청 소속 공무원이 합동근무하는 교통종합관제센터에서 그 관리업무를 담당하던 중 위 신호기가 고장난 채 방치되어 교통사고가 발생한 경우, 국가배상법 제2조 또는 제5조에 의한 배상책임을 부담하는 것은 지방경찰청장이 소속된 국가가 아니라, 그 권한을 위임한 지방자치단체장이 소속된 지방자치단체라고 할 것이나, 한편 국가배상법 제6조 제1항은 같은 법 제2조, 제3조 및 제5조의 규정에 의하여 국가 또는 지방자치단체가 손해를 배상할 책임이 있는 경우에 공무원의 선임 · 감독 또는 영조물의 설치 · 관리를 맡은 자와 공무원의 봉급 · 급여 기타의 비용 또는 영조물의 설치 · 관리의 비용을 부담하는 자가 동일하지 아니한 경우에는 그 비용을 부담하는 자도 손해를 배상하여야 한다고 규정하고 있으므로 교통신호기를 관리하는 지방경찰청장

산하 경찰관들에 대한 봉급을 부담하는 국가도 국가배상법 제6조 제1항에 의한 배상책임을 부담한다(대판 1999.6.25. 99다11120).

[판례] 지방자치단체의 장이 기관위임된 국가행정사무를 처리하는 경우, 그 지방자치단체가 같은 법 제6조 제1항 소정의 비용부담자로서 배상책임을 진다는 사례

국가배상법 제6조 제1항 소정의 '공무원의 봉급·급여 기타의 비용'이란 공무원의 인건비만을 가리키는 것이 아니라 당해 사무에 필요한 일체의 경비를 의미한다고 할 것이고, 적어도 대외적으로 그러한 경비를 지출하는 자는 경비의 실질적·궁극적 부담자가 아니더라도 그러한 경비를 부담하는 자에 포함된다. 구 지방자치법(1988.4.6. 법률 제4004호로 전문 개정되기 전의 것) 제131조(현행 제132조), 구 지방재정법(1988.4.6. 법률 제4006호로 전문 개정되기 전의 것) 제16조 제2항(현행 제18조 제2항)의 규정상, 지방자치단체의 장이 기관위임된 국가행정사무를 처리하는 경우 그에 소요되는 경비의 실질적·궁극적 부담자는 국가라고 하더라도 당해 지방자치단체는 국가로부터 내부적으로 교부된 금원으로 그 사무에 필요한 경비를 대외적으로 지출하는 자이므로, 이러한 경우 지방자치단체는 국가배상법 제6조 제1항 소정의 비용부담자로서 공무원의 불법행위로 인한 같은 법에 의한 손해를 배상할 책임이 있다(대판1994.12.9. 94다38137).

---

2. 배상책임자에 대한 구상

1) 설치·관리자와 비용부담자가 다른 경우의 궁극적 배상책임의 주체   우리 국가배상법 제6조 제2항은 "제1항의 경우에 손해를 배상한 자는 내부관계에서 그 손해를 배상할 책임이 있는 자에게 구상할 수 있다."라고 규정하고 있다. 이러한 규정은 최종적인 배상책임자가 누구인지 명확히 밝히고 있지 않은바, 기관위임사무와 같이 사무의 관리주체와 비용부담자가 서로 다른 경우 그 최종적인 배상책임자가 누구인지가 문제가 된다.

　① 학 설

　㉠ 관리주체설: 관리주체설은 관리책임의 주체가 최종적인 책임자라고 보는 견해이다. 이 견해는 책임의 원칙상, 손해를 방지할 수 있는 위치에 있는 관리주체 측의 잘못이 있음으로 인하여 손해가 발생한 것이 되므로 관리주체가 그 최종적인 배상책임을 지는 것이 타당하다고 한다.

　㉡ 비용부담주체설: 비용부담주체설은 해당 사무의 비용을 부담하는 자가 최종적인 책임자라고 보는 견해인데, 이 견해는 사무를 집행함에 있어서나 영조물을 설치·관리함에 있어서 담당 공무원의 과실이나 영조물의 하자로 인한 사고가 없을 수 없으므로 사무 또는 영조물의 관리비용에는 손해배상금도 포함된다는 데 그 논거를 두고 있다.

　㉢ 기여도설: 기여도설은 당해 손해발생에 대한 기여도에 따라 배상책임의 부담자를

결정해야 한다는 견해이다. 책임의 원리 및 배상의 원리에 비추어 볼 때 손해의 발생에 기여한 자가 여러 명인 경우에 손해배상책임자는 손해의 발생에 기여한 만큼 배상책임을 지게 된다. 관리주체인가 비용부담자인가를 불문하고 최종적인 배상책임은 실체의 사안에서 손해의 발생에 기여한 자가 지고, 그러한 손해에 대해 기여자가 여러 명인 경우에는 그 손해에 기여한 정도에 비례하여 책임을 분담하여야 한다는 것이다.

② 판례의 태도: 판례는 원래 광역시가 점유·관리하던 일반국도 중 일부 구간의 포장공사를 국가가 대행하여 광역시에 도로의 관리를 이관하기 전에 교통사고가 발생한 사안에서는 위 학설의 입장을 종합적(종합설 또는 기여도설)으로 고려하여 판단한 바 있으나(대판 1998.7.18. 96다42819), 안산시가 안산경찰서장에게 교통신호기의 설치관리를 위임하였으나 경찰공무원의 관리 잘못으로 교통사고가 발생한 사안에서는 종합설 또는 기여도설을 취한 1심판결을 배척하고 사무의 귀속주체이자 비용부담자인 지방자치단체(안산시)가 그 손해의 배상책임자가 된다고 판시(대판 2001.9.25. 2001다41865)하여 관리주체설의 입장을 취하여 판단한 바 있다.

[판례] 종합적으로 고려한 판례

원래 광역시가 점유·관리하던 일반국도 중 일부 구간의 포장공사를 국가가 대행하여 광역시에 도로의 관리를 이관하기 전에 교통사고가 발생한 경우 광역시는 그 도로의 점유자 및 관리자, 도로법 제56조, 제55조, 도로법시행령 제30조에 의한 도로관리비용 등의 부담자로서의 책임이 있고, 국가는 그 도로의 점유자 및 관리자, 관리사무귀속자, 포장공사비용 부담자로서의 책임이 있다고 할 것이며, 이와 같이 광역시와 국가 모두가 도로의 점유자 및 관리자, 비용부담자로서의 책임을 중첩적으로 지는 경우에는, 광역시와 국가 모두가 국가배상법 제6조 제2항 소정의 궁극적으로 손해를 배상할 책임이 있는 자라고 할 것이고, 결국 광역시와 국가의 내부적인 부담 부분은, 그 도로의 인계·인수 경위, 사고의 발생 경위, 광역시와 국가의 그 도로에 관한 분담비용 등 제반 사정을 종합하여 결정함이 상당하다여(대판 1998.7.18. 96다42819).

[판례] 관리주체설에 입각한 판례

안산시가 안산경찰서장에게 교통신호기의 설치관리를 위임하였으나 경찰공무원의 관리 잘못으로 교통사고가 발생한 경우, 교통신호기의 관리사무는 원고(안산시)가 안산경찰서장에게 그 권한을 위임한 사무로서 피고(대한민국) 소속 경찰공무원 등은 원고의 사무를 처리하는 지위에 있으므로 원고가 그 사무에 관하여 선임감독자에 해당하고 그 교통신호기 시설은 지방자치법 제132조 단서의 규정에 따라 원고의 비용으로 설치관리되고 있으므로 그 신호기의 설치관리 비용을 실질적으로 부담하는 비용부담자의 지위도 아울러 지니는 반면 피고는 단지 그 소속 경찰공무원에게 봉급만을 지급하고 있을 뿐이므로, 원고와 피고 사이에서 이 사건 손해배상의 궁극적인 책임은 전적으로 원고에게 있다고 봄이 상당하다(대판 2001.9.25. 2001다41865).

2) 손해의 원인에 대한 책임자에 대한 구상   국가 또는 지방자치단체가 손해를 배상한 경우 그 손해의 원인에 대하여 책임을 져야 하는 자(예 영조물 시공자·영조물 파손자)가 따로 있을 때에는 국가 등은 이들에게 구상할 수 있다(국가배상법 제5조②).

① 손해의 원인에 대하여 책임을 져야 하는 자가 영조물 시공자·영조물 파손자인 경우에는 그들의 고의 또는 과실이 있을 것을 요하며, 이들의 책임은 국가 등에 대해서는 채무불이행, 피해자에 대해서는 불법행위책임의 성질을 가진다.

② 손해의 원인에 대하여 책임을 져야 하는 자가 영조물을 관리하는 공무원인 경우에는 해당 공무원이 고의 또는 중대한 과실로 관리의무를 해태하였을 것을 요한다.

3. 배상의 범위

국가 등은 영조물의 설치·관리의 하자와 상당한 인과관계에 있는 모든 손해를 배상하여야 한다. 공무원의 위법한 직무집행으로 인한 손해배상에 관한 배상기준 규정(동법 제3조), 경찰관 등에 관한 특례규정(동법 제2조① 단서), 공제에 관한 규정(동법 제3조의2) 등이 이 경우에도 그대로 적용된다.

제4관 국가배상의 청구절차

국가배상법은 행정상 손해배상의 절차를 행정절차에 의한 배상결정절차와 바로 정식소송을 통한 사법절차로 나누어 규정하고 있다.

Ⅰ. 행정절차에 의한 배상청구

1. 임의적 결정전치주의

국가배상을 받고자 하는 자는 배상심의회에 배상신청을 하지 아니하고도 곧바로 소송을 제기할 수 있다(국가배상법 제9조). 이는 국민의 신속한 권리구제를 도모하기 위함이다.

2. 국가배상심의회

1) 의 의   국가 또는 지방자치단체에 대한 배상신청사건을 심의하기 위해 법무부에 설치하는 합의제 행정관청을 말한다(동법 제10조① 본문).

2) 종 류   배상심의회에는 법무부에 설치하는 본부심의회와 국방부에 설치하는 특별심의회가 있고(동법 제10조①), 모두 법무부장관의 지휘를 받으며(동법 제10조③), 각각 대통령령이 정하는 바에 따라 지구심의회를 둔다(동법 제10조②). 지구심의위원회는 그 관할에 속하는 국가 또는 지방자치단체에 대한 배상금지급신청을 심의·처리하는 1차적 심의·결정기관이다.

3. 배상심의회의 심의·결정

1) 배상신청   배상금을 지급받고자 하는 자는 그 주소지 또는 배상원인 발생지를 관할하는 배상심의회에 배상신청을 하여야 한다(동법 제12조①).

2) 배상심의회의 심의와 결정   배상신청을 받은 배상심의회는 증인신문·감정·검증 등의 증거조사를 한 후 심의를 거쳐 4주일 이내에 배상금 지급 결정, 기각 결정 또는 각하 결정(이하 "배상 결정"이라 한다)을 하여야 하고(동법 제13조①), 배상 결정이 있은 날로부터 1주일 이내에 결정정본을 신청인에게 송달하여야 한다(동법 제14조①). 판례는

이 배상결정에 대하여 처분성을 인정하지 않고 있다(대판 1981.2.10. 80누317).

3) 재 심   지구심의회에서 배상신청이 기각된 때(일부 기각된 경우 포함)에는, 신청인은 결정정본을 송달받은 날로부터 2주일 이내에 본부심의회 또는 특별심의회에 재심을 신청할 수 있다. 본부심의회는 이에 대하여 심의를 거쳐 4주일 이내에 다시 배상결정을 하여야 한다(동법 제15조의2①③).

4. 배상결정의 효력

종래 배상심의회의 배상결정에 신청인이 동의한 경우에 민사소송법에 의한 재판상 화해가 성립된 것으로 간주하던 국가배상법 제16조는 헌법재판소에 위헌결정(헌재 1995.4.25. 91헌가7)을 받음으로써 삭제되었다. 따라서 신청인은 배상결정에 동의하거나 배상금을 수령한 경우에도 법원에 손해배상청구소송을 제기할 수 있다.

Ⅱ. 사법절차에 의한 배상청구

피해자는 배상심의회의 배상결정에 불복하는 경우뿐만 아니라 처음부터 배상심의회에 배상금지급신청을 하지 아니하고 법원의 소송절차에 의하여 손해배상을 청구할 수 있다. 사법절차에 의한 배상청구에는 국가배상청구 자체를 소송대상으로 하는 일반절차와 다른 소송제기에 배상청구소송을 병합하는 특별절차에 의하는 방법이 있다.

1. 일반절차에 의하는 경우

일반절차에 의한 소송은 국가배상법의 성질을 공법으로 보는 경우에는 행정소송(당사자소송)에 의하나 사법으로 보는 경우에는 민사소송에 의하게 된다. 우리나라 재판실무상으로는 민사소송절차에 의한다. 한편 국가가 피고인인 경우에는 법무부 장관이 국가를 대표하고, 공공단체가 피고인인 경우에는 그 대표자(예 지방자치단체의 장)가 공공단체를 대표한다.

2. 특별절차에 의하는 경우

이는 행정소송에 있어서 그 청구와 관련된 손해배상청구를 행정소송에 병합하여 청구하는 소송절차이다(행정소송법 제10조①).

제4절 행정상 결과제거청구권

Ⅰ. 서 설

1. 결과제거청구권에 대한 필요성

1) 결과제거청구권의 개념　행정상 결과제거청구권이란 위법한 공행정작용의 결과로써 남아 있는 상태로 인하여 자기의 법률상 이익을 침해받고 있는 자가 행정주체에 대하여 그 위법한 상태를 제거하여 줄 것을 청구하는 실체법상의 권리를 말한다. 아울러 이를 행정상 원상회복청구권 또는 방해배제청구권이라고도 부르기도 한다.

　　 예 甲의 시계를 경찰관 乙이 장물임을 이유로 압수했으나 이후에 그 압수처분이 위법한 압수처분임을 이유로 취소소송에 의해 취소된 경우 甲은 자신의 시계를 반환받아야만 완전한 권리구제를 받을 수 있는바, 경찰기관에 대하여 시계의 반환을 청구할 수 있는 권리

2) 법적 성질

　① 물권적 청구권 여부: 결과제거청구권은 행정상 원상회복청구권이라는 점에서 민법 상의 물권적 청구권보다 포괄적인 권리이다. 왜냐하면 이 권리는 물권적 지배권 침해뿐만 아니라 명예나 신체의 자유 등 비재산적 법익에 대한 침해의 경우에도 발생할 수 있기 때문이다.

　② 공권 여부: 사권으로 보는 견해도 있으나, 공행정작용에 의해 야기된 위법 상태의 제거를 내용으로 한다는 점에서 공권으로 보는 것이 타당하다.

3) 행정상 손해배상청구권과의 구별　결과제거청구권과 행정상 손해배상청구권은 그 요건과 내용에서 다음과 같은 차이가 있다.

구 분	행정상 손해배상청구권	결과제거청구권
성 질	채권적 성질	채권적·물권적 청구권 성질
고의·과실	고의·과실을 요함	고의·과실을 요하지 않음
내 용	금전배상	위법상태의 제거를 통한 원상회복
관 계	양 청구권은 요건과 내용에 있어 차이가 있으므로 독자적으로 성립할 수도 있고, 양립할 수도 있다.	

2. 법적 근거

결과제거청구권의 법적 근거로는 헌법상 법치행정의 원리(헌법 제107조)·기본권규정, 민법상의 소유권방해배제청구권 등의 관계규정 등에서 찾을 수 있다. 절차법적으로는 행정소송법상 당사자소송에 관한 규정(행정소송법 제4장), 판결의 기속력에 관한 규정(동법 제30조①) 등을 들 수 있다.

Ⅱ. 결과제거 청구의 요건

개별 법률(민법 등)에서 그 요건을 규정하고 있는 경우에는 그에 의할 것이지만 그러하지 않은 경우에는 ① 공행정작용으로 인한 ② 타인의 법률상 이익의 침해와 ③ 침해의 위법성 및 ④ 위법한 상태의 존재, 그리고 ⑤ 결과제거의 가능성 및 수인성이 요구된다.

1. 공행정작용으로 인한 침해

결과제거청구권이 성립하기 위해서는 행정주체의 공행정작용으로 인한 침해가 존재하여야 한다. 여기서 공행정작용이란 국가 등의 사법적인 활동을 제외한 일체의 행정작용으로서 법률행위·사실행위, 권력작용·비권력적 작용을 모두 포함하며, 작위·부작위를 불문한다. 따라서 국가 등의 사법적 활동으로 인한 침해의 경우에는 결과제거청구권이 성립하지 않는다.

2. 타인의 법률상 이익의 침해

결과적 상태가 법률상 보호되는 권리 또는 이익을 침해하여야 한다. 여기서 법률상 이익이란 재산적 가치에 한정되지 않고 명예나 신체, 호평, 직업 등 비재산적 가지도 포함된다. 다만 권리 또는 이익은 보호받을 만한 가치가 있을 것을 요한다. 따라서 보호가치가 없는 경우에는 결과제거청구권은 인정되지 않는다.

> 예 • 수사기관의 피의사실공표로 인한 명예훼손 → 법률상 이익의 침해(○)
> • 불법주차차량을 다른 장소로 견인한 경우 → 법률상 이익의 침해(×)

3. 위법한 상태의 존재 및 계속

1) 위법한 상태의 존재 　 침해는 위법하여야 한다. 이러한 위법 상태의 존재 여부는

사실심변론 종결시를 기준으로 판단하여야 한다. 여기서의 위법성은 처음부터 발생할 수도 있고(예 정당한 법률상의 원인 없이 타인의 토지를 도로용지로 편입한 경우), 기간의 경과·해제조건의 성취 및 행정행위의 취소 등에 의하여 사후에 발생할 수 있다.

> **[이해]** 침해는 위법하여야 하나 고의·과실과 같은 주관적 책임은 요하지 않는다.

2) 위법성의 정도

① 취소할 수 있는 행정행위: 취소할 수 있는 행정행위는 공정력에 의해 취소되기 전까지는 그 행위가 유효하게 존속하므로 행정행위에 의하여 야기되고 있는 상태가 정당하기 때문에 결과제거청구권이 인정되지 않는다. 따라서 이 경우에는 행정행위의 취소소송을 제기하여 취소가 확정된 이후에 결과제거청구권을 행사하거나 취소소송의 청구에 병합하여 결과제거청구를 하여야 한다.

② 무효인 행정행위: 무효인 행정행위는 공정력이 없으므로 결과제거청구권을 행사할 수 있다.

3) 위법한 상태의 계속
결과제거청구권을 행사하기 위해서는 위법한 침해 상태가 계속 존재하고 있어야 한다. 위법 상태가 더 이상 존재하지 않는 경우에는 손해배상이나 손실보상이 문제될 뿐이다.

예 전염병환자를 적법하게 강제격리처분한 후 치료가 완료되어 전염병이 완치된 경우 → 완치가 되었음에도 계속해서 격리처분이 이루어진다면 현재의 위법한 상태가 계속되는 것으로 볼 수 있다.

4. 결과제거의 가능성 및 수인성(기대가능성)

결과제거청구권을 행사하기 위해서는 ① 원상회복이 사실상 가능한 것이어야 하고 ② 법률상 허용된 것이어야 하며 ③ 의무자인 행정기관의 수인한도(기대가능성) 내의 것이어야 한다.

예 • 모욕 → 사후적인 행위로 회복이 불가능하므로 모욕행위에 대한 결과제거청구는 허용되지 않음(사실상 불가능).
• 집회 및 시위에 관한 법률에 의해 집회의 신고가 있었으나 경찰서장이 위법하게 이를 불허한 경우 이후에 동법의 개정으로 불허처분이 적법하게 된 경우 → 허가를 요구하는 청구는 허용되지 않음(법적으로 불허)
• 결과의 제거에 부당하게 많은 비용이 요구되는 경우 → 결과제거청구는 불허(행정청의 수인 불가능)

Ⅲ. 내용 및 한계

1. 내 용

1) 원상회복청구   결과제거청구권은 행정작용으로 인하여 야기된 위법한 결과적인 상태를 제거하여 위법적인 침해가 없는 원래의 상태로 회복시켜 줄 것을 청구하는 것이다. 즉, 행정청의 적극적인 행위를 구하는 것이다.

2) 결과제거청구의 상대방

① 결과를 야기한 행정주체: 결과제거청구권은 일반적으로 그러한 결과를 야기한 행정주체에게 행사하여야 하나, 사후적으로 권한의 변경이 있는 경우에는 변경된 행정주체에게 행사하여야 한다.

② 제3자: 결과제거청구권은 위법한 행정작용으로 인하여 수익을 얻은 제3자에 대하여 행정기관이 결과제거를 명함으로써 이루어질 수도 있다.

예 아무런 법적 권원 없이 타인의 가옥을 점거하고 있는 제3자에 대하여 행정기관이 퇴거를 명하는 경우

3) 행사범위   소극적으로 위법한 공법작용으로 발생한 또는 사후적으로 위법하게 된 상태의 직접적인 제거만을 목적으로 하는 것이고 손해의 배상이나 손실보상을 목적으로 하는 것이 아니다. 또한 제3자의 개입을 통해서 초래된 간접적인 결과의 제거는 포함되지 않는다는 것이 다수설이다.

2. 한 계

① 위법한 상태의 원인이 된 행위가 다른 적법한 행정행위에 의해 대체되어 위법한 상태가 다시 적법하게 된 경우에는 결과제거청구권은 성립하지 않는다.

예 위법하게 도로에 편입된 토지가 다시 적법하게 수용된 경우

② 위법한 상태의 발생에 대하여 피해자에게 과실이 있는 경우에는 민법상의 과실상계의 규정(민법 제396조)이 적용되므로, 피해자의 과실의 정도에 따라 결과제거청구권이 축소되거나 상실되는 경우가 있다.

Ⅳ. 행사방법

1. 쟁송절차

통설에 의하면 결과제거청구권은 공권이므로 행정소송(공법상 당사자소송)에 의하게 되고 이 경우 당사자소송을 독자적으로 제기할 수도 있고 취소소송의 관련 청구로써 병합하여 제기할 수도 있다. 그러나 실무상으로는 결과제거청구권도 민사소송에 의하고 있다.

2. 국가배상청구권과의 경합

결과제거청구권은 피해구제가 원상회복을 통하여 실현될 수 있는 경우에는 손해배상청구를 성립시키지 않는다. 그러나 결과제거만으로 침해된 손해가 완전히 복구되지 아니하는 경우에는 결과제거청구권 외에 손해배상청구권의 행사 또한 가능하다.

제3장 행정쟁송

제1절 행정쟁송에 대한 이해

Ⅰ. 행정쟁송의 필요성

1. 개 념

행정쟁송이란 행정상의 법률관계에 관한 분쟁이나 의문이 있는 경우에 이해관계인의 쟁송제기에 의하여 일정한 판단기관이 심리·판정하는 절차를 말한다.

광의의 행정쟁송	행정상의 법률관계에 관한 분쟁의 법적판정 절차
협의의 행정쟁송	행정조직내의 특별기관이 행정상의 법률관계에 관한 분쟁을 판정하는 절차.

2. 행정쟁송의 기능

1) **권리구제기능** 행정쟁송제도는 주관적으로는 위법·부당한 행정작용으로부터 개인의 법익을 보호하는 기능을 한다.

2) **행정통제기능** 행정쟁송제도는 객관적으로는 행정작용의 합법성 및 합목적성을 보장하는 기능을 한다.

Ⅱ. 행정쟁송의 종류

1. 행정쟁송의 내용에 의한 구분

1) 주관적 쟁송과 객관적 쟁송

구 분	주관적 쟁송	객관적 쟁송
개 념	쟁송제기자의 개인적인 권리·이익의 구제를 목적으로 하는 쟁송	행정작용의 적정·타당성 확보를 직접적 목적으로 하는 쟁송

특 징	① 소의 이익을 가진 자(권리 또는 이익을 침해받은 자)만이 제기 가능 ② 행정쟁송의 원칙적 형태	① 공익을 주된 목적으로 하는 쟁송 ② 법률에 명시적 규정이 있는 경우에만 인정
예	당사자 쟁송, 항고쟁송	민중쟁송, 기관쟁송

2) 항고쟁송과 당사자쟁송

구 분	항고쟁송	당사자쟁송
개 념	이미 행하여진 처분의 위법이나 부당을 다투어서 그 취소나 변경을 구하는 쟁송	서로 대립하는 대등한 당사자 상호 간의 법률관계의 형성이나 존부를 다투는 쟁송
예	· 국세기본법상의 이의신청과 심판청구 · 행정심판과 행정소송법상의 항고소송	· 토지보상법상의 재결 · 행정소송법상의 당사자소송

3) 기관쟁송과 민중쟁송

구 분	기관쟁송	민중쟁송
개 념	국가 또는 지방자치단체의 기관 상호 간의 관계에 있어 인정되는 쟁송	행정법규의 위법한 적용을 시정하기 위하여 선거인 등의 일반민중에 의하여 제기되는 쟁송
예	지방자치단체 장이 지방의회의 의결의 위법을 이유로 소송을 제기하는 것	선거 또는 당선의 효력에 관하여 선거인이 제기하는 선거소송

2. 행정쟁송의 절차에 의한 구분: 정식쟁송과 약식쟁송

분쟁의 공정한 해결을 위한 절차상의 요건으로는 일반적으로 ① 심판기관이 독립된 지위를 갖는 제3자의 지위에 있을 것, ② 심리절차에 있어서 당사자에게 구술변론의 기회가 보장되어 있을 것 등의 두 가지를 든다.

구 분	정식쟁송	약식쟁송
개 념	분쟁의 공정한 해결을 위한 두 가지 절차상의 요건을 모두 갖춘 쟁송	분쟁의 공정한 해결을 위한 두 가지 절차상의 요건 중 어느 하나라도 결여된 쟁송
예	법원에 의한 행정쟁송(행정소송)	행정기관에 의한 행정쟁송(행정심판 · 이의신청)

3. 행정쟁송의 단계에 의한 구분: 시심적 쟁송과 복심적 쟁송

구 분	시심적 쟁송	복심적 쟁송
개 념	행정법관계의 형성이나 존부에 관한 1차적 행정작용 자체가 쟁송의 형식을 거쳐 행하여지는 경우의 쟁송	이미 행하여진 행정기관의 처분의 위법이나 부당을 이유로 그 재심사의 의한 시정을 구하는 쟁송
예	당사자쟁송	항고쟁송

4. 행정쟁송의 심판기관에 의한 구분: 행정소송과 행정심판

행정소송은 법원에 의하여 심리·판결되는 행정쟁송이고, 행정심판은 행정기관에 의하여 심리·재결되는 행정쟁송이다.

1) 행정심판과 행정소송의 차이점

구 분	행정심판	행정소송
법적 근거	행정심판법	행정소송법
제도의 본질	행정통제적 성격	권리구제적 성격
성질	행정작용, 약식쟁송	사법작용, 정식쟁송
특 징	자율적·전문적	타율적·독립적
종 류	① 취소심판 ② 무효등확인심판 ③ 의무이행심판	① 취소소송 ② 무효등확인소송 ③ 부작위위법확인소송
당사자	청구인과 피청구인	원고와 피고
쟁송대상	처분(또는 거부처분) 또는 부작위 +위법성 또는 부당성 심사	처분(또는 거부처분) 또는 부작위+위법성만 심사
판단기관	행정기관(행정심판위원회)	법원
청구기간	① 안 날로부터 90일 ② 있은 날로부터 180일	① 안 날로부터 90일 ② 있은 날로부터 1년
심리방법	① 원칙 : 서면 또는 구술심리주의 ② 예외 : 신청 有 → 구술심리 可	구두변론주의 원칙
공개여부	비공개	공개
전치규정	×	○

고지규정	○	×
적극적 판단	인정(의무이행심판 인정)	부정(의무이행소송 부정 → 다수설·판례)

2) 행정심판과 행정소송의 공통점

① 행정청의 처분을 시정하는 절차이다.

② 법률상 이익을 가지는 자만이 제기 가능하다.

③ 당사자 대등주의이다.

④ 판단은 제3자가 한다.

⑤ 쟁송기간의 제한이 있다.

3) 양자의 관계
임의적 행정심판전치주의(행정소송법 제18조①)에 따라 행정심판을 반드시 거치지 않고도 행정소송의 제기가 가능하다.

제2절 행정심판

제1관 행정심판에 대한 이해

Ⅰ. 행정심판의 의의 및 성질

1. 행정심판의 개념

행정심판이란 위법 또는 부당한 행정처분 기타 공권력의 행사·불행사 등으로 인하여 권리나 이익을 침해당한 자가 행정기관에 대하여 그 시정을 구하는 쟁송절차를 말한다.

2. 이의신청과의 구별

이의신청이란 행정청의 위법·부당한 처분으로 인하여 그 권리·이익이 침해된 자의 청구에 의하여 처분청 자신이 이를 재심사하는 절차를 말하는 것으로, 행정심판과는 그 심판기관과 대상이 다르다.

구 분	행정심판	이의신청
심판기관	처분청의 직근상급행정청	처분청
대 상	모든 위법·부당한 처분	개별법으로 정하고 있는 처분
관 계	① 동일한 처분에 대하여 행정심판과 이의신청이 함께 인정되는 경우(국세기본법 제55조①③) ② 양자 중 하나만 허용되는 경우(행정대집행법 제7조①)	

3. 성 질

1) **이중적 성격**　행정심판은 분쟁에 대한 심판작용으로서의 성질(헌법 제107조③)과 행정행위(행정소송법 제2조②)라는 이중적 성격을 공유하고 있다.

2) **행정심판에 관한 일반법**　개괄주의를 규정하는 행정심판법 제3조 제1항 및 특례에 관한 규정인 행정심판법 제44조 제2항에 비추어 행정심판법은 행정심판에 관한 일반법이다.

Ⅱ. 행정심판의 기능

1. 행정의 자기통제 기능

행정심판은 행정작용을 행정권 스스로 통제하는 자율적 통제기능을 한다.

2. 사법기능의 보충(법원의 부담완화)

행정심판은 행정상의 분쟁을 행정기관이 상대적으로 간이한 절차에 따라 심리·판정함으로써 행정기관의 전문지식을 활용하고 사법절차에 따르는 시간·경비의 낭비를 피하며 소송경제를 실현하여 사법기능을 보완한다.

3. 행정능률의 보장

사법절차에 앞서 신속·간편한 행정심판을 인정함으로써 행정법관계에 관한 분쟁의 신속한 해결을 도모함으로써 행정을 신속하게 수행하게 한다.

제2관 행정심판의 종류와 대상

I. 행정심판법상 행정심판의 종류

행정심판법은 행정심판을 취소심판, 무효등확인심판, 의무이행심판으로 구분하고 있다(동법 제5조).

구 분	취소심판	무효등확인심판	의무이행심판
의 의	행정청의 위법 또는 부당한 처분의 취소 또는 변경을 구하는 심판(행정심판법 제4조 제1호)	행정청의 처분의 효력 유무 또는 존재 여부에 대한 확인을 구하는 심판(행정심판법 제4조 제2호)	행정청의 위법 또는 부당한 거부처분이나 부작위에 대하여 일정한 처분을 하도록 하는 심판(행정심판법 제4조 제3호)
성 질	형성적 쟁송: 법률관계를 성립시킨 처분의 효력을 다투어 그 취소·변경에 의하여 당해 법률관계를 소멸·변경시키는 성질의 심(통설)	준형성적 쟁송: 실질적으로 확인적 쟁송이나 형식적으로는 처분의 효력유무 등을 직접 소송의 대상으로 한다는 점에서 형성적 쟁송의 성질도 갖는 심판(통설)	이행쟁송: 행정청에게 일정한 처분을 할 것을 명하는 심판이므로 이행쟁송의 성질을 가지는 심판 → 일정한 처분을 하여야 할 법률상 무가 현실화 된 경우에만 이행청구가 가능, 장래의 이행쟁송은 불허
특 징	① 청구기간의 제한 ② 집행부정지의 원칙 ③ 사정재결	① 심판제기기간의 제한을 받지 않음 ② 사정재결에 관한 규정의 적용이 없음 ③ 확인재결은 제3자에게도 효력이 미침	① 부작위에 대한 의무이행심판은 심판제기기간의 제한을 받지 않음 → 거부처분에 대한 의무이행심판은 청구기간의 제한을 받음 ② 사정재결에 관한 규정의 적용이 없음 ③ 집행정지에 관한 규정의 적용이 없음
판 결	① 이행재결 ② 형성재결	무효 또는 부존재 등의 확인재결	① 처분재결 ② 처분명령재결 ③ 시정명령 ④ 직권처분

Ⅱ. 행정심판의 대상

1. 행정심판의 대상의 규정방식

행정심판의 대상이란 행정심판을 청구할 수 있는 사항을 말하는 것으로, 이에 대한 규정방식으로는 개괄주의와 열기주의가 있다.

1) 규정방식

① 개괄주의: 법률상 예외가 인정되는 사항을 제외하고는 모든 사항에 대하여 행정심판을 인정하는 제도로, 국민의 권리구제에 충실한 이점은 있으나, 청구의 남용이나 운영상의 혼란을 야기할 수 있다는 단점이 있다.

② 열기주의: 특정한 사항에 대해서만 행정심판의 제기를 허용하는 제도로, 개괄주의의 단점을 보완할 수 있으나, 국민의 권리구제에 충실하지 못하다는 단점이 있다.

2) 현행법의 태도

① 개괄주의 채택: 행정심판법은 "행정청의 처분 또는 부작위에 대하여 다른 법률에 특별한 규정이 있는 경우 외에는 이 법에 따라 행정심판을 청구할 수 있다(동법 제3조①)."고 하여 모든 처분 또는 부작위에 대하여 행정심판을 제기할 수 있다는 개괄주의를 채택하고 있다.

② 대상의 제외

㉠ 대통령의 처분과 부작위: 대통령의 처분과 부작위에 대하여는 다른 법률에서 행정심판을 청구할 수 있도록 정한 경우 외에는 행정심판을 제기할 수 없고 바로 행정소송을 제기하여야 한다(동법 제3조②).

㉡ 다른 법률에 불복절차가 마련되어 있는 경우: 다른 법률에 따로 불복절차가 규정되어 있는 경우에는 행정심판법에 의한 행정심판은 제기할 수 없다(동법 제3조①).

[예] 경찰공무원에 대한 징계 기타의 불이익처분 → 소청심사만 가능, 행정심판은 제기불가

㉢ 심판청구에 대한 재결: 심판청구에 대한 재결이 있으면 그 재결 및 같은 처분 또는 부작위에 대하여 다시 심판청구를 할 수 없고(동법 제39조), 이 경우 재결 자체에 고유한 위법이 있다면 바로 행정소송을 제기하여야 한다(행정소송법 제19조 단서).

2. 행정심판의 대상으로서의 처분과 부작위

행정심판의 대상은 처분과 부작위이다.

1) **처 분**　처분이란 행정청이 행하는 구체적 사실에 관한 법집행으로서의 공권력의 행사 또는 그 거부, 그 밖에 이에 준하는 행정작용을 말한다(행정심판법 제2조 제1호). 특히 경찰작용 중에서 경찰처분, 경찰상 즉시강제, 처분적 경찰명령, 강제집행의 일부 등이 처분에 해당한다.

2) **부작위**　부작위란 행정청이 당사자의 신청에 대하여 상당한 기간 내에 일정한 처분을 하여야 할 법률상 의무가 있는데도 처분을 하지 아니하는 것을 말한다(동법 제2조 제2호). 부작위는 어떠한 처분도 하지 않는 것이라는 점에서 거부의 의사표시가 행해지는 거부처분과는 구별된다.

제3관 행정심판의 당사자와 관계인

Ⅰ. 행정심판의 당사자

행정심판도 쟁송이므로 심판절차는 기본적으로 청구인과 피청구인을 두 당사자로 하여 진행된다.

1. 청구인

1) **의 의**　청구인이란 행정심판 청구의 대상인 처분 또는 부작위에 불복하여 그의 취소 또는 변경 등을 구하는 심판청구를 제기하는 자를 말한다. 청구인은 처분의 상대방 또는 제3자인가를 불문하며 자연인·법인인가를 불문한다. 법인 아닌 사단 또는 재단으로서 대표자 또는 관리인이 정하여져 있는 경우에는 그 이름으로 심판청구를 할 수 있다(행정심판법 제14조).

2) **청구인적격**　청구인적격이란 심판청구의 청구인이 되어 재결을 받을 수 있는 가격을 말하는 것으로서, 이는 심판의 종류에 따라 다르다.

처분의 취소가 불가능하거나 처분을 취소하더라도 청구인의 법률상 이익이 회복될 수 없으므로 청구의 이익이 없는 것이 원칙이다.

구 분	청구인적격
취소심판	처분의 취소 또는 변경을 구할 법률상 이익이 있는 자(동법 제13조①) ① 법률상 이익: 법률상 보호되는 이익을 의미한다는 것(법률상 보호이익설)이 통설과 판례의 입장이다. ② 처분의 효력이 소멸된 때: 청구의 이익이 없는 것이 원칙이나, 처분의 효과가 기간의 경과 · 처분의 집행 그 밖의 사유로 인하여 소멸된 뒤에도 그 처분의 취소로 인하여 회복되는 법률상 이익이 있는 자의 경우에는 취소심판을 청구할 수 있다(동법 제13조① 후단).
무효등확인심판	처분의 효력 유무 또는 존재 여부에 대한 확인을 구할 법률상 이익이 있는 자(동조②)
의무이행심판	행정청의 거부처분 또는 부작위에 대하여 일정한 처분을 구할 법률상 이익이 있는 자(동조③)

3) 선정대표자의 선정(동법 제15조)

① 다수의 청구인이 공동으로 심판청구를 하는 때에는 청구인 중 3명 이하의 대표자를 선정할 수 있다.

② 청구인이 대표자를 선정하지 아니한 경우에 위원회가 필요하다고 인정할 때에는 청구인에게 대표자를 선정할 것을 권고할 수 있다.

③ 선정대표자는 다른 청구인을 위하여 그 사건에 관한 모든 행위를 할 수 있다. 다만, 심판청구를 취하하려면 다른 청구인들의 동의를 얻어야 하며, 이 경우 동의를 받은 사실을 서면으로 소명하여야 한다.

④ 선정대표자가 선정되면 다른 청구인들은 그 선정대표자를 통해서만 그 사건에 관한 행위를 할 수 있다.

⑤ 선정대표자를 선정한 청구인들은 필요하다고 인정하면 선정대표자를 해임하거나 변경할 수 있다. 이 경우 청구인들은 그 사실을 지체 없이 위원회에 서면으로 알려야 한다.

4) 청구인의 지위 승계

① 당연승계: 청구인이 사망한 경우에는 상속인이나 그 밖에 법령에 따라 심판청구의 대상에 관계되는 권리나 이익을 승계한 자가 청구인의 지위를 승계하고, 법인인 청구인이 합병에 따라 소멸하였을 때에는 합병 후 존속하는 법인이나 합병에 따라 설립된 법인이 청구인의 지위를 승계한다(동법 제16조①②).

② 허가승계: 심판청구의 대상과 관계되는 권리나 이익을 양수한 자는 위원회의 허가를 받아 청구인의 지위를 승계할 수 있다(동법 제16조⑤).

2. 피청구인

1) 의 의 피청구인이란 심판청구를 제기받은 당사자, 즉 청구인에 대립되는 당사자를 말한다.

2) 피청구인적격

① 처분청: 심판청구의 대상인 처분을 한 행정청(행정심판법 제17조① 본문)과 의무이행심판의 경우에는 청구인의 신청을 받은 행정청(동법 제17조① 본문)이 피청구인이 된다.

② 승계행정청: 심판청구의 대상과 관계되는 권한이 다른 행정청에 승계된 경우 권한을 승계한 행정청을 피청구인으로 하여야 한다(행정심판법 제17조① 단서).

Ⅱ. 행정심판의 관계인

1. 참가인

1) 의 의 참가인이란 계속진행 중인 행정심판절차에 당사자 이외의 제3자가 자기의 권리와 이익을 보호하기 위해 참가하는 제3자, 즉 해당 심판결과에 의하여 이해관계 있는 제3자 또는 행정청을 말한다.

> **[이해]** 여기서 이해관계 있는 제3자란 당해 처분 자체에 대하여 이해관계 있는 자뿐만 아니라 재결내용에 따라 불이익을 받게 될 자를 포함한다.

2) 참가방법 심판결과에 대하여 이해관계가 있는 제3자나 행정청은 위원회나 소위원회의 의결이 있기 전까지 그 사건에 대하여 심판참가를 할 수 있고(동법 제20조①), 위원회는 필요하다고 인정하면 이들에 대하여 그 사건 심판에 참가할 것을 요구할 수 있다(동법 제21조①).

2. 대리인

심판청구의 당사자(청구인과 피청구인)는 대리인을 선임하여 해당 심판청구에 관한 행위를 할 수 있다. 대리인은 그 사건에 관한 모든 행위를 할 수 있다. 다만, 심판청구의 취하는 본인의 동의를 얻어야 한다(동법 제18조③).

청구인의 대리인으로 선임될 수 있는 자	피청구인의 대리인으로 선임될 수 있는 자
① 법정대리인 ② 청구인의 배우자, 직계존·비속 또는 형제자매 ③ 청구인인 법인의 임원 또는 직원 ④ 변호사 ⑤ 다른 법률의 규정에 의하여 심판청구의 대리를 할 수 있는 자 ⑥ 위원회의 허가를 받은 자	① 소속직원 ② 변호사 ③ 다른 법률의 규정에 의하여 심판청구의 대리를 할 수 있는 자 ④ 위원회의 허가를 받은 자

제4관 행정심판의 제기

Ⅰ. 행정심판의 제기요건

행정심판은 청구인의 적격이 있는 자가 심판청구사항을 소정의 청구기간 내에 일정한 방식에 따라 재결청 또는 피청구인인 행정청에 대하여 제기하여야 한다.

1. 청구인

당해 심판청구에 대하여 법률상 이익이 있는 자에 의한 청구가 있을 것을 요한다(행정심판법 139조).

2. 심판청구의 대상

행정심판의 청구대상은 행정청의 처분 또는 부작위이다(동법 제3조①).

3. 심판청구의 기간

행정심판은 소정의 청구기간 내에 제기하여야 한다. 이렇게 행정심판청구기간을 법정화(동법 제27조)한 것은 행정법관계의 신속한 안정을 도모하기 위한 것이다.

[이해] 심판청구기간은 취소심판과 거부처분에 대한 의무이행심판청구의 경우에만 문제되고, 무효등확인심판과 부작위에 대한 의무이행심판의 경우에는 청구기간에 제한이 없다.

① 취소심판 및 거부처분에 대한 의무이행심판

㉠ 원 칙: 처분 또는 거부처분이 있음을 알게 된 날부터 90일, 처분이 있었던 날부터 180일 이내에 제기하여야 한다.

ⓐ 처분이 있음을 안 날: 여기서 처분이 있음을 알게 된 날이란 청구인이 처분이 있음을 현실적으로 알게 된 날을 말한다.

　　例 • 처분을 서면으로 하는 경우 → 그 서면이 상대방게 도달된 날

　　　• 공시송달의 경우 → 서면이 도달한 것으로 간주되는 날

ⓑ 처분이 있은 날: 처분이 있었던 날이란 처분의 효력이 발생한 날을 말한다.

ⓒ 기간의 성질: 90일은 불변기간으로 직권조사사항이다(대판 1988.5.24. 87누990).

ⓓ 기간도과의 효과: 90일과 180일 중 어느 것이라도 먼저 경과하면 심판제기는 부적법하게 된다.

㉡ 예 외

ⓐ 정당한 사유가 있는 경우: 정당한 사유가 있으면 처분이 있은 날로부터 180일이 경과하더라도 심판을 제기할 수 있다(동법법 제27조③ 단서).

복효적 행정행위의 심판청구기간	
원 칙	복효적 행정행위의 심판청구기간은 원칙적으로 처분이 있음을 안 날로부터 90일, 처분이 있은 날로부터 180일 이내에 제기하여야 한다.
예 외	㉠ 행정처분의 상대방이 아닌 제3자는 일반적으로 처분이 있는 것을 바로 알 수 있는 처지에 있지 아니하므로 처분이 있은 날로부터 180일이 경과하더라도 특별한 사유가 없는 한 정당한 사유가 있는 것으로 보아 심판청구가 가능하다(대판1992.7.28. 91누12844). ㉡ 그 제3자가 어떤 경위로든 행정처분이 있음을 알았거나 쉽게 알 수 있는 등 심판청구기간 내에 심판청구가 가능하였다는 사정이 있는 경우에는 그 때로부터 90일 이내에 행정심판을 청구하여야 한다(대판1997.9.12. 96누14661).

ⓑ 천재지변 등과 청구기간: 청구인이 천재지변, 전쟁, 사변, 그 밖의 불가항력으로 인하여 90일 이내에 심판청구를 할 수 없었을 때에는 그 사유가 소멸한 날로부터 14일 이내에 심판청구를 제기할 수 있다(동법 제27조②).

ⓒ 특례가 있는 경우: 개별법(특별법)에서 청구기간에 관하여 특례를 두고 있는

경우 그 규정이 행정심판법에 우선하여 적용된다.

       예 국가공무원법 제76조 제1항

     ⓓ 행정청의 오고지(誤告知): 행정청이 심판청구기간을 처분이 있음을 알게 된 날부터 90일보다 긴 기간으로 잘못 알린 경우, 그 잘못 알린 기간에 심판청구가 있으면 그 심판청구는 90일 내에 제기된 것으로 본다(행정심판법 제27조⑤).

    ⓔ 행정청의 불고지(不告知): 행정청이 심판청구기간을 알리지 아니한 경우에는 처분이 있었던 날부터 180일 내에 심판청구를 할 수 있다(행정심판법 제27조⑥).

2) 무효등확인심판 및 부작위에 대한 의무이행심판   무효는 누구나 언제든지 주장할 수 있고 부작위는 그 부작위가 계속되는 한 권익침해상태가 계속되는 것이므로 심판청구기간의 제한이 없다(행정심판법 제27조⑦).

4. 심판청구의 방식

1) 서면주의

    ① 의 의: 청구의 내용을 명백히 하기 위하여 심판청구는 서면으로 하여야 한다(동법 제28조①).

    ② 기재사항: 처분에 대한 심판청구와 부작위에 대한 심판청구의 경우에는 다음의 사항을 기재하여야 한다(행정심판법 제28조②③).

처분에 대한 심판청구의 경우	부작위에 대한 심판청구의 경우
① 청구인의 이름과 주소 ② 피청구인인 행정청과 재결청 ③ 심판청구의 대상이 되는 처분의 내용 ④ 처분이 있은 것을 안 날 ⑤ 심판청구의 취지 및 이유 ⑥ 처분을 한 행정청의 고지의 유무 및 그 내용	① 청구인의 이름과 주소 ② 피청구인인 행정청과 재결청 ③ 심판청구의 취지 및 이유 ④ 당해 부작위의 전제가 되는 신청의 내용과 날짜

2) 제출절차

    ① 제출기관: 심판청구서는 피청구인이나 위원회에 제출하여야 한다(동법 제23조①).

[이해] 종래에는 심판청구는 반드시 피청구인인 행정청을 거쳐서 제기하는 처분청경유주의를 채택하였으나, 현행 행정심판법은 청구인의 편의를 도모하고 처분청으로부터의 심판청구의 취소압력을 받을 우려를 방지하기 위하여 위원회에 직접 제기하거나 피청구인인 행정청을 경유하여 제기할 수 있도록 하였다.

② 경유청(처분청)의 처리: 피청구인인 행정청이 심판청구를 접수한 때에는 다음과 같이 처리할 수 있다.

㉠ 청구내용의 인용: 심판청구서를 받은 행정청은 그 심판청구가 이유 있다고 인정하면 심판청구의 취지에 따라 직권으로 처분을 취소·변경하거나 확인을 하거나 신청에 따른 처분을 할 수 있다. 이 경우 서면으로 청구인에게 알려야 한다(동법 제25조①).

[이해] 행정청의 시정조치 자체는 재결이 아니므로 청구인이 당해 심판청구를 취소하지 않는 한 심판청구는 심판청구로서 존속한다(장태주 802쪽).

㉡ 행정심판위원회로 심판청구서의 송부: 피청구인인 행정청이 심판청구서를 접수하거나 송부받으면 10일 이내에 그 심판청구서와 답변서를 위원회에 송부하여야 하고, 그 사실을 지체 없이 청구인에게 알려야 한다(동법 제24조①⑤).

③ 행정심판위원회에 제출된 경우의 처리: 행정심판위원회는 심판청구서를 받은 때에는 지체 없이 그 부본을 피청구인에게 보내야 하고, 피청구인으로부터 답변서가 제출되면 답변서 부본을 청구인에게 송달하여야 한다(동법 제26조).

Ⅱ. 청구의 변경과 취하

1. 청구의 변경

1) 청구의 변경의 의의　　청구인은 청구의 기초의 변경이 없는 범위에서 청구의 취지나 이유를 변경할 수 있는데(동법 제29조), 이를 청구의 변경이라 한다. 이는 청구인을 보호하기 위해 인정된다.

2) 청구의 변경의 종류

① 임의적 청구의 변경: 청구인은 행정심판을 청구한 후에도 청구의 기초에 변경이 없는 범위 안에서 청구의 취지나 이유를 변경할 수 있다(행정심판법 제20조①).

② 처분변경에 따른 청구의 변경: 행정심판이 청구된 후에 피청구인이 새로운 처분을 하거나 심판청구의 대상인 처분을 변경한 경우에는 청구인은 새로운 처분이나 변경된 처분에 맞추어 청구의 취지 또는 이유를 변경할 수 있다(동법 제29조②).

3) 요 건

① 청구의 기초에 변동이 없는 범위 내: 청구의 변경은 청구의 기초에 변경이 없는 범위 내에서만 인정된다. 청구의 기초에 변경이 없는 범위 내란 청구한 사건의 동일성을

깨뜨리지 않는 범위를 말한다. 청구의 기초에 변경이 없는 범위 내이면 심판종류의 변경도 가능하다.

② 청구의 변경의 시기: 심판청구가 계속 중이고 행정심판위원회의 의결 전이어야 한다.

4) 변경절차　청구의 변경은 서면으로 신청하여야 하며, 위원회는 청구변경신청서 부본을 피청구인과 참가인에게 송달하여야 한다(동법 제29조③④).

2. 심판청구의 취하

1) 서면주의　청구인은 심판청구에 대하여 의결이 있을 때까지 서면으로 심판청구를 취하할 수 있다(동법 제42조①).

2) 성질 및 효과　심판청구의 취하는 위원회에 대하여 심판청구를 철회하는 청구인의 일방적 의사표시로서 심판청구의 취하로 심판청구는 소급적으로 소멸된다.

3) 취하권자의 범위　청구인뿐만 아니라 참가인도 심판청구에 대하여 의결이 있을 때까지 서면으로 참가신청을 취하할 수 있다(동법 제42조②).

4) 취하의 시기　청구인 또는 참가인은 의결시까지 신청의 취하가 가능하다.

Ⅲ. 심판청구의 효과

1. 행정심판기관에 대한 효과

1) 심판청구가 적법한 경우　행정심판위원회의 심리·재결의무(동법 제6조)가 발생한다.

2) 심판청구가 부적법한 경우　보정이 가능한 경우에는 보정명령 또는 직권보정을 하여야 하고, 보정이 불가능한 경우에는 각하재결을 하여야 한다.

2. 처분에 대한 효과

1) 집행부정지의 원칙　처분에 대하여 행정심판을 청구하더라도 처분의 효력이나 그 집행 또는 절차의 속행은 영향을 받지 않는데 이를 집행부정지의 원칙이라 한다 즉, 처분은 계속하여 효력을 가지며, 처분청은 그 처분을 집행하거나 그 처분을 전제로

하는 후속절차를 진행할 수 있는 것이다.

　⑩ 경찰관의 압수처분이 부당함을 이유로 취소심판을 제기하더라도 이미 행해진 압수처분의 효력이 취소 또는 당연무효가 되는 것은 아니고 취소심판에서 인용재결이 있어야 압수취소의 효력이 발생한다.

2) 집행정지결정

　① 의 의: 집행정지란 행정심판이 제기되어도 원칙적으로는 처분의 효력 등은 정지되지 않으나 일정한 경우에 당사자의 권리·이익의 보전을 위하여 재결청이 처분의 효력이나 그 집행 또는 절차의 속행의 전부 또는 일부를 정지하는 제도를 말한다.

　② 취 지: 집행부정지원칙을 철저하게 관철할 경우 취소재결 등이 확정되더라도 이미 행한 처분 등으로 인하여 청구인에게 돌이킬 수 없는 손해가 발생한다면 실효적인 구제가 불가능하게 되므로 집행부정지원칙의 예외를 인정하도록 한 것이다.

　③ 요 건: 재결청은 처분이나 그 집행 또는 절차의 속행으로 인하여 생길 회복하기 어려운 손해를 예방하기 위하여 긴급한 필요가 있다고 인정할 때에는 당사자의 신청 또는 직권에 의하여 행정심판위원회의 심리·의결을 거쳐 처분의 효력이나 그 집행 또는 절차의 속행의 전부 또는 일부의 정지를 결정할 수 있다(동법 제30조②). 집행정지결정의 요건은 적극적 요건과 소극적 요건으로 나눌 수 있다.

적극적 요건	소극적 요건
① 집행정지대상인 처분의 존재 ② 심판청구의 계속 ③ 회복하기 어려운 손해발생의 가능성 ④ 긴급한 필요의 존재	공공복리에 중대한 영향을 미칠 우려가 없을 것 → 비례의 원칙 적용(공공복리와 청구인의 손해를 비교형량하여 개별적·구체적으로 판단)

[이해] ⓐ 부작위 또는 처분이 효력을 발생하기 전에는 집행정지를 결정 할 수 없다.
ⓑ 처분이 목적을 달성하여 소멸한 후에는 집행정지결정의 실익이 없다.
ⓒ 공공복리에 중대한 영향을 미칠 우려가 있는 경우에는 허용되지 않는다(행정심판법 제21조③).

　④ 집행정지결정의 절차

　㉠ 원 칙: 집행정지결정은 행정심판위원회의 결정으로 행한다(동법 제30조①).

　㉡ 예 외: 위원회의 심리·의결을 기다려서는 회복하기 어려운 손해가 발생할 우려가 있다고 인정될 때에는 위원회의 위원장은 직권으로 심리·의결에 갈음하는 결정을 할 수 있다. 이 경우 위원장은 위원회에 그 사실을 보고하고 추인을 받아야 하며, 위원회의 추인을 받지 못한 때에는 재결청은 집행정지 또는 집행정지의 취소에 관한 결정을 취소하여

야 한다.

⑤ 집행정지결정의 효력: 집행정지결정의 효력은 처분의 효력, 처분의 집행, 처분의 절차속행의 전부 또는 일부의 정지를 내용으로 한다.

㉠ 처분의 효력정지: 구속력·집행력·공정력 등 처분의 효력을 잠시 정지시킴으로써 이후로부터 처분 자체가 존재하지 않는 상태에 두는 것을 말한다.

예 영업허가 취소처분에 효력정지결정이 이루어진 경우 → 취소처분 자체가 부존재하게 되어 당사자는 적법하게 영업을 할 수 있음

> **[이해]** 처분의 효력정지는 처분의 집행 또는 절차의 속행을 정지함으로써 집행정지의 목적을 달성할 수 있는 경우에는 허용되지 않는다(동법 제30조② 단서).
> 예 토지수용절차에 있어서 절차의 속행을 정지함으로써 목적을 달성할 수 있는 경우 → 개별적 처분의 효력(예 사업인정)의 정지 불가

㉡ 처분의 집행정지: 처분의 집행력을 정지시킴으로써 처분의 내용이 실현되지 않는 상태로 두는 것을 말한다.

예 강제퇴거명령에 대한 집행정지결정이 있는 경우 → 강제퇴거 불가

㉢ 절차의 속행정지: 집행정지결정으로 절차의 전제가 되는 처분의 효력이 소멸함으로써 후속 절차의 속행을 금지하는 효과가 발생한다.

⑥ 집행정지결정에 위반된 행위의 효력: 처분의 효력정지 또는 절차의 속행정지결정에 반하여 처분의 집행 또는 절차의 속행이 이루어진 경우 그러한 집행 또는 속행된 절차는 무효가 된다.

⑦ 집행정지결정의 취소: 위원회는 집행정지 결정한 후에 집행정지가 공공복리에 중대한 영향을 미치거나 그 정지사유가 없어진 경우에는 직권으로 또는 당사자의 신청에 의하여 집행정지결정을 취소할 수 있다(동법 제30조④).

제5관 행정심판의 심리 · 재결

I. 행정심판기관

행정심판기관이란 행정심판의 청구를 수리하여 심리·재결할 수 있는 권한을 가진 행정기관을 말한다. 과거의 행정심판법은 심리의결기능과 재결기능을 분리하여, 심리·의결기능은 행정심판위원회에 부여하고, 재결기능은 재결청이 가지도록 이원화하고 있었으나 행정심판법을 개정하여 심리와 재결의 기능 모두 행정심판위원회로 통합하였다.

1. 행정심판위원회

1) 의 의 　 행정심판위원회는 재결청으로부터 회부된 심사청구사건을 심리·재결할 수 있는 권한을 가진 행정기관으로서, 비상설합의제의결기관이다.

2) 행정심판위원회의 구성

① 중앙행정심판위원회: 중앙행정심판위원회는 위원장 1명을 포함한 70명 이내의 위원으로 구성하되 위원 중 상임위원은 4명 이내로 한다(동법 제8조①). 위원장은 국민권익위원회 부위원장 중 1명이 되며 위원장이 없거나 부득이한 사유로 직무를 수행할 수 없거나 위원장이 필요하다고 인정하는 경우에는 상임위원이 위원장의 직무를 대행하게 한다(동조②). 위원회의 회의는 위원장, 상임위원 및 위원장이 매 회의마다 지정하는 비상임위원을 포함하여 총 9명으로 구성한다(동조⑤). 자동차운전면허 행정처분에 관한 사건을 심리·의결하게 하기 위하여 4명의 위원으로 구성하는 소위원회를 둘 수 있다(동조⑥). 위원회는 구성원 과반수의 출석과 출석위원 과반수의 찬성으로 의결한다(동조⑦).

위원회는 위원장이 지정하는 심판청구사건을 미리 검토하게 하기 위하여 필요한 경우에는 소위원회 또는 전문위원회를 둘 수 있다(동조⑧). 중앙행정심판위원회, 소위원회 및 전문위원회의 조직 및 운영 그 밖에 필요한 사항은 대통령령으로 정한다(동조⑨).

② 중앙행정심판위원회 이외의 행정심판위원회: 행정심판위원회는 위원장 1명을 포함한 제 50명 이내의 위원으로 구성한다(동법 제7조①). 행정심판위원회의 위원장은 행정심판위원회가 소속된 행정청이 된다(동조②).

시·도지사 소속으로 두는 행정심판위원회의 경우에는 해당 지방자치단체의 조례로 정하는 바에 따라 공무원이 아닌 위원을 위원장으로 정할 수 있다. 이 경우 위원장은 비상임으로 한다(동조③).

행정심판위원회의 위원은 다음의 어느 하나에 해당하는 사람 중 성별을 고려하여 위촉하거나 또는 그 소속 공무원 중에서 지명한다(동조④).

㉠ 변호사 자격을 취득한 후 5년 이상의 실무 경험이 있는 사람

㉡ 학교에서 조교수 이상으로 재직하거나 재직하였던 사람

㉢ 행정기관의 4급 이상 공무원이었거나 고위공무원단에 속하는 공무원이었던 사람

㉣ 박사학위를 취득한 후 해당 분야에서 5년 이상 근무한 경험이 있는 사람

㉤ 그 밖에 행정심판과 관련된 분야의 지식과 경험이 풍부한 사람

행정심판위원회의 회의는 위원장과 위원장이 회의마다 지정하는 8명의 위원으로 구성하고, 그중 위촉위원(외부위원)이 6명 이상으로 하되, 위원장이 공무원이 아닌 경우에서는 5명 이상으로 한다(동조⑤ 본문). 행정심판위원회는 구성원(9인) 과반수의 출석과 출석위원 과반수의 찬성으로 의결한다(동조⑥).

5) 위원의 제척 · 기피 · 회피

① 의 의: 제척 · 기피 · 회피제도는 위원회의 심리 · 재결의 공정성을 확보하기 위하여 위원이 구체적인 사건에 대하여 특정한 관계에 있을 때에는 그 사건의 직무집행에서 배제하는 제도를 말한다. 행정심판법은 제척 · 기피 · 회피를 위원뿐만 아니라 사건의 심리 · 의결에 관한 사무에 관여하는 위원 아닌 직원에게도 준용하고 있다.

② 제 척

㉠ 개 념: 제척이란 제척사유 발생시 당연히 심리 · 의결에서 배제되는 것을 말한다.

㉡ 제척사유: 행정심판법상 행정심판위원회 위원 및 직원의 제척사유는 다음과 같다(동법 제10조①).

ⓐ 위원 또는 그 배우자나 배우자였던 사람이 사건의 당사자이거나 사건에 관하여 공동관리자 또는 의무자인 경우

ⓑ 위원이 사건 당사자와 친족이거나 친족이었던 경우

ⓒ 위원이 사건에 관하여 증언이나 감정을 한 경우

ⓓ 위원이 당사자의 대리인으로서 사건에 관여하거나 관여하였던 경우

ⓔ 위원이 사건의 대상이 된 처분 또는 부작위에 관여한 경우

㉢ 효 과: 제척사유가 있는 위원이 관여한 심리 · 의결은 본질적인 절차상의 하자로서 무효로 된다. 제척의 효과는 당사자의 주장 여부나 행정심판위원회의 결정 여부와 관계없이 법률상 당연히 발생한다.

③ 기 피: 제척사유에 해당하는 경우뿐만 아니라 심리 · 의결의 공정을 기대하기 어려운

경우 당사자의 신청에 의해 재결청의 결정으로 심리·의결에서 배제되는 것을 말한다.

④ 회 피: 회피란 제척 또는 기피사유가 있는 경우에 위원 스스로의 판단에 따라 심판에서 물러나는 것을 말한다.

6) 권 한

① 심리권: 행정심판위원회는 심판청구사건을 심리하는 권한을 가진다. 행정심판위원회는 행정심판의 심리를 위하여 대표자선정 권고권(동법 제15조②), 청구인 지위의 승계 허가권(동법 제16조⑤), 피청구인경정 결정권(동법 제17조②), 대리인선임 허가권(동법 제18조① 제5호), 심판참가 허가 및 요구권(동법 제20조⑤, 제21조①), 청구의 변경 허가권(동법 제29조⑥), 보정요구권 및 직권보정권(동법 제32조①), 증거조사권(동법 제36조①) 등을 가진다.

② 재결권: 위원회는 심리를 마치면 그 심판청구에 대하여 재결하는 권한을 가진다(동법 제6조). 재결 이외 ㉠ 집행정지결정권(동법 제30조②), ㉡ 집행정지결정취소권(동법 제30조④), ㉢ 사정재결에 관한 것(동법 제44조①) 등이다.

③ 불합리한 법령 등의 시정조치요청권: 중앙행정심판위원회는 심판청구를 심리·의결함에 있어서 처분 또는 부작위의 근거가 되는 명령 등(대통령령·총리령·부령·훈련·예규·고시·조례·규칙 등을 말한다. 이하 같다) 이 법령에 근거가 없거나 상위법령에 위배되거나 구민에게 과도한 부담을 주는 등 크게 불합리하면 관계행정 기관에 그 명령 등의 개정·폐지 등 적절한 시정조치를 요청할 수 있다(동법 제59조①). 이와 같은 요청을 받은 관계행정기관은 정당한 사유가 없으면 이에 따라야 한다(동법 제59조②).

Ⅱ. 행정심판의 심리

1. 심리의 의의

분쟁의 대상이 되고 있는 사실관계와 그에 관한 법률관계를 분명히 하기 위해 당사자나 관계자의 주장이나 반대주장을 듣고, 아울러 그러한 주장을 정당화시켜 주는 각종의 증거·자료를 수집·조사하는 일련의 절차를 심리라고 한다.

2. 심리의 내용

1) 요건심리

① 의 의: 요건심리란 심판청구가 행정심판의 제기요건을 구비하였는지 여부를 심리하는 것을 말하는 것으로, 형식적 심리 또는 본안전 심리라고도 한다.

② 내 용: 심리결과 요건구비 시에는 본안심리를 하게되고, 요건흠결 시에는 부적법한 것으로 이를 각하한다. 다만, 요건을 흠결하고 있지만 보정이 가능한 것이면 보정을 명령하거나 보정할 사항이 경미한 경우에는 직권으로 보정할 수 있다. 요건심리는 본안재결까지는 언제라도 가능하다.

2) 본안심리
요건심리의 결과 행정심판의 제기가 적법한 경우 당해 행정처분의 위법 또는 부당 여부를 심리하는 것을 말한다. 즉, 본안심리는 당해 심판청구에 대하여 인용할 것인지 아니면 기각할 것인지를 판단하기 위한 심리이다.

3. 심리의 범위

1) 불고불리의 원칙과 불이익변경금지의 원칙

① 불고불리의 원칙: 위원회는 심판청구의 대상이 되는 처분 또는 부작위 외의 사항에 대해서는 재결하지 못하고(동법 제47조①), 행정심판위원회도 심판의 대상인 처분·부작위 외의 사항에 대하여 심리·의결하지 못한다.

② 불이익변경금지의 원칙: 위원회는 심판청구의 대상이 되는 처분보다 청구인에게 불리한 재결을 하지 못한다(동법 제47조②).

불고불리의 원칙과 불이익변경금지의 원칙의 적용 여부에 관한 견해	
구 분	**적용여부**
행정심판의 기능을 행정의 적법·타당성을 확보하는 행정통제적 기능에 중점을 두는 입장	위 원칙의 적용 부정
행정심판의 기능을 국민의 권리구제에 중점을 두는 입장	위 원칙의 적용 긍정

2) 법률문제와 사실문제
행정심판의 심리에 있어서는 심판청구의 대상인 처분이나 부작위에 관한 적법·위법의 판단인 법률문제뿐만 아니라, 재량행위에 있어서의 당·부당의 문제와 사실문제까지도 심리할 수 있다.

4. 심리의 절차

1) 심리절차의 기본원칙

① 대심주의: 청구인과 피청구인이 대립되는 당사자로서 동등한 지위에서 공격·방어를 하고, 이를 바탕으로 심리를 진행하는 원칙을 말한다.

② 서면심리와 구술심리: 행정심판의 심리는 구술심리 또는 서면심리로 한다. 다만, 당사자가 구술심리를 신청한 경우에는 서면심리만으로 결정할 수 있다고 인정되는 경우 외에는 구술심리를 하여야 한다(동법 제26조②).

③ 비공개심리: 명문으로 정하는 바는 없으나 서면심리의 원칙을 택한 점을 보면 현행법은 행정심판의 심리에 있어 비공개주의를 택하고 있는 것으로 해석된다.

④ 직권심리주의: 행정심판법은 위원회가 필요하다고 인정할 때에는 당사자가 주장하지 아니한 사실에 대하여도 심리할 수 있고, 직권에 의한 증거조사를 할 수 있다(동법 제39조·제36조)고 규정하여 직권심리주의를 채택하고 있다. 직권심리주의란 당사자주의에 대립되는 것으로 심리의 진행을 심리기관의 직권으로 함과 동시에 필요한 자료를 당사자에게만 의존하지 않고 직권으로 수집하는 제도를 말한다.

2) 당사자의 절차적 권리   행정심판의 당사자인 청구인과 피청구인은 심리절차에 있어서 다음과 같은 권리를 갖는다.

① 위원·직원에 대한 제척·기피신청권(동법 제10조②)

② 구술심리신청권(동법 제40조② 단서)

③ 보충서면제출권(동법 제33조)

④ 물적증거제출권(동법 제34조)

⑤ 증거조사신청권(동법 제36조①)

3) 심리절차의 병합 또는 분리   위원회는 필요하면 관련되는 심판청구를 병합하여 심리하거나 병합된 관련 청구를 분리하여 심리할 수 있다(동법 제37조).

4) 의 결   위원회는 심리를 마치면 그 심판청구에 대해 재결할 내용을 의결하고 그
의결내용을 재결청에 통고하여야 한다.

제6관 행정심판의 재결

1. 재결방식

1) 서면주의   재결은 서면으로 하여야 하며(동법 제46조①), 재결서에는 주문·청구의
취지·이유 등을 기재한다(동조②). 따라서 구두에 의한 재결은 무효인바, 이는 법적
안정성을 위한 것이다.

2) 이유기재 정도 및 흠결의 효과   이유의 기재는 주문 내용이 정당함을 인정할 수
있을 정도로 판단을 표시하여야 한다. 이유 제시의 미비는 위법한 재결처분이 되며
이러한 하자는 행정소송 제기 전까지 치유될 수 있다는 것이 판례의 입장이다.

2. 재결의 범위

1) 불고불리의 원칙과 불이익변경금지의 원칙   재결청은 심판청구의 대상이 되는 처분
또는 부작위 외의 사항에 대하여는 재결하지 못하며(동법 제47조①), 심판청구의 대상이
되는 처분보다 청구인에게 불이익한 재결을 할 수 없다(동법 제47조②).

2) 재량문제에 대한 판단   행정심판은 위법한 처분이나 부작위뿐만 아니라 부당한
처분이나 부작위도 심판의 대상으로 하고 있으므로 행정청의 재량권 일탈과 남용뿐만
아니라 재량권 행사의 당부에 대해서도 판단할 수 있다.

3. 재결의 송달과 공고

1) 재결의 송달과 효력발생   행정심판위원회는 재결을 한 때에는 지체 없이 당사자에게
재결서의 정본을 송달하여야 한다. 재결은 청구인에게 송달되었을 때에 그 효력이 생긴다
(동법 제48조①②).

2) 공 고   법령의 규정에 따라 공고하거나 고시한 처분이 재결로써 취소되거나 변경되면

처분을 한 행정청은 지체 없이 그 처분이 취소 또는 변경되었음을 공고하거나 고시하여야 한다. 법령의 규정에 의하여 처분의 상대방 외의 이해관계인에게 통지된 처분이 재결로써 취소 또는 변경된 때에도 처분을 한 행정청은 지체 없이 그 이해관계인에게 그 처분이 취소 또는 변경되었다는 것을 알려야 한다(동법 제49조⑤⑥).

4. 재결의 종류

1) 각하재결　　각하재결이란 심판청구가 부적법한 경우, 즉 심판청구의 요건을 구비하지 못한 경우에 본안심리를 거부하는 재결로서 요건재결이라고도 한다(동법 제43조①).
　　예 심판청구기간을 경과한 행정심판 청구

2) 기각재결　　본안심리의 결과 심판청구가 이유없다고 인정되는 경우, 즉 심판청구의 대상인 처분이나 부작위가 위법·부당하지 않다고 판단되는 경우에 청구를 배척하는 재결을 말한다(동법 제43조②).

> **[이해]** 기각재결은 원처분을 시인하는 것일 뿐 그 효력을 확장하거나 강화하는 것이 아니므로 기각결정이 있은 후에도 처분청은 직권으로 원래의 처분을 취소·변경할 수 있다.

3) 사정재결
　　① 의 의: 행정심판위원회는 이유가 있다고 인정하면 인용재결을 하는 것이 원칙이나, 이를 인용하는 것이 공공복리에 크게 위배된다고 인정하면 그 심판청구를 기각하는 재결을 할 수 있는데(동법 제44조① 전단) 이를 사정재결이라 한다.
　　② 기각재결과의 구별: 사정재결은 형식적으로는 기각재결의 일종이나, 처분·부작위가 위법 또는 부당함을 확인하는 효과가 발생한다는 점에서 일반적인 기각재결과 다르다.
　　③ 인정취지: 사정재결은 사익의 보호가 결과적으로 공익에 중대한 침해를 가져올 때 이를 시정하여 다수인 또는 국가 전체의 이익을 우선시켜 전체로서의 공익보호(공공복리)를 확보하기 위한 공익과 사익의 조절제도로서 인정된다.
　　④ 적용범위: 사정재결은 취소심판·의무이행심판에만 인정되고 무효등확인심판에는 적용되지 않는다(동법 제44조③). 왜냐하면 처분의 무효나 부존재는 언제나 무효 또는 부존재이고, 처분이 유효하거나 존재할 경우에는 사정재결이 불필요하기 때문이다.
　　⑤ 요 건: 심판청구가 이유 있다고 인정되어야 하고, 청구를 인용하는 것이 현저히 공공복리에 반하여야 한다. 또한 행정심판위원회의 심리가 있어야 하며, 위원회가 사정재결을 하고자 할 때, 위원회는 재결의 주문에서 그 처분 또는 부작위가 위법하거나 부당하다

는 것을 구체적으로 밝혀야 한다(동법 제44조① 후단). 이는 재결이 확정되는 경우 그 처분 또는 부작위의 위법·부당에 관하여 실질적 확정력이 발생하게 하기 위한 것이다.

⑥ 청구인의 보호: 사정재결을 할 때에는 청구인에 대하여 상당한 구제방법을 취하거나 피청구인에게 상당한 구제방법을 취할 것을 피청구인에게 명할 수 있다(동법 제44조②). 행정소송법상 사정판결은 '손해배상·재해시설의 설치·적당한 구제방법'이라는 청구인 (원고)의 보호를 위한 구체적인 구제방법을 명시하고 있으나 행정심판법에서는 '상당한 구제방법'이라고만 규정하고 있을 뿐 구체적인 구제방법은 명시하고 있지 않다. 따라서 구제방법의 내용은 주로 손해배상이 될 것이나, 재해시설의 설치·대체적 처분의 발급 등이 있을 수 있다. 한편 청구인은 사정재결 자체를 다툴 수도 있다.

4) 인용재결 심판청구가 이유 있을 경우 그 청구를 인용하는 재결을 말하는데 행정심판의 종류에 따라 취소재결, 무효등확인재결 및 의무이행재결로 구분한다.

① 취소재결: 위원회가 취소심판의 청구가 이유가 있다고 인정할 때, 즉 처분이 위법 또는 부당하다고 판단되는 경우에 처분을 취소 또는 다른 처분으로 변경하거나 처분을 다른 처분으로 변경할 것을 피청구인에게 명하는 재결을 말한다(동법 제43조③). 취소재결 에는 직접취소재결과 직접변경재결 및 취소명령재결과 변경명령재결이 있고, 여기서 변경이란 소극적 변경(일부취소)뿐만이 아니라 적극적 변경(전부취소)을 포함한다.

② 무효등확인재결: 위원회가 무효등확인심판의 청구가 이유가 있다고 인정하여 처분의 효력 유무 또는 존재 여부를 확인하는 재결을 말한다(동법 제43조④). 무효등확인재 결에는 유효확인재결, 무효확인재결, 존재확인재결, 부존재확인재결이 있다. 통설은 명문의 규정이 없지만 실효확인재결을 인정한다.

[이해] 무효등확인재결은 행정행위의 무효나 부존재를 확인하는 것으로서 형성적 효과는 발생하지 않는다.

③ 의무이행재결: 위원회가 의무이행심판의 청구가 이유 있다고 인정하면 지체 없이 신청에 따른 처분을 하거나 처분을 할 것을 명하는 재결을 말한다(동법 제43조⑤). 의무이행 재결에는 직접처분재결과 처분명령재결이 있으며, 처분재결과 처분명령재결 중 어느 것을 선택할 것인가는 행정심판위원회의 재량사항이다.

4. 재결의 효력

1) 개 설

① 재결의 효력발생시기: 재결은 청구인에게 송달되었을 때에 그 효력이 생긴다(동법 제48조②).

② 효력의 종류: 행정심판법은 재결의 효력에 관하여 기속력에 관한 규정(동법 제49조)만 두고 있다. 그러나 재결도 행정행위의 일종이므로 불가쟁력·공정력을 가지고, 또한 준사법적 행위이므로 불가변력을 가지며, 그 외에 형성력을 갖는다.

2) 기속력

① 의 의: 기속력이란 행정심판청구가 인용되면 심판청구의 당사자인 행정청과 관계행정청이 재결의 취지에 따르도록 구속하는 효력을 말한다(동법 제49조①).

> **행정심판법** 제49조(재결의 기속력 등) ① 심판청구를 인용하는 재결은 피청구인과 그 밖의 관계행정청을 기속한다.

② 기속력이 미치는 범위

㉠ 기속력이 미치는 재결의 범위: 재결의 기속력은 인용재결의 경우에만 발생하고, 각하재결이나 기각재결에서는 문제되지 않는다.

㉡ 주관적 범위: 기속력은 피청구인인 행정청뿐만 아니라 그 밖의 모든 관계행정청에 미친다.

㉢ 객관적 범위: 재결주문과 그 전제가 된 요건사실의 인정과 효력의 판단에만 미치고, 이와 직접 관계가 없는 다른 처분에는 영향을 주지 않는다.

> **[판례] 기속력의 객관적 범위**
> 행정심판법 제49조에서 정하고 있는 행정심판청구에 대한 재결이 행정청과 그 밖의 관계 행정청을 기속하는 효력은 당해 처분에 관하여 재결주문 및 그 전제가 된 요건사실의 인정과 판단에만 미치고 이와 직접 관계가 없는 다른 처분에 대하여는 미치지 아니한다(대판 1998.2.27. 96누13972).

③ 기속력의 내용

㉠ 반복금지효 - 소극적 의무, 부작위 의무: 처분에 대한 취소재결이 나면 처분청은 재결의 취지에 반하는 처분을 해서는 안 된다. 즉, 처분청은 동일한 사정하에서 동일한 이유로 동일인에 대해 같은 내용의 처분을 반복해서는 안 된다(대판 1983.8.23. 82누302).

㉡ 재처분의무 - 적극적 의무

ⓐ 이행재결: 당사자의 신청을 거부하거나 부작위로 방치한 처분의 이행을 명하는 재결이 있으면 행정청은 지체 없이 그 재결의 취지에 따라 처분을 하여야 한다(동법 제49조③ 1문).

ⓑ 시정명령 · 직접처분: 처분명령재결의 기속력에도 불구하고 피청구인이 이에 따른 처분을 하지 않는 경우 위원회는 당사자가 신청하면 기간을 정하여 서면으로 시정을 명하고 그 기간에 이행하지 아니하면 직접 처분을 할 수 있다(동법 제50조① 1문). 위원회는 직접 처분을 하였을 때에는 그 사실을 해당 행정청에 통보하여야 하며, 그 통보를 받은 행정청은 위원회가 한 처분을 자기가 한 처분으로 보아 관계 법령에 따라 관리 · 감독 등 필요한 조치를 하여야 한다(동법 제50조②).

ⓒ 결과제거의무 – 원상회복의무: 취소재결이나 무효확인재결이 나면 당해 처분과 관련된 후속처분이나 사실상의 조치 등으로 인한 법률관계나 사실관계는 위법한 것이 되므로 행정청은 처분에 의하여 야기된 상태를 제거하거나 이를 원상회복할 의무를 지게 된다.

예 운전면허취소처분이 취소된 경우 새로운 운전면허증을 교부하여야 한다.

[정리] 기속력의 내용		
구 분	취소재결 · 무효확인재결	의무이행재결
기속력의 내용	· 반복금지효 · 취소 · 변경의무 · 원상회복의무	· 반복금지효 · 재처분의무 · 시정명령 · 직접처분

3) 형성력   형성력이란 재결의 내용에 따라 기존의 법률관계에 변동을 가져오는 효력을 말한다. 취소 · 변경재결이 나면 처분청의 별도의 행위를 기다릴 필요 없이 당해 처분은 처분시에 소급하여 효력이 소멸 또는 변경된다. 또한 재결의 형성력은 제3자에게도 미친다.

4) 불가쟁력   재결 자체에 고유한 위법이 있는 경우 재결에 대한 항고소송 제기가 가능하나, 제소기간이 도과하면 더 이상 효력을 다툴 수 없게 되는데 이를 불가쟁력이라 한다.

5) 불가변력   재결이 행해진 이후에는 그것이 위법하다 하더라도 재결청 스스로는 이를 취소·변경할 수 없게 되는데 이를 불가변력이라 한다.

5. 재결에 대한 불복

1) 재심판청구의 금지   행정심판청구에 대한 재결이 있는 경우에는 그 재결 및 같은 처분 또는 부작위에 대하여 다시 심판청구를 제기할 수 없다(동법 제51조). 따라서 재결에 불복이 있으면 행정소송을 제기할 수밖에 없다.

2) 재결에 대한 행정소송   재결도 행정행위의 일종이므로 재결 자체에 고유한 위법이 있는 경우에는 그 취소·변경을 구하거나, 재결에 무효사유가 있는 경우에는 무효확인을 구하는 행정소송을 제기할 수 있다(행정소송법 제19조 단서). 이 경우에는 행정심판을 다시 제기할 수 없으므로 행정심판을 제기하지 않고 직접 행정소송을 제기할 수 있다(행정심판법 제51조).

제7관 심판청구의 고지제도

Ⅰ. 심판청구 고지제도의 기능

1. 고지의 개념

고지제도란 행정청이 처분을 함에 있어서 상대방 또는 이해관계인에게 당해 처분에 대한 행정심판청구 가능성, 심판청구절차 및 청구기간을 알려주는 제도를 말한다.

2. 고지의 법적 성질

1) **사실행위**   고지는 사실행위이다. 따라서 행정행위가 아니므로 행정쟁송의 대상이 되지 않는다.

2) **행정심판법상 고지규정의 법적 성질**   고지제도에 관한 행정심판법의 규정의 성질에 관해 훈시규정이라는 견해와 강행규정이라는 견해가 있으나, 다수설은 잘못된 고지에 대해서 일정한 제재가 가해지는 점을 고려하여 강행규정이라고 보고 있다.

3. 기 능

고지제도는 행정의 민주화 및 행정의 신중 · 적정 · 합리화를 도모하고 행정심판청구의 기회를 실질적으로 보장하여 줌으로써 개인의 권익보호에 기여한다.

4. 법적 근거

고지에 대해서는 행정심판법(제58조)과 행정절차법(제26조) 그리고 공공기관의 정보공개에 관한 법률(제11조③)에서 이를 규정하고 있다.

> **행정심판법** 제58조(행정심판의 고지) ① 행정청이 처분을 할 때에는 처분의 상대방에게 다음 각 호의 사항을 알려야 한다.
> 1. 해당 처분에 대하여 행정심판을 청구할 수 있는지
> 2. 행정심판을 청구하는 경우의 심판청구 절차 및 심판청구 기간
> ② 행정청은 이해관계인이 요구하면 다음 각 호의 사항을 지체 없이 알려주어야 한다. 이 경우 서면으로 알려줄 것을 요구받으면 서면으로 알려주어야 한다.

1. 해당 처분이 행정심판의 대상이 되는 처분인지

2. 행정심판의 대상이 되는 경우 소관 위원회 및 심판청구 기간

행정절차법 제26조(고지) 행정청이 처분을 하는 때에는 당사자에게 그 처분에 관하여 행정심판 및 행정소송을 제기할 수 있는지 여부, 그 밖의 불복을 할 수 있는지 여부, 청구절차 및 청구기간, 그 밖에 필요한 사항을 알려야 한다.

공공기관의 정보공개에 관한 법률 제11조(정보공개 여부의 결정) ③ 공공기관은 공개 청구된 공개 대상 정보의 전부 또는 일부가 제3자와 관련이 있다고 인정할 때에는 그 사실을 제3자에게 지체 없이 통지하여야 하며, 필요한 경우에는 그의 의견을 들을 수 있다.

Ⅱ. 고지의 종류

고지는 직권에 의한 고지와 신청에 의한 고지로 나눌 수 있다.

1. 직권에 의한 고지

행정청이 처분을 할 때에는 그 상대방에게 해당 처분에 관하여 행정심판을 청구할 수 있는지의 여부, 행정심판을 청구하는 경우의 심판청구절차 및 심판청구기간을 알려야 한다(동법 제58조①).

1) 고지의 주체와 상대방

① 고지의 주체: 고지의 주체는 해당 처분을 행한 행정청이다.

② 고지의 상대방: 고지의 상대방은 해당 처분의 상대방이다.

2) 고지의 대상

고지의 대상은 서면에 의한 처분이다. 따라서 구술에 의한 처분은 고지의 대상이 아니다. 여기서 고지의 대상이 되는 처분은 행정심판법상의 행정심판의 대상이 되는 처분뿐만 아니라 다른 법률에 의하여 행정심판의 대상이 되는 서면에 처분도 포함된다.

> **[이해] 처분의 성질상 고지를 요하지 않는 경우**
> ① 신청에 의한 처분으로서 신청대로 한 처분의 경우
> ② 처분의 내용이 당사자에게 수익적인 경우

3) 고지의 내용

고지의 내용은 해당 처분에 관하여 행정심판을 청구할 수 있는지의 여부, 행정심판을 청구하는 경우의 심판청구절차 및 심판청구기간이다.

4) **고지의 방법**　　고지의 방법에는 특별한 제한이 없으므로 서면 또는 구술로 가능하다.

5) **고지의 시기**　　고지는 처분시에 하여야 하나, 처분 후에도 합리적으로 판단되는 기간내에 고지를 하면 불고지의 하자는 치유된다.

2. 신청에 의한 고지

　　행정청은 이해관계인으로부터 해당 처분이 행정심판의 대상이 되는 처분인지의 여부와 행정심판의 대상이 되는 경우에 소관 위원회 및 심판청구기간에 관하여 알려줄 것을 요구받은 때에는 지체 없이 이를 알려주어야 한다. 이 경우 서면으로 알려줄 것을 요구받은 때에는 서면으로 알려야 한다(동법 제58조②).

1) **고지의 청구권자**　　고지의 청구권자는 해당 처분의 이해관계인이다.

2) **고지의 대상**　　청구에 의한 고지의 대상은 모든 처분으로, 행정심판의 대상이 되는 처분일 것을 요하지 않으며 서면에 의한 처분일 것도 요하지 않는다.

3) **고지의 내용**　　고지의 내용은 해당 처분이 행정심판의 대상이 되는지의 여부, 소관 위원회, 심판청구기간이다.

4) **고지의 방법**　　특별한 제한은 없으나, 서면으로 알려줄 것을 요구받은 때에는 서면으로 알려야 한다(동법 제58조②).

5) **고지의 시기**　　행정청이 고지를 요구받은 때에는 지체 없이 고지하여야 한다.

[정리] 직권에 의한 고지와 신청에 의한 고지의 비교

구 분	직권고지	신청에 의한 고지
법적 근거	① 행정심판법 제58조 제1항 ② 행정절차법 제26조	행정심판법 제58조 제2항
고지의 주체	행정청	행정청
고지의 신청	해당없음	이해관계인(상대방+제3자)
고지의 상대방	해당 처분의 상대방	이해관계인(상대방+제3자)
고지의 대상	서면처분	서면처분+미고지의 서면처분(해석상 인정) → 모든처분
고지의 내용	심판청구 여부·청구절차·청구기간	심판대상 여부·재결청·청구기간

고지의 방법	원칙적 서면(해석상 인정)	① 적당한 방법(해석상 인정) ② 서면 요청시 서면으로 고지
고지의 시기	서면처분과 동시에 고지(해석상 인정)	신청받고 지체 없이 고지

Ⅲ. 불고지 및 오고지의 효과(고지의무위반의 효과)

1. 청구서의 송부 및 통지

행정청이 고지를 하지 아니하거나(불고지) 잘못 고지하여(오고지) 청구인이 심판청구서를 다른 행정기관에 제출한 경우에는 그 행정기관은 그 심판청구서를 지체 없이 정당한 권한이 있는 피청구인에게 보내야 하고(동법 제23조②), 심판청구서를 보낸 행정기관은 지체 없이 그 사실을 청구인에게 알려야 한다(동법 제23조③). 이 경우 심판청구기간을 계산할 때에는 다른 행정기관에게 심판청구서가 제출된 때에 심판청구가 제기된 것으로 본다(동법 제23조④).

2. 청구기간

① 불고지의 경우: 행정청이 심판청구기간을 알리지 아니한 때에는 처분이 있었던 날부터 180일 내에 행정심판을 청구할 수 있다(동법 제27조③⑥).
② 오고지의 경우: 행정청이 심판청구기간을 법정의 기간보다 긴 기간으로 잘못 알린 경우에 그 잘못 알린 기간에 심판청구가 있으면, 그 행정심판은 법정의 기간에 청구된 것으로 본다(동법 제27조⑤).

[판례]
ⓐ 개별법률에서 정한 심판청구기간이 행정심판법이 정한 심판청구기간보다 짧은 경우에도 행정청이 그 개별 법률상 심판청구기간을 알려주지 아니하였다면 행정심판법이 정한 심판청구기간(처분이 있은 날로부터 180일) 내에 심판청구가 가능하다고 한다(대판 1990.7.10. 89누 6839).
ⓑ 행정심판법 제18조 제5항의 규정은 행정심판 제기에 관하여 적용되는 규정이지, 행정소송제기에도 당연히 적용되는 규정이라고 할 수 없다(대판 2001.5.8. 2000두6916).

3. 고지의무 위반이 해당 처분에 미치는 효력

고지는 행정처분 자체의 절차가 아니므로 고지를 하지 않은 경우에도 해당 처분의 위법사유는 되지는 않고, 따라서 고지의무 위반이 해당 처분 자체를 위법하게 만드는 것은 아니다(대판1987.11.24. 87누529).

4. 행정심판을 거쳐야 함에도 거칠 필요가 없다고 잘못 알린 경우

처분을 행한 행정청이 행정심판을 거칠 필요가 없다고 잘못 알린 때에는 행정심판을 제기함이 없이 행정소송을 제기할 수 있다(행정소송법 제18조③ 제4호).

제3절 행정소송

제1관 행정소송의 이해

Ⅰ. 행정소송의 의의 및 구별개념

1. 행정소송의 개념

행정소송이란 행정법규의 적용과 관련하여 위법하게 권리(법률상 이익)가 침해된 자가 소송을 제기하고, 법원이 이에 대해 심리·판단을 행하는 정식의 행정쟁송을 말한다. 특히 경찰행정법상 행정소송이란 경찰기관의 위법한 처분 등이나 부작위에 대하여 법률상 이익을 침해당한 국민이 행정소송법에 의하여 제기하는 소송을 말한다.

1) 행정소송은 행정상의 법률관계에 관한 소송이다　　이 점에서 사법상의 법률관계를 대상으로 하는 민사소송과 구별되며 같은 공법상 분쟁이라도 공형벌권의 발동에 관한 소송인 형사소송과 구별된다.

2) 행정소송은 정식절차에 의한 행정쟁송이다　　이 점에서 행정소송은 행정심판과 구별된다. 행정소송은 정식심판절차인 사법절차에 의해 이루어진다.

2. 유사제도와의 구별

1) 행정심판과의 구별   행정심판법에서 언급한 것과 동일하다(행정심판과 행정소송의 비교표 참조).

2) 민사소송 및 형사소송과의 구별   행정소송은 행정에 관한 공법상의 권리관계를 대상으로 하나, 민사소송은 사법상의 권리관계에 관한 소송이라는 점에서 구별되고 형벌권의 존부·범위에 관한 소송인 형사소송과도 구별된다.

3) 헌법소원과의 구별   양자는 모두 공법상 소송이지만, 행정소송은 공법상 분쟁 중에서 헌법소송사항을 제외한 분쟁을 대상으로 하는 반면, 헌법소원은 헌법에서 열거하고 있는 헌법사항(헌법 제111조①)을 대상으로 한다. 다만, 헌법소송 중 지방자치단체 상호 간의 권한쟁의에 관한 심판은 행정적 성질을 갖지만, 헌법이 이를 헌법소송사항으로 규정(헌법 제111조① 제4호)하고 있으므로 행정소송사항에서 제외된다.

Ⅱ. 기능(목적)

행정소송은 공권력의 행사 또는 불행사로 인한 국민의 권리 또는 이익을 구제함으로써 사인의 권리구제기능을 하고 공법상의 권리관계 또는 법적용에 관한 다툼을 적정하게 해결함으로써 행정통제기능 및 행정법질서의 보호기능을 한다.

1. 권리구제기능

행정소송은 위법한 행정작용에 의해 개인의 권리가 침해되는 경우에 그러한 위법한 하자를 시정함으로써 침해된 개인의 권리를 구제하는 데 목적이 있다.

2. 행정통제기능

행정소송은 행정사건에 대한 사법적 판단을 통해서 행정의 합법성 및 합목적성을 보장함으로써 행정작용에 대해 법치주의를 실현한다.

3. 양기능과의 관계

행정소송의 주된 기능이 어디에 있는지에 대해 ① 권리구제가 주된 기능이고 행정통제는 부수적 기능이라는 견해와 ② 두가지 기능이 모두 중시된다는 견해가 있다.

Ⅲ. 종 류

구 분			내 용
내용에 따른 분류	주관적 소송 (개인의 권리구제)	항고소송	행정청의 처분등이나 부작위에 대하여 제기하는 소송
		당사자소송	행정청의 처분등을 원인으로 하는 법률관계에 관한 소송, 그 밖에 공법상의 법률관계에 관한 소송으로서 그 법률관계의 한쪽 당사자를 피고로 하는 소송
	객관적 소송 (행정법규의 적정한 보장)	민중소송	국가 또는 공공단체의 기관이 법률에 위반되는 행위를 한 때에 직접 자기의 법률상 이익과 관계없이 그 시정을 구하기 위하여 제기하는 소송
		기관소송	국가 또는 공공단체의 기관 상호 간에 있어서의 권한의 존부 또는 그 행사에 관한 다툼이 있을 때에 이에 대하여 제기하는 소송
효과에 따른 분류	형성소송		행정상의 법률관계를 변동시키는 판결(형성판결)을 구하는 소송. 항고소송 중 취소소송은 행정청의 위법한 처분 등의 취소변경을 구하는 소송이므로 형성의 소에 속한다.
	이행소송		일정한 실체법상의 이행청구권을 확정하고, 그에 의한 이행명을 구하는 판결(이행판결)을 구하는 소송. 행정청의 위법한 부작위에 대한 의무이행소송이나 일정한 이행명령을 목적으로 하는 당사자소송이 이에 속한다.
	확인소송		특정한 권리 또는 법률관계의 존재 부존재의 확인(확인판결)을 구하는 소송. 항고소송 중 부작위법확인소송이나 공법상의 법률관계의 존부를 확인받기 위한 당사자소송이 이에 속한다.
행정소송법상의 분류			행정소송법 제3조에서는 항고소송과 당사자소송, 민중소송과 기관소송을 규정하고 있고 행정소송법 제4조에서는 항고소송으로써 취소소송, 무효등확인소송, 부작위법확인소송을 규정하고 있다.

Ⅳ. 행정소송의 한계

1. 행정소송의 열기주의와 개괄주의

1) 열기주의   행정소송의 대상과 관련하여 행정법원이 관할권을 갖는 경우를 입법자가 명시적으로 나열하는 방식, 즉 행정소송의 대상으로써 법률에 명시되지 아니한 사항은

행정소송의 대상이 되지 못하고 따라서 행정법원이 관할권을 갖지 못하도록 하는 방식을 말한다.

2) 개괄주의 행정법원이 모든 행정법상의 분쟁에 대하여 관할권을 갖는 방식을 말한다. 행정소송의 대상을 제한하지 않기 때문에 행정영역에서 국민의 권리구제에 효과적이다.

3) 현행 행정소송법의 태도 현행 행정소송법은 개괄주의를 택하고 있다(행정소송법 제1조·제4조 제1호·제19조). 다만, 행정소송에는 법원이 하는 사법작용이라는 점에서 일정한 한계가 인정된다.

2. 행정소송의 한계

행정소송법이 개괄주의를 택하고 있다고 하여 모든 행정사건이 행정소송의 대상이 되는 것은 아니다. 왜냐하면 행정소송도 사법작용이므로 사법권이 미치는 범위 내에서만 인정될 수 있고, 헌법상의 권력분립원칙에 반해서는 안 되며, 헌법에서 명문으로 사법심사의 대상이 되지 않음을 규정하고 있기 때문이다. 따라서 행정소송의 한계는 그 대상과 관련하여 사법본질상의 한계와 권력분립상의 한계 그리고 헌법의 규정에 의한 한계로 나누어질 수 있다.

1) 사법본질상의 한계 행정소송도 사법작용이므로 소의 이익이 있는 당사자 간의 법률상의 쟁송이 있는 경우에만 사법권 발동이 가능하다. 법률상의 쟁송이란 당사자 사이의 구체적인 권리·의무에 관한 법적용상의 분쟁을 의미하며, 이는 ① 구체적 사건성과 ② 법적용상의 분쟁을 요소로 한다.

① 구체적 사건성에 따른 한계: 사법권 발동대상이 되기 위해서는 당사자 간의 구체적이고 현실적인 권리·의무에 관한 분쟁, 즉 구체적 사건성이 있어야 한다. 문제 되는 경우를 살펴본다.

㉠ 법령의 효력 및 해석(추상적 규범통제): 법령의 일반적·추상적인 효력 내지 그 해석에 관한 분쟁은 구체적 권리의무관계에 관한 쟁송이 아니므로 행정소송의 대상이 되지 않는다. 그러나 법령 그 자체가 직접·구체적으로 국민의 권리의무에 영향을 미치는 처분적 법령인 경우에는 행정소송의 대상이 된다.

[이해] 법령 자체가 행정처분 없이도 국민의 권리나 의무에 직접적이고 구체적으로 영향을 미치는 것을 처분적 법규라고 하는데 처분적 법규의 경우에는 실질적으로 법규가 아니고 처분이므로 행정소송의

대상이 된다. 판례도 처분적 조례가 항고소송의 대상이 되는 행정처분에 해당한다고 판시한 바 있다(대판 1996.9.20. 95누8003).

ⓛ 반사적 이익: 행정소송법은 법률상 이익이 있는 경우에만 원고적격이 인정되므로(행정소송법 제12조, 제35조, 제36조), 법률상 이익의 침해가 없는 단순한 반사적 이익 내지 사실상의 이익의 침해는 행정소송의 대상이 되지 않는다.

ⓒ 객관적 소송: 권리침해에 대한 구제가 아닌 오로지 법규의 적정한 적용만을 목적으로 하는 객관적 소송은 행정소송의 대상이 되지 않는다. 다만, 민중소송·기관소송과 같이 법률로 특히 인정하고 이는 경우에는 행정소송을 제기할 수 있다(동법 제45조 참조).

ⓔ 사실행위: 법률효과의 발생을 직접 의욕하지 않는 사실행위는 이로 인하여 당사자의 권리·의무에 직접적인 영향을 발생하지 않아 행정소송의 대상이 되지 않음이 원칙이다. 다만 권력적 사실행위의 경우에는 그 권력적 성질(수인하명)로 당사자 간의 권리나 의무에 관한 분쟁의 존재를 인정할 수 있어 행정소송의 대상이 된다.

② 법적용상의 한계: 사법권 발동의 대상이 되는 법률상의 쟁송은 법규의 해석·적용에 의하여 해결가능한 당사자 간의 구체적 분쟁이어야 한다.

㉠ 통치행위: 통치행위란 고도의 정치성을 갖는 국가행위로서 성질상 사법심사의 대상이 되기에 부적당한 행위를 말한다

ⓛ 재량행위: 재량행위에서 재량을 위반한 행위는 원칙적으로 부당하며, 행정심판의 대상은 될 수 있지만, 행정소송의 대상은 될 수 없다. 그러나 행정청의 재량인 처분이라도 재량권의 한계를 넘거나 그 남용이 있을 때에는 법원은 이를 취소할 수 있다(동법 제27조).

ⓒ 특별권력관계에서의 분쟁의 문제: 특별권력관계상의 행위에 관한 다툼도 그것이 법률상 이익에 관한 분쟁이기만 하면 사법심사의 대상이 된다. 따라서 행정소송의 한계로 볼 것은 아니다.

2) 권력분립상의 한계

① 의 의: 일반 사법법원이 행정소송에 대한 관할권을 가지고 행정사건을 심리·판단하는 경우에 권력분립의 원리로부터 나오는 행정소송의 한계를 어느 정도 인정할 것인지 문제된다. 행정소송법 제4조에서 규정한 소송형태(법정항고소송) 외에 국민의 충분한 권리구제라는 관점에서 이른바 법정외 항고소송을 현행 행정소송법의 해석상 인정할 수 있는지가 논의된다.

② 의무이행소송: 의무이행소송이란 당사자의 일정한 행정행위의 신청에 대하여 행정청이 거부나 부작위로 대응하는 경우, 행정청에 일정한 행정행위를 해줄 것을 청구하는

내용의 행정소송이 인정될 수 있는지에 관해 긍정설, 부정설, 절충설의 대립이 있으나, 판례는 권력분립이 원칙과 행정소송법상의 항고소송의 종류는 열거적이라고 이해하여 부정한다.

> **[판례]**
> 현행 행정소송법상 행정청으로 하여금 일정한 행정처분을 하도록 명하는 이행판결을 구하는 소송이나 법원으로 하여금 행정청이 일정한 행정처분을 행한 것과 같은 효과가 있는 행정처분을 직접 행하도록 하는 형성판결을 구하는 소송은 허용되지 않는다(대판 1997.9.30. 97누3200).

③ 작위의무확인소송의 인정 여부: 행정청에 대해 일정한 처분을 할 의무가 있음을 확인하는 작위의무확인소송이 인정될 수 있는지 문제되는데, 학설상 긍정설과 부정설의 대립이 있고 판례는 부정설의 입장이다.

> **[판례]**
> 단순한 부작위위법확인이 아닌 작위의무확인청구는 항고소송의 대상이 되지 아니한다(대판 1989.1. 24. 88누3314).

④ 예방적 부작위확인청구의 인정 여부: 예방적 부작위확인청구 또는 부작위의무확인소송이란 행정청이 장래 행할 것으로 예상되는 부담적 처분을 하지 말도록 명하거나 또는 부담적 처분을 하지 말아야 할 부작위 의무가 있음을 확인하는 판결을 구하는 소송을 말하는데, 그 인정 여부에 관해 학설상 긍정설과 부정설 그리고 제한적 긍정설이 있고 판례는 부정설의 입장이다.

> **[판례]**
> 신축건물의 준공처분을 하여서는 아니된다는 내용의 부작위를 구하는 원고의 예비적 청구는 행정소송에서 허용되지 아니하는 것이므로 부적법하다(대판 1987.3.24. 86누182).

3) 헌법상 예외규정에 의한 한계

① 헌법이 법원 이외의 기관에 사법기능을 부여함으로써 설정된 한계: 헌법재판소의 권한에 관한 헌법 제111조 제1항, 군사법원의 재판권을 규정한 헌법 제110조 제1항· 제4항이 있다

② 헌법이 명문으로 법원의 관여를 배제함으로써 설정된 적극적 한계: 국회의 자율성을 존중하는 취지에서 국회의원의 징계·자격심사에 관한 분쟁에 대한 법원제소를 금지한 헌법 제64조가 있다.

제2관 항고소송

행정소송의 흐름도

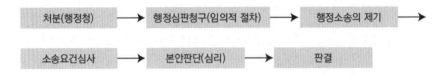

Ⅰ. 항고소송의 개념과 종류

1. 항고소송의 개념

항고소송은 행정청에 의한 공권력의 행사 또는 불행사의 위법 여부를 다투는 소송이다. 행정소송법은 이를 취소소송·무효등확인소송 및 부작위위법확인소송의 3가지 유형으로 구분한다.

2. 항고소송의 종류(행정소송법 제4조)

구 분	내 용
취소소송	행정청의 위법한 처분등을 취소 또는 변경하는 소송
무효등확인소송	행정청의 처분등의 효력 유무 또는 존재 여부를 확인하는 소송
부작위위법확인소송	행정청의 부작위가 위법하다는 것을 확인하는 소송

Ⅱ. 취소소송

1. 의의 및 성질

1) 의 의　취소소송이란 행정청의 위법한 처분 등을 취소 또는 변경하는 소송을 말한다(행정소송법 제4조 제1호).

2) 성 질　취소소송은 개인의 권익구제를 직접적인 목적으로 하는 주관적 소송이고, 기존 처분의 적법 여부를 심사하는 것으로 복심적 소송이며, 유효한 처분의 효력을

소멸시키는 형성소송이다.

2. 소송요건

소송요건이란 본안판단의 전제요건으로서 소를 제기하기 위한 적법요건을 말한다. 이는 법원의 직권심사사항으로서 구비된 경우 본안판단을 하지만, 흠결된 경우 각하판결을 함으로써 본안판단은 배제된다. 소송요건을 구비하기 위해서는 ① 원고적격, ② 피고적격, ③ 협의의 소의 이익, ④ 대상적격을 구비하여야 하고 ⑤ 제소기간을 준수하여야 하며, ⑥ 관할법원에 제소하여야 한다. 이를 분설하면 다음과 같다.

1) 원고적격

① 의 의: 원고적격이란 행정소송에서 원고가 될 수 있는 자격을 말하는데, 취소소송에 있어서 원고적격은 처분 등의 취소를 구할 법률상의 이익이 있는 자가 제기할 수 있다(행정소송법 제12조 제1문). 원고적격에 관한 동 규정은 원고적격을 법률상 이익 있는 자로 한정함으로써 취소소송이 주관적 소송으로써 민중소송과 구별되며, 법률상 이익을 요구함으로써 반사적 이익을 제외하고 있다는 데 의의가 있다.

② 법률상 이익의 의미: 법률상 이익이 무엇을 의미하는지에 대해 ㉠ 권리구제설, ㉡ 법률상 보호되는 이익구제설, ㉢ 보호가치 있는 이익구제설, ㉣ 적법성보장설 등의 대립이 있으나 통설과 판례는 법률상의 이익은 해당 처분의 근거법률에 의하여 보호되는 직접적이고 구체적인 이익이 있는 경우를 말하는 것이라고 하여 법률상 보호되는 이익구제설의 입장이다(대판 1995.9.26. 94누14544). 법률상 보호되는 이익은 최근에 점차 확대되는 경향에 있다.

③ 법률상 보호되는 이익의 의미

㉠ '법률'의 범위: 법률상 보호되는 이익인지 여부는 관련 보호규범이 사익보호성(관련보호규범이 공익뿐만 아니라 개인의 이익보호도 목적으로 하는 것)을 가지고 있는지에 따라 결정되는데, 관련 보호규범(법률)의 범위에 관하여 학설상 견해의 대립이 있으나 판례는 당해 처분의 근거법률을 기본적으로 고려하되, 근거법률에 개인의 이익을 보호하는 명문의 규정이 없다 하더라도 근거법률과 관련 법률의 합리적인 해석상, 처분의 근거법률 및 관련 법률이 행정청을 제약하는 규정을 둔 이유가 순수 공익이 아닌 개인의 구체적 이익을 보호하는 취지가 포함되어 있다고 해석되는 경우에는 법률상 보호되는 이익으로 판단하는 입장이다.

㉡ '이익'의 범위: 법에 의해 보호되는 개인의 직접적이고 구체적인 이익을 말하는

것으로 간접적이나 사실적 · 경제적 이해관계를 가지는 데 불과한 경우 또는 공익보호의 결과 누리는 반사적 이익은 포함되지 않는다(대판 1995.9.26. 94누14544).

④ 구체적 검토

㉠ 원 칙: 침익적 처분의 상대방은 원칙적으로 취소소송을 구할 법률상 이익이 있다. 그리고 제3자효 행정행위에 있어서 행정처분의 직접 상대방에게는 수익적 처분이 되지만 제3자에 대하여 침익적 처분이 되는 경우에 제3자에게 법률상의 이익을 인정할 수 있는지 문제된다. 경업자소송 · 경원자소송 · 주민소송에 있어서 문제된다.

㉡ 제3자의 원고적격

ⓐ 주민소송과 원고적격: 특정주민에 대한 수익적 처분이 이웃에게는 불이익이 되는 경우 이로 인해 침해를 받는 인근주민이 그 침해를 다투는 소송이다. 이 경우 처분의 직접상대방이 아닌 제3자에 해당하는 주민의 원고적격 여부는 관련 법령상 행정청에게 의무를 부과한 규정이 일반규정이 일반국민의 공익뿐만 아니라 주민 등의 사익도 보호하기 위한 취지로 해석되는지에 따라 결정된다.

ⓑ 경업자소송과 원고적격: 행정청이 일정한 시장의 새로운 진입을 허용하는 신규 인 · 허가를 내림으로써, 그와 경쟁관계에 있는 기존업자에게 추가적인 경쟁의 부담을 준 경우, 기존업자가 신규업자에 대한 인 · 허가처분의 취소를 구하는 소송이다. 이 경우 기존업자의 원고적격의 인정 여부는 기존업자가 누리는 영업상의 이익이 법적으로 보호되는 이익인가에 달려있다. 허가영업을 경영하는 자 사이에서는 상호 경쟁관계에 있더라도 그로 인하여 불이익을 입는 자에게는 원고적격이 인정되지 않는 데 대하여 특허기업자사이에서는 기존업자가 그 특허로 받는 이익은 법률상 이익으로 해석되는 경향이 있다.

ⓒ 경원자소송과 원고적격: 수익적 행정처분을 신청한 수인이 서로 경쟁관계에 있어서 일방에 대한 허가 등의 처분이 타방에 대한 불허가등으로 귀결될 수 밖에 없는 때에는(경원관계) 허가등의 처분을 받지 못한 자는 비록 처분의 상대방이 아니더라도 당해 처분의 최소를 구할 당사자적격(원고적격)이 있다(대판 1996.6.28. 96누3630).

2) 피고적격

① 처분청: 다른 법률에 특별한 규정이 없는 한 취소소송에서는 그 처분등을 행한 행정청이 피고가 된다(동법 제13조①). 처분등을 행한 행정청이란 원처분을 행한 행정청과 재결청을 의미한다. 그리고 행정청이란 국가나 공공단체의 의사를 결정하여 외부에 표시할 수 있는 권한, 즉 처분권한을 가진 기관을 말한다.

피고적격 있는 처분청	
구 분	**피 고**
합의제 기관의 경우(예 공정거래위원회, 토지수용위원회, 공직자윤리위원회)	합의제 행정기관 자체가 피고
지방의회의 의원에 대한 징계의결	지방의회가 피고
처분적 조례의 경우	지방자치단체 장이 피고 → 다만 조례가 교육에 관한 것일 때에는 시·도 교육감이 피고

② 특히 문제되는 경우

㉠ 대통령이 처분청인 경우: 대통령이 처분청인 경우에는 법률의 규정에 의해 각각 소속 장관이 피고가 된다.

㉡ 권한의 위임·위탁: 권한의 위임·위탁인 경우에는 그 수임·수탁청이 피고가 됨이 원칙이다. 그러나 권한대리, 내부위임의 경우에는 본인 또는 위임청의 명의로 권한을 행사하기 때문에 대리관청, 내부위임을 받은 자 등은 원칙적으로 행정청에 포함되지 않는다. 한편, 판례는 내부적으로 위임한 경우에 수임관청이 자신의 이름으로 행하였다면 피고가 내부위임을 받은 자(즉, 명의자)가 된다고 한다(대판 1991.2.22. 90누5641).

> **[판례]**
> 세무서장의 공매권한을 위임받은 성업공사가 한 공매처분에 대한 취소소송을 제기함에 있어서는 성업공사를 피고로 하여야 한다(대판 1996.9.6. 95누12026).

③ 권한승계와 권한폐지의 경우

㉠ 처분등이 있은 뒤에 그 처분등에 관계되는 권한이 다른 행정청에 승계된 때에는 이를 승계한 행정청을 피고로 한다(동법 제13조① 단서). 다만, 그 승계가 취소소송 제기 후에 발생한 것이면 법원은 당사자의 신청 또는 직권에 의해 피고를 바꾼다.

㉡ 처분이나 재결을 한 행정청이 없게 된 때에는 그 처분등에 관한 사무가 귀속되는 국가 또는 공공단체를 피고로 한다(동법 제13조②).

④ 피고경정

㉠ 의 의: 피고를 잘못 지정한 경우 또는 소의 변경이 있는 경우 피고를 바로잡는 것을 말한다.

㉡ 취 지: 피고를 잘못 지정한 경우나 소의 변경의 경우 피고적격의 흠결로 이를 각하한다면 소송경제상 불합리하므로 소송경제나 효율적 권리구제를 위해 인정된다.

ⓒ 절 차: 법원은 원고의 신청에 의하여 결정으로써 피고의 경정을 허가할 수 있고(동법 제14조①), 피고경정의 결정시 결정정본을 새로운 피고에게 송달하여야 한다(동법 제14조②).

ⓔ 시 기: 피고경정은 사실심변론 종결시까지만 할 수 있다(판례).

ⓜ 효 과: 피고경정의 허가가 있으면 새로운 피고에 대한 소송은 처음에 소를 제기한 때에 제기된 것으로 보며(동법 제14조④), 아울러 종전의 피고에 대한 소송은 취하된 것으로 본다(동법 제14조⑤).

ⓑ 불 복: 피고경정신청을 각하하는 결정에 대해서는 즉시항고할 수 있다(동법 제14조③).

3) 소송참가

① 의 의: 소송계속 중 취소소송과 이해관계 있는 제3자나 다른 행정청을 소송에 참여시키는 제도를 말한다. 소송에 참가하는 행정청에 대하여는 보조참가에 관한 민사소송법의 규정을 준용하므로(동법 제17조③), 소송참가는 보조참가에 한정되며, 독립당사자참가는 허용되지 않는다.

② 취지(기능): 소송참가를 인정함으로써 충분한 소송자료의 확보 및 분쟁의 일회적 해결을 통한 소송경제를 추구할 수 있고, 판결의 모순, 저촉 방지를 통한 법적 안정성을 도모할 수 있으며, 참가자의 권리보호 및 행정소송의 공정한 해결에 만전을 기할 수 있다.

③ 종 류: 참가주체에 따라 제3자의 소송참가와 행정청의 소송참가로 나눌 수 있고, 참가방식에 따라 신청에 의한 참가와 직권에 의한 참가로 나눌 수 있으며, 참가의 임의성 여부에 따라 단순참가와 필요적 참가로 나눌 수 있다.

④ 소송참가의 시기: 소송참가는 판결선고 전까지 가능하고, 소송의 취하가 있거나 재판상 화해가 있은 후에는 참가시킬 수 없다.

⑤ 효 과: 취소판결의 효력은 참가인에게도 미친다.

⑥ 제3자의 소송참가

ⓐ 의 의: 법원은 소송의 결과에 따라 권리 또는 이익의 침해를 받을 제3자가 있는 경우에는 당사자 또는 제3자의 신청 또는 직권에 의하여 결정으로써 그 제3자를 소송에 참가시킬 수 있다(동법 제16조①). 제3자란 소송당사자 이외의 자를 말하고, 제3자의 소송참가는 제3자효 행정행위에서 의미를 갖는다.

ⓑ 요 건: 타인 간의 소송 계속 중 소송의 결과에 따라 법률상의 이익이 침해당하여야 한다.

ⓒ 절 차: 법원이 참가결정을 하고자 할 때에는 미리 당사자 및 제3자의 의견을 들어야 하고(동법 제16조②), 제3자가 신청한 경우 그 신청이 각하되면 각하결정에 대하여 즉시항고 할 수 있다(동법 제16조③). 소송에 참가하는 제3자는 필수적 공동소송인에 관한 민사소송법의 규정이 적용된다(동법 제16조④).

⑦ 행정청의 소송참가

㉠ 의 의: 법원은 다른 행정청을 소송에 참가시킬 필요가 있다고 인정할 때에는 당사자 또는 당해 행정청의 신청 또는 직권에 의하여 결정으로서 그 행정청을 소송에 참가시킬 수 있다(동법 제17조①).

㉡ 요 건: 소송계속 중이어야 하고 참가행정청은 피고 행정청이 아니어야 하며, 법원의 참가결정이 있어야 한다.

ⓒ 절 차: 당사자 및 당해 행정청의 의견을 들어야 하고(동법 제17조②), 소송에 참가하는 행정청에게는 보조참가에 관한 민사소송법의 규정이 적용된다(동법 제17조③).

4) 협의의 소의 이익(권리보호의 필요)

① 의 의: 취소소송은 쟁송대상인 처분 등의 취소를 구할 자격(원고적격)을 가진 자가 소를 제기할 수 있지만, 그 외에도 원고의 소송상의 청구에 대하여 본안판결을 구하는 것을 정당화시킬 수 있는 구체적 실익 내지 현실적 필요성이 있어야 한다. 이와 같이 분쟁을 재판에 의해 해결할 만한 현실적 필요성을 협의의 소익 또는 권리보호의 필요라고 한다.

㉾ 건물철거대집행계고처분취소소송이 상고심 계속 중 대상건물이 철거된 경우 → 소의 이익이 없어 소각하(대판 1995.11.21. 94누11293)

② 법적 근거(원고적격과의 구별): 행정소송법 제12조 후단에서는 협의의 소익과 관련하여 처분등의 효과가 기간의 경과, 처분등의 집행 그 밖의 사유로 인하여 소멸한 뒤에도 그 처분등의 취소로 인하여 회복되는 법률상의 이익이 있는 경우에도 취소소송을 제기할 수 있음을 명시하고 있는바, 비록 원고적격이라는 제목 하에 규정하고 있지만 통설은 동규정은 협의의 소익에 관한 규정이라고 해석하고 있다.

③ 회복되는 법률상의 이익의 범위: 행정소송법 제12조 후단의 "회복되는 법률상의 이익"의 해석과 관련하여 통설 · 판례는 "처분 등이 위법이었음을 확인할 법적 이익"으로 해석하여 명예 · 신용 등의 인격적 · 사회적 이익은 이에 포함되지 않는다고 한다.

④ 협의의 소익의 인정 여부

㉠ 처분 등의 효력이 소멸한 경우

ⓐ 원칙과 예외: 원칙적으로 소의 이익이 없으나 예외적으로 처분 등의 효과가 기간의 경과, 처분 등의 집행 그 밖의 사유로 인하여 소멸된 뒤에도 그 처분 등의 취소로 인하여 회복되는 법률상의 이익이 있는 자의 경우에는 소의 이익이 있다(행정소송법 제12조 제2문).

ⓑ 회복되는 법률상 이익이 있는 경우: 효력이 소멸된 당해 불이익처분이 장래 가중처분의 요건이 되어 그에 따라 가중된 제재 처분을 받게 될 우려가 있으면 소의 이익은 인정된다. 다만, 판례는 그 가중처분의 요건이 규정되어 있는 법령의 종류에 따라 소의 이익의 유무를 달리 보고 있다. 즉, 법률이나 시행령 또는 대통령령 형식의 행정규칙에 가중처분이 규정되어 있는 경우에는 소의 이익을 인정하지만 부령 형식의 행정규칙에 가중처분이 규정되어 있는 경우에는 소의 이익이 없다고 보고 있다.

예 6월의 면허정지처분기간이 경과하여 면허정지처분을 취소할 소의 이익은 없으나 또다시 면허 정지처분을 받을 경우 2회의 면허정지처분으로 면허취소 등의 가중처벌이 도로교통법이나 그 시행령에 규정되어 있다면 이러한 가중처벌을 피하기 위해 종전의 면허정지처분의 취소를 다툴 소의 이익이 인정된다.

㉡ 원상회복이 불가능한 경우: 원칙적으로 소의 이익이 없으나 예외적으로 원상회복은 불가능하지만, 그 처분에 따르는 별도의 부수적 불이익을 배제하기 위한 경우 소의 이익이 인정될 수도 있다.

예 경찰관에 대한 징계처분이 있은 후 그 경찰관이 자진 퇴직하였거나 정년도래 등으로 법률상 당연 퇴직된 경우 징계처분을 취소하더라도 다시 경찰관의 신분을 회복할 수는 없으므로 원칙적으로 소의 이익이 없다. 그러나 징계처분 이후의 급료나 퇴직금 청구를 하거나 다른 공직에의 취임제한 등의 법률상 불이익을 배제하기 위해서는 당해 징계처분에 대한 취소판결을 받을 소의 이익이 인정되는 것이다.

㉢ 처분 후의 사정변경: 처분 후 사정변경에 의하여 이익침해가 해소된 경우에도 소의 이익이 없다.

예 경찰승진시험에 불합격한 이후 다음의 경찰승진시험에 합격한 경우 더이상 불합격처분의 취소를 구할 소의 이익은 없다.

5) 대상적격

① 취소소송의 대상적격 : 취소소송은 행정청의 위법한 처분 등을 취소 또는 변경하는 소송이므로(행정소송법 제4조 제1호) 취소소송의 대상은 행정기관의 위법한 처분 등이 된다(행정소송법 제19조). 한편 행정소송법 제2조 제1항 제1호에서는 '처분등이라 함은 행정청이 행하는 구체적 사실에 관한 법집행으로서의 공권력의 행사 또는 그 거부와 그 밖에 이에 준하는 행정작용(처분) 및 행정심판에 대한 재결'이라고 정의하고 있으므로 취소소송의 대상이 되는 것은 처분(거부처분 포함)과 재결이 된다.

② 처 분: 처분이라 함은 ㉠ 행정청이 행하는 ㉡ 구체적 사실에 관한 법집행으로서의 ㉢ 공권력의 행사 또는 ㉣ 그 거부와 그밖에 ㉤ 이에 준하는 행정작용을 말한다(행정소송법 제2조① 제1호). 이를 분설하면 다음과 같다.

㉠ 행정청의 행위: 행정청은 일반적으로 행정주체의 의사를 결정하여 외부에 표시할 수 있는 권한을 가진 기관을 말한다. 보통 단독체 행정청이나 합의제 행정청인 경우도 있다.

㉡ 구체적 사실에 관한 법집행행위: 구체적 사실이란 관련자가 개별적이고 규율대상이 구체적인 것을 의미하고 이에 대한 법집행으로서의 공권력 행사가 처분이 된다. 이를 구체적으로 고찰하면 다음과 같다.

ⓐ 일반적인 법령: 일반적·추상적인 법령은 그 일반성·추상성으로 인해 구체적 사실에 대한 법집행행위로 볼 수 없으므로 항고소송의 대상이 되지 않는다.

예 대통령령, 부령, 훈령, 지침·고시 등

ⓑ 처분적 법규: 법령 또는 조례가 구체적인 집행행위의 개입이 없이 그 자체로서 직접 국민에 대하여 구체적인 권리·의무를 변동시키는 법적 효과를 발생케 하는 경우에는 항고소송의 대상이 된다(대판 1996.9.20. 95누8003).

ⓒ 일반처분: 일반처분이란 구체적 사실과 관련하여 불특정 다수인을 대상으로 발하는 행정청의 단독적·권력적 규율행위를 말하는 것으로서 대인적 일반처분(예 특정 시간 또는 특정 장소에서의 집회금지조치, 일정시간 이후의 영업금지조치 또는 통행금지조치 등)과 대물적 일반처분(예 속도제한표지판, 일방통행표지판, 주정차금지표지판, 교통신호등 등)이 있다. 일반처분은 불특정다수인을 수범자로 하지만 규율대상이 특정된다는 점에서는 구체성을 가지므로 이를 행정행위로 보아 처분성을 긍정하는 것이 통설과 판례의 입장이다.

방경찰청장이 횡단보도를 설치하여 보행자의 통행방법 등을 규제하는 것은, 행정청이 특정사항에 대하여 의무의 부담을 명하는 행위이고, 이는 국민의 권리·의무에 직접 관계가 있는 행위로서 행정처분이라고 보아야 할 것이다(대판 2000.10.17. 98누8964).

ⓒ 공권력의 행사: 공권력의 행사란 행정청이 공법에 근거하여 그 우월한 지위에서 일방적으로 명령·강제하는 권력적 단독행위로서 외부에 대한 직접적인 법적 효과를 발생하는 행위를 말한다. 이와 관련하여 다음의 사항들이 문제된다.

ⓐ 사경제작용(사법상 계약) 또는 공법상 계약: 행정청이 사인과 대등한 입장에서 행하는 사경제작용이나 공법상 계약은 공권력 행사에 해당하지 않는다.

ⓑ 내부행위, 행정규칙 또는 중간처분: 행정기관의 내부행위나 중간처분은 외부적으로 법적 효과를 발생시키는 행위가 아니므로 항고소송의 대상이 될 수 없다. 다만, 중간처분이라도 국민의 권리·의무나 법률상 이익에 직접 관계되는 것이면 항고소송의 대상이 된다는 것이 판례의 입장이다.

관악경찰서장의 운전면허행정처분처리대장상 벌점의 배점은 자동차운전면허의 취소·정지처분의 기초자료로 제공하기 위한 것이고, 그 배점 자체만으로는 아직 국민에 대하여 구제적인 권익침해를 발생시키는 것이 아니므로 항고소송의 대상이 되지 않는다(대판 1994.8.12. 94누2190).

ⓒ 예비결정 내지 부분허가: 대규모 사업허가 등의 경우 인·허가에 앞서 계획서 등을 제출하게 하여 사전에 요건의 일부를 심의하고 그에 따라 인·허가 여부를 결정하는 것을 예비결정 또는 부분허가라고 하는데 부분허가나 부분허가신청에 대한 거부는 국민의 권익에 직접 영향을 미치는 행위로서 항고소송의 대상이 되는 처분에 해당한다.

부지사전승인처분은 사전적 부분건설허가처분의 성격을 갖는다(대판 1998.9.4. 9797누19588).

ⓓ 확 약: 확약이란 행정청이 국민에 대한 관계에서 자기를 구속할 의도로써 장래에 향하여 일정한 처분을 하거나 하지 않을 것을 약속하는 의사표시를 말하는데 처분성의 인정여부에 관해 학설상 견해의 대립이 있으나, 판례는 확약은 행정행위가 아니므로 처분성을 부정하는 입장이다.

  ⓔ 특별권력관계 내부적 행위: 특별권력관계의 내부적 행위라도 행정소송법상
의 처분 개념에 해당하면 항고소송의 대상이 된다는 것이 통설과 판례의 입장이다.

  ⓕ 권력적 사실행위: 권력적 사실행위란 행정청이 국민의 신체나 재산 등에
실력을 가하여 행정상의 필요한 상태를 실현하는 권력적 행위로서, 행정청의 의사표시대
로 그 법적 효과가 나타나는 것이 아니라는 점에서 행정행위가 아니고 사실행위이다.
그러나 이러한 권력적 사실행위는 행정행위는 아니지만 국민에 대하여 직접적이고 구체적
인 법적 효과를 발생시키므로 처분성을 인정하는 것이 통설·판례의 입장이다.

  ⓔ 전염병환자의 강제격리조치, 행정대집행법에 의거한 대집행실행, 출입국관리법에
의거한 강제출국조치 등

  ⓖ 비권력적 사실행위: 알선, 권유, 협조요청, 촉구, 행정지도 등 비권력적
사실행위는 상대방의 임의적 협력을 전제로 하는 것이어서 이로 인하여 특정개인의
구체적인 법익을 직접적으로 침해한 것이 아니므로 항고소송의 대상이 될 수 없다.

 ⓡ 거부행위(공권력 행사의 거부)

  ⓐ 의 의: 거부처분이란 공권력의 행사를 요구할 신청권이 있는 국민의 신청에
대하여 행정청이 형식적 요건불비를 이유로 각하하거나 이유 없음을 이유로 이를 거절하는
의사표시를 말한다.

  ⓑ 부작위와의 구별: 부작위는 신청에 대해 어떠한 의사표시도 하지 않는 것을
말하나 거부처분은 거부의 의사표시를 명백히 하는 것이라는 점에서 양자는 구별된다.

  ⓒ 거부행위가 처분이 되기 위한 요건: 신청인의 권리의무에 영향을 미치는
공권력 행사의 거부가 있어야 하고, 특히 판례는 신청인에게 법규상·조리상의 신청권이
있어야 한다는 입장이다. 즉, 판례는 검사임용거부처분취소소송사건에서 임용 여부가
임용권자의 재량이라 하더라도 임용신청자로서는 재량권의 한계 일탈이나 남용이 없는
적법한 응답을 받을 권리가 있다고 할 것이므로 이러한 응답신청권에 기하여 재량권
남용의 위법한 거부처분에 대하여는 항고소송으로서 그 취소를 구할 수 있다고 판시한
바 있다(대판 1991.2.12. 90누5825).

ⓓ 묵시적 거부: 거부의 의사표시는 행정청이 신청인에 대해 직접 거부의 의사표시를 하지 아니하더라도 본인이 알았거나 할 수 있었을 때에 거부처분이 있는 것으로 볼 수 있다는 것이 판례의 입장이다.

ⓔ 반복된 거부처분: 거부처분은 관할 행정청이 국민의 처분신청에 대하여 거절의 의사표시를 함으로써 성립되고 그 이후 동일한 내용의 새로운 신청에 대하여 다시 거절의 의사표시를 한 경우에는 새로운 거부처분이 있는 것으로 보아 각기 독립된 처분으로서 각각 항고소송의 대상이 된다는 것이 판례의 입장이다

ⓜ 이에 준하는 행정작용: 이에 준하는 행정작용의 범위(취소소송의 대상적격 확대논의)에 관하여 학설상 일원설(실체법상 처분개념)과 이원설(쟁송법상 처분개념) 그리고 새로운 처분개념설(일체의 행정작용포함) 등이 대립하고 있다.

③ 재 결

㉠ 의 의: 행정심판법이 정하는 절차에 따른 재결(행정심판청구에 대하여 재결청이 행정심판위원회의 심리·의결내용에 따라 행하는 판단) 및 당사자 심판이나 이의신청에 의한 재결도 취소소송의 대상이 된다.

예 행정심판청구에 대해 기각재결이 난 경우 그 기각재결의 취소를 구하는 취소소송을 제기하는 경우

㉡ 원처분주의와 재결주의

ⓐ 원처분주의: 원처분주의라 함은 원처분과 재결에 대하여 다같이 소를 제기할 수 있으나 원처분의 위법은 원처분에 대한 항고소송에서만 주장할 수 있고 재결에 대한 항고소송에서는 원처분의 하자가 아닌 재결자체의 고유한 하자에 대해서만 주장할 수 있도록 하는 제도를 말한다. 즉, 취소소송은 원칙적으로 원처분을 대상으로 하며, 재결은 예외적으로 재결 자체의 고유한 하자가 있는 경우에만 대상이 될 수 있도록 한 제도를 말한다.

ⓑ 재결주의: 재결주의란 원처분에 대해서는 제소 자체가 허용되지 않고, 재결에 대해서만 행정쟁송의 대상으로 인정하되, 재결에 대한 항고소송에서는 재결 자체의 위법뿐만 아니라 원처분의 위법사유도 아울러 주장할 수 있도록 하는 제도를 말한다. 다만, 재결주의가 적용되더라도 원처분이 당연무효인 경우에는 누구든지 어떠한 방법으로든지 무효를 주장할 수 있으므로 원처분에 대한 무효확인의 소도 제기할 수 있다는 것이 통설과 판례의 태도이다.

ⓒ 현행법의 태도: 행정소송법 제19조에서는 원처분주의를 채택하고 있다. 다만, 개별법률에서 재결을 취소소송의 대상으로 규정하고 있는 경우도 있다.

> 행정소송법 제19조(취소소송의 대상) 취소소송은 처분등을 대상으로 한다. 다만, 재결취소소송의 경우에는 재결 자체의 고유한 위법이 있음을 이유로 하는 경우에 한한다.

[정리] 원처분주의와 재결주의 관련 판례	
판례가 재결주의를 취한 예	원처분주의가 적용되는 것으로 판시한 예
·감사원의 재심의 판정 ·중앙토지수용위원회의 이의재결 ·특허심판원의 심결, 중앙노동위원회의 재심판정	·교원징계재심위원회의 재심결정

ⓒ 재결 자체의 고유한 위법: 재결에 대한 항고소송(재결소송)은 원칙적으로 재 결자체에 고유한 위법이 있는 경우에만 제기할 수 있는데 재결 자체의 고유한 위법이란 원처분에는 없고 재결에만 있는 하자로서 재결 자체의 주체·절차·형식의 위법 또는 내용상의 위법이 있는 경우를 의미한다.

ⓔ 재결소송의 대상이 되는 재결의 범위

구 분	재결범위
형성재결인 취소재결의 경우	취소재결 자체가 소의 대상
명령재결인 취소명령재결의 경우	재결 또는 재결에 따른 처분 양자 모두가 소의 대상(판례)
일부취소의 경우	·재결에 고유한 위법이 없는 한 남은 처분이 소의 대상(판례) ·처분내용이 변경된 경우에는 변경된 처분이 소송의 대상

ⓜ 원처분주의에 반하는 재결소송의 판결: 원처분주의에 위반하여 재결소송을 제기하는 경우, 재결자체의 위법 여부는 본안판단사항이기 때문에 각하판결이 아닌 기각판결을 하여야 한다(판례).

6) 임의적 행정심판전치주의

① 임의적 행정심판전치주의(원칙): 현행 행정소송법은 취소소송에 있어 법령의 규정에 의하여 당해 처분에 대한 행정심판을 제기할 수 있는 경우에도 이를 거치지 아니하고 제기할 수 있다고 하여(동법 제18조① 본문) 임의적 행정심판전치주의를 규정하고 있고 이를 부작위위법확인소송에 준용하고 있다(동법 제38조②). 따라서 행정처분에 의해 권익을 침해받은 경우 바로 행정소송을 제기할 수도 있고 행정심판을 거친 뒤에 행정소송을

제기할 수도 있다.

② 필요적 행정심판전치주의(예외): 행정소송법에서는 임의적 행정심판전치주의를 원칙으로 하고 있으나 "다른 법률에 당해 처분에 대한 행정심판의 재결을 거치지 아니하면 취소소송을 제기할 수 없다는 규정이 있는 때에는 그러하지 아니하다."라고 규정(동법 제18조① 단서)하여 다른 개별법률에서 행정심판을 필요적으로 규정하고 있는 경우에는 반드시 행정심판을 거치도록 하고 있다.

㉠ 현행법상 필요적 전치주의를 채택하고 있는 경우

ⓐ 조세부과처분에 대한 불복(국세기본법 제56조②)

ⓑ 공무원징계처분에 대한 불복(국가공무원법 제16조①, 지방공무원법 제20조의2)

ⓒ 도로교통법상 운전면허취소처분 등에 대한 불복(도로교통법 제142조)

㉡ 적용범위

ⓐ 취소소송 및 부작위위법확인소송: 필요적 전치주의는 취소소송과 부작위위법확인소송에만 적용되고 무효확인소송에는 적용되지 않는다. 무효확인소송은 외형상 행정행위로서 존재할 뿐이고 법률적으로 아무런 효력이 없는 처분에 대해 이의 무효임을 공적으로 확인받기 위한 소송에 불과하기 때문이다.

ⓑ 무효선언적 의미의 취소소송: 무효인 처분에 대해 취소소송을 제기한 경우 행정심판전치주의가 적용되는지에 관해 학설상 긍정설과 부정설의 대립이 있으나, 판례는 긍정설의 입장에서 행정처분의 당연무효를 선언하는 의미에서 그 취소를 구하는 행정소송을 제기하는 경우에도 그 전치요건을 모두 경유하지 않으면 이를 제기할 수 없다고 판시한 바 있다(대판 1986.5.27. 85누879, 대판 1987.6.9. 87누219, 대판 1990.8.28. 90누1892).

ⓒ 제3자효 행정행위: 제3자효 행정행위에서 제3자가 취소소송을 제기하는 경우에도 행정심판전치주의가 적용되는지에 관해 학설상 긍정설과 부정설의 대립이 있으나 통설과 판례는 긍정설의 입장에서 제3자가 당해 행정처분이 있다는 사실을 알기 어려우므로 이를 구제하기 위해서는 행정심판법 제18조 제3항 단서의 '정당한 사유'에 해당하는 것으로 보아 행정심판 제기기간의 도과 문제를 해결할 수 있기 때문에 제3자의 경우에도 행정심판전치주의는 적용된다고 한다.

③ 필요적 전치주의의 예외(행정소송법 제18조②③)

구 분	예
행정심판제기는 하되 재결을 요하지 않는 경우	• 행정심판청구가 있은 날로부터 60일이 지나도 재결이 없는 때 • 처분의 집행 또는 절차의 속행으로 생길 중대한 손해를 예방하여야 할 긴급한 필요가 있는 때 • 법령의 규정에 의한 행정심판기관이 의결 또는 재결을 하지 못할 사유가 있는 때 • 그 밖의 정당한 사유가 있는 때
심판제기조차 필요없는 경우	• 동종사건에 관하여 이미 행정심판의 기각결정이 있은 때 • 서로 내용상 관련되는 처분 또는 같은 목적을 위하여 단계적으로 진행되는 처분 중 어느 하나가 이미 행정심판의 재결을 거친 때 • 행정청이 사실심의 변론종결 후 소송의 대상인 처분을 변경하여 당해 변경된 처분에 관하여 소를 제기하는 때 • 처분을 행한 행정청이 행정심판을 거칠 필요가 없다고 잘못 알린 때

④ 행정심판전치주의의 충족 여부에 대한 판단

㉠ 직권조사사항: 필요적 행정심판전치주의의 경우 이를 거쳤는지 여부는 소송요건이므로 법원의 직권조사사항이다.

㉡ 판단의 기준시: 소송요건의 충족여부는 사실심 변론종결시를 기준으로 하므로 변론종결시까지 행정심판을 거치면 적법한 소가 된다. 다만, 필요적 행정심판전치의 경우 행정소송의 제기시에는 심판전치의 요건을 구비하지 못하였으나 사실심 변론종결시까지 원고가 심판전치의 요건을 구비하였다면 행정심판전치의 요건은 구비한 것이 된다. 즉, 심판전치요건의 사후구비는 하자치유의 사유가 된다.

㉢ 행정심판제기의 적법성 여부: 행정심판의 제기가 적법한 경우 그에 대한 재결이 각하 또는 기각되더라도 행정소송의 제기는 전치요건의 충족으로 적법하게 된다. 그러나 행정심판의 제기가 부적법하여 각하재결이 있은 경우 행정소송은 전치주의 요건 흠결로 부적법하게 된다. 한편 판례는 행정심판 제기가 부적법함에도 재결청이 각하재결이 아닌 기각재결을 한 경우에 그에 따라 제기한 행정소송도 전치요건의 흠결로 부적법하다고 판시한 바 있다(대판 1991.6.25. 90누8091).

⑤ 행정심판과 행정소송의 관련성

㉠ 인적 관련성: 행정심판과 취소소송의 원고가 반드시 동일인일 필요는 없다. 취소소송의 원고가 행정심판 청구인의 지위를 실질적으로 승계한 경우에는 원고 자신이 행정심판을 거치지 않아도 그 취소소송은 적법하다. 마찬가지로 동일한 행정처분에 법률상 이해를

갖는 1인이 적법한 행정심판을 거친 경우 다른 이해관계인은 행정심판을 거치지 않고 바로 취소소송을 제기할 수 있다(행정심판법 제18조③ 제1호).

ⓒ 물적 관련성: 행정심판의 대상인 처분과 취소소송의 대상인 처분은 원칙적으로 동일하여야 한다. 다만, 서로 내용상 관련되는 처분 또는 같은 목적을 위하여 단계적으로 진행되는 처분 중 어느 하나가 이미 행정심판의 재결을 거친 때에는 행정심판을 거치지 않고 바로 취소소송을 제기할 수 있다(행정소송법 제18조③ 제2호). 한편 행정심판에서는 주장하지 않았던 위법사유를 소송에서 주장하는 것은 가능하다.

7) 제소기간

① 의 의: 제소기간이란 처분의 상대방 등이 소송을 제기할 수 있는 시간적 간격을 말한다. 이는 처분 등의 효력을 오랫동안 불안정한 상태에 두게 될 때 야기되는 행정법관계의 불안정성을 없애기 위한 것이다.

② 적용범위: 제소기간은 취소소송에만 적용된다. 왜냐하면 무효등확인소송의 경우에는 처분의 하자가 중대하고 명백하여 누구나 언제든지 어떤 방법으로든 무효를 주장할 수 있고, 행정법관계의 조속한 안정이 필요하다고 하더라도 당연무효인 경우까지 효력을 다툴 수 없다고 하면 법치행정의 원칙에 반하기 때문이다. 이에 따라 행정소송법 제38조 제1항은 취소소송의 제소기간 규정인 제20조를 무효등확인소송에는 준용하고 있지 않다. 부작위위법확인소송의 경우에도 부작위가 계속되고 있는 한 제소기간의 제한 없이 제소가 가능하고 다만, 부작위에 대해 행정심판을 거친 경우에는 재결서 정본을 송달받은 날로부터 90일 이내에, 재결이 있는 날로부터 1년 이내에 부작위위법확인소송을 제기하여야 한다(행정소송법 제38조② · 제20조).

③ 취소소송의 제소기간: 취소소송은 처분등이 있음을 안 날로부터 90일, 처분등이 있은 날로부터 1년 이내에 제기하여야 한다(행정소송법 제20조).

㉠ 안 날로부터 90일

ⓐ 행정심판을 거치지 않은 경우

ⅰ) '안 날'의 의미: 통지, 공고 기타의 방법에 의하여 당해 처분이 있었다는 사실을 현실적으로 안 날을 의미하고 구체적으로 그 행정처분의 위법 여부까지 알아야 하는 것은 아니다(판례). 특히 판례는 처분통지 등이 상대방의 주소지 등에 도달된 날을 기산점으로 삼고 있다.

ⅱ) 제3자효 행정행위에서 제3자의 경우: 제3자는 처분의 상대방이 아니므로 처분이 있음을 바로 알 수 없고, 따라서 처분을 알았다는 특별한 사정이 없는 한 처분이 있음을 안 날로부터가 아니라 처분이 있었음을 현실적으로 안 날로부터 기산한다.

ⅲ) 고시나 공고에 의한 처분인 경우: 고시나 공고에 의한 처분은 불특정 다수인을 대상으로 하는 것이므로 이해관계인이 고시가 있었다는 사실을 현실적으로 알았는지 여부에 관계없이 고시가 효력을 발생한 때부터 제소기간이 기산된다. 행정절차법 제15조 제3항은 공고일로부터 14일이 경과하면 공고의 효력이 발생한다고 규정하고 있으므로 이때부터 제소기간이 기산된다.

ⅳ) 불변기간: 90일의 기간은 불변기간으로 한다(행정소송법 제20조③).

ⓑ 행정심판을 거친 경우: 필요적 행정심판의 경우와 그밖에 행정심판을 청구할 수 있는 경우 그리고 행정청이 행정심판청구를 할 수 있다고 잘못 알린 경우의 제소기간은 재결서의 정본을 송달받은 날로부터 90일이 된다(행정소송법 제20조① 단서).

ⓛ 처분이 있은 날로부터 1년

ⓐ 행정심판을 거치지 않은 경우: '처분이 있은 날'이란 처분이 효력을 발생한 날을 의미하고 따라서 상대방 있는 행정행위의 경우에는 그 행정처분이 외부에 표시되어 상대방에게 도달됨으로써 효력이 발생한 날을 말한다(판례).

ⓑ 행정심판을 거친 경우: 필요적 행정심판의 경우와 그밖에 행정심판을 청구할 수 있는 경우 그리고 행정청이 행정심판청구를 할 수 있다고 잘못 알린 경우의 제소기간은 재결이 있은 날로부터 1년이 된다(행정소송법 제20조② 본문).

ⓒ 정당한 사유가 있는 경우: 처분이 있은 날로부터 1년이 도과되었다고 하더라도 정당한 사유가 있으면 그 후에도 제소할 수 있다(행정소송법 제20조② 단서). 정당한 사유란 불확정개념으로서 그 존부는 사안에 따라 개별적·구체적으로 판단하여야 하고 제소기간 경과의 원인 등 여러 사정을 종합하여 지연된 제소를 허용하는 것이 사회통념상 상당하다고 할 수 있는가에 의하여 판단하여야 한다.

ⓒ '안 날'과 '있은 날'의 관계: 처분이 있음을 안 날과 처분이 있은 날 중 어느 하나의 기간이라도 경과하면 제소기간은 종료한다는 것이 판례의 입장이다.

8) 관 할

① 삼심제: 행정소송법에서 정한 사건과 다른 법률에 의하여 행정법원의 권한에 속하는 사건은 행정법원이 1심으로 심판한다(법원조직법 제40조의4). 행정법원의 재판에 대해서는 고등법원에 항소할 수 있고(법원조직법 제28조), 고등법원의 재판에 대해서는 대법원에 상고할 수 있다(법원조직법 제14조).

② 토지관할: 취소소송의 제1심 관할법원은 피고의 소재지를 관할하는 행정법원으로 한다(행정소송법 제9조① 본문). 다만, 중앙행정기관 또는 그 장이 피고인 경우의 관할법원은 대법원 소재지의 행정법원으로 한다(동법 제9조① 단서).

③ 관할이송: 관할권 없는 법원에 소송이 제기된 경우 다른 모든 소송요건을 갖추고 있는 한 각하할 것이 아니라 결정으로 관할법원에 이송하여야 한다(동법 제8조②, 민사소송법 제34조①).

④ 관련청구소송의 이송 및 병합

㉠ 의 의: 관련청구소송이 각각 다른 법원에 계속되고 있는 경우에 관련청구소송이 계속된 법원이 상당하다고 인정할 때에는 당사자의 신청 또는 직권에 의하여 이를 취소소송이 계속된 법원으로 이송할 수 있고(동법 제10조①), 사실심변론 종결시까지 관련청구소송을 병합하거나 피고 외의 자를 상대로 한 관련청구소송을 취소소송이 계속된 법원에 병합하여 제기할 수 있다(동법 제10조②).

㉡ 취 지: 상호 관련성이 있는 여러 청구를 하나의 절차에서 심판함으로써 심리의 중복과 재판상 모순을 방지하고 아울러 신속하게 재판을 진행시키기 위한 제도이다.

㉢ 관련청구소송의 범위(동법 제10조①)

　　ⓐ 당해 처분 등과 관련되는 손해배상·부당이득반환·원상회복 등 청구소송(제1호)

　　ⓑ 당해 청구 등과 관련되는 취소소송(제2호)

㉣ 이송의 요건 및 효과

　　ⓐ 요 건: 취소소송과 관련청구소송이 각각 다른 법원에 계속되어야 하고 관련청구소송이 계속된 법원에서 이송이 상당하다고 인정하여야 하며, 당사자의 신청 또는 법원의 직권에 의한 결정이 있어야 한다.

　　ⓑ 효 과: 이송결정이 확정되면 관련청구소송은 처음부터 이송받은 법원에 계속된 것으로 본다(민사소송법 제40조①).

㉤ 병합의 요건 및 태양

ⓐ 요 건: 병합되는 각 소송은 소송요건을 갖춘 적법한 것이어야 하고 병합은 사실심 변론종결시까지만 허용된다.

ⓑ 태 양: 청구의 병합에는 객관적 병합과 주관적 병합, 원시적 병합과 후발적 병합, 그리고 예비적 병합이 있다.

3. 소송 제기의 방식

항고소송은 법원에 소장을 제출함으로써 제기된다(행정소송법 제8조②, 민사소송법 제248조). 소장에는 당사자, 법정대리인, 청구의 취지와 원인 및 준비서면 기재사항을 기재하여야 한다(행정소송법 제8조②, 민사소송법 제249조).

4. 소송 제기의 효과

1) 주관적 효과

① 심리의무: 소가 제기되면 법원은 이를 심리하고 판결하여야 할 의무가 발생한다.

② 중복제소금지: 당사자는 법원에 계속되어 있는 사건에 대하여 다시 소를 제기하지 못한다.

2) 객관적 효과(집행부정지의 원칙)   취소소송의 제기는 처분 등의 효력이나 그 집행 또는 절차의 속행에 영향을 미치지 아니하는 바(행정소송법 제23조①), 이를 집행부정지의 원칙이라 한다. 이는 행정행위의 공정력의 결과가 아니라 공행정작용의 원활하고 영속적인 수행을 위한 것이다.

5. 취소소송의 심리(본안판단)

1) 심리의 의의   소송의 심리란 법원이 판결을 하기 위하여 그 기초가 되는 소송자료를 수집하는 과정, 즉 당사자가 사건에 관한 사실을 주장하고 증거를 제출하는 과정(변론)과 법원이 당사자가 제출한 증거를 조사해서 주장사실의 진부를 판정하는 과정(증거조사)을 말한다.

2) 심리절차상의 기본원칙

① 처분권주의: 처분권주의란 당사자가 분쟁대상 및 소송절차의 개시와 종료에 대하여 결정할 수 있다는 원칙을 말한다(민사소송법 제203조, 행정소송법 제8조②).

② 직권심리주의와 변론주의

㉠ 직권심리주의: 직권심리주의란 법원이 판결에 중요한 사실을 당사자의 신청 여부와 관계없이 직접 조사할 수 있는 원칙을 말한다.

㉡ 변론주의: 변론주의란 판결에 기초가 되는 사실과 증거의 수집을 당사자의 책임으로 하는 원칙을 말한다.

㉢ 현행 행정소송법의 태도: 행정소송법 제26조의 성질과 관련하여 학설상 보충적 직권탐지주의설과 변론주의 보충설(변론주의 원칙·변론주의 특례로서 직권탐지주의)의 대립이 있으나 판례는 변론주의 보충설을 취하고 있다.

> **행정소송법** 제26조(직권심리) 법원은 필요하다고 인정할 때에는 직권으로 증거조사를 할 수 있고, 당사자가 주장하지 아니한 사실에 대하여도 판단할 수 있다.

[판례]

행정소송법 제26조는 당사자주의, 변론주의에 대한 일부 예외규정일 뿐 법원은 일건 기록상 현출되어 있는 사항에 관하여서만 직권으로 증거조사를 하고 이를 기초로 하여 판단할 수 있을 따름이다(대판 1994.4.26. 92누17402).

③ 구두변론주의: 구두변론주의란 특별한 규정이 없는 한 소송절차는 구두로 진행되어야 하고, 판결도 구두변론도 구두변론에 근거하여야 한다는 원칙을 말한다.

④ 공개주의: 공개주의란 재판절차(심리·판결)는 공개적으로 진행되어야 한다는 원칙을 말한다.

⑤ 당사자주의와 직권주의

㉠ 당사자주의: 당사자주의란 심리절차가 당사자의 주도 하에 진행되는 원칙을 말한다.

㉡ 직권주의: 직권주의란 심리절차를 법원의 직권으로 진행시키는 원칙을 말한다.

㉢ 현행 행정소송법의 태도: 기본적으로 당사자주의를 원칙으로 하면서도, 소송의 대상인 처분 등이나 부작위가 공익에도 영향을 미친다는 점을 고려하여, 민사소송에 비하여 직권주의가 상대적으로 강화되어 있다.

⑥ 자유심증주의: 자유심증주의란 증거에 대한 평가는 절차의 전 과정을 통하여 법관이 획득한 확신에 따른다는 원칙을 말한다.

⑦ 직접심리주의: 직접심리주의란 구두변론과 입증은 진실발견과 소송경제의 관점에서 직접 법원의 면전에서 이루어져야 한다는 원칙을 말한다.

3) 심리의 범위 법원은 원고의 청구의 범위 안에서만 심리·판단할 수 있는데(불고불리의

원칙), 이는 명문의 규정은 없으나 당사자주의를 기본원칙으로 하는 행정소송법의 기본구조상 당연한 것으로 해석된다.

〔예〕 운전면허 취소처분과 그것을 전제로 한 개인택시 운송사업면허 취소처분을 함께 받은 자가 운전면허 취소처분의 취소만을 청구한 경우에, 법원은 운전면허 취소처분만을 취소할 수 있을 뿐, 개인택시 운송사업면허 취소처분을 아울러 취소할 수는 없다.

4) 심리방법

① 행정심판기록 제출명령: 법원은 당사자의 신청이 있는 때에는 결정으로써 재결을 행한 행정청에 대하여 행정심판에 관한 기록의 제출을 명할 수 있다(행정소송법 제25조①). 법원의 제출명령을 받은 행정청은 지체 없이 당해 행정심판에 관한 기록을 법원에 제출하여야 한다(동법 제25조②).

② 주장과 입증: 취소소송의 경우에 처분 등의 위법 여부에 대한 1차적인 입증책임은 민사소송법상의 입증책임분배에 관한 일반원칙(법률요건분류설)에 따라 피고인 행정청에 있다는 것이 통설과 판례의 입장이다. 다만, 무효등확인소송에서는 취소소송과 동일하게 보는 것(법률요건분류설)이 통설의 입장이나 판례는 원고부담설의 입장이다.

③ 처분사유의 추가 · 변경

㉠ 의 의: 행정처분에 대한 항고소송에서 처분청(행정청)이 처분 당시에 밝혔던 처분사유와는 다른 처분사유를 추가하거나 처분사유를 변경하여 당해 처분의 적법성을 주장할 수 있는가가 문제되는데 이를 처분사유의 추가 · 변경이라 한다(처분이유의 사후변경).

〔예〕 행정청이 무자료 주류판매를 이유로 주류도매업면허를 취소하였다가 면허취소처분에 대한 취소소송이 제기되자 취소소송 계속 중 무면허업자에게 판매하였음을 이유로 취소한 것이라고 처분의 이유를 추가하거나 변경한 경우

㉡ 취 지: 소송법상 소송경제에 기여하고 실체법상 처분의 상대방에게 처분의 이유를 충분히 제공함으로서 행정절차의 정당성을 확보하고, 아울러 법치주의의 요청에 부응할 수 있다.

㉢ 구별개념

ⓐ 하자의 치유와의 구별: 하자의 치유가 처분 후에 발생한 사유를 근거로 하자의 치유를 인정하고 절차상의 하자의 문제임에 반해 처분사유의 추가 · 변경은 처분시에 이미 객관적으로 존재하였던 사유를 대상으로 하고 내용상 하자에 관한 문제라는 점에서 구별된다.

ⓑ 하자의 전환과의 구별: 하자의 전환은 처분의 동일성이 인정되지 않는 새로운 처분으로 전환되나, 처분사유의 추가 · 변경은 처분의 동일성이 인정되는 범위

내에서만 인정된다는 점에서 구별된다.

ⓒ 소의 변경과의 구별: 소의 변경은 소송물의 변경이 있으나 처분사유의 추가·변경은 소송물의 변경이 없다는 점에서 구별된다.

ⓔ 인정 여부: 처분사유의 추가·변경에 관한 명문의 규정이 없으므로 이를 인정할 수 있을 것인지가 문제 되는데, 학설상 긍정설과 부정설 그리고 제한적 긍정설이 있으나, 통설과 판례는 제한적 긍정설의 입장이다. 즉, 기본적 사실관계의 동일성이 변경되지 않고 처분의 내용에 변화를 초래하지 않는 범위 내에서 원고의 방어권이 침해되지 않는다면 허용된다는 것이 통설과 판례의 입장이다(대 판1992.8.18. 91누3659).

ⓜ 요 건

ⓐ 기본적 사실관계의 동일성이 유지되어야 한다.

ⓑ 처분의 내용에 변화를 초래하지 않아야 한다.

ⓒ 원고의 방어권이 침해되지 않아야 한다.

ⓓ 사실심변론 종결시까지만 허용된다(판례).

ⓗ 효 과

ⓐ 허용되는 경우: 법원은 추가 변경된 처분을 기준으로 위법성을 판단하면 되고 원고는 소의 취하가 가능하다.

ⓑ 허용되지 않는 경우: 행정청은 원처분을 직권취소하고 새로운 처분사유에 근거한 처분을 발령해야 하며, 원고는 그에 따라 소의 변경이 가능하다.

5) 본안판단의 대상(위법성)

① 대 상: 통설과 판례는 취소소송의 소송물을 행정행위의 위법성 일반으로 이해하는 전제하에 본안판단 대상을 처분의 위법성으로 보고 있다.

② 위법판단의 기준시

㉠ 취소소송 및 무효등확인소송: 학설상 처분시설과 판결시설의 대립이 있으나 통설과 판례는 처분시설의 입장이다.

[판례]

법원은 사실심변론 종결당시까지 제출된 모든 자료를 종합하여 처분 당시 존재하였던 객관적 사실을 확정하고 그 사실에 기초하여 처분의 위법성 여부를 판단하는 것이다(대판 1993.5.27. 92누19033).

㉡ 부작위위법확인소송: 부작위위법확인소송에서는 엄격한 의미의 처분이 존재하지 않고, 또한 부작위위법확인소송은 변론 종결 당시에 평가할 때 원고의 신청에 대한 행정청의 부작위가 위법한지를 확인하는 소송이기 때문에 위법성 판단은 판결시를 기준으

로 한다.

6) 소송의 변경

① 소송변경의 개념: 소송 계속 후 당사자, 청구의 취지, 청구의 변경 등 전부 또는 일부를 변경하는 것을 소의 변경이라 하는데 행정소송법 제21조와 제22조에서는 이를 명문으로 규정하고 있다.

행정소송법 제21조(소의 변경) ① 법원은 취소소송을 당해 처분등에 관계되는 사무가 귀속하는 국가 또는 공공단체에 대한 당사자소송 또는 취소소송 외의 항고소송으로 변경하는 것이 상당하다고 인정할 때에는 청구의 기초에 변경이 없는 한 사실심의 변론종결시까지 원고의 신청에 의하여 결정으로써 소의 변경을 허가할 수 있다.

제22조(처분변경으로 인한 소의 변경) ① 법원은 행정청이 소송의 대상인 처분을 소가 제기된 후 변경한 때에는 원고의 신청에 의하여 결정으로써 청구의 취지 또는 원인의 변경을 허가할 수 있다.

---

② 종 류: 소의 변경에는 소의 종류의 변경, 처분변경 등으로 인한 소의 변경, 그리고 기타의 소의 변경이 있다. 다음에서는 이를 분설하기로 한다.

③ 소송의 종류의 변경

㉠ 의 의: 법원은 취소소송을 당해 처분 등에 관계되는 사무가 귀속하는 국가 또는 공공단체에 대한 당사자소송 또는 취소소송 외의 항고소송으로 변경하는 것이 상당하다고 인정할 때에는 청구의 기초에 변경이 없는 한 사실심의 변론 종결시까지 원고의 신청에 의하여 결정으로써 소의 변경을 허가할 수 있다(동법 제21조①).

㉡ 취 지: 사인의 권리구제에 만전을 기하고 소송경제 및 효과적인 권리보호를 위해 인정된다.

㉢ 요 건

ⓐ 취소소송 계속 중이어야 한다.

ⓑ 청구의 기초에 변경이 없어야 한다. 청구의 기초에 변경이 없어야 한다는 것은 계속 중인 취소소송에 의하여 구제받으려는 원고의 법률상 이익의 동일성이 유지되어야 한다는 것을 의미한다는 것이 판례의 입장이다.

ⓒ 변경신청에 상당한 이유가 있어야 한다.

ⓓ 소의 변경(신청)은 사실심변론종결시까지만 허용된다.

ⓔ 취소소송을 당해 처분 등에 관계되는 사무가 귀속하는 국가 또는 공공단체에 대한 당사자 소송 또는 취소소송 외의 항고소송으로 변경하는 것이어야 한다.

ⓔ 절 차

ⓐ 의견청취: 원고의 신청 외에 변경허가로 인해 피고를 달리하게 될 때에는 새로이 피고로 될 자의 의견을 들어야 한다(동법 제21조②).

ⓑ 결정정본 송달: 허가 결정이 있게 되면 결정의 정본을 새로운 피고에게 송달하여야 한다(동법 제21조④ · 제14조②).

ⓒ 법원의 허가: 소의 변경은 법원의 허가로 이루어지고, 허가결정에 대해서는 즉시항고할 수 있다(동법 제21조③). 불허가 결정에 대해서는 명문의 규정이 없으나 원고는 새 피고를 상대로 별소를 제기하면 된다.

ⓜ 효 과: 피고의 변경이 있는 경우 새로운 피고에 대한 소송은 처음부터 소를 제기한 때에 제기된 것으로 보며(동법 제21조④ · 제14조④), 아울러 종전의 피고에 대한 소송은 취하된 것으로 본다(동법 제21조④ · 제14조⑤).

④ 처분변경으로 인한 소변경

㉠ 의 의: 취소소송의 계속 중에 피고인 행정청이 소송대상인 처분을 변경한 경우에 원고의 신청이 있으면 법원은 결정으로써 청구취지 또는 청구원인의 변경을 허가할 수 있다.

㉡ 취 지: 피고(행정청)의 책임있는 사유로 소의 목적물이 소멸됨으로써 소각하 및 다시 제소해야 하는 불합리를 피하고 절차의 반복을 배제하여 간편하고도 신속하게 개인의 권익구제를 확보하기 위한 것이다.

㉢ 효 과: 처분변경으로 인한 소변경에 있어서는 새로운 소에 대한 행정심판을 거친 것으로 본다(동법 제22조③).

⑤ 민사소송법에 의한 소변경: 행정소송법에 의한 소변경 규정은 민사소송법에 대한 특칙이므로, 위의 행정소송법에 의한 소변경 이외에 민사소송법에 의한 소변경도 가능하다(동법 제8조②).

6. 행정소송의 판결

1) 판결의 개념과 방식　판결이란 소송사건에 대하여 법원이 원칙적으로 변론을 거쳐서 그에 대한 법적 판단을 선언하는 행위를 말한다. 판결은 판결서를 작성하여 선고함으로써 성립된다.

2) 판결의 종류

① 소송판결: 항고소송에서 소송요건이 갖추어지지 않은 경우 법원은 소각하의 종국판결을 하는데, 소송종료선언이나 소취하무효확인판결 등이 이에 속한다.

② 본안판결: 본안에 대한 당부, 즉 위법성의 유무에 관한 판결을 본안판결이라 한다.

㉠ 인용판결

ⓐ 의 의: 인용판결이란 원고의 청구가 이유있음을 인정하여 처분 등의 취소·변경을 행하는 판결을 말하는데 성질상 취소소송에서의 인용판결은 형성판결이 된다.

ⓑ 적극적 변경판결의 허용 여부: 이에 대하여는 긍정설과 부정설의 대립이 있으나, 판례는 적극적 변경판결, 즉 행정청의 처분을 변경하거나 처분을 명하는 판결은 허용되지 않는다고 하여 부정설의 입장을 취하고 있다.

ⓒ 일부취소판결의 허용 여부: 판례는 가분적 처분 중 일부에 하자가 있는 경우 그 처분대상의 일부가 특정될 수 있다면 그 일부만의 취소도 가능하다고 한다. 다만, 불가분처분이나 재량처분에 하자가 있는 경우에는 일부취소판결은 할 수 없고 전부취소판결을 하여야 한다고 한다.

㉡ 기각판결: 기각판결이란 원고의 청구를 배척하는 판결을 말한다.

㉢ 사정판결

ⓐ 의 의: 사정판결이란 원고의 청구가 이유있다고 인정되는 경우에도 처분 등을 취소하는 것이 현저히 공공복리에 적합하지 않다고 인정하는 때에 법원이 청구를 기각하는 판결을 말한다. 사정판결은 공공복리의 유지를 위해 극히 예외적으로 인정되는 법률적합성의 예외현상인 만큼 그 적용은 극히 엄격한 요건 아래 제한적으로 행해져야 한다.

ⓑ 성 질: 형식적으로는 기각판결의 일종이라고 할 수 있으나, 처분 등의 위법에 관하여 기판력이 발생한다는 점에서 실질적으로는 인용판결에 가까운 면이 있다.

ⓒ 요 건

ⅰ) 처분의 위법성: 처분 등이 위법하여야 한다.

ⅱ) 공공복리성: 내용상 처분 등의 취소가 현저히 공공복리에 적합하지 않아야 한다. 즉 원고의 청구를 기각하는 것만이 공공복리의 실현을 위한 해결책이어야 한다(판례).

ⅲ) 판단시기: 사정판결이 필요한지 여부를 판단하는 기준시는 판결시(변론종결시)라는 것이 판례의 입장이다.

ⅳ) 입증책임: 사정판결의 필요성은 원고가 입증하여야 한다. 다만, 판례는 당사자의 주장 또는 항변이 없더라도 법원이 자발적으로 사정판결을 할 수 있다는 입장이다.

ⓓ 원고의 보호

ⅰ) 사정조사: 법원이 사정판결을 함에 있어서는 미리 원고가 그로 인하여 입게 될 손해의 정도와 배상방법 그 밖의 사정을 조사하여야 한다(행정소송법 제28조②).

ⅱ) 구제방법의 병합: 원고의 청구가 사정판결로 인해 기각되더라도 처분의 위법성 자체가 치유되는 것은 아니므로 그로 인한 손해를 전보하고 기타 손해발생을 예방하기 위해 재해시설의 설치 기타 구제방법이 강구되어야 한다. 이를 위해 원고는 피고인 행정청이 속하는 국가 또는 공공단체를 상대로 손해배상, 재해시설의 설치 그 밖에 적당한 구제방법의 청구를 당해 취소소송 등이 계속된 법원에 병합하여 제기할 수도 있고(동법 제28조③), 사정판결이 있은 다음 별소로 제기할 수도 있다.

ⓔ 적용범위: 사정판결은 취소소송에 있어서만 허용될 뿐 무효등확인소송과 부작위위법확인소송에는 준용되고 있지 않은데, 사정판결이 무효등확인소송에도 유추적용되는가에 관해 학설상 긍정설과 부정설의 대립이 있고, 판례는 부정설의 입장이다. 즉, 판례는 당연무효의 행정처분을 소송목적물로 하는 행정소송에서는 사정판결을 할 수 없다고 판시한 바 있다(대판 1996.3.22. 95누5509).

ⓕ 판 결

ⅰ) 처분 등이 위법함을 주문에 명시: 사정판결을 하는 경우 법원은 그 판결의 주문에서 그 처분 등이 위법함을 명시하여야 한다(동법 제28조① 제2문). 이것은 주문에 명시된 처분의 위법성에 대해 기판력이 미치게 하기 위함이다.

ⅱ) 소송비용: 원고의 청구가 사정판결에 의해 기각된 경우에는 소송비용은 피고의 부담으로 한다(동법 제32조).

3) 판결의 효력

① 의 의: 취소판결이 확정되면 행정소송법 제30조에 규정된 기속력과 제29조의

제3자효가 발생한다. 그리고 취소판결은 형성판결이므로 형성력이 발생한다. 또한 원고의 승·패소를 불문하고 확정판결에는 기판력이 발생하게 된다. 다음에서는 이를 분설하기로 한다.

② 취소판결의 기속력

㉠ 의 의: 기속력이란 처분 등을 취소하는 확정판결이 나면 당사자인 행정청과 그 밖의 관계행정청에게 그 취소판결의 취지에 따라 행동할 의무를 지우는 효력을 말한다(동법 제30조①).

㉡ 본 질: 기속력의 본질에 관해 학설상 기판력설과 특수효력설이 대립하나 판례는 입장이 불분명하다.

구 분	기판력	기속력
성 질	소송법적 효력	실체법적 구속력
적용판결	인용판결과 기각판결에 발생	인용판결에 발생
인적범위	당사자와 후소법원 구속	관계행정청을 구속

㉢ 적용범위: 취소판결의 기속력은 무효등확인소송과 부작위위법확인소송에도 준용된다(동법 제38조①②). 한편 기속력은 청구인용판결에만 인정되고 기각판결에는 인정되지 않는다.

㉣ 내 용

ⓐ 부담적 처분에 대한 취소판결의 기속력

ⅰ) 반복금지효(원칙): 부담적 처분에 대한 취소소송에서 인용판결이 확정되면 행정청은 동일한 사실관계 아래서 동일한 이유에 의하여 동일당사자에 대하여 동일한 내용의 부담적 처분을 할 수 없다. 반복금지에 위반한 행위는 무효가 된다(판례).

ⅱ) 예 외: 취소판결을 받은 처분과 동일한 처분이라 하더라도 사실심변론 종결 이후 발생한 새로운 사실관계 또는 새로운 법령에 따른 처분은 다른 별개의 처분이므로 기속력에 반하지 않는다(처분사유가 다른 경우). 또한 취소판결에서 위법이라고 판시한 위법사유를 시정한 처분은 새로운 처분이어서 기속력에 반하지 않는다(위법사유를 시정한 경우).

ⓑ 거부처분에 대한 취소판결의 기속력

ⅰ) 반복금지효: 부담적 처분에 대한 취소판결의 기속력에서와 동일하다.

ⅱ) 재처분의무: 거부처분의 취소판결이 확정되면 당해 거부처분을 한 행정청이나 또는 그 부작위를 범한 행정청은 원고의 신청을 기다리지 않고 판결의 취지에 따라 원래의 신청에 대한 처분을 다시 하여야 한다(동법 제30조②). 행정청이 다시 해야 할

처분은, 그 처분이 기속행위인 경우에는 인용처분이고, 재량행위인 경우에는 하자없는 재량권의 행사가 된다. 다만, 재량권이 0으로 수축되는 경우에는 인용처분을 해야 한다.

　　ⓒ 절차상의 하자로 인한 취소판결의 기속력: 신청에 따른 처분이 제3자의 제소에 의해 절차상 하자가 있음을 이유로 취소된 경우에는 판결의 취지에 따라 적법한 절차에 의해 다시 신청에 따른 처분을 하여야 한다(동법 제30조③). 여기서 '절차'란 사전통지·청문 등 좁은 의미의 절차뿐만 아니라 권한과 형식의 위법을 포함하여 널리 실체법상의 위법에 대응하는 넓은 의미로 이해된다.

　　ⓓ 원상회복의무: 취소판결이 확정되면 행정청은 결과적으로 위법하게 되는 처분에 의해 초래된 위법한 상태를 제거(결과제거의무)하고 원상회복시킬 의무를 부담한다는 것이 통설의 입장이다.

　　ⓔ 간접강제: 행정청이 거부처분취소판결의 취지에 따른 처분을 하지 아니하는 경우에는 제1심 수소법원은 당사자의 신청에 의하여 결정으로써 처분을 하여야 할 상당한 기간을 정하고 행정청이 그 기간 내에 처분을 하지 아니하는 때에는 그 지연기간에 따라 일정한 배상을 할 것을 명하거나 손해배상을 할 것을 명할 수 있는데 이를 간접강제라고 한다(행정소송법 제34조①). 간접강제는 거부처분취소소송에 적용되고 아울러 부작위위법확인소송에도 준용된다(행정소송법 제38조②).

　ⓜ 기속력의 범위

　　ⓐ 주관적 범위: 기속력은 당사자인 행정청뿐만 아니라 그 밖의 모든 관계행정청에 미친다(동법 제30초①). 그리고 제3자가 소송참가를 한 경우(동법 제16조) 통설은 이를 공동소송적 보조참가로 보고 있고 공동소송적 참가인은 기판력을 받게 된다.

　　ⓑ 객관적 범위: 기속력은 판결주문 및 그 전제가 된 요건사실의 인정과 효력의 판단에만 미치고 판결의 결론과 직접 관계없는 간접사실의 판단에는 미치지 않는다. 또한 기속력은 취소판결이 위법이라고 판단한 위법사유에 한하여 미치는 것이므로, 확정판결에서 적시된 위법사유를 보완하여 행한 새로운 처분은 그것이 판결 전의 처분과 같은 내용이라 하더라도 확정판결에 의하여 취소된 종전의 처분과는 별개의 처분으로서 반복금지효에 저촉되는 것은 아니다.

　　ⓒ 시적 범위: 기속력은 처분시까지의 법관계·사실관계를 판단의 대상으로 한다. 즉, 위법성 판단의 기준시점은 처분시이므로 처분시 이후에 발생한 사유로 동일한 처분, 또는 동일한 거부처분을 하여도 기속력에 반하는 것이 아니다(판례).

처분시 이후의 사실관계의 변화	퇴폐행위를 이유로 한 이용업허가취소처분에 대해 퇴폐 행위의 증거가 없다는 이유로 취소판결이 확정되었으나 행정청이 이용업허가취소처분 이후의 새로운 퇴폐행위를 적발하여 동일한 허가취소처분을 하면 이는 기속력에 반하지 않는 것이다. 왜냐하면 새로운 퇴폐행위를 이유로 한 허가취소처분은 처분시 이후에 발생한 사실관계를 바탕으로 한 별개의 처분이기 때문이다.
처분시 이후의 법률상태의 변화	식품위생법에 근거한 음식점 허가신청에 대한 거부처분이 위법하다고 판단되더라도 거부처분 이후에 식품위생법이 개정되어 개정된 기준에 따라 새롭게 거부처분을 행하였다면 이는 기속력에 반하지 않는다.

③ 취소판결의 형성력

㉠ 의 의: 형성력이란 처분 등의 취소판결이 확정되면, 행정청에 의한 특별한 의사표시 없이 처분시에 소급하여 당연히 행정상 법률관계의 발생·변경·소멸이라는 형성의 효과를 가져오는 효력을 말한다.

㉡ 근 거: 행정소송법상 취소판결의 형성력에 관한 명시적 규정은 없다. 그러나 행정의 법률적합성의 원칙과 행정소송법 제29조 제1항의 규정내용에 비추어 취소판결의 형성력을 인정할 수 있다.

> **행정소송법** 제29조(취소판결 등의 효력) ① 처분등을 취소하는 확정판결은 제3자에 대하여도 효력이 있다.

㉢ 내 용

ⓐ 당연형성: 행정처분을 취소한다는 확정판결이 있으면 그 취소판결의 형성력에 의하여 당해 행정처분의 취소나 취소통지 등의 별도의 절차를 요하지 아니하고 당연히 취소의 효과가 발생한다(판례).

ⓑ 취소의 소급효: 취소판결의 형성력은 소급한다. 따라서 취소판결 후에 취소된 처분을 대상으로 하는 처분은 당연히 무효이다.

④ 제3자효(대세적 효력)

㉠ 의 의: 처분 등을 취소하는 확정판결은 제3자에 대하여도 효력이 있는데(동법 제29조①), 이를 취소판결의 제3자효라고 한다.

㉡ 취 지: 제3자효는 소송당사자와 제3자와의 관계에서 취소판결의 효력이 달라지는 것을 방지함으로써 법률관계를 획일적·통일적으로 규율하며 승소한 자의 권리를 보호하기 위함이다.

㉢ 적용범위: 제3자효에 관한 규정은 집행정지결정이나 그 취소결정, 무효등확인소송,

부작위위법확인소송에 준용된다(동법 제38조).

　　ⓓ 내 용

　　　　ⓐ 제3자: 제3란 소송참가인뿐만 아니라 그 판결과 직접 법적 이해관계를 맺는 자를 말한다.

　　　　ⓑ '효력이 있다'의 의미: 취소판결이 제3자에게도 효력이 있다는 것은 제3자라고 하더라도 그 취소판결의 존재와 그 취소판결에 의하여 형성된 법률관계를 용인하여야 한다는 것을 의미한다.

> **[판례]**
> 행정처분을 취소하는 확정판결이 제3자에 대하여도 효력이 있다고 하더라도 그 취소판결 자체의 효력으로써 그 행정처분을 기초로 하여 새로 형성된 제3자의 권리까지 당연히 그 행정처분 전의 상태로 환원되는 것이라고는 할 수 없고 단지 취소판결의 존재와 취소판결에 의하여 형성되는 법률관계를 제3자라 할지라도 용인하지 않으면 안 된다는 것을 의미하는 것에 불과하다(대판 1986.8.19. 83다카2022).

　　ⓜ 제3자 보호제도: 판결의 제3자효로 인하여 소외의 제3자에게 예측하지 못한 불이익이 발생하는 것을 방지하기 위하여 행정소송법은 제3자의 소송참가(동법 제16조) 및 재심청구(동법 제31조) 제도를 규정하고 있다.

　　⑤ 기판력

　　㉠ 의 의: 상소기간의 도과, 상소권포기 또는 상소의 취하 등으로 인하여 판결이 확정되면, 동일한 소송물에 관한 동일 당사자 및 법원은 후소에서 전소확정판결의 내용에 구속을 받게 되는데 이러한 전소판결의 후소에 대한 구속력을 기판력 또는 실질적 확정력이라 한다.

　　㉡ 취 지: 판결의 모순·저촉을 방지하고자 하는 법적 안정성의 요청상 인정된다.

　　㉢ 법적 근거: 행정소송법상 기판력에 관한 명시적 규정은 없으나 행정소송법 제8조 제2항에 따라 민사소송법 제216조와 제218조가 준용된다.

> **행정소송법** 제8조(법적용례) ② 행정소송에 관하여 이 법에 특별한 규정이 없는 사항에 대하여는 법원조직법과 민사소송법 및 민사집행법의 규정을 준용한다.

　　㉣ 내 용

　　　　ⓐ 반복금지효: 기판력이 발생하면 당사자는 동일한 소송물을 대상으로 다시 소를 제기할 수 없다.

　　　　ⓑ 모순금지효: 후소에서 전소의 확정판결의 내용에 반하는 주장을 할 수

없으며, 법원도 전소판결에 반하는 판단을 할 수 없다.

ⓒ 효력 범위

ⓐ 주관적 효력범위: 기판력은 당사자 또는 당사자와 동일시할 수 있는 승계인뿐만 아니라 보조참가인에게도 미친다. 취소소송의 피고는 처분청이므로 행정청을 피고로 하는 취소소송에 있어서의 기판력은 당연히 당해 처분이 귀속하는 국가 또는 공공단체에 미친다.

ⓑ 객관적 효력범위: 기판력은 판결주문에 나타난 판단에만 미치고, 판결이유에서 제시된 그 전제가 되는 법률관계에는 미치지 않는다.

ⓒ 시간적 효력범위: 기판력은 사실심변론 종결시를 기준으로 발생한다. 따라서 변론종결 후 사실관계·법률관계에 변화가 있으면 관계행정청은 새로운 사유에 근거하여 동일한 처분을 할 수도 있다.

7. 상소 및 재심

1) 상 소   항고소송의 제1심판결에 대하여는 당사자는 민사소송법상의 규정에 따라 고등법원에 항소를 할 수 있고 제2심판결에 대해서는 대법원에 상고할 수 있다.

2) 재 심

① 의 의: 재심이란 확정된 종국판결에 일정사유가 있어서 판결법원에 이의 재심사를 구하는 것을 말하는데, 항고소송의 판결에 대하여도 민사소송법 소정의 재심사유가 있는 경우에는 동법이 정한 절차에 따라 재심의 소를 제기할 수 있다. 다만 행정소송법은 그 외의 제3자의 재심청구를 규정하고 있다.

② 제3자에 의한 재심: 취소소송의 확정판결은 제3자에 대하여도 효력이 있으므로(동법 제29조①) 처분 등을 취소하는 판결에 의하여 법률상 이익의 침해를 받은 제3자는 자기에게 책임없는 사유로 소송에 참가하지 못함으로써 판결의 결과에 영향을 미칠 공격 또는 방어방법을 제출하지 못한 때에는 이를 이유로 확정된 종국판결에 대하여 재심을 청구할 수 있다(동법 제31조①). 재심의 청구는 확정판결이 있음을 안 날로부터 30일 이내, 판결이 확정된 날로부터 1년 이내에 제기하여야 하고(동법 제31조②), 동 기간은 불변기간이다(동법 제31조③).

8. 행정소송상의 임시적 보호인 가구제 - 잠정적 권리보호

1) 의의 및 필요성   하자 있는 행정행위에 대해 취소소송을 제기하더라도 행정행위에는 공정력과 자기집행력이 있기 때문에 본안판결(취소판결)이 나기 전에 이미 집행이 완료되어 버릴 수 있는데, 이 경우 취소소송의 제기와 함께 당해 처분의 집행정지나 가처분 등을 청구하여 본안판결의 실효성을 확보하고 당사자의 권익을 임시적으로 보호할 필요가 있는데 이를 가리켜 가구제제도라고 한다.

2) 현행법상 제도   가구제제도의 대표적인 것으로는 집행정지와 가처분 등이 있는데 행정소송법은 제23조 제2항 내지 제6항에서 집행정지를 규정하고 있으나, 가처분에 관해서는 명문의 규정이 없고, 다만 민사소송법상의 가처분제도를 행정소송법에도 준용할 수 있는지에 관해서는 학설상 대립이 있다.

3) 집행정지

    ① 의 의: 집행정지란 취소소송이나 무효등확인소송이 제기된 경우에 처분등이나 그 집행 또는 절차의 속행으로 인하여 회복하기 어려운 손해를 예방하기 위하여 긴급한 필요가 있다고 인정할 때에는 본안이 계속되고 있는 법원이 당사자의 신청 또는 직권에 의하여 처분등의 효력이나 그 집행 또는 절차의 속행의 전부 또는 일부의 정지를 결정할 수 있는 것을 말한다(동법 제23조②).

    ② 취 지: 행정소송법이 집행부정지의 원칙을 택하였음에도 불구하고 일정한 요건 하에 예외적으로 집행정지를 인정하는 것은 원활한 행정운용의 확보와 개인의 권리보호라 는 요청을 조화시키기 위한 것이다.

    ③ 적용범위: 집행정지는 취소소송뿐만 아니라 무효등확인소송에도 인정된다(행정소송법 제38조①). 그러나 부작위위법확인소송에는 준용되지 않는다. 왜냐하면 부작위에 대하여 집행정지를 한다 하더라도 상대방은 새로이 구제되는 권익이 없기 때문이다.

    ④ 요 건

    ㉠ 적극적 요건

      ⓐ 처분이 존재할 것: 집행정지를 위해서는 먼저 집행정지의 대상으로서 처분이 존재하여야 한다. 따라서 처분이 이미 종료된 때에는 집행정지가 불가능하다.

[이해] 거부처분에 대한 집행정지의 허용 여부
거부처분의 경우 집행정지의 대상이 될 수 있는가와 관련하여 학설상 긍정설과 부정설, 그리고 제한적 긍정설의 대립이 있으나, 통설과 판례는 그 효력을 정지하여도 신청인의 법적 지위는 거부처분이

[판례]

교도소장이 접견을 불허한 처분에 대하여 효력정지를 한다 하더라도 이로 인하여 위교도소장에게 접견허가를 명하는 것이 되는 것도 아니고 또 당연히 접견이 되는 것도 아니어서 접견허가거부처분에 의하여 생길 회복할 수 없는 손해를 피하는데 아무런 보탬이 되지 아니하니 접견허가거부처분의 효력을 정지할 필요성이 없다(대판 1991.5.2. 91누15).

ⓑ 본안소송이 적법하게 계속 중일 것

ⅰ) 소송의 계속: 집행정지 결정을 위해서는 민사소송에서의 가처분과는 달리 본안소송이 계속 중임을 요한다. 따라서 집행정지결정을 한 후에 본안소송이 취하된 경우에는 집행정지결정의 효력은 당연히 소멸한다(판례).

ⅱ) 집행정지 신청시기: 집행정지신청은 본안의 소제기와 동시에 또는 소제기 후에 할 수 있다.

ⅲ) 본안소송의 적법성: 본안소송은 소송요건을 갖춘 적법한 것이어야 한다. 판례는 효력정지신청을 함에 있어서도 효력정지를 구할 법률상 이익이 있어야 한다고 판시한 바 있다.

ⅳ) 대상의 동일성: 본안소송의 대상과 집행정지신청의 대상은 원칙적으로 동일하여야 한다. 다만, 선행처분과 후행처분이 연속된 절차를 구성하여 일정한 법률효과의 발생을 목적으로 하는 경우 또는 후행처분이 선행처분의 집행으로서의 성질을 갖는 등의 경우에는 선행처분에 대한 취소소송을 제기하면서 후행처분에 대한 집행정지가 가능하다.

ⓒ 회복하기 어려운 손해를 예방하기 위한 것일 것: 처분 등이나 그 집행 또는 절차의 속행으로 인하여 회복하기 어려운 손해가 발생할 우려가 있어야 한다. 회복하기 어려운 손해란 금전으로 보상할 수 없는 손해로서 이는 금전보상이 불능인 경우뿐만 아니라 금전보상으로는 사회관념상 행정처분을 받은 당사자가 참고 견딜 수 없거나 또는 참고 견디기가 현저히 곤란한 경우의 유형·무형의 손해를 말한다(판례).

ⓓ 긴급한 필요가 있을 것: 긴급이란 시간적 절박성과 손해발생 가능성에 관련된 개념이다.

ⓛ 소극적 요건

ⓐ 공공복리에 중대한 영향이 없을 것

ⓑ 본안청구의 이유 없음이 명백하지 않을 것(판례): 본안청구의 승소 가능성도 요건으로서 고려해야 하는가에 대하여 학설상 본안의 이유 유무를 가리지 않는다는 견해와 본안이 이유 있음이 명백한 때에만 집행정지가 가능하다는 견해, 그리고 본안청구의 이유 없음이 명백하지 아니할 경우에만 가능하다는 견해가 있으나 판례는 본안청구의 이유 없음이 명백하지 아니할 것을 요구하고 있다.

⑤ 주장·소명책임: 판례는 집행정지의 '적극적 요건'에 관한 주장·소명 책임은 원칙적으로 신청인 측에 있고 집행정지의 '소극적 요건'에 대한 주장·소명 책임은 행정청에게 있다는 입장이다.

⑥ 절 차: 정지결정절차는 당사자의 신청이나 법원의 직권에 의해 개시된다(동법 제23조②). 당사자의 신청에 의한 경우에는 집행정지신청에 대한 이유에 관해 소명이 있어야 한다(동법 제23조④). 집행정지는 결정의 재판에 의하고(동법 제23조② 본문), 다만 처분 등의 집행 또는 절차의 속행을 정지함으로써 목적을 달성할 수 있는 경우에는 처분의 효력정지는 인정되지 아니한다(동법 제23조② 단서).

⑦ 집행정지결정

㉠ 종 류

기각결정	집행정지의 형식적 요건이나 실체적 요건을 갖추지 못한 경우의 결정(동법 제23조⑤).
인용결정	집행정지의 요건을 구비한 경우의 결정으로, 처분의 효력정지, 집행정지, 절차의 속행정지 등이 있음(동법 제23조②)

㉡ 인용결정의 내용

ⓐ 처분의 효력정지: 처분의 효력이 존속하지 않는 상태, 즉 처분이 형식상으로는 있지만 실질상으로는 없는 것과 같은 상태로 되는 것으로서 별도의 집행행위가 필요 없이 의사표시만으로 완성되는 처분에 대한 집행정지를 의미한다. 다만, 처분의 효력정지는 처분의 집행 또는 절차의 속행을 정지함으로써 그 목적을 달성할 수 있을 때에는 허용되지 아니한다(동법 제23조② 단서).

ⓔ 공무원파면처분의 정지

ⓑ 집행의 정지: 집행정지란 처분의 집행력을 박탈하여 그 내용을 실현하는 행위를 금지하는 것, 즉 처분 내용의 강제적인 실현을 위한 공권력 행사의 정지를 의미한다.

ⓔ 강제퇴거명령서에 따른 강제퇴거의 정지

ⓒ 절차의 속행정지: 처분이 유효함을 전제로 법률관계가 진전되어 다른 처분이 행하여지는 경우에 있어서 그 기초가 되는 처분의 효력을 박탈하여 절차의 속행, 법률관계

의 진전을 금지하는 것을 말한다.

　　　㉑ 체납처분절차에서 압류의 효력을 다투는 경우에 매각을 정지시키는 경우
　⑧ 집행정지결정의 효력
　㉠ 형성력: 효력정지결정은 효력 그 자체를 정지시키는 것이므로 행정처분이 없었던 원래 상태와 같은 상태를 가져온다. 그러나 집행의 정지 결정과 절차의 속행정지 결정은 처분의 효력에는 영향을 미치지 않고 집행만을 저지하는 효과를 갖는다.
　㉡ 기속력: 집행정지 결정은 당사자인 행정청과 그 밖의 관계행정청을 기속한다(동법 제23조⑥·제30조①).
　㉢ 시간적 효력: 집행정지 결정의 효력은 정지 결정의 대상인 처분의 발령시점에 소급하는 것이 아니라, 집행정지 결정시부터 발생하여 결정주문에서 정한 시기까지 존속하며, 그 주문에 특별한 제한이 없다면 본안판결이 확정될 때까지 그 효력이 존속한다는 것이 판례의 입장이다.
　⑨ 불복 및 정지 결정의 취소
　㉠ 불 복: 집행정지의 결정 또는 기각의 결정에 대하여는 즉시항고할 수 있다. 이 경우 집행정지결정에 대한 즉시항고에는 결정의 집행을 정지하는 효력이 없다(동법 제23조⑤).
　㉡ 정지결정의 취소: 집행정지결정이 확정된 후 집행정지가 공공복리에 중대한 영향을 미치거나(판례) 그 정지사유가 없어진 때에는 당사자의 신청 또는 직권에 의하여 결정으로써 집행정지의 결정을 취소할 수 있다(동법 제24조①). 정지결정이 취소되면 그 정지기간은 특별한 사유가 없는 한 이때부터 다시 진행하게 된다(대판).

4) 민사소송법상의 가처분의 허용 여부

　① 의 의: 가처분이란 금전 이외의 급부를 목적으로 하는 청구권의 집행을 보전하거나 다툼이 있는 법률관계에 관하여 잠정적으로 임시의 지위를 보전하는 것을 내용으로 하는 가구제제도를 말한다.
　② 허용여부: 행정소송법상 가처분에 관한 명문의 규정이나 준용규정은 없다. 따라서 행정소송에도 민사소송법상의 가처분을 인정할 수 있는지에 관해 견해가 대립되는바, 학설상 긍정설과 부정설, 그리고 제한적 긍정설이 있으나 판례는 '부정설'의 입장이다.

[판례]
ⓐ 항고소송에 대하여는 민사소송법 중 가처분에 관한 규정이 적용된다고 인정할 수 없다(대결 1961.11.20. 4292행항2).

ⓑ 민사소송법상의 보전처분은 민사판결에 의하여 보호받을 수 있는 권리에 관한 것이므로, 민사소송법상의 가처분으로 행정청의 어떠한 행정행위의 금지를 구하는 것은 허용될 수 없다(대결 1992.7.6. 92마52).

Ⅲ. 무효등확인소송

1. 의의 및 성질

1) 의 의   무효등확인소송이란 행정청의 처분 등의 효력유무 또는 존재 여부를 확인하는 소송을 말한다(행정소송법 제4조 제2호).

2) 성 질   무효등확인소송은 항고소송의 일종으로서 주관적 소송이며 형성소송이 아닌 확인소송이다.

2. 소송요건

양자는 모두 항고소송의 일종으로서 주관적 소송이라는 점에서는 공통되므로 소송요건도 동일하나 소송의 성질상의 차이로 인해 다음의 점에서 차이가 있다.

1) 원고적격   무효등확인소송은 처분 등의 효력유무 또는 존재 여부의 확인을 구할 법률상 이익이 있는 자가 제기할 수 있다(동법 제35조). 법률상 이익뿐만 아니라 민사소송법상의 확인의 소에 있어서 요구되는 확인의 이익도 필요한지에 관하여 필요설과 불요설의 대립이 있으나, 판례는 필요설의 입장이다.

2) 협의의 소의이익(권리보호의 필요) – 보충성   행정소송법상 보충성에 관한 아무런 규정이 없으나 판례는 확인의 소의 보충성을 요구하여 무효등확인소송을 보충적인 것으로 본다.

3) 임의적 행정심판전치주의   무효등확인소송은 그 대상이 당연무효라는 점에서 행정심판전치주의가 적용되지 않는다.

4) 제소기간   당연무효는 누구나 언제든지 주장할 수 있으므로 제소기간의 제한이 없다.

3. 소제기의 효과

취소소송의 경우와 동일하다. 따라서 집행부정지의 원칙이 적용되고 예외적으로 집행정지결정과 집행정지결정의 취소도 가능하다(동법 제38조① · 제23조 · 제24조).

4. 소송의 심리

1) **심리의 범위**   취소소송의 경우와 동일하다.

2) **입증책임**   무효등확인소송에 있어서 판례는 취소소송과는 달리 원고부담설의 입장을 취하고 있다.

5. 판 결

1) **판결의 종류**   취소판결과 동일하나 무효등확인판결의 경우 사정판결을 할 수 있는지에 대해 견해의 대립이 있으나 판례는 부정설의 입장이다.

2) **판결의 효력**   취소소송과 동일하나 무효등확인소송의 경우 확인소송의 성질을 가지므로 형성력이 생기지 않는다. 아울러 간접강제도 문제되지 않는다.

[정리] 취소소송과 무효등확인소송의 차이

구 분	취소소송	무효등확인소송
의 의	행정청의 위법한 처분 등을 취소 또는 변경하는 소송(동법 제4조 제1호).	행정청의 처분 등의 효력 유무 또는 존재 여부를 확인하는 소송(동법 제4조②).
성 질	형성소송	확인소송
보충성	불요(不要)	要(판례)
확인의 이익	불요(不要)	要(판례)
행정심판 전치주의	• 원칙: 임의적 행정심판전치주의 • 예외: 필요적 행정심판전치주의	적용 無
제소기간	제한 有	제한 無
입증책임	법률요건분류설(통설·판례)	원고부담설(판례)
판결의 성질	형성판결	확인판결
사정판결	可	不可(판례)
판결효	기속력·형성력·제3자효·기판력	기속력·제3자효·기판력
간접강제	可	문제되지 않음
기판력의 객관적 범위	행정처분의 위법성	처분 등의 효력 유무와 존부

Ⅳ. 부작위위법확인소송

1. 개 념

1) 의 의   부작위위법확인소송이란 행정청이 당사자의 신청에 대해 상당기간 내에 일정한 처분을 해야 할 법률상의 의무가 있음에도 불구하고 이를 행하지 않는 경우, 그 부작위가 위법함의 확인을 구하는 소송을 말한다(행정소송법 제4조 3호). 단순한 부작위 위법확인이 아닌 작위의무확인청구는 현행법제상 인정되고 있지 않다(판례).

2) 성 질   부작위위법확인소송도 항고소송으로서 주관적 소송이며 확인소송의 성질을 갖는다.

2. 제도적 의의

1) **행정청의 부작위의 위법상태 제거**   부작위위법확인소송은 행정청이 법규상 또는 조리상의 권리에 기한 신청에 대하여 상당한 기간 내에 일정한 처분을 하여야 할 법률상의 응답의무가 있음에도 불구하고 이를 하지 아니하는 경우 판결시(사실심 변론종결시)를 기준으로 그 부작위의 위법을 확인함으로써 행정청의 응답을 신속하게 하여 부작위 내지 무응답이라고 하는 위법상태를 제거함을 목적으로 한다. 따라서 부작위위법확인소송은 행정청의 무응답에 대한 위법성(부작위의 위법성)의 확인을 구하는 것이지 원고의 신청을 인용하지 않는 것이 위법하다는 확인을 구하는 소송이 아니다.

2) **국민의 권리보호**   당해 판결의 구속력에 의하여 행정청에게 처분 등을 하게 하고, 다시 당해 처분 등에 대하여 불복이 있는 때에는 그 처분 등을 다투게 함으로써 최종적인 국민의 권리를 보호하려는 제도이다.

3. 소송요건

부작위위법확인소송의 소송요건은 취소소송과 기본적으로 다를 바가 없다. 다만, 부작위의 위법을 확인하는 소송이라는 점에서 대상적격에 있어서 취소소송과 구별되는 점이 있으므로 이에 관해 논하기로 한다.

1) 원고적격

　① 의 의: 부작위위법확인소송은 처분의 신청을 한 자로서 부작위의 위법을 구할

법률상의 이익이 있는 자만이 제기할 수 있다(동법 제36조).

② 법규상·조리상의 신청권: 원고적격이 인정되기 위해서 현실적으로 처분을 신청한 자이면 족하다는 견해가 있으나 통설과 판례는 법규상 조리상의 응답신청권이 있어야 한다는 입장이다.

[판례]

사자가 행정청에 대하여 어떠한 행정행위를 하여줄 것을 신청하였더라도 당사자가 행정청에 대하여 그러한 행정행위를 하여줄 것을 요구할 수 있는 법규상 또는 조리상의 권리를 갖고 있지 아니한 경우에는 원고적격이 없거나 항고소송의 대상인 위법한 부작위가 있다고 볼 수 없다(대판1999.12.7. 97누17568).

2) 대상적격

① 부작위의 존재: 부작위란 행정청이 당사자의 신청에 대하여 상당한 기간 내에 일정한 처분을 하여야 할 법률상 의무가 있음에도 불구하고 이를 하지 아니하는 것을 말한다(동법 제2조① 제2호).

② 부작위의 성립요건

㉠ 당사자의 신청이 있을 것: 부작위가 성립하기 위해서는 당사자에게 법규상·조리상 의 신청권이 존재하여야 한다는 것이 통설과 판례의 입장이다.

[판례]

항고소송의 대상이 되는 위법한 부작위가 된다고 하기 위해서는 국민이 행정청에 대하여 그 신청에 따른 행정행위를 해줄 것을 요구할 수 있는 법규상 또는 조리상의 권리가 있어야 한다(대판 1990.5.25. 89누5768).

㉡ 상당한 기간이 경과할 것

㉢ 행정청에 일정한 처분을 할 법률상 의무가 있을 것

㉣ 행정청이 아무런 처분도 하지 않았을 것

3) 제소기간

① 행정심판을 거친 경우: 행정심판을 거친 경우에는 처분 등이 존재하게 되므로 취소소송의 제소기간을 부작위위법확인소송에 준용하고 있는 행정소송법 제38조에 따라 처분이 있음을 안 날로부터 90일, 처분이 있은 날로부터 1년 이내에 소를 제기할 수 있다.

② 행정심판을 거치지 않은 경우: 임의적 행정심판전치주의에 따라 행정심판을 거치지

않았다면 당해 처분이 존재하지 않으므로 부작위상태가 계속되는 한 제소기간의 제한 없이 소를 제기할 수 있다.

4. 소제기의 효과

취소소송의 경우와 동일하나 다만, 집행정지의 문제는 발생하지 않는다. 왜냐하면 부작위에 대한 집행정지는 성질상 인정될 수 없기 때문이다.

5. 소송의 심리

1) **심리의 범위**　법원의 심리범위와 관련하여 부작위의 위법 여부만을 심사하여야 한다는 절차적 심리설과 부작위의 위법 여부뿐만 아니라 신청의 실체적인 내용도 심리하여야 한다는 실체적 심리설의 대립이 있으나 다수설과 판례는 절차적 심리설의 입장이다. 따라서 다수설과 판례에 의할 때 심리의 범위는 부작위의 위법 여부(소극적인 위법 상태를 제거)가 된다.

2) **위법판단의 기준시**　부작위위법확인소송은 엄격한 의미의 처분이 존재하지 않으므로 성질상 위법판단의 기준시를 처분시로 할 수는 없고 판결시(사실심 변론종결시)를 기준으로 할 수밖에 없다. 판례 또한 부작위위법확인소송은 소 제기 이전에 행해진 행정처분의 위법성 여부를 판단하는 것이 아니라 판결시, 즉 변론종결 당시에 평가할 때 원고의 신청에 대한 행정청의 부작위가 위법한지를 확인하는 소송이라고 판시하여 판결시를 기준으로 하고 있다.

6. 판 결

1) **판결의 종류**　취소소송의 경우와 동일하나, 다만 부작위위법확인소송의 경우에는 사정판결의 문제가 생기지 않는다.

2) **판결의 효력**　취소소송과 동일하나, 부작위위법확인소송은 확인소송의 성질을 가지므로 형성력이 생기지 않는다.

[정리] 취소소송과 부작위위법확인소송의 차이

구 분	취소소송	부작위위법확인소송
의 의	행정청의 위법한 처분 등을 취소 또는 변경하는 소송(행정소송법 제4조 제1호)	행정청의 부작위가 위법하다는 것을 확인하는 소송(행정소송법 제4조 제3호)
성 질	형성소송	확인소송
원고적격	법률상 이익이 있는 자	법률상 이익이 있는 자+법규상 또는 조리상의 신청권이 있는 자(통설·판례)
대상적격	처분·거부처분·재결	부작위
제소기간	제한 有	• 행정심판 거친 경우: 취소소송과 동일 • 행정심판 거치지 않은 경우: 제한 無
집행정지	可	문제되지 않음
심리범위	처분의 위법성	부작위의 위법성
위법성판단의 기준시	처분시	판결시
사정판결	可	문제되지 않음
판결의 효력	기속력·형성력·제3자효·기판력	기속력·제3자효·기판력

제3관 당사자소송

I. 당사자소송의 개념및 다른 소송과의 구별

1. 의 의

당사자소송이란 행정청의 처분 등을 원인으로 하는 법률관계에 관한 소송, 그 밖에 공법상의 법률관계에 대한 소송으로서 그 법률관계의 일방당사자를 피고로 하는 소송을 말한다(행정소송법 제3조 제2호).

2. 다른 소송과의 구별

1) 항고소송과의 구별　항고소송이 행정청의 공권력의 행사 또는 불행사에 대한 구제절차임에 반해 당사자소송은 행정청의 공권력의 행사 또는 불행사의 결과로서 생긴 법률관계에 대해 행정청이 아닌 다른 일방당사자를 상대로 제기하는 대등한 당사자 간의 공법상의 권리·의무에 관한 소송이라는 점에서 구별된다.

2) 민사소송과의 구별　민사소송이 사법상의 법률관계를 대상으로 하는 소송임에 반해 당사자소송은 공법상의 법률관계를 대상으로 하는 소송이라는 점에서 구별된다.

II. 성 질

당사자소송은 개인의 권리구제를 직접적인 목적으로 하는 주관적 소송으로서 소송물의 내용에 따라 이행의 소 또는 확인의 소로 구분될 수 있다.

III. 취소소송에 관한 규정의 준용

당사자소송도 개인의 권익구제를 위한 주관적 소송이라는 점에서 항고소송과 동일하다. 따라서 당사자소송에는 취소소송에 관한 규정들이 준용된다.

준용되는 규정(행정소송법)	준용되지 않는 규정
① 관련청구의 이송·병합(제10조)	① 선결문제(제11조)
② 피고경정(제14조)	② 원고적격(제12조)
③ 공동소송(제15조)	③ 제소기간(제20조)
④ 제3자의 소송참가(제16조)	④ 행정심판전치주의(18조)
⑤ 행정청의 소송참가(제17조)	⑤ 소송대상(제19조)
⑥ 처분으로 인한 소의 변경(제22조)	⑥ 재량취소(제27조)
⑦ 행정심판기록의 제출명령(제25조)	⑦ 사정판결(제28조)
⑧ 직권심리(제26조)	⑧ 취소판결의 효력(제29조)
⑨ 취소판결의 기속력(제30조①)	⑨ 재처분의무(제30조②③)
⑩ 소송비용의 부담(제32조)	⑩ 제3자에 의한 재심(제31조)
⑪ 소송비용에 관한 재판의 효력(제33조)	⑪ 간접강제(제34조)

Ⅳ. 종 류

1. 실질적 당사자소송

1) 의 의   공법상의 법률관계에 관한 소송으로서 그 법률관계의 한쪽 당사자를 피고로 하는 소송(행정소송법 제3조 제2호)을 말하는데 통상의 당사자소송이 이에 해당한다. 당사자 소송에서는 공권력의 행사 또는 불행사 그 자체가 소송물이 아니고, 그러한 행위로 인해 형성되는 공법상 법률관계 그 자체가 소송물인 것이다.

2) 대상적격

① 처분 등을 원인으로 하는 법률관계에 관한 소송: 이러한 소송은 처분 그 자체가 아니라 처분으로 인하여 발생된 법률관계의 당사자를 보호하기 위한 것으로 통설은 당사자소송의 대상이 되는 것으로 보고 있으나 판례는 민사소송으로 인정하고 있다.

  예 공무원의 직무상 불법행위로 인한 손해배상청구소송, 과세처분이 무효임을 전제로 한 과오납금환급청구소송

② 기타 공법상 법률관계에 관한 소송: 공법상 계약 불이행에 대해 제기하는 소송, 공법상금전지급청구를 위한 소송(예 부당이득반환청구소송, 손해배상청구소송, 손실보상청구소송 등), 공법상 지위·신분의 확인을 구하는 소송, 공법상 결과제거청구소송 등이 이에 속한다.

2. 형식적 당사자소송

1) 의의 및 필요성

① 의 의: 형식적 당사자소송이란 처분이나 재결을 원인으로 하는 법률관계에 관한 소송으로서 법률관계의 원인이 되는 처분 등에 불복하여 소송을 제기하면서 처분청을 피고로 하는 것이 아니라 그 법률관계의 한쪽 당사자를 피고로 하는 소송을 말한다. 즉, 소송의 내용은 처분 등에 불복하여 다투는 것이지만 소송 형식은 당사자소송인 것을 말한다.

② 필요성: 처분이나 재결 자체를 행한 행정청이 아닌 그 처분이나 재결의 실질적인 이해관계자를 소송당사자로 함으로써 소송경제나 분쟁의 일회적 해결에 유용하고 신속한 권리구제를 도모할 수 있다는 데 그 필요성이 인정된다.

3) 인정 여부

① 학 설: 형식적 당사자소송에 관한 명문의 규정은 없고, 행정소송법 제3조 제2호에 근거하여 이를 인정할 수 있는지가 문제 되는데, 학설상 긍정설과 부정설의 대립이 있으나 부정설이 통설이다.

② 현행법(개별법)의 규정: 현행법상 특허법 제187조, 공익사업을 위한 토지 등의 취득 및 보상에 관한 법률 제85조 제2항 등은 형식적 당사자소송을 규정한 것으로 인정된다.

V. 소송요건

취소소송에 관한 규정이 준용되므로 취소소송에서의 소송요건과 동일하다. 다만, 당사자소송은 대등한 당사자 간의 공법상 법률관계에 관한 소송이라는 점에서 다음과 같은 차이가 있다.

1. 원고적격

당사자소송은 대등한 당사자 간의 공법상 법률관계에 관한 소송이므로 항고소송과 같은 원고적격(법률상 이익 있는 자)의 제한은 없다. 다만, 민사소송법상의 권리보호이익은 있어야 한다(행정소송법 제8조②).

2. 피고적격

당사자소송의 경우 항고소송과는 달리 행정청이 아닌 국가 또는 공공단체, 그 밖의 권리주체가 피고가 된다. 따라서 국가를 당사자로 하는 소송의 경우에는 국가를 당사자로 하는 소송에 관한 법률에 의거하여 법무부장관이 국가를 대표한다. 지방자치단체를 당사자로 하는 소송의 경우에는 지방자치단체의 장이 당해 지방자치단체를 대표한다(지방 자치법 제92조).

3. 제소기간과 행정심판전치주의

당사자소송에서는 별도의 명문의 규정을 둔 경우를 제외하고는 제소기간이나 행정심판 전치주의는 적용되지 않는다.

Ⅵ. 당사자소송의 심리

취소소송의 경우와 동일하나, 다만 선결문제에 관한 행정소송법 제11조는 준용되지 않는다.

Ⅶ. 판 결

1. 판결의 종류

취소소송과 동일하나, 다만 당사자소송에서는 사정판결이 인정되지 않는다.

2. 판결의 효력

취소소송과 동일하나, 다만 취소판결의 제3자효와 재처분의무, 간접강제 등은 당사자 소송에서는 인정되지 않는다.

제4관 객관적 소송

Ⅰ. 민중소송

1. 민중소송의 개념과 법적 판단

1) 의 의   민중소송이란 국가 또는 공공단체의 기관이 법률에 위반되는 행위를 한
때에 직접 자기의 법률상 이익과 관계없이 그 시정을 구하기 위하여 제기하는 소송을
말한다(행정소송법 제3조 제3호).

2) 성 질   민중소송은 당사자 사이의 구체적인 권리·의무에 관한 분쟁의 해결을
위한 것이 아니라, 행정감독적 견지에서 행정법규의 정당한 적용을 확보하거나 선거
등의 공정의 확보를 위한 소송으로서 객관소송에 해당한다. 또한 민중소송은 법률이
규정하고 있는 경우에 한하여 제기할 수 있다(동법 제45조). 따라서 개괄주의를 택한
행정소송법의 예외로서 열기주의를 채택하고 있다.

2. 현행법상의 예

현행법상 공직선거법상 선거소송(제222조)과 당선소송(제223조), 국민투표법상 국민투
표무효소송(제92조), 주민투표법상 주민투표소송(제25조②) 등이 민중소송에 해당한다.

3. 적용법규

1) 개별법의 규정이 있는 경우   민중소송에 대해서는 개별법의 규정이 있다면 우선
개별법이 정하는 바에 따른다.

2) 개별법의 규정이 없는 경우

① 처분 등의 취소를 구하는 소송: 그 성질에 반하지 않는 한 취소소송에 관한 규정을
준용한다.

② 처분 등의 효력 유무 또는 존재 여부나 부작위위법의 확인을 구하는 소송: 그 성질에
반하지 아니하는 한 각각 무효등확인소송 또는 부작위위법확인소송에 관한 규정을
준용한다.

③ 그 외의 소송: 그 성질에 반하지 않는 이상 당사자소송에 관한 규정을 준용한다(동법

제46조).

Ⅱ. 기관소송

1. 기관소송의 개념과 법적판단

1) 의 의   기관소송이란 국가 또는 공공단체의 기관 상호간에 있어서의 권한의 존부 또는 그 행사에 관한 다툼이 있을 때에 이에 대하여 제기하는 소송을 말한다(행정소송법 제3조 4호).

2) 성 질   기관소송은 기본권에 근거한 것이 아니라 단지 소송을 제기할 수 있는 권능에 근거한 것으로 객관적 소송의 일종이다. 또한 기관소송은 법률이 정한 경우에 한해서 제기할 수 있으므로(동법 제45조), 법률이 정한 경우에 법률에서 정한 자만이 제기할 수 있다.

2. 적용 제외

헌법재판소법 제2조의 규정에 의해 국가기관 상호 간, 국가와 지방자치단체 간, 지방자치단체 상호 간의 권한쟁의는 헌법재판소의 관할이므로 행정소송상의 기관쟁의에서 제외된다(동법 제3조 제4호).

3. 적용법규

민중소송의 경우와 동일하다.

저자 **문 현 철**

조선대학교 법과대학 법학과 졸업
조선대학교 대학원 법학과 석사과정 졸업(행정법)
국립목포해양대학교 대학원 해양경찰법학과 석사과정 졸업(해양행정법)
조선대학교 대학원 법학과 박사과정 졸업(행정법, 법학박사)

청와대 국가안전보장회의 NSC 자문위원
국회 행정안전위, 국방위, 외교통일위, 정보위
입법지원위원
행정안전부
　정책자문위원, 정책연구평가위원, 공적심사위원
　지자체합동평가위원
외교부 정책연구평가위원, 혁신행정평가위원, 통
합재정평가위원
　자체평가위원회 6소위원장.
국방부, 합동참모본부, 병무청 정책자문위원, 정
책연구평가위원, 자체평가위원
해양수산부　정책자문위원, 안전사업평가위원, 국
가기반평가위원, 통합재정평가위원
과학기술정보통신부, 문화체육관광부, 환경부,
보건복지부, 재난관리평가위원
인사혁신처 국가고시 위원, 중앙선발위원회 위원.
경찰청 서울특별시, 전라북도 출제위원
산림청 2015 국제산불총회 자문위원, 혁신행정
평가위원

서울특별시 위기관리매뉴얼 자문위원
　서울 송파구, 경기 연천군 정책자문위원
서울특별시, 경기도, 대구광역시 지자체합동평
가 위원
전라남도 정책자문위원, 소청심사위원회 위원
안전관리위원회 위원
　전라남도 교육청 양성평등평가위원, 공모교장평

가위원
한국전력, 한국수력원자력, 한국석유공사 평가
위원

한국국방연구원 KIDA이사, 국방일보 칼럼위원
국가위기관리학회 부회장, 한국 테러학회 감사
한국공법학회 상임이사, 국가법학회 총무이사

국제밀리터리 저널 편집위원장

해외학술대회 참가
　독일 재해방지법학회(독일 베를린 훔볼트 대
　학교)
　동아시아 행정법학회(일본 도쿄 히토치바시
　대학교)
　동아시아 위기관리학회(중국 시안대학교, 원
　난대학교)
재외공관 연구방문
　주 독일, 헝가리, 러시아, 중국, 네팔, 스리랑
　카 대사관
　주 LA, 프랑크푸르트, 시드니, 밴쿠버, 오사
　카 총영사관

독일 베를린 훔볼트 대학교 방문연구교수
초당대학교 군사·경찰행정학과 교수

대통령 근정 포장 수훈, 국무총리상 수상

행정법

초판발행   2020년 12월 10일

지은이   문현철
펴낸이   안종만 · 안상준

편 집   정수정
기획/마케팅   이후근
표지디자인   박현정
제 작   고철민 · 조영환

펴낸곳   (주) **박영사**
              서울특별시 금천구 가산디지털2로 53, 210호(가산동, 한라시그마밸리)
              등록 1959. 3. 11. 제300-1959-1호(倫)

전 화   02)733-6771
f a x   02)736-4818
e-mail   pys@pybook.co.kr
homepage   www.pybook.co.kr
ISBN   979-11-303-3782-1 93360

copyright©문현철, 2020, Printed in Korea

정 가   32,000원